# *Bravo!* Sixth Edition
## The proven, effective way to bridge the gap

***Every component in this carefully crafted learning program is designed to enable students of diverse language backgrounds to achieve success!***

As you know, students are not equal when it comes to the intermediate course. Each student arrives in your class at a different level of language preparation.

***Bravo!*** brings parity to the intermediate course, giving students who need help plenty of independent review of first-year structures before they learn new material. This, in turn, gives you the freedom to focus on teaching new material to students who are ready to learn something new.

Enhanced with the integration of music, new readings and an array of new realia, the Sixth Edition includes ample in-text and study tools to help teachers teach and students learn. In addition, ***Bravo!*** prepares students to make the transition from intermediate to upper-division course work through reading, writing, and cultural study.

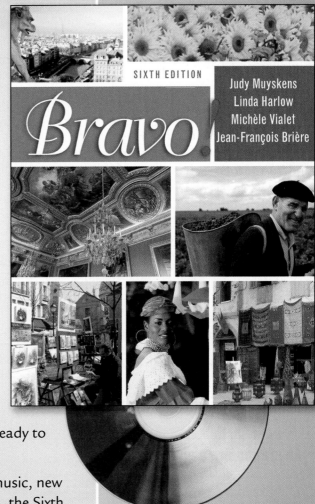

SIXTH EDITION

*Bravo!*

Judy Muyskens
Linda Harlow
Michèle Vialet
Jean-François Brière

*Take a look inside!*

# *La grammaire à réviser*—a *Bravo!* hallmark and a built-in course equalizer—builds student confidence.

*La grammaire à réviser*—a *Bravo!* hallmark and a built-in course equalizer—appears at the beginning of every chapter, allowing students to self-assess and evaluate their readiness for that chapter's lessons. *La grammaire à réviser* acts as a diagnostic tool for instructors and students, checking for mastery of the forms and structures at hand. If students need additional help beyond *La grammaire à réviser*, they can consult the **Workbook/Lab Manual** (also available online in **QUIA**™ format. *See page 7 for description of QUIA.*)

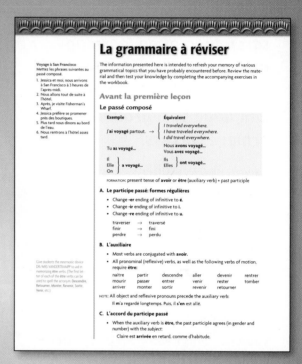

**NEW!** Icons in the text lead students to **Heinle iRadio** for MP3-ready mini-lessons on difficult grammar points and pronunciation. **Heinle iRadio** audio tutorials give students the freedom to choose when, where, and how they practice.

## La grammaire à apprendre

### L'emploi du passé composé

To download a podcast on *Le passé composé* vs. *The Imperfect,* go to **academic.cengage.com/french/bravo**

A. Whereas the **imparfait** describes past actions or conditions with reference to their continuation, the **passé composé** describes past events from the point of view of their completion:

* *Completed, isolated action:* A reported event tells what happened or what someone did.
  Je **suis allée** faire du ski.
* *Action completed in a specified period of time:* The beginning and/or end of the period is specified.
  J'**ai passé** une semaine dans une station de ski.
* *Action that happened a specific number of times:* The number of times an action occurred is detailed or implied.
  Je **suis allée** quatre fois sur les pistes.
* *Series of events:* A series of actions that advance the story are reported. Each answers the question, "And what happened next?"
  Le dernier jour de mes vacances je **suis montée** sur le télésiège *(chairlift)* comme d'habitude. Une fois arrivée, j'**ai respiré** à fond *(took a deep breath)*; je **me suis mise** en position de départ; je **me suis concentrée**; j'**ai pris** mes bâtons de ski; et je **suis partie**. Je **suis arrivée** en bas sans tomber une seule fois. C'était la première fois!
* *Change in state or condition:* Something occurs which causes alteration of an existing state or condition.
  Avant de descendre du télésiège, j'avais peur de tomber. Quand je **me suis rendu compte** que j'allais réussir un parcours *(ski run)* sans chute *(fall)*, j'**ai été** très heureuse.

As students successfully review *La grammaire à réviser*, confidence quickly builds and prepares them for the new forms and structures presented in *La grammaire à apprendre*, which appears in each chapter's three lessons. And, for additional practice, the **Book Companion Website** offers self-correcting grammar and vocabulary exercises.

# *Bravo!* emphasizes meaningful communication

Always mindful that students need to engage in meaningful communication in order to acquire language, each chapter of the Sixth Edition begins with functions of language—such as expressing opinions, persuading, and apologizing. Expressions, vocabulary, and grammar topics were selected according to what is needed to carry out each organizing function of language.

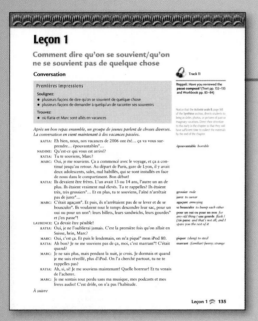

**UPDATED!** *Leçon* opening conversations (and accompanying activities) have been updated to seamlessly integrate the francophone world and current cultural themes covered within each chapter. These conversations also illustrate the functions, vocabulary, and grammatical principles within each lesson.

Vocabulary in *Bravo!* is organized by themes and functions that reflect contemporary language use. Students learn current expressions in *Expressions typiques pour...*, which are supported by *Mots et expressions utiles*—thematically organized vocabulary lists that reflect the most contemporary language.

**UPDATED!** *Mise en pratique* sections put it all together by illustrating how vocabulary is used in a practical context. New suggestions for their use are featured in the **Annotated Instructor's Edition**.

*Interactions*—more challenging role-play activities that appear at each chapter's end—promote real language use in interesting contexts, giving students additional opportunities for creative communication.

# A process-oriented approach to better writing and critical thinking skills.

The book's step-by-step writing framework is designed to help students develop not only their writing skills in French, but also critical thinking skills—so necessary at the intermediate level, particularly for students who may transition to upper-level courses in literature, conversation, and culture.

**Premier brouillon**  Dossier personnel

1. After you have chosen your topic in **Leçon 1**, organize the notes you have written by thinking about these important elements of a narrative:
   *Characters*: for example, how old were the characters at the time of the incident? What did they look like? How were they dressed?
   *Setting*: if it is important to your narrative, give descriptive details about the time and place.
   *Plot*: because you are telling about something that really happened, you know the basic plot. Will there be a conflict? What final words will you use to close your narrative?

2. Begin writing your introductory paragraph by focusing on the topic sentence that describes the incident for the reader. Use your opening paragraph to get your reader's attention.

3. Write two or three paragraphs in which you use details to describe the events. Since this is a narrative about a past event, you will have to make decisions about your use of the **imparfait** and **passé composé**.

4. Write a concluding paragraph in which you end your story with a description of the last event.

**Phrases:** Writing an essay; describing people, objects, weather; sequencing events
**Vocabulary:** Clothing; women's clothing; colors; hair colors
**Grammar:** Compound past tense; imperfect

*Dossier personnel*, the text's personal writing component, uses a process-oriented approach and builds writing skills in four steps:

- *Préparation* in Leçon 1
- *Premier brouillon* in Leçon 2
- *Deuxième brouillon* in Leçon 3 and
- *Révision finale* in the *Synthèse*

**Préparation**  Dossier personnel

The focus for this chapter is writing a personal narrative in which you tell or narrate something that happened to you or someone you know.

1. First of all, choose two or three important events in your life (for example, receiving an award, meeting the person of your dreams, a sporting event, your wedding or a wedding you were in, a memorable vacation, the worst/best day of your life, a funny/embarrassing moment, a sad or touching event).

2. After you have listed these events, next to each item, write some interesting details that you remember about the event.

3. Free write on one or more of these topics to see how much you have to say. Describe what happened and try to organize your notes in a time-ordered sequence.

4. In pairs or small groups, share your notes to get ideas from classmates.

**Phrases:** Narrating a story
**Vocabulary:** Sports; traveling; family members (Note: These are only suggestions for the above topics. Browse the vocabulary index to find help for other topics.)
**Grammar:** Compound past tense

Integrated at every step of the text's *Dossier personnel*, the **Système-D 4.0 CD-ROM: Writing Assistant for French** helps students learn to write completely edited essays at the end of every chapter. This powerful program combines the features of a word processor with databases of language reference material, a searchable dictionary, a verb conjugating reference, audio recordings of vocabulary, and example sentences.

1-4130-0081-9

# *Bravo!* ensures student mastery of functions, vocabulary, and structures.

Putting it all together, end-of-chapter activities—listening, oral, and written tasks—are presented in the ***Synthèse***, to ensure students' mastery in synthesizing all functions, vocabulary, and grammatical topics introduced throughout all three lessons of the chapter.

Important functions and structures learned in previous chapters are recycled here in a meaningful way and combined with the current chapter's new material.

## Synthèse

### Activités musicales

**Michel Sardou:** *Minuit moins dix*

♪ To experience this song, go to **academic.cengage.com/french/bravo**

**Avant d'écouter**

1. Qu'est-ce que vous faites le soir en général? Vous aimez sortir avec des amis ou vous préférez rester tranquille chez vous? Pourquoi?
2. Décrivez la dernière soirée que vous avez passée seul(e) chez vous. Qu'est-ce vous avez fait? Comment était votre humeur *(mood)*. Racontez les détails de cette soirée dans l'ordre chronologique.

**Après avoir écouté**

1. Résumez, dans l'ordre chronologique, les événements de la soirée décrite dans la chanson. Est-ce que c'est une soirée typique pour une jeune femme? Pourquoi?
2. À votre avis, est-ce que cette jeune femme a une vie heureuse? Expliquez. D'après vous, qu'est-ce qui est arrivé à minuit moins dix?

**Zachary Richard:** *Ma Louisiane*

**Avant d'écouter**

1. Est-ce que vous êtes déjà allé(e) en Louisiane? Si oui, décrivez votre séjour là-bas en utilisant le passé composé et l'imparfait et donnez vos impressions de cet état. Sinon, dites comment vous imaginez la Louisiane.
2. Qu'est-ce que vous savez de l'histoire de la Louisiane et de ses habitants?

**Après avoir écouté**

1. D'où viennent les Cadiens à l'origine? Pourquoi est-ce qu'ils ont quitté cette région? Est-ce qu'ils étaient heureux de partir? Est-ce qu'ils se sont bien habitués à leur nouvelle vie en Louisiane?
2. Est-ce que vous pensez que Zachary Richard est fier de ses origines? D'après lui, de quoi les Cadiens doivent-ils se souvenir?

Turn to **Appendice B** for a complete list of active chapter vocabulary.

You may want to use the song *Minuit moins dix* to practice telling stories. Ask students to do a cloze exercise first, and then retell the story in the form of a dialogue, using linking words. Finally, have them talk about their own reactions to the song.

You may want to use the song *Ma Louisiane* by Zachary Richard to practice the *passé composé* and *imparfait*. Ask students to make observations on differences between standard French and Cajun French with regard to grammar and pronunciation.

**Leçon 3** 🎵 167

### Activités orales

**A. Mon pauvre Toutou!** Vous êtes allé(e) en Floride pendant les vacances de printemps *(spring break)*. Vous avez laissé votre petit chien insupportable *(obnoxious)* chez un(e) ami(e). Vous venez de rentrer et vous téléphonez à votre ami(e) qui vous dit que malheureusement votre chien est mort pendant votre absence. Jouez les rôles pendant le coup de téléphone. Posez cinq à dix questions sur cet événement triste. Votre ami(e) répondra.

**B. Le voyage de mes rêves.** Parlez de vacances récentes. Si possible, apportez des photos (que vous avez tirées sur papier ou que vous avez mises dans le forum de discussion du cours *(discussion board)*, des dépliants ou des images tirées de livres de voyage pour les montrer à la classe. Expliquez: les préparatifs de voyage; où vous êtes allé(e) et avec qui; comment vous avez voyagé; le temps qu'il a fait; où vous avez logé; si vous voulez y retourner; et des choses intéressantes qui se sont passées. Utilisez les expressions que vous avez apprises. La classe vous posera des questions pendant votre présentation.

### Activité écrite

**Bon anniversaire, bon anniversaire...** Écrivez une composition où vous décrivez un anniversaire mémorable (votre 10e, 12e, 16e, 21e anniversaire). Donnez la date et des exemples de chansons ou films qui étaient très populaires à ce moment-là. Expliquez où vous habitiez, ce que vous avez fait pour célébrer cet anniversaire, ce que vous avez eu comme cadeaux, etc.

*Additional written activity:* Give students photocopies of two or three brochures of places to visit. Have them choose one as the basis for a written story about a recent trip: say where. Describe the setting and an event that happened there. Add details and a few other characters. Add an element of excitement and pay attention to tenses.

### Révision finale   Dossier personnel

1. Reread your composition and focus on the unity of the paragraphs. All of the sentences within each paragraph must be on the same topic. If a sentence is not directly related to the topic, it does not belong in the paragraph.
2. Bring your draft to class and ask two classmates to peer review your composition using the symbols on page 433. They should pay particular attention to whether the narrative contains a well-developed beginning, middle, and conclusion, and uses chronological order effectively.
3. Examine your composition one last time. Check for correct spelling, grammar, and punctuation. Pay special attention to your use of the **passé composé**, **imparfait**, and **plus-que-parfait** tenses, and agreement with past participles.
4. Prepare your final version.

**Phrases:** Writing an essay; sequencing events
**Grammar:** Compound past tense; imperfect; pluperfect; participle agreement

The ***Révision finale*** section asks students to reread the paper, making changes to reflect still other suggestions. Students are then directed to have two classmates peer-edit the paper, checking for spelling, punctuation, and the specific grammar points studied in the chapter, and then prepare the final version.

**NEW!** ♪ *Activités musicales* introduce students to carefully chosen songs by diverse francophone artists. A complete iTunes playlist is available at the ***Bravo!* Book Companion Website**.
*(See the inside front cover of this book for a complete description and a playlist by chapter.)*

*iTunes is a trademark of Apple, Inc., registered in the U.S. and other countries.*

# Developing cultural competence through literature

The continued exploration of French culture plays an important role in **Bravo!** The authors have updated the book's cultural coverage in keeping with the modern francophone world, enabling students to easily make cross-cultural comparisons. The Sixth Edition's plentiful authentic materials (accompanied by interactive questions) also illustrate various aspects of French and francophone culture.

**UPDATED!** *Liens culturels* readings—many of which are new or updated—help students develop cultural insights by providing information on the practical everyday culture of the French-speaking world. These readings explore such topics as political parties in France, new media and technology in everyday life, and life in francophone countries. The chosen readings reflect current francophone culture, promote student awareness, and enable cross-cultural comparisons.

### Liens culturels

#### Les vacances—c'est sacré!

Depuis 1982, la loi garantit à chaque travailleur salarié français cinq semaines annuelles de congés payés. Beaucoup, par le jeu de l'ancienneté ou de conventions particulièrement avantageuses, disposent en fait de plus de cinq semaines de congés annuels. Malgré les efforts du gouvernement pour encourager les Français à étaler *(spread out)* leurs congés sur l'année, beaucoup de Français prennent leurs vacances en juillet et août. En général, 48,3% des séjours personnels ont lieu en juillet et en août.

Mais où vont les Français? Comme dans les années précédentes, la mer et la campagne sont les destinations les plus populaires. Cinquante-cinq pour cent des vacanciers font des séjours chez des proches (parents ou amis). Un Français sur six n'est jamais parti en vacances pour des raisons diverses. La nouveauté est que le nombre de séjours de courte durée est maintenant supérieur à celui des départs de longue durée. La situation économique en France ne favorise pas les vacances de longue durée. Par ailleurs les gens invoquent les «accidents» de la vie comme une maladie ou un accident, ou encore le divorce ou le licenciement *(layoff)* comme raisons de ne pas prendre de vacances et de rester chez eux.

Où sont ces gens? Qu'est-ce qu'ils font?

Il faut ajouter que, depuis 1989, la France est la première destination mondiale des touristes. En nombre de séjours d'étrangers, l'Espagne et les États-Unis viennent en seconde et troisième positions.

À votre avis, quels sont les avantages et les inconvénients d'avoir cinq semaines de congés payés par an pour un pays et pour ses habitants? Si vous aviez cinq semaines de vacances, est-ce que vous les prendriez toutes ensemble ou est-ce que vous les étaleriez sur l'année?

Adapté de Gérard Mermet, *Francoscopie 2007* (Larousse, pp. 470–486).

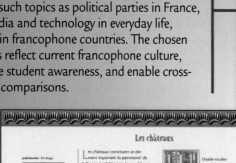

#### Les châteaux

**patrimoine** *heritage*

On voyait la salamandre comme le symbole du feu et du froid, parce qu'on croyait que cet animal pouvait vivre dans le feu sans se consumer et éteindre le feu grâce à la froideur de son corps. François Ier employait la salamandre comme emblème avec la devise *(slogan)* «J'y vis et je l'éteins».

**survolez** *fly over*

**empreinte** *mark, impression /* **maçon** *stonemason*

**plafonds en voûte** *vaulted ceilings /* **moulin** *mill /* **donjon** *keep (most secure part of castle)*

**double... en colimaçon** *two intertwined spiral staircases*

**cheminées** *fireplaces*

**vitraux** *stained glass windows*

**Receveur** *comptable public*

Les châteaux constituent un élément important du patrimoine° de la France. Les bâtiments, les meubles et les jardins racontent l'histoire des nombreuses familles royales et nobles, leur mode de vie, l'art et les traditions des siècles passés. Plusieurs des châteaux français les plus connus se trouvent dans la vallée de la Loire. L'intérêt d'une visite n'est cependant pas purement historique. On peut aussi en profiter pour faire des promenades dans les jardins et dans les parcs ou pour participer à d'autres événements: les châteaux de Blois et de Chenonceau, par exemple, offrent des spectacles son et lumière, et au château de Cheverny, de mai à novembre, on peut même monter en ballon et survoler° la région.

**Chambord**

Le château de Chambord a été commencé en 1519 par le roi François Ier dont l'empreinte° est surtout évidente par les salamandres qu'on voit sculptées partout sur les murs et les plafonds en voûte°. *(Voir ci-dessous à droite.)* François Ier est mort avant que la construction du château ne soit terminée. L'architecture de Chambord reflète par conséquent les goûts artistiques de plusieurs périodes. La décoration sculptée du célèbre double escalier en colimaçon° est considérée comme l'un des chefs-d'œuvre de la Renaissance. *(Voir ci-dessus à droite.)* La façade du château fait 128 mètres de long. Avec 440 pièces et 365 cheminées°, Chambord est le plus grand des châteaux de la Loire.

**Chenonceau**

Thomas Bohier, Receveur° des Finances sous François Ier, a fait construire Chenonceau *(voir la photo à la page*

Double escalier en colimaçon *(two intertwined spiral staircases)*

171) en 1513 pour son épouse Catherine Briçonnet qui a eu une influence déterminante sur le style et la conception du château. L'architecte, un maçon° nommé Pierre Nepveu, a bâti le château sur les fondations d'un moulin° fortifié dont il a conservé le donjon°. Plus tard, Henri II a donné le château à sa maîtresse bien-aimée, Diane de Poitiers, qui y a habité pendant plusieurs années. Mais à la mort du roi, la reine Catherine de Médicis n'a pas perdu de temps pour reprendre possession du château.

En France, ainsi que dans d'autres pays d'Europe, beaucoup de monuments et de bâtiments importants du patrimoine ont été endommagés pendant les deux guerres mondiales. Les vitraux° de la chapelle de Chenonceau, par exemple, ont été détruits par un bombardement en 1944, mais on les a restaurés. Pendant la Première Guerre mondiale, Monsieur Gaston Menier, propriétaire du château.

The **Intermède culturel** section, updated with many new cultural and literary readings, now more closely relates to the chapter themes and relevant **Liens culturels** sections. These readings address such interesting topics as the European union, politics and others. Literary readings include both canonical and contemporary writers.

In-text **cultural exploration activities** encourage students to create a portfolio of their cultural research on the Internet. In addition, the **Bravo! Book Companion Website** provides guided activities through authentic French-language websites.

# Online components save time and enhance the language-learning experience

## QUIA™ Online Workbook/Lab Manual

Designed specifically for world language educators and today's computer-savvy students, **QUIA** is an advanced and easy-to-use e-learning platform for delivering activities to students over the Web. Focus on giving your students the individual feedback they need by saving time on grading workbook and lab manual assignments, customizing activities and questions, and setting up your course in a few simple steps.

A complete online text, workbook, and homework package with interactive exercises and weblinks, **QUIA** is also an integrated course management system that automatically grades many types of exercises and then sends the results straight to a versatile, cross-platform electronic grade book that allows you to track the results for individual students and your entire class. **QUIA** even has a floating accent bar for world languages! Learn more at http://quia.books.com.

Printed Access Card ISBN-10: 1-4282-3044-0
ISBN-13: 978-1-4282-3044-6

## Heinle *i*Radio

Icons in the text indicate where students can turn to **Heinle iRadio** for MP3-ready mini-lessons on difficult grammar points and pronunciation to supplement their learning. With these downloadable audio lessons, students have the freedom to choose when, where, and how they practice.

ISBN-10: 1-4282-3098-X
ISBN-13: 978-1-4282-3098-9

## Book Companion Website

academic.cengage.com/french/bravo

This site features cultural exploration activities, self-correcting grammar and vocabulary exercises, links to **Heinle iRadio**—our MP3-ready grammar tutorials—as well as an iTunes playlist of francophone music. For each chapter of the text students have access to Internet exercises that further their knowledge about French and the francophone world. The password-protected Instructor's Resource section of the site contains the Answer Key to textbook exercises and the Video Transcript.

Contact your sales representative to create a student package just right for your course.

# Study tools to help students practice and succeed!

## Workbook/Lab Manual

This helpful learning companion closely follows the organization of the main text, giving you additional reading, writing, listening, and pronunciation practice outside of class.
ISBN-10: 1-4282-3036-X, ISBN-13: 978-1-4282-3036-1

## Text Audio CD

Packaged FREE with every copy of the text, the Text Audio CD contains recorded passages for the listening comprehension exercises in the *Conversations* from each *leçon* for all chapters. An audio icon with track numbers is placed next to all recorded *Conversations*.

## Lab Audio CDs

These audio CDs provide the listening input for out-of-class practice and correspond to the listening activities contained in the **Workbook/Lab Manual**.
ISBN-10: 1-4282-3037-8, ISBN-13: 978-1-4282-3037-8

### Système-D 4.0 CD-ROM: Writing Assistant for French

Simply the best investment for anyone learning to write in French! See page 4 for a complete description.
ISBN-10: 1-4130-0081-9
ISBN-13: 978-1-4130-0081-8

## *Bravo!* Video on DVD

The text-correlated video introduces students to French and francophone lifestyles as they follow the adventures of Élodie and her friends throughout Paris. Modeling the functions, grammar, and vocabulary presented at the intermediate level, each video segment represents a complete teaching unit filled with drama and culturally authentic situations that promote language learning.
ISBN-10: 1-4282-3049-1
ISBN-13: 978-1-4282-3049-1

### ALSO AVAILABLE:

- **French Grammar Chart**
  ISBN-10: 1-554-31188-8
  ISBN-13: 978-1-554-31188-0
- **Merriam-Webster's® French-English Dictionary**
  ISBN-10: 0-877-79917-2
  ISBN-13: 978-0-877-79917-7
- **Typing French Accents Bookmark**
  ISBN-10: 0-759-30660-5
  ISBN-13: 978-0-759-30660-8

# Time-saving, useful components help you teach your best course yet!

## Annotated Instructor's Edition (with Audio CD)

The *Bravo!* AIE features many more teaching tips and information as well as more links between chapter functions and material. The **AIE** contains on-page teacher notes that make the text user-friendly for instructors with varying levels of experience. These notes help instructors create lesson plans, suggest additional activities, and provide further cultural and linguistic information to share with students.
ISBN-10: 1-4282-3040-8
ISBN-13: 978-1-4282-3040-8

## Answer Key (with Audio Script)

This resource, available in print and online) provides the answers for the workbook/lab manual along with the script to accompany the lab audio portion of the program.
ISBN-10: 1-4282-3076-9
ISBN-13: 978-1-4282-3076-7

## PowerLecture™: Instructor's Resource CD-ROM

This resource provides you with an introduction to the methodology, organization, and components of the *Bravo!* program as well as the newly revised audio-enhanced testing program, which includes chapter tests, midterm and final exams. Also included on the CD are teaching suggestions, lesson plans, and sample syllabi. An exciting new feature to this edition are the *Activités musicales*, which can be found both in the text and on the Instructor Resource CD-ROM, along with the song lyrics. Additional suggestions for music activities can be found in the Music Manual.
ISBN-10: 1-4282-3045-9
ISBN-13: 978-1-4282-3045-3

*Contact your sales respresentative to create a student package just right for your course.*

# Introduction to the Sixth Edition

The Sixth Edition of **BRAVO! Communication, Grammaire, Culture et Littérature** and its accompanying ancillary materials comprise a complete second-year program at the college level that emphasizes the functional use of language as a means of achieving proficiency in French. The program was designed to be used over two semesters or three quarters; however, the individual components may be used to meet specific instructional needs.

For example, the main text and workbook can be used for an intensive one-semester or one-quarter course in which the instructor wishes to focus on composition and conversation skills or grammar review.

## Communication

The **BRAVO!** program was created with a focus on how language is used. For that reason, it is organized around the different communicative uses to which language can be put, and chapters of the book center on high-frequency functions of language, such as agreeing, disagreeing, complaining, and apologizing. The use of language in context, including linguistic, social, and situational contexts, is evident throughout all of the program's student components. Expressions, vocabulary, and grammar were selected according to what is needed to carry out each organizing function of language. Thus, the language forms related to settings, social roles, and topics that are likely to be needed the most when performing a given language function are presented and practiced in contextualized activities in order for students to acquire the skills they need to perform that task. Additionally, through a variety of contexts, students become aware of a range of sociocultural language use.

Another unique feature of the program is the division of grammar study into: (1) a simple "review" of grammar structures that should have been fairly well mastered by the end of first-year French, with streamlined explanations for at-home study *(La grammaire à réviser);* and (2) intermediate-level grammatical instruction for in-class discussion and practice *(La grammaire à apprendre).* By means of this two-pronged approach, students with widely divergent skills and knowledge in French will be able to come to class on a more equal footing—since those with less prior knowledge spend more time on the review—and instructors do not feel compelled to review actively with students all the grammar from the first year.

The exploration of culture that is begun in most first-year books is continued in the **BRAVO!** intermediate-level program as well. *Liens culturels, Intermède culturel,* and realia with interactive cross-cultural questions are abundant throughout the book.

A process approach to writing is incorporated in the *Dossier personnel,* set up to carefully build upon students' writing skills. Students are taken through a series of steps, writing multiple drafts of a paper, and refining and improving their paper with each new step.

Finally, a cyclical approach to language learning (rather than a linear organization) provides a built-in review across chapters. Frequently recurring language functions organize the text. Students are exposed to these same language functions in new contexts, along with recycled vocabulary and structures, throughout the book.

**BRAVO!** begins each chapter with a list of objectives that details the review grammar topics, functional objectives, grammatical structures, cultural topics, and basic theme(s) to be emphasized. In *La grammaire à réviser,* simple grammar points for review are presented in English along with charts, and application activities in the margins.

## Leçon 1  Leçon 2  Leçon 3

The chapter itself is divided into three **leçons,** each beginning with a *Conversation.* A prereading activity, called *Premières impressions,* precedes the *Conversation,* providing practice in skimming and scanning for information. The *Conversation* in each of the three **leçons** is used to illustrate the functions, vocabulary, cultural focus, and grammatical principles within each **leçon.** By means of the *Observation et analyse* section, students check their comprehension of the conversation, make inferences, and analyze the conversation according to various sociocultural aspects of communication. The *Réactions* questions invite students to provide their personal thoughts on the topics discussed in the *Conversation.*

Common expressions used to communicate each function of language are contained in the *Expressions typiques pour...* section. Student annotations in the margins provide additional sociocultural and grammatical information related to the expressions. Thematic vocabulary related to the functions and theme(s) is presented in the *Mots et expressions utiles.* A paragraph or dialogue called *Mise en pratique* follows the vocabulary section to provide a context for use of the words. Activities to promote immediate use of the two sets of expressions follow. A complete listing of the active vocabulary items from all three **leçons** of each chapter is provided in *Appendice B.*

## Grammaire

One or two grammar points useful in carrying out the functions emphasized in each **leçon** are presented in English in *La grammaire à apprendre.* Student annotations in the margins provide helpful hints and learning strategies for studying the grammar. The *Activités* that follow enable the learner to practice the new structures in contexts that tie the grammatical concepts to functional performance in a natural context.

Practical and up-to-date cultural information related to the functions and themes is presented in the *Liens culturels* sections. Items of realia are also interspersed throughout each chapter to add to students' cultural knowledge. The *Liens culturels* sections are accompanied by questions that help students develop cultural insights or make cross-cultural comparisons.

The *Interactions* section at the end of each **leçon** gives students the opportunity to put into practice the functional expressions, vocabulary, and grammar structures taught during the **leçon.** In a similar fashion, the oral and written activities of the *Synthèse* at the end of each chapter promote assimilation of all chapter material.

The *Dossier personnel* that appears within each *Interactions* section and in the *Synthèse* is a writing activity carried throughout the chapter that constitutes an additional step in the student's portfolio of personal writing. In the *Préparation,* students are directed to write a specific type of paper (e.g., personal narrative, descriptive, argumentative) and are given a choice of topics relating to chapter material. A brainstorming activity is then presented, along with directions to share ideas with a classmate. In the *Premier brouillon,* students are taken step-by-step through the process of writing a first draft. The *Deuxième brouillon* gives additional hints and suggestions for the writing of the second draft (e.g., incorporate more detail, add examples). A list of new *Expressions utiles* is provided for students to incorporate as they wish. The *Révision finale* section asks students to reread the paper, making changes to reflect still other suggestions. They are then directed to have two classmates peer review the paper, using symbols to indicate grammar errors. Students check for spelling, punctuation, and the specific grammar points studied in the chapter, and then prepare their final version.

An *Activités musicales* section, complete with pre- and post-listening activities, is included in the *Synthèse* and accompanies songs available on the iTunes playlist. Lyrics for these activities are included on the Power Lecture: CD-ROM. These songs relate to chapters themes, grammar, and vocabulary, and enable students to experience French in real contexts.

A video filmed in France is also available. It reflects both French and francophone lifestyles and models the functions, grammar, and vocabulary presented at the intermediate level. Each segment represents a complete teaching unit filled with drama, culturally authentic situations, and culturally appropriate language. As students get to know the characters, they are exposed to both the modern-day and historical situations that render France and the francophone world what they are today.

## Culture et littérature

The *Intermède culturel* begins with a reading designed to provide students with knowledge about French or francophone culture or civilization. Art, history, education, cinema, and politics are just a few of the topics addressed in this section. Questions before the reading pique students' interest and draw out their previous knowledge of the subject; comprehension and expansion activities following the reading check their reading comprehension and allow them to apply it in different contexts.

A literary reading completes each *Intermède culturel.* These readings include authors such as Prévert and Saint-Exupéry, as well as Maryse Condé and Calixthe Beyala. Accompanying activities reflect the latest research and provide techniques for reading and teaching literature at the intermediate level. Prereading activities prepare students to read by activating their background knowledge of the topic and teaching them useful reading strategies such as skimming, scanning, predicting, using the context, and understanding word formation. Postreading activities check comprehension, encourage discussion of themes, and enable students to synthesize what they have read.

## Workbook/Lab Manual

**BRAVO! Cahier d'exercices écrits et Manuel de laboratoire** contains both written and oral exercises to accompany each chapter in the main text. For self-correction, an Answer Key is available separately.

Each chapter is divided into two sections:

- **Exercices écrits:** This section contains written review grammar exercises and written vocabulary and chapter grammar exercises.

- **Exercices de laboratoire:** The Lab Audio Program provides oral and listening activities to practice the chapter grammar, as well as recordings of the *Conversations,* and instruction and practice in phonetics; it also contains authentic recordings—interviews, conversations, radio newscasts, advertisements, weather reports, and the like—designed to enable students to practice listening to the French language as it is used today.

The Lab Audio Script is also included with the Answer Key for the Workbook/Lab Manual.

The **BRAVO! Audio-Enhanced Testing Program** which is in the Power-Lecture: Instructor's Resource CD-ROM contains new audio and three sample tests per chapter that focus on listening comprehension, culture, and writing. The Testing Program also includes two versions each of three comprehensive exams.

The **BRAVO!** Text Audio CD contains the *Conversations* from each leçon for all chapters. Instructors wishing to play a conversation in class will find it very convenient to have all conversations together.

The Annotated Instructor's Edition of the text provides additional suggestions and teaching tips throughout each chapter.

# Constructing a Course Syllabus

**BRAVO!** is designed to allow flexibility in the classroom. Textbooks are, of course, only one part of the actual classroom experience. They are useful as a guide to the learning environment, and with the **BRAVO!** Workbook/Lab Manual, Audio Program, iTunes Music Playlist, and DVD available from Heinle, instructors can design a course that is lively and geared to the needs of their particular situations.

## Overall division of the text

Division of the text across two semesters or three quarters is proposed as follows:

| | |
|---|---|
| Semester I: | 5 chapters |
| Semester II: | 5 chapters |
| Quarter I: | 3 chapters |
| Quarter II: | 3 chapters |
| Quarter III: | 4 chapters |

## A course meeting four times a week

**(forty times per quarter; sixty times per semester)**

Possible syllabus design:

### Day 1

Leçon 1: *La grammaire à réviser; Conversation; Expressions typiques pour..., Mots et expressions utiles,* and *Activités;* preview *La grammaire à apprendre* content

### Day 2

Leçon 1: *La grammaire à apprendre; Activités, Interactions, Dossier personnel: Préparation*

### Day 3

Leçon 2: *La grammaire à réviser; Conversation; Expressions typiques pour..., Mots et expressions utiles,* and *Activités;* preview *La grammaire à apprendre* content

### Day 4:

Leçon 2: *La grammaire à apprendre; Activités, Interactions,* preview reading

### Day 5

*Intermède culturel* reading (**culture** or **littérature**) (*Dossier personnel: Premier brouillon,* completed out of class)

### Day 6:

Leçon 3: *La grammaire à réviser; Conversation; Expressions typiques pour..., Mots et expressions utiles,* and *Activités;* preview *La grammaire à apprendre* content

Leçon 3: *La grammaire à apprendre; Activités, Interactions;* preview *Intermède culturel* reading

### Day 8

*Intermède culturel* reading (**culture** or **littérature**) (*Dossier personnel: Deuxième brouillon,* completed out of class)

### Day 9

*Synthèse: Activités musicales, orales, écrites;* Lab Manual: *Compréhension*

### Day 10

*Synthèse: Activités musicales, Dossier personnel: Révision finale;* review for chapter test

### Day 11

Test on **BRAVO!**, Chapter 1, Lessons 1–3.

Continuing this pace would allow instructors ten extra days across three quarters or two semesters to review, give quizzes, and use other supplementary materials as they wish.

During the third quarter, in a class meeting four days a week, instructors will need to finish four chapters of the book instead of three. Those instructors may wish to give fewer tests, to exclude parts of chapters or the last chapter, or to use fewer readings. Another possibility includes spending three weeks on Chapters 7 and 8 and presenting the last two chapters during two weeks each.

## A course meeting five days a week

Instructors who use the **BRAVO!** program five days a week (fifty times per quarter, seventy-five times per semester) with the eleven-day chapter plan, will have an additional day per chapter, making a total of twenty extra days across two semesters or three quarters. This time can be used for oral testing, more class interaction, additional readings from the French press, e-mail exchanges, or expanded group editing of compositions.

## A course meeting three days a week

For courses meeting three days a week (thirty times per quarter, forty-five times per semester), it is recommended that nine meetings per chapter be scheduled. A possible schedule is as follows:

### Day 1

Leçon 1: *La grammaire à réviser; Conversation; Expressions typiques pour..., Mots et expressions utiles,* and *Activités;* preview *La grammaire à apprendre* content

## Day 2

Leçon 1: *La grammaire à apprendre; Activités, Interactions, Dossier personnel: Préparation*

## Day 3

Leçon 2: *La grammaire à réviser; Conversation; Expressions typiques pour..., Mots et expressions utiles,* and *Activités;* preview *La grammaire à apprendre* content

## Day 4

Leçon 2: *La grammaire à apprendre; Activités, Interactions;* preview *Intermède culturel* reading

## Day 5

*Intermède culturel* reading (**culture** or **littérature**) *(Dossier personnel: Premier brouillon,* completed out of class)

## Day 6

Leçon 3: *La grammaire à réviser; Conversation; Expressions typiques pour..., Mots et expressions utiles,* and *Activités;* preview *La grammaire à apprendre* content

## Day 7

Leçon 3: *La grammaire à apprendre; Activités, Interactions;* preview *Intermède culturel* reading *(Dossier personnel: Deuxième brouillon,* completed out of class)

## Day 8

*Synthèse: Activités musicales,* as time permits; *Dossier personnel: Révision finale;* review for chapter test

## Day 9

Test on **BRAVO!,** Chapter 1, Lessons 1–3.

Quarter system: Use the schedule laid out here in the first and second quarters. During the third quarter, when four chapters remain to be completed, instructors can cut some readings or give fewer quizzes and examinations. Some may choose to omit parts of each chapter (such as in-class discussion of *La grammaire à réviser* material), parts of Chapters 7–10, or Chapter 10 in its entirety.

Semester system: Instructors on the semester system may want to give quizzes instead of tests, give a midterm and final only, or adjust the material covered as necessary for their program.

## Intensive courses

Some schools will use **BRAVO!** for intensive language courses, presenting the material in one quarter or semester. Instructors of these programs may need to focus on the most important points in each chapter or omit a couple of chapters. Other possibilities are to choose between the cultural and literary readings, to allow for just one in-class writing activity for the *Dossier personnel,* to test students every two or three chapters rather than after each chapter, or to administer only a midterm and final examinations.

## Conclusion

The authors believe that instructors should modify the use of their textbooks as they see fit. It is important to note, however, that coverage of the textbook should not be the focus. Students should be allowed time to practice the functions and grammar as frequently as necessary to master them. Proficiency will best be attained by emphasizing the material provided for interaction and role play activities. Each instructor will best be able to gauge how this can be done for his or her students.

# Teaching with the Bravo! Program

**BRAVO!**, Sixth Edition, is divided into ten chapters. Each chapter contains the following components:

## List of objectives

The first page of each chapter presents the goals and functional objectives, which include a review of grammar topics and the cultural topics of each of the three leçons, the grammatical structures, and the basic chapter theme(s), along with a photo that relates to the chapter objectives. Instructors and students may wish to use this page as an introduction.

## *La grammaire à réviser*

This section of the book serves as a grammar reference.

Grammar topics normally emphasized in first-year books that relate to the performance of the functional objectives for each **leçon** are presented in this section for students to review before beginning a chapter. These topics are frequently presented in chart form, along with a brief explanation and contextualized examples.

Students entering a second-year course with a fairly good understanding of basic grammar concepts (for example, formation of regular verbs) will probably spend a minimal amount of time at home reviewing these topics and doing the review exercises as needed. A student who has not previously mastered these topics, or whose first-year course did not cover the material at the end of the book, will need to spend a longer period of time reading through the explanations and doing all of the exercises. Using this method, it is hoped that students coming from varying backgrounds will be able to begin a new chapter on a more equal footing—that is, with a fairly good understanding of many simple grammar points—so that class time can be spent using these structures functionally, as well as practicing new material.

The instructor can verify that students have indeed completed the review work by giving a short quiz at the beginning of the class, or by collecting the completed review exercises from the Workbook/Lab Manual. A quick mechanical exercise to review students' understanding of the material in *La grammaire à réviser* may also serve as a warm-up for the class. As an alternative to using *La grammaire à réviser* for at-home review, instructors wishing to emphasize grammar in their course may choose to teach these topics actively in class.

## *Conversation*

Each of the three **leçons** in the chapter begins with a conversation used to illustrate the functions, vocabulary, cultural focus, and grammatical principles within each **leçon**. The *Conversations* have been adapted from recordings of native speakers who were provided with the functions of language, themes, and settings, and asked to assume roles. Students will, therefore, find models of spontaneous discourse where fillers, slang, and pause words are used, and where interruptions are made. The three *Conversations* form a unit, or story, within each chapter. A *Rappel* note at the top of each conversation reminds students to review the corresponding prerequisite grammar located in *La grammaire à réviser* before beginning the leçon. The questions listed under Premières impressions direct students to skim and scan the conversation for specific information—such as expressions used to carry out major functions of language or a particular fact—before doing a closer reading of the text. Unfamiliar vocabulary words are marked with a degree (°) symbol and are translated in the margin. Vocabulary items to be emphasized because of their topical and cultural significance are also translated in the *Mots et expressions utiles* section.

Students can prepare the *Premières impressions* and the *Conversation* before coming to class and listen to the *Conversation* in the Audio Program, if possible. In class, the instructor may want to give students a few minutes to review the *Conversation* and then proceed to a quick check of the *Premières impressions* questions and a discussion of the *Observation et analyse/Réactions* sections. Or, students can work in small groups in the classroom and do a dramatic reading of the *Conversation,* with individuals taking different character roles. Then each group can analyze and discuss the *Conversation* using exercises in the *Observation et analyse/Réactions* sections. Instructors may also want to bring in the Text Audio CD in order to play the *Conversation* in class. Students can listen to the recording and work with the *Observation et analyse/Réactions* sections in small groups.

## Observation et analyse/Réactions

These sections serve a variety of goals. The first three or four questions of the *Observation et analyse* check students' comprehension of the dialogue by asking factual content questions. The last question provides practice in reading between the lines. Using clues in the sociolinguistic environment, students are asked to infer relationships between characters, age, socioeconomic status, truth value of statements made by the characters, past events, and emotional states. The *Réactions* questions ask students to react in a personal way to the principal topics of the conversation.

These activities can be prepared in advance by students and checked by the instructor in class, or they may be done as an in-class activity with students working alone or in small groups. In the latter case, the instructor should ask individual groups to report a summary of their responses to the full group. Regardless of the method used, it is very important that students discuss the conversation by means of the *Observation et analyse/Réactions* exercises so that they preview the uses of the major functions, vocabulary, and grammar to be learned, and have the opportunity to infer meaning from the text as well as to personally react to the topics discussed.

## Expressions typiques pour..., Mots et expressions utiles, Mise en pratique, and Activités

The *Expressions typiques pour...* section contains commonly used expressions and vocabulary needed to communicate a particular speech act or group of related functions. Language for both formal and informal styles of expression is presented, as well as pertinent sociocultural information related to the functions (for example, why expressions used to accept compliments in French differ from those used to accept compliments in English).

Student annotations in the margins provide additional usage tips or grammatical information related to the functional expressions.

The *Mots et expressions utiles* section provides thematic vocabulary grouped by meaning and generated from activities that relate to the functions and/or chapter themes (for example, in what situations one commonly performs these functions, with whom, when, and why). A story or brief dialogue, called *Mise en pratique,* immediately follows each vocabulary section and demonstrates the use of many of the thematic vocabulary words. Teacher annotations ask students to create their own *Mise en pratique* using a specified number of these new vocabulary words. A variety of *Activités* enable students to practice using both functional and vocabulary expressions in different contexts and at different levels of formality.

The instructor can preview this material in class by asking students to come up with ways that they already know to express a given function of language (for example, how would you ask in French your friend's opinion about something? How would you agree or disagree with that opinion?). The instructor may also get students to generate known vocabulary related to the functions and themes. Once this is accomplished, new expressions and vocabulary can be presented. Instructors should be sure to point out, if pertinent, language usage at different levels of formality. In this way, the instructor can build on previous knowledge and reduce learner anxiety since students will see that they already know many expressions related to performing different speech acts.

Students may learn the *Expressions typiques pour...* and the *Mots et expressions utiles* and read the contextualized Mise en pratique to better understand how the new vocabulary may be used. Then they may prepare the *Activités* at home. How the instructor checks the exercises in class the next day depends on the type of activity. Instructors may wish to begin class each day by working with Activité A, having students perform the first two items as a full group and then the rest in pairs (written preparation is also helpful). A fill-in-the-blank vocabulary exercise can be checked orally, or answers can be put on an overhead transparency so that students can check their own work while the instructor walks around the room and verifies that they did the exercises. Most of the *Activités,* however, are open-ended exercises in which students practice using the functional expressions to carry out specific tasks with a partner. This method ensures maximum student participation. Students choose language for informal and formal relationships according to the details given in each context. (For example, a request to pass the salt during a family dinner will differ from a request for information from a bus driver.)

In a similar way, the *Questions indiscrètes* activities are personalized questions related to the functions and thematic vocabulary that can be completed with a partner and summarized for the class. Instructors may also choose to have students do some of the exercises in writing. Some exercises lend themselves best to a full-group activity, such as the game in Chapter 3, Lesson 2, p. 107, where students must ask descriptive questions about the contents of someone's purse or pocket in order to guess what the objects are.

Finally, one other method for practicing vocabulary words is to teach students the strategy of *circumlocution,* that is, the ability to describe and talk around the word for an object, a person, or a concept without actually using the word. This strategy is very useful in the target language environment when the learner does not know how to say something.

Thus, many of the *Activités* following the *Mots et expressions utiles* ask students to provide the word for which a description is given or have students give a description for a word from a list. At the end of a chapter, a good activity to practice circumlocution is a modified version of the old television game show "Password." Instructors select words from the complete chapter list in *Appendice B* and write two copies of each on small slips of paper. The class is divided into two teams, and four chairs are placed in the center of the room so that two chairs face the other two chairs. Two players are chosen from each team to begin the game and sit in the center chairs. One member of each team receives the same word, and for five points, must describe the word, to as great an extent as possible in French, to his or her partner so that the partner can guess the word. After twenty seconds, if the word has not been guessed, the second team gets a chance at the same word for four points. If they are unsuccessful, the first team tries again for three points, and so on. If neither team has guessed the word by the time it reaches zero, the rest of the class can guess. Once the word has been guessed correctly, a new set of words is shown to the team members who originally had to guess the first word. New teams are chosen after each member has had a chance at both giving and guessing a word, and the team with the most points wins when time is called. This game is particularly effective at enabling students to improve their descriptive skills and getting students to say as much as they can in a limited time period.

## La grammaire à apprendre

Grammatical principles directly related to the performance of the functions that organize each **leçon** are presented in English to minimize misunderstanding by the student. These grammar points differ from those in *La grammaire à réviser* in that students are not expected to have mastered them at the end of the first year of language study. Pertinent learning strategies to help students master the new material and additional helpful information are presented in the margins. The *Activités* that follow enable the students to practice the grammatical concepts first in structured settings and then in more open-ended activities. The activities attempt to simulate natural conversation and focus on the **leçon**'s functions so that students get practice performing these functions while using the new grammar. Many of these activities are based on authentic texts that have been adapted for use in the **BRAVO!** program.

Instructors may wish to preview the grammar in class on the first day of a new **leçon,** being sure to link its significance to the performance of the function emphasized. An inductive approach can be used, where examples of the new grammatical structures are given in questions or statements on a transparency. Students are asked to analyze them for their grammatical function. The **Activités** can be assigned for homework, as well as the corresponding exercises in the Workbook/Lab Manual. On the second day, students' questions can be answered, exercises checked, and pertinent small group activities completed, in much the same way as described earlier for the activities accompanying the *Expressions typiques pour...* and *Mots et expressions utiles* sections. Annotations in the margins provide additional activities and suggestions for instructors on how to expand certain activities.

## *Liens culturels* and authentic materials

Each **leçon** contains items of realia and a *Liens culturels* section chosen for their cultural significance and relation to the functions and theme(s) being taught. These features give students insights into what French speakers and contemporary French society are like. They are meant to add to the cultural knowledge typically gained by the learner during the first year of language study.

The accompanying questions enable students to develop cultural insights and make cross-cultural comparisons.

Students may be assigned the cultural readings for homework. Then, in class, the instructor can have students summarize the contents in French or English, express a reaction or opinion, or make cross-cultural comparisons by discussing the questions that accompany the *Liens culturels* reading or the piece of realia. At times, an item of realia also serves as the basis for one of the *Activités*.

## *Interactions*

The end of each **leçon** contains two role play situations, called *Interactions,* which promote real language use and are comparable to many of the situations used in the ACTFL Oral Proficiency Interview for intermediate learners. These activities, performed in groups of varying sizes, encourage the use of the functional expressions, vocabulary, grammar, and culture of the **leçon.** The final product can then be passed out to other classmates, who respond to it orally or in writing. The focus of these activities is on the functional use of language to perform realistic tasks.

Instructors can have students perform the *Interactions* in class in small groups and then have selected groups present their work to the class. The *Interactions* can also be assigned for out-of-class work with a conversation partner. Occasionally an *Interaction* requires a communicative writing assignment, such as writing a postcard, letter, or advertisement. These can be assigned as either in-class or out-of-class tasks.

## *Dossier personnel*

This personalized writing component provides a systematic means for students to improve their writing abilities in French, a much-needed skill at the intermediate level, particularly when intermediate-level courses are viewed as a bridge to third-year literature and culture courses. The basic concept is to gradually create a portfolio of student writing that builds upon previous work, not only within a chapter, but from chapter to chapter.

Students begin with the *Préparation* stage, in which they are given a description of the type of paper they are to write, a choice of topics, and directions to brainstorm a list of vocabulary (and sometimes points of view), which are then shared with a classmate to gain additional ideas. This activity is located at the end of the *Interactions* for Leçon 1, but could also be completed during work with the *Mots et expressions utiles*. The *Préparation* can be done entirely in class, or students can draft the list of vocabulary at home to share and revise with a partner in class.

The *Premier brouillon* stage takes students step-by-step through the process of writing an introductory paragraph, middle paragraphs, and a conclusion, using the vocabulary and ideas generated in the *Préparation* activity. The *Deuxième brouillon* stage asks students to write a second draft, incorporating additional hints and suggestions on how to refine the paper. Vocabulary specific to the type of paper being written is presented as *Expressions utiles* for students to use as they wish to make the paper stronger. Both the *Premier brouillon* and *Deuxième brouillon* stages are designed to be assigned for out-of-class work, although courses meeting five days a week could spend some in-class time working on them.

In the *Révision finale* stage, students work on their final drafts. They reread the paper, making changes to reflect additional suggestions. As an in-class activity, teachers can place students into groups of two to four and have them peer review their papers for content, style, vocabulary, and grammar, using the symbols located in *Appendice A* to indicate grammar errors. Students can then continue working on their papers at home, using the suggestions of their classmates (after verifying that they are accurate!) and checking for spelling, punctuation, and the specific grammar points studied in the chapter. Instructors can then ask students to prepare their final version, which they hand in, along with the previous drafts and comments from their classmates. Note that instructors may elect to give formal writing assignments less often than every chapter, for example, every other chapter, depending on available class time. It would be helpful, however, for instructors to go over the writing techniques in each chapter or at least refer students to them.

## Synthèse

End-of-chapter activities, including listening, oral, and written tasks, are presented in the *Synthèse,* which, as its name implies, is provided to enable students to synthesize all functions, vocabulary, and grammatical topics introduced throughout all three leçons of the chapter. Important functions and structures from previous chapters are recycled and combined with current material in different sociocultural contexts. The listening, oral, and written activities ensure that any material that students may have originally memorized will be used again in a meaningful and functional way by the end of the chapter.

Parts or all of this section, depending on time available and the course's emphasis, can be assigned after the three leçons are completed. The *Activités musicales* include pre- and post-listening activities to enable students to successfully access the lyrics. Instructors can play the songs during class or assign them for out-of-class work to save in-class time. For some chapters, instructors may want to work with an individual song on the day that the theme or grammar to which it relates is taught (a teacher annotation will provide this information). For others, instructors may want to use the songs as an end-of-chapter activity.

Similar to the *Interactions,* the oral and written activities of the *Synthèse* section can be performed in small groups and then summarized or presented in front of the entire class. In general, these activities are more open-ended than the *Interactions* and often require synthesizing the review material, as well as the new chapter information. The written activities are usually more extensive than those contained in the *Interactions* and are an excellent source for composition topics.

## Intermède culturel

Although located at the end of the chapter, the readings in the *Intermède culturel* can be taught at any time during the chapter. The *Culture* reading focuses on culture topics, such as history, art, and the French personality, while the *Littérature* reading is a poem or excerpt from a short story or novel. Both have prereading activities that prepare students to read by activating their background knowledge of the topic. In addition, the literature readings teach useful reading strategies such as skimming, scanning, predicting, using context, and understanding word formation. Postreading activities check comprehension, encourage discussion of themes, and enable students to synthesize and apply what they have read to new contexts. Instructors should explain to their students that the careful completion of these activities will enable them to read more efficiently, with a focus on meaning, and to enjoy the reading process better.

Ideally, the prereading activities should be done in class in small groups at the end of the second day of a leçon, to prepare students for the reading. To check their work, instructors can have students present a summary of their discussions to the whole class, or, alternatively, have a student read a question and call on a classmate to answer it. At home, students should then read the text and prepare the postreading activities, and the next class day would be spent on discussing the reading and doing the postreading activities. Depending on the chapter (and if time permist), instructors may want to work with the video segment if it has a strong link to the reading.

## BRAVO! Cahier d'exercices écrits et Manuel de laboratoire

The written part of the Workbook/Lab Manual contains: (1) exercises to accompany *La grammaire à réviser* (the review grammar), and (2) activities to practice the new vocabulary and grammar of all three leçons. The workbook contains a variety of opportunities for writing coordinated with the functions and themes of each chapter. An answer key is available separately.

Instructors should assign the review grammar exercises as needed, and students should complete them *before* beginning a new leçon. The written activities that correspond to the leçon's grammar should be assigned *after* the grammar has been previewed. Students can be directed to self-correct the workbook answers, using the answer key (available separately). Instructors should collect the workbook chapters, checking that students have completed and self-corrected the exercises. Then instructors should correct those personalized exercises for which no answer key is provided because answers will vary.

The Lab Audio Program consists of the *Exercices de laboratoire* including the *Compréhension exercises*. The *Exercices de laboratoire* provide listening practice of the introductory *Conversation* in each **leçon** and a review of phonetics. Oral and listening practice of each of the vocabulary and the main grammar topics of the leçon is also included on the CDs. Instructors may want to assign the *Exercices de laboratoire* portions of each **leçon** along with the *Exercices écrits* after each grammar point is introduced. A synthesis of the functions, vocabulary, and grammar of the chapter is provided through a dictation, which can be assigned after all three **leçons** are completed.

The *Compréhension* section of the Lab Audio Program is comprised of authentic listening materials related to chapter functions and themes. Audio recordings, which include interviews, conversations, radio commercials, weather and news reports, surveys, and train and airport announcements, enable each student to have easy access to the French language as it is spoken today in natural contexts. Supplementary exercise worksheets located in the Workbook/Lab Manual accompany these listening materials and direct students to listen for specific purposes.

Instructors should assign the chapter recordings (three to five per chapter) upon completion of the three **leçons.** Students should not expect to understand every word they hear, and they should be directed to listen to a recording as many times as necessary in order to extract the essential information.

These recordings can also be used as a springboard for other related activities (for example, after working with a radio ad selling electronic equipment, students could role-play a clerk/customer scene in a store that sells similar equipment). If desired, a recording can also be played in class and worked on as a teacher-directed activity; however, care should be taken so that flexibility is not lost in this approach: the individual student's needs ought to direct at what point and how often a recording is replayed. Such an in-class activity is better done as either a pre-listening activity—that is, a means of setting the scene for students' individual listening activity outside of class—or as a final check on students' comprehension after they have already worked with the recording at home. To provide additional listening practice, a slightly altered version of one of the recordings can be read in class by the instructor. Students can check their understanding by completing the *Compréhension* Worksheets, directing them to listen for specific information and self-correct with the answer key.

SIXTH EDITION

# *Bravo!*

**Judith A. Muyskens**
*Appalachian College Association*

**Linda L. Harlow**
*The Ohio State University*

**Michèle Vialet**
*University of Cincinnati*

**Jean-François Brière**
*State University of New York at Albany*

**HEINLE**
**CENGAGE Learning**

Australia • Brazil • Japan • Korea • Mexico • Singapore • Spain • United Kingdom • United States

**Bravo!, Sixth Edition**
**Muyskens • Harlow • Vialet • Brière**

Executive Editor: Lara Ramsey Semones

Acquisitions Editor: Nicole Morinon

Senior Content Project Manager: Esther Marshall

Assistant Editor: Catharine Thomson

Associate Technology Project Manager: Morgen Murphy

Senior Marketing Manager: Lindsey Richardson

Marketing Assistant: Denise Bousquet

Senior Marketing Communications Manager: Stacey Purviance

Creative Director: Rob Hugel

Senior Art Director: Cate Rickard Barr

Senior Print Buyer: Elizabeth Donaghey

Permissions Editor: Sylvie Pittet

Text Designer: Greg Johnson, Art Directions

Senior Image Manager: Sheri Blaney

Cover Designer: Brian Salisbury

Compositor: Greg Johnson, Art Directions

Cover images: Top Left: © James Denk/Index Open; Top Right: © Index Open; Center Left: © Index Open; Center Right: © Cephas Picture Library Ltd./PhotoLibrary © Bottom Left: Imagestate Ltd./Index Open; Bottom Center: © Photononstop/ PhotoLibrary; Bottom Right: © Index Open

For product information and technology assistance, contact us at
**Cengage Learning Academic Resource Center, 1-800-423-0563**

For permission to use material from this text or product, submit all requests online at **www.cengage.com/permissions.**
Further permissions questions can be e-mailed to **permissionrequest@cengage.com.**

Library of Congress Control Number: 2007939919

Student Edition:

ISBN-13: 978-1-4130-3302-1

ISBN-10: 1-4130-3302-4

**Heinle Cengage Learning**
25 Thomson Place
Boston, MA 02210
USA

Cengage Learning products are represented in Canada by Nelson Education, Ltd.

For your course and learning solutions, visit **academic.cengage.com.**

Purchase any of our products at your local college store or at our preferred online store **www.ichapters.com.**

Printed in the United States of America
1  2  3  4  5  6  7  12  11  10  09  08

# Sommaire

# Table des matières

## Chapitre 1

## Heureux de faire votre connaissance

Thème: Le voyage                                                                                   **1**

**La grammaire à réviser**   Les verbes: le présent; Poser une question; L'impératif   **2–5**

| | Leçon 1 | Leçon 2 | Leçon 3 |
|---|---|---|---|
| Expressions typiques pour... | Saluer, Présenter quelqu'un, Se présenter, Prendre congé **7–8** | Discuter **15–16** | Demander à quelqu'un de faire quelque chose, Proposer de l'aide, Accepter une offre d'aide, Refuser une offre d'aide **29–30** |
| Mots et expressions utiles | Saluer/Prendre congé **8** | Les voyages, La conversation **17** | L'argent, Rendre un service, Le voyage **30** |
| Liens culturels | Français et Américains **10** | La vie privée/la vie publique **21** | Demander un service **31** |
| La grammaire à apprendre | Les verbes irréguliers: **suivre, courir, mourir, rire, conduire, savoir** et **connaître** **11–12** | Les expressions de temps, Les noms **19–20, 22–25** | Le conditionnel **32–33** |
| Dossier personnel | PRÉPARATION **13** | PREMIER BROUILLON **26** | DEUXIÈME BROUILLON **35** |

**Synthèse 36**     **Activités musicales:** Isabelle Boulay: *Parle-moi*     RÉVISION FINALE     academic.cengage.com/french/bravo

**Intermède culturel**     **Culture:** Polly Platt: *Ils sont fous, ces Français* **38**

**Littérature:** Annie Ernaux: *Père et fille en voyage* **41**

# Chapitre 2

## Je t'invite...

## Chapitre 3

# Qui suis-je?

Thèmes: La famille; Les rapports

**La grammaire à réviser**   L'adjectif possessif; L'adjectif qualificatif; Les verbes pronominaux   **90–92**

|  | **Leçon 1** | **Leçon 2** | **Leçon 3** |
|---|---|---|---|
| **Expressions typiques pour...** | Identifier: un objet, le caractère d'un objet, une personne, les activités d'une personne, le/la propriétaire **94–95** | Décrire les personnes, Décrire les objets **105** | Décrire la routine quotidienne et les rapports personnels **114** |
| **Mots et expressions utiles** | La famille, Les enfants, La possession, Les affaires **95–96** | Les personnes, Les objets **106** | Les bons rapports, Les rapports difficiles **115** |
| **Liens culturels** | La famille **101** | La nouvelle image du couple **109** | Les rapports entre parents et enfants **117** |
| **La grammaire à apprendre** | **C'est** et **Il/Elle est**, Les pronoms possessifs **98–101** | L'adjectif qualificatif, La position des adjectifs **108, 110** | Les verbes pronominaux **117–118** |
| **Dossier personnel** | PRÉPARATION **103** | PREMIER BROUILLON **112** | DEUXIÈME BROUILLON **120** |

**Synthèse 121**   ♪ **Activités musicales:**   RÉVISION FINALE   academic.cengage.com/
Maxime Le Forestier: *Mon frère*   french/bravo
Stéphan Eicher: *Déjeuner en paix*

**Intermède culturel**   **Culture:** *Allons, enfants de la patrie:* la Révolution française de 1789   **123**
**Littérature:** Mariama Bâ: *Je t'épouse*   **127**

## Chapitre 4

# On ne croira jamais ce qui m'est arrivé...

# Chapitre 5

# Exprimez-vous!

## Chapitre 7

## Qui vivra verra

Thèmes: La carrière; L'économie; Le logement

# Chapitre 8

# La vie n'est jamais facile

Thème: Les tribulations de la vie quotidienne **303**

## Chapitre 9

## Je prendrais bien celui-ci...

Thèmes: La maison; Les vêtements; La technologie; La cuisine **349**

# Chapitre 10

# En somme...

Thème: Les loisirs (les sports et le cinéma) **393**

# Introduction to the Sixth Edition

## Introduction

The Sixth Edition of **BRAVO! Communication, Grammaire, Culture et Littérature** is an intermediate program created to provide students with the opportunity to use their language skills in a highly functional way and to bridge the gap between intermediate and upper division work. It is different from other comprehensive intermediate programs in a variety of ways. Special features include:

- organization of chapter materials around high-frequency functions of language;
- expressions, vocabulary, and grammar selected according to what is needed to carry out each organizing function of language;
- division of chapter content into three **leçons**, with built-in lesson planning and culminating activities for each **leçon;**
- contextualized activities that relate to real-life situations;
- a focus on culture (photographs, authentic documents) and *Liens culturels* readings develop cultural insights and provide information on the practical, everyday culture of the French-speaking world; *Intermède culturel* readings provide information on the culture and civilization of France and francophone countries, (e.g., historical events, art, architecture, societal institutions);
- Web-based Internet activities related to chapter functions and themes that explore contemporary culture through task-based format;
- a video that builds both listening comprehension and cultural competence;
- a literary reading with corresponding *Avant* and *Après la lecture* activities to develop further skills in reading comprehension and literary analysis;
- a process-oriented writing component, *Dossier personnel,* that enables students to expand their writing skills in an organized fashion;
- a *Compréhension* section in the Lab Audio Program consisting of authentic recordings, such as radio ads, interviews, weather and news reports that are intended to stretch students' listening skills;
- a music component at the end of each chapter to enhance listening comprehension and discussion skills through songs related to chapter themes and grammar topics by some of the most popular singers in the French and francophone world.

## Philosophy and Approach

The approach used in developing **BRAVO! Communication, Grammaire, Culture et Littérature** originally came from a desire on the part of the authors to make intermediate-level study of French an opportunity for the learner to actively use the language rather than spend time reviewing the entire grammatical system. The following beliefs guided their writing:

- **The goal of functional use of language is aided by an organization centered around the different communicative uses to which language can be put.** Thus, functions of language, such as expressing opinions, persuading, and apologizing, are the point of departure for each chapter.

- **Language is not used in a vacuum.** The settings, social roles, and topics likely to be needed most when performing given language functions are presented and practiced to allow students to become aware of language use in different sociocultural contexts.

- **Students come to an intermediate class with widely divergent skills and knowledge of French.** Because of this, instructors often spend time in class reviewing everything, even when this goes beyond the individual needs of students. By means of the separate review grammar section *La grammaire à réviser,* comprised of simple grammar points that students are expected to have mastered by the end of the beginning-level courses, students will be able to review prerequisite grammar at home, spending as much time as needed. Instructors can then use class time for practicing new material. The result is a more productive, motivating experience for learners and instructors alike.

- **Exploration of the French culture, begun in most first-year books, should be continued at the intermediate level as well.** Thus, culture plays an important role in BRAVO! A *Liens culturels* section is included in each **leçon,** and every chapter concludes with an *Intermède culturel.* Authentic documents with interactive questions are frequent throughout chapters and illustrate various aspects of culture.

- **A distinction should be made between language for productive and receptive use.** The music selections, Internet sources, and materials in the *Compréhension* section of the Lab Audio Program were produced for native speaker audiences. Thus, it is understood that students will not need to produce everything that they hear on the CD. Rather, the accompanying activities guide students to listen for specific purposes and, thus, give them practice in using context to extract the essential information without understanding every word.

- **A cyclical approach to language learning rather than a linear organization provides a built-in review across chapters.** In BRAVO! Communication, Grammaire, Culture et Littérature, Sixth Edition, important language functions, themes, and structures are recycled throughout the program.

- **Learning to write well is a process not learned overnight.** Writing multiple drafts of a paper following a step-by-step approach produces better writing skills than simply writing one product for the instructor. Thus students are directed to complete drafts of their papers at least four times during every chapter, incorporating new strategies and techniques each time.

## Major Changes in the Sixth Edition

The authors collected reactions to the Fifth Edition from instructors and students who have used the book. Based on this input and on their own experience and insights, they decided to make the following changes:

- Several opening conversations and accompanying activities have been replaced or updated to stimulate class discussions.

- The *Liens culturels* readings have been updated or replaced and questions added to enable students to make cross-cultural comparisons.

- ♪ A music component has been added to the end-of-chapter *Synthèse,* comprised of carefully-chosen French and francophone songs available on the Heinle iTunes Playlist that relate to the themes, functions, and grammar of the chapter and activities to engage learners with the material.

- The *Intermède culturel* has been updated with several new cultural and literary readings, and additional glosses of unfamiliar vocabulary words have been added.

- Many more teacher annotations have been included to provide information and teaching tips.

- New suggestions for the use of the *Mise en pratique* sections have been added, as well as more links between chapter functions and material.

- 🎧 **Heinle iRadio** features MP3-ready grammar and pronunciation tutorials. Icons in the text indicate where students can turn to **Heinle iRadio** for mini-lessons on difficult grammar points and pronunciation to supplement their learning. With these downloadable audio lessons, students have the freedom to choose when, where, and how they practice.

- The National Standards for Foreign Language Learning again guided the revision of this edition.

## National Standards for Foreign Language Learning

BRAVO! reflects the principles of the National Standards for Foreign Language Learning. The rich and diverse content and activities enable students to meet each of the goals of the National Standards in the following ways: Instructors who wish to read more on the National Standards for Foreign Language Learning should refer to materials published by the American Council on the Teaching of Foreign Languages. The short volume and video entitled *The Five Cs: The Standards for Foreign Language Learning WorkText* is particularly helpful for the instructor who is new to the standards.[1]

| | Communication | Cultures | Connections | Comparisons | Communities |
|---|---|---|---|---|---|
| Conversations | X | X | | X | |
| Expressions | X | X | X | | |
| Mots et expressions utiles | X | X | X | | |
| Grammaire | X | X | X | X | |
| Liens culturels | X | X | | X | |
| Dossier personnel | X | X | | X | |
| Interactions | X | X | | | |
| Activités musicales | X | X | X | X | X |
| Intermède culturel | X | X | X | X | X |

[1] June K. Phillips and Jamie B. Draper, *The Five Cs: The Standards for Foreign Language Learning WorkText* (Boston: Heinle & Heinle Publishers, 1999).

# Chapter Organization

**BRAVO! Communication, Grammaire, Culture et Littérature,** Sixth Edition, is composed of ten chapters whose format is presented below:

**List of objectives** Each chapter begins with a list of specific instructional objectives—the functions of language, the grammar, the cultural topics, and the themes—for each of the three lessons in the chapter.

*La grammaire à réviser* Grammatical structures that students should review before beginning the chapter are presented in this section. Brief presentations of the grammar topics are given in English. Charts and examples are also used to aid students in quick review. An activity to check students' understanding is located in the margin. For students needing extra review, exercises are provided in the Workbook/Lab Manual.

*Conversation* Each dialogue is preceded by the *Premières impressions* section that provides practice in skimming and scanning for information. The conversation in each of the three **leçons** illustrates the functions, vocabulary, cultural focus, and grammatical principles within each **leçon**. The three conversations often form a unit or story within the chapter. New vocabulary words are glossed in the margin to provide for immediate understanding of the dialogue. The *Observation et analyse* questions check comprehension of the *Conversation* by asking for information and inferences. In addition, the *Réactions* questions invite students to provide their personal thoughts on the topics discussed during the conversation.

*Expressions typiques pour...* and *Mots et expressions utiles* The *Expressions typiques pour...* section contains commonly used expressions and vocabulary needed to communicate a particular speech act or function, or a group of related functions. Language for both formal and informal styles of expression is presented.

The *Mots et expressions utiles* section provides thematic vocabulary related to the functions and/or the chapter theme(s) that are grouped by meaning. These words are to be learned for active use. A paragraph or dialogue, called *Mise en pratique,* follows the vocabulary section to provide a context for use of the words. An *Activités* section provides practice using these expressions by asking students to create conversations in different contexts or by identifying contexts for the expressions. All formats are contextualized and communicative.

*La grammaire à apprendre* Grammar principles directly related to the functions appear in each **leçon.** They are presented in English to maximize understanding by the student. Examples are translated into English when necessary. The *Activités* to practice the grammatical concepts proceed from structured to more open-ended. They attempt to simulate natural conversation. Many of these activities are adapted from authentic texts. Small-group activities provide students with additional practice.

*Liens culturels* and authentic material Each **leçon** contains realia and a *Liens culturels* section, which have been chosen for their cultural significance and their relation to the function being taught. The cultural information is practical and up-to-date, providing abundant demographic information. It gives students insights about French speakers and contemporary French society. These sections are accompanied by questions to develop cultural insights or cross-cultural comparisons.

*Interactions* The *Interactions* section at the end of each **leçon** contains role play activities. These interactions are designed to promote real language use in interesting contexts. Many of these situations are comparable to those used in the ACTFL Oral Proficiency Interview for intermediate learners. These activities encourage the use of the functional expressions and vocabulary, grammar, and culture of the **leçon.**

*Dossier personnel* Each writing activity constitutes an additional step in the student's portfolio of personal writing. In the *Préparation,* students are directed to write a specific type of paper (e.g., personal narrative, description, argumentative) and are given a choice of topics relating to chapter material. A brainstorming activity involving vocabulary and sometimes arguments or points of view is then presented, along with directions to share ideas with a classmate. In the *Premier brouillon,* students are taken step-by-step through the process of writing a first draft. In the *Deuxième brouillon,* additional hints and suggestions are given for the writing of the second draft (e.g., incorporate more detail, add examples). New *Expressions utiles* that would make the type of paper stronger are provided for students to incorporate as they wish. The *Révision finale* section asks students to reread the paper, making changes to reflect still other suggestions. They are then directed to have two classmates peer review the paper, using symbols to indicate grammar errors. Students are asked to check for spelling, punctuation, and the specific grammar points studied in the chapter, and then are told to prepare their final version.

***Synthèse*** The end-of-chapter activities are combined in the *Synthèse* section, which, as the name implies, is provided to enable students to synthesize all functions, vocabulary, and grammatical topics introduced throughout the chapter. These listening, oral, and written tasks serve as culminating activities so that any material that may have been originally memorized will be used in a meaningful and functional way by the end of the chapter.

***Intermède culturel*** Cultural and literary readings are found in the *Intermède culturel* to develop students' analytical and context skills and prepare them for upper division study. The *Culture* reading focuses on topics such as history, art, education, and cinema, and the *Littérature* reading is a poem or extract from a short story or novel. Both have prereading activities that prepare students to read by activating their background knowledge of the topic. In addition, the literature readings teach useful reading strategies such as skimming, scanning, predicting, using context, and understanding word formation. Postreading activities check comprehension, encourage discussion of themes, and enable students to synthesize and apply what they have read to new contexts.

***End Matter*** The following appendices and indexes are included in **BRAVO! Communication, Grammaire, Culture et Littérature,** Sixth edition:

Appendice A: Évaluation des compositions
Appendice B: Vocabulaire
Appendice C: Expressions supplémentaires
Appendice D: Les temps littéraires
Appendice E: Les verbes
Lexique français-anglais
Indice A: Expressions typiques pour…
Indice B: Mots et expressions utiles
Indice C: Grammaire

*Appendice A* provides a list of grammar codes for students to use during peer reviewing sessions. *Appendice B* is a complete list of the active French vocabulary for each chapter. The authors have chosen to provide supplementary expressions such as dates, months, numbers, weather expressions, seasons, and telephone expressions in *Appendice C.* Instructors may wish to refer students to this section or may use it actively in class at some point. Indexes of functional expressions, thematic vocabulary, and grammar conclude the main text of the **BRAVO!** program.

## Other BRAVO! Components

**BRAVO!** is used in conjunction with several ancillary components. Together they comprise a comprehensive, integrated learning system.

- **BRAVO! Cahier d'exercices écrits et Manuel de laboratoire,** Sixth Edition, by Jan Solberg, Larissa Dugas, Linda Harlow, and Judith Muyskens contains the following sections for each chapter:
  —*Exercices écrits*
  —*Exercices de laboratoire*
  —*Compréhension*

  Written exercises practice the *La grammaire à réviser* grammar and the vocabulary and grammar of the three **leçons.** There are a variety of writing opportunities coordinated with the themes and functions of the chapter. All activities are contextualized and some are based on realia.

  Also available, an answer key for the *Exercices écrits* and *Exercices de laboratoire* followed by the lab audio script.

  The Lab Audio Program provides listening practice of the introductory *Conversation* of each **leçon** in the student text and a review of phonetics. The sounds featured in the phonetics section are those that are most difficult for learners of French and which, therefore, require the most practice. Oral and listening practice of each of the main grammar topics of the **leçons** is provided, as well as a dictation passage to synthesize functions, vocabulary, and grammar of the chapter. The *Compréhension* section consists of authentic listening materials to enable students to have access to French in natural contexts. These include interviews, conversations, radio commercials, weather and news reports, and train and airport announcements.

  The Text Audio CD provides the *Conversations* recordings separate from the rest of the Audio Program for convenient use in class.

# Acknowledgments

The publishers and authors would again like to thank those professional friends who participated in reviewing and content creation.

Kathryne Adair, *Ohio University*
Richard Anderson, *Hartnell College*
Christine Armstrong, *Denison University*
Elizabeth Barrow, *Kent State University*
Eric Baxter, *Black Hills State University*
Anne Birberick, *Northern Illinois University*
Benedicte Boisserson, *The University of Montana*
Glenda Carl, *Southwestern University*
Amy Cartal-Falk, *Lycoming College*
Marilyn Carter, *College of San Mateo*
Rebecca Chism, *Kent State University*
Mary Clarkson, *Houston Community College*
Helene Collins, *University of Washington*
Nathalie Cornelius, *Bloomsburg University*
Michael Danahy, *University of Mississippi*
Robert Daniel, *St. Joseph's University*
Martine Debaisieux, *University of Wisconsin, Madison*
Amy Degraff, *Randolph-Macon College*
Ellen Denaro, *Colgate University*
Elise Denbow, *Ohio University*
Saralyn DeSmet, *Wesleyan College*
Janice Duncan, *Ouachita Baptiste University*
Jacqueline Edwards, *Spelman College*
Mary Ellen Echkert, *East Los Angeles College*
Wade Edwards, *Longwood University*
Jessica Eichelburg, *Suffolk University*
Linda Emanuel, *Lock Haven University*
Pierre Étienne, *College of the Canyons*
Marie Fossier, *Marquette University*
Claire Gallou, *College of the Holy Cross*
Jennifer Gardner, *Central Connecticut State University*
Claire Gaudissart, *University of New Hampshire*
Valérie Goudarzi, *Shoreline Community College*
Médoune Gueye, *Virginia Tech Institute*
Sophie Guichard, *Mississippi University for Women*
Betty Guthrie, *University of California, Irvine*
Cynthia Hahn, *Lake Forest College*
Sharon Hahnlen, *Liberty University*
Sue Henrickson, *Arizona State University*
Jean-Louis Hippolyte, *Rutgers University*
Patricia Hopkins, *Texas Tech University*
Amy Hubbell, *Kansas State University*
Danielle Jouet-Pastre, *SUNY Albany*
Ann Kelly, *Emory University*
Cheryl Krueger, *University of Virginia*
Laurence Lambert, *California State University, Sacramento*
Jeanne-Sarah de Larquier, *Central Michigan University*
Jennifer Law-Sullivan, *Oakland University*
Leona Leblanc, *Florida State University*
Kathryn Lorenz, *University of Cincinnati*
Laurel Mayo, *University of Texas, Arlington*
Christine Moritz, *University of Northern Colorado*
Jeff Morgenstein, *Hudson High School*
Martine Motard-Noar, *McDaniel College*

Frances Novack, *Ursinus College*
Scooter Pegram, *Indiana University, Northwest*
Ariane Pfenninger, *The College of New Jersey*
Anne Marie Pietrolonardo, *Illinois Valley Community College*
Randi Polk, *Pittsburg State University*
Natalie Porter, *Vanderbilt University*
Joseph Price, *University of Illinois*
Judy Redenbaugh, *Costa Mesa High School*
Peggy Rocha, *San Joaquin Delta College*
Deborah Roe, *Penn Hills High School*
Francoise Santore, *University California, San Diego*
Michelle Scatton-Tessier, *University of North Carolina, Wilmington*
Lauren Schryver, *Castilleja School*
Ashley Shams, *Florida State University*
Renée M. Severin, *Hampden-Sydney College*
Henry Smith, *University of New Hampshire*
Stuart Smith, *Austin Community College*
Emese Soos, *Tufts University*
Geneviève Soulas-Link, *University of Minnesota, Twin Cities*
Marie-Agnès Sourieau, *Fairfield University*
Françoise Sullivan, *Tulsa Community College*
Steven Millen Taylor, *Marquette University*
Michel Valentin, *University of Montana*
Jannell Watson, *Virginia Tech*
Rachael Wentz, *Caroll Community College*
Marie-Noëlle Werner, *University of Wisconsin, Milwaukee*
Joan West, *University of Idaho*
Michelle Wright, *University of Miami*
Marion Yudow, *Rutgers University*

## BRAVO! Sixth Edition List of Supplements Freelancers

Lara Mangiafico (Sample Syllabi)
Jan Solberg, *Kalamazoo College* (Workbook/Lab Manual and Testing Program)
Lynne Lipkind (Testing Program)
Randi Polk, *Millikin University* (Companion website grammar quizzes)
Brett Wells, *University of Pittsburgh* (Companion website cultural activities)
Annick Penant (Companion website cultural activities and grammar quizzes native reader)

Many other individuals deserve our thanks for their support and help. Among them are: the teachers and students at Ohio State University and the University of Cincinnati for their many suggestions.

Our special thanks also go to the Heinle staff, and in particular to Lara Ramsey Semones, Nicole Morinon, Esther Marshall, Catharine Thomson, and Lindsey Richardson. Our thanks also go to the freelancers, and in particular to Sev Champeny and to Greg Johnson. And most of all, our deepest thanks to our spouses and family members, especially Jessica and Julian Herraghty, Joe Harlow, Paul and Suzanne Vialet and Éloïse Brière, for the encouragement and support that kept us going to the end.

# France

MER DU NORD

Pays-Bas

Allemagne

Angleterre

Dunkerque

Calais

Belgique

NORD-PAS-DE-CALAIS

Lille

Valenciennes

Luxembourg

LA MANCHE

Amiens

HAUTE-NORMANDIE

Cherbourg

Le Havre

PICARDIE

Reims

Meuse

Metz

LORRAINE

ALSACE

Rhin

Caen

Rouen

Seine

Saint-Malo

BASSE-NORMANDIE

Paris

Versailles

ÎLE-DE-FRANCE

CHAMPAGNE-ARDENNE

Nancy

Strasbourg

Moselle

VOSGES

Brest

BRETAGNE

Fougères

Rennes

Le Mans

Troyes

Seine

Saône

Mulhouse

PAYS DE LA LOIRE

Orléans

BOURGOGNE

Besançon

JURA

Suisse

Angers

Blois

Chambord

Dijon

St-Nazaire

Loire

Tours

Chenonceaux

FRANCHE-COMTÉ

Nantes

Chinon

Azay-le-Rideau

Bourges

Chalon-sur-Saône

Nevers

CENTRE

Loire

Poitiers

La Rochelle

LIMOUSIN

Vichy

Annecy

OCÉAN ATLANTIQUE

POITOU-CHARENTES

Limoges

Clermont-Ferrand

Rhône

Lyon

Saint-Étienne

RHÔNE-ALPES

Italie

Périgueux

AUVERGNE

Grenoble

ALPES

Bordeaux

MASSIF CENTRAL

Rhône

PROVENCE-ALPES-CÔTE-D'AZUR

AQUITAINE

Rodez

Garonne

MIDI-PYRÉNÉES

Avignon

Monte-Carlo

Biarritz

Nîmes

Tarascon

Grasse

Monaco

Bayonne

Toulouse

Montpellier

Aix-en-Provence

Nice

Pau

PYRÉNÉES

Carcassonne

Béziers

Narbonne

Marseille

Toulon

Cannes

LANGUEDOC-ROUSSILLON

Espagne

Andorre

Perpignan

MER MÉDITERRANÉE

0    75 km

CORSE

Ajaccio

©1993 Magellan Geographix℠Santa Barbara CA

Canada

Québec

Québec
Montréal

Amérique
du Nord

États-Unis

Nouveau-
Brunswick

St-Pierre-
et-Miquelon

Maine

Nouvelle-
Écosse

Nouvelle-
Angleterre

Louisiane

La Nouvelle-
Orléans

Océan
Atlantique

Haïti

Les Antilles

Port-au-
Prince

Guadeloupe

Martinique

Océan
Pacifique

Guyane
française

Cayenne

Amérique
du Sud

Wallis et
Futuna

Polynésie
française

Vanuatu

Tahiti

Australie

Nouvelle-
Calédonie

# Le monde francophone

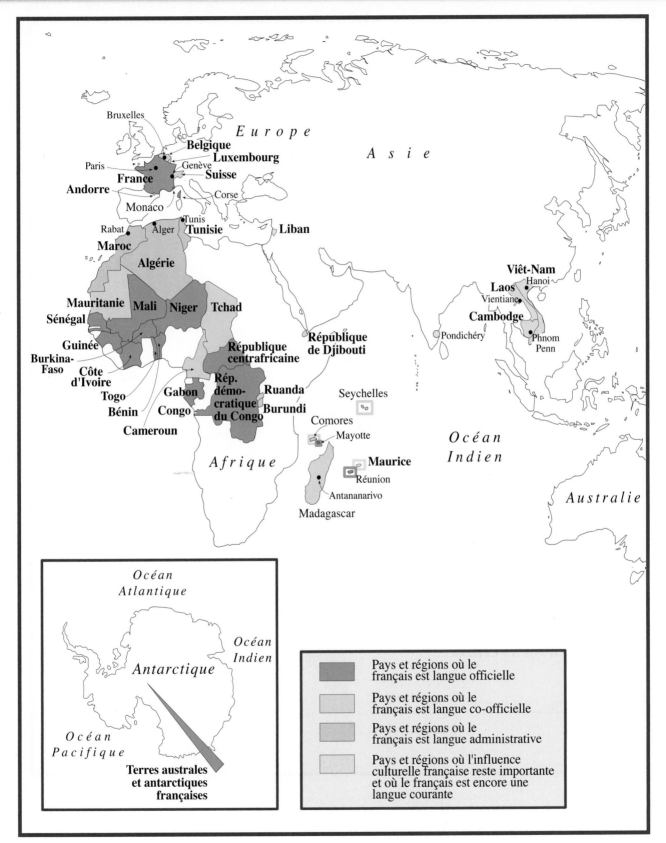

Europe

Asie

Bruxelles
**Belgique**
**Luxembourg**
Paris
Genève
**France**
**Suisse**
**Andorre**
Corse
Monaco
Tunis
Rabat
Alger
**Tunisie**
**Liban**
**Maroc**
**Algérie**
**Viêt-Nam**
Hanoi
**Laos**
Vientiane
**Mauritanie**
**Mali**
**Niger**
**Tchad**
**Cambodge**
**Sénégal**
Phnom
Penn
**Guinée**
**République
de Djibouti**
**République
centrafricaine**
Pondichéry
Burkina-
Faso
**Côte
d'Ivoire**
**Rép.
démo-
cratique
du Congo**
**Ruanda**
**Togo**
**Gabon**
Seychelles
**Bénin**
**Congo**
**Burundi**
**Cameroun**
Comores
Mayotte
*Océan
Indien*
*Afrique*
**Maurice**
Réunion
Antananarivo
*Australie*
Madagascar

*Océan
Atlantique*

*Océan
Indien*

*Antarctique*

*Océan
Pacifique*

**Terres australes
et antarctiques
françaises**

| | |
|---|---|
| | Pays et régions où le français est langue officielle |
| | Pays et régions où le français est langue co-officielle |
| | Pays et régions où le français est langue administrative |
| | Pays et régions où l'influence culturelle française reste importante et où le français est encore une langue courante |

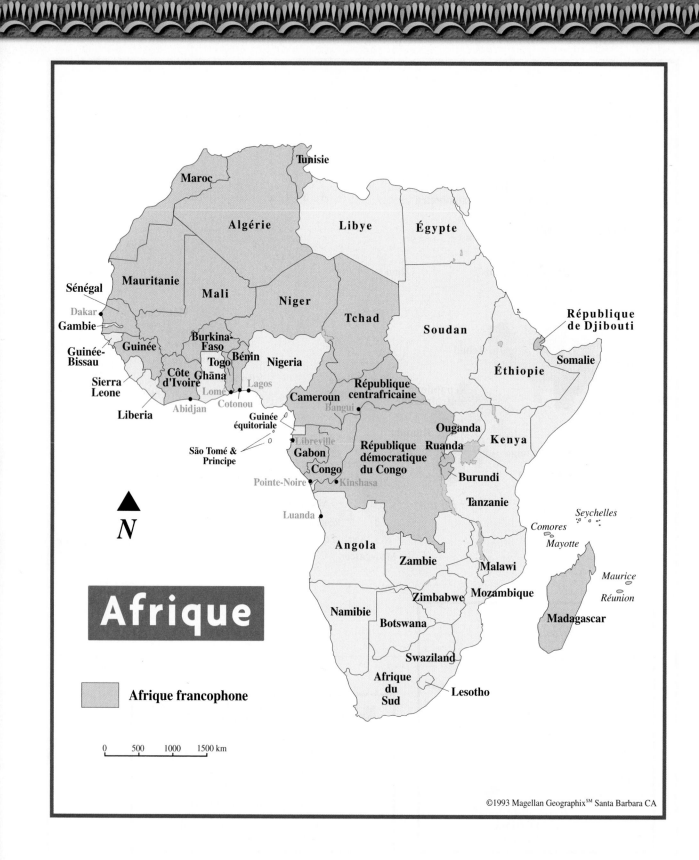

Afrique

Afrique francophone

0   500   1000   1500 km

# Heureux de faire votre connaissance

**Thème:** Le voyage

Use the picture to give a context to the theme and function of this chapter. Ask the following questions: Qu'est-ce que les gens se disent? Où sont-ils? Est-ce qu'ils se connaissent bien? After studying the Expressions typiques pour... and Mots et expressions utiles in Leçons 1 and 2, ask students to write a dialogue for the picture.

 Heinle iRadio

 Système–D Writing Assistant

 Pour tester vos connaissances, visitez academic.cengage.com/french/bravo

## Leçon 1

**Fonction:** Comment saluer, se présenter et prendre congé
**Culture:** Français et Américains
**Langue:** Les verbes irréguliers: **suivre, courir, mourir, rire, conduire, savoir** et **connaître**

PRÉPARATION

## Leçon 2

**Fonction:** À vous de discuter
**Culture:** La vie privée/la vie publique
**Langue:** Les expressions de temps • Les noms

PREMIER BROUILLON

## Leçon 3

**Fonction:** Comment demander ou offrir un service
**Culture:** Demander un service
**Langue:** Le conditionnel

DEUXIÈME BROUILLON

## La grammaire à réviser

• Les verbes: le présent
• Poser une question
• L'impératif

## Synthèse

**Activités musicales:** Isabelle Boulay: *Parle-moi*
RÉVISION FINALE

## Intermède culturel

• Polly Platt: *Ils sont fous, ces Français*
• Annie Ernaux: *Père et fille en voyage*

# La grammaire à réviser

**En classe.** Décrivez ce qui se passe en classe en utilisant la forme appropriée du verbe.

**Modèle:** J'adore étudier. (nous)
**Nous adorons étudier.**

1. J'arrive 5 minutes avant le cours. (nous/vous/Éliane)
2. Le professeur attend mon arrivée. (mes amis/tu/vous)
3. J'espère arriver à l'heure demain. (nous/Robert et ses amis/tu)
4. Les étudiants réfléchissent aux questions du professeur. (je/toi et moi/vous)
5. Sophie essaie de bien travailler en classe. (les étudiants/je/tu)

Ask students to do the substitution drills in writing at home before coming to class. Then the next day, ask them to do the activity orally with a partner.

The information presented here is intended to refresh your memory of various grammatical topics that you have probably encountered before. Review the material and then test your knowledge by completing the accompanying exercises in the workbook.

## Avant la première leçon

### Les verbes: le présent

#### A. Verbes en -er

**parler** *(to speak)*

| | |
|---|---|
| je parl**e** | nous parl**ons** |
| tu parl**es** | vous parl**ez** |
| il/elle/on parl**e** | ils/elles parl**ent** |

Most verbs that end in **-er** in the infinitive are conjugated like **parler.**

#### B. Changements orthographiques dans certains verbes en -er

Some **-er** verbs require spelling changes in the stem of certain persons to reflect changes in pronunciation.

• e → è

**acheter** *(to buy)*

| | |
|---|---|
| j'ach**è**te | nous achetons |
| tu ach**è**tes | vous achetez |
| il/elle/on ach**è**te | ils/elles ach**è**tent |

Like **acheter: lever** *(to raise, lift up)*, **élever** *(to bring up [a child], raise)*, **mener** *(to take; to lead)*, **amener** *(to bring)*, **emmener** *(to take, take away)*

• é → è

**préférer** *(to prefer)*

| | |
|---|---|
| je préf**è**re | nous préférons |
| tu préf**è**res | vous préférez |
| il/elle/on préf**è**re | ils/elles préf**è**rent |

Like **préférer: considérer** *(to consider)*, **espérer** *(to hope)*, **posséder** *(to possess, own)*, **répéter** *(to repeat)*

• l → ll or t → tt

**appeler** *(to call)*

| | |
|---|---|
| j'appe**ll**e | nous appelons |
| tu appe**ll**es | vous appelez |
| il/elle/on appe**ll**e | ils/elles appe**ll**ent |

Like **appeler: jeter** *(to throw, throw away)*, **rappeler** *(to remind; to call back)*

• **y → i**

**ennuyer** *(to bore)*

| | |
|---|---|
| j'ennu**i**e | nous ennuyons |
| tu ennu**i**es | vous ennuyez |
| il/elle/on ennu**i**e | ils/elles ennu**i**ent |

Like **ennuyer**: **envoyer** *(to send)*, **nettoyer** *(to clean)*. For verbs like **essayer** *(to try)* and **payer** *(to pay)*, the change from **y** to **i** is optional (both spellings are acceptable—**essaie/essaye**).

• **c → ç** (when followed by the letters **a** or **o**)

**commencer** *(to begin)*

| | |
|---|---|
| je commence | nous commen**ç**ons |
| tu commences | vous commencez |
| il/elle/on commence | ils/elles commencent |

Like **commencer**: **agacer** *(to get on someone's nerves; to provoke)*, **avancer** *(to advance)*, **lancer** *(to throw)*, **placer** *(to place)*, **remplacer** *(to replace)*

• **g → ge** (when followed by the letters **a** or **o**)

**manger** *(to eat)*

| | |
|---|---|
| je mange | nous mang**e**ons |
| tu manges | vous mangez |
| il/elle/on mange | ils/elles mangent |

Like **manger**: **changer** *(to change)*, **voyager** *(to travel)*, **nager** *(to swim)*, **ranger** *(to tidy up; to put away)*, **venger** *(to avenge)*

## C. Verbes en -ir

**finir** *(to finish)*

| | |
|---|---|
| je fin**is** | nous fin**issons** |
| tu fin**is** | vous fin**issez** |
| il/elle/on fin**it** | ils/elles fin**issent** |

Like **finir**: **bâtir** *(to build)*, **choisir** *(to choose)*, **obéir** *(to obey)*, **remplir** *(to fill, fill out)*, **réunir** *(to gather; to join)*, **réfléchir** *(to reflect)*, **réussir** *(to succeed)*, **punir** *(to punish)*

## D. Verbes en -re

**rendre** *(to give back; to return)*

| | |
|---|---|
| je rend**s** | nous rend**ons** |
| tu rend**s** | vous rend**ez** |
| il/elle/on rend | ils/elles rend**ent** |

Like **rendre**: **attendre** *(to wait for)*, **défendre** *(to defend)*, **descendre** *(to descend, go down)*, **entendre** *(to hear)*, **perdre** *(to lose)*, **répondre** *(to answer)*, **vendre** *(to sell)*

**Les vacances.** Posez des questions sur les vacances en utilisant l'intonation, **est-ce que** et **n'est-ce pas.**

**Modèle:** Vous aimez le soleil et la chaleur.

**Vous aimez le soleil et la chaleur? Est-ce que vous aimez le soleil et la chaleur? Vous aimez le soleil et la chaleur, n'est-ce pas?**

1. Tu voyages souvent.
2. Elle préfère voyager en avion.
3. Mes amis espèrent bientôt partir en vacances.
4. On achète toujours trop de vêtements pour partir en vacances.
5. Vous choisissez un hôtel intéressant.

## Poser une question

### A. Formation et emploi

To ask a yes/no question in spoken French:

- Begin with **est-ce que** and continue with the subject and verb.

    Est-ce que vous parlez français?
    Est-ce qu'il parle français?
    Est-ce qu'il ne parle pas anglais?

- With friends, use rising intonation.

    Vous parlez français?
    Vous ne parlez pas anglais?

- When you want to speak in a more formal or proper way, or write formal letters and compositions, invert the order of the subject and verb.

    Parlez-vous français? N'êtes-vous pas français?
    Parle-t-elle anglais? Ne parle-t-elle pas français?

In the third-person singular, a **-t-** is inserted between the verb and pronoun when the preceding verb ends in a vowel.

When the question has a *noun subject,* start with the noun subject, continue with the verb, and add the third-person pronoun that corresponds to the noun subject:

    Martine est-elle étudiante?    Noun subject + verb + 3rd person pronoun

Quelles questions est-ce que cet homme pose?

NOTE: When **je** is the subject of the sentence, it is seldom inverted. **Est-ce que** is usually used:

    Est-ce que je suis en retard?

- Finally, to confirm an assumption you are making, add **n'est-ce pas** at the end of your statement.

    Vous parlez français, n'est-ce pas?

# Avant la troisième leçon

## L'impératif

The imperative is used to give directions, orders, requests, or suggestions. There are three forms of the imperative in French. To form the imperative, drop the subject pronoun. Note that the **s** is dropped in the **tu** form of **-er** verbs and the irregular verb **aller (Va!).**

### A. Formes régulières

|  | **parler** | **finir** | **attendre** |
|---|---|---|---|
| **tu** form: | Parle! | Finis! | Attends! |
| **nous** form: | Parlons! | Finissons! | Attendons! |
| **vous** form: | Parlez! | Finissez! | Attendez! |

### B. Formes irrégulières

|  | **être** | **avoir** | **savoir** | **vouloir** |
|---|---|---|---|---|
| **tu** form: | sois | aie | sache | veuille |
| **nous** form: | soyons | ayons | sachons | veuillons |
| **vous** form: | soyez | ayez | sachez | veuillez |

NOTE: In negative commands, the **ne** precedes the verb; the **pas** follows it:

**N'**oublie **pas** notre rendez-vous!  *Don't forget our meeting!*

**Ne** sois **pas** en retard!  *Don't be late!*

**Des ordres stricts aux élèves.** Imaginez que vous êtes le professeur et que vous donnez des ordres aux élèves en utilisant la forme de **tu** et de **vous** de l'impératif.

**Modèle:** écouter bien le professeur
**Écoute bien le professeur!**
**Écoutez bien le professeur!**

1. faire attention aux verbes comme **être** et **faire**
2. écrire la forme de **tu** sans fautes
3. ne pas oublier de préparer des questions
4. être original(e)
5. savoir les dates des examens

Qu'est-ce qu'elles regardent?

**une couchette** *cot, train bed*

**martiniquais(e)** *de la Martinique*

**un congrès** *conference*

**s'installer** *to get settled*

**se tourner et se retourner** *to toss and turn* / **ça ne fait rien** *it's OK*

**déranger** *to bother*

**une rencontre inattendue** *unexpected encounter*

**serrer la main de quelqu'un** *to shake someone's hand*

**un gendre** *son-in-law*

# Leçon 1

## Comment saluer, se présenter et prendre congé

### Conversation

#### Premières impressions

**Soulignez:**

- les expressions formelles et informelles pour saluer et présenter quelqu'un

**Trouvez:**

- la destination de Madame Flanoret et des Kudot (les Martiniquais), et celle de Nicole (la Belge)
- la nationalité de Laurence

*Il est sept heures du matin, dans le train rapide Paris-Nice. Les cinq personnes qui ont passé la nuit en couchette° dans le même compartiment se réveillent et se disent bonjour. Il y a un jeune couple martiniquais°, Valérie et Jacques Kudot, qui voyage avec la mère de la jeune femme, Madame Flanoret. Par ailleurs, Nicole et un ami, Manu, vont à un congrès° de technologie. Les deux groupes ne se connaissent pas mais, en s'installant° pour la journée, ils échangent quelques mots.*

MANU: Bonjour, Nicole! Tu vas bien, ce matin? J'ai bien dormi, et toi, tu es reposée?

NICOLE: Pas trop... J'ai mal dormi. J'étais trop fatiguée! Je n'ai pas arrêté de me tourner et de me retourner° toute la nuit! Mais ça ne fait rien°! La journée s'annonce belle... Regarde... Il fait un beau soleil!

MANU: *(qui est à côté de Madame Flanoret)* J'espère que nous ne vous avons pas dérangée°, madame.

MME FLANORET: Mais pas du tout, voyons! Ça fait partie de l'aventure! Je ne voyagerais pas en couchette si je n'aimais pas les rencontres inattendues°! Et d'ailleurs, permettez-moi de me présenter. Je m'appelle Madame Annette Flanoret. *(Madame Flanoret tend sa main droite pour serrer° celle de Nicole et celle de Manu.)*

NICOLE: Enchantée, madame. Je m'appelle Nicole. Et voici mon ami, Manu.

MME FLANORET: Enchantée de faire votre connaissance, à tous les deux. Je voyage avec ma fille et mon gendre°. Les voici, justement, qui reviennent de la voiture-restaurant. Nicole et Manu, je vous présente Valérie et Jacques Kudot. Ce couple adorable m'a offert le meilleur cadeau du monde: un voyage en Europe!

VALÉRIE: Oh, ce n'est rien... Bonjour, Manu, bonjour, Nicole. Je suis heureuse de faire votre connaissance. Et je vous présente mon mari, Jacques.

JACQUES: Enchanté. Comment-allez-vous?

MANU: Très bien, merci. Vous allez loin?

JACQUES: Pour le moment, nous allons en Grèce, mais on verra. Vous avez déjà visité la Grèce?

*Le train s'arrête à la gare de Marseille Saint-Charles.*

LAURENCE: *(une jeune Française qui vient d'entrer)* Est-ce qu'il y a une place de libre°?

VALÉRIE: Oui, certainement, là, à côté de la porte.

LAURENCE: Excusez-moi de vous déranger. J'ai vu que la place n'était pas réservée. C'est la seule dans cette voiture. Je me présente. Je m'appelle Laurence Delage.

MANU: Bonjour, mademoiselle.

*À suivre*

**une place de libre** *an unoccupied seat*

## Observation et analyse

1. Comment est-ce que Manu et Nicole ont dormi?
2. De quelle région viennent Madame Flanoret et les Kudot? Pourquoi est-ce qu'ils voyagent?
3. Où vont Manu et Nicole?
4. Expliquez l'emploi de **tu** et de **vous** entre les voyageurs.

## Réactions

1. Avez-vous déjà voyagé en train? Si oui, avez-vous aimé ce voyage en train? Expliquez.
2. Est-ce que vous voudriez visiter la Grèce? Expliquez.

# Expressions typiques pour...

### Saluer *(rapports intimes et familiaux)*

—Salut/Bonjour, Marc/Sylvie.
{ Ça va?
{ Comment ça va?

—Salut/Bonjour.
{ Oui, ça va.
{ Très bien.
{ Ça va bien, merci.   } Et toi?
{ Pas mal, merci.

### Saluer *(rapports professionnels et formels)*

—Bonjour, monsieur/madame/mademoiselle. Comment allez-vous?
—Très bien, merci. Et vous-même?

### Présenter quelqu'un *(rapports intimes et familiaux)*

**Avant les présentations**

Tu connais Jeanine?          Vous ne vous connaissez pas, je crois.
Vous vous connaissez?

**Les présentations**

J'aimerais te présenter...
Je te présente Julien, mon frère.
Sylvie, voici Georges, un copain de la fac.
Martine, Georges. Georges, Martine.

**Répondre aux présentations**

{ Salut!
{ Enchanté(e).
{ Très heureux/heureuse.

As you preview the **Expressions typiques pour...**, have students greet several classmates. Afterwards, ask them to introduce their classmates to each other. This will serve as a good opener on the first day of class. Go over the student annotation Tutoyer ou vouvoyer? with students, discussing the different contexts where tu and vous are used.

**Tutoyer ou vouvoyer?** This is not always an easy choice, because strict rules do not exist, and changes within French society continue to influence modern use of **tu/vous**. Age, socioeconomic background, status, familiarity can all have an influence on the choice of pronoun. In general, though, **tu** is used: within families • between adults and children • among children • among friends • with pets • among relatives • among young people in almost any situation • among people who are on a first-name basis.

**Vous** is used among: people who don't know each other • brief acquaintances • speakers in situations clearly marked for status, such as customer/shopkeeper, student/teacher.

The workplace is the area of most controversy where usage is still difficult to define. When in doubt, use **vous**.

### Présenter quelqu'un *(rapports professionnels et formels)*

**Avant les présentations**

Vous connaissez M. Marchand?
Est-ce que vous vous connaissez?
Vous vous êtes déjà rencontrés?

**Les présentations**

Je voudrais/J'aimerais vous présenter Sylvie Riboni.
Permettez-moi de vous présenter ma femme, Sylvie.
Je vous présente Karim Nouassa.

**Répondre aux présentations**

Je suis heureux(-euse) de faire votre connaissance *(meet)*.
Très heureux(-euse)/content(e) de vous connaître *(meet)*.
Enchanté(e) de vous rencontrer *(meet)*.

### Se présenter

Je me présente. Je m'appelle…
Je me permets de me présenter. Je m'appelle…

### Prendre congé *(To take leave)* *(rapports intimes et familiaux)*

Salut!     Au revoir!     Ciao! (salutation italienne utilisée par les jeunes)

**On peut ajouter…**

| | | |
|---|---|---|
| Bonne journée. | Bonne soirée. | Bon week-end. |
| Bonnes vacances. | Bon retour. | À la prochaine *(Until next time)*. |

### Prendre congé *(rapports professionnels et formels)*

Au revoir, monsieur/madame.

**On peut ajouter…**

| | | |
|---|---|---|
| À demain. | À lundi. | À tout à l'heure. |
| À ce soir. | À bientôt. | Alors, dans quinze jours… |

You will need to actively learn the **Expressions typiques pour…** and the **Mots et expressions utiles** in order to complete the activities.

These expressions can also be used in informal situations.

**Arrivées et départs** The French have a special way of marking the existence of others through arrivals and departures. When French people see friends for the first time in a day, they shake each other's hand or they kiss (men tend to shake hands with each other). As they leave, they again shake hands or kiss. Sometimes tradition dictates that they give three or four kisses instead of two, depending on the region or personal preference, but they usually begin with a kiss on the right cheek.

Ils se font la bise.

## Mots et expressions utiles

### Saluer/Prendre congé

**faire la connaissance (de)** *to meet, make the acquaintance (of)*
**(se) connaître** *to meet, get acquainted with; to know*
**(se) rencontrer** *to meet (by chance); to run into*
**(se) retrouver** *to meet (by prior arrangement)*
**(se) revoir** *to meet; to see again*
**(s')embrasser** *to kiss; to kiss each other*

**se faire la bise** *to greet with a kiss*
**à la prochaine** *until next time*

### Divers

**une couchette** *cot, train bed*
**s'installer** *to get settled*
**une place de libre** *an unoccupied seat*
**une place réservée** *a reserved seat*

Please see page IG-19 in the Instructor's Guide at the front of this book for an explanation of how to incorporate the **Mise en pratique** section into the classroom, including asking students to write their own paragraph using the **Mots et expressions utiles**.

**Mise en pratique**

Tu ne pourras jamais deviner qui j'**ai rencontré** hier à la bibliothèque. Je devais y **retrouver** mon amie Catherine, mais elle a oublié notre rendez-vous. En l'attendant, tu sais qui j'ai vu entrer dans la salle? Georges Pivot! Tu te souviens de lui? Celui dont j'**ai fait la connaissance** l'été passé? Nous **nous sommes connus** à la plage pendant nos vacances d'août. Mais depuis, je ne l'**ai jamais revu**. Bon, alors nous **nous sommes fait la bise**, nous avons parlé longtemps, et puis nous avons décidé de **nous revoir** la semaine prochaine. Quelle histoire, hein?

## Activités

**A. Présentations.** Utilisez les *Expressions typiques pour...* pour faire les présentations suivantes.

Activities A and B: These activities can be done in pairs or small groups.

> MODÈLE: votre mère à un professeur
> > —*Maman, je te présente le professeur Lédier. Monsieur le professeur, j'aimerais vous présenter ma mère, Madame Dumont.*
> > —*Enchantée de faire votre connaissance, monsieur.*
> > —*Très heureux de vous connaître, madame.*

1. votre meilleur(e) ami(e) à un(e) autre ami(e) devant le cinéma
2. vous-même au président de votre université au cours d'une réception pour les nouveaux étudiants
3. un(e) collègue de bureau *(fellow office worker)* à votre femme/mari pendant un cocktail
4. un(e) camarade de classe à votre tante Madeleine

**B. Conversation entre étudiants.** Complétez les phrases avec les *Mots et expressions utiles*. Vous pouvez utiliser une expression plusieurs fois. Faites les changements nécessaires.

Par hasard, Anne et Sylvie se (s') _____ entre deux cours. Comme ce sont des amies d'enfance, elles se (s') _____ et décident de l'heure à laquelle elles peuvent _____ plus tard.

—Veux-tu me _____ après le cours?
—D'accord, mais je n'aurai pas *(will not have)* beaucoup de temps. Je dois _____ Monique à une heure. Elle s'installe dans sa nouvelle chambre et je vais l'aider à déménager *(to move)*.
—J'aimerais bien _____ de Monique. Est-ce que je peux t'accompagner?
—Bien sûr! On a toujours besoin de bras quand on déménage! Et puis, tu verras, elle est vraiment sympa.

**C. Les scènes.** En groupes de trois, jouez les scènes suivantes où vous saluez et faites des présentations.

> MODÈLE: En cours: Bonjour, Stéphanie…
> —*Bonjour, Stéphanie. Comment ça va?*
> —*Ça va bien, merci. Et toi, ça va?*
> —*Oui, très bien. Écoute, tu connais Christophe?*
> —*Non, je ne pense pas.*
> —*Eh bien, Stéphanie, je te présente Christophe. Christophe, Stéphanie.*
> —*Bonjour.*
> —*Bonjour.*

1. Dans la rue: Bonjour, Monsieur Dupont. Vous connaissez ma tante… ?
2. En ville, avant une réunion d'étudiants: Je me présente. Je m'appelle…
3. Dans une salle de jeux électroniques: Salut. Je m'appelle… Voici…

Activity D: Follow-up: Play a memory game using students' names. (Students see how many names they can say before forgetting one.) For guidelines on error correction techniques, see "Focus on Error Correction" in the Instructor's Resource CD-ROM. Do not interrupt the introductions of class members to correct mistakes. Instead, do global correction after the activity is completed.

Liens culturels: Have students look at the picture and imagine the topic of the reading.

**D. Dans la salle de classe.** Trouvez une personne dans la salle de classe que vous ne connaissez pas. Présentez-vous *(Present yourself)* à cette personne. Maintenant, présentez cette personne à quelqu'un d'autre ou laissez cette personne vous présenter à un(e) autre étudiant(e). (N'oubliez pas de vous serrer la main!) Circulez dans la classe jusqu'à ce que vous ayez fait la connaissance de la plupart *(most of)* des étudiants. Après les présentations, essayez de vous rappeler les noms des autres étudiants. Le professeur vous aidera. Commencez par: **Il/Elle s'appelle…**

## Liens culturels

## Français et Américains

Les Français et les Américains ont souvent une vision stéréotypée les uns des autres. Les stéréotypes sont des images fréquentes et souvent déformées d'un autre peuple; elles sont transmises par le milieu familial ou les médias et elles remplacent la connaissance venant de l'expérience acquise en vivant au contact de l'autre. Ces images peuvent être positives ou négatives.

Suivant les stéréotypes français, les Américains sont tous grands et athlétiques car ils travaillent peu à l'école et font beaucoup de sport. Ils sont audacieux, innovateurs, efficaces et font tout très vite. Ils sont ouverts aux autres, souriants, optimistes. Mais ils sont aussi racistes, ils aiment beaucoup l'argent, n'ont pas beaucoup de culture et sont excessifs dans tout ce qu'ils font. Ils sont prudes, un peu naïfs, ne savent pas cuisiner et ne mangent que des hamburgers.

Suivant les stéréotypes américains, la France est le pays du charme, de l'élégance, du style. Les Français sont petits et maigres. Ils sont très intellectuels, gourmets, experts en vins et en fromages. On les voit romantiques, passionnés en amour, frivoles. Ils vivent dans des châteaux. Les femmes suivent la mode et sont élégantes. Mais les Français sont aussi arrogants, cyniques, sales, rebelles et difficiles à gouverner.

Que pensez-vous de ces idées? Lesquelles sont vraies? Lesquelles sont fausses? Après avoir commencé vos études de français, est-ce que vos idées ont changé? Expliquez comment et pourquoi. Y a-t-il un meilleur moyen de briser les stéréotypes que d'aller vivre dans l'autre pays?

# La grammaire à apprendre

**Les verbes irréguliers:** *suivre, courir, mourir, rire, conduire,*
*savoir et connaître*

 To download a podcast on
Present Irregular Verbs, go to
**academic.cengage.com/french**

**A.** You have already reviewed the present tense of the regular verbs ending
in **-er**, **-ir**, and **-re**, as well as some stem-changing **-er** verbs. The following
irregular verbs may not be quite so familiar to you, but can be used in talking
about yourself or everyday life.

- **suivre** *(to follow; — **un cours** to take a course)* participe passé: **suivi**

| | |
|---|---|
| je **suis** | nous **suivons** |
| tu **suis** | vous **suivez** |
| il/elle/on **suit** | ils/elles **suivent** |

Like **suivre**: **vivre** *(to live)* participe passé: **vécu**
Nous **suivons** Marc qui rentre chez lui. Il **vit** près d'ici.

- **courir** *(to run)* participe passé: **couru**

| | |
|---|---|
| je **cours** | nous **courons** |
| tu **cours** | vous **courez** |
| il/elle/on **court** | ils/elles **courent** |

Elle **court** dans un marathon à Paris.

- **mourir** *(to die)* participe passé: **mort**

| | |
|---|---|
| je **meurs** | nous **mourons** |
| tu **meurs** | vous **mourez** |
| il/elle/on **meurt** | ils/elles **meurent** |

Je **meurs** de faim. Dînons tout de suite!

- **rire** *(to laugh)* participe passé: **ri**

| | |
|---|---|
| je **ris** | nous **rions** |
| tu **ris** | vous **riez** |
| il/elle/on **rit** | ils/elles **rient** |

Like **rire**: **sourire** *(to smile)*
Je **ris** quand je vois des films de Jim Carrey.

- **conduire** *(to drive)* participe passé: **conduit**

| | |
|---|---|
| je **conduis** | nous **conduisons** |
| tu **conduis** | vous **conduisez** |
| il/elle/on **conduit** | ils/elles **conduisent** |

Like **conduire**: **construire** *(to construct)*, **détruire** *(to destroy)*,
**séduire** *(to seduce; to charm; to bribe)*
Cette étudiante **conduit** une Peugeot.

- **savoir** *(to know from memory or from study; to know how to do*
*something; to be aware of)* participe passé: **su**

| | |
|---|---|
| je **sais** | nous **savons** |
| tu **sais** | vous **savez** |
| il/elle/on **sait** | ils/elles **savent** |

Preview the irregular verbs by providing a
dictation, including as many of the verbs as
possible. For example: **Une jeune étudiante
française vous parle: «Je m'appelle Claire.
Je m'intéresse beaucoup à la politique. Je
cours chaque jour acheter mon journal
préféré — *Le Monde*. Je suis les nouvelles
dans le journal. Parfois je ris des bêtises
de nos chefs d'État. Je connais leur nom,
leurs points de vue et je sais tout ce qu'ils
font. Un jour, j'aimerais être sénateur.
Et vous, connaissez-vous la politique de
votre pays?»**

**Additional exercise:** Have students complete
this exercise in writing on a handout or orally
from a transparency. **Une soirée.** Vous êtes
chez une amie pour une soirée. Vous circulez
et vous entendez ces morceaux de phrases.
Complétez les phrases. 1. Nous / vivre /
Paris / depuis longtemps. Nous /
connaître / toutes / petites / rues. Je /
connaître / petit restaurant / franco-
africain dans le 5e arrondissement. On /
se / retrouver là. 2. Marc / courir /
pendant / une heure chaque jour. Je / lui /
dire / que / ce / ne... pas / être / bon /
pour la santé, mais / il / disparaître / tous
les jours / entre dix-huit heures et dix-neuf
heures. 3. Mes parents / construire / nouvelle / maison de campagne / en
Normandie. Mon père / faire / travail /
lui-même. Ma mère / ne... pas / arrêter /
de décrire / ce que / il / faire. Je /
mourir / d'ennui à l'écouter. 4. Ce sourire...
je / rire / en voyant / ce petit sourire.
Même quand / je / devoir / la / discipli-
ner, elle / sourire. 5. Elle / me / écrire /
lettres incroyables. Elle / me / dire /
qu'elle / séduire beaucoup / garçons
américains. Je / savoir / que / ce / ne...
pas / être / possible. Elle / ne... pas /
parler anglais!

After completing these sentences, ask
students whether they think the gathering
is social or professional. Have them defend
their positions.

- **connaître** *(to know; to be acquainted with, be familiar with; to meet, get acquainted with)*   participe passé: **connu**

| | |
|---|---|
| je **connais** | nous **connaissons** |
| tu **connais** | vous **connaissez** |
| il/elle/on **connaît** | ils/elles **connaissent** |

Like **connaître**: **apparaître** *(to appear, come into view; to become evident)*, **disparaître** *(to disappear)*, **paraître** *(to seem; to come out)*

**B.** The verbs **savoir** and **connaître** both mean *to know*. It will be important, however, to distinguish when to use one versus the other.

- **Connaître** is always used to indicate acquaintance with or familiarity with people, works of art, music, places, academic subjects, or theories:

Laura **connaît** assez bien les Français. Elle **connaît** aussi assez bien Paris.
*Laura knows French people rather well. She is also quite familiar with Paris.*

NOTE: In past tenses **connaître** sometimes means *to meet* in the sense of getting to know someone or getting acquainted with someone:

Où est-ce que vous **avez connu** les Durand?
*Where did you meet the Durands?*

- **Savoir** means to know from memory or study:

Est-ce que vous **savez** la date de la Fête nationale en France?
*Do you know the date of the national holiday in France?*

Oui, je la **sais**.
*Yes, I know it.*

NOTE: **Savoir** may be used before a relative clause or before an infinitive. Before an infinitive it means *to know how to do something*:

Elle **sait** où se trouve la tour Eiffel.
*She knows where the Eiffel Tower is located.*

Elle **sait** conduire dans Paris.
*She knows how to drive in Paris.*

## Activités

**A. Voyage.** Un groupe de jeunes Français organise un voyage en Belgique pour les vacances de Pâques. Ils expliquent ce qu'ils vont faire et comment ils vont organiser le voyage. Pour chacune des observations suivantes, remplacez le sujet en italique par les sujets entre parenthèses et faites les modifications nécessaires.

1. Bruxelles est à 242 kilomètres de Paris. C'est *Élise* qui conduit! (Marc et Manon/je/tu)
2. *Nous* suivons la route de Mons à Bruxelles. (On/Vous/Tu)
3. *Je* connais bien Bruxelles. (Vous/Manon et Marc/Tu)
4. *Je* sais que Christian veut nous faire visiter le jardin botanique et le parc de Bruxelles. (Nous/Tu/On)
5. *Il* court souvent dans les parcs, n'est-ce pas? (Tu/On/Vous)
6. *Je* meurs d'envie de voir le défilé du Carnaval. (Tu/Manon/Nous)

Est-ce que vous connaissez la Belgique?[1]

[1] La Belgique est un pays d'Europe de 10 480 000 habitants, situé au nord de la France. Les langues officielles sont le néerlandais *(Dutch)*, le français et l'allemand. C'est un état fédéral, gouverné par le roi des Belges. *(Quid 2007, pp. 852b; 853b)*

**B. Un mot.** Vous travaillez dans un hôtel. Une Anglaise a laissé un mot *(message)* pour le propriétaire. Vous le traduisez en français.

Mrs. Robinson called. She asked for the address of the hotel. She doesn't know where the hotel is located (**se trouver**) because she does not know Paris well. She does not know how to drive, so (**donc**) she will take a taxi at the airport. She met your brother in London last year. She is looking forward to (**Elle se réjouit à l'idée de**) meeting you.

**C. Faisons connaissance!** Utilisez les suggestions suivantes pour poser des questions aux autres étudiants de la classe. Faites un résumé des réponses.

1. combien / cours / suivre
2. est-ce que / courir
3. quelle / ville / connaître / bien
4. que / savoir / bien / faire
5. au cours de *(during)* / quel / émission télévisée / rire
6. qui / conduire / quand / aller / en vacances
7. où / vivre

## Interactions

Utilisez les suggestions suivantes pour créer des conversations avec un(e) partenaire. Essayez d'employer autant que possible le vocabulaire et la grammaire de la **Leçon 1.**

**A. Au café.** Vous vous trouvez au café avec un(e) ami(e). Vous rencontrez un(e) autre ami(e) de la Sorbonne. Saluez-le/la. Présentez-le/la à votre ami(e). Discutez des cours que vous suivez. Dites que vous écrivez une composition pour un cours demain. À la fin de la conversation, vous remarquez qu'il se fait tard. Qu'est-ce que vous dites en partant?

**B. Au travail.** Vous entrez dans votre bureau avec un(e) client(e). Le directeur/ La directrice passe et vous vous saluez. Vous le/la présentez à votre client(e). Demandez-lui s'il/si elle sait où se trouvent les dossiers de M. Bricard. Il/Elle ne le sait pas. Remerciez-le/la et dites quelque chose de convenable en partant.

## Préparation Dossier personnel

In this chapter your instructor may ask you to write a friendly letter to your classmates to introduce yourself. First, you'll need to come up with some ideas for your letter. You will refine your ideas and then write your letter.

1. Begin by brainstorming in four different categories: things you do, the places you go and where you have traveled, people you know, and what you know how to do. Write down your ideas as you think of them. Try to have at least six ideas for each category. Remember that you will narrow down your ideas later.

2. Discuss your brainstorming ideas with a classmate. Consider which ideas would help someone best get to know you. As you discuss these ideas, try to add new ones.

As you present the **Interactions** section for **Leçon 1,** explain to students the purpose of role play activities as discussed in "Focus on Small-Group Discussion" and "Focus on Cooperative Learning" in the Instructor's Resource CD-ROM. Be sure to set ground rules and use the grouping techniques that you prefer. Ask students to circumlocute if they do not know a word they want to use. It may be helpful to begin by having two students provide a model for the whole class. Ask several groups to present their role play to the class at the end.

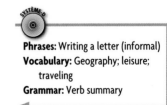

**Phrases:** Writing a letter (informal)
**Vocabulary:** Geography; leisure; traveling
**Grammar:** Verb summary

# Leçon 2
## À vous de discuter

Track 3

Have students role-play the conversation for the whole class. Then ask students to work in groups of three to answer the Observation et analyse/Réactions questions. Two students can ask and answer the questions; the third can serve as recorder, corrector, and then reporter.

**Rappel:** Have you reviewed how to form questions? (Text p. 4 and Workbook p. 3).

**la belle-mère** mother-in-law

**le paysage** landscape

**nous prenons** we are taking / **les vacances** vacation

## Conversation (SUITE)

> **Premières impressions**
>
> **Soulignez:**
> • trois sujets de discussion différents
>
> **Trouvez:**
> • quel temps il fait en Italie en ce moment

*Dans le train. Le temps passe... les passagers discutent.*

**MME FLANORET:** Laurence, vous allez loin?

**LAURENCE:** Je descends à Florence. Je fais un documentaire sur la ville et sur les environs. La région est si pittoresque et si riche en histoire de l'art. Après Florence, j'irai en Turquie. Et vous?

**JACQUES:** Nous venons de faire le grand tour de la France, et maintenant nous allons en Grèce, et puis en Suisse. Nous fêtons l'anniversaire de ma belle-mère°, et elle veut visiter ces pays depuis lontemps.

**NICOLE:** Comme c'est beau, ça!

**MANU:** C'est la première fois que vous allez en Turquie, Laurence?

**LAURENCE:** Euh, non, ce sera mon deuxième voyage. Je vais faire un documentaire sur Istanbul. Cela m'intéresse beaucoup, et je fais du freelance pour une station de télé régionale—Rhône-Alpes.

**MME FLANORET:** *(regardant par la fenêtre)* Ah, c'est joli quand même par ici...

**NICOLE:** Oui, le paysage° est très beau.

**MANU:** C'est vrai. L'Italie, c'est un de mes pays préférés. On vient à Rome pour notre congrès annuel chaque année depuis plus de dix ans, et c'est parfait.

**VALÉRIE:** Est-ce qu'il y fait chaud à cette époque-ci?

**MANU:** Oui, il y fait chaud mais l'air est sec. Ça va nous faire du bien. Et vous, est-ce que vous resterez à Athènes?

**JACQUES:** Non. Nous prenons° nos premières vacances° en Europe et nous voulons visiter le plus d'endroits possible...

*À suivre*

## Observation et analyse

1. Quels sont les projets *(plans)* de Laurence?
2. Pourquoi est-ce que Jacques et Valérie ont offert ce voyage à Mme Flanoret?
3. Quels pays est-ce qu'ils vont visiter?
4. Depuis quand est-ce que Nicole et Manu vont à Rome pour leur congrès? Comment est-ce qu'ils trouvent l'Italie?
5. Quel âge Madame Flanoret a-t-elle probablement, d'après ce que vous savez d'elle?

## Réactions

1. De quoi est-ce que vous parlez quand vous passez du temps avec des gens que vous ne connaissez pas bien?
2. De quoi est-ce que vous parlez avec ceux que vous connaissez bien?
3. De quoi parleraient cinq jeunes Américains dans un train pendant trois heures?

# Expressions typiques pour...

## Discuter

Sans sujet défini de conversation, on parle du temps qu'il fait, de l'endroit où l'on se trouve et de ce qui s'y passe. Voici quelques sujets typiques:

- Le temps

  Quel temps fait-il?[2]             Vilain temps, non?
  Quel beau temps!                   Quel sale temps!
  Comme il fait beau/mauvais/        Est-ce qu'il pleuvra demain?
      chaud/froid!                   Belle journée, vous ne trouvez pas?

- L'heure

  Quelle heure est-il?               Vous auriez l'heure, s'il vous plaît?
  Il est tôt/tard.                   Le temps passe vite quand on
                                         bavarde *(chats)*.

- Les éléments du lieu

  *le paysage:* C'est intéressant. C'est joli.
      C'est vraiment triste comme endroit.
  *les gens:* Elle est gentille. Cette robe vous/lui va bien.
      C'est choquant, ce qu'ils portent/font.
  *l'ambiance:* On est bien ici. C'est sympa, comme endroit/café/plage.
      J'aime bien.

- Ce qui se passe dans cet endroit

  Qu'est-ce qu'ils font là-bas?
  De quoi parlent-ils?

Quand on ne connaît pas très bien quelqu'un, mais qu'on essaie de mieux le connaître, on peut aborder *(touch on)* les sujets suivants:

- La santé

  Je suis un peu fatigué(e) ces jours-ci.
  Vous avez/Tu as l'air en forme *(look in good shape)*.

As you preview these expressions, have students think of other topics or additional comments they would add while making small talk. Discuss what subjects are taboo or too indiscreet to mention while chatting in North America. Compare these to the topics generally avoided while making small talk in France. Ask students to begin a personal vocabulary list for their use throughout the quarter or semester.

[2] In informal spoken French today, speakers eliminate the inversion when asking questions and rely more on intonation. For example, instead of **Quel temps fait-il?**, they are more likely to say: **Quel temps il fait?** Another example: **D'où est-il?** will often be stated **D'où il est?** or even **Il est d'où?** **Est-ce que** is also used, although less often than rising intonation.

- Les études—si on est étudiant(e)

  Depuis quand est-ce que vous étudiez/tu étudies le français?
  Combien de cours est-ce que vous suivez/tu suis?
  Comment est votre/ton professeur de français?

- Les actualités *(Current events)*

  Vous avez/Tu as lu le journal ce matin?
  Vous avez/Tu as entendu parler de ce qui s'est passé?

- Les sports

  Est-ce que vous faites/tu fais du sport?
  Vous aimez/Tu aimes le sport?

- D'autres idées

  les loisirs *(leisure activities),* la musique, l'enseignement et votre attitude envers l'enseignement, la politique et vos opinions politiques, vos expériences personnelles, le travail

Avec ceux qu'on connaît bien, on peut parler des choses mentionnées ci-dessus ou de la vie privée:

  Qu'est-ce que tu vas faire ce soir?
  Tu as beaucoup de boulot *(work)*?
  Tu as passé une bonne journée?

De quoi est-ce qu'ils parlent? Faites une liste de sujets possibles.

## Mots et expressions utiles

### Les voyages

un aller-retour *round-trip ticket*
atterrir *to land*
un billet aller simple *one-way ticket*
décoller *to take off*
valable *valid*

l'arrivée [f] *arrival*
le départ *departure*
la destination *destination*
partir en voyage d'affaires *to leave on a business trip*

un tarif *fare, rate*
un demi-tarif *half-fare*
une réduction *discount*

annuler *to void, cancel*
les frais d'annulation [m pl] *cancellation fees*

la consigne *checkroom*
le guichet *ticket window, office; counter*
desservir une gare, un village *to serve a train station, a village*
un horaire *schedule*
indiquer *to show, direct, indicate*
le panneau d'affichage électronique *electronic schedule*
le quai *platform*
les renseignements [m pl] *information*
un vol *flight; theft*

### La conversation

les actualités [f pl] *current events*
avoir l'air *to look, have the appearance of*
bavarder *to chat*
le boulot *(familiar) work*
être en forme *to be in good shape; to feel well*
les loisirs [m pl] *leisure activities*
le paysage *landscape*

Please see page IG-19 in the Instructor's Guide at the front of this book for an explanation of how to incorporate the **Mise en pratique** section into the classroom.

**Mise en pratique**

—Tu as entendu les nouvelles?
—Non, quoi?
—Il y a une guerre des prix sur les plus grandes lignes aériennes! On peut avoir une **réduction** sur presque tous les **vols** intérieurs en ce moment.
—Ce n'est pas vrai!
—Si! Moi, je vais **annuler** tous mes rendez-vous de vendredi afin de pouvoir passer un long week-end à la plage. J'ai déjà acheté mon **aller-retour**. Regarde!
—Hmm... Ça me plairait beaucoup de rendre visite à mon petit ami. Merci beaucoup pour les **renseignements**!

# Activités

**A. Parlons!** Choisissez un ou deux sujets de conversation tirés de la liste des *Expressions typiques pour...* et commencez une conversation avec les personnes suivantes.

1. votre professeur dans l'ascenseur sur le campus
2. un(e) camarade de classe devant la salle de classe
3. un(e) collègue de bureau pendant un cocktail
4. votre mère pendant le dîner
5. votre fille/fils pendant le bain
6. une personne dans le train
7. la personne près de vous au match de basket

**B. À la gare Saint-Lazare.** Un voyageur américain veut utiliser son Eurailpass pour la première fois. Complétez ses phrases avec les *Mots et expressions utiles* appropriés. Faites les accords nécessaires.

—Pardon, monsieur... J'ai besoin de quelques _____ sur mon Eurailpass. Pourriez-vous m' _____, par exemple, où il faut aller pour valider la carte? Je l'ai achetée il y a quatre mois. Est-ce que vous sauriez si elle est toujours _____? Si je veux l'annuler, y aura-t-il des _____? Pourriez-vous aussi m'aider à comprendre les _____ de trains? Je voudrais savoir quel est le prochain _____ pour Rouen, et quelles autres villes sont _____ pendant le trajet... Je vous remercie, monsieur. Vous êtes bien aimable.

**C. Dis-moi, s'il te plaît...** Thérèse, qui a six ans, va accompagner sa mère en voyage d'affaires. Pendant que sa mère fait leurs valises, Thérèse lui pose sans cesse des questions. Jouez le rôle de sa mère et expliquez-lui ce que veulent dire les mots suivants qui se trouvent sur leurs billets d'avion.

Pendant combien de mois est-ce que ce billet est valable?

MODÈLE: un billet aller simple
*un billet pour aller à sa destination, mais pas pour revenir*

1. un aller-retour
2. un vol
3. un demi-tarif
4. une réduction

**D. Circulez.** Circulez dans la salle de classe et parlez avec vos camarades. Choisissez au moins trois des sujets suivants: les actualités, le temps, les loisirs, la politique, la vie à l'université, ce qui se passe dans la salle de classe. N'oubliez pas d'utiliser les expressions pour saluer et prendre congé. Après, parlez de votre expérience en tenant compte des questions suivantes.

1. Avec combien de personnes est-ce que vous avez parlé?
2. De quoi est-ce que vous avez préféré parler? Pourquoi?
3. Est-ce qu'il était difficile de commencer une discussion avec quelqu'un? Expliquez.
4. Vous préférez parler de sujets comme le temps, le sport et les actualités, ou de votre vie de tous les jours et de sujets plus intimes?

# La grammaire à apprendre

## Les expressions de temps

 To download a podcast on Expressions of Time, go to **academic.cengage.com/french**

- When you want to ask a question regarding how long an action that began in the past has continued into the present, you use an expression with **depuis**.

  **Depuis quand** êtes-vous en France?
  *How long have you been in France?*

  **Depuis combien de temps** est-ce que vous jouez au tennis?
  *How long have you been playing tennis?*

- Questions such as these are answered in the present tense with **depuis**. In English, **depuis** is translated as *for* when a period of time is given.

  Je suis en France **depuis** six mois.
  *I have been in France **for** six months.*

  Je joue au tennis **depuis** quatre ans.
  *I have been playing tennis **for** four years.*

- When you answer using a specific point in time or date, **depuis** means *since.*

  Je suis en France **depuis** le 5 juin.
  *I've been in France **since** June 5th.*

- The expressions **il y a... que, ça fait... que,** and **voilà... que** have the same meaning as **depuis** when used with the present tense, but notice the different word order.

  **Il y a** six mois **que** je suis en France.
  *I've been in France **for** six months.*

  **Voilà** quatre ans **que** je joue au tennis.
  *I've been playing tennis **for** four years.*

  **Ça fait** trois heures **que** je travaille.
  *I've been working **for** three hours.*

NOTE: When you use **il y a** followed by a period of time and without **que**, it means *ago*. A past tense must be used with this construction.

  J'ai pris des cours de tennis **il y a** quatre ans.
  *I took tennis lessons four years **ago**.*

- **Pendant combien de temps** is used when asking about the duration of an action that is completed.

  **Pendant combien de temps** est-ce qu'ils ont étudié aux États-Unis?
  *How long did they study in the United States?*

  Ils ont étudié aux États-Unis **pendant** deux ans.
  *They studied in the United States **for** two years.*

As you preview time expressions, have students think of leisure-time activities or hobbies that they enjoy. Ask them to make statements about how long they have been doing those activities. Use yourself as a model first: Je joue au tennis depuis quinze ans. Voilà vingt ans que j'étudie le français. Il y a dix ans que je suis prof de français.

- When asking about the duration of a repeated action in the present, the expression **passer du temps** is used.

  Combien **de temps** est-ce que vous **passez** à lire le journal?
  *How much **time** do you **spend** reading the newspaper?*

  Je **passe** une heure par jour à le lire.
  *I **spend** an hour a day reading it.*

## Activités

Activities A–C: Have students do at least one of the activities in small groups.

**A. Répétitions.** Martine est très égocentrique! Elle parle tout le temps de ce qu'elle fait et elle répète chaque phrase au moins une fois. Transformez chacune des phrases suivantes. Choisissez parmi les modèles proposés.

MODÈLES: Ça fait six ans que je joue au volley-ball.
*Il y a six ans que je joue au volley-ball.*
*Voilà six ans que je joue au volley-ball.*
*Je joue au volley-ball depuis six ans.*

1. J'étudie l'anglais depuis douze ans.
2. Il y a quatre mois que Mme Marchand me trouve indispensable. J'enseigne l'anglais à ses enfants.
3. Ça fait déjà cinq ans que je donne des leçons d'anglais.
4. Voilà onze ans que je joue au tennis.
5. Il y a six ans que je suis joueuse professionnelle de tennis.
6. Je gagne beaucoup de tournois de tennis depuis cinq ans.

Activity B: This can be a good cooperative learning experience: Two students answer the questions and a third serves as praiser, checker, or recorder.

**B. Une histoire.** Lisez cette petite histoire et répondez aux questions.

Depuis l'âge de quatre ans, la petite Karine, qui a sept ans, va à beaucoup de fêtes d'anniversaire. Elle semble les adorer et on adore l'avoir comme invitée. Sa mère, par contre, n'aime pas acheter des cadeaux ou trouver une jolie robe pour chaque anniversaire! En plus, lorsqu'elle emmène *(brings)* Karine à une fête qui commence à deux heures, elle ne peut en général pas partir avant trois heures parce que les autres parents la retiennent en bavardant avec elle. Au mois de décembre, la maman a dit à sa petite Karine qu'elle ne pouvait plus aller à ces fêtes d'anniversaire. La petite lui a demandé tout de suite qui viendrait fêter son anniversaire si elle n'allait plus chez les autres. Sa mère a compris que Karine avait raison. Nous sommes en mars et Karine continue à aller à des fêtes d'anniversaire!

1. Depuis combien d'années Karine fête-t-elle les anniversaires de ses camarades?
2. Pendant combien de temps la mère doit-elle rester avec Karine?
3. Quand la mère a-t-elle dit à Karine qu'elle ne pouvait plus aller aux fêtes d'anniversaire? Combien de temps cela fait-il?
4. Pourquoi la mère a-t-elle changé d'avis?

**C. Ne soyez pas indiscrets!** Posez les questions suivantes à un(e) camarade. Faites un résumé de ses réponses à la classe. Ne posez pas les dernières questions si vous les trouvez trop indiscrètes!

1. Depuis combien de temps tu es à l'université/au lycée?
2. Depuis quand tu étudies le français?
3. Combien de temps est-ce que tu passes chaque jour à étudier pour ce cours?
4. Quel sport est-ce que tu préfères? Depuis combien de temps est-ce que tu fais ce sport?
5. Quelle musique est-ce que tu préfères? Depuis quand est-ce que tu préfères cette musique?
6. Quel parti politique est-ce que tu préfères? Depuis quand?
7. Est-ce que tu as déjà échoué à un examen? Si oui, il y a combien de temps?
8. Qu'est-ce que tu faisais il y a trois heures? il y a trois mois? il y a trois ans?
9. Qui est-ce que tu n'aimes pas du tout? Depuis quand?
10. À quel moment dans ta vie est-ce que tu t'es senti(e) le/la plus heureux/heureuse?

Quelles questions est-ce que vous trouvez trop indiscrètes? Pourquoi?

Activity C: Follow-up: Tabulate which questions, if any, students found too indiscreet. Based on their reading of the **Liens culturels**, have students hypothesize which questions French people might have found too indiscreet at an initial meeting.

## Liens culturels

## La vie privée/la vie publique

Les Français accordent énormément d'importance à la vie privée, qui est mieux protégée du regard public qu'aux États-Unis. On observe comme un code tacite du silence dans ce domaine. Il y a une séparation très nette entre la vie privée et la vie publique. La loi française interdit aux médias d'informer le public sur la vie privée des individus. Personne ne pose de questions trop personnelles. Par exemple, on ne demande pas à un(e) Français(e) qu'on ne connaît pas bien: «Quel est votre métier?» ou «Qu'est-ce que vous avez fait hier soir?» ou encore «Combien est-ce que vous gagnez?» Il est permis, néanmoins, de lui demander son opinion. Les opinions appartiennent à tout le monde, donc il n'y a pas de risque sérieux. Toutefois, il est bon d'être prudent. Ne demandez pas: «Vous êtes socialiste?» Dites plutôt: «Qu'est-ce que vous pensez de la nationalisation des banques?» Si la personne que vous interrogez ne veut pas se compromettre, elle peut avoir recours à une réponse évasive. Quelles questions est-ce que les Américains considèrent impolies? Avez-vous jamais posé une question indiscrète? Décrivez les circonstances et les réactions de votre interlocuteur/interlocutrice. Comment est-ce que vous réagissez quand on vous pose une question indiscrète? Pourquoi?

Liens culturels: Introduce the idea of private life in France with slides of homes surrounded by walls and of windows with closed shutters. See if students can use these images to make generalizations about privacy in France. Then ask them to read the Liens culturels passage.

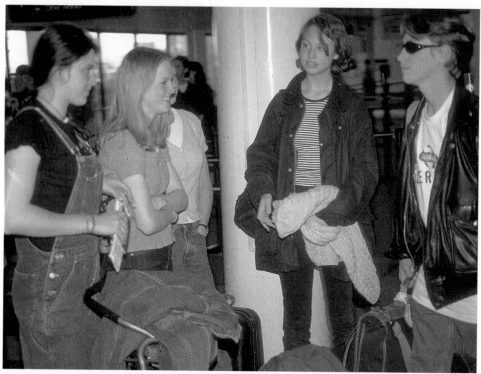

En quelle saison est-ce que vous préférez voyager? Expliquez.

# La grammaire à apprendre

To download a podcast on Nouns (gender, pluralization), go to **academic.cengage.com/french**

## Les noms

### A. Le genre des noms

All nouns in French have a gender: masculine or feminine. When you learn a noun, it is beneficial to memorize the article with it in order to learn the gender. If you are not sure of the gender of a word, look it up in the dictionary.

- As a general rule, the gender of a noun referring to a person or animal is determined by the sex of the person or animal:

  un homme/une femme     un roi/une reine        un bœuf/une vache

- The names of languages, trees, metals, days, months, and seasons are usually masculine:

  le français            le chêne *(oak)*        l'argent *(silver)*
  le lundi               le printemps

- The names of continents, countries, provinces, and states ending in unaccented -e are usually feminine:

  la France              la Caroline du Nord     l'Australie
  EXCEPTIONS: le Mexique   le Maine

- Certain endings to nouns may give clues as to their genders. The following are common masculine and feminine endings:

| Masculin | | Féminin | | | |
|---|---|---|---|---|---|
| -age | un paysage | -ance | une ambiance | -ette | une couchette |
| -ail | un travail | -ence | une conférence | -oire | une histoire |
| -al | un journal | -ture | une lecture | -ière | une matière |
| -asme | le sarcasme | -son | une chanson | -ie | la géographie |
| -isme | le communisme | -ion | une expression | -ié | la pitié |
| -eau | un bureau | -tion | l'inscription | -ée | une journée |
| -et | un objet | -esse | la vitesse | -té | la santé |
| -ier | un cahier | -ace | une place | -anse | une danse |
| -ent | l'argent | -ade | une salade | -ense | la défense |
| -ment | un appartement | | | | |

Stress to students the importance of learning the endings of these nouns. Learning them will make differentiating between genders much easier. Clarify meaning and model the pronunciation of the more difficult words as you preview this section. Be sure to point out words that change meaning depending on gender. Give the rhythm for the saying in the footnote on page 24.

- Some nouns that refer to people can be changed from masculine to feminine by adding an **e** to the masculine form:

un ami → une amie
un assistant → une assistante
un étudiant → une étudiante
un avocat → une avocate

- Nouns with certain endings form the feminine in other ways:

| -(i)er | → | -(i)ère | | -on/-en | → | -onne/-enne |
|---|---|---|---|---|---|---|
| un banquier | | une banquière | | un patron | | une patronne |
| un ouvrier | | une ouvrière | | un musicien | | une musicienne |
| un boulanger | | une boulangère | | un pharmacien | | une pharmacienne |
| un couturier | | une couturière | | | | |

| -eur | → | -euse | | -et | → | -ette |
|---|---|---|---|---|---|---|
| un chanteur | | une chanteuse | | un cadet | | une cadette |
| un danseur | | une danseuse | | | | |

| -teur | → | -trice | | -f | → | -ve |
|---|---|---|---|---|---|---|
| un acteur | | une actrice | | un veuf | | une veuve |
| un directeur | | une directrice | | | | |

| -x | → | -se | | -eau | → | -elle |
|---|---|---|---|---|---|---|
| un époux | | une épouse | | un jumeau | | une jumelle |

- Some nouns have the same gender whether they refer to males or females:

un mannequin          une vedette
un auteur             une personne

- A few nouns denoting professions have no feminine form. These are usually the professions that were traditionally male. For clarity, the phrase **une femme** is added:

une femme cadre          une femme médecin
une femme professeur[3]  une femme ingénieur

The feminine personal pronoun can also be used:
Mon médecin m'a dit qu'**elle** va déménager.

[3] In spoken language, students will say **une prof**. More and more, especially in Canada, one will hear and see **l'auteure, l'écrivaine, la professeure, la juge** to refer to women in those positions.

- Several French nouns have different meanings in the masculine and feminine:

| | |
|---|---|
| un aide *helper* | une aide *help, aid* |
| un critique *critic* | une critique *criticism, review* |
| un livre *book* | une livre *pound* |
| un tour *trip* | une tour *tower* |
| un poste *job; radio, television set* | une poste *post office* |

## B. Le pluriel des noms

- Generally, nouns are made plural by adding **s**:

  un homme → des hommes    une femme → des femmes

- Nouns ending in **-s**, **-x**, or **-z** do not change in the plural:

  un pays → des pays    un nez → des nez

- Nouns ending in **-eu**, **-au**, and **-eau** take an **x** in the plural:

  un cheveu → des cheveux    l'eau → des eaux

  EXCEPTION: un pneu → des pneus

- Seven nouns ending in **-ou** take an **x**:

  un bijou → des bijoux *(jewels)*
  un caillou → des cailloux *(pebbles, stones)*
  un chou → des choux *(cabbages)*
  un genou → des genoux *(knees)*
  un hibou → des hiboux *(owls)*
  un joujou → des joujoux *(toys)*
  un pou → des poux[4] *(lice)*

  NOTE: All others add **s**:    un trou → des trous *(holes)*
  un clou → des clous *(nails)*

- Nouns ending in **-al** and **-ail** change to **-aux**:

  un journal → des journaux    un travail → des travaux

  EXCEPTIONS: un festival → des festivals
  un détail → des détails

- Certain nouns are always plural in French:

  les gens    les vacances    les mathématiques (les maths)

- Some plurals are completely irregular:

| | |
|---|---|
| un ciel → des cieux | mademoiselle → mesdemoiselles |
| un œil → des yeux | madame → mesdames |
| monsieur → messieurs | |

- Some nouns have different pronunciations for the singular and plural:

  un œuf [œ] → des œufs [ø]

---

[4] For generations French children have learned this short list by heart and it has become a cultural joke: **bijou-caillou-chou-genou-hibou-joujou-pou**.

- A compound noun is a noun formed by two or more words connected by a hyphen. The formation of the plural depends on the words that make up the compound noun. In general, if the first word is a verb, it doesn't take the plural. It is best to look up compound nouns in the dictionary when making them plural. For example:

le beau-frère → les beaux-frères      le gratte-ciel → les gratte-ciel

- The plural of family names in French is indicated by the plural definite article. No **s** is added to the family name itself:

**Les** Martin ont salué des amis dans la rue.
*The Martins greeted some friends in the street.*

## Activités

**A. L'égalité!** Vous essayez d'apprendre à votre petite fille que les femmes peuvent faire le même travail que les hommes. Corrigez-la, en suivant le modèle.

MODÈLE: directeur
   *Votre fille: Les hommes sont directeurs!*
   *Vous: Oui. Et un jour tu seras peut-être directrice.*

1. chanteur
2. homme d'affaires
3. ingénieur
4. avocat
5. artisan
6. pharmacien
7. patron
8. couturier

**B. Quel est le genre?** Vous écrivez une composition en cours de français. Vous ne savez pas le genre de certains des mots que vous voulez utiliser et le professeur ne vous permet pas d'utiliser le dictionnaire. Servez-vous donc de votre connaissance des terminaisons pour décider du genre de chaque mot.

location / serment / russe / Louisiane / qualité / animal / pilier / prêtresse / carnet / cuillère / couteau / Colombie / lion / couture / marxisme / adage / victoire / fusée / fourchette

**C. Une lettre.** Un jeune Français écrit pour la première fois à un correspondant américain. Complétez ses phrases. Attention aux articles.

Lyon, le 5 janvier

Cher Jack,

Je / être / de Lyon. Je / aller / aller / à New York cet été. Ma sœur / être / critique de musique / très connu / à New York. Ce / être / ancien / chanteur / d'Opéra. Le mari / de / sœur / être / banquier / important / qui / travailler / à la Banque nationale de Paris à New York. Ils me feront faire / tour / de / ville. Je / vouloir / voir / gratte-ciel / et / théâtres / de Manhattan. Peut-être que / je / pouvoir / faire / ta / connaissance / en juillet. En attendant, je / vouloir / aller / tout de suite / à / poste.

À bientôt, j'espère.

Michel

Activity C: Follow-up: Ask students to write out the letter in pairs. Afterwards, have students be Jack or Jackie and answer the letter written to them. They can either read their responses to the class or turn them in. Use these responses as listening comprehension activities.

Additional activity: Select two teams of three or four students and have them stand in front of the class. Elect one person from the class to be judge. Explain to them that you will say a noun and ask for its opposite gender or its plural. Each team will attempt to come up with the answer first and write it on the board. The team that gets it correct first wins a point. Use both easy and difficult nouns. Example: cadet/cadette; caillou; conversation; époux/épouse; gratte-ciel; histoire; monsieur; œil; patronne/patron; paysage; tour; vedette

## Interactions

Utilisez les suggestions suivantes pour créer des conversations avec un(e) partenaire. Essayez d'employer autant que possible le vocabulaire et la grammaire de la **Leçon 2**.

**A. Dans l'ascenseur** *(elevator).* Vous vous trouvez dans un ascenseur avec un(e) camarade de classe et l'ascenseur s'arrête entre deux étages. Votre camarade de classe explique qu'il/qu'elle est un peu claustrophobe. Pour le/la calmer, vous décidez de bavarder.

- Discutez de vos cours, de vos notes, de vos profs, etc.
- Discutez de vos intérêts. Est-ce que vous avez des intérêts en commun?
- Posez une question ou initiez une conversation à partir de quelque chose d'intéressant que vous avez remarqué chez votre interlocuteur/interlocutrice (une broche, un chapeau, le journal, l'accent anglais qu'il/qu'elle a, etc.).

Quand vous êtes dans un ascenseur, est-ce que vous parlez avec les autres personnes?

**Activity B: Follow-up:** Ask students to jot down quickly or say aloud the things that they remember about each student. See who remembers the most. The next day, ask them questions about a few of the students. These follow-up activities will stress the importance of listening to each other.

**Additional activity:** Have students imagine that on a trip (in a train or plane), they have been seated next to the president of the university. Have them role-play the travel conversation.

**B. Présentations.** Faites la connaissance de quelqu'un dans la classe. Parlez avec lui/elle d'où il/elle habite, de ses loisirs et d'où il/elle voudrait aller. Après, présentez-le/la aux autres étudiants de la classe.

## Premier brouillon  Dossier personnel

1. Look over your brainstorming notes from **Leçon 1** and circle the points you want to use in your informal letter. Use at least three examples in each of the four categories: things you do, the places you go and where you have traveled, people you know, and what you know how to do. As you choose your examples, ask yourself which ones would best serve to introduce you to your classmates. You might decide to give more detail on one example and keep the others short. Or you may choose to use a large number of very short examples. Look at each category and consider your message and your audience to decide.

2. Follow the format below as you begin to write your letter. In an informal letter, note that you will write your name and address on the top, left hand side. On the right put the date. Choose an appropriate salutation. For the body of your letter, arrange your thoughts in paragraphs. You may want to use the four categories as your organizing principle, or you may prefer to organize the body of your letter around some multi-category examples. Choose a suitable closing.

3. Select from the salutations and closings shown below, or write your own. Consider to whom you are writing and the extent of your familiarity with your audience as you make your selections. Examine the sample letter for help with your formatting and organization.

SALUTATIONS:
*Chère Anne-Marie,*
*Chers amis,*

*Chers toutes et tous,*
*Chers camarades,*

CLOSINGS:
*À bientôt,*
*À mardi,*
*À demain,*
*À la semaine prochaine*
*après le cours,*

*Grosses bises,*
*Gros bisous,*
*Je t'embrasse,*
*Amicalement,*
*Affectueusement,*

**Note:** You will find reference to formal openings and endings in letters in the **Dossier personnel** section of **Chapitre 7** of **Bravo!** and on **Système-D** (Phrases: Writing a letter [formal]). Many bilingual dictionaries are also good references.

**Phrases:** Writing a letter (informal)
**Vocabulary:** Geography; leisure; traveling
**Grammar:** Plural of nouns

---

*Mathéo Leroy*
*33, avenue de Grenoble*
*45000 Orléans*
*France*

*le 28 août 2008*

*Chers amis américains,*

*Je suis ravi d'avoir l'occasion de me présenter. Je voudrais vous parler un peu de moi pour vous aider à mieux me connaître.*

*Vous vous demandez peut-être ce que je fais…*

*Chaque fin de semaine, je vais à… Mais j'ai fait de plus longs voyages aussi…*

*Je connais pas mal de monde. Ma famille, bien entendu, mes parents, ma tante Camille, qui enseigne au Maroc,… À l'université, j'ai fait la connaissance de…*

*Je sais faire beaucoup de choses. J'ai appris à nager quand j'avais six ans, et maintenant je suis champion de natation. Quand…*

*Bon, j'espère vous avoir donné une assez bonne idée de qui je suis. Et vous,…*

*Amicalement,*

*Mathéo*

# Leçon 3

## Comment demander ou offrir un service

Track 4

### Conversation (CONCLUSION)

**Rappel:** Have you reviewed the formation and the use of the imperative? (Text p. 5 and Workbook pp. 3–4)

> **Premières impressions**
>
> Soulignez:
> - les expressions pour demander et offrir un service
>
> Trouvez:
> - qui déjeune au wagon-restaurant

*Dans le train. Il est presque midi trente. Tout le monde commence à avoir faim.*

**déranger** *to bother*

**les Antilles** *the West Indies*

**une île** *island*

**chaleureux/chaleureuse** *warm*

**le chômage** *unemployment*

**à propos** *by the way*

**descendre** *to bring down*

**soulever** *to lift (up)* / **tirer** *to pull*

As you preview, tell students that this is the conclusion to the story that has continued throughout this chapter. For variety, you can play the Instructor's CD of the Conversation in class and have students answer the Observation et analyse/ Réactions questions as a whole group. Remind them to review the imperative in La grammaire à réviser.

NICOLE: Mme Flanoret, si ça ne vous dérangeait° pas, est-ce que vous pourriez nous parler de la Martinique? Manu et moi, nous n'avons jamais visité les Antilles°.

MME FLANORET: Ah, c'est dommage, mais je vais trop vous donner envie d'y aller, si je vous en parle. La Martinique est une île° tellement belle, vous savez. Il y fait chaud toute l'année, il y a de la musique et des fleurs partout, même à Noël! Les gens sont chaleureux° et aiment la vie, mais il n'y a pas assez de travail. Dans les grandes villes comme Fort-de-France, la pauvreté est un problème. Il y a trop de chômage°.

LAURENCE: Vous savez, mon éditeur a mentionné un projet possible dans une île antillaise, et je lui ai déjà dit que je voudrais bien le faire. S'il me donnait cette mission, est-ce que vous auriez la gentillesse de me donner une interview après votre retour en Martinique?

JACQUES: Bien sûr! Avec plaisir! De plus, si vous voulez, nous pouvons vous montrer beaucoup de sites très intéressants.

LAURENCE: C'est très gentil. Je vous remercie d'avance, Jacques.

NICOLE: Dis, Manu, tu n'as pas un peu faim? Il est quelle heure, à propos°?

MANU: Il est midi et demi.

NICOLE: Ah oui, je me disais bien que c'était l'heure du déjeuner. On va prendre quelque chose au wagon-restaurant? Vous venez avec nous?

VALÉRIE: Nous, en fait, nous avons nos sandwichs dans nos sacs. Je pense qu'on va déjeuner ici. Tu veux descendre° notre sac, Jacques?

JACQUES: OK... Tu pourrais me donner un coup de main? Tiens là... Pendant que je soulève° la valise, tu tires° le sac vers toi.

VALÉRIE: Comme ça?

JACQUES: Oui, voilà. Ça y est. Attention. Je vais le prendre maintenant... Il est lourd!

NICOLE: Bien, alors, nous, euh... nous, on va au wagon-restaurant. Laurence, vous voulez venir?

LAURENCE: Oui, c'est une bonne idée. À tout à l'heure...

MME FLANORET: Oui, à tout à l'heure. Bon appétit!

MANU: Merci. À vous aussi...

## Observation et analyse

1. Qu'est-ce que Nicole demande à Mme Flanoret? Pourquoi?
2. Parlez des contrastes de la Martinique.
3. Qu'est-ce que les passagers font pour le déjeuner?
4. Quel service est-ce que Laurence demande au couple martiniquais? Quel service est-ce que Valérie demande à Jacques? Quelle expression est-ce que Jacques emploie pour demander l'aide de Valérie quand il prend leur sac? En quoi est-ce que toutes ces demandes diffèrent?

## Réactions

1. Qu'est-ce que vous faites quand vous vous trouvez dans une situation où vous devez déranger quelqu'un?
2. Donnez plusieurs exemples de situations dans lesquelles vous demandez ou offrez un service à quelqu'un. En quoi est-ce que votre façon de vous exprimer change selon les situations?

Expliquez: «On y voit bien plus que du bleu...»

# Expressions typiques pour...

## Demander à quelqu'un de faire quelque chose
*(rapports intimes et familiaux)*

Est-ce que tu pourrais m'aider à mettre cette valise sur le porte-bagages *(suitcase rack)*, s'il te plaît?
Tu peux ouvrir la fenêtre, s'il te plaît?
Excuse-moi, papa/maman, mais tu pourrais me prêter *(lend)* ta voiture?
Tu veux me donner un morceau de pain, s'il te plaît?
Tu ne voudrais pas m'aider à nettoyer les fenêtres?
Chéri, donne-moi un petit coup de main! *(familiar — give me a hand)*

## Demander à quelqu'un de faire quelque chose
*(rapports professionnels et formels)*

Vous voulez bien ouvrir la fenêtre, s'il vous plaît?
Pardon, est-ce que vous pourriez ouvrir la fenêtre, s'il vous plaît?
Excusez-moi de vous déranger, madame/monsieur, mais j'ai un problème...
Pardon, madame/monsieur, est-ce que vous pourriez m'aider à mettre cette valise sur le porte-bagages?
Est-ce que cela vous embêterait *(bother)* si on enlevait *(took down)* cette valise?
Excusez-moi, madame/monsieur, est-ce que vous auriez la gentillesse de me dire où se trouve la réception?

## Proposer de l'aide
*(rapports intimes et familiaux)*

Tu veux que je t'accompagne?
Tu veux que j'en parle au directeur?
Je te donne un coup de main?
    *(familiar)*
Tu as besoin d'un coup de main?
Je peux t'aider?
Laisse-moi t'aider.

## Proposer de l'aide
*(rapports professionnels et formels)*

Je vous aide?
Je peux vous aider?
Si vous voulez, je peux vous accompagner.
Si cela peut vous rendre service, je veux bien m'en charger.
Laissez-moi vous aider.

Preview the expressions by dividing students into two groups. Ask one group to write down all the situations in which you might request a service. Ask the other group to write down all the ways one could request a service in English or French. Then ask a student from the first group to read one of the situations and a student from the second group to read one of the ways of requesting a service. The results should underline the importance of context and register when asking for a service in both English and French, which can then lead to a discussion on the use of the conditional tense.

## Accepter une offre d'aide

Oui, je vous remercie.
Oui, d'accord. Merci.
Oui, c'est très gentil. Merci.
Oui, c'est sympa. *(familiar)*
Merci, ça va beaucoup mieux.

## Refuser une offre d'aide

Ça va, merci.
Merci. Je peux le faire moi-même.
Merci, mais ce n'est pas nécessaire.
C'est très gentil, mais j'ai presque
  terminé.
Non, non. Je crois que ça va.
Merci, mais ce n'est pas la peine.
  *(Don't bother.)*

## Mots et expressions utiles

### L'argent

une carte de crédit  *a credit card*
un chèque de voyage  *traveler's check*
le chéquier  *checkbook*
le portefeuille  *wallet, billfold; portfolio*

un prêt  *a loan*

encaisser  *to cash (a check)*
emprunter  *to borrow*
prêter  *to lend*

Please see page IG-19 in the Instructor's Guide at the front of this book for an explanation of how to incorporate the **Mise en pratique** section into the classroom.

**Mise en pratique**

—Laura, j'ai un petit problème. Je n'ai plus d'argent! J'ai oublié d'**encaisser** un **chèque de voyage** et je n'ai pas apporté mon **chéquier**. Pourrais-tu me **prêter** de l'argent pour le déjeuner?
—Bien sûr! J'ai ma **carte de crédit**. Je peux bien t'offrir le déjeuner.
—Merci! Tu es vraiment sympa!

### Rendre un service

aider quelqu'un (à faire quelque chose)
  *to help someone (do something)*
donner un coup de main à quelqu'un
  *(familiar) to give someone a hand*

Ce n'est pas la peine.  *Don't
  bother.*
déranger, embêter  *to bother*

### Le voyage

Additional vocabulary for **Le voyage:** une malle *trunk;* un porteur *carrier;* prendre le train *to take the train;* une salle d'attente *waiting room*

les Antilles [f pl]  *the West Indies*
descendre  *to go down; to get off (train,
  etc.); to bring down (luggage)*
monter  *to go up; to get on (train, etc.);
  to bring up (luggage)*

enlever  *to take something out,
  off, down*
le porte-baggages  *suitcase rack*
le quai  *(train) platform*

### Divers

à propos  *by the way*

**Mise en pratique**

—Tu es prête? Nous n'avons que quelques minutes avant de partir.
—Oui. Euh… non! J'ai laissé un sac sur le **porte-bagages**. Donne-moi un coup de main, s'il te plaît… Voilà. Merci.

## *Liens culturels*

## Demander un service

Quand vous voulez demander à un(e) Français(e) de vous rendre un service, certaines tournures de phrases sociolinguistiques et socioculturelles peuvent vous aider à réussir, surtout dans les situations formelles. Premièrement, au point de vue sociolinguistique, utilisez des mots comme «Pardon, monsieur/madame», «Excusez-moi de vous déranger», «Auriez-vous la gentillesse/la bonté de…, s'il vous plaît?» De plus, pour être plus poli, employez le conditionnel. «Est-ce que vous pourriez me dire… ?» Enfin, notez que l'on peut utiliser «est-ce que» ou l'inversion pour formuler des demandes dans les situations formelles (mais «est-ce que» est plus souvent utilisé). Dans les situations informelles, utilisez l'intonation ou «est-ce que»: «Tu pourrais m'aider, s'il te plaît? Est-ce que tu pourrais m'aider, s'il te plaît?»

Au point de vue socioculturel, il faut noter que les Français demandent facilement un service à leur famille. La personne à qui on demande un service fera tout son possible pour répondre à la demande même si elle perd beaucoup de temps ou dépense de l'argent. Mais en général, on ne rend pas ce genre de service à n'importe qui…

Un étranger/Une étrangère en France qui a besoin d'aide ou d'un service doit faire très attention à la façon dont il/elle formule sa demande. Sinon, le Français/la Française refusera, n'en saura rien ou fera des excuses. Pour vous débrouiller dans n'importe quelle situation, souvenez-vous de deux choses très importantes: Faites d'abord des compliments à la personne à qui vous allez demander de l'aide. Deuxièmement, utilisez

les dix mots les plus importants pour un étranger/une étrangère en France: «Excusez-moi de vous déranger, monsieur/madame, mais j'ai un problème…» Si vous utilisez cette phrase, vous montrerez que vous êtes bien élevé(e). De plus on saura que vous êtes une personne qui respecte les autres et donc qui sera respectée par les Français. Par conséquent, vous recevrez tout ce que vous voulez—ou presque tout.

Comparez la façon de demander un service chez les Français et chez les Américains. Est-ce que cela vous gêne de demander un service? Si oui, dans quelles circonstances?

Adapté de Elaine M. Phillips, *Polite Requests: Second Language Textbooks and Learners of French* Foreign Language Annals 26, iii (Fall 1993), pp. 372–383; Linda L. Harlow, *Do They Mean What They Say? Sociopragmatic Competence and Second Language Learners.* The Modern Language Journal 74, iii (Autumn 1990), pp. 328–351.

## Activités

**A. J'ai un petit problème.** Trouvez deux façons de demander de l'aide à chacune des personnes suivantes. Variez, bien sûr, vos expressions.

MODÈLE: une amie / vous n'avez pas d'argent
*Excuse-moi, Monique, je voudrais te demander un grand service. Tu pourrais me prêter de l'argent?* OU:
*Tu peux me prêter de l'argent, s'il te plaît?*

1. votre mère / votre voiture ne marche pas
2. un agent de police / vous avez perdu votre portefeuille
3. dans l'autobus / vous ne savez pas où descendre
4. à l'ambassade de France / vous avez besoin d'un visa tout de suite
5. la concierge / vous allez en vacances
6. un dîner en famille / votre viande n'est pas assez salée

Liens culturels: Before having students read the cultural section on asking for favors, ask them the following:
1. Demandez-vous souvent un service à un(e) ami(e)? À quelle occasion? 2. Aimez-vous qu'on vous demande un service?

Activity A: Add other situations: 7. un chauffeur de taxi / vous (ou votre femme) allez avoir un bébé; 8. un(e) ami(e) / vous avez perdu vos notes de classe; 9. à la douane / vous avez perdu votre passeport

**B. Offrir de l'aide.** Maintenant, imaginez que vous voulez aider la personne dans cette situation difficile.

1. votre mère / sa voiture ne marche pas
2. un ami / il a perdu son portefeuille
3. dans l'autobus / une personne âgée essaie de mettre un gros paquet sur le porte-bagages
4. une amie / elle doit partir à la campagne parce que son père est très malade

**C. Jouez le rôle.** Choisissez maintenant une des situations de l'exercice A ou B, et jouez les rôles avec un(e) camarade de classe. N'oubliez pas de saluer et de prendre congé d'une façon adaptée à la situation.

**D. Imaginez.** Demandez de l'aide à quelqu'un dans les contextes suivants. Imaginez un problème, puis sa solution.

Activity D: Add other contexts: dans la rue, à la poste, dans une boutique. Have students propose contexts, imagining situations in the past when they have asked for help. Ask them to bring in magazine pictures or drawings of settings where one would ask for help. See the photo on page 4 as a model.

> MODÈLES: en classe
> *Excuse-moi. Je n'ai pas de stylo. Tu peux m'en prêter un?* OU: *Excusez-moi, Monsieur Goudin. Je n'ai pas entendu la dernière phrase. Auriez-vous la gentillesse de la répéter?*

1. dans un train
2. à la bibliothèque
3. au restaurant
4. à la banque
5. à l'hôpital
6. au travail

# La grammaire à apprendre

## Le conditionnel

### Formation

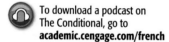

To download a podcast on The Conditional, go to **academic.cengage.com/french**

When previewing with students, stress the importance of the conditional for being polite in French. Point out also that it is used in formal requests for getting things done.

The conditional in French is useful when making a request or asking for favors. It is equivalent to a compound verb form in English (*would* + infinitive).

> Je **voudrais** un renseignement, s'il vous plaît.
> I **would like** some information, please.

To form the conditional, add the imperfect endings (**-ais, -ais, -ait, -ions, -iez, -aient**) to the infinitive. Notice that the final **e** of **-re** verbs is dropped before adding the endings.

- Verbes réguliers

|          | **parler**   | **finir**   | **rendre**   |
|----------|--------------|-------------|--------------|
| je       | parlerais    | finirais    | rendrais     |
| tu       | parlerais    | finirais    | rendrais     |
| il/elle/on | parlerait  | finirait    | rendrait     |
| nous     | parlerions   | finirions   | rendrions    |
| vous     | parleriez    | finiriez    | rendriez     |
| ils/elles | parleraient | finiraient  | rendraient   |

J'**aimerais** bien parler avec le propriétaire.
I **would like** to talk with the owner.

- Changements orthographiques dans certains verbes en **-er**

  Some **-er** verbs undergo changes in the infinitive before the endings are added:

  Verbs like **acheter**: j'achèterais; nous lèverions
  Verbs like **essayer**: j'essaierais; vous paieriez
  Verbs like **appeler**: j'appellerais; ils jetteraient

- Verbes irréguliers

  The following verbs have irregular stems:

| | | | |
|---|---|---|---|
| aller: | j'**irais** | devoir: | je **devrais** |
| avoir: | j'**aurais** | envoyer: | j'**enverrais** |
| courir: | je **courrais** | être: | je **serais** |
| faire: | je **ferais** | savoir: | je **saurais** |
| falloir: | il **faudrait** | tenir: | je **tiendrais** |
| mourir: | je **mourrais** | valoir: | il **vaudrait** |
| pleuvoir: | il **pleuvrait** | venir: | je **viendrais** |
| pouvoir: | je **pourrais** | voir: | je **verrais** |
| recevoir: | je **recevrais** | vouloir: | je **voudrais** |

Je **voudrais** trois billets aller-retour, s'il vous plaît.
*I **would like** three round-trip tickets, please.*

**Emploi**

- The conditional is often used to express wishes or requests.

  Maman, tu **pourrais** m'aider à faire mes devoirs?
  *Mom, **could** you help me with my homework?*

- It also lends a tone of deference or politeness, which makes a request less abrupt.

  **Pourriez**-vous me dire où se trouve la poste, s'il vous plaît?
  ***Could** you please tell me where the post office is?*

- Often, expressions such as **Pardon, madame** or **Excusez-moi, monsieur** are used to make a request more polite.

  **Pardon, monsieur, auriez**-vous la gentillesse de m'indiquer où se trouve la rue Victor Hugo?
  ***Pardon me, sir, would** you be so kind as to show me where Victor Hugo Street is?*

Vous pourriez me montrer où se trouve la gare?

- The conditional of the verb **devoir** corresponds to *should* in English. It is frequently used to give advice.

  Vous **devriez** bien étudier pour cet examen!
  *You **should** study hard for this test!*

- The use of the conditional to indicate a hypothetical fact that is the result of some condition will be presented in **Chapitre 7**.

# Activités

Activities A–D: Do at least one of these activities in small groups.

**A. Soyez poli(e)!** Vous êtes en voyage et vous avez besoin d'un billet. Mettez ces phrases au conditionnel.

1. Pardon, monsieur. Pouvez-vous m'aider à acheter un billet?
2. Il me faut un billet aller-retour.
3. Je peux vous poser une question?
4. Vous acceptez les chèques de voyages?
5. Ça me plaît de voyager en première classe.
6. Il est possible de m'envoyer des renseignements sur les tarifs réduits à mon adresse permanente?

**B. Les rêves.** Si nous pouvions partir en voyage (n'importe où)…

MODÈLE: Nous visitons des pays exotiques.
*Nous visiterions des pays exotiques.*

1. Marianne passe tout son temps à faire du ski en Suisse.
2. Mes autres amis choisissent l'Espagne.
3. Je connais très bien les pays d'Asie.
4. Tu suis tes cours de langue avec beaucoup plus d'enthousiasme.
5. Nous n'avons plus le temps d'aller en cours.
6. Nous sommes très sensibles aux différences culturelles.

**C. Dans le métro.** On parle très peu aux inconnus dans le métro, mais on entend de temps en temps les phrases suivantes. Pour les compléter, mettez les verbes ci-dessous au conditionnel.

**pouvoir / vouloir / savoir / devoir / avoir**

1. _____-vous la gentillesse de me céder votre place? J'ai mal aux jambes.
2. _____-vous ouvrir la fenêtre? Il fait vraiment chaud ici.
3. _____-vous l'heure, monsieur?
4. Vous _____ vous asseoir, madame. Vous êtes pâle comme tout.
5. Est-ce que je _____ m'asseoir à côté de vous, monsieur?

La femme ne sait pas quelle ligne de métro elle doit prendre. Imaginez sa conversation avec l'homme.

**D. Si c'était possible…** Complétez les phrases suivantes. Comparez vos réponses à celles de vos camarades de classe.

1. Ça me plairait de…
2. Vous devriez…
3. Je voudrais…
4. Il me faudrait…
5. J'aimerais…

Activity D: Have students brainstorm as many possibilities as they can for each completion item. Ask groups to report back their favorite answers.

## Interactions

Utilisez les suggestions suivantes pour créer des conversations avec un(e) partenaire. Essayez d'employer autant que possible le vocabulaire et la grammaire de la **Leçon 3.**

**A. Une situation embarrassante.** Vous êtes en voyage et vous avez laissé votre serviette *(briefcase)* dans un taxi. Vous quittez la France dans deux jours et vous voulez que la compagnie de taxi vous l'envoie aux États-Unis. Décrivez votre serviette en détail, bien sûr, et ce qu'il y avait dedans. Si la compagnie la trouve et refuse de vous l'envoyer, demandez-lui de l'envoyer à votre frère qui viendra en France dans deux semaines. Prenez les mesures nécessaires, en utilisant toutes les expressions polies que vous connaissez!

**B. Soyez ferme!** Il y a des moments où on ne doit pas être poli. Un jeune homme essaie de vous vendre des montres et des bijoux dans le jardin des Tuileries. Il vous montre ses produits tout en marchant près de vous. Vous ne voulez rien acheter. Soyez ferme mais pas grossier/grossière *(abusive)*. Expliquez que vous venez d'arriver en France et que vous n'avez besoin de rien. Demandez-lui d'être gentil et de vous laisser partir. Expliquez-lui qu'il devrait vous laisser tranquille et que, s'il continue, vous allez appeler quelqu'un à l'aide.

## Deuxième brouillon  Dossier personnel

1. Write a second draft of your letter from **Leçon 2,** trying to focus on the most interesting examples. Provide adequate details for those illustrations. Ask yourself if you have used the examples that best typify the category and whether you have used an appropriate number of examples to provide an accurate portrait of yourself to your readers. Check that the organization of your letter is effective and conveys the impression you want.

2. Add some expressions of politeness at the beginning and end to smooth the way to getting to know your classmates and to have them get to know you: **Je suis content(e) de faire votre connaissance,** etc.

3. Make your letter read more smoothly by using transition words and combining very short sentences to form longer ones. Use some of the following expressions:

   - **Transition words that qualify: mais** *(but),* **cependant** or **pourtant** *(however),* **sauf** *(except for)*
   - **Transitions that contrast: par contraste** *(in contrast),* **tandis que** *(but on the other hand, whereas),* **à la place de** *(instead of)*
   - **Transitions that concede: néanmoins** *(nevertheless),* **bien sûr** *(of course),* **après tout** *(after all)*

**Phrases:** Writing a letter (informal); writing a letter—introduction; writing a letter—conclusion
**Vocabulary:** Geography; leisure; traveling
**Grammar:** Verb summary

# Synthèse

♪ To experience this song, go to **academic.cengage.com/french/bravo**

Because this is the first **Synthèse** section your students have encountered, explain to them that its purpose is to provide a review of all functions and grammar in the chapter. This section is important for synthesizing all the skills presented.

This song provides a good review of the imperative, which students studied in **Avant la troisième leçon**, and of the verb **savoir**.

Turn to **Appendice B** for a complete list of active chapter vocabulary.

## Activités musicales

### Isabelle Boulay: *Parle-moi*

**Avant d'écouter**

1. Regardez le titre de la chanson d'Isabelle Boulay. À votre avis, à qui est-ce que la chanson s'adresse? À un(e) inconnu(e) ou à quelqu'un que la chanteuse connaît bien? D'après le titre, est-ce que vous pensez que la chanson va parler de la vie publique ou de la vie privée? À votre avis, quel est le sujet de la chanson?
2. Est-ce que vous connaissez des chansons qui parlent des relations sentimentales? Est-ce qu'il y en a une que vous aimez particulièrement? Laquelle? Décrivez le sujet de cette chanson et expliquez pourquoi vous la trouvez belle.
3. En général, est-ce que les chansons d'amour sont tristes ou heureuses? Pourquoi, à votre avis?

**Après avoir écouté**

1. Résumez en quelques phrases le problème décrit dans la chanson. Est-ce que la chanteuse est heureuse ou triste? Décrivez ses sentiments.
2. «Je ne sais plus… » est répété dans toute la chanson. Qu'est-ce que cela indique au sujet de la situation de la chanteuse? Faites une liste de ce qu'«elle ne sait plus».
3. La chanteuse dit: «Tu es là, mais tu es si loin de moi». Est-ce que la personne à qui la chanson s'adresse est partie? Où est cette personne? Expliquez le sens *(meaning)* de la phrase.
4. Imaginez le début de la relation de la chanteuse et de la personne mentionnée dans la chanson. Depuis combien de temps est-ce qu'ils se connaissent? Où est-ce qu'ils ont fait connaissance? Dans quelles circonstances? De quoi ont-ils peut-être parlé pendant leur première rencontre? Donnez plusieurs sujets de conversation possibles.
5. À votre avis, est-ce que cette relation va avoir une fin heureuse? Pourquoi ou pourquoi pas? Imaginez ce qui va se passer.
6. Et vous, si vous étiez dans la situation de la chanteuse, qu'est-ce que vous feriez? Écrivez un petit paragraphe au conditionnel.

## Activités orales

**A. Ah, le temps!** Vous dormez et, dans votre rêve, vous êtes dans une situation où vous ne trouvez aucun sujet de conversation sauf parler du temps. Jouez les rôles avec un(e) camarade de classe. Discutez des sujets suivants:

- le temps aujourd'hui
- le temps d'hier; le temps qu'il fera demain
- la même saison mais l'année passée
- le temps dans d'autres parties du pays ou en Europe

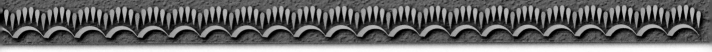

**B. Dîner avec une vedette.** Vous avez gagné une soirée en ville avec votre acteur préféré/actrice préférée. Vous allez dîner au meilleur restaurant de la ville. Saluez-le/la et bavardez un peu. Parlez des sujets suivants:

- pourquoi il/elle est devenu(e) acteur/actrice
- ses futurs projets
- les rôles ou les films que vous avez admirés
- sa vie personnelle (frères, sœurs, loisirs, etc.)
- demandez-lui s'il/si elle pourrait signer votre menu
- si vous pourriez lui rendre visite

**Activity B:** Have students decide which actor or actress they will be. You can ask them to expand on the role play by introducing a third party who interrupts them during the meal.

## Activité écrite

**Un(e) correspondant(e).** Vous avez un(e) nouveau/nouvelle correspondant(e). Écrivez une courte lettre dans laquelle vous vous présentez. Parlez-lui de la région dans laquelle vous habitez, de votre famille, de vos intérêts et de votre vie (à l'université/au lycée ou au travail). Posez-lui des questions sur sa vie. Commencez la lettre par «Cher/Chère…» et terminez-la par «Amicalement».

## Révision finale  Dossier personnel

1. Reread your letter and focus on the tone. Do you sound friendly and energetic or dull and boring? If the tone conveys the latter, go through and enliven the content without exaggerating the examples.

2. Bring your draft to class and ask two classmates to peer review your compositions, using the symbols on page 433. They should pay particular attention to whether the letter is interesting and inviting.

3. Examine your letter one last time. Check for correct spelling, grammar, and punctuation. Pay special attention to your use of the present tense, the conditional, the time expressions, and topics of conversation.

4. Prepare your final version using interesting stationery or paper. The appearance of the letter should make the impression that you want to give. Make sure that there are no mistakes and that everyone can read your handwriting if you don't type your letter.

**Révision finale:** If you wish, ask students if there are volunteers to have their letters serve as models for the first group edit. (You will need to have these volunteers prepare their letters on a transparency or photocopy them). Use fifteen minutes of class time to follow the peer-editing techniques proposed in "Focus on Process Writing and Peer Editing" in the Instructor's Resource CD-ROM.

**Phrases:** Writing a letter (informal)
**Vocabulary:** Geography; leisure; traveling
**Grammar:** Verb summary; conditional; plural of nouns

## I. *Ils sont fous, ces Français* de Polly Platt

## Avant la lecture

### Sujets à discuter

- Comment est-ce que la plupart des Américains voient les Parisiens? Froids? Chaleureux *(Warm)*? Gentils? Impolis? Accueillants *(Friendly)*? Comment est-ce que vous les voyez?
- Quand vous êtes dans un endroit inconnu et que vous avez des problèmes, qu'est-ce que vous attendez des gens de la région? De la gentillesse? De l'indifférence? De l'impolitesse?
- Est-ce que votre voiture a déjà calé *(stalled)* dans une grande rue? Qu'est-ce que vous avez fait? Est-ce que vous avez pu repartir?

### Introduction

*This article by Polly Platt will provide examples of several of the cultural themes in the chapter. She talks, for example, about living in a new culture in Paris and of offers of help that she has witnessed. Polly Platt, an American who lived in Paris for 20 years, has become well acquainted with the French and French culture. She believes, contrary to what many Americans think, that Parisians are not indifferent and cold to those they don't know. She cites several examples of how the French are very generous with their time when they see a stranger in distress.*

# Ils sont fous, ces Français

**Les Parisiens ont beau être toujours débordés** *However overwhelmed the Parisians always are* / **prévenants** *gentils*

**longueur d'ondes** *wavelength*

**embarrass** *difficulté* / **coffre** *trunk*

**le rebord des fenêtres** *windowsills* / **chausson** *petite chaussure tricotée* / **ils se plieront en quatre** *they will bend over backwards* / **prévenir** *to warn*

**l'heure de pointe** *rush hour*
**4 L** *Renault 4 L* / **a calé** *stalled*
**les flics** *les agents de police* / **sens unique** *one way*

Les Parisiens ont beau être toujours débordés°, ils savent aussi se montrer extrêmement prévenants° avec les gens dans la rue, à condition qu'ils
5 soient sur la même longueur d'ondes° (qu'ils ne sourient pas). S'ils remarquent quelque chose qui risque de vous mettre dans l'embarras°—un coffre° de voiture ouvert, une boîte d'œufs qui va
10 tomber de votre porte-bagages—ils se plieront en quatre° pour vous prévenir°.

Dans la rue, en France, on vous court après si vous laissez tomber quelque chose. Essayez si vous ne me croyez pas!
15 Et, en cas d'urgence, les Français savent s'unir contre ces «Autres» impitoyables que sont les flics°, le mauvais temps, le gouvernement, les accidents, la négligence, le manque de chance.

20   Les chauffeurs de bus vous attendent. Ils s'arrêtent même parfois exprès pour vous. Si quelqu'un trouve un objet dans la rue, il le dépose contre une vitrine au cas où le propriétaire
25 reviendrait le chercher. C'est comme ça qu'hier, j'ai aperçu, posés sur le rebord des fenêtres°, un chausson° de bébé, un guide de Paris et des lunettes de ski.

Peu de temps après notre arrivée à
30 Paris, je suis tombée sur un bon samaritain. Je conduisais les enfants à l'école à l'heure de pointe°, sous une pluie battante, lorsque ma 4 L° a calé° dans une rue à sens unique°. Derrière moi, une vingtaine

Show a video of Paris, if possible, or bring in a literary passage or a song on Paris. Assign the reading for out-of-class work.

If any of your students have traveled to Paris, ask them to describe their time there and their encounters with the French. Have them describe the traffic and cars.

Show a scene of the 2007 film *Paris je t'aime*.

de voitures—toutes conduites par des hommes d'affaires qui se rendaient à leur travail. Ils se sont mis° à klaxonner à qui mieux mieux°. Mais impossible de redé-
40 marrer°. Les klaxons ont monté d'un ton. Dans tous mes états, je tirais éperdument° sur le starter. Peine perdue°. Les klaxons faisaient maintenant un bruit assourdis-sant°. C'est alors que le conducteur de la voiture de derrière se présenta° poliment
45 devant ma portière, tout dégoulinant° de pluie, et me demanda° si je voulais qu'il essaie de démarrer la voiture. Soulagée°, je me glissai° sur le siège du passager. Devant cette inititative, les autres chauf-
50 feurs m'ont prise en pitié, et ils ont cessé de klaxonner. Mais mon sauveur n'est pas arrivé, lui non plus, à démarrer la voiture. Il m'a aidée à la pousser sur une place de stationnement et m'a dit: «Madame,
55 j'ai peur que vous ne° soyez obligée d'emmener vos enfants à l'école en taxi. Pendant ce temps, j'enverrai quelqu'un examiner votre voiture. Je travaille chez Renault.»

60 Quand je suis revenue, un peu plus tard, deux mécanos en salopettes° bleues s'affairaient° autour de ma voi-ture. Ils m'apprirent° que, malheureuse-ment, ils ne pouvaient pas la réparer sur
65 place et qu'il fallait qu'ils l'apportent chez le concessionnaire°. Le concession-naire? Mais où ça?

«Chez Renault, Madame. Avenue de la Grande-Armée. Elle sera prête à six
70 heures.» Lorsque j'arrivai° pour la cher-cher, on m'apprit° que je n'avais rien à payer. On refusa° même de me donner le nom de mon bienfaiteur. «Monsieur le directeur préfère garder l'anonymat.»
75 Mon français n'était pas assez bon pour que je puisse plaider ma cause (prendre un air contrit° et refuser de partir avant qu'ils vous aient répondu).

C'était il y a longtemps, mais je le
80 revois marchant sous la pluie et frap-pant à ma portière. S'il lit cette histoire et qu'il se souvient de la pauvre Améri-caine avec ses trois enfants à l'arrière de sa 4 L, j'espère qu'il se fera connaître.

Extrait de Polly Platt, *Ils sont fous, ces Français,* Paris. Éditions Bayard, 1997.

**mécanos en salopettes** mécaniciens en tenue de travail / **se sont mis** ont commencé / **s'affairaient** s'occu-paient activement / **à qui mieux mieux** *trying to beat each other, very loudly* / **m'apprirent** m'ont appris / **redémarrer** faire repartir / **éperdument** violemment / **Peine perdue** *Lost cause* / **concession-naire** *car dealer* / **assourdissant** qui rend sourd

**se présenta** s'est présenté (le passé simple) / **dégoulinant** *dripping wet* / **j'arrivai** je suis arrivée / **me demanda** m'a demandé / **m'apprit** m'a appris / **Soulagée** *Relieved* / **refusa** a refusé / **me glissai** me suis glissée *(slid over)*

**prendre un air contrit** *to look sorry*

**ne** ici sans sens négatif

For more literary selections, visit Textchoice.com

## Après la lecture

### *Compréhension*

#### A. Observation et analyse

1. Donnez 3–4 exemples que Polly Platt utilise pour illustrer la gentillesse inattendue des Parisiens envers des inconnus.
2. Qu'est-ce qui est arrivé à Mme Platt et à ses enfants dans la rue le jour où il pleuvait beaucoup?
3. Qu'est-ce que le bon samaritain a fait pour eux?
4. Quel est le plus cher espoir de Mme Platt?

Décrivez cette Smart.

**B. Grammaire/Vocabulaire.** Relisez cette histoire. En utilisant les expressions pour offrir ou demander un service et le conditionnel, que diriez-vous dans les circonstances suivantes?

1. Vous remarquez que le coffre d'une voiture arrêtée au feu rouge est ouvert.
2. Une personne a du mal à porter ses achats. En fait, une boîte d'œufs va tomber de son sac.
3. Votre voiture ne redémarre pas. Il fait un temps horrible et la circulation devient plus dense.
4. Vous voulez savoir le nom de la personne qui vous a aidé(e) à réparer votre voiture. On ne vous le dira pas.

### C. Réactions

1. Est-ce que vous avez déjà eu l'occasion d'aider quelqu'un qui était dans un grand besoin? Si oui, qu'est-ce que vous avez fait?
2. Est-ce que vous pensez que la dame qui a écrit l'histoire est trop optimiste et trop naïve? Est-ce que vous croyez qu'il y a beaucoup d'inconnus qui seraient prêts à vous dépanner comme cela à Paris?
3. Comparez: Qu'est-ce qui se passerait dans une grande ville américaine si votre voiture calait en pleine rue?

### Interactions

1. Formez un groupe de trois étudiants pour jouer les rôles de cette scène. La voiture d'un d'entre vous ne redémarre pas. Les deux autres personnes viennent à l'aide de ce malheureux/cette malheureuse. Imaginez la conversation.
2. On pense, en général, que les gens des grandes villes, surtout d'une ville comme Paris, sont moins obligeants *(helpful)* que ceux des petites villes. Pourquoi à votre avis? D'où viennent ces stéréotypes? Discutez-en en petits groupes.

### Expansion

Allez sur l'Internet et faites des recherches sur la compagnie automobile Renault. Donnez une brève histoire de cette compagnie. Est-ce que vous connaissez d'autres compagnies automobiles françaises? Lesquelles?

## II. *Père et fille en voyage* d'Annie Ernaux

## Avant la lecture

### Sujets à discuter

- Est-ce que vous avez déjà fait un voyage organisé? Avec qui? (classe, équipe, association, agence de voyages?) Est-ce que c'était en car, en train, en avion, en bateau? Quels souvenirs avez-vous de ce voyage?
- Pourquoi est-ce que les gens partent en voyage organisé, à votre avis? Où est-ce que ça vous plairait d'aller avec un groupe?
- Quand vous aviez 13 ans, est-ce que vous vous compariez aux autres jeunes? Dans quelles circonstances?

### Stratégies de lecture

**Familles de mots.** Des mots inconnus ressemblent souvent à des mots que vous avez déjà appris. Vous connaissez probablement les mots de la colonne de gauche. En utilisant le contexte et votre connaissance des mots de la colonne de gauche, déterminez et puis expliquez à un(e) camarade de classe le sens des mots soulignés dans les phrases ci-dessous. Si vous ne connaissez pas les mots de la colonne de gauche, utilisez votre dictionnaire!

inscription
1. Au cours de l'hiver, ma mère nous avait <u>inscrits</u>, mon père et moi, à un voyage organisé par la compagnie d'autocars de la ville.

pays
2. Au fur et à mesure que nous descendions vers le sud, le <u>dépaysement</u> m'envahissait.

terre
3. Derrière nous, une veuve, propriétaire <u>terrienne</u>, avec sa fille de treize ans.

content
4. Elle n'a pas répondu à mes avances, <u>se contentant</u> de me sourire quand je lui parlais…

le col
5. À une petite table près de nous, il y avait une fille de quatorze ou quinze ans, en robe <u>décolletée</u>, bronzée, avec un homme assez âgé…

goût
6. Elle <u>dégustait</u> une sorte de lait épais dans un pot en verre…

### Introduction

*This literary reading focuses on the chapter theme of "**Le voyage.**" Travel often involves much more than seeing new sights and having a good time. While travelers become acquainted with new areas and possibly new customs and ways of living one's life, they also become better acquainted with themselves, their position in the world, and their relationships with others. Self-knowledge can, however, lead to disappointment or disillusionment.*

*The writer Annie Ernaux has made many voyages of discovery. In 1952, she was 12 and lived in a working-class family in Rouen, in Normandy. In* La honte *(1997), one of her autobiographical books, she recalls the pilgrimage she made that year with her father to Lourdes, in southern France, where the virgin Mary had appeared to a young woman a century earlier, and to the **châteaux de la Loire.** She describes how difficult it was for her to establish contact with other teenage girls during this trip. These slightly older strangers were a source of both curiosity and envy.*

Ask students to find Lourdes, Rocamadour, Dreux, Limoges, Biarritz, Bordeaux, **les châteaux de la Loire,** and other locations mentioned in the text, on the Internet or show any pictures that you might be able to find. Try to set the context for students so that they can imagine the young girl and her father on vacation.

You might also ask students to look up information on Annie Ernaux.

# Père et fille en voyage

Au cours de l'hiver, ma mère nous avait inscrits, mon père et moi, à un voyage organisé par la compagnie d'autocars de la ville. Il était prévu de
5 descendre vers Lourdes en visitant des lieux touristiques, Rocamadour, le gouffre de Padirac°, etc., d'y rester trois ou quatre jours et de remonter vers la Normandie par un itinéraire différent de
10 celui de l'aller, Biarritz, Bordeaux, les châteaux de la Loire. C'était au tour de mon père et moi d'aller à Lourdes. Le matin du départ, dans la deuxième quinzaine d'août — il faisait encore nuit — nous
15 avons attendu très longtemps sur le trottoir° de la rue de la République le car qui venait d'une petite ville côtière°, où il devait embarquer des participants au voyage. On a roulé° toute la journée
20 en s'arrêtant le matin dans un café, à Dreux, le midi dans un restaurant au bord du Loiret, à Olivet. Il s'est mis° à pleuvoir sans discontinuer et je ne voyais plus rien du paysage à travers la
25 vitre. [...] Au fur et à mesure que nous descendions vers le sud, le dépaysement m'envahissait. Il me semblait que je ne reverrais plus ma mère. En dehors d'un fabricant de biscottes et sa femme, nous
30 ne connaissions personne. Nous sommes arrivés de nuit à Limoges, à l'hôtel Moderne. Au dîner, nous avons été seuls à une table, au milieu de la salle à manger. Nous n'osions pas parler à cause des
35 serveurs. Nous étions intimidés, dans une vague appréhension de tout. [...] Derrière nous, une veuve, propriétaire terrienne°, avec sa fille de treize ans. [...]
J'avais cru naturel de rechercher
40 la compagnie de la fille de treize ans, Élisabeth, puisque nous n'avions qu'un an de différence et qu'elle allait aussi dans une école religieuse, même si elle

était déjà en cinquième°. Nous étions de
45 la même taille mais elle avait le corsage° gonflé° et déjà l'air d'une jeune fille. Le premier jour, j'avais remarqué avec plaisir que nous portions toutes les deux une jupe plissée° marine avec une veste,
50 la sienne rouge et la mienne orange. Elle n'a pas répondu à mes avances, se contentant de me sourire quand je lui parlais, de la même façon que sa mère, dont la bouche s'ouvrait sur plusieurs dents
55 en or et qui n'adressait jamais la parole à mon père. Un jour, j'ai mis la jupe et le chemisier de mon costume de gymnastique, qu'il fallait user une fois la fête de la Jeunesse° passée. Elle l'a remarqué:
60 «Tu es allée à la fête de la Jeunesse?» J'ai été fière de dire oui, prenant sa phrase accompagnée d'un grand sourire pour une marque de connivence° entre nous deux. Ensuite, à cause de l'intonation
65 bizarre, j'ai senti que cela signifiait, «tu n'as rien d'autre à te mettre que tu t'habilles en gymnastique».
Un soir, le dernier du voyage, à Tours, nous avons dîné dans un restaurant
70 tapissé° de glaces, brillamment éclairé, fréquenté par une clientèle élégante. Mon père et moi étions assis au bout de la table commune du groupe. Les serveurs négligeaient celle-ci, on atten-
75 dait longtemps entre les plats. À une petite table près de nous, il y avait une fille de quatorze ou quinze ans, en robe décolletée, bronzée, avec un homme assez âgé, qui semblait être son père.
80 Ils parlaient et riaient, avec aisance et liberté, sans se soucier des° autres. Elle dégustait une sorte de lait épais° dans un pot en verre — quelques années après, j'ai appris que c'était du yoghourt,
85 encore inconnu chez nous. Je me suis vue dans la glace en face, pâle, l'air triste

avec mes lunettes, silencieuse à côté de mon père, qui regardait dans le vague. Je voyais tout ce qui me séparait de cette 90 fille mais je ne savais pas comment j'aurais pu faire pour lui ressembler.

Extrait d'Annie Ernaux, *La honte*, © Éditions Gallimard, pp. 114–115, 118–119, 124–125.

Aimez-vous voyager en bus? Expliquez.

## Après la lecture

### Compréhension

**A. Observation et analyse**

1. La narratrice (la personne qui raconte l'histoire) a quel âge quand elle fait ce voyage? Et quand elle écrit ce récit, à votre avis?
2. Où est-ce qu'elle va avec son père? Pourquoi?
3. Le voyage organisé a lieu pendant quel mois?
4. Est-ce que la jeune fille connaît beaucoup de participants?
5. Est-ce que la jeune fille a l'habitude d'aller en voyage? Expliquez son attitude.
6. Avec qui veut-elle parler? Décrivez les conversations qu'elle a.
7. Comment est-ce qu'elle s'habille pendant le voyage? Est-ce que les vêtements ont de l'importance pour elle? pour les autres?
8. Décrivez le restaurant à Tours. Décrivez l'ambiance dans ce restaurant.
9. En faisant ce voyage touristique, est-ce que la jeune fille fait aussi un «voyage intérieur»? Qu'est-ce qu'elle découvre?
10. À votre avis, qu'est-ce qui a le plus marqué la jeune fille pendant ce voyage: les lieux, les visites, la découverte de l'ouest de la France, l'indifférence des autres envers elle, sa timidité, ses rapports avec son père, autre chose? Expliquez et justifiez votre opinion.

**B. Grammaire/Vocabulaire.** Dans la colonne de gauche, il y a des mots tirés du texte. Essayez de dire la même chose en choisissant un mot ou une phrase qui a la même signification dans la colonne de droite.

| | |
|---|---|
| 1. il était prévu | un chemin, une succession de routes ou de rues |
| 2. descendre | |
| 3. un itinéraire | un signe de complicité, d'entente silencieuse |
| 4. la vitre | |
| 5. être intimidé | essayer de connaître |
| 6. rechercher | être pareil(le) à quelqu'un |
| 7. être de la même taille | selon le programme, on devait |
| 8. remarquer | jamais vu |
| 9. adresser la parole | être peu sûr de soi |
| 10. une marque de connivence | être aussi grand(e) |
| 11. encore inconnu | le verre de la fenêtre |
| 12. lui ressembler | constater, noter dans sa tête |
| | aller dans le sud |
| | dire un mot, parler |

Students could role-play several group scenes in the bus as it passes through the areas mentioned or in the restaurant at the group table.

If you have artistic students, you might ask them to draw the young woman and Élisabeth or the young woman and her father in the restaurant in Tours.

For more literary selections, visit Textchoice.com

1. Décrivez les sentiments que vous avez eus en lisant cette histoire. Par exemple, est-ce que vous êtes triste ou content(e) pour la jeune fille? Pourquoi? Est-ce que vous la trouvez naïve, innocente, complexée ou sotte? Expliquez.
2. Parlez des autres personnages de l'histoire: le père, la veuve et sa fille Élisabeth, les serveurs, etc. Comment les trouvez-vous? Décrivez les rapports entre la narratrice et ces personnes.
3. Est-ce que vous avez déjà eu une réaction comme celle de la jeune fille pendant un voyage ou dans une autre situation? Expliquez.
4. Quelle serait votre réaction si une étudiante de la classe agissait comme Élisabeth, la fille de la veuve?

## Interactions

1. Avec un(e) camarade de classe, décrivez un voyage organisé et les participants idéaux. Pensez aux choses suivantes: la destination, le temps, la saison, les repas, le moyen de transport, etc.
2. Jouez les rôles et imaginez une scène entre la jeune fille et Élisabeth, peut-être pendant la visite d'un château de la Loire.
3. Depuis le seizième siècle, on dit beaucoup en France que «les voyages forment la jeunesse». Avec deux ou trois autres étudiants, analysez cette déclaration. Est-ce que vous êtes d'accord? Pourquoi? Préparez au moins trois exemples pour justifier votre point de vue et présentez-les à la classe.

## Expansion

1. Choisissez un des endroits suivants et faites des recherches à la bibliothèque ou sur Internet: Lourdes, le gouffre de Padirac, Biarritz, Bordeaux, les châteaux de la Loire, Limoges. Expliquez pourquoi c'est un lieu connu.
2. Dessinez une carte de la France et tracez l'itinéraire du voyage du père et de la fille.

# Je t'invite...

**Thèmes:** L'université; L'invitation; La nourriture et les boissons

Possible questions to introduce chapter themes and functions: Qu'est-ce qui se passe sur cette photo? Qui sont ces gens? De quoi est-ce qu'ils discutent? After studying the Expressions typiques pour... and Mots et expressions utiles in Leçon 1, ask students to write a dialogue that is appropriate for this photo.

 Heinle iRadio

 Système–D Writing Assistant

 Pour tester vos connaissances, visitez academic.cengage.com/french/bravo

## Leçon 1

**Fonction:** Comment inviter; comment accepter ou refuser une invitation
**Culture:** Les sorties entre copains
**Langue:** Les verbes irréguliers: **boire, recevoir, offrir** et **plaire**
PRÉPARATION

## Leçon 2

**Fonction:** Comment offrir à boire ou à manger
**Culture:** Les repas en France
**Langue:** Les articles: choisir l'article approprié

PREMIER BROUILLON

## Leçon 3

**Fonction:** Comment poser des questions et répondre
**Culture:** Le bac
**Langue:** Les pronoms interrogatifs; **quel** et **lequel**

DEUXIÈME BROUILLON

## La grammaire à réviser

• Quelques verbes irréguliers: le présent
• Les articles
• Les mots interrogatifs

## Synthèse

**Activités musicales:** Gérard Genty: *Détention universitaire*
RÉVISION FINALE

## Intermède culturel

• Polly Platt: *Les grandes écoles*
• Calixthe Beyala: *Le petit prince de Belleville*

**45**

# La grammaire à réviser

**Activités d'une journée typique.** Conjuguez les verbes en remplaçant le sujet des phrases suivantes.

1. J'ai faim. (Marie/vous/tu)
2. Nous faisons les courses. (Marc/je/Marie et Marc)
3. Nous partons très tôt. (Marc/je/vous)
4. Ils vont au supermarché. (tu/vous/je)
5. Je prends le métro. (nous/Marie/tu)
6. Marie revient tard. (Marc et Marie/vous/nous)
7. Nous voulons bien dîner ce soir. (tu/Marc et Marie/vous)

The information presented here is intended to refresh your memory of various grammatical topics that you have probably encountered before. Review the material and then test your knowledge by doing the drills in the margin and completing the accompanying exercises in the workbook.

## Avant la première leçon

### Quelques verbes irréguliers: le présent

#### A. Les plus communs

**avoir** *(to have)*

| | |
|---|---|
| j'**ai** | nous **avons** |
| tu **as** | vous **avez** |
| il/elle/on **a** | ils/elles **ont** |

**être** *(to be)*

| | |
|---|---|
| je **suis** | nous **sommes** |
| tu **es** | vous **êtes** |
| il/elle/on **est** | ils/elles **sont** |

**aller** *(to go)*

| | |
|---|---|
| je **vais** | nous **allons** |
| tu **vas** | vous **allez** |
| il/elle/on **va** | ils/elles **vont** |

**faire** *(to do; to make)*

| | |
|---|---|
| je **fais** | nous **faisons** |
| tu **fais** | vous **faites** |
| il/elle/on **fait** | ils/elles **font** |

#### B. Verbes en -ir

**partir** *(to leave)*

| | |
|---|---|
| je **pars** | nous **partons** |
| tu **pars** | vous **partez** |
| il/elle/on **part** | ils/elles **partent** |

Like **partir: sortir** *(to go out);* **mentir** *(to lie)*

**dormir** *(to sleep)*

| | |
|---|---|
| je **dors** | nous **dormons** |
| tu **dors** | vous **dormez** |
| il/elle/on **dort** | ils/elles **dorment** |

**servir** *(to serve)*

| | |
|---|---|
| je **sers** | nous **servons** |
| tu **sers** | vous **servez** |
| il/elle/on **sert** | ils/elles **servent** |

**venir** *(to come)*

| | |
|---|---|
| je **viens** | nous **venons** |
| tu **viens** | vous **venez** |
| il/elle/on **vient** | ils/elles **viennent** |

Like **venir**: **revenir** *(to come back);* **devenir** *(to become);* **tenir** *(to hold);* **retenir** *(to hold back)*

NOTE: **venir de + infinitif** = *to have just done something*

## C. Verbes en -re

**mettre** *(to put; to put on)*

| | |
|---|---|
| je **mets** | nous **mettons** |
| tu **mets** | vous **mettez** |
| il/elle/on **met** | ils/elles **mettent** |

Like **mettre**: **permettre** *(to permit);* **promettre** *(to promise);* **battre** *(to beat)*

**dire** *(to say; to tell)*

| | |
|---|---|
| je **dis** | nous **disons** |
| tu **dis** | vous **dites** |
| il/elle/on **dit** | ils/elles **disent** |

Like **dire**: **lire** *(to read) (except for the regular* **vous** *form:* **vous lisez***)*

**écrire** *(to write)*

| | |
|---|---|
| j'**écris** | nous **écrivons** |
| tu **écris** | vous **écrivez** |
| il/elle/on **écrit** | ils/elles **écrivent** |

Like **écrire**: **décrire** *(to describe);* **s'inscrire à/pour** *(to join; to sign up for)*

**prendre** *(to take)*

| | |
|---|---|
| je **prends** | nous **prenons** |
| tu **prends** | vous **prenez** |
| il/elle/on **prend** | ils/elles **prennent** |

Like **prendre**: **comprendre** *(to understand);* **apprendre** *(to learn);* **surprendre** *(to surprise)*

## D. Verbes en -oir(e)

**pouvoir** *(to be able)*

| | |
|---|---|
| je **peux** | nous **pouvons** |
| tu **peux** | vous **pouvez** |
| il/elle/on **peut** | ils/elles **peuvent** |

**vouloir** *(to wish; to want)*

| | |
|---|---|
| je **veux** | nous **voulons** |
| tu **veux** | vous **voulez** |
| il/elle/on **veut** | ils/elles **veulent** |

**devoir** *(to have to; to owe)*

| | |
|---|---|
| je **dois** | nous **devons** |
| tu **dois** | vous **devez** |
| il/elle/on **doit** | ils/elles **doivent** |

**croire** *(to believe)*

| | |
|---|---|
| je **crois** | nous **croyons** |
| tu **crois** | vous **croyez** |
| il/elle/on **croit** | ils/elles **croient** |

Like **croire: voir** *(to see)*

**valoir** *(to be worth)*

| | |
|---|---|
| je **vaux** | nous **valons** |
| tu **vaux** | vous **valez** |
| il/elle/on **vaut** | ils/elles **valent** |

NOTE: The third-person singular form is most often used: **il vaut.**

> **valoir mieux** *(to be better)*
> **valoir la peine** *(to be worth the trouble)*

**falloir** *(to be necessary)*
> il faut

**pleuvoir** *(to rain)*
> il pleut

## Avant la deuxième leçon

## Les articles

### A. L'article défini

| | Singulier | Pluriel |
|---|---|---|
| **Masculin** | le restaurant | les restaurants |
| **Féminin** | la gare | les gares |
| **Voyelle ou h muet** | l'ami | les amis |
| | l'amie | les amies |
| | l'hôtel | les hôtels |

The definite article contracts with **à** *(at, to, in)* and **de** *(from, of, about)* as follows:

• Definite article with **à**

| | Singulier | Pluriel |
|---|---|---|
| **Masculin** | au restaurant | aux restaurants |
| **Féminin** | à la gare | aux gares |
| **Voyelle ou h muet** | à l'hôtel | aux hôtels |

• Definite article with **de**

| | Singulier | Pluriel |
|---|---|---|
| **Masculin** | du restaurant | des restaurants |
| **Féminin** | de la gare | des gares |
| **Voyelle ou h muet** | de l'hôtel | des hôtels |

**Les articles.** Mettez l'expression au pluriel. Faites attention à l'article ou à la préposition.

**Modèles:** la femme → **les femmes**
de l'hôtel → **des hôtels**

1. le garçon
2. l'homme
3. un hôtel
4. une voiture
5. à l'école
6. au cinéma
7. de la boutique
8. du supermarché

## B. L'article indéfini

|           | Singulier | Pluriel     |
|-----------|-----------|-------------|
| Masculin  | un hôtel  | des hôtels  |
| Féminin   | une gare  | des gares   |

## C. Le partitif

The partitive article is used with a noun to indicate part of a whole. In English, we use the words *some* or *any* or nothing at all in place of the partitive article. The partitive article in French is a combination of **de** and the definite article.

|                    | Singulier   | Pluriel          |
|--------------------|-------------|------------------|
| Masculin           | du pain     | des fruits       |
| Féminin            | de la crème | des framboises   |
| Voyelle ou h muet  | de l'eau    | des hors-d'œuvre |

Some grammarians do not consider the plural form **des** as a true partitive. They regard it as the plural indefinite article. In practical usage, there is no difference.

Restaurant

CHEZ PAUL

"Le Bistrot Traditions"

13, rue de Charonne
75011 PARIS

Ouvert tous les jours, midi et soir (commande jusqu'à 0h30)

En France il y a plus de 155 000 restaurants.

Combien de fois par mois est-ce que vous allez au restaurant? Combien de fois est-ce que vous voudriez y aller? Quels sont vos restaurants préférés?

**Traduction.** Vous faites des courses dans une petite épicerie-fromagerie avec un(e) ami(e) qui parle mal le français. Traduisez pour que le marchand comprenne.

1. Some bread, please.
2. Some butter, please.
3. That's too much butter. A little less butter, please.
4. A dozen oranges, please.
5. A kilo of beef, please.
6. A can of peas, please.
7. A liter of milk, please.
8. A package of spaghetti, please.
9. Some strawberries.
10. And a liter of mineral water, please.

## D. Les expressions de quantité

Expressions of quantity are followed by **de** plus the noun. The article is omitted.

| | |
|---|---|
| **assez de** | enough |
| **autant de** | as much, as many |
| **beaucoup de** | many, a lot of |
| **combien de** | how many, how much |
| **moins de** | less, fewer |
| **peu de** | few, little |
| **plus de** | more |
| **tant de/tellement de** | so much, so many |
| **trop de** | too much |
| **une boîte (un paquet) de** | a box, can (a package) of |
| **une bouteille (une tasse,** etc.) **de** | a bottle (a cup, etc.) of |
| **une cuillerée de** | a spoonful of |
| **une douzaine de** | a dozen of |
| **un kilo (une livre,** etc.**) de** | a kilo (a pound, etc.) of |
| **un litre de** | a liter of |
| **un morceau de** | a piece of |
| **une paire de** | a pair of |
| **un peu de** | a little |
| **une tranche de** | a slice of |

Ce café a **beaucoup de** clients. — This café has many customers.

Il reste **peu de** citron pressé dans son verre. — There is only a little freshly squeezed lemonade left in his/her glass.

EXCEPTIONS: **Bien de, la plupart de, la plus grande partie de,** and **la majorité de** are followed by and combined with the definite article:

**La plupart des** clients boivent du vin. — Most of the customers are drinking wine.

## Avant la troisième leçon

### Les mots interrogatifs

**où** (where) — **Où** est-ce que je peux trouver une épicerie?
**à quelle heure** (when, at what time) — **À quelle heure** est-ce que l'épicerie ouvre?
**quand** (when) — **Quand** arrivent les pommes de terre nouvelles?

**combien** (how much) — **Combien** coûte un kilo de bananes?
**combien de** (how much, how many) — **Combien de** kilos voulez-vous?
**comment** (how) — **Comment** sont les pêches aujourd'hui?
**pourquoi** (why) — **Pourquoi** est-ce que tout est si cher?

NOTE: Both **est-ce que** and inversion are correct in spoken and written information questions, although **est-ce que** is much more common. In spoken French, the following patterns are also increasingly heard:

Un kilo de bananes coûte **combien**?
**Pourquoi** tout est si cher?

# Leçon 1

## Comment inviter; comment accepter ou refuser une invitation

### Conversation

See sample lesson plans for Chapter 2 in the Instructor's Resource CD-ROM for thorough coverage of this chapter and for additional activities.

 **Track 5**

**Premières impressions**

Soulignez:
- les expressions pour inviter, accepter et refuser une invitation

Trouvez:
- où habite Éric

**Rappel:** Have you reviewed the present tense of common irregular verbs? (Text pp. 46–48 and Workbook pp. 29–30)

*C'est la rentrée°. Isabelle et Éric, amis d'enfance, ne se sont pas vus depuis plusieurs années. Maintenant étudiants à l'université, ils se retrouvent comme par hasard dans le même cours de maths et s'attendent à la sortie de la salle de classe.*

**la rentrée** *start of the new school year*

ISABELLE: Eh, Éric, salut! Qu'est-ce que tu fais là?

ÉRIC: Isabelle, c'est toi? Ça fait longtemps!

ISABELLE: Oui, euh… à peu près six ans, hein?

ÉRIC: Eh oui, dis donc! Ça va?

ISABELLE: Oui, ça va bien. Enfin, ça va, quoi! Je trouve qu'il est dur, ce cours! Pas toi?

ÉRIC: Si, moi aussi, j'ai du mal. Euh… dis-moi, qu'est-ce que tu fais mercredi?

ISABELLE: Écoute, mercredi, en principe, euh, je n'ai rien de prévu°. Mais, attends, je vais vite regarder mon PDA pour vérifier° mon agenda° … Ah, ben non, attends… non, j'ai mon cours d'aérobic mercredi soir. Pourquoi?

ÉRIC: Ben, maman fait un repas, alors je pensais que tu pourrais venir, peut-être… pour le dîner.

ISABELLE: Ah! Oui, cela me ferait vraiment plaisir de la revoir! Ça fait long-temps! Oh, oui, mais alors, mercredi, malheureusement, je ne peux pas. Euh… jeudi?

ÉRIC: Oui, pourquoi pas?

ISABELLE: Alors, à quelle heure?

ÉRIC: Je ne sais pas, sept heures, sept heures et demie. Ça te va?

ISABELLE: Oui, très bien. Vous habitez toujours au 36…

ÉRIC: En bas de la rue, c'est ça.

ISABELLE: Très bien, d'accord.

ÉRIC: Super! Je confirme avec maman et je te passe un coup de fil°, OK? Tu me donnes tes coordonnées?

ISABELLE: Bien sûr. Le numéro de mon mobile est le 06-41-95-59-60. À bientôt.

ÉRIC: Ciao!

*À suivre*

The French tend to use many pause words (i.e., conversational fillers) in oral speech, such as **ben, euh, alors,** and **écoute.** You will study them in **Chapitre 4.**

**ne rien avoir de prévu** *to have no plans* / **vérifier** *to check* / **un agenda** *engagement calendar*

**passer un coup de fil** *to give (someone) a telephone call*

## Observation et analyse

1. Où a lieu *(takes place)* cette conversation?
2. Pourquoi est-ce qu'Éric et Isabelle sont surpris de se revoir?
3. Quels sont les détails de l'invitation: le jour, l'heure, l'endroit, ce qu'ils vont faire?
4. Quel âge ont Éric et Isabelle approximativement? Est-ce qu'ils se connaissent bien? Comment le savez-vous?

## Réactions

1. Imaginez que vous rencontrez un(e) vieil(le) ami(e) que vous n'avez pas vu(e) depuis longtemps. Est-ce que vous invitez cette personne à faire quelque chose avec vous? Qu'est-ce que vous lui proposez de faire?
2. Quelle est l'invitation la plus intéressante (bizarre, ennuyeuse) que vous ayez jamais reçue? Expliquez.

De quelle sorte d'invitation s'agit-il? Est-ce que vous accepteriez cette invitation? Expliquez.

Au cours de la séance solennelle
présidée par Madame Michèle GENDREAU-MASSALOUX,
*Recteur-Chancelier des Universités de Paris,*

Le diplôme de Docteur Honoris Causa
de l'Université de Paris-Sorbonne sera décerné

à Sir John BOARDMAN
*Professeur en Art et Archéologie classique
à l'Université d'Oxford*

\* \* \*

à M. Wolf LEPENIES
*Professeur de Sociologie
Recteur du Wissenschaftskolleg de Berlin*

le Recteur Jean-Pierre POUSSOU
*Président de l'Université de Paris-Sorbonne*

et le Conseil de l'Université
vous prient de leur faire l'honneur d'assister à la
séance solennelle de l'Université:

Vendredi 17 juin à 15 heures

Cette cérémonie sera suivie d'une réception.

Cette invitation strictement personnelle sera exigée à l'entrée:
47, rue des Ecoles
75005 PARIS

## Expressions typiques pour...

Many of the expressions for accepting and refusing an invitation can be used in both formal and informal contexts, particularly those that are starred.

Remember to use the **vous** form when addressing more than one person.

### Inviter

*(rapports intimes et familiaux)*

Si tu es libre, je t'invite au restaurant.
J'ai envie *(feel like)* d'aller au ciné.
  Ça t'intéresse?/Ça te dit?/Ça te va?
Qu'est-ce que tu fais ce soir? Tu
  veux venir avec nous?
Si tu étais libre, tu pourrais dîner à
  la maison.

### Accepter l'invitation

Oui, c'est une bonne idée.
Entendu!
D'accord. Je veux bien.
Oui, je suis libre. Allons-y!
* Je n'ai rien de prévu.
* Ça me ferait plaisir de...

### Refuser l'invitation

* Malheureusement, je ne peux pas
  ce soir-là.
Tu sais, je n'ai pas le temps ce
  soir, mais...
* Ce n'est pas possible: je suis
  pris(e) *(not available)*.
* Ce serait sympa, mais...

### Inviter

*(rapports professionnels et formels)*

Pourriez-vous venir dîner au
  restaurant?
Ça vous intéresserait de...
Nous aimerions vous inviter à...
On se fera un plaisir de vous
  recevoir.

### Accepter l'invitation

Ça me ferait grand plaisir.
Volontiers. *(Gladly.)* Je serais
  enchanté(e) de venir.
J'accepte avec plaisir. Merci.
Je vous remercie. *(Thank you.)*
  C'est gentil à vous.

### Refuser l'invitation

* Je suis désolé(e) *(sorry)*, mais...
* Merci beaucoup, mais je ne suis
  pas libre.
C'est gentil de votre part, mais
  j'ai malheureusement quelque
  chose de prévu *(I have plans)*.

## Mots et expressions utiles

### L'invitation

un agenda *engagement calendar*
donner un rendez-vous à quelqu'un *to make an appointment (with someone)*
emmener quelqu'un *to take someone (somewhere)*

regretter/être désolé(e) *to be sorry*
remercier *to thank someone*
vérifier *to check*

avoir envie de (+ infinitif) *to feel like (doing something)*
être pris(e) *to be busy (not available)*
avoir quelque chose de prévu *to have plans*
ne rien avoir de prévu *to have no plans*
prévoir/projeter de (+ infinitif) *to plan on (doing something)*
les projets [m pl] *plans*
faire des projets *to make plans*

passer un coup de fil à quelqu'un *to telephone someone*
poser un lapin à quelqu'un *(familiar) to stand someone up*

### Qui?

le chef *head, boss*
le directeur/la directrice *director*

le/la patron(ne) *boss*
un(e) collègue *fellow worker*
un copain/une copine *a friend*

### Quand?

dans une heure/deux jours *in an hour/two days*
samedi en huit/en quinze *a week/two weeks from Saturday*
la semaine prochaine/mardi prochain *next week/next Tuesday*
tout de suite *right away*

### Où?

aller au cinéma/à un concert/au théâtre *to go to a movie/a concert/the theater*
aller à une soirée *to go to a party*
aller en boîte *to go to a nightclub*
aller voir une exposition de photos/de sculptures *to go see a photography/sculpture exhibit*
prendre un verre/un pot *(familiar) to have a drink*

### Divers

la rentrée *start of the new school year*
volontiers *gladly, willingly*

---

**Mise en pratique**

Quelle journée! Mon **patron** m'a donné **rendez-vous** à onze heures ce matin afin de discuter de nos **projets** pour un nouveau client. Eh bien, j'ai travaillé presque toute la nuit pour me préparer et, par conséquent, j'ai peu dormi. Tu sais ce qui est arrivé? Il **m'a posé un lapin!** Il a dû oublier notre rendez-vous (il ne l'a sûrement pas noté dans son **agenda**), et il est parti. À son retour, il m'a dit qu'il **était** vraiment **désolé.** Qu'est-ce que je pouvais lui dire? C'est mon **patron!**

## Activités

**A. Invitons.** Invitez chacune des personnes suivantes, de deux ou trois façons différentes. Aidez-vous des *Expressions typiques pour…*

1. un(e) bon(ne) copain/copine à manger dans un restaurant
2. votre nouveau voisin à dîner chez vous
3. un(e) nouvel(le) employé(e) de votre entreprise à manger à la cafétéria
4. les parents de votre petit(e) ami(e), dont vous venez de faire la connaissance, à dîner chez vous dimanche soir
5. votre grand-mère à passer le week-end chez vous

**B. Une leçon de vocabulaire…** Aidez votre camarade de classe à apprendre le nouveau vocabulaire en lui donnant un synonyme pour chaque expression. Utilisez les *Mots et expressions utiles*.

1. ne pas aller à un rendez-vous que l'on a avec quelqu'un
2. ne pas être pris(e)
3. désirer faire quelque chose
4. quelqu'un avec qui on travaille
5. le patron
6. boire quelque chose ensemble
7. le contraire de **la semaine passée**
8. être désolé(e)
9. téléphoner à quelqu'un
10. dire merci

**C. Conversation entre amis après les cours.** Complétez la conversation suivante avec les *Mots et expressions utiles*. Faites les changements nécessaires.

Pablo Picasso *(The Pub, The Ham)*

GAËLLE: Est-ce que ça vous intéresse de _____ au café Tantin? J'ai soif!

SYLVIE: C'est une bonne idée. Mais je ne peux pas y rester trop longtemps. Je _____ de retrouver Robert _____ deux heures devant le musée d'Orsay.

MARC: C'est qui, Robert? Un de tes _____ de bureau?

SYLVIE: Oui, et il est très sympa. Si j'arrive en retard, il pensera probablement que je lui *(passé composé)* _____.

GAËLLE: Et toi, Thérèse?

THÉRÈSE: Zut! Je _____, je ne peux pas y aller; j'ai quelque chose _____. En fait, je suis déjà en retard. Au revoir!

THOMAS: Je pense aller voir _____ Picasso ce soir. Quels sont tes _____, Sara? Ça t'intéresse d'y aller?

SARA: Oui, mais je suis _____. J'ai promis à ma petite sœur de l'_____ au cinéma pour voir le nouveau film de Disney.

**D. Imaginez.** Acceptez ou refusez chacune des invitations suivantes en variant vos réponses. Si vous refusez, donnez une raison. Attention au degré de respect dont vous devez faire preuve.

1. (M. Journès) Pourriez-vous venir prendre l'apéritif avec nous dimanche?
2. (un[e] collègue) Ça vous intéresserait d'aller au concert ce soir?
3. (un[e] copain/copine) Tu es libre demain soir? Viens dîner chez moi.
4. (votre cousin[e]) Je t'invite à voir le nouveau film de Pierre Jolivet ce week-end.
5. (votre petit[e] ami[e]) J'ai envie d'aller au musée après le cours. Tu as quelque chose de prévu?

# La grammaire à apprendre

## Les verbes irréguliers: *boire, recevoir, offrir* et *plaire*

You have already reviewed the present tense of some very common irregular verbs in *La grammaire à réviser*. The following irregular verbs are important in contexts related to inviting, as well as offering food and drink.

- **boire** *(to drink)*    participe passé: **bu**

  | | |
  |---|---|
  | je **bois** | nous **buvons** |
  | tu **bois** | vous **buvez** |
  | il/elle/on **boit** | ils/elles **boivent** |

  D'habitude, je **bois** du café le matin, mais hier j'**ai bu** du thé.

- **recevoir** *(to receive; to entertain)*    participe passé: **reçu**

  | | |
  |---|---|
  | je **reçois** | nous **recevons** |
  | tu **reçois** | vous **recevez** |
  | il/elle/on **reçoit** | ils/elles **reçoivent** |

  Like **recevoir**: **décevoir** *(to disappoint)*, **apercevoir** *(to notice, see)*

  Je **reçois** beaucoup de coups de téléphone, mais je n'en **ai** jamais **reçu** de cet homme dont tu parles.

- **offrir** *(to offer)*    participe passé: **offert**

  | | |
  |---|---|
  | j'**offre** | nous **offrons** |
  | tu **offres** | vous **offrez** |
  | il/elle/on **offre** | ils/elles **offrent** |

  Like **offrir**: **ouvrir** *(to open)*, **souffrir** *(to suffer)*

  Ma grand-mère **souffre** d'arthrose. Elle en **a souffert** toute sa vie, la pauvre.

- **plaire** *(to please)*    participe passé: **plu**

  Most common forms:    il/elle/on **plaît**    ils/elles **plaisent**

  Like **plaire**: **déplaire** *(to displease)*

  Est-ce que ce restaurant te **plaît?**
  *Do you like this restaurant? (Does this restaurant please you?)*

NOTE: An indirect object is always used with **plaire** (something or someone is pleasing *to* someone), and thus the word order is the opposite of that in English:

Les mauvaises manières du garçon lui **ont déplu.**
*He/She didn't like the waiter's bad manners.*
*(The waiter's bad manners displeased him/her.)*

> When a **c** is followed by **a, o,** or **u**, a **cédille (ç)** is added under it to keep the soft **c** sound. In a few words, such as **vécu**, the **c** sound is meant to be hard, and thus no **cédille** is used.

En France, 2 000 à 3 000 cafés ferment chaque année. Aujourd'hui, il en reste environ 45 000. (*Francoscopie 2007*, p. 175)

D'après vous, pourquoi est-ce qu'il y a de moins en moins de cafés et de bistros en France aujourd'hui?

## Activités

**A. Au restaurant.** Vous entendez des fragments de conversation. Remplacez les mots en italique par les mots entre parenthèses et faites les changements nécessaires pour compléter les phrases suivantes.

1. *Tu* bois du Coca, n'est-ce pas? (Vous/Elle/Antoine et Adrien)
2. *L'ambiance de ce restaurant* me plaît beaucoup. (Les tableaux/Les nouveaux prix ne... pas/Ce quartier)
3. *Nous* ouvrons bientôt un bistro. (Ils/On/Mon cousin et moi)
4. *Je vous* offre une boisson. (Est-ce que vous me... ?/Le patron nous/Nous vous)
5. *L'attitude du garçon me* déplaît. (Le service nous/Les sports américains ne vous... pas/Votre proposition ne nous... pas, au contraire)

# Liens culturels

## Les sorties entre copains

Les jeunes Français de vingt ans ou moins n'ont pas l'habitude de sortir en couple. Les sorties à deux sont moins courantes qu'aux États-Unis. Si un garçon passe chercher une fille chez elle, c'est en général dans le but de rejoindre un groupe d'amis à un endroit prévu et de décider ensemble de ce qu'ils veulent faire.

L'utilisation du téléphone mobile et du texto *(text messages)* permet aux jeunes de modifier à la dernière minute ce qu'ils vont faire. De plus, le portable donne l'impression aux jeunes d'être ensemble et de garder le contact avec les amis et la famille en même temps.

Qu'est-ce que ce groupe de jeunes fait?

Parlez de vos sorties entre copains. Sortez-vous en groupe ou à deux? Est-ce qu'il y a des avantages à sortir en groupe pour les jeunes? Et pour les parents? Expliquez. Est-ce que le portable et le texto ont changé vos rapports avec vos copains? De quelles façons?

---

Liens culturels: Have students compare dating habits in America and in France.

**B. Chez Chantal.** Chantal reçoit des amis. Dans les extraits suivants de leurs conversations, remplissez les blancs avec la forme appropriée d'un de ces verbes.

recevoir / boire / décevoir / offrir / servir / souffrir / plaire / déplaire

1. Hélène, qu'est-ce que tu _____ ce soir? Du vin?
2. Marc, je peux t'_____ quelque chose à boire aussi?
3. Est-ce que ce vin blanc vous _____?
4. Nous _____ rarement des amis, vous savez. Mon mari et moi travaillons tous les deux et, malheureusement comme tout le monde, nous _____ de la maladie qui s'appelle «le manque de temps»!
5. Et les filles de Marc? Qu'est-ce qu'elles _____? Du Coca, comme toujours?
6. Mais qu'est-ce qu'on entend? C'est un CD de Jaques Brel? J'espère que ses chansons ne vous _____ pas...
7. Bon, tout est enfin prêt. Je vous _____ un repas très simple, mais à la française!

**C. Questions indiscrètes.** Posez les questions suivantes à un(e) camarade. Faites un résumé de ses réponses à la classe.

1. Qu'est-ce que tu bois quand tu vas à une soirée?
2. Que préfères-tu boire après avoir travaillé au soleil?
3. Qu'est-ce que tu bois quand tu manges une pizza? des sandwichs?

4. Tu ouvres une bouteille de cidre ou de champagne au réveillon du Nouvel An?

5. Tu souffres de maux de tête quand on met la musique très fort en boîte ou dans une soirée? quand tu passes des examens?

## Interactions

Utilisez les suggestions suivantes pour créer des conversations avec un(e) partenaire. Essayez d'employer autant que possible le vocabulaire et la grammaire de la **Leçon 1.**

**A. Je t'invite.** Votre partenaire est un(e) ami(e). Dites-lui bonjour et discutez de choses et d'autres. Invitez-le/la à dîner chez vous. Il/Elle accepte avec plaisir. Demandez ce qu'il/elle préfère boire et manger. Demandez s'il/si elle aime la cuisine française. Suggérez un jour pour le dîner et décidez de l'heure. Il/Elle vous remercie.

**B. Invitation au musée.** Vous passez voir votre belle-mère qui habite assez loin de chez vous. Dites-lui bonjour et discutez de choses et d'autres. Demandez-lui si elle est libre le week-end prochain. Vous proposez d'aller à une exposition de peintres impressionnistes au musée près de chez vous. Elle a quelque chose de prévu et ne peut pas accepter. Vous suggérez le week-end suivant et elle accepte. Fixez l'heure et la date de son arrivée. Elle vous remercie et vous répondez poliment.

Activity B: You might want to model the expressions and have students practice them in pairs before working on the Interactions activities.

## Préparation  Dossier personnel

This chapter's writing focus is on comparison and contrast. One benefit of comparison and contrast is that it can be used to help the reader make a decision.

1. Write down the names of two of your favorite restaurants or two of the courses that you are currently taking in preparation for setting up the reader to make an informed choice.

2. After you have chosen your topic, write a list of similarities and a list of differences between the two restaurants or courses that you are going to describe. Consider the following aspects of your topic and any others that you can think of:

   **restaurants:** type of food, price, service, atmosphere, size of restaurant, placement of tables

   **courses:** subjects, teachers, requirements, grades, structure of the classes, tests, projects

3. Show your lists to at least one classmate to help brainstorm further ideas.

**Vocabulary:** Restaurant; studies, courses; university

# Leçon 2

Track 6  ## Comment offrir à boire ou à manger

### Conversation (SUITE)

**Rappel:** Have you reviewed definite articles, indefinite articles, partitive articles, and expressions of quantity? (Text pp. 48–50 and Workbook pp. 30–33)

---

**Premières impressions**

**Soulignez:**

● les expressions pour offrir à boire et à manger, pour accepter ou refuser et pour resservir *(to offer a second helping)*

**Trouvez:**

● ce qu'on va manger comme entrée[1]
● le fromage qu'Isabelle choisit

---

*C'est jeudi soir chez les Fournier. Éric, Isabelle et Mme Fournier se parlent avant le dîner.*

un **amuse-gueule** *appetizer* / un **apéritif** *before-dinner drink*

ÉRIC:　Ben, écoute, Isabelle, assieds-toi, je vais chercher les amuse-gueule°. Je te sers un apéritif°?

ISABELLE:　Oui, volontiers, oui!

ÉRIC:　Un petit kir[2], peut-être?

ISABELLE:　Un petit kir, oui, j'adore ça!

ÉRIC:　Et toi, maman?

MME FOURNIER:　Oui, je veux bien, merci… Ah, voilà nos kirs!

ISABELLE:　Merci beaucoup, Éric. À votre santé!

**Tchin-tchin!** *(familiar) Cheers!*

ÉRIC:　Merci. À la tienne! Tchin-tchin°!

*Pendant le repas…*

MME FOURNIER:　Voilà l'entrée, une salade niçoise avec des cœurs d'artichauts…

ISABELLE:　Hmm… J'adore les artichauts!

MME FOURNIER:　Oui, c'est la saison en ce moment.

les **côtelettes de veau** *veal chops*
un **régal** *treat, pleasure*

ISABELLE:　C'est vraiment un repas délicieux. Les côtelettes de veau° sont un vrai régal°.

---

Note that this response to a compliment is typical for the French, who tend to minimize compliments in order not to appear egotistical. See **Chapitre 10** for more information.

MME FOURNIER:　Oh, vous savez, c'est tout simple, hein! Ce n'est vraiment pas grand-chose à faire.

ÉRIC:　Tu reprends des légumes peut-être?

ISABELLE:　Oui, volontiers. Les haricots verts sont si tendres.

*Une conversation intéressante continue. Madame Fournier, Éric et Isabelle parlent du temps, des vacances, des cours, du cinéma, de la nouvelle technologie et de la blogosphère.*

*Un peu plus tard…*

le **chèvre** *goat's milk cheese*

MME FOURNIER:　Est-ce que je peux vous servir du fromage? J'ai pris un petit peu de tout. Du brie, du chèvre°…

---

[1] Bien que le mot **entrée** signifie le plat principal d'un repas en anglais, il désigne en français le plat servi avant le plat principal.
[2] Un apéritif populaire qui se compose de vin blanc et de crème de cassis *(black currant liqueur)*.

On fabrique plus de 300 fromages différents en France (*Quid 2007*, p. 1695a). Pourquoi est-ce que les Français produisent tant de fromages, à votre avis?

ISABELLE: Oh, vous savez, je crois vraiment que je ne peux plus…

MME FOURNIER: Laissez-vous tenter° par ce petit chèvre que j'achète chez mon fromager, et qui est toujours excellent!

ISABELLE: Bon, d'accord. Alors, un tout petit peu! Par pure gourmandise°, vraiment.

*À suivre*

**tenter** *to tempt; to try*

**Par pure gourmandise** *For the love of food/eating*

## Observation et analyse

1. Qu'est-ce qu'on dit avant de boire?
2. Qu'est-ce que les Fournier servent comme apéritif? comme entrée? comme viande? comme légume? Que servent-ils d'autre?
3. Pourquoi est-ce que Mme Fournier a décidé de mettre des artichauts dans sa salade niçoise?
4. Quand on est invité à dîner chez les Français, le repas typique (en général) comporte, comme ici, une entrée ou des crudités, un plat principal, des légumes, de la salade verte, du fromage, un dessert (souvent des fruits) et du café pour les adultes. Est-ce que vous pensez que toutes les préparations pour le dîner ont dérangé Mme Fournier? Expliquez.

## Réactions

1. Normalement, qu'est-ce que vous buvez avant un dîner spécial? Et après?
2. Est-ce que vous avez déjà mangé du brie? du chèvre? Si oui, comment avez-vous trouvé le goût de ces fromages?
3. Est-ce que les Français et les Américains accordent la même importance au fromage? Expliquez.
4. Quels seraient les sujets de conversation à table aux États-Unis?

## Expressions typiques pour...

### Offrir à boire ou à manger
*(rapports intimes et familiaux)*

Je t'offre/te sers quelque chose à
    boire/à manger?
On se boit un petit apéro[3]?
Tu veux du café?
Tu mangeras bien quelque chose?

### Offrir à boire ou à manger
*(rapports professionnels et formels)*

Est-ce que je peux vous servir
    quelque chose?
Vous prendrez bien l'apéritif?
Vous laisserez-vous tenter par ce
    dessert au chocolat?
Que puis-je vous servir?

These expressions for accepting food and drink can be used in both formal and informal contexts.

### Accepter

Oui, merci. Je veux bien.
Oui, merci bien.
Oui, volontiers.
Avec plaisir.
Je me laisse tenter. *(I'll give in to
    temptation.)*
Je veux bien, mais c'est par pure
    gourmandise.

### Refuser

Non, merci. Ça va comme ça.
Ce sera tout pour moi, merci.
Merci[4].
Je n'ai plus faim, merci.
Merci, mais je crois vraiment que je
    ne peux plus. *(I've had enough.)*

### Resservir
*(rapports intimes et familiaux)*

Encore un peu de vin?
Tu en reprends un petit peu?
Je te ressers?

### Resservir
*(rapports professionnels et formels)*

Vous allez bien reprendre un peu de
    quiche?
Puis-je vous resservir?

Qu'est-ce que vous prenez pour
le petit déjeuner?

Vous aimez le chocolat?

[3] (familiar) shortened form of **apéritif**
[4] with slight shake of the head to indicate "no, thank you"

## Mots et expressions utiles

### La nourriture et les boissons

# L'Atrium

*vous propose…*

## Buffet froid°

Assiette de charcuterie° 10,50 / Assiette-jambon de Paris 8,50
Œuf dur° mayonnaise 5,20

### SALADES COMPOSÉES°

Salade de saison° 5,60 / Thon° et pommes de terre à l'huile 7,50
Salade niçoise (thon, anchois°, œuf, pommes de terre, tomate, poivron vert°) 11,50
Artichauts vinaigrette 6,70

### ŒUFS

Omelette nature° 7,50 / Omelette jambon 8,00

## Buffet chaud°

### VIANDES

Côtelettes de porc° 10,40 / Côtes d'agneau° aux herbes 16,50
Brochette de poulet 14,50 / Steak frites 11,15 / Lapin° forestier 11,40
Veau° à la crème 13,50

### LÉGUMES°

Asperges° 4,50 / Choucroute° 10,00 / Épinards° 4,90
Petits pois° 3,90 / Haricots verts° 4,90 / Pommes sautées 7,00

### PÂTES° 5,70

### FROMAGES°

Chèvre° 5,20 / Fromage blanc 5,40 / Gruyère, Camembert 5,20
Yaourt° 4,40 / Roquefort 5,40

## Gourmandises°

### DESSERTS

Tarte aux pommes° 6,00 / Crème caramel 5,40
Coupe de fruits au Cointreau° 5,40

### GLACES-SORBETS°

Poire Belle Hélène (poire, glace vanille, sauce chocolat, chantilly°, amandes grillées) 7,50
Banana Split (glace vanille, fraise, chocolat, banane, chantilly) 8,00

## Vins (au verre)

Côtes-du-Rhône 4,00 / Beaujolais 5,00 / Sauvignon 4,00
Bordeaux blanc 4,00

## Bières

Pression° 3,00 / Heineken 4,00 / Kronenbourg 4,00 / Bière brune 4,00

## Boissons fraîches

¼ Perrier° 4,60 / ¼ Vittel° 4,60 / Fruits frais pressés 5,00
Lait froid 4,40 / Orangina° 4,60 / Coca-Cola 5,00 / Schweppes 4,60

*Service 15% compris. Nous acceptons la «Carte Bleue». La direction n'est pas responsable des objets oubliés dans l'établissement.*

*Les prix sont donnés en euros.

---

Point out that salad bars are relatively non-existent in France. To talk about American salad bars, students might wish to say "**le buffet**" or "**une salade à volonté.**"

*cold dishes*
*cold cuts*
*hard-boiled egg*

*salads*
*seasonal salad / tuna*
*anchovies / green pepper*

*plain*

*warm dishes*

*pork chops / lamb chops*
*rabbit*
*veal*

*vegetables*
*asparagus / sauerkraut / spinach*
*peas / green beans*

*noodles, pasta*

*cheeses*
*goat cheese*
*yogurt*

*delicacies*

*apple pie*
*fruit salad with Cointreau*

*ice cream-sherbet*
*whipped cream*

*draft*

*sparkling mineral water / mineral water / orange soft drink*

## Au repas

**la gastronomie** *the art of good cooking*
**un gourmet** *one who enjoys eating, tasting, and preparing good food*
**quelqu'un de gourmand** *one who loves to eat and will eat anything, especially sweets*

**un amuse-gueule** *appetizer, snack*
**un apéritif** *a before-dinner drink*
**une boisson gazeuse** *carbonated drink*
**de l'eau plate/de l'eau gazeuse** *plain, non-carbonated water/sparkling, carbonated water*

**accueillir** *to welcome, greet*
**resservir** *to offer a second helping*
**À votre santé! (À la vôtre!/À la tienne!)** *To your health!*
**Bon appétit!** *Have a nice meal!*
**Tchin-tchin!** *(familiar) Cheers!*

> Hmm... qu'est-ce que je pourrais prendre... ? Du **veau** à la crème avec des **asperges**? Ou une salade de **thon**, d'**anchois** et de tomates? Une **tarte aux pommes** ou un **sorbet**? Un petit verre de **vin** ou une **boisson gazeuse**? Hmm... C'est tellement difficile de choisir!

## Activités

**Offrir** in this context means that you are going to buy your friend a drink.

Ask students to bring food products from the francophone world to have a French picnic in the classroom. As they volunteer to bring different items, one student can be in charge of writing the menu for the day. During the picnic, students practice functions and grammar from Chapters 1 and 2 as they greet each other, make small talk, offer and ask for help, and offer food and drink.

**A. Au café.** Qu'allez-vous offrir à ces personnes? Utilisez la liste des boissons à la page 63 comme guide. Employez aussi les différentes boissons de la liste à la page 65.

MODÈLE: Vous emmenez un ami au café.
*Je t'offre un Coca?*

1. Vous emmenez un(e) client(e) au restaurant.
2. Vous invitez un(e) collègue à la maison pour prendre quelque chose à boire.
3. Vous allez en boîte avec des copains.
4. Votre patron(ne) prend l'apéritif chez vous.
5. Votre grand-mère est au café avec vous.

**B. Oui ou non?** Allez-vous accepter ou refuser? Avec un(e) partenaire, jouez les scènes suivantes. Variez vos réponses en tenant compte de votre interlocuteur.

1. Un(e) ami(e) vous offre l'apéritif.
2. Votre mère vous offre du lait chaud et vous détestez ça.
3. Le professeur de français vous offre un morceau de fromage de chèvre pendant une petite fête dans la salle de classe.
4. L'ambassadeur de France vous offre un kir à un cocktail officiel.
5. Un(e) collègue vous invite à prendre un pot.
6. Le patron/La patronne vous offre un chocolat chaud. Vous êtes allergique au chocolat.

## BOISSONS

| | | | | |
|---|---|---|---|---|
| Eau minérale | | Bière 1664 Kronenbourg 25 cl | 4,10 € |
| Perrier 33 cl | 3,60 € | Ricard-Pontarlier 2 cl | 3,70 € |
| Badoit-Vittel | 3,60 € | Martini 5 cl | 4,60 € |
| Évian | 4,00 € | Whisky 4 cl | 7,00 € |
| Jus de fruits | 4,00 € | Baby Whisky 2 cl | 4,00 € |
| Coca Cola | 3,60 € | Gin 2,5 cl | 6,50 € |
| Schweppes | 3,60 € | Porto 4 cl | 6,00 € |
| Orangina | 3,60 € | Cognac 4 cl | 8,00 € |
| Limonade ¼ L | 3,00 € | Vin rouge Bt "Btes Côtes" | 12,00 € |
| Café-Thé | 2,80 € | Vin rouge Bt "Santenay" | 19,60 € |
| Infusion-Chocolat | 2,80 € | Bouteille de champagne | 46,00 € |
| Vin rouge Pichet 25 cl | 3,60 € | ½ Bouteille de champagne | 27,00 € |
| Vin rouge Pichet 50 cl | 5,60 € | | |

### PRIX NETS

Notre prestation servie sur plateau étant assurée par le personnel accueil, une légère attente est possible, nous vous remercions de votre patience.

Quelles boissons est-ce que vous préférez? Lesquelles est-ce que vous prenez le plus souvent?

**C. Sur le vocabulaire.** Le serveur se trompe! Trouvez son erreur dans les phrases suivantes.

1. Aujourd'hui, comme salades, nous avons… une salade au crabe / une salade niçoise / une omelette nature / du thon et des pommes de terre à l'huile / des crudités.
2. Comme plat de viande… du poulet / un steak / du lapin / des petits pois.
3. Comme dessert… des côtes d'agneau / une crème caramel / une poire Belle Hélène / de la tarte.
4. Et comme boisson… une pression / des coupes de fruits / des boissons gazeuses / des fruits frais pressés.
5. Maintenant, c'est à vous de créer un exemple! Faites une liste de quatre plats dont un qui n'appartient pas à la même catégorie que les autres.

**D. Imaginez.** Utilisez les nouveaux mots de vocabulaire et ceux que vous avez appris auparavant pour imaginer les repas suivants.

1. Décrivez le déjeuner de quelqu'un qui a toujours un énorme appétit.
2. Imaginez le repas de deux végétariens.
3. Vous invitez Jacques Pépin[5] à dîner chez vous. Qu'est-ce que vous préparez?
4. Décrivez votre repas préféré.

**E. Vous désirez?** Utilisez le menu à la page 63 pour jouer les rôles d'un(e) client(e) et du serveur/de la serveuse au restaurant. Attention! Vous n'avez que 40 € à dépenser!

[5] C'est un grand chef de cuisine français.

## Les repas en France

Pendant le repas, gardez les mains sur la table de chaque côté de votre assiette. Vous mettrez le pain directement sur la table. Sauf pendant le petit déjeuner, mangez-le sans beurre en petits morceaux que vous détachez discrètement. Les tartines du petit déjeuner se mangent entières et avec du beurre et de la confiture.

En France, on fait souvent resservir les invités et il est poli de reprendre un peu de l'un des plats (même en petite quantité). Il est aussi poli de refuser en disant que c'est très bon mais qu'on n'a plus faim. Les repas français sont plus longs que les repas américains (surtout les repas pris avec des amis, des parents, etc.) parce qu'en général, les Français mangent moins souvent que les Américains entre entre les repas. Les enfants, cependant, prennent un goûter en rentrant de l'école, et de plus en plus de jeunes grignotent *(snack)* au lieu de déjeuner. Les repas en France se passent de moins en moins à heure fixe à cause des activités des membres de la famille. Cela veut

Quel repas est-ce que cette famille prend?

dire que les parents et les enfants mangent moins souvent ensemble. *(Francoscopie 2007, p. 170)*

Si vous êtes invité(e) à manger chez des Français, restez pour bavarder avec vos hôtes après le repas. En partant, complimentez l'hôte (l'hôtesse) sur son repas.

En quoi les habitudes américaines sont-elles différentes de celles des Français? Est-ce que vous trouvez que quelques-unes de ces habitudes françaises sont plus logiques que celles des Américains? Expliquez.

---

Liens culturels: Bring in silverware and bread and ask a student to demonstrate what he/she learned in the reading. Show students how the French keep the fork in their left hand after cutting with the knife in their right hand instead of switching hands. Bring in real food and have students practice eating à la française!

Ask students some simple, personalized questions to initiate practice of the articles: À quelle heure est-ce que vous prenez le petit déjeuner? Et le déjeuner? Et le dîner? Qu'est-ce que vous mangez au déjeuner? Et au dîner? Et le soir, pendant que vous étudiez, qu'est-ce que vous buvez? Et le matin?

 To download a podcast on Articles, Partitives, go to **academic.cengage.com/french**

# La grammaire à apprendre

## Les articles: choisir l'article approprié

You have reviewed the various types and forms of articles in *La grammaire à réviser*. The focus will now be on choosing the proper article.

**A.** The partitive article (**du, de la, de l', des**) is used to indicate that you want some part of a quantity. It is used for "mass" nouns, things that cannot be or are not usually counted.

> D'abord, il commande **des** crudités et **du** pain. Ensuite, il prend **du** lapin, **des** asperges et **de la** salade.
>
> *First of all, he orders some raw vegetables and bread. Next he has rabbit, asparagus, and salad.*

NOTE: A partitive article is also used when mentioning abstract qualities attributed to people:

> Le serveur a **de la** patience avec ce client.
>
> *The waiter has patience (is patient) with this customer.*

**B.** The definite article (**le, la, l', les**) is used to:

- designate a specific object

  Tu peux me passer **le** sel et **le** poivre, papa? Et **l'**eau, s'il te plaît?
  *Can you pass me the salt and pepper, Dad? And the water, please?*

- express general likes, dislikes, and preferences

  Comme boisson, j'aime **l'**eau minérale, Évian ou Perrier, et **le** café.
  *As for drinks, I like mineral water, Évian or Perrier, and coffee.*

- make generalizations about objects, people, or abstract subjects

  J'admire **la** patience et **la** compétence chez un serveur.
  *I admire patience and competence in a waiter.*

  **Les** vins français sont plus secs que **les** vins américains.
  *French wines are drier than American wines.*

The definite article is also used with geographical names (countries, continents, mountains, lakes, rivers), names of seasons, names of languages, titles (e.g., **le commandant Cousteau**), and names of subjects and leisure activities (**les maths, la natation**).

See **Chapitre 8, Leçon 2**, for further information on geographical names.

**C.** The indefinite article (**un, une, des**) is used to talk about something that is not specified or specific and corresponds to the English *a, an,* and *some*. If you can count the number of items you are mentioning, you will often use the indefinite article.

  Il y a **une** orange, **une** banane et **des** raisins secs dans la salade.
  *There are an orange, a banana, and some raisins in the salad.*

  Achetons **un** fromage de chèvre et **un** camembert.
  *Let's buy a goat's milk cheese and a camembert.*

When speaking French, you will normally use **des** with a plural noun to express indefiniteness. In English we often omit this article.

  Le brie et le camembert sont **des** fromages à pâte molle.
  *Brie and camembert are soft cheeses.*

**D.** It can be difficult to differentiate between the definite article and the partitive article, especially when the definite article is used in a general sense. The statement **les pommes sont bonnes** means that all apples, or apples in general, are good. When talking in general terms, the definite article is usually used. Common verbs used with the definite article to state a preference are **admirer, adorer, aimer, détester, préférer,** and **aimer mieux.**

  Elle préfère **le** Beaujolais.
  *She prefers Beaujolais wine.*

**Il y a des pommes sur la table** implies that *there are some apples on the table.* The possible use of *some* in English should give you the hint that the partitive article is appropriate. Sometimes, however, it is not used in English.

  Je mange souvent **des** pommes.
  *I often eat apples.*

The partitive is often used with the following verbs: **acheter, avoir, boire, demander, donner, manger, prendre,** and **vendre.**

> Elle boit souvent **du** café.
> *She often drinks coffee.*

Observe these examples to help you discern the correct article:

| **L'article défini** | **L'article partitif** |
| --- | --- |
| Elle adore **la** glace. | Elle vend **de la** glace dans son supermarché. |
| Il déteste **le** lait. | Il prend **du** lait dans son café seulement le matin. |

NOTE: If you want to say that you like *some* type of food or drink, the following constructions can be used:

> J'aime **certains** fromages.
> Il y a **des** fromages que j'aime (et **d'autres** que je n'aime pas).

**E.** As you may remember, when you use an expression of quantity, no article follows **de.** The same is true for a negative expression of quantity. For example, negative expressions such as **ne... pas, ne... plus,** and **ne... jamais** are followed by **de** without an article. See **Chapitre 8, Leçon 1,** for a complete explanation of negative expressions.

> Il reste un peu **de** jus d'orange.
> *There is a little orange juice left.*

> Il y a **du** jus de pommes dans le réfrigérateur.
> *There is some apple juice in the refrigerator.*

> Il n'y a plus **de** jus d'ananas dans le congélateur.
> *There is no longer any pineapple juice in the freezer.*

> Tu veux **du** café, alors?
> *Do you want some coffee, then?*

> Non merci, je ne veux pas **de** café.
> *No thank you, I don't want any coffee.*

## Activités

**A. Conversation au café.** Le café est un endroit très bruyant! On dirait que tout le monde parle en même temps. Complétez les fragments de conversation suivants. N'oubliez pas de conjuguer les verbes et d'ajouter les articles appropriés.

1. Tu / préférer / boire / boissons gazeuses / ou / boissons alcoolisées?
2. Nous / commander / Coca light *(diet).*
3. Moi, je / ne... jamais / prendre / boissons alcoolisées. Je / prendre / eau minérale.
4. Anglais / à cette table là-bas / boire / trop / bière!
5. serveuse / avoir / patience / avec / Anglais, n'est-ce pas?

**B. Une lettre.** Édouard vient de recevoir une lettre d'Amérique, mais elle a été endommagée *(damaged)* à la douane et quelques passages ne sont plus très lisibles. Aidez Édouard à lire la lettre en remplissant les blancs avec l'article défini ou indéfini, le partitif ou **de**, selon le cas.

> le 4 novembre
>
> Cher Édouard,
>
> Dans ta dernière lettre, tu m'as demandé _____ nouvelles d'Allal. Tu sais qu'il devait partir le 8 septembre. Il a été très heureux de son séjour. _____ semaine dernière, il a tenu à remercier ses amis pour tout ce qu'ils avaient fait pour lui pendant son séjour aux États-Unis. Il a décidé de nous inviter à prendre _____ «brunch» chez lui. Il voulait servir _____ repas français, marocain et américain. Il a servi _____ jus d'orange et _____ café au début. Il a mis beaucoup _____ pain sur _____ table. Il a préparé _____ belle omelette décorée avec _____ olives et _____ tranches _____ tomates. _____ viande était assaisonnée avec _____ épices arabes. _____ dessert était bien américain—_____ «bananas splits»! Nous avons accompagné le tout d'un bon thé à la menthe. Dommage que tu n'aies pas pu être des nôtres.
>
> Grosses bises,
> Jessica

**C. Généralisations.** Utilisez des stéréotypes pour compléter les phrases suivantes.

1. Aux États-Unis, on mange souvent…
2. Au contraire, en France, on préfère…
3. Avec les repas, les Américains prennent souvent…
4. Mais les Français boivent…
5. Les Américains pensent que les Français ne… pas…
6. Mais les Français pensent que les Américains mangent trop…

**D. Questions indiscrètes.** Posez les questions suivantes à un(e) camarade. Faites un résumé de ses réponses à la classe.

1. LE PETIT DÉJEUNER: À quelle heure est-ce que tu prends le petit déjeuner? Qu'est-ce que tu bois? Qu'est-ce que tu manges?
2. LE DÉJEUNER: Où est-ce que tu déjeunes quand tu es sur le campus? Qu'est-ce que tu manges le plus souvent? Qu'est-ce que tu préférerais manger si tu avais plus de temps ou plus d'argent?
3. LE GOÛTER *(snack around 4 P.M.):* Tu prends un goûter? Et quand tu étais petit(e)? Tu grignotes *(Do you snack)* souvent entre les repas?
4. LE DÎNER: À quelle heure est-ce que tu dînes? Qu'est-ce que tu prends au dîner? Tu invites souvent des amis à dîner? Parle de ce que tu leur sers.

## Interactions

Utilisez les suggestions suivantes pour créer des conversations avec un(e) partenaire. Essayez d'employer autant que possible le vocabulaire et la grammaire de la **Leçon 2.**

**A. Invitation à la maison.** Vous invitez quelqu'un de très spécial chez vous. Demandez s'il/si elle:

1. préfère la viande, le poisson ou les légumes
2. aime la cuisine française
3. boit de l'eau plate ou de l'eau gazeuse
4. regarde la télé pendant le repas
5. peut laisser son chien chez lui/elle ou dehors
6. est allergique à certains fruits ou légumes

**B. Invitation.** Vous invitez un(e) ami(e) à prendre un apéritif.

1. Offrez-lui à boire.
2. Parlez du temps et de vos activités quotidiennes.
3. Offrez-lui une autre boisson. (Il/Elle n'accepte pas.)
4. Posez toutes sortes de questions sur sa famille et ses amis.
5. Votre ami(e) doit partir. Donnez-lui rendez-vous pour la semaine prochaine.

To form comparisons in French, follow these models:

**plus/moins/aussi** + adjective + **que**

**plus/moins/aussi** + adverb + **que**

**plus de/moins de/autant de** + noun + **que**

For more information, see **Chapitre 9**, pp. 368–370.

**Phrases:** Comparing and contrasting; writing an essay

**Grammar:** Comparison with **que**

## Premier brouillon   Dossier personnel

1. Use the characteristics that you brainstormed in **Leçon 1** to begin writing your first draft. Write an introductory paragraph in which you acquaint the reader with your topic.

2. In your second paragraph, present the similarities between the two restaurants or courses.

3. In your third paragraph, describe the differences between the two.

4. Write a draft of your concluding paragraph in which you summarize your main points. You may want to recommend one of the two restaurants or courses or allow the reader to make his or her own decision.

# Leçon 3

## Comment poser des questions et répondre

### Conversation (CONCLUSION)

 Track 7

**Rappel:** Have you reviewed interrogative expressions? (Text p. 50 and Workbook p. 33)

> **Premières impressions**
>
> Soulignez:
> - les mots spécifiquement utilisés pour poser des questions
>
> Trouvez:
> - où est M. Fournier en ce moment
> - où est le frère d'Isabelle

*Après le repas, Isabelle, Éric et Mme Fournier se sont assis dans le salon. Ils continuent à discuter de choses et d'autres°.*

    ISABELLE: Oh, c'était délicieux, madame. Vous êtes un vrai cordon-bleu°. Merci beaucoup.

MME FOURNIER: De rien, cela m'a fait plaisir de vous revoir.

    ISABELLE: Oui, moi aussi. Et M. Fournier, où est-il?

MME FOURNIER: Ah, il est parti en voyage d'affaires à Boston. Il voyage beaucoup pour son travail.

    ÉRIC: C'est vrai. On ne le voit plus jamais ou presque. Il a toujours un congrès° quelque part.

MME FOURNIER: Oui, il y a tellement de choses qui changent en médecine. Il faut rester au courant. Et avec ses responsabilités de chef du service de cardiologie, il n'a pas le choix.

    ISABELLE: Oui, pour ma mère, c'est pareil°. Elle voyage tout le temps pour son travail. C'est fou!

MME FOURNIER: Oui, d'ailleurs comment va-t-elle?

    ISABELLE: Elle va bien. Le petit cabinet de comptabilité qu'elle a créé il y a longtemps s'est beaucoup agrandi. Donc, ça prend tout son temps…

    ÉRIC: Et ton frère, Christian, qu'est-ce qu'il devient°?

    ISABELLE: Christian, euh… eh bien, il est professeur d'histoire, comme il le voulait, mais il prend une année sabbatique en ce moment pour donner des conférences° sur son nouveau livre.

MME FOURNIER: Ah, très bien… Bon, quand mon mari sera de retour, on se fera un plaisir de vous recevoir à nouveau.

    ISABELLE: Oui, ça me fera très plaisir aussi! C'est vraiment gentil.

    ÉRIC: Allez, je te raccompagne en voiture…

    ISABELLE: Volontiers… Bon, alors, merci beaucoup, madame.

**discuter de choses et d'autres** *to talk about this and that*

**un vrai cordon-bleu** *gourmet cook*

**un congrès** *conference*

**pareil** *the same*

**qu'est-ce qu'il devient?** *(familiar) what's become of him?*

**une conférence** *lecture*

## Observation et analyse

1. Quelle est la profession de M. Fournier? Et celle de Christian?
2. Que pensent Éric et Isabelle des voyages de leurs parents?
3. Décrivez le frère d'Isabelle.
4. Quelle invitation est-ce qu'Isabelle reçoit?
5. Quel est le statut socio-économique des familles d'Éric et d'Isabelle?

## Réactions

1. Est-ce que votre père ou votre mère part souvent en voyage d'affaires? Si oui, quelle est la réaction des enfants? Quelles questions est-ce qu'il/elle pose à son retour?
2. Quelle sorte de questions est-ce que vous posez quand vous n'avez pas vu quelqu'un depuis longtemps?
3. Que pensez-vous des parents qui voyagent souvent et qui laissent les enfants à la maison?

# Expressions typiques pour...

## Poser des questions et répondre

- In general, when seeking information from someone, you should first use expressions that lead up to questions so as not to appear too rude or blunt. For example:

| À un(e) inconnu(e) | À votre ami(e) |
|---|---|
| Pardon, monsieur. Pourriez-vous me dire... ? | Est-ce que tu peux m'indiquer... ? |
| Excusez-moi, madame, mais est-ce que vous savez... ? | Est-ce que tu sais... ? |
| | Dis-moi, s'il te plaît... |
| J'aimerais savoir..., s'il vous plaît. | Excuse-moi, mais... |

- Asking questions can take many forms. You may wish to request information about time, location, manner, number, or cause, as in the following situation:

  VOYAGE À PARIS: Où se trouve la tour Eiffel?
  Il y a un ascenseur pour y monter?
  Mon Dieu! Pourquoi il y a tant de touristes ici?

- Or you may wish to ask about persons or things:

  Qui va monter avec moi? Marine?
  Qu'est-ce que tu fais? Allons-y!
  Regarde la belle vue! Lequel de tous ces bâtiments est notre hôtel?

- Most answers to requests for information are fairly straightforward:

  —Est-ce que vous savez où se trouve la sortie?
  —Mais oui, mademoiselle. Là-bas, au fond à droite.

- However, an affirmative answer to a negative question requires the use of **si**, instead of **oui**:

  —Ce billet *(ticket)* n'est plus valable *(valid)*?
  —Si, mademoiselle, il l'est toujours.

Auriez-vous peur de monter à la tour Eiffel?

# Mots et expressions utiles

## L'enseignement

une conférence  *a lecture*
un congrès  *a conference*
une leçon particulière  *a private lesson*
une lecture  *a reading*

facultatif/facultative  *elective; optional (subject of study)*
obligatoire  *required (subject of study)*

les frais d'inscription [m pl]  *registration fees*
une matière  *a subject, course*
la note[6]  *grade*
se spécialiser en  *to major in*

assister à un cours  *to attend a class*
se débrouiller  *to manage, get along*
manquer un cours  *to miss a class*
réviser (pour)  *to review (for)*
sécher un cours  *to cut a class*

passer un examen  *to take an exam*
réussir à un examen  *to pass an exam*

échouer (à)  *to fail*
rater  *to flunk*
rattraper  *to catch up*
redoubler un cours  *to repeat a course*
tricher (à)  *to cheat*

## Divers

discuter de choses et d'autres  *to talk about this and that*
pareil(le)  *the same*

Additional vocabulary: un cours magistral *lecture course;* manifester *to protest; to demonstrate;* préparer (un examen) *to prepare, study for an exam;* se présenter à (un examen) *to be a candidate for an exam;* la rentrée (des classes) *beginning of the school year;* les travaux dirigés (TD) [m pl] *recitation;* les travaux pratiques (TP) [m pl] *exercises, lab*

**Mise en pratique**

Mes parents me disent que si j'**échoue à** mes examens de fin d'année, ils ne paieront plus mes **frais d'inscription.** Oh, mais ce sont des soucis *(worries)* inutiles! Je **me débrouille bien** dans mes cours. Je n'**ai manqué** que deux ou trois **cours** ce semestre, j'**ai assisté à** toutes les **conférences** et j'ai fait toutes les **lectures**, même dans les **matières facultatives**, et mes **notes** sont bonnes. Mais je dois **réviser pour** l'examen final parce que j'ai pris du retard la semaine passée. Il y avait beaucoup de boulot au magasin où je travaille et j'ai fait des heures supplémentaires. Il faut que je **rattrape.** Je ne veux tout de même pas **rater** le dernier examen!

[6] En France, les notes vont de 0 à 20: 17–20 = très bien; 14–16 = bien; 12–13 = assez bien; 10–11 = passable; moins de 10 = insuffisant (ne permet pas de passer dans la classe supérieure).

# Liens culturels

## Le bac

« **P**asse ton bac d'abord!» est la litanie que des générations de parents ont déversé *(have poured out)* sur des générations de lycéens. Le bac, l'examen qui marque la fin des études du lycée, est le visa nécessaire à l'entrée dans la vie professionnelle. Il ouvre les portes des universités et entrouvre *(half opens)* celles des grandes écoles[7]. En 2007, 82,1% des lycéens ont réussi au bac, mais il faut dire que ce n'est pas sans effort. Il y a des «recettes» *(recipes)* pour réussir qui sont publiées. Les respectables *Annales Vuibert* tiennent une large part du marché. Il y a aussi des manuels de révision: *Annabac, Prépabac, Point Bac.* Des compagnies privées offrent des leçons particulières; le centre national d'enseignement offre des cours de soutien *(support);* il y a aussi des séjours linguistiques à l'étranger pour perfectionner les langues étudiées. Il y a de nombreux sites sur le Web qui donnent des conseils sur l'orientation et fournissent des exercices et révisions pour le bac. Par exemple, *Annabac* présente maintenant un tutorat en ligne. Un autre site promet que «les cyberprofs de *Corrigebac* sont là pour vous aider». L'existence d'un fort taux de chômage *(high rate of unemployment)* provoque beaucoup d'anxiété dans toutes les familles. Comme il y a un grand nombre de clients potentiels, il y a aussi une grande industrie du bac.

Il y a quelques années, *L'Express* a préparé un «grand quiz» pour que les parents et leurs enfants puissent vérifier s'ils ont le niveau du bac. Ils pouvaient choisir 60 questions selon leur profil en tant que littéraires, scientifiques ou économistes. Voici plusieurs questions dans les catégories Histoire, Géographie et Anglais:

- En quelle année le mur de Berlin a-t-il été édifié?
- Quel président des États-Unis a été contraint à la démission en 1974?
- Combien y a-t-il d'états aux États-Unis?
- Quel est le pays qui connaît aujourd'hui la plus forte croissance économique?

Est-ce que vous pourriez réussir au bac? Comment est-ce que vous vous prépareriez pour y réussir?

Liens culturels: Before students begin reading **Le bac**, give them three pieces of information to watch for in the reading: 1. Quelle est l'importance du bac? 2. Le bac est-il difficile ou facile? 3. Comment est-ce qu'on peut préparer le bac?

Follow-up discussion: Compare the difference between the **baccalauréat** and the American high school diploma. Compare also the American B.A. to the **bac**.

Activity A: Additional items:
6. (à un agent de police) où se trouve le musée d'Orsay
7. (à votre petit cousin) à quelle heure il va se coucher
8. (à votre grand-mère) combien d'argent elle peut vous prêter

## Activités

**A. La recherche de renseignements.** Posez les questions suivantes de manière courtoise en utilisant les *Expressions typiques pour...*

MODÈLE: (à un[e] inconnu[e]) où se trouve le musée Pablo Picasso
—*Pardon, monsieur. Pourriez-vous me dire où se trouve le musée Pablo Picasso?*

1. (à votre ami[e]) à quelle heure est notre cours d'anglais
2. (à votre ami[e]) où on peut acheter une encyclopédie sur CD-ROM
3. (à un[e] inconnu[e]) combien coûtent les livres pour le cours de philosophie
4. (à un[e] inconnu[e]) où trouver la salle où a lieu la conférence du Professeur Rousset
5. (à votre ami[e]) à quelle heure ouvre la cafétéria

---

[7] Les grandes écoles sont des écoles supérieures spécialisées et prestigieuses où l'on peut être admis en réussissant à un examen très compétitif que l'on prépare pendant deux ans (minimum) après le bac. (Exemples: École polytechnique, Écoles normales supérieures, Hautes études commerciales.)

**B. Vous êtes le prof.** Vos élèves ne comprennent pas les mots suivants. Aidez-les en leur donnant un synonyme pour chaque élément du premier groupe et un antonyme pour les éléments du deuxième groupe. Utilisez les *Mots et expressions utiles.*

Synonymes
1. une réunion professionnelle
2. un discours littéraire ou scientifique
3. une évaluation
4. se présenter à un examen
5. parler de beaucoup de choses différentes
6. quelque chose qu'on lit

Antonymes
1. assister à un cours
2. facultatif
3. une matière obligatoire
4. réussir à un examen
5. différent

Additional activity: Trouvez quelqu'un...
- qui sait qui a inventé la guillotine
- qui sait qui a inventé la pénicilline
- qui connaît des fromages français
- qui préfère le vin français au vin de Californie
- qui a déjà bu de l'Orangina
- qui souffre d'allergies
- qui a déjà vu une exposition d'art à Paris
- qui ne reçoit jamais d'amis à la maison

# La grammaire à apprendre

## Les pronoms interrogatifs

When forming information questions in French with interrogative pronouns, different forms are used according to whether you are referring to persons or things, and whether you are referring to a subject, direct object, or object of a preposition. Either **est-ce que** or inversion can be used, although **est-ce que** is more common and almost exclusively used in spoken context. (See contexts below where neither is used.)

### A. Questions sur les gens *(who/whom)*

Regardless of how it is used in the question, **qui** will be appropriate.

   **Qui** emmène papa à l'aéroport? *(subject)*

Neither inversion nor **est-ce que** is used. **Qui est-ce que/qui** is an alternate form, although the simple **qui** is more commonly used.

   **Qui** est-ce qu'il va rencontrer au congrès? *(direct object)*
   **Qui** va-t-il rencontrer au congrès?

Questions about objects of prepositions begin with the preposition, contrary to spoken English.

   Chez **qui** est-ce qu'il compte rester? *(object of preposition)*
   Chez **qui** compte-t-il rester?

NOTE: **Qui** does *not* contract: **Qui** est ici?

### B. Questions sur les choses *(what)*

The manner in which the word *what* is used in the sentence determines which interrogative expression is used. Note the different forms used below.

   **Qu'est-ce qui** se passe? *(subject)*

Neither inversion nor **est-ce que** is used.

   **Qu'est-ce que** tu bois?
   **Que** bois-tu? *(direct object)*

To download a podcast on Interrogative Pronouns, go to **academic.cengage.com/french**

Begin review of the interrogative pronouns by asking students to name an interrogative pronoun and give its grammatical function. Make a list of these on the board as students name them.

**Hint:**

Subject = doer of action

Direct object = receiver of action

Object of preposition = word(s) that follow preposition

Leçon 3 ᨒ **75**

Short questions with a noun subject and simple tense use the order **que** + verb + subject: **Que** boivent tes amis?

NOTE: **Que** contracts to **qu'** before a vowel or mute **h**: **Qu'**as-tu bu?

Avec **quoi** est-ce que nous pouvons ouvrir cette bouteille? *(object of preposition)*
Avec **quoi** pouvons-nous ouvrir cette bouteille?

### C. Demander une définition

**Qu'est-ce que c'est?** *What is it?*
**Qu'est-ce que** la démocratie? *What is democracy?*
**Qu'est-ce que c'est que** la démocratie? *What is democracy?*
La démocratie, **c'est quoi**? *(familiar) What is democracy?*

In all four cases, you are asking for a definition or explanation of what something is.

## Activités

**A. Imaginez.** Vous vous trouvez à une soirée organisée par le patron de votre fiancé(e). L'hôtesse et les invités vous ont posé beaucoup de questions. Voici vos réponses. Imaginez les questions qui ont inspiré chacune de vos réponses.

1. Je voudrais *un Coca*, s'il vous plaît.
2. Je suis venu(e) avec *ma fiancée Nathalie (mon fiancé Christophe).*
3. Ça? *Oh, ce ne sont que les initiales de mon nom.*
4. Malheureusement, *on ne passe pas grand-chose d'intéressant* au cinéma ce soir.
5. En dehors de mon travail, je m'intéresse surtout *au cinéma et au théâtre.*
6. C'est *un ami de Bruno.*

**B. Au restaurant.** Dans un restaurant, vous entendez le garçon poser les questions suivantes. Remplissez les blancs avec **qui, que, quoi,** etc., selon le cas. N'oubliez pas d'utiliser **est-ce que** si nécessaire.

1. Bonjour, monsieur. _____ aimeriez-vous manger aujourd'hui? *(What)*
2. _____ vous voudriez boire? *(What)*
3. Pardon, monsieur, mais _____ a commandé la salade niçoise? *(who)*
4. _____ vous plairait comme dessert? *(What)*
5. _____ vous a recommandé ce restaurant? *(Who)*
6. _____ je pourrais vous apporter? *(What)*
7. «Une Cadillac»? _____? *(What is it?)* Une boisson?
8. De _____ est-ce qu'un kir se compose? *(what)*

# La grammaire à apprendre

*Quel et lequel*

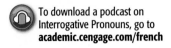

To download a podcast on Interrogative Pronouns, go to **academic.cengage.com/french**

**A. Quel** *(What, Which)*

|          | **Singulier** | **Pluriel** |
|----------|---------------|-------------|
| **Masculin** | quel          | quels       |
| **Féminin**  | quelle        | quelles     |

**Quel** is an interrogative *adjective* and thus must agree in number and gender with the noun it modifies.

> **Quel** vol est-ce que vous prenez?
> À **quelle** porte d'embarquement *(departure gate)* est-ce qu'il faut aller?

**Quel** is also used when asking someone to identify or describe himself/herself or his/her belongings. The construction **quel + être +** *noun* asks *what (which) is/are*.

> **Quelle est** votre nationalité?    **Quels sont** vos horaires de travail?

NOTE: In the above examples, the noun that **quel** modifies follows the verb **être**.

> **Quelle est** votre nationalité? = **Quelle** nationalité avez-vous?

When asking for identification, **quel + être +** *noun* is used; when asking for a definition, **qu'est-ce que** is used.

> —**Quelle est** votre profession?
> —Je suis herboriste.
> —**Qu'est-ce qu'**un herboriste?
> —C'est quelqu'un qui vend des plantes médicinales.

**B. Lequel** *(Which one, Which)*

|          | **Singulier** | **Pluriel**  |
|----------|---------------|--------------|
| **Masculin** | lequel        | lesquels     |
| **Féminin**  | laquelle      | lesquelles   |

**Lequel** is an interrogative *pronoun* that agrees in number and gender with the noun it stands for. It always refers to one, or more than one, of a pair or group.

> Vous connaissez une des sœurs Dupont? **Laquelle?**
> **Lequel** de ces garçons est son frère? Je ne le reconnais pas sur cette photo.

**Lequel** contracts with **à** and **de** in the same manner as the definite article.

**auquel, à laquelle**
**auxquels, auxquelles** } *to, at, in which one*

> —Je m'intéresse à plusieurs clubs sociaux de l'université.
> —Moi aussi! **Auxquels** est-ce que tu t'intéresses?

**duquel, de laquelle**
**desquels, desquelles** } *of, about, from which one*

> —J'étais en train de parler d'un film que j'ai vu récemment.
> —Ah, oui? **Duquel** tu parlais?

Qu'est-ce que cette jeune fille fait en attendant son premier cours à la Sorbonne?

## Activités

**A. L'inscription.** Vous allez suivre des cours à la Sorbonne cet été, mais vous avez plusieurs questions à poser en ce qui concerne votre inscription. Remplissez les blancs avec une forme de **quel**.

1. _____ est la date du premier jour des cours?
2. _____ sont les frais d'annulation si je décide de ne pas y aller?
3. _____ sorte d'hébergement est disponible pour les étudiants étrangers?
4. _____ sont les activités culturelles organisées par l'université?

Maintenant, remplissez les blancs avec une forme de **lequel**.

5. Madame, vous avez mentionné la possibilité d'une bourse de la ville. J'ai des renseignements sur plusieurs bourses. De _____ est-ce que vous parliez?
6. Je sais que je dois remplir un de ces formulaires, mais _____?

**B. Au café.** Des amis se retrouvent dans un café près de l'université. Ils discutent de choses et d'autres. Remplissez les blancs avec une forme de **quel** ou de **lequel**.

1. —Je suis sortie avec un des maîtres-assistants hier soir.
   —Vraiment! Avec _____?
2. —Nous avons vu un film.
   —_____ film est-ce que vous avez vu?
3. —J'aime la plupart de mes cours ce semestre.
   —_____ est-ce que tu aimes le mieux?
4. —Vous savez, j'ai raté mon examen de... *(bruit à l'extérieur)* aujourd'hui.
   —Comment? _____ examen est-ce que tu as raté?
5. —_____ de ces boissons est à moi?

**C. Chez Marie.** Marie et son amie Alice sont en train de parler de leurs enfants. Complétez la conversation en remplissant les blancs avec une forme de **quel** ou de **lequel**, selon le cas.

—Je sais qu'on ne doit pas comparer ses enfants, mais il faut dire que de mes deux enfants, Paul est l'athlète et Marc est l'intellectuel.
—Ah, oui? _____ est le plus âgé?
—Paul a trois ans de plus que Marc.
—_____ est-ce que j'ai vu bavarder avec toi l'autre jour?
—_____ jour?
—Tu te souviens, devant la boulangerie... ?
—Ah, oui, c'était Marc. Tiens! Voilà quelques photos d'eux.
—Elles sont bien, ces photos, surtout ces deux-là. Et toi, _____ est-ce que tu préfères?
—Je les aime toutes. Mais parlons de tes enfants. _____ âge a Cécile?
—Elle aura dix-neuf ans dans un mois.
—En _____ année de fac est-ce qu'elle est?
—Elle est en deuxième année et toujours à Bordeaux.

**D. Question de goût!** Demandez à votre partenaire ses préférences en ce qui concerne les sujets ci-dessous. Utilisez une forme de **quel**, puis de **lequel**, selon le modèle.

MODÈLE: la musique
—*Quelle musique est-ce que tu préfères?*
—*Laquelle de ces musiques est-ce que tu préfères: le rock ou le jazz?*

1. les sports
2. les films
3. la cuisine
4. les boissons
5. les moyens de transport
6. les automobiles

## Interactions

Utilisez les suggestions suivantes pour créer des conversations avec un(e) partenaire. Essayez d'employer autant que possible le vocabulaire et la grammaire de la **Leçon 3.**

**A. La vie universitaire.** Votre meilleur(e) ami(e) et vous n'êtes pas inscrit(e)s à la même université. Vous ne vous êtes pas vu(e)s depuis la rentrée. Posez-lui cinq à dix questions sur la vie universitaire (les classes, les autres étudiants, les professeurs, la nourriture, les résidences universitaires, la vie sociale, etc.). Utilisez des expressions interrogatives.

**B. Une question d'argent.** Votre petit(e) ami(e) veut vous emprunter $200. Vous aimez beaucoup cette personne. En fait, vous êtes peut-être amoureux/amoureuse d'elle. Mais vous vous demandez pourquoi il/elle veut vous emprunter de l'argent. Posez-lui cinq à dix questions pour en comprendre la raison. Votre petit(e) ami(e) va répondre aux questions.

## Deuxième brouillon  Dossier personnel

1. Write a second draft of your paper from **Leçon 2,** incorporating more detail and adding examples to clarify the comparisons and contrasts.

2. You might want to add a rhetorical question or two to your paper to add interest.

3. To strengthen the comparisons and contrasts, use some of the following expressions:

   EXPRESSIONS UTILES: **de la même façon** *(similarly)*…, **similaire à**…, **partager les mêmes caractéristiques**…, **en commun avec**…, **se ressembler**…, **paraître** *(to seem)*…, **en revanche** *(on the other hand)*…, **par contraste avec**…, **par opposition à**…, **différent de**…, **se distinguer de** *(to differ from)*…

**Phrases:** Writing an essay
**Grammar:** Interrogative adjective **quel**; interrogative adverbs; interrogative pronoun **lequel, laquelle**; interrogative pronoun **que, quoi**; interrogative pronoun **qui**

# Synthèse

## Activités musicales

### Gérard Genty: *Détention universitaire*

#### Avant d'écouter

♪ To experience this song, go to **academic.cengage.com/ french/bravo**

Turn to **Appendice B** for a complete list of active chapter vocabulary.

In this song, Genty talks about living with 605 **colocataires** *(roommates)*. Ask students to compare their experience in a residence hall to that of the song writer.

1. Où habitez-vous? Chez vos parents? Dans une maison ou un appartement (avec ou sans colocataires)? Dans une résidence universitaire? Décrivez votre situation personnelle en quelques phrases et expliquez ce que vous aimez et ce que vous n'aimez pas en ce qui concerne votre logement.

2. Décrivez (ou imaginez) une résidence universitaire typique dans votre ville. Combien d'étudiants y vivent? Quelles sont leurs activités à la résidence? Comment sont les chambres? Quels sont les avantages et les inconvénients d'habiter dans une résidence universitaire?

3. Imaginez le campus et la résidence universitaire de vos rêves. Comment sont-ils? Écrivez un petit paragraphe pour les décrire.

#### Après avoir écouté

1. De quels aspects de la vie universitaire est-ce que le chanteur parle dans cette chanson?

2. Décrivez la résidence universitaire du chanteur. Est-ce qu'il est content des conditions de vie dans cette résidence? Quels sont les problèmes principaux qu'il mentionne?

3. Que se passe-t-il à la résidence universitaire en été? Où vont la plupart des étudiants? Et le chanteur, que fait-il? D'après vous, est-ce qu'il est content de ses projets pour l'été? Pourquoi?

4. À quoi est-ce que le chanteur compare sa résidence universitaire? Donnez quelques exemples tirés de la chanson pour illustrer votre réponse. À votre avis, est-ce que cette comparaison est justifiée? Pourquoi?

5. Et vous, y a-t-il des aspects de la vie d'étudiant que vous n'aimez pas? Lesquels? Pourquoi?

## Activités orales

**A. À table.** En groupes de trois étudiants, une personne joue le rôle de l'hôte/ l'hôtesse. Les deux autres sont les invité(e)s. Jouez les rôles pendant un dîner où l'hôte/l'hôtesse sert beaucoup de plats et boissons différents et insiste pour que tout le monde mange et boive beaucoup. Finalement, les invité(e)s partent en remerciant l'hôte/l'hôtesse pour un excellent dîner.

See **Appendice C** for expressions related to telephone behavior.

**B. Est-ce que tu es libre… ?** Vous téléphonez à une baby-sitter, Anne, et vous lui demandez de garder votre enfant qui a un an. Vous vous trompez de numéro de téléphone la première fois, mais vous arrivez à la joindre la deuxième fois. Demandez-lui si elle est libre samedi soir et si elle peut garder votre fils/fille. Elle vous posera des questions comme, par exemple, à quelle heure elle doit venir et jusqu'à quelle heure elle devra rester chez vous. Vous répondez et vous lui dites quand vous allez aller la chercher.

## Activité écrite

**Une requête.** Vous faites partie de l'Union nationale des étudiants de France (UNEF). Vous devez écrire une lettre très polie au/à la président(e) de votre université pour lui faire savoir que les étudiants ne sont pas satisfaits et qu'ils désirent des changements. Utilisez les expressions du poster ci-dessous pour demander le maintien du libre choix de son université et la validation de tous les diplômes. Dites aussi que les étudiants sont opposés à la hausse des droits d'inscription. Demandez également que l'université aide les étudiants à trouver du travail. Enfin, essayez d'obtenir un rendez-vous avec le/la président(e) de l'université afin de discuter de vos requêtes. Commencez votre lettre par «Monsieur le Président/Madame la Présidente» et terminez-la par «Veuillez agréer, Monsieur le Président/Madame la Présidente, l'expression de mes sentiments respectueux».

**Phrases:** Requesting something; writing a letter (formal)
**Vocabulary:** Studies, courses; university
**Grammar:** Conditional; subjunctive

## Révision finale Dossier personnel

1. Reread your paper and focus on the beginning and ending sentence of each paragraph, making sure that they are clear to the reader. Note that the beginning sentence should introduce your ideas and the ending sentence should be a way of providing closure or transition to the next paragraph.

2. Bring your draft to class and ask two classmates to peer review your paper. They should pay particular attention to whether the paper enables the reader to make a decision. Your classmates should use the symbols on page 433 to indicate grammar errors.

3. Examine your composition one last time. Check for correct spelling, grammar, and punctuation. Pay special attention to your use of articles, irregular verbs such as **offrir**, **servir**, and **plaire**, and interrogatives if you included any rhetorical questions.

4. Prepare your final version.

Additional activity: Students imagine they are athletes from a French-speaking country attending a small college in the U.S. They write a letter to their parents describing the school cafeteria, a typical menu for each meal, and their opinion of the food. They begin with: Cher papa, chère maman and end with Je vous embrasse, Bises, or Grosses bises.

**Phrases:** Writing an essay
**Grammar:** Definite article **le, la, l', les**; indefinite article **un, une, des**; partitive **du, de la, des**

## I. *Les grandes écoles* de Polly Platt

## Avant la lecture

### *Sujets à discuter*

- Comment imaginez-vous les universités françaises? Si vous avez déjà eu l'occasion de visiter une université en France, décrivez ce que vous avez observé. Sinon, considérez les faits suivants: le système éducatif français est contrôlé par le gouvernement national; la plupart des étudiants vivent chez leurs parents et font le trajet tous les jours entre leur domicile et l'université; les universités se spécialisent en certaines matières, donc les étudiants doivent choisir leur spécialisation avant d'y entrer; le gouvernement français finance les universités publiques (les étudiants n'ont presque pas de frais de scolarité à payer—entre 100 et 200 euros par an—, à moins qu'ils ne s'inscrivent dans des universités privées). Comparez les systèmes éducatifs français et américain.
- Imaginez une école qui accepte seulement 30 à 300 des meilleurs candidats en maths ou en lettres du pays. Selon vous, quelles seront les caractéristiques des étudiants qui seront selectionnés?
- Avez-vous envie de faire des études en France? Pourquoi?

### Introduction

*In the French educational system, the three years of high school **(seconde, première, terminale)** prepare students for the **baccalauréat** exam, which opens doors to post-secondary education. Options include entrance into a university, an **I.U.T** (a Technology Institute), or a **grande école. Grandes écoles** are prestigious and extremely competitive academic institutions which prepare the brightest French high school students to become the ruling elite of the country. In order to be admitted into these schools, candidates must obtain excellent grades on the **baccalauréat** and study for two extra years in the **classes préparatoires aux grandes écoles** where they train to take a competitive entrance examination. In this text, Polly Platt, an American living in Paris, describes what it takes to go through the **grande école** track.*

Remind students that entrance to universities is not competitive; passing the **bac** guarantees acceptance. Ask students how they feel about the approach to education in France that emphasizes depth, as opposed to the "sample everything" approach of most U.S. universities.

## Les grandes écoles

**D**avid—X, inspecteur des finances— intègre° Stern° titrait récemment la section Économie du *Figaro*.

Un étranger qui a quelques notions de français en déduirait° qu'un certain M. David se prepare à prendre la direction d'une entreprise, et voilà tout. Pour un Français, ce titre contient une série d'informations codées. «X» est le 10 nom de code de l'école la plus prestigieuse et la plus difficile du monde, l'École polytechnique°. «Inspecteur des finances» indique que M. David est issu de l'école d'administration la plus diffi-

**intègre** entre dans / **Stern** le nom d'une entreprise

**déduirait** conclurait / **l'École polytechnique** grande école, située à 15 kilomètres de Paris

Décrivez l'apparence physique de l'École polytechnique.

¹⁵ cile et la plus prestigieuse au monde, l'ENA°, et qu'il en est sorti parmi les dix premiers. [...]

Le système des grandes écoles est unique en France. Celles-ci sont ²⁰ gratuites et, entre autres privilèges, plusieurs d'entre elles rémunèrent° leurs étudiants. Elles sont très différentes des universités, puisqu'on y entre sur concours°, et elles ont un bien meilleur ²⁵ matériel°, des effectifs réduits°, et leurs profs sont parmi les meilleurs et les mieux payés du pays. [...]

Voyons un peu ce qui attend les forts en maths.

³⁰ Dès la seconde°, ils ingurgitent° une dizaine d'heures de maths par semaine, auxquelles s'ajoutent les heures de physique, et cela jusqu'au bac. En terminale, le niveau de difficulté atteint des som- ³⁵ mets—il est question de protons, de trous noirs, d'univers en expansion... Et puis, c'est le bac, qu'il faut obtenir de

préférence avec la mention «bien»° ou «très bien». [...]

⁴⁰ Tous les ans, au moment du bac, les journaux publient le profil type de l'étudiant de prépa°. Qualités requises en plus de la bosse des maths° :

- une santé de fer ;
⁴⁵ - de la mémoire à revendre° ;
- des capacités physiques et intellec- tuelles illimitées ;
- vouloir être meilleur que tout le monde ;
⁵⁰ - aimer la compétition ;
- avoir une méthode de travail qui a fait ses preuves ;
- et vouloir réussir à tout prix.

Si tout cela ne vous fait pas partir ⁵⁵ en courant, envoyez votre dossier aux prépas les plus proches. [...]

Vous avez commencé votre année de «maths sup»°. Si vous ratez la pre- mière année, il n'y a pas de repêchage°. ⁶⁰ Faites une croix sur le métier d'ingénieur

se reposer sur ses lauriers  se contenter d'un premier succès / **d'arrache-pied**  sans interruption / **infarctus**  trouble sévère du cœur / **trimer**  travailler très dur / **voire**  *or even*

**faire partie du peloton de tête**  être dans les premiers de la classe (peloton est un terme emprunté au Tour de France) / **le corps des Mines**  Le corps des Mines est reservé aux meilleurs élèves sortant de l'École polytechnique. Ils deviennent ingénieurs de l'État et sont destinés à diriger tous les grands services publics dans l'industrie, les transports ou l'énergie (chemins de fer, système des centrales nucléaires, Air France, etc.). / **Elf Aquitaine**  grande compagnie pétrolière basée en France, concurrente de Mobil, Exxon, etc. / **Chapeau!**  Félicitations!

**Napoléon**  En 1804, l'empereur Napoléon a donné un statut militaire à l'École polytechnique, et une devise «Pour la patrie, les sciences et la gloire.» / **l'épée**  *sword*

For more literary selections, visit Textchoice.com

et tournez-vous vers autre chose. Si vous avez réussi, et si vous n'avez pas encore attrapé la mononucléose ou fait un infarctus°, vous allez devoir trimer°
65 comme un fou en «maths spé». Après une année mortelle, vous voici prêt à attaquer les concours. [...]

Dix pour cent des bacheliers vont en prépas. La moitié intègre une école
70 d'ingénieur, mais seulement deux pour cent sont reçus dans une grande école, dont un pour cent à l'X.

Imaginons maintenant que vous ayez réussi l'X. Chapeau!° Vous êtes poly-
75 technicien à vie! Votre nom va figurer dans le journal, à côté de celui des trois cent cinquante autres reçus. Vous faites désormais partie de ce corps d'ingénieurs militaires créé par Napoléon°. Vous allez
80 avoir l'honneur de porter l'uniforme et l'épée°, sans compter le salaire mensuel qui vous sera versé. [...]

Pas question pour autant de se reposer sur ses lauriers°: il va falloir tra-
85 vailler d'arrache-pied° pendant trois ans pour arriver parmi les premiers, voire° le premier. Si vous faites partie du peloton de tête°, vous serez immédiatement rattaché au corps des Mines°, un des
90 grands corps de l'État, qui vous garantit l'accès à un poste clef dans la haute administration ou chez Elf Aquitaine°. Vous serez courtisé par les entreprises privées et vous aurez droit à des privi-
100 lèges pendant toute votre vie. [...]

Ceux que je plains le plus sont ceux qui ont vécu la torture des prépas et qui n'ont été reçus nulle part.

Admettons que vous soyez dans ce
105 cas-là. Il ne vous reste plus qu'à vous inscrire à l'Université où il vous faudra trimer encore quatre ou cinq ans avant d'obtenir un diplôme qui vaut quelque chose.

Extrait de Polly Platt, *Ils sont fous, ces Français* (Paris: Bayard Éditions, 1997), pp. 133, 135–138.

## Après la lecture

### Compréhension

#### A. Observation et analyse

1. Quand on dit que M. David est un X, qu'est-ce que les Français comprennent?
2. Est-ce que le titre d'«inspecteur des finances» désigne un diplôme particulier? Expliquez.
3. Qu'est-ce qui rend le système des grandes écoles unique?
4. Qu'est-ce que c'est qu'un concours?
5. Pour poursuivre leurs études, quels choix est-ce que les élèves forts en maths (ou forts en lettres, en grammaire, en anglais ou en histoire) ont après le baccalauréat?
6. Est-ce que vous pouvez redoubler l'année de «maths sup» si vous échouez?
7. Qu'est-ce qu'il faut faire après avoir été reçu(e) dans une grande école?
8. Qu'est-ce qui vous arrivera à la fin de vos études si vous finissez parmi les premiers?
9. Pour qui est-ce que l'auteur a de la compassion? Pourquoi?

**B. Grammaire/Vocabulaire.** Mettez les étapes scolaires suivantes dans l'ordre chronologique, selon la lecture.

\_\_\_\_\_ les prépas         \_\_\_\_\_ l'université

\_\_\_\_\_ la terminale       \_\_\_\_\_ la seconde

\_\_\_\_\_ la grande école     \_\_\_\_\_ le bac

\_\_\_\_\_ la première

This reading contains a number of slang words in French, such as: **prépas, trimer, bosse des maths, année mortelle, Chapeau!** Ask students to use these words in a humorous paragraph.

## C. Réactions

1. Regardez «le profil type de l'étudiant de prépa», p. 83. Quelles qualités s'appliquent à vous? Laquelle de ces qualités est la plus importante pour réussir, selon vous?

2. Vous vous préparez à entrer dans une grande école, comme l'École polytechnique, qui pourrait vous faire devenir «une de ces créatures au teint blafard *(pale)* avec des baignoires sous les yeux qui hantent les couloirs des grands lycées» (Platt, p. 136). Est-ce que cette phrase vous décrit de temps en temps? Qu'est-ce que vous faites pour réduire le stress des études?

3. Selon vous, si quelqu'un a les capacités nécessaires pour réussir dans une grande école, est-ce qu'il/elle doit tenter sa chance? Est-ce que les cinq années où on doit «trimer» en valent la peine?

## Interactions

**Jouez les rôles**

1. Vous et votre partenaire êtes étudiant(e)s en prépa. Parlez de vos études, de votre avenir et de vos espoirs.

2. Vous et votre ami(e) êtes chez votre mère quand vous apprenez que vous êtes reçu(e) à l'École polytechnique. Jouez une petite scène dans laquelle vous parlez de cette nouvelle avec votre mère et avec votre ami(e).

## Expansion

Faites des recherches sur Internet et à la bibliothèque sur les grandes écoles en France. Choisissez une grande école pour écrire un reportage en profondeur (par exemple, l'École polytechnique, les Écoles normales supérieures, l'Institut d'études politiques de Paris). Trouvez le nombre d'étudiants, les matières dans lesquelles on peut se spécialiser, la durée des études après le baccalauréat, ce qu'un(e) étudiant(e) étranger/étrangère doit faire pour s'y inscrire, les coûts d'inscription, où se trouve cette école (région, ville, etc.), et d'autres détails intéressants. Présentez vos résultats à la classe.

Calixthe Beyala

## II. *Le petit prince de Belleville* de Calixthe Beyala

### Avant la lecture

#### Sujets à discuter

- Quand vous étiez à l'école primaire, écoutiez-vous toujours la maîtresse? Et les autres enfants?
- Quand vous étiez petit(e), est-ce qu'il y avait des enfants qui n'étaient pas beaux ou qui étaient différents des autres? Comment est-ce que les autres enfants les traitaient d'habitude? Pour se moquer d'eux ou pour tester leur patience, que faisait-on ou que disait-on?
- Est-ce que vous connaissez des enfants dont les parents ont divorcé? Si oui, quelle a été la réaction de ces enfants au moment où ils ont appris que leurs parents allaient divorcer?

#### Stratégies de lecture

#### Trouvez les détails

1. Parcourez rapidement le texte et trouvez les noms des petites filles dans l'histoire.
2. Ensuite trouvez les mots ou les actions qui montrent l'attitude des garçons envers ces petites filles ou envers la nouvelle maîtresse. Faites une liste de ces mots.
3. Trouvez le sujet de la narration de chaque petite fille et notez la différence dans la réaction du narrateur.

---

### Introduction

*To complement the civilization reading in this chapter, which describes the French post-secondary school system, is the following literary reading, which takes place in an elementary school setting. The central character in Calixthe Beyala's novel* Le petit prince de Belleville *is Loukoum, a black African boy who lives in Belleville, a working-class area in the north of Paris. Loukoum can read the Koran in Arabic but he cannot read French. In this section of the book, the boy describes a day in school.*

*Calixthe Beyala herself grew up in Cameroon in extreme poverty, separated from her parents, and raised by a sister four years older. She left for France at the age of 17, where she got married, passed the* **bac,** *and eventually studied Management and Liberal Arts.*

---

## Le petit prince de Belleville

La nouvelle maîtresse a vraiment du mal. Personne ne l'écoute. Elle a beau crier°, crier, mais c'est comme si elle jetait une salive° dans la mer. Alors, elle a dit:

5 —Mes enfants, aujourd'hui, nous allons faire un exercice de narration spéciale. On va raconter à tour de rôle les vacances de Noël. Ça sera génial.

10 Ç'a été le tour de Johanne Dégoud de parler. Personne ne l'écoutait. Elle est de la race de ces filles que personne n'écoute, même pas le bon Dieu tellement

**a beau crier** *can scream and scream /* **une salive** *spittle, saliva*

elle est moche°! Et collante°! Elle est tellement moche que quand elle passe, les oreilles des chiens tombent, et quand elle est de face, elle a l'air de dos. C'est une blague° pour vous dire combien elle est moche. C'est la plus laide fille de France. Jacques Millano a dit:

—Le son! le son! On entend rien. Faut augmenter le micro!

Et la nouvelle maîtresse a dit à Johanne d'attendre que la classe soit calmée.

—Pour les vacances de Noël, mes parents et moi étions en vacances de neige en Savoie°. En Savoie, on trouve les montagnes les plus neigeuses de France avec des sites touristiques blottis° au fond des vallées.

Elle a sorti de sa poche un morceau de papier et elle s'est mise à lire!

—Avant son annexion à la France, la Savoie était une République autonome. En 17...

Alexis s'est jeté par terre à quatre pattes° et s'est mis à faire le chien en aboyant°. C'était vraiment drôle et tout le monde riait à cœur joie. La Mademoiselle était en colère. Elle a d'abord crié. Puis elle est venue l'attraper° par le col. Elle l'a tiré jusqu'à sa place. Johanne Dégoud ne s'est pas arrêtée de parler. De toute manière, on l'entendait pas. Lolita s'est retournée et elle m'a regardé. Je l'ai vue. J'ai baissé la tête et j'ai fait semblant° de dessiner.

Mademoiselle est retournée à sa place. Elle a dit de baisser la tête et de croiser° les bras jusqu'à ce que le calme soit revenu. Johanne Dégoud lisait toujours sur son morceau de papier.

—Ça va, Johanne! Va t'asseoir. Tu as assez parlé comme ça.

C'est alors que Lolita a levé la main.

—Lolita, qu'est-ce que tu fabriques? Croise les bras immédiatement!

Mais elle a fait comme si elle n'entendait pas. Elle s'est levée et elle est partie se mettre à côté du bureau de la maîtresse.

Elle souriait. Elle était heureuse. Je croyais qu'elle allait se mettre à siffloter° de bonheur. Elle a arrangé sa robe. Elle a ajusté son bandeau°. Elle s'est tenue bien droite et elle a commencé à parler ni trop fort ni pas assez.

—Le matin de Noël, je me suis réveillée et j'ai eu une surprise. Il y avait une valise près de la porte comme quand on va en voyage. Mon père était devant la télévision et ma mère préparait le petit déjeuner.

«On va en voyage? j'ai demandé à mon père.

—En quelque sorte, il a dit.

—On va à Disney World? j'ai demandé.

—Non, ma chérie, ça sera pour la prochaine fois.

—Ah! j'ai dit. Où on va alors?»

Il m'a rien dit. Il s'est levé, il m'a serrée fort dans ses bras comme ça puis il est parti avec la valise.

«Papa!» j'ai crié.

Mais il n'est pas revenu. Ma maman m'a servi mon déjeuner, des Kellogs, je n'avais pas faim, je boudais°. Elle a dit:

«Lolita, t'es une grande fille maintenant et tu peux comprendre certaines choses. Ton père et moi, nous avons cru bon qu'il fallait se séparer quelque temps.

—Vous allez divorcer? j'ai demandé.

—On n'en est pas là, elle a dit. Mais...

—Chouette! j'ai crié. J'aurai deux maisons!»

Personne n'a rien dit.

Je la regardais, moi, avec mes yeux. De tous mes yeux avec des points d'interrogation qui sont toujours là quand ça te tombe dessus. Elle fixait le fond de la classe où il y avait un dessin, un zèbre tout colorié. Dans mon cœur, j'ai senti quelqu'un qui me tordait les boyaux°, qui tordait, qui serrait de plus en plus.

Personne n'a bougé. Lolita s'est tournée vers la porte. Elle l'a ouverte. Elle est sortie. Personne ne l'a rattrapée°.

Extrait de Calixthe Beyala, *Le petit prince de Belleville* © Éditions Albin Michel, pp. 179–183.

**moche** pas belle, laide / **collante** *clinging like a leech* / **siffloter** *to whistle*

**bandeau** *headband*
**une blague** *joke*

**Savoie** une région du sud-est de la France
**blottis** *nestled*

**à quatre pattes** *on all fours*
**en aboyant** *barking*

**je boudais** *I sulked*
**attraper** *to grab*

**j'ai fait semblant** *I pretended*

**croiser** *to cross*

**me tordait les boyaux** *turned my stomach*

**rattrapée** *held her back*

For more literary selections, visit
Textchoice.com

## Après la lecture

### Compréhension

#### A. Observation et analyse

1. Quel exercice est-ce que la classe va faire?
2. Qui parle d'abord? Que dit Jacques Millano? Pourquoi est-ce qu'il le dit? Que fait Alexis? Quelle est la réaction de la maîtresse?
3. Où est-ce que Johanne est allée pendant les vacances de Noël?
4. Décrivez l'attitude de Lolita quand elle commence à parler. Qu'est-ce qui s'est passé chez elle le jour de Noël? Où va son père? Après avoir raconté son histoire, qu'est-ce qu'elle fait?

#### B. Grammaire/Vocabulaire.

Entourez les adjectifs qui décrivent le mieux Lolita et justifiez vos réponses.

| | | |
|---|---|---|
| géniale | triste | fière |
| en forme | heureuse | collante |
| moche | rebelle | en colère |

Avez-vous d'autres adjectifs à ajouter pour décrire cette petite fille? Lesquels?

#### C. Réactions

1. Décrivez votre réaction à la scène où Johanne raconte ses vacances. Est-ce que vous avez trouvé que Jacques et Alexis étaient méchants ou amusants? Expliquez. Qu'est-ce que vous diriez à Johanne si vous pouviez parler avec elle?
2. Décrivez votre réaction à la scène où Lolita parle à la classe. Qu'est-ce que vous diriez à Lolita si vous étiez son/sa camarade de classe? Et si vous étiez son instituteur/institutrice?

### Interactions

#### Jouez les rôles des personnages

**En classe.** Mettez-vous à la place des élèves ou de la maîtresse de cette histoire. Qu'est-ce que Johanne dit à la classe? Que répondent les garçons? Qu'est-ce que la maîtresse dit à la classe? Quelle est la réaction de la classe?

**À la maison.** Vous expliquez ce qui arrive à Lolita. Discutez avec vos parents. Et Lolita, qu'est-ce qu'elle dit à ses parents? Qu'est-ce qu'ils répondent?

### Expansion

Trouvez, sur Internet ou dans un journal, des renseignements sur le divorce en France et aux États-Unis afin d'écrire un essai comparant les deux sociétés. Faites des recherches sur le taux de divorce dans les deux pays, les raisons de séparation les plus fréquentes, la durée moyenne des mariages, les effets du divorce sur les enfants, la manière dont les tribunaux se prononcent sur les demandes de divorce et règlent la question de la garde des enfants, etc.

> **Maître/Maîtresse** or **instituteur/institutrice** is now called **professeur des écoles.**

# Qui suis-je?

**Thèmes:** La famille;
Les rapports

After working with the
Expressions typiques pour... and
Mots et expressions utiles for
Leçons 1 and 2, make a photocopy
of the photo and label each person with an imaginary name. Give
each student a copy of the labeled
photo. Students should choose a
person in the photo to describe
while classmates guess who it is.

Helpful vocabulary: **avoir l'air heu-
reux/pensif/fier** *to look happy/
pensive/proud;* **sourire** *to smile*

 Heinle iRadio

 Système–D Writing Assistant

 Pour tester vos connaissances, visitez
academic.cengage.com/french/bravo

## Leçon 1

**Fonction:** Comment identifier les
objets et les personnes
**Culture:** La famille
**Langue: C'est** et **il/elle est** • Les
pronoms possessifs

PRÉPARATION

## Leçon 2

**Fonction:** Comment décrire les
objets et les personnes
**Culture:** La nouvelle image du
couple
**Langue:** L'adjectif qualificatif •
La position des adjectifs

PREMIER BROUILLON

## Leçon 3

**Fonction:** Comment décrire la
routine quotidienne et les rapports
de famille
**Culture:** Les rapports entre parents
et enfants
**Langue:** Les verbes pronominaux

DEUXIÈME BROUILLON

## La grammaire à réviser

- L'adjectif possessif
- L'adjectif qualificatif
- Les verbes pronominaux

## Synthèse

**Activités musicales:** Maxime Le
Forestier: *Mon Frère;* Stéphan
Eicher: *Déjeuner en paix*

RÉVISION FINALE

## Intermède culturel

- *Allons, enfants de la patrie:* la
Révolution française de 1789
- Mariama Bâ: *Je t'épouse*

# La grammaire à réviser

The information presented here is intended to refresh your memory of various grammatical topics that you have probably encountered before. Review the material and then test your knowledge by completing the accompanying exercises in the workbook.

## Avant la première leçon

### L'adjectif possessif

| Masculin | Féminin | Pluriel | Équivalent |
|----------|---------|---------|------------|
| mon | ma/mon | mes | *my* |
| ton | ta/ton | tes | *your* |
| son | sa/son | ses | *his/her/its* |
| notre | notre | nos | *our* |
| votre | votre | vos | *your* |
| leur | leur | leurs | *their* |

- Possessive adjectives agree with the possessor in terms of meaning (**mon, ma, mes** versus **ton, ta, tes**) and with the object possessed in terms of gender and number (**mon** versus **ma** versus **mes**):

  *his/her dog* = **son** chien
  *his/her car* = **sa** voiture

- Feminine singular objects beginning with a vowel or silent **h** require the masculine form **(mon, ton, son)**:

  **mon** amie Mélanie    **ton** habileté
  *my friend Melanie*    *your skillfulness*

- French possessive adjectives are repeated before each noun unless the nouns represent the same person or object possessed:

  Où sont **mon** frère et **ma** sœur?
  Je vous présente **mon** collègue et ami, Raphaël.

## Avant la deuxième leçon

### L'adjectif qualificatif

#### A. Le féminin singulier

- In general, an **e** is added to the masculine singular to form the feminine.

  content → contente    gâté → gâtée    poli → polie

  If the masculine form already ends in an unaccented **e**, nothing is added:

  sympathique/sympathique

- Some irregular patterns:

| Masculin | | Féminin | Exemples | |
|---|---|---|---|---|
| **-eux** | → | **-euse** | généreux | généreuse |
| **-f** | → | **-ve** | sportif | sportive |
| **-el** | → | **-elle** | professionnel | professionnelle |
| **-il** | → | **-ille** | gentil | gentille |
| **-on** | → | **-onne** | mignon | mignonne |
| **-os** | → | **-osse** | gros | grosse |
| **-as** | → | **-asse** | bas | basse |
| **-en** | → | **-enne** | ancien | ancienne |

## B. Le pluriel

- In general, an **s** is added to the singular to form the plural:

    content → contents          contente → contentes

If the masculine singular adjective ends in an **s** or **x**, nothing is added to form the plural.

- Feminine adjectives follow the regular pattern in the plural:

les gros messieurs     →    les grosses femmes
les hommes généreux    →    les femmes généreuses

- Some irregular patterns:

| Singulier | | Pluriel | Exemples | |
|---|---|---|---|---|
| **-eau** | → | **-eaux** | nouveau | nouveaux |
| **-al** | → | **-aux** | légal | légaux |

EXCEPTIONS:     examen final  →  examens finals
roman banal  →  romans banals

Like these exceptions: **fatal, natal, naval**

## C. Adjectifs à forme masculine double

| Masculin | Masculin avant voyelle ou h muet | Féminin | Pluriels |
|---|---|---|---|
| vieux | vieil | vieille | vieux/vieilles |
| nouveau | nouvel | nouvelle | nouveaux/nouvelles |
| beau | bel | belle | beaux/belles |
| fou | fol | folle | fous/folles |

# Avant la troisième leçon

## Les verbes pronominaux

Pronominal verbs must be conjugated with a reflexive pronoun. The basic patterns of use are:

## A. Affirmatif

Je **me** couche tard.          Nous **nous** couchons tard.
Tu **te** couches tard.         Vous **vous** couchez tard.
Il/Elle/On **se** couche tard.  Ils/Elles **se** couchent tard.

**Mon quartier.** Décrivez où vous habitez en utilisant la forme appropriée des adjectifs.

**Modèles:** J'habite dans une belle ville. (grand)
**J'habite dans une grande ville.**

J'habite dans une belle ville. (village)
**J'habite dans un beau village.**

1. C'est un vieux quartier. (ville/ appartement/musée)
2. J'habite une maison moderne. (beau/nouveau/agréable)
3. Les voisines sont gentilles. (vieux/gros/généreux)

Décrivez les rapports entre ces personnes.

**Votre routine typique.** Décrivez votre routine typique et celle des autres en utilisant des verbes pronominaux.

**Modèle:** Je me réveille assez tard. (Sylvie)
**Sylvie se réveille assez tard aussi.**

1. Je me lave très vite. (Ma sœur/Mes parents... ne... pas/Vous?)
2. Mon père se rase tous les jours. (Je/Nous... ne... pas/ Tu?)
3. Je me brosse les dents. (Mes petites sœurs/Vous/Mon frère)
4. Est-ce que vous vous préparez à partir? (Édouard/ tu/tes camarades)
5. Je vais me coucher vers 10 heures du soir. (Tu/Nous/ Grand-mère)

**B. Négatif**

Nous **ne nous** couchons **pas** trop tôt.     Ils **ne se** détendent **pas** assez.

**C. Interrogatif**

Est-ce que tu **t'**appelles Marie? *(form used most often)*

**T'**appelles-tu Marie?     Ne **t'**appelles-tu pas Marie?

**D. Impératif**

*Affirmatif:* The reflexive pronoun follows the verb and is attached with a hyphen (**te** changes to **toi**):

> **Lavez-vous** les mains, les enfants!
> On va manger tout de suite!
> Lucien, **dépêche-toi**!

*Négatif:* The reflexive pronoun precedes the verb:

> **Ne vous** couchez **pas** trop tard.
> Lucien, **ne te** couche **pas** tout de suite.

**E. Infinitif**

Je vais **me** reposer pendant quelques minutes.

Nous allons **nous** préparer à sortir.

*La mare* (pond) *au diable* est le titre d'un roman écrit par l'écrivain George Sand. George Sand est le pseudonyme qu'a choisi cette femme écrivain. Née en 1804, elle a beaucoup écrit (romans, contes, pièces de théâtre, lettres) et elle a fréquenté les grands artistes romantiques et réalistes du XIXe siècle (Delacroix, Musset, Chopin, Flaubert). Elle s'est aussi engagée dans les luttes sociales et féministes des années 1830 à 1876.

Lisez ces publicités. Elles décrivent quelques passe-temps. Qu'est-ce que vous faites pour vous détendre en famille?

# Leçon 1

## Comment identifier les objets et les personnes

### Conversation

Track 8

**Rappel:** Have you reviewed possessive adjectives? (Text p. 90 and Workbook pp. 57–58)

> **Premières impressions**
>
> Soulignez:
> - les expressions qui vous permettent d'identifier les professions et les personnes
>
> Trouvez:
> - où Damien et Philippe se sont connus autrefois
> - où habite Philippe

*Deux amis, qui ne se sont pas vus depuis longtemps, se rencontrent par hasard au café à Paris dans le quartier universitaire où ils passaient beaucoup de temps auparavant°. Ils commencent à se parler et à se montrer des photos.*

**auparavant** *before*

DAMIEN: Philippe! Eh bien! Dis donc! Ça fait longtemps, hein?

PHILIPPE: Le temps passe, Damien! Mais tu as l'air en forme. Qu'est-ce que tu deviens?

DAMIEN: Bof! En fait, je cherche du travail! Mais c'est très dur en ce moment... Et toi? Je croyais que tu avais déménagé°!

**déménager** *to move*

PHILIPPE: Oui, j'en avais un peu marre° de la situation en France, et puis je me suis marié, tu sais? Maintenant j'habite aux États-Unis.

**j'en avais marre/j'en avais assez** *(familiar)* *I was fed up*

DAMIEN: *(incrédule)* Ce n'est pas vrai!

PHILIPPE: Si, Damien! J'avais de grandes difficultés à trouver un boulot en France. Tu sais, avec le chômage... Donc maintenant je travaille aux États-Unis. C'est vraiment plus facile d'y trouver quelque chose, même pour un Français.

DAMIEN: C'est incroyable! Mais, dis-moi, tu aimes ce que tu fais? Ton poste te plaît?

PHILIPPE: Oui, il me plaît beaucoup. Et j'aime bien la vie là-bas, même si elle est un peu plus fragmentée que la vie en France, et plus monotone peut-être.

DAMIEN: Hein? Qu'est-ce que tu dis? Fragmentée? Monotone?

PHILIPPE: Attends! Ne t'emballe pas°! J'aime beaucoup la vie là-bas, aux States. Je la trouve formidable mais elle est différente de la vie en France. Euh... C'est difficile à expliquer. La conversation entre copains ou entre collègues me manque.

**Ne t'emballe pas** *Don't get carried away*

DAMIEN: Je ne comprends pas. Explique.

PHILIPPE: Bon, il me semble que tout le monde vit dans un monde à lui, et du coup, chacun a des connaissances moins variées et moins étendues° que celles des Français en général. Peut-être que j'ai tort, mais je crois que les Français en savent plus sur plus de sujets, ce qui rend leur conversation plus intéressante, et c'est ce qui me manque... Allez, laisse tomber, laisse béton°... Ça me fait plaisir de te voir! Tiens, j'ai des photos qui peuvent t'intéresser. Tu sais, j'ai un fils.

**étendu** *extensive, wide-ranging*

**béton** prononciation inversée du mot «tomber»; c'est le procédé du verlan, la langue codée des jeunes

**Leçon 1** 93

DAMIEN: Toi, un fils? Eh bien, félicitations, mon vieux°! Il faut que tu me fasses voir tout ça.

PHILIPPE: C'est une amie qui a pris les photos au moment de quitter l'hôpital. Tiens, regarde… là, j'installe le siège-voiture°.

DAMIEN: Elle est à toi cette jeep?

PHILIPPE: Oui, elle est à moi, enfin, elle est à nous, à ma femme et à moi.

DAMIEN: Et là, qui est-ce qui tient le bébé? C'est ta femme?

PHILIPPE: Oui, c'est elle, avec le petit bonhomme°, dans sa chambre.

DAMIEN: Qu'est-ce qu'il y a, là, sur le bras du bébé?

PHILIPPE: Ça, c'est un petit bracelet d'identité qu'on met aux nouveau-nés à l'hôpital. Tiens, le voilà dans toute sa splendeur, sur l'oreiller° de sa maman!

*À suivre*

## Observation et analyse

1. Quelle est la situation familiale de Philippe?
2. Quelle est la situation économique de Damien?
3. De quand date la plupart de ces photos?
4. Décrivez la voiture de Philippe.
5. À propos de sa vie aux États-Unis, de quoi est-ce que Philippe se plaint? Est-ce que vous êtes d'accord avec lui? Expliquez.

## Réactions

1. Est-ce que vous aimez les photos d'enfants? Est-ce que vos parents ont pris beaucoup de photos de vous quand vous étiez petit(e)? Expliquez.
2. Avez-vous déjà des enfants ou pensez-vous en avoir? Parlez de votre famille.

# Expressions typiques pour…

## Identifier un objet

As a follow-up, collect items from students' pockets or purses and put them in a bag. Pull items out one by one and ask: À qui est cette clé? À qui est ce portefeuille? Students will answer with either: Il/Elle est à moi or Il/Elle est à Martine, etc.

The following additional career vocabulary may be useful: un acteur/une actrice *actor/actress;* un cuisinier/une cuisinière *cook;* un directeur/une directrice commercial(e) *sales manager;* un(e) employé(e) de bureau *office worker;* un(e) exploitant(e) agricole *farmer;* un facteur *(no feminine form) postal carrier;* un infirmier/une infirmière *nurse;* un(e) informaticien(ne) *computer expert;* un médecin *(no feminine form) doctor;* un menuisier *(no feminine form) carpenter, woodworker;* un(e) musicien(ne) *musician;* un(e) pharmacien(ne) *pharmacist;* un steward/une hôtesse de l'air *flight attendant.*

C'est ta voiture? { Non, c'est la voiture du voisin.
Oui, j'ai une voiture française.

Qu'est-ce que c'est? { C'est un ordinateur *(computer)*.
Ce sont mes disquettes.
Ça, c'est mon appareil photo numérique *(digital camera)*.

## Identifier le caractère d'un objet

Quel type d'ordinateur/de PDA est-ce?   C'est un IBM/Palm.
Quelle marque *(brand)* de voiture est-ce que tu as?   J'ai une Renault.
Quel modèle est-ce?   C'est le dernier modèle.

## Identifier une personne

Qui est-ce, là, sur cette photo?   C'est Alain.
Qui est Alain?   C'est le mari *(husband)* de notre voisine Hélène.

*Une petite fille fait deviner sa mère:*

— Maman, devine qui est **grand, fort** et **mignon.** Il a de grandes oreilles **noires** et un nez **rond** et **noir. Il ne fait pas son âge,** mais il est vraiment vieux.

— C'est Mickey qui est arrivé à Paris au Parc Disneyland en 1992!

*Elle continue:*

— Maman, devine à quoi je pense: C'est **en or** et **en argent.** C'est assez **léger** et c'est **rond.** Ça donne l'heure.

— C'est une montre!

## Activités

**A. Descriptions.** Décrivez au hasard les personnes ou les choses suivantes en utilisant les *Mots et expressions utiles* de la **Leçon 2.** Quelqu'un dans la classe va deviner qui ou ce que vous décrivez. Après, ajoutez d'autres exemples.

1. Lance Armstrong
2. Tiger Woods
3. Beyoncé
4. Justin Timberlake
5. Maria Sharapova
6. Stephen Hawking
7. Kiera Knightly
8. une règle *(ruler)*
9. un tee-shirt
10. des ciseaux *(scissors)*

**B. Mes rêves.** Avec un(e) partenaire, décrivez l'apparence physique et le caractère de votre meilleur(e) ami(e) ou de l'homme (de la femme) de vos rêves.

**C. Comment est-il/elle?** Retournez aux portraits à la page 97. Décrivez l'apparence physique de chaque personne dans les portraits. Imaginez aussi leurs personnalités et décrivez-les.

**D. Comment est-ce?** Choisissez trois objets dans votre poche ou dans votre sac, mais ne les montrez à personne. Les membres de la classe vont vous poser des questions concernant l'apparence et l'utilité de ces objets. Vous devez répondre en donnant une description aussi détaillée que possible. Continuez jusqu'à ce que quelqu'un devine l'objet, après quoi montrez-le.

MODÈLE: —*En quoi est-ce?*
—*C'est en acier.*
—*Quelle est sa taille/forme?*
—*C'est petit et court, mais très lourd…*

**E. Questions indiscrètes.** Posez les questions suivantes à un(e) camarade. Faites un résumé de ses réponses à la classe.

1. Décris-toi. Parle de tes cheveux, de tes yeux, de ton âge, de ta taille.
2. Qu'est-ce qui est préférable—porter des lunettes ou des lentilles de contact? Pourquoi?
3. Est-ce que tu fais ton âge? Et tes grands-parents? Et ton frère/ta sœur?
4. Est-ce que tes parents sont grands ou petits? Et toi?
5. À ton avis, qu'est-ce qu'il faut faire pour être en forme?

**Activity A:** Add other items: 11. des lunettes de soleil, 12. un cahier, 13. un appareil photo, 14. un scanner, 15. un amuse-gueule, 16. une carte de crédit, 17. un portefeuille, 18. un siège-voiture

**Follow-up:** Have students use the activity as a model to write a description of themselves. Collect their descriptions and read several for listening comprehension. Students will guess who is being described.

**Activity C:** Students can continue this activity by describing famous people and then guessing who is being described.

# La grammaire à apprendre

**To download a podcast on Adjectives, go to academic.cengage.com/french**

Give students the mnemonic device BAGS to facilitate learning many of these adjectives: (Beauty, Age, Goodness, Size).

In formal speech, **des** becomes **de** before a plural adjective and a noun.

**de bons voisins**
BUT: **les bons voisins**

However, when the adjective is considered as part of the noun, **des** does not change.

**des jeunes filles**
BUT: **de gentilles jeunes filles**

## La position des adjectifs

Adjectives in French usually *follow* the noun.

une histoire agréable            un livre intéressant

**A.** A few common adjectives are normally placed *before* the noun:

| | | | |
|---|---|---|---|
| autre | beau | joli | gentil |
| nouveau | vilain | gros | haut |
| jeune | bon | grand | long |
| vieux | mauvais | petit | court |

premier/première, deuxième, etc. (all ordinal numbers)

**B.** When there is more than one adjective modifying a noun, the word order normally associated with each adjective is used:

une **belle** ville **pittoresque**      la **vieille** église **gothique**

**C.** Et is generally used if both adjectives follow the noun. If both precede the noun, the use of **et** is optional:

un homme **intelligent et sympathique**
un **beau petit** garçon            une **grande et jolie** femme

**D.** The following adjectives change their meaning according to their placement:

| | | |
|---|---|---|
| **ancien** | mon ancien professeur | un livre ancien |
| | *my former professor* | *an ancient book* |
| **certain** | un certain homme | une victoire certaine |
| | *a certain, particular man* | *a sure win* |
| **cher** | mes chers collègues | des machines chères |
| | *my dear colleagues* | *expensive machines* |
| **dernier** | la dernière année | l'année dernière |
| | *the final year (in a series)* | *the last, preceding year* |
| **grand** | un grand homme | un homme grand |
| | *a great man* | *a big, tall man* |
| **même** | la même idée | l'idée même |
| | *the same idea* | *the very idea* |
| **pauvre** | la pauvre famille | la famille pauvre |
| | *poor, unfortunate family* | *poor, penniless family* |
| **prochain** | la prochaine fois | la semaine prochaine |
| | *next time (in a series)* | *next week (one coming)* |
| **propre** | ma propre chambre | une chambre propre |
| | *my own room* | *a clean room* |
| **seul** | le seul homme | un homme seul |
| | *the only man* | *a solitary man* |

# Activités

**A. De beaux souvenirs.** Avec un(e) comarade, vous regardez des photos prises pendant les vacances. Décrivez ce que vous voyez. Faites des phrases complètes. Attention au genre et à la position des mots.

1. Regarde / maisons / vieux / en Normandie
2. C'est / homme / français / vieux / dont j'ai fait la connaissance
3. Tu vois / plages / beau / sur la côte
4. Regarde / cathédrale / grand / gothique
5. Regarde / armoire / gros / ancien
6. C'est un / enfant / petit / pauvre / de Paris
7. J'ai pris ces photos / magnifique / avec / mon / appareil / propre
8. C'était / notre / journée / dernier / à Paris

**B. Petites annonces.** Voici quelques petites annonces incomplètes. Pour les terminer, mettez le nom et les adjectifs entre parenthèses à la bonne place, en faisant l'accord nécessaire. Ajoutez **et** s'il le faut.

1. Un _____ _____ (jeune, Français) désire correspondre avec une _____ _____ (étudiante, américain).

2. Une _____ _____ _____ (femme, californien, beau) cherche un _____ _____ _____ (compagnon, gentil, francophone) pour aller voir des pièces de théâtre et des _____ _____ (films, français).

3. Une _____ _____ _____ (dame, raffiné, élégant), de soixante-deux ans, de _____ _____ _____ (personnalité, gai, charmant), et _____ _____ (maîtresse, très bon) de maison, désire correspondre avec un monsieur dans la soixantaine, de _____ _____ (situation, aisé). Écrire en fournissant des détails et une _____ _____ (photo, récent).

**C. Au secours!** M. Tremblay, directeur d'une grande enterprise de Montréal, doit afficher l'annonce suivante en anglais et en français. Écrivez la version française pour lui.

One of our fellow workers needs your help. This unfortunate man and his family lost their home in a fire (**dans un incendie**) last night. The only clothes they have are those (**ceux**) they are wearing. They especially need money and clean, new clothing. Please (**Veuillez**) bring what you would like to give to room 112 by Friday of next week. With your help, our drive (**initiative,** *f*) will be a sure success. Thank you very much.

M. Tremblay

**Activity B: Follow-up:** Have students write their own **petites annonces** using as many adjectives as possible. You can then make copies of some students' ads to pass out in the next class as a reading comprehension activity. Students could then choose one ad to which to respond.

**Activity C:** You may wish to provide additional practice in translation by distributing the next activity to students.

**Les élections en Grande-Bretagne.** Le journal *London Times* a envoyé cet article sur les élections en Grande-Bretagne à votre journal au Québec. Vous devez le traduire pour votre journal.

Neil Kinnock is throwing in the towel (**abandonne la partie**). The unfortunate chief of the Labour Party (**Le chef de file du Parti Travailliste**) announced his decision yesterday. The new failure (**échec,** *m*) of the Labour Party convinced him (**l'a convaincu**) that he was a big obstacle for his party (**parti,** *m*). Kinnock, who entered Parliament (**est entré au Parlement**) when he was very young (28 years old), was hoping for an easy win. John Smith, former secretary of State for Energy (**secrétaire d'État à l'énergie**), is going to replace Kinnock. Smith, this tall man with an (**au**) austere face, is probably the only person who has (**ait;** subjonctif) the necessary experience for the next elections. [Adapté de Jacques Deplouich, «Les travaillistes tirent la leçon de leur échec électoral» *Figaro*, 14 avril 1992, p. 3.]

**D. Trouvez quelqu'un qui…** Traduisez les phrases suivantes et posez des questions pour trouver quelqu'un qui…

MODÈLE: has a famous sister
—*Tu as une sœur célèbre?*
—*Non, ma sœur n'est pas célèbre.*

1. has a little brother
2. likes old books
3. dislikes expensive clothes
4. has a long day today
5. has the same watch as you
6. has a clean room
7. is going on a trip next week
8. has bought numerous cars

# Interactions

**A. Le vol** *(Robbery).* Imaginez que quelqu'un vient de vous cambrioler *(to burglarize).* Vous avez vu le voleur/la voleuse *(thief)* quitter votre maison avec votre scanner et un sac rempli *(full)* d'autres choses qui vous appartiennent. Votre partenaire va jouer le rôle du policier qui vous demande une description du voleur/de la voleuse et de vos objets qui ont disparu. Utilisez autant de détails que possible dans votre description.

**B. Devinez mon nom.** Imaginez que vous êtes votre personnage de télé préféré. Décrivez votre apparence physique, votre profession et quelques traits de votre personnalité. Ne dites pas le nom de l'émission dans laquelle vous jouez, mais donnez beaucoup de détails pour décrire votre caractère. Le reste de la classe va essayer de deviner votre identité.

## Premier brouillon   Dossier personnel

1. Use the adjectives you listed in **Leçon 1** to begin writing your first draft. Choose the most characteristic adjectives, finding one extraordinary feature (personality or physical) that you want to emphasize. It might help to circle those adjectives that clarify this feature.

2. Write an introductory paragraph in which you present your subject to your reader by giving a general impression.

3. Write at least two subsequent paragraphs in which you discuss separately the personality traits and the physical traits of this person. Be sure that your reader can visualize the person you are describing. As you write your description, compare this person to yourself. How are you similar? How are you different? Review the *Expressions utiles* that you learned in **Chapitre 2,** p. 79, on comparisons and contrasts.

4. Write a short concluding paragraph in which you give your reader one more interesting bit of information by which to remember this person.

**Phrases:** Describing people
**Vocabulary:** Body; face; hair colors; personality
**Grammar:** Adjective agreement; adjective position; preceding adjectives

Additional activity: Divide students into small groups. One group receives an index card with the picture of a cartoon character on it. The group writes a description of the character and other students guess who it is: **Devine qui c'est...** (Examples: Astérix, Tintin, Garfield, etc.)

Additional activity: Write the names of famous people on self-stick notes. Stick one name on the back of each student. Students must ask each other yes/no questions using as many adjectives as possible in order to identify who they are.

# Leçon 3

## Comment décrire la routine quotidienne et les rapports de famille

### Conversation (CONCLUSION)

 Track 10

**Rappel:** Have you reviewed pronominal verbs? (Text pp. 91–92 and Workbook pp. 59–60)

> **Premières impressions**
>
> Soulignez:
> - comment Philippe décrit la routine quotidienne
> - comment il décrit les rapports personnels
>
> Trouvez:
> - quand Philippe se dispute avec sa femme

*Philippe et Damien discutent toujours. Ils parlent de la vie quotidienne° de Philippe et de sa famille aux États-Unis.*

DAMIEN: Et la vie de tous les jours, comment ça se passe pour vous, aux États-Unis?

PHILIPPE: Eh bien, c'est un peu la routine… Je commence à en avoir un peu assez… c'est beaucoup trop «métro-boulot-dodo°». Je travaille en ville, alors j'ai pratiquement quarante-cinq minutes de transport le matin et autant le soir pour rentrer.

DAMIEN: Et à la maison, comment est-ce que vous vous occupez du° bébé?

PHILIPPE: Un bébé, cela te change la vie. Il a une routine très stricte et tu ne fais pas ce que tu veux.

DAMIEN: Alors finie la grasse matinée°!

PHILIPPE: Oui, la grasse matinée, et même des nuits entières de sommeil! Six heures de suite°, c'est un luxe pour le moment.

DAMIEN: Est-ce que tu taquines° ta femme comme tu le faisais avec les filles à l'université?

PHILIPPE: Oui, on a des rapports très détendus. Nous sommes de très bons amis. On se traite en bons camarades, en fait, on est autant amis qu'amants. Nous nous disputons rarement.

DAMIEN: C'est rare de bien s'entendre tout le temps.

PHILIPPE: Oui, mais ça ne veut pas dire que nous n'avons pas de petits accrochages° de temps en temps. La dernière fois, c'était ses parents qui étaient venus pour le baptême du petit, et euh… Je les aime bien, mes beaux-parents, mais seulement à petite dose, et là, ils sont restés trois semaines. La troisième semaine j'aurais aimé être ailleurs… *(Il rit.)*

DAMIEN: *(Il hausse les sourcils°, comme s'il avait l'air de comprendre.)* La patience n'a jamais été ta grande vertu, Philippe!

PHILIPPE: *(d'un air innocent)* Moi, je suis un ange de patience! Et puis, ne t'inquiète pas! Nous nous sommes tous remis de° l'expérience!

**quotidien(ne)** *daily*

**métro-boulot-dodo** *the daily grind of commuting, working, sleeping*

**s'occuper de** *to take care of, handle*

**faire la grasse matinée** *to sleep late*

**de suite** *in a row, in succession*
**taquiner** *to tease*

**avoir de petits accrochages** *to disagree with*

**hausser les sourcils** *to raise one's eyebrows*

**se remettre de** *to get over*

Leçon 3 |||| **113**

## Observation et analyse

1. Décrivez les rapports que Philippe a avec sa femme et avec les parents de sa femme.
2. Parlez de la vie de tous les jours de Philippe. Est-ce qu'il est content de sa routine? Expliquez.
3. Comment est-ce que le bébé a changé la vie de ses parents?
4. Pensez-vous que Philippe s'entend bien avec ses beaux-parents? Comment le savez-vous?

## Réactions

1. Est-ce que vous aimez votre routine quotidienne? Expliquez.
2. Est-ce que vous connaissez quelqu'un qui a un bébé? Est-ce que cet enfant lui a changé la vie? Expliquez.
3. Comment sont vos rapports avec vos parents ou vos beaux-parents?

# Expressions typiques pour...

## Décrire la routine quotidienne

Quelle est votre routine typique?

{
Je me lève, je me lave (je prends une douche/un bain),
je me peigne, je me brosse les dents,
je me rase,
je m'habille, je me maquille, je prends mon petit déjeuner, je vais au...,
je déjeune à..., je rentre à..., je dîne à...,
je fais mes devoirs, je me déshabille, je me couche.
}

## Décrire les rapports personnels

Quelle sorte de rapports avez-vous avec... ?

{
Je m'entends bien/mal avec mon petit ami/ma petite amie.
J'ai de bons/mauvais rapports (good/bad relationship) avec lui/elle.
Nous sommes de très bons amis.
Nous nous disputons (argue) rarement/souvent/de temps en temps.
Nous (ne) nous comprenons (pas) bien.
Nous nous sommes rencontrés l'an dernier.
Nous nous sommes fiancés/mariés.
Nous avons divorcé.
}

# Mots et expressions utiles

## Les bons rapports

le coup de foudre *love at first sight*
tomber amoureux/amoureuse de quelqu'un *to fall in love with someone*
se revoir *to see each other again*
fréquenter quelqu'un *to go steady with someone*
se fiancer *to get engaged*

s'entendre bien avec *to get along well with*
être en bons termes avec quelqu'un *to be on good terms with someone*

les liens [m pl] *relationship*
  les liens de parenté *family ties*
les rapports [m pl] *relationship*

## Les rapports difficiles

une dispute *a quarrel*
  se disputer *to argue*
se plaindre (de quelque chose à quelqu'un) *to complain (to someone about something)*
rompre avec quelqu'un *to break up with someone*

se brouiller avec quelqu'un *to get along badly/quarrel with someone*
être en mauvais termes avec quelqu'un *to be on bad terms with someone*
le manque de communication *communication gap*
taquiner *to tease*

exigeant(e) *demanding*
tendu(e) *tense*

## Divers

faire la grasse matinée *to sleep late*
hausser les sourcils *to raise one's eyebrows*
s'occuper de *to take care of, handle*
quotidien(ne) *daily*

Pourquoi est-ce qu'ils se disputent?

Suggest that students create their own Mise en pratique using at least five of the new Mots et expressions utiles.

**Mise en pratique**

Trop souvent les histoires d'amour suivent ce scénario:

Le jeune couple se rencontre par hasard. C'est le **coup de foudre**. Les jeunes gens **se revoient**. Ils **s'entendent bien**. Les **rapports** sont très bons. Ils sont parfaits l'un pour l'autre. Ils **se fiancent**...

Après le mariage, les **disputes** commencent. L'un des deux **se plaint** de tout. Les **rapports** sont de plus en plus **tendus**. Une personne veut **rompre**. Il est trop tard pour résoudre les problèmes: le **manque de communication** a détruit les **liens** qui existaient au début.

Décrivez les rapports
de ce jeune couple.

## Activités

**A. Les rapports sociaux.** Donnez deux phrases pour décrire vos rapports avec chacune des personnes ci-dessous. Variez vos réponses.

> MODÈLE: votre mère
> *J'ai de bons rapports avec ma mère.*
> *Nous nous disputons rarement.*

1. votre sœur/frère
2. votre petit(e) ami(e)
3. votre père/mère
4. votre camarade de chambre
5. un copain/une copine que vous connaissez depuis longtemps
6. votre professeur de français

**B. Ma routine.** Décrivez la routine d'un jour de semaine typique. Contrastez cette description avec celle d'un jour de week-end idéal.

**C. Questions indiscrètes.** Posez les questions suivantes à un(e) camarade. Faites un résumé de ses réponses à la classe.

1. Tu es déjà tombé(e) amoureux/amoureuse? Quand? Est-ce que c'était un coup de foudre? Est-ce que vous vous voyez toujours?
2. Quelles situations te causent le plus de stress? Pourquoi? Qu'est-ce que tu fais pour réduire ce stress?
3. Est-ce que tu te plains souvent? De quoi? À qui? Est-ce que tu te sens mieux après t'être plaint(e)?

## Les rapports entre parents et enfants

Si vous habitiez en France, vous remarqueriez que les rapports entre parents et enfants sont différents de ceux qui existent en Amérique. En France, on exige que l'enfant, même quand il est très petit, sache se tenir comme il le faut... debout ou assis à table. L'obéissance est très importante en France: un Français va corriger son enfant même devant des invités ou des étrangers. Les enfants américains, eux, demandent souvent «pourquoi» quand leurs parents leur disent de faire quelque chose, et reçoivent souvent une explication. En France, les parents ont toujours raison.

Quand on devient parents en France, on est censé apprendre à l'enfant à bien se conduire au sein de la société. Les parents ont une responsabilité vis-à-vis de la société en ce qui concerne l'éducation de leurs enfants. De façon générale, ils doivent s'assurer que leurs enfants deviennent des êtres sociables, honnêtes et responsables. Les parents américains contractent une obligation envers l'enfant plutôt qu'envers la société. On apprend, bien sûr, à l'enfant américain les bonnes manières et les usages de la société mais c'est pour lui donner une chance de plus dans la vie. L'enfance est surtout une période de jeux et d'expérimentation. À l'adolescence, les jeunes Français obtiennent plus de liberté. Par contre, les adolescents américains sont encouragés à prendre des responsabilités financières.

Quelle sorte d'éducation vos parents vous ont-ils donnée? Décrivez les rapports entre parents et enfants dans votre famille. Est-ce que vous espérez avoir des enfants un jour? Si oui, quelle sorte de parent serez-vous? Comment est-ce que vous corrigerez vos enfants?

Source: Laurence Wylie et Jean-François Brière, *Les Français* (Englewood Cliffs: Prentice Hall, 2001, pp. 84–85; 87–96).

# La grammaire à apprendre

## Les verbes pronominaux

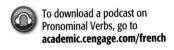

To download a podcast on Pronominal Verbs, go to **academic.cengage.com/french**

**A.** Pronominal verbs are often used when describing daily routines and personal relationships. You reviewed the basic patterns of use and word order in *La grammaire à réviser*. The most common type of pronominal verbs, *reflexive verbs*, reflect the action back to the subject.

| | |
|---|---|
| Il se couche à onze heures. | *He goes to bed at eleven o'clock.* |

Many common reflexive verbs can be found in the *Expressions typiques pour...* on page 114. Additional reflexive verbs are listed below:

| | |
|---|---|
| s'amuser *to have fun* | se détendre *to relax* |
| s'arrêter *to stop* | se fâcher contre *to get angry with* |
| se couper *to cut oneself* | s'inquiéter de *to worry about* |
| se débrouiller *to manage, get along* | s'intéresser à *to be interested in* |
| se demander *to wonder* | se moquer de *to make fun of* |
| | se reposer *to rest* |

**B.** Other pronominal verbs, known as *reciprocal verbs*, describe an action that two or more people perform on or for each other rather than on or for themselves. These verbs are conjugated in the same way as reflexive verbs; however, they can only be used in the plural.

| | |
|---|---|
| Nous nous aimons bien. | *We like each other a lot.* |
| Nous nous parlons chaque jour. | *We speak to each other every day.* |

The addition of **l'un(e) l'autre** (for two people) and **les un(e)s les autres** (for more than two people) can be used if ambiguity exists:

> Paul et Marie se comprennent.
> *Paul and Mary understand themselves.*
> *Paul and Mary understand each other.*

BUT:    Paul et Marie se comprennent l'un l'autre.
> *Paul and Mary understand each other.*

Note the placement of a preposition:

> Ils s'entendent bien les uns **avec** les autres.
> *They get along fine with one another.*

The use of pronominal verbs in the past tenses will be presented in **Chapitre 4**.

**C.** *Idiomatic pronominal verbs* change meaning when used in a pronominal construction.

| Non-pronominal | Pronominal |
|---|---|
| aller *to go* | s'en aller *to go away* |
| apercevoir *to see* | s'apercevoir *to realize* |
| attendre *to wait* | s'attendre à *to expect* |
| douter *to doubt* | se douter de *to suspect* |
| ennuyer *to bother* | s'ennuyer *to be bored, get bored* |
| entendre *to hear* | s'entendre (avec) *to get along (with)* |
| faire *to do, make* | s'en faire *to be worried* |
| mettre *to put, place* | se mettre à *to begin* |
| passer *to pass* | se passer de *to do without* |
| plaindre *to pity* | se plaindre de *to complain* |
| rendre compte de *to account for* | se rendre compte de *to realize* |
| servir *to serve* | se servir de *to use* |
| tromper *to deceive; to cheat on* | se tromper *to be mistaken* |

Some verbs exist only in pronominal form:

> se méfier de *to be wary, suspicious of*
> se souvenir de *to remember*
> se spécialiser en *to specialize, major in*
> se taire *to be quiet*

En 2007, Sébastien et Marine—un couple de restaurateurs parisiens—**s'inquiétaient** beaucoup de leur situation financière et avaient décidé de **se passer de** vacances pour faire des économies *(save money)*. Les pauvres! Ils ne **se doutaient** pas que toute une année de travail sans congés, c'est dur! Dès le mois de juillet, Marine **se plaignait de** tout et de rien et Sébastien **s'ennuyait** dans sa cuisine. Il **se sont** vite **aperçus** qu'ils avaient eu tort d'annuler *(cancel)* leurs vacances, et ils ont donc décidé de **s'en aller** quelques jours pour se changer les idées. Ils **sont passés** par le Tunnel du Mont Blanc et **ont mis** beaucoup de temps pour arriver à Rome, parce qu'ils **ont fait** le tour d'un tas de *(a lot of)* petits restaurants! Sébastien **se méfiait de** chaque plat qu'on lui **servait** et **se mettait** souvent à critiquer les recettes… Bref, une vraie catastrophe! Sébastien et Marine **se souviendront** longtemps **de** ce petit voyage désastreux. Et quant aux cuisiniers entre Paris et Rome… n'en parlons pas!

# Activités

**A. Comment?** Choisissez la phrase qui complète logiquement la situation décrite ci-dessous.

1. Je ne peux pas me passer de voiture.
   a. Une voiture est essentielle pour moi.
   b. Je ne me laisse jamais doubler *(pass)* par une autre voiture.
2. Ils ne s'entendent pas bien.
   a. On doit toujours répéter ce qu'on dit quand on leur parle.
   b. On les entend souvent se disputer.
3. Nous nous doutons qu'elle est gravement malade.
   a. Elle n'est pas sortie de sa maison depuis longtemps.
   b. On l'a vue faire du ski récemment.
4. Je ne me trompe jamais.
   a. Je suis toujours honnête.
   b. J'ai toujours raison.
5. Claire s'ennuie beaucoup à la campagne.
   a. Elle dit qu'il n'y a rien à faire.
   b. Elle dit que les insectes sont très embêtants.

**B. Ma famille.** Ambre, une jeune fille de quatorze ans, doit écrire une rédaction sur sa famille. Traduisez sa rédaction en français en utilisant autant de verbes pronominaux que possible.

There are five of us in my family—my mother, father, half-sister, half-brother, and myself, the youngest. For the most part (**Dans l'ensemble**), we all get along fairly well. Of course I get angry with my older brother when he makes fun of me. But I tell him to be quiet and he usually stops. Maybe I am wrong but I think that he teases me because he gets bored. My older sister, Justine, is majoring in science at the university. She has a lot of work but she never complains.

My parents have a great relationship. It's easy to see that they love each other very much.

And me? I am fourteen years old. I get along fine at school and like most of my classes, but I am mainly interested in vacations.

**C. Interview.** Utilisez les verbes et les expressions interrogatives ci-dessous pour interviewer un(e) camarade de classe.

1. se lever, se coucher: à quelle heure?
2. s'habiller: comment?
3. se débrouiller: à l'université?
4. s'intéresser: à quoi?
5. s'amuser: comment?
6. se fâcher: contre qui? quand?
7. s'inquiéter: de quoi?
8. se détendre: quand? comment?
9. s'ennuyer: quand?
10. se marier: un jour?

*Additional activity: Ma personnalité. 1. Je me fâche parce que... 2. Je me tais quand... 3. Je m'amuse quand... 4. Je me détends quand... 5. Je m'inquiète souvent de... 6. Je ne me moque jamais de... 7. Je m'ennuie quand... 8. Je ne peux pas me passer de... Encourage students to think of multiple possibilities to complete each sentence describing their personality traits.*

## Interactions

**A. Au café.** Vous êtes au café avec un(e) ami(e). Échangez des nouvelles *(gossip)* sur Chloé et Lucas que vous connaissez tous les deux. Discutez du fait que vous avez entendu dire qu'ils ont rompu, et que vous vous demandez pourquoi. Parlez de qui Chloé fréquente maintenant et de l'apparence physique de cette personne. Discutez de l'état mental de Lucas et mentionnez que Lucas et Chloé ne se voient plus et ne se parlent plus. Ajoutez des détails pour rendre l'histoire plus intéressante.

**B. Imaginez.** Vous êtes professeur des écoles. Téléphonez aux parents d'un de vos élèves de dix ans (Christophe) et invitez-les à l'école pour un entretien sur les progrès de leur fils. Ils acceptent votre invitation et vous arrangez la date et l'heure du rendez-vous. Pendant l'entretien, discutez des points suivants:

- Christophe ne s'entend pas bien avec ses camarades d'école
- il ne se tait jamais en classe
- vous vous doutez qu'il s'ennuie

Demandez:

- comment il s'entend avec ses parents et ses frères aînés
- s'il se plaint de maux de tête à la maison
- s'il se couche assez tôt
- s'il a vu un ophtalmologue *(ophthalmologist)* récemment

## Deuxième brouillon   Dossier personnel

**Phrases:** Describing people
**Vocabulary:** Body; face; hair colors; personality
**Grammar:** Adjective agreement; adjective position; preceding adjectives

1. Write a second draft of your paper from **Leçon 2,** incorporating more details about the person. Think about why this person is interesting and focus more attention on that aspect.

2. To strengthen your use of details, think about the following aspects: **le visage** *(face);* **la bouche ronde/grande; les yeux en amande/grands; les lèvres fines/bien définies; le nez droit** *(straight)***/long/gros; le front** *(forehead)* **large/fuyant** *(receding)***; le corps corpulent/mince** *(thin)***/fort** *(heavy)***; les gestes calmes/brusques; le look conservateur/BCBG (bon chic bon genre** *[preppy]* **).**

Est-ce que vous avez fait de l'équitation quand vous étiez petit(e) ou récemment? Expliquez.

# Synthèse

## Activités musicales

### Maxime Le Forestier: *Mon frère*

#### Avant d'écouter

1. Regardez le titre de la chanson de Maxime Le Forestier. À votre avis, qu'est-ce que le chanteur va décrire? Le physique de son «frère»? sa personnalité? leurs rapports? des souvenirs d'enfance?
2. Et vous, si on vous demandait d'écrire une chanson sur un membre de votre famille, qui est-ce que vous choisiriez? Pourquoi? De quoi est-ce que vous parleriez dans votre chanson?

#### Après avoir écouté

1. Dans le refrain, Maxime Le Forestier dit: «Toi le frère que je n'ai jamais eu» et «Toi le frère que je n'aurai jamais». Expliquez ces deux phrases.
2. Faites comme Maxime Le Forestier et «fabriquez-vous» une famille différente de la vôtre. Écrivez un paragraphe, un poème ou une chanson pour décrire cette famille. N'oubliez pas de parler des rapports entre les différents membres de la famille.

### Stéphan Eicher: *Déjeuner en paix*

#### Avant d'écouter

1. Qu'est-ce que vous faites en général le dimanche matin? Est-ce que votre routine est différente des autres jours de la semaine? Décrivez-la.
2. Est-ce que vous lisez souvent la presse? Quels sujets d'actualité vous intéressent surtout? Lesquels ne vous intéressent pas? Expliquez.

#### Après avoir écouté

1. Imaginez et décrivez la scène chez le chanteur. C'est quel jour? Quelle heure est-il? On est en quelle saison? Qui sont les personnes présentes? Quels sont leurs rapports? Qu'est-ce que ces personnes font?
2. La femme dit qu'elle veut «déjeuner en paix» aujourd'hui. Qu'est-ce que cela veut dire? De quoi est-ce qu'elle ne veut pas parler? Est-ce qu'elle a une vision optimiste ou pessimiste du monde? Expliquez.

♪ To experience this song, go to **academic.cengage.com/french/bravo**

Turn to **Appendice B** for a complete list of active chapter vocabulary.

You may want to use this song to review vocabulary on family and children from **Leçon 1**. You may also want to review the plus-que-parfait (pp. 134, 164) and the condionnel passé (pp. 409–410) before working with the song.

You may want to use this song to practice reflexive verbs and vocabulary on relationships. Note that Jacques Prévert's poem, *Déjeuner du matin,* makes a nice companion piece to this song.

## Activités orales

**A. L'union libre.** Votre fils vous informe qu'il veut cohabiter avec sa petite amie. Demandez-lui pourquoi et expliquez si vous êtes d'accord ou non. Il continue en vous disant qu'il veut rester à la maison pendant que sa petite amie travaillera pour subvenir à leurs besoins *(support them)*. Donnez encore une fois votre réaction et justifiez-la.

**B. Décisions.** Vous et un(e) bon(ne) ami(e) (qui va être votre camarade de chambre l'automne prochain) discutez de ce que vous allez apporter de chez vous ou acheter pour votre chambre à la résidence. Discutez de vos préférences sur la couleur, la taille et la forme de chaque objet, et choisissez qui va s'occuper de trouver chaque objet.

MOTS UTILES: **l'affiche** [f] *(poster)*; **le tapis** *(rug)*; **le couvre-lit** *(bedspread)*; **le réfrigérateur** *(refrigerator)*; **le four à micro-ondes** *(microwave oven)*

Activity C: Write the name of each profession on a small card to hand to student contestants. Ideas for names of professions can be found in the Expressions typiques pour..., page 94, and in the accompanying instructor's note on page 94.

**C. Le jeu des professions.** Une moitié de la classe va jouer les concurrents *(contestants)* et l'autre moitié les spectateurs. Un(e) étudiant(e) ou le professeur joue le rôle de l'hôte/l'hôtesse du jeu. Chaque concurrent(e) doit décrire sa profession en détail sans en dire le nom et sans utiliser une autre forme du mot. Les spectateurs doivent essayer d'identifier la profession de chaque concurrent.

> MODÈLE: —*Dans mon travail, je parle avec beaucoup de gens qui*
> *désirent obtenir de l'argent.*
> —*Est-ce que vous êtes banquier?*
> —*Non, je n'ai pas cette chance.*
> —*Est-ce que vous êtes employé(e) de banque?*
> —*Oui.*

## Activité écrite

**Chère Dr. AGA...** Écrivez une lettre au «courrier du cœur» *(advice columnist)* du magazine *Elle* en décrivant un problème que vous avez avec votre camarade de chambre, votre petit(e) ami(e) ou vos parents. Commencez avec **Chère Dr. AGA** et terminez avec **Amicalement vôtre.**

### Révision finale   Dossier personnel

1. Reread your composition from the *Deuxième brouillon* section and focus on the description. Make sure that you have adopted the tone you want—objective and detached or warm. This tone will influence the reader's attitude toward your subject.

2. Bring your draft to class and ask two classmates to peer review your composition. They should pay particular attention to how well you paint a portrait of the person you are describing. Your classmates should use the symbols on page 433 to indicate grammar errors.

3. Examine your composition one last time. Check for correct spelling, grammar, and punctuation. Pay special attention to your use of **c'est** or **il/elle est**, adjectives, and pronominal verbs.

4. Prepare your final version.

SYSTÈME-D

**Phrases:** Describing people
**Vocabulary:** Body; face; hair colors; personality
**Grammar:** Adjective agreement; adjective position; preceding adjectives; nouns after **c'est, il/elle est;** verbs with auxiliary **être;** verb summary

Eugène Delacroix,
*La liberté guidant
le peuple*

## I. *Allons, enfants de la patrie:* la Révolution française de 1789

### Avant la lecture

*Sujets à discuter*

- Comment s'appelle l'hymne national américain?
- Quelles images évoque cet hymne?
- Pourquoi, selon vous, est-ce qu'il y a des révolutions? Pensez, par exemple, à la Révolution américaine. Quel était le but de cette révolution?
- Que savez-vous sur la Révolution française de 1789?

Bring in a recording of *La Marseillaise.* Students might particularly enjoy hearing Serge Gainsbourg's version of *La Marseillaise.*

### Introduction

The themes of **Chapitre 3** are the family and relationships. An individual's country and the environment and beliefs fostered by that country naturally influence the formation of the individual, his/her expectations, definition of happiness, and the pursuit of that happiness. A government may be seen as carrying out the responsibilities of a head of household, on a grander scale. In France, the government oversees family programs, education, health care, public assistance, and even guarantees the separation of state and religion. The government's role as the patriarch of the nation was evident during the period of the French monarchy, when the king held absolute power over his subjects and opposed intervention from the Pope in the kingdom's religious and international affairs. The legal system reinforced this patriarchal role, with threats against the king's person punishable as parricide. The French Revolution, which brought the absolute monarchy to an end, meant the termination of the king as patriarch and caused France to enter a tumultuous period before the modern French Republic was finally able to emerge. This reading will help you understand some of the history that has shaped the French and their relationships with others, and the importance placed upon the pursuit of liberty, equality, justice, and democracy.

# Allons, enfants de la patrie

La Révolution française a produit tout un ensemble de textes, nés des circonstances: chansons, discours, textes politiques, témoignages° individuels.
5 Dans la nuit du 24 au 25 avril 1792, juste avant un assaut contre l'Autriche, Rouget de Lisle a composé le «Chant de guerre pour l'armée du Rhin». En juin, cet air a été chanté lors d'un banquet offert par
10 la ville de Marseille à 500 volontaires qui allaient monter à Paris pour défendre la patrie. Quand les Parisiens ont entendu chanter ce chant par les Marseillais, ils l'ont baptisé «La Marseillaise». Sous la
15 IIIe République, le 14 juillet 1879, c'est devenu l'hymne national français.

Allons, enfants de la Patrie°
Le jour de gloire est arrivé!
Contre nous de la tyrannie
20 L'étendard° sanglant° est levé! *(bis)*
Entendez-vous dans les campagnes
Mugir° ces féroces soldats?
Ils viennent jusque dans nos bras
Égorger° nos fils, nos compagnes.
25 Aux armes°, citoyens!
Formez vos bataillons!
Marchons, marchons!
Qu'un sang° impur
Abreuve° nos sillons°!

30 En France, en 1789, les sujets du roi de France n'avaient aucune liberté. Le roi pouvait jeter n'importe qui en prison pour n'importe quelle raison. De plus, des impôts° excessifs, prélevés° par les
35 agents du roi, les seigneurs des villages et l'Église prenaient la moitié des revenus des artisans, des commerçants et des petites gens. Les paysans étaient réduits à la misère, voire° à la famine.

40 Vous savez peut-être que le 14 juillet 1789, les habitants de Paris ont pris la forteresse de la Bastille. Symbole de la monarchie et du pouvoir arbitraire parce que c'était là qu'on y détenait les
45 opposants au roi, la Bastille est devenue le symbole de la victoire du peuple contre la tyrannie.

Mais ce jour-là, le peuple était dans la rue pour protéger les décisions de
50 l'Assemblée nationale réunie à Versailles pour réformer le royaume. En effet, l'assemblée des États-Généraux[1], que Louis XVI[2] avait convoquée° pour l'aider à sortir de la profonde crise financière
55 du royaume, avait démontré son opposition au roi et son soutien° au peuple de France. Le 9 juillet, cette assemblée s'était déclarée Assemblée constituante. Autrement dit, elle avait eu l'audace de
60 proclamer qu'elle entreprenait° la rédaction° d'une constitution du royaume. La monarchie absolue n'existait donc plus. Comme l'Angleterre, la France devenait une monarchie constitutionnelle.

65 Le 4 août 1789, les Constituants ont aboli les privilèges de la noblesse et les droits féodaux. Le 16 août, ils ont rédigé et adopté la Déclaration des droits de l'homme et du citoyen.

70 Dans les mois qui ont suivi, l'agitation politique a continué. Les élections

---

**témoignages** *testimonies* / **voire** *indeed, even*

**Patrie** *Motherland, Homeland* / **convoquée** *convened*

**L'étendard** *Standard (Flag)* / **sanglant** *blood-stained* / **soutien** *support* **Mugir** *Bellow, Roar*

**Égorger** *Slit the throat* / **entreprenait** *was undertaking* / **Aux armes** *Take up your weapons* / **rédaction** *drafting*

**sang** *blood*

**Abreuve** *Drenches* / **sillons** *furrows*

**impôts** *taxes* / **prélevés** *imposed*

---

[1] **l'assemblée des États-Généraux** les représentants du peuple appelés par Louis XVI pour résoudre les problèmes financiers de la France

[2] **Louis XVI** est né à Versailles en 1754. Il est roi de France de 1774 à 1791, puis roi des Français de 1791 à 1792. Après sa tentative de fuite en 1791, le peuple n'a plus confiance en lui. Il est guillotiné le 21 janvier 1793.

Exécution au Bagne de Joseph Bordelet. — Page 8, col 2.

Bring in a book that shows pictures from the **Terreur**, including those depicting people watching the beheading of fellow French people.

prévues par la Constitution ont eu lieu et, en septembre 1791, le roi a eu l'air de se soumettre à la Constitution. Cepen-
75 dant, la crise économique et l'opposition des royaumes voisins (l'Autriche, la Prusse, la Russie et l'Angleterre) à la Révolution française menaçaient l'avenir. Les Français craignaient de perdre leurs
80 acquis°. «La Révolution» se durcit° quand on soupçonne° le roi Louis XVI et Marie-Antoinette de conspirer avec l'Autriche contre la France. La République est proclamée en septembre 1792. Le roi est
85 traduit en justice, jugé coupable° de trahison et guillotiné en janvier 1793.

Robespierre et les membres du Comité de Salut Public qu'il forme exécutent des gens accusés de trahison.

90 C'est le début du règne de la Terreur (mars 1793–juillet 1794). Les suspects sont arrêtés, jugés par des tribunaux révolutionnaires impitoyables°, et sou-vent guillotinés. Peu à peu les excès de
95 la Terreur inquiètent même les amis du Comité de Salut Public. Le 27 juillet 1794, Robespierre et ses amis sont arrê-tés et guillotinés à leur tour.

Un nouveau régime est mis en place:
100 le Directoire. Il conserve les acquis de la Révolution mais impose la modération. Le jeune général Bonaparte est appelé à écraser° une insurrection contre-révo-lutionnaire le 6 octobre 1795. L'ordre
105 est rétabli mais il reste encore à choisir un régime qui puisse le maintenir et à défendre le territoire de la patrie.

**impitoyables** sans pitié

**acquis** *gains* / **se durcit** *hardens*
**soupçonner** *to suspect*

**coupable** *guilty* / **écraser** *to crush*

For more literary selections, visit Textchoice.com

## Après la lecture

*Compréhension*

**A. Observation et analyse.** Répondez.

1. Pour quelle occasion est-ce que Rouget de Lisle a écrit le «Chant de guerre pour l'armée du Rhin»?
2. Pourquoi est-ce qu'on a donné le nom *La Marseillaise* à ce chant? Quand ce chant est-il devenu l'hymne national?
3. Décrivez les conditions de vie en France en 1789.
4. Qu'est-ce que la Bastille symbolisait?
5. Quel était le but de l'Assemblée constituante? Pourquoi est-ce qu'elle a rédigé et adopté la Déclaration des droits de l'homme et du citoyen?
6. En 1792, de quoi est-ce que le peuple soupçonnait Louis XVI et sa femme?
7. Décrivez le rôle de Robespierre dans la Révolution. Qu'est-ce qui lui est arrivé?
8. Parlez du Directoire. Quel était son rôle?

**B. Grammaire/Vocabulaire**

**Le ton et la description.** Un auteur crée un certain ton par les mots qu'il choisit. Nous allons étudier le ton et la description dans l'hymne national français.

1. Relisez d'abord *La Marseillaise*. Décrivez les sentiments que vous avez ressentis en la relisant.
2. Choisissez huit mots de l'hymne qui ont évoqué les sentiments dont vous avez parlé.
3. Pour chaque mot que vous avez choisi, dites si c'est un nom, un verbe, un adjectif, un adverbe, etc.
4. Expliquez le rôle de chacun de ces mots en ce qui concerne le ton de cet hymne.
5. Enfin, réécrivez *La Marseillaise* en utilisant des mots qui n'évoquent pas autant de sentiments ou qui sont plus neutres. Comparez les sentiments qu'un auditeur aurait en écoutant la version neutre et ceux qu'il aurait en écoutant l'hymne tel qu'il existe. Quelle version incite le plus à l'action?

**C. Réactions**

1. Comparez l'hymne national français à d'autres hymnes nationaux que vous connaissez. Si vous n'en connaissez aucun, faites des recherches pour en trouver. Quelle image est-ce que ces hymnes donnent de leur pays? Quel rôle joue un hymne national dans la culture d'un pays?
2. Quelles ont été les conséquences de la Terreur? Pourquoi est-ce que la Révolution s'est arrêtée, selon vous?

## Interactions

En petits groupes, pensez à d'autres moments dans l'histoire du monde où un leader ou un parti politique autoritaire a provoqué une révolution ou des émeutes populaires importantes. Faites une liste des pays ou des dictateurs. Pensez à des exemples historiques (par exemple, la révolte des esclaves à Rome sous la direction de Spartacus, la révolution anglaise avec Cromwell) ou à des exemples des XXe et XXIe siècles (par exemple, la révolution russe, l'indépendance des colonies, la dictature de Franco en Espagne, la chute du Shah en Iran, le cas de l'Irak). Expliquez si dans vos exemples, les résultats ont été les mêmes que ceux de la Révolution française. Autrement dit, est-ce qu'il y a eu beaucoup de violence et de morts, puis un changement de régime? Ensuite, présentez vos exemples et votre analyse à la classe.

## Expansion

1. Faites des recherches sur la Révolution française sur les réseaux Internet ou dans un manuel d'histoire de France. Choisissez une personne, un événement ou un fait culturel qui vous intéresse et écrivez un paragraphe que vous présenterez à la classe ou au professeur.

2. Est-ce que vous connaissez d'autres événements historiques importants dans l'histoire de France qui ont menacé l'ordre établi? Faites des recherches sur l'histoire de France sur les réseaux Internet ou dans un manuel d'histoire de France pour choisir un événement important. Quelques possibilités: la Fronde (XVIIe siècle), la guerre d'Algérie, l'affaire Dreyfus ou la «révolution» de mai 1968. Ensuite, créez un poster que vous présenterez à la classe.

## II. *Je t'épouse* de Mariama Bâ

### Avant la lecture

#### Sujets à discuter

- Où se trouve le Sénégal? Est-ce que vous avez déjà été en Afrique? Sinon, est-ce que vous avez envie d'y aller?
- Êtes-vous d'accord avec cette phrase sur le mariage: «... c'est un acte de foi *(faith)* et d'amour, un don *(gift)* total de soi *(oneself)* à l'être que l'on a choisi et qui vous a choisi.»
- Ce passage se termine par la phrase: «Je ne serai jamais le complément de ta collection.» Imaginez à qui et pourquoi une femme peut dire cela. Est-ce que vous avez déjà exprimé la même chose ou pourriez-vous vous imaginer exprimant cette idée? Dans quelles sortes de circonstances?
- D'après les questions ci-dessus, quel est le thème de l'histoire?

Parlez du rôle du mariage dans différentes cultures.

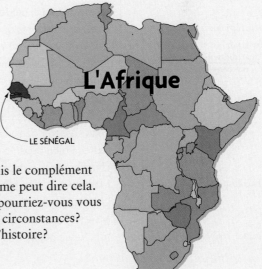

L'Afrique

LE SÉNÉGAL

Mariama Bâ

Suggest that students find further information on the life of author Mariama Bâ, including her political beliefs and influences.

## Stratégies de lecture

**A. Dictionnaire.** Connaissez-vous les mots suivants? Sinon, utilisez le dictionnaire pour trouver leurs équivalents anglais.

le deuil    l'offre de mariage    le choc    l'éclatement    le refus

**B. Idées principales.** Parcourez le texte et donnez un titre à chacun des cinq paragraphes en utilisant les mots ci-dessus.

### Introduction

*This text expands upon the themes of **Chapitre 3** by giving you a view of the family and of relationships in a Muslim society.*

*Mariama Bâ (1929–1981) was born in Senegal, a Muslim country in West Africa that became independent from France in 1960. She was brought up in a traditional Muslim environment by her maternal grandparents after the death of her mother. Bâ received her teaching diploma and taught school for 12 years, had 9 children, and eventually divorced her husband, the politician Obèye Diop. In her novel, Une si longue lettre (1979), she uses her personal experience to portray women's lives and problems in Senegal. The novel is a long letter to a friend. The narrator, Ramatoulaye Fall, is in mourning after the death of her husband, Modou Fall, and is writing to her best friend, Aissatou Bâ, during the 40-day mourning period of **mirasse** required by Islam. In a society where marriage is seen as an economic safety net and women do not stay unmarried, Modou's brother Tamsir follows the tradition by deciding to marry his sister-in-law. The narrator's assertion of her own individuality is a radical act of defiance against this tradition.*

## Je t'épouse

**tics** *gestes automatiques*

**exauce** *réponde à*
**initiés** *students of the Koran /*
**«sortie» (du deuil)** *mourning ends* / **me conviens** *are suitable*

**déconseillé** *advised against*

**saisissante** *striking /* **fatuité** *satisfaction de soi*

J'ai célébré hier, comme il se doit, le quarantième jour de la mort de Modou. Je lui ai pardonné. Que Dieu exauce° les prières que je formule quo-
5 tidiennement pour lui. Des initiés° ont lu le Coran. Leurs voix ferventes sont montées vers le ciel. Il faut que Dieu t'accueille parmi ses élus, Modou Fall!

Après les actes de piété, Tamsir[1] est
10 venu s'asseoir dans ma chambre dans le fauteuil bleu où tu te plaisais. En penchant sa tête au dehors, il a fait signe à Mawdo[2]; il a aussi fait signe à l'Imam[3] de la mosquée de son quartier. L'Imam et
15 Mawdo l'ont rejoint. Tamsir parle cette fois. Ressemblance saisissante° entre Modou et Tamsir, mêmes tics° de l'inexplicable loi de l'hérédité. Tamsir parle, plein d'assurance; il invoque
20 (encore) mes années de mariage, puis conclut: «Après ta «sortie» (du deuil)°, je t'épouse. Tu me conviens° comme femme et puis, tu continueras à habiter ici, comme si Modou n'était pas mort.
25 En général, c'est le petit frère qui hérite de l'épouse laissée par son aîné. Ici, c'est le contraire. Tu es ma chance. Je t'épouse. Je te préfère à l'autre[4], trop légère, trop jeune. J'avais déconseillé° ce
30 mariage à Modou.»

Quelle déclaration d'amour pleine de fatuité° dans une maison que le deuil

[1] frère aîné de Modou
[2] ami de Modou
[3] chef de prière dans une mosquée

[4] une autre femme de Modou, la dernière épousée

Où est cette femme? Que fait-elle?

—As-tu jamais eu de l'affection pour ton frère? Tu veux déjà construire un
45 foyer neuf sur un cadavre chaud. Alors que l'on prie pour Modou, tu penses à de futures noces. Ah! oui: ton calcul, c'est devancer° tout prétendant° possible, devancer Mawdo, l'ami fidèle qui a plus
50 d'atouts° que toi et qui, également, selon la coutume, peut hériter de la femme. Tu oublies que j'ai un cœur, une raison, que je ne suis pas un objet que l'on se passe de main en main. Tu ignores° ce
55 que se marier signifie pour moi: c'est un acte de foi° et d'amour, un don° total de soi à l'être que l'on a choisi et qui vous a choisi. Et tes femmes, Tamsir? Ton revenu ne couvre ni leurs besoins ni ceux
60 de tes dizaines d'enfants⁵. Pour te suppléer dans tes devoirs financiers, l'une de tes épouses fait des travaux de teinture°, l'autre vend des fruits, la troisième inlassablement° tourne la manivelle° de sa
65 machine à coudre°. Toi, tu te prélasses° en seigneur vénéré, obéi au doigt et à l'œil°. Je ne serai jamais le complément de ta collection... »

Extrait de Mariama Bâ, *Une si longue lettre;*
© Les Nouvelles Éditions Africaines du Sénégal.

devancer *to get ahead of* / prétendant *suitor*

atouts *winning cards*

Tu ignores Tu ne sais pas

foi *faith* / don cadeau

teinture *dyeing*
aplomb audace
inlassablement patiemment / manivelle *crank-handle* / machine à coudre *sewing machine* / tu te prélasses tu ne fais rien / châle *shawl* / égrène mon chapelet *say my rosary* / au doigt et à œil immédiatement
brimades *vexation*
éclate *explodes*
méprisante *scornful*

n'a pas encore quittée. Quelle assurance et quel aplomb° tranquilles! Je regarde
35 Tamsir droit dans les yeux. Je regarde Mawdo. Je regarde l'Imam. Je serre mon châle° noir. J'égrène mon chapelet°. Cette fois, je parlerai.

Ma voix connaît trente années de
40 silence, trente années de brimades°. Elle éclate°, violente, tantôt sarcastique, tantôt méprisante°.

⁵ D'après le Coran (Qur'an), un homme peut avoir jusqu'à quatre co-épouses. Mais le Coran interdit à un homme d'avoir plus de femmes qu'il ne peut faire vivre décemment, avec ses revenus.

For more literary selections, visit Textchoice.com

## Après la lecture

### Compréhension

**A. Observation et analyse.** Répondez aux questions suivantes.

1. Depuis combien de temps est-ce que le mari est mort?
2. Décrivez la personnalité de Tamsir, de la femme qui parle, de son mari qui est mort.
3. Qui est le frère le plus âgé de la famille?
4. Combien de femmes Tamsir a-t-il?
5. Qu'est-ce que Tamsir a proposé?
6. Quelle a été la réponse de la narratrice?
7. Que font les femmes de Tamsir? Expliquez.
8. Imaginez pourquoi la narratrice a passé trente ans dans le silence.

**B. Grammaire/Vocabulaire.** Mariama Bâ utilise des adjectifs pour décrire les émotions de Tamsir. Formez des adjectifs à partir des mots suivants.
Par exemple: saisir = saisissante

1. tranquillité
2. fidélité
3. violence

4. mépriser
5. amour

Maintenant, entourez les adjectifs qui décrivent le mieux la narratrice et expliquez vos réponses.

calme      agitée      fâchée      triste      fière      arrogante

Lesquels décrivent le mieux Tamsir?

paresseux      fier      inquiet      serein      égocentrique

Trouvez d'autres adjectifs pour décrire ces personnages. Lesquels est-ce que vous suggérez?

**C. Réactions.** Donnez votre réaction.

1. Que pensez-vous de la réponse de la narratrice? Expliquez.
2. Comment est-ce que vous réagiriez aux paroles de Tamsir si c'était à vous (ou à votre sœur) qu'il avait parlé?
3. En quoi est-ce que Tamsir modifie la tradition musulmane?
4. En quoi est-ce que cette histoire pose un problème universel? Expliquez.

### Interactions

En petits groupes, travaillez ensemble et imaginez…

1. la réaction de Tamsir aux paroles de la femme: Qu'est-ce qu'il va dire? Qu'est-ce qu'il va faire?
2. que la narratrice, veuve, n'ait pas explosé et qu'elle n'ait pas dit ce qu'elle ressentait: Que serait-il arrivé?
3. la fin de cette histoire: Est-ce que la narratrice va se marier avec Tamsir? Dans ce cas, quels seront les résultats de ce mariage? Et si elle ne se marie pas avec lui, qu'est-ce qu'elle fera?

Choisissez un de ces scénarios et préparez un sketch de théâtre que vous présenterez à la classe.

### Expansion

Choisissez un thème de la vie en Afrique de l'Ouest (au Sénégal, en Côte d'Ivoire, etc.) qui vous intéresse (par exemple: le mariage, le deuil, l'éducation, etc.). Faites des recherches sur les réseaux Internet et préparez une présentation. Notez les différences et les similarités avec les coutumes que vous connaissez. Donnez votre opinion des coutumes sur lesquelles vous avez fait des recherches et expliquez comment vous réagiriez si vous viviez dans cette culture.

Bring to class *Une si longue lettre* for any students interested in reading the complete novel. Three Senegalese films can also be used to help contextualize the main themes of the novel: *Xala* (Ousmane Sembène, 1975), *Tableau ferraille* (Moussa Sene Absa, 1997), *Faat Kiné* (Ousmane Sembène, 2000). For suggestions on using the films, see Tama Lea Engelking, *2005–2006: Mariama Bá's Une Si Longue Lettre.* AATF National Bulletin 32, i (September 2006), p. 36.

# On ne croira jamais ce qui m'est arrivé...

**Thèmes:** Les vacances; Les moyens de transport; La douane; L'hôtel

Possible questions to introduce chapter themes and functions:
1. Vous avez déjà voyagé en train aux États-Unis? Et en Europe? Si oui, décrivez vos expériences. 2. Où êtes-vous allé(e)? Avec qui? Quand? 3. Vous vous rappelez un incident intéressant qui s'est passé pendant un voyage en train? Expliquez.
4. Comment préférez-vous voyager aux États-Unis: en train? en avion? en voiture? Pourquoi? Et en Europe?

 Heinle iRadio

 Système–D Writing Assistant

 Pour tester vos connaissances, visitez academic.cengage.com/french/bravo

## Leçon 1

**Fonction:** Comment dire qu'on se souvient/ne se souvient pas de quelque chose
**Culture:** Les transports
**Langue:** Le passé composé

PRÉPARATION

## Leçon 2

**Fonction:** Comment raconter une histoire
**Culture:** Les vacances
**Langue:** L'emploi de l'imparfait • L'emploi du passé composé • Comparaison entre l'imparfait et le passé composé

PREMIER BROUILLON

## Leçon 3

**Fonction:** Comment raconter une histoire (conclusion)
**Culture:** La conversation française
**Langue:** L'emploi du plus-que-parfait

DEUXIÈME BROUILLON

## La grammaire à réviser

• Le passé composé
• L'imparfait
• Le plus-que-parfait

## Synthèse

**Activités musicales:** Michel Sardou: *Minuit moins dix;* Zachary Richard: *Ma Louisiane*
RÉVISION FINALE

## Intermède culturel

• Les châteaux
• Jacques Brel: *La Fanette*

# La grammaire à réviser

**Voyage à San Francisco**

Mettez les phrases suivantes au passé composé.

1. Jessica et moi, nous arrivons à San Francisco à 3 heures de l'après-midi.
2. Nous allons tout de suite à l'hôtel.
3. Après, je visite Fisherman's Wharf.
4. Jessica préfère se promener près des boutiques.
5. Plus tard nous dînons au bord de l'eau.
6. Nous rentrons à l'hôtel assez tard.

The information presented here is intended to refresh your memory of various grammatical topics that you have probably encountered before. Review the material and then test your knowledge by completing the accompanying exercises in the workbook.

## Avant la première leçon

### Le passé composé

| Exemple | Équivalent |
|---|---|
| J'**ai voyagé** partout. → | I traveled everywhere. <br> I have traveled everywhere. <br> I did travel everywhere. |
| Tu **as voyagé**... | Nous **avons voyagé**... <br> Vous **avez voyagé**... |
| Il <br> Elle  } **a voyagé**... <br> On | Ils <br> Elles  } **ont voyagé**... |

FORMATION: present tense of **avoir** or **être** (auxiliary verb) + past participle

### A. Le participe passé: formes régulières

- Change **-er** ending of infinitive to **é**.
- Change **-ir** ending of infinitive to **i**.
- Change **-re** ending of infinitive to **u**.

traverser → traversé
finir → fini
perdre → perdu

### B. L'auxiliaire

- Most verbs are conjugated with **avoir**.
- All pronominal (reflexive) verbs, as well as the following verbs of motion, require **être**:

| naître | partir | descendre | aller | devenir | rentrer |
|---|---|---|---|---|---|
| mourir | passer | entrer | venir | rester | tomber |
| arriver | monter | sortir | revenir | retourner | |

NOTE: All object and reflexive pronouns precede the auxiliary verb:

Il **m**'a regardé longtemps. Puis, il **s'en** est allé.

### C. L'accord du participe passé

- When the auxiliary verb is **être**, the past participle agrees (in gender and number) with the *subject*:

Claire est **arrivée** en retard, comme d'habitude.

Give students the mnemonic device DR/MRS VANDERTRAMPP to aid in memorizing **être** verbs. (The first letter of each of the **être** verbs can be used to spell the acronym: Descendre, Retourner, Monter, Revenir, Sortir, Venir, etc.)

- When the auxiliary verb is **avoir,** there is usually no agreement:

  Elle a **fourni** *(provided)* ses excuses habituelles.

- With a *preceding direct object,* the past participle agrees (in gender and number) with the *direct object:*

  Elle **les** a **présentées** d'un air contrit.
  **Les excuses** qu'elle a **données** étaient assez compliquées.

- With a *preceding indirect object* or **en,** there is no agreement:

  On ne **lui** a pas **fait** beaucoup de compliments.

## D. Le négatif

Je **n**'ai **pas** oublié ton anniversaire, ma chérie, mais je **ne** me suis **pas** souvenu de t'envoyer une carte à temps!

## E. L'interrogatif

Est-ce que **vous avez** voyagé à l'étranger?
**Avez-vous** voyagé à l'étranger?
Est-ce que **vous** ne **vous êtes** pas arrêté(e)(s) en Grèce?
Ne **vous êtes-vous** pas arrêté(e)(s) en Grèce?

# Avant la deuxième leçon

## L'imparfait

| Exemple | Équivalent |
|---|---|
| J'**allais** à la plage… → | I used to go to the beach . . .<br>I was going to the beach . . .<br>I went to the beach . . . |
| Tu **allais**… | Nous **allions**…<br>Vous **alliez**… |
| Il<br>Elle } **allait**<br>On | Ils<br>Elles } **allaient**… |

FORMATION:

- *Stem:* **nous** form of present tense minus **-ons**
  EXAMPLE: **ven**-ons, **écriv**-ons
  ONLY EXCEPTION: **être** *(stem:* **ét-***)*
- *Endings:*  -ais   -ions
  -ais   -iez
  -ait   -aient

REMINDER: Verbs ending in **-cer** add a **cédille** to the **c (ç)** before the endings **-ais, -ait,** and **-aient;** verbs ending in **-ger** add **e** before the same endings.

Quand il **commençait** à faire chaud, nous allions à la plage.
Tes parents **voyageaient** souvent à l'étranger, n'est-ce pas?

**L'enfance.** Complétez les phrases suivantes en utilisant l'imparfait. Quand j'étais petit(e)…

1. je dors beaucoup.
2. ma mère prépare les repas.
3. ma grande sœur me lit des livres.
4. nous ne regardons pas souvent la télé.
5. je vais à l'école maternelle.
6. je n'aime pas les légumes.
7. mon père promène le chien.
8. je me couche de bonne heure.

NOTE:

- In the **nous** and **vous** forms, however, the verbs that end in **-ger** do not take an **e:**

    Nous **voyagions** souvent en Afrique.

- Remember the spelling of **nous étudiions** in the imperfect. All verbs ending in **-ier (crier, prier)** take two **i**'s.

## Une visite inopportune
Complétez les phrases suivantes en utilisant le plus-que-parfait. Malheureusement, quand tu es venue me voir,…

1. ma mère sort.
2. mon frère va au cinéma.
3. mon père part en voyage d'affaires.
4. je ne dors pas beaucoup.
5. nous ne nettoyons pas la maison.
6. mes amis rentrent chez eux.

# Avant la troisième leçon

## Le plus-que-parfait

| Exemple | | Équivalent |
|---|---|---|
| J'**avais** déjà **téléphoné** quand Marc est rentré. | → | *I had already telephoned when Marc got home.* |
| Tu **avais téléphoné**… | | Nous **avions téléphoné**… <br> Vous **aviez téléphoné**… |
| Il <br> Elle } **avait téléphoné**… <br> On | | Ils <br> Elles } **avaient téléphoné**… |

FORMATION: imperfect tense of **avoir** or **être** + past participle

NOTE: Agreement rules, word order, and negative/interrogative patterns are the same as for the **passé composé.**

**Suggestion:** You may also want to ask students to search the Internet for further information on Cheverny and other **châteaux** of the Loire Valley.

Parmi les 322 châteaux situés dans la vallée de la Loire se trouve Cheverny qui a la plus belle collection de meubles de l'époque.

Est-ce que vous voudriez visiter les châteaux de la Loire? Pourquoi?

# Leçon 1

## Comment dire qu'on se souvient/qu'on ne se souvient pas de quelque chose

### Conversation

Track 11

> #### Premières impressions
>
> **Soulignez:**
> - plusieurs façons de dire qu'on se souvient de quelque chose
> - plusieurs façons de demander à quelqu'un de raconter ses souvenirs
>
> **Trouvez:**
> - où Katia et Marc sont allés en vacances

**Rappel:** Have you reviewed the **passé composé**? (Text pp. 132–133 and Workbook pp. 83–84)

Notice that the **Activité orale B**, page 168 of the **Synthèse** section, directs students to bring in slides, photos, or pictures of past or imaginary vacations. Direct their attention to this early in the chapter so that they will have sufficient time to collect the materials by the end of the chapter.

*Après un bon repas ensemble, un groupe de jeunes parlent de choses diverses. La conversation en vient maintenant à des vacances passées.*

KATIA: Eh bien, nous, nos vacances de 2006 ont été… ça va vous surprendre… épouvantables°…

NADINE: Qu'est-ce qui vous est arrivé?

KATIA: Tu te souviens, Marc?

MARC: Oui, je me souviens. Ça a commencé avec le voyage, et ça a continué jusqu'au retour. Au départ de Paris, gare de Lyon, il y avait deux adolescents, sales, mal habillés, qui se sont installés en face de nous dans le compartiment. Bon début!

KATIA: Ils devaient être frères. L'un avait 13 ou 14 ans, l'autre un an de plus. Ils étaient vraiment mal élevés. Tu te rappelles? Ils étaient très, très grossiers°… Et en plus, tu te souviens, l'aîné n'arrêtait pas de jurer°…

MARC: C'était agaçant°. Et puis, ils n'arrêtaient pas de se lever et de se bousculer°. Ils voulaient tout le temps descendre leur sac, pour un oui ou pour un non°: leurs billets, leurs sandwichs, leurs gourdes° et j'en passe°!

LAURENCE: Ça devait être pénible!

KATIA: Oui, je ne l'oublierai jamais. C'est la première fois qu'on allait en Suisse, hein, Marc?

MARC: Oui, c'est ça. Et puis le lendemain, on m'a piqué° mon iPod 80.

KATIA: Ah bon? Je ne me souviens pas de ça, moi, c'est marrant°! C'était quand?

MARC: Je ne sais plus, mais pendant la nuit, je crois. Je dormais et quand je me suis réveillé, plus d'iPod. On l'a cherché partout, tu ne te rappelles pas?

KATIA: Ah, si, si! Je me souviens maintenant! Quelle horreur! Et tu venais de l'acheter.

MARC: Je me sentais tout perdu sans ma musique, mes podcasts et mes livres audio! C'est drôle, on n'a pas l'habitude.

*À suivre*

**épouvantable** *horrible*

**grossier** *rude*
**jurer** *to swear*
**agaçant** *annoying*
**se bousculer** *to bump each other*
**pour un oui ou pour un non** *for any old thing* / **une gourde** *flask* / **j'en passe** *and that's not all, and I spare you the rest of it*

**piquer** *(slang) to steal*
**marrant** *(familiar) funny; strange*

## Observation et analyse

1. Qui parle de ses vacances passées à l'étranger?
2. Qu'est-ce que vous savez des adolescents qui étaient dans le compartiment avec Katia et Marc?
3. Quel autre événement mémorable leur est arrivé pendant le voyage?
4. Est-ce que vous pensez que Katia et Marc partent souvent en vacances? Comment le savez-vous?

## Réactions

1. Qu'est-ce que vous pensez de ces adolescents? Est-ce que vous auriez eu la même réaction que Katia et Marc? Expliquez.
2. Est-ce que quelqu'un vous a déjà volé votre iPod ou MP3? autre chose? Racontez l'incident.
3. Est-ce que vous avez eu des vacances mémorables comme celles de Katia et de Marc? Expliquez.

# Expressions typiques pour...

**Se souvenir de** and **se rappeler** both mean *to remember*. Note, however, that you will use the preposition **de** with **se souvenir**. For example:

—Je me souviens **de** nos vacances en Grèce.

—Moi, je me rappelle nos vacances en Italie.

When using a pronoun, you will say **Je m'en souviens** or **Je me les rappelle**.

## Demander si quelqu'un se souvient de quelque chose

Est-ce que tu te souviens de (nos vacances à...)?
Est-ce que tu te rappelles (nos vacances à...)?
Vous n'avez pas oublié... ?

## Dire qu'on se souvient

Je me souviens encore de...
Je me rappelle bien le...
Je ne l'oublierai jamais.

## Dire qu'on ne se souvient pas

Je ne m'en souviens pas.
Tiens! Je ne me le rappelle plus!
J'ai complètement oublié.

## Demander à quelqu'un de raconter ses souvenirs

Qu'est-ce qui t'est arrivé?
Parle-moi du jour où tu...
Il paraît qu'une fois tu...
Une fois, n'est-ce pas, tu...

## Commencer à raconter des souvenirs

J'ai de très bons/mauvais souvenirs *(memories)* de...
Si j'ai bonne mémoire *(memory)*...
Autant que je m'en souvienne... *(As far as I remember . . . )*
Je me souviens de l'époque où j'étais gosse *(kid)* et où j'aimais...
Quand j'étais jeune,...

# Mots et expressions utiles

## Les vacances

une agence de voyages *travel agency*
avoir le mal du pays *to be homesick*
une brochure/un dépliant *pamphlet*
les congés [m pl] payés *paid vacation*
passer des vacances magnifiques/épouvantables
   *to spend a magnificent/horrible vacation*
un séjour *stay, visit*
un souvenir *memory* (avoir un bon souvenir);
   *souvenir* (acheter des souvenirs)
le syndicat d'initiative *tourist office*
visiter (un endroit) *to visit (a place)*

## Des choix

aller à l'étranger *to go abroad*
aller voir quelqu'un *to visit someone*
un appartement de location *a rental apartment*
descendre dans un hôtel *to stay in a hotel*
rendre visite à (quelqu'un) *to visit (someone)*
un terrain de camping *campground* (aller dans
   un…)

## Les transports

atterrir *to land (plane)*
décoller *to take off (plane)*
un vol (direct/avec escale) *a flight (direct/with a
   stopover)*

manquer le train *to miss the train*
se tromper de train *to take the wrong train*

descendre (de la voiture/du bus/du taxi/de l'avion/
   du train) *to get out (of the car/bus/taxi/plane/
   train)*
monter dans (une voiture/un bus/un taxi/un avion/
   un train) *to get into (a car/bus/taxi/plane/train)*

faire de l'autostop *to hitchhike*
flâner *to stroll*

avoir une contravention *to get a ticket, fine*
avoir un pneu crevé *to have a flat tire*
un car *bus (traveling between towns)*
la circulation *traffic*
être pris(e) dans un embouteillage *to be caught in a
   traffic tie-up/jam*
faire le plein *to fill up (gas tank)*
garer la voiture *to park the car*
passer un alcootest® *to take a Breathalyzer® test*
ramener *to bring (someone, something) back; to
   drive (someone) home*
se perdre *to get lost*
tomber en panne d'essence *to run out of gas*

## Divers

grossier (grossière) *rude*
jurer *to swear*
piquer *(slang) to steal*
se bousculer *to bump, jostle each other*

---

**Mise en pratique**

En juillet, au moment où des milliers de Québécois se trouvaient sur la côte est des États-Unis, le cyclone Bob se dirigeait vers le Cap Hatteras. Martine et Paul Duchesne étaient en vacances en Caroline du Nord. Ils **rendaient visite** à la sœur de Paul, qui habitait près des îles-barrières des Outer Banks. Martine voulait **flâner** sur les plages, au soleil, mais ce **séjour** n'allait pas être calme…

La police avait mis des barrages routiers *(barriers)* en place pour arrêter les automobilistes qui se dirigeaient vers les îles-barrières des Outer Banks et faisait évacuer *(evacuate)* les touristes qui étaient **descendus dans les hôtels** et les **appartements de location** des îles et de la côte. La **circulation** était dense et il y avait beaucoup d'**embouteillages**. Sur la côte, il n'y avait plus assez d'essence pour **faire le plein**. Comme les avions avaient du mal à **atterrir** à cause du vent et de la pluie, la plupart des **vols** avaient été annulés. Le service national des parcs avait aussi pris des mesures de sécurité et avait fermé des **terrains de camping** et les plages de la côte et des îles. Paul et Martine se demandaient où ils pouvaient aller…

Adapté du *Journal de Québec*.

Follow-up: Use this story as a model to have students write a brief story on a real or imaginary disastrous vacation. They should use as many of the vocabulary words as possible to describe a vacation interrupted by a natural disaster or other difficulties.

# Les transports

Les Français dépensent 14,9% de leur budget pour les transports. Bien sûr, la voiture représente la plus grande partie des dépenses de transport. Ceci dit, la France est connue pour l'innovation dans le secteur des transports. En voici quelques exemples bien connus:

**Airbus:** Le nom Airbus est synonyme d'innovation. Airbus fait partie de la société EADS (European Aeronautic Defence and Space), une société qui fabrique et vend des avions dans le monde entier, y compris aux États-Unis. (Son grand rival est Boeing, la compagnie américaine.) En 2007, Airbus a lancé le super-jumbo A380 qui peut transporter 555 passagers. L'A380 est un des avions les plus silencieux jamais produits.

**Ariane:** Ariane 5 symbolise l'accès libre et autonome de l'Europe à l'espace. C'est une fusée spatiale *(launch rocket)* européenne (à la fabrication de laquelle participe la France) qui lance des satellites de communication et de commerce.

**Le TGV (Train à grande vitesse):** Le train le plus rapide du monde (300 km/h maximum), caractérisé

D'où vient ce train?

par le confort et l'économie, est exclusivement un service de transport de voyageurs. Le train est très confortable et moderne. On peut réserver des billets sur le site voyages-sncf.com.

**Les transports à Paris:** Les Parisiens ont accès à plusieurs moyens de transport (métro, bus, trains de banlieue). Ils peuvent acheter une Carte orange, un billet qui permet l'accès à tous les transports parisiens pour une semaine ou un mois. Le billet qui est valable pour un an s'appelle la Carte intégrale. La Carte imagine «R» est un billet annuel à tarif réduit, destiné à tous les étudiants de moins de 26 ans. D'autres cartes sont disponibles pour visiter Paris, par exemple, Paris Visite qui permet l'accès à tous les transports parisiens pour 1, 2, 3, 4 ou 5 jours. Il y

a maintenant un service de nuit (le Noctilien) pour les gens qui se déplacent après la fermeture du métro et du RER. Des bus desservent Paris entre 1 heure et 5 heures du matin.

**Le tunnel sous la Manche:** Ce projet franco-britannique relie l'Angleterre à la France depuis mai 1994. Les passagers voyagent dans des TGV qu'on a baptisés Eurostar et qui mettent Londres à environ trois heures de Paris. Quant aux automobilistes, ils peuvent traverser le tunnel sous la Manche dans leur voiture, installée dans un train spécialement aménagé à cet effet. Le train qui emprunte le tunnel peut porter plus de 110 voitures, plus de 10 bus et plus de 20 camions!

Comparez les systèmes de transports français et américain. Quelles formules de transport est-ce que vous utilisez le plus souvent? Quelles formules utiliseriez-vous si elles étaient disponibles dans votre région?

*France-Amérique,* no. 1648 (10–16 janvier 2004), p. 1; *Journal français d'Amérique,* 23 décembre 1994–19 janvier 1995 (p. 12); *Quid 2007* (p. 183b); *Francoscopie 2007,* Larousse, p. 177.

## Activités

**A. Souvenirs.** Demandez à chaque personne suivante si elle se souvient de l'événement donné. Un(e) camarade de classe va jouer les rôles. Variez la forme des questions et des réponses en utilisant les *Expressions typiques pour...*

MODÈLE: un(e) ami(e) d'université: le voyage à New York
—*Est-ce que tu te souviens du voyage à New York que nous avons fait il y a trois ans?*
—*Oui, je m'en souviens bien.*

1. votre mère/père: le jour où vous êtes né(e)
2. votre petit(e) ami(e): votre premier rendez-vous

3. les autres étudiants: les devoirs pour aujourd'hui
4. votre frère/sœur aîné(e): les vacances à…
5. votre ami(e): la première fois qu'il/elle a conduit une voiture
6. votre camarade de chambre: ce qu'il/elle a fait hier soir à la petite fête *(party)*

**B. À l'agence de voyages.** Vous parlez avec l'agent de voyages, mais vous avez du mal à entendre à cause des autres conversations dans le bureau. Remplissez les blancs avec les mots suivants: **flâner, à l'étranger, visiter, rendre visite à, vols, le mal du pays, circulation, garer, séjour, brochures.**

VOUS: Bonjour, Madame Riboni.

L'AGENT: Bonjour. Comment allez-vous?

VOUS: Bien, merci. Et vous?

L'AGENT: Très bien. Eh bien, est-ce que je peux vous renseigner?

VOUS: Oui, je veux aller _____ cette fois-ci, au mois de mai. J'aimerais _____ un endroit où il fasse très beau à ce moment-là.

L'AGENT: Préférez-vous la mer ou la montagne?

VOUS: Plutôt la mer. Je veux me reposer. Mais je veux également pouvoir _____ en ville.

L'AGENT: Préférez-vous les grandes villes ou les petites?

VOUS: Ça m'est égal, pourvu qu'il *(provided that)* n'y ait pas trop de _____. Je veux pouvoir _____ la voiture sans trop de problèmes. Mais je dois dire que je préférerais une région où l'on parle français pour que je n'aie pas trop _____. Après, je vais _____ un ami à Miami, en Floride.

L'AGENT: Alors, pourquoi ne pas aller dans une île des Caraïbes? Je pense, par exemple, à la Guadeloupe ou à la Martinique. Il y a des _____ de Paris à Fort-de-France tous les jours. Vous pourriez passer un _____ très agréable là-bas. Il y a même le Club Med, si ça vous intéresse.

VOUS: Est-ce que vous auriez des _____ ou des dépliants à me donner?

Que voudriez-vous faire si vous voyagiez à l'étranger? Décrivez.

À peu près 11% des Français passent des vacances à l'étranger chaque année. Mais 23% des Français de 15 ans et plus sont partis au moins une fois pour l'étranger. (Adapté de *Francoscopie 2007,* Larousse, p. 480)

**C. En famille.** Vous vous trouvez à une réunion de famille. Faites raconter aux personnes suivantes les expériences ci-dessous. Jouez chaque scène avec un(e) camarade de classe. Variez la forme des questions et des réponses.

MODÈLE: tante Christine et son accident de voiture
—*Parle-moi du jour où tu as eu un accident de voiture.*
—*Oh! Quelle histoire! C'est un mauvais souvenir que j'essaie d'oublier. C'était…*

1. cousine Manon et son voyage en Californie
2. vos grands-parents et leur voyage de noces
3. oncle Jean-Pierre et ses aventures comme coureur *(racer)* au Tour de France 1995
4. vos parents et leur lune de miel *(honeymoon)*
5. oncle Mathieu et la croix de guerre qu'il a reçue pendant la Seconde Guerre mondiale

**D. Questions indiscrètes.** Posez les questions suivantes à un(e) camarade. Faites un résumé de ses réponses à la classe.

1. Combien de semaines de congés payés est-ce que tu as généralement? Et tes parents?
2. Pendant ton dernier voyage, où est-ce que tu es allé(e)? Comment est-ce que tu as voyagé? Tu as rendu visite à quelqu'un? À qui?
3. Tu voyages souvent en voiture? À quelle vitesse est-ce que tu roules le plus souvent sur l'autoroute?[1]
4. Tu as déjà eu une contravention pour excès de vitesse? À quelle vitesse est-ce que tu roulais? Combien est-ce que la contravention t'a coûté?
5. Tu as déjà eu un pneu crevé? Si oui, qui a changé le pneu?
6. Tu es déjà tombé(e) en panne d'essence sur la route? Qu'est-ce que tu as fait?
7. Est-ce que tu as déjà pris un train ou un car ici ou dans un autre pays? Où allais-tu? Avec qui?

# La grammaire à apprendre

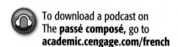

To download a podcast on The **passé composé**, go to **academic.cengage.com/french**

## Le passé composé

The **passé composé** is one of the past tenses used frequently in French to talk about past events. The following rules complete the description, begun in *La grammaire à réviser,* of how to form the tense.

**A. Le participe passé: formes irrégulières.** The following irregular verbs also have irregular past participles:

| | |
|---|---|
| avoir | **eu** |
| craindre | **craint** |
| être | **été** |
| faire | **fait** |
| mourir | **mort** |
| naître | **né** |

| **-ert** | |
|---|---|
| découvrir | **découvert** |
| offrir | **offert** |

| **-it** | |
|---|---|
| conduire | **conduit** |
| dire | **dit** |
| écrire | **écrit** |

| **-is** | |
|---|---|
| asseoir | **assis** |
| mettre | **mis** |
| prendre | **pris** |

| **-i** | |
|---|---|
| rire | **ri** |
| suivre | **suivi** |

| **-u** | |
|---|---|
| boire | **bu** |
| connaître | **connu** |
| courir | **couru** |
| croire | **cru** |
| devoir | **dû** |
| falloir | **fallu** |
| lire | **lu** |
| plaire/pleuvoir | **plu** |
| pouvoir | **pu** |
| recevoir | **reçu** |
| savoir | **su** |
| venir | **venu** |
| vivre | **vécu** |
| voir | **vu** |
| vouloir | **voulu** |

[1] La limite de vitesse en France est de 130 km à l'heure *(84 miles/hr)* sur les autoroutes. Quand il pleut, cette limite est réduite à 110 km à l'heure.

**B. Le choix de l'auxiliaire.** A few verbs—**descendre, monter, passer, sortir, retourner,** and **rentrer**—that normally use **être** as the auxiliary, take **avoir** and follow the **avoir** agreement rules when there is a direct object in the sentence. Notice how the meaning changes with some of the verbs in the following examples.

(C'est Mathieu qui parle.)

Hier je **suis descendu** *(went down)* voir mon amie Sylvie.
La rue que j'**ai descendue** *(went down)* était en construction.
Je **suis monté** *(went up)* à son appartement...
　et j'**ai monté** *(climbed, went up)* l'escalier.
L'après-midi **est** vite **passé** *(went by, passed).*
En fait, j'**ai passé** *(spent)* tout l'après-midi chez elle.
À sept heures, nous **sommes sortis** *(went out)* pour
　manger.
Après le repas, j'**ai sorti** *(took out)* mon argent, mais
　elle a insisté pour partager l'addition.
Je l'ai ramenée chez elle vers dix heures, puis
　je **suis retourné** *(returned)* au restaurant pour aller
　chercher le parapluie que j'y avais laissé.
J'ai eu une idée que j'**ai tournée** et **retournée** *(turned
　over)* dans ma tête.
Pensif, je **suis rentré** *(came home)* chez moi.
J'**ai rentré** *(put away)* la voiture dans le garage et je suis
　entré dans le salon.
Finalement, j'ai téléphoné à Sylvie pour lui
　demander si elle voulait bien devenir ma femme.

**C. Le passé composé des verbes pronominaux.** As you know, pronominal verbs are conjugated with **être,** and the reflexive pronoun precedes the auxiliary.

　Malheureusement, il ne **s'est** pas **rappelé** mon adresse.

- The past participle will agree with the reflexive pronoun if it acts as a direct object. If the verb is followed by a direct object noun, the reflexive pronoun becomes the indirect object, and consequently no agreement is made.

　Elle **s'est lavée.**
　Elle **s'est lavé** la figure.

- With verbs such as **s'écrire, se dire, se téléphoner, se parler, se demander,** and **se rendre compte,** the reflexive pronoun functions as an indirect object because the simple verbs **écrire, dire, téléphoner,** etc., take the construction **à quelqu'un.** Thus, agreement is not made.

　Les sœurs **se sont écrit** pendant leur longue séparation.
　Elles **se sont dit** beaucoup de choses dans leurs lettres.
　Elles **se sont téléphoné** une fois par semaine.

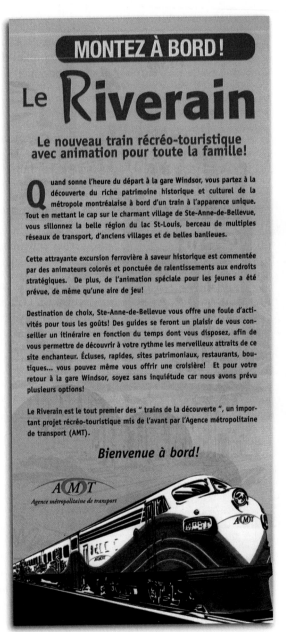

Est-ce que vous aimeriez prendre le Riverain pour découvrir la métropole montréalaise?

## Activités

**A. Les nouvelles.** Voici quelques titres *(headlines)* tirés d'un numéro du journal français *Le Figaro* (26 mai 2006). Racontez ce qui s'est passé ce jour-là en mettant chaque titre au passé composé.

1. Politique française: Le PCF (Parti communiste français) et le Parti radical de gauche critiquent le projet socialiste pour 2007.
2. Algérie: Un nouveau premier ministre islamo-conservateur est nommé à Alger.
3. Pologne: Benoît XVI commence hier une visite de quatre jours en Pologne.
4. Tennis: L'Espagnol Rafael Nadal rêve de défier *(challenge)* le numéro un mondial (Roger Federer) sur l'herbe de Wimbledon.
5. Économie: Yahoo! et eBay s'allient pour faire front à Google. Les deux groupes Internet américains annoncent hier un partenariat «stratégique» aux États-Unis.
6. Îles Canaries: Depuis janvier, 3000 clandestins débarquent à Ténérife. Ils viennent de Mauritanie, du Sénégal et, parfois, de Guinée-Bissau.
7. Cyclisme: Les révélations sur le réseau de dopage *(doping ring)* conduit à la rupture du contrat de l'assureur Liberty avec l'équipe cycliste espagnole.

**B. La Louisiane.** Caroline raconte ses souvenirs de vacances en Louisiane.

Complétez son histoire en remplissant les blancs avec le passé composé d'un des verbes suivants.

### lire / arriver / voir / ramener / aller / manquer

Je me rappelle bien les vacances de l'été 2004 quand nous _____ en Louisiane. C'était l'été avant que l'ouragan Katrina, ce cyclone meurtrier, atteigne La Nouvelle-Orléans en août 2005. Avant de partir, notre agence de voyages nous avait donné *(had given)* des brochures touristiques que nous _____ avec grand plaisir.

Donc quand nous _____ à La Nouvelle-Orléans, nous ne (n') _____ pas _____ de passer par le Vieux Carré *(the French Quarter)* où nous _____ la vieille cathédrale Saint-Louis.

### descendre / faire / partir / parcourir *(to travel up and down)*

Nous _____ la rue Decatur pour visiter le Marché français. Une partie du groupe _____ les bayous célèbres et d'autres _____ une croisière *(cruise)* sur le Mississippi.

### passer / découvrir / flâner / rentrer / s'offrir / boire / goûter

Mais tout le monde _____ les délices extraordinaires de la cuisine créole. Dans les restaurants de La Nouvelle-Orléans nous nous _____ toutes les spécialités louisianaises, comme le jambalaya et les beignets *(doughnuts)* Calas. Et bien sûr, nous _____ du café brûlot *(coffee mixed with whiskey)*. Il faut dire que tout le monde _____ des vacances merveilleuses. Quand nous _____ en France, c'était avec regret. Je me demande s'il y a autant de touristes à La Nouvelle-Orléans ces jours-ci...

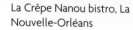

La Crêpe Nanou bistro, La Nouvelle-Orléans

**C. En vacances.** Choisissez un des deux groupes de verbes et de mots ci-dessous pour interviewer un(e) camarade de classe au sujet de son dernier voyage.

1. passer les vacances: avec qui?
   s'arrêter: dans quelles villes?
   s'amuser: comment?
   pleuvoir: pendant le séjour?
   écrire des cartes postales: à qui?

2. faire du tourisme: où?
   s'ennuyer: un peu/pourquoi?
   lire/boire: qu'est-ce que?
   prendre des photos: combien?
   rentrer: quand?

## Interactions

**A. Il était une fois...** Jouez le rôle de votre grand-père/grand-mère ou d'une autre personne âgée de votre famille. Votre partenaire sera le petit-fils/la petite-fille. Il/Elle essayera de vous faire vous rappeler un incident de votre jeunesse. Par exemple, votre première journée à l'école, la première fois que vous êtes sorti(e) avec quelqu'un, le jour où vous avez séché un cours, le jour où vous êtes tombé(e) en panne d'essence pendant votre lune de miel, etc. Au début, vous ne vous souvenez pas de ce qu'il/elle raconte mais après un petit moment vous commencez à raconter l'histoire. Utilisez les cinq *Expressions typiques pour...* présentées à la page 136.

**B. Vacances exotiques.** Imaginez que vous êtes en vacances dans un endroit exotique—un endroit que vous rêvez de visiter depuis longtemps. Écrivez trois cartes postales différentes à des amis ou aux membres de votre famille. Racontez des événements différents à chaque personne.

**Phrases:** Writing a letter (informal)
**Vocabulary:** Traveling
**Grammar:** Compound past tense; participle agreement

## Préparation  Dossier personnel

The focus for this chapter is writing a personal narrative in which you tell or narrate something that happened to you or someone you know.

1. First of all, choose two or three important events in your life (for example, receiving an award, meeting the person of your dreams, a sporting event, your wedding or a wedding you were in, a memorable vacation, the worst/best day of your life, a funny/embarrassing moment, a sad or touching event).
2. After you have listed these events, next to each item, write some interesting details that you remember about the event.
3. Free write on one or more of these topics to see how much you have to say. Describe what happened and try to organize your notes in a time-ordered sequence.
4. In pairs or small groups, share your notes to get ideas from classmates.

**Phrases:** Narrating a story
**Vocabulary:** Sports; traveling; family members (Note: These are only suggestions for the topics to the left. Browse the vocabulary index to find help for other topics.)
**Grammar:** Compound past tense

# Leçon 2

Track 12

## Comment raconter une histoire

### Conversation (SUITE)

**Rappel:** Have you reviewed the imperfect tense? (Text pp. 133–134 and Workbook p. 84)

> **Premières impressions**
>
> Soulignez:
> - les expressions qu'on utilise pour céder la parole à quelqu'un
> - les expressions pour lier *(link)* une suite *(series)* d'événements
>
> Trouvez:
> - ce que Laurence a fait au Sénégal

*Les amies de Marc et de Katia continuent à se raconter leurs vacances.*

NADINE: Dis-nous, Laurence. Tu es bien partie au Sénégal cet été?

KATIA: Ah oui, c'est vrai, raconte, j'aimerais bien y aller un jour!

LAURENCE: *(rêveuse)* Oui… C'était vraiment extraordinaire! C'est vrai, j'ai passé une semaine au Sénégal, en Afrique de l'Ouest, sur la côte Atlantique. On est descendu dans un hôtel tout près du centre ville de la capitale. Dakar² est une ville dynamique et moderne qui est un mélange d'Europe et d'Afrique dans son architecture et dans sa culture aussi. Après avoir passé deux journées en ville, on a pris un taxi pour aller dans les dunes autour du Lac Rose, ou Lac Retba. Là, mon copain, Scott, s'est baigné dans le lac où tout flotte. Moi, j'ai regardé les femmes extraire le sel du fond du lac.

NADINE: Pourquoi est-ce qu'on l'appelle le Lac Rose?

**tomber d'aplomb** *beat straight down (the sun)*

LAURENCE: C'est un lac très salé. On dit qu'il est dix fois plus salé que la mer… Et quand le soleil tombe d'aplomb°, le lac est rose à cause de la réflexion de la lumière sur le sel au fond du lac. C'est très joli…

KATIA: Qu'est-ce que vous avez vu d'autre?

LAURENCE: Le lendemain, nous avons pris un car rapide³ pour aller à Joal-Fadiout⁴. Nous avions réservé une chambre dans une auberge à Joal. Mais tu ne croiras jamais ce qui nous est arrivé! Nous n'avons pas compris que c'était deux villes séparées—Joal et Fadiout. Nous sommes descendus du car à Fadiout et nous avons continué à pied pour aller jusqu'à Joal. Au bout d'une heure, il a commencé à faire nuit et nous avons eu peur… Il faisait noir et on voyait mal la route. En plus, il y avait toutes sortes de bruits.

NADINE: Brr… Tu plaisantes, non?

²Dakar, située sur la presqu'île du Cap Vert, est une ville de 2 500 000 habitants. C'est une des plus grandes agglomérations de l'Afrique de l'Ouest.

³un car rapide *(a minivan or bush taxi)*: un car de 10 à 20 personnes qui emmène les gens dans les villages de la campagne. Un billet en car rapide coûte moins cher qu'un taxi mais les heures d'arrivée et de départ peuvent être incertaines. Alors pensez à emporter un sandwich et de l'eau!

⁴Joal et Fadiout sont des villages de pêcheurs situés à peu près à 135 kilomètres au sud de Dakar. Joal est la ville où Léopold Sédar Senghor, le premier président de la République sénégalaise (1960–1980), est né (1906). Fadiout est une ville qui attire beaucoup de touristes à cause de ses coquillages *(sea shells)*.

LAURENCE: Non, je t'assure… Nous nous trouvions en pleine campagne et nous avions vraiment peur de nous perdre. Il n'était pas tard, à peine 7h du soir, mais la nuit vient vite. Dès que nous avons vu quelqu'un, nous avons demandé notre chemin. Une dame qui parlait français nous a dit que Joal était assez loin—de l'autre côté d'un petit bras de mer et qu'il valait mieux° que quelqu'un nous y emmène en voiture. Finalement, c'est son frère qui nous a emmenés et nous a aidés à trouver l'auberge. Le jeune homme qui s'occupait de l'auberge nous a traités en amis°. Abdou nous a donné des noms africains et, le jour suivant, il nous a fait visiter son village où nous avons fait la connaissance de sa famille. Sa mère nous a servi du thé. Elle était très gentille. Dans l'après-midi, il nous a emmenés à Fadiout pour visiter l'île constituée de coquillages°… Grâce à Abdou nous avons eu une expérience vraiment extraordinaire.

NADINE: J'imagine que ce monsieur parlait français?

LAURENCE: Oui, mais avec un accent qui n'est pas le même que celui de Paris ou celui de Montréal. Tu sais au XVIIe siècle, les Français se sont installés au Sénégal. Le Sénégal est devenu indépendant en 1960 mais le français est toujours la langue officielle. Les gens parlent la langue de leur groupe ethnique[5] et le français.

NADINE: Alors, Abdou parlait français et, quoi, wolof?

LAURENCE: Oui, wolof avec sa famille. Je ne comprenais pas quand les gens parlaient wolof entre eux, bien sûr. Mais en général, on s'est bien débrouillés°.

*À suivre*

**il valait mieux** *it would be better*

**traiter en ami** *befriend*

**coquillages** *shells*

**se débrouiller** *to manage, get along*

---

[5] Les Wolofs constituent le plus grand groupe ethnique du Sénégal. Le wolof est la langue principale du Sénégal: à peu près 80% des Sénégalais parlent wolof.

## Observation et analyse

1. Où est-ce que Laurence a passé ses vacances? Qu'est-ce qui lui est arrivé d'intéressant?
2. Pourquoi est-ce qu'elle a dû marcher pendant une heure?
3. Quelles langues est-ce que les Sénégalais parlent? Expliquez.
4. Est-ce que vous pensez que la petite aventure de Laurence est vraie? Expliquez.

## Réactions

1. Est-ce que vous avez déjà voyagé en Afrique de l'Ouest? Si oui, qu'est-ce que vous avez pensé de cette région? Sinon, qu'est-ce que vous savez des pays francophones d'Afrique?
2. Quels accents français est-ce que vous connaissez, de réputation ou par expérience personnelle? Savez-vous les origines de certains de ces accents? Et quels accents américains est-ce que vous connaissez?

# Expressions typiques pour...

## Raconter une histoire

### Prendre la parole

Est-ce que tu sais ce qui (m')est arrivé?
Tu ne croiras jamais ce qui (m')est arrivé!
Écoute, il faut que je te raconte quelque chose.
Devine ce que je viens de faire!

### Céder la parole à quelqu'un

Dis-moi (vite)!                          Je t'écoute.
Raconte!                                 Qu'est-ce qui s'est passé?

## Lier une suite d'événements

### Commencer

D'abord...                               Quand (je suis arrivé[e])...
Au début...                              J'ai commencé par (+ infinitif)...

### Continuer

Et puis...                               Un peu plus tard...
Alors...                                 Tout à coup...
Ensuite...                               Avant (de)...
Au bout d'un moment...                   Après...
En même temps/Au même moment...

### Terminer

Enfin...                                 À la fin...
Finalement...                            J'ai fini par (+ infinitif)...

# Mots et expressions utiles

## À la douane *(customs)* / Aux contrôles de sûreté *(security)*

l'agent/l'agente de sûreté *security officer*
le douanier/la douanière *customs officer*
le passager/la passagère *passenger (on an airplane)*

confisquer *to confiscate*
déclarer (ses achats) *to declare (one's purchases)*
déclencher une alarme sonore *to set off the alarm*
faire de la contrebande *to smuggle goods*
faire une fouille corporelle *to do a body search*
fouiller les bagages/les valises *to search, go through baggage/luggage*
montrer son passeport/sa carte d'identité *to show one's passport/identification card*
passer à la douane/aux contrôles de sûreté *to go through customs/security*
passer dans un appareil de contrôle radioscopique *to go through x-ray security*
payer des droits *to pay duty/tax*

---

**Commencer par** indicates the first action in a series.

---

**avant** + noun; **avant de** + infinitive: **avant midi/avant de partir; avant que:** see **Chapitre 7** for this form.

---

**après** + noun/pronoun; **après** + past infinitive (inf. of auxiliary + past part.): **après minuit/après avoir lu**

---

**Finir par** means to *end up doing something* after other options have been considered: **D'abord nous voulions aller en Louisiane, puis nous avons pensé à la Martinique et à la Guadeloupe. Nous avons fini par aller à Haïti.**

poser les objets sur le tapis de l'appareil de contrôle radioscopique *to put objects on the belt*

se présenter à la douane/aux contrôles de sûreté *to appear at customs/security*

reprendre les objets ou vêtements après le passage sous le portique de détection *to take back objects or clothes after passing through the x-ray machine*

## L'avion

débarquer *to get off*
embarquer *to go on board*

## Divers

se débrouiller *to manage, get along*

**Mise en pratique**

Anne raconte les **contrôles de sûreté** et de **douane** de son retour aux États-Unis: «Eh bien, avant de quitter Paris-Charles de Gaulle, nous avons dû passer aux contrôles de sûreté. Il y avait beaucoup de voyageurs ce week-end-là. Et comme les **agents** faisaient des **fouilles corporelles**, ça a pris plus de temps que d'habitude. Quand nous sommes arrivés à New York, nous nous sommes présentés à la **douane**, avec nos **bagages**, bien sûr. Mon mari et moi devions **déclarer nos achats**. Vous savez que j'avais acheté pas mal de cadeaux. Après nous avoir posé des questions, la **douanière a fouillé nos valises**. Elle devait croire que nous **faisions de la contrebande**! Elle n'a rien trouvé d'illégal, mais elle a confisqué des bijoux au monsieur qui était derrière nous. Il avait acheté du jade en Thaïlande et il **ne l'avait pas déclaré**.»

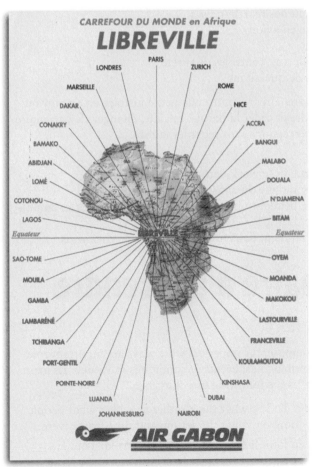

Quels pays francophones est-ce que vous connaissez en Afrique? en Europe? en Amérique? Dans quel pays est Bangui? Et Abidjan?

## Activités

**A. Les événements.** Racontez une suite de trois à cinq événements pour chaque sujet suivant. Utilisez les expressions pour lier une suite d'événements de la liste d'*Expressions typiques pour...*

> MODÈLE: comment vous avez commencé votre journée
> *D'abord, je me suis réveillé(e) à 6h30. **Au bout d'un moment** je me suis levé(e). **Puis**, je me suis lavé(e) et je me suis habillé(e). **Ensuite**, j'ai fait mon lit. Quand j'ai **finalement** bu mon café, il était déjà 7h30.*

1. comment vous vous êtes préparé(e) à vous coucher hier soir
2. ce qui s'est passé en cours de français hier
3. ce que vous (et vos parents) avez fait pendant votre première visite sur le campus
4. comment vous avez étudié pour votre dernier examen
5. ce que vous avez fait hier soir

**B. Vous êtes le prof.** Vos élèves ne comprennent pas leur vocabulaire. Aidez-les à l'apprendre en donnant un synonyme pour les expressions suivantes. Utilisez les *Mots et expressions utiles.*

1. dire ce qu'on a acheté
2. introduire illégalement des marchandises
3. celui/celle qui voyage en avion
4. descendre de l'avion
5. celui/celle qui travaille aux contrôles de sûreté
6. inspecter les affaires de quelqu'un

**C. Racontez!** Avec un(e) partenaire, racontez une petite histoire en employant les expressions pour prendre et céder la parole. Ensuite, changez de partenaire et utilisez à nouveau les expressions sans regarder la liste.

SUJETS POSSIBLES:
1. ce qui s'est passé pendant le week-end
2. les potins *(gossip)* du monde du cinéma ou de la chanson
3. ce qui vous est arrivé pendant un rendez-vous avec votre petit(e) ami(e) récemment
4. ce qui s'est passé récemment dans un aéroport près de chez vous

# La grammaire à apprendre

## L'emploi de l'imparfait

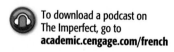
To download a podcast on The Imperfect, go to **academic.cengage.com/french**

**A.** Along with the **passé composé**, the imperfect tense plays an important role when telling a story or describing past events or conditions in French. Its main emphasis is on description, as the following uses illustrate:

- *Background description:* To say what the weather was like; what people were doing; what was going on; what the setting and time frame were.

  C'**était** il y a trois ans, en juin. Il **faisait** très beau ce jour-là. Tout le monde s'**amusait** à la plage.

- *Habitual, repetitive action:* To describe or state past events that were repeated for an unspecified period or number of times.

  CLUES: **souvent; d'habitude; chaque semaine; toujours; tous les jours, tous les lundis,** etc.

  On **allait souvent** au bord de la mer. Mes frères **étaient** petits, donc c'**était** facile.

- *Conditions or states of mind:* To describe states or conditions that continued over an unspecified period of time.

  CLUES: **savoir, connaître, penser, être, avoir, vouloir, pouvoir, aimer, détester** (abstract verbs)

  Tout ce que je **voulais** faire, c'**était** me reposer et m'amuser avec mes frères.

- *Continuous actions:* To describe how things were or to describe an action that was going on when another action (in the **passé composé**) interrupted it.

  Un jour je **dormais** sur le sable chaud quand soudain j'ai entendu des appels au secours qui **venaient** de la mer.

  NOTE: To express that the action *had been going on* for a period of time before it was interrupted, use imperfect + **depuis.** This is the past equivalent of present + **depuis.**

  C'était Julien, mon petit frère. Apparemment, il **était** en difficulté **depuis** quelques minutes.

- With *venir de + infinitive:* To describe an action that *had just* happened. Notice that this is the past tense equivalent of **venir de** (present tense) + infinitive.

  Je me suis levé à toute vitesse; j'ai couru vers lui aussi vite que j'ai pu et puis je l'ai rejoint à la nage. Je **venais** de l'atteindre quand j'ai vu une vedette à moteur *(motor boat)* qui approchait.

B. The imperfect can also be used with **si** to carry out functions such as:

- inviting someone to do something

  Si nous **dînions** au restaurant ce soir?

  *How about having dinner at a restaurant this evening?*

- suggesting a course of action

  Si je **faisais** des réservations?

  *Why don't I make reservations?*

- expressing a wish or regret

  Ah, si seulement j'**étais** riche!

  *If only I were rich!*

# Activités

**A. Votre enfance.** Posez les questions suivantes à un(e) camarade. Faites un résumé de ses réponses à la classe.

1. En général où est-ce que tes parents et toi, vous alliez en vacances quand tu étais petit(e)?
2. Qu'est-ce que tu faisais pour t'amuser avec tes amis? Est-ce que vous vous disputiez souvent?
3. Qu'est-ce que tu voulais devenir? Et maintenant?
4. Dans quelle sorte de logement est-ce que tu habitais?
5. Tu aimais l'école? Tu lisais beaucoup?

**B. Invitations.** Faites les propositions suivantes en utilisant **si + l'imparfait.** Variez les sujets. Votre partenaire doit répondre.

MODÈLE: aller au concert
  —*Si nous allions au concert?*
  —*Oui, c'est une bonne idée.*

1. faire une promenade sur la plage
2. voir le dernier film de Brad Pitt
3. prendre un verre à votre café préféré
4. sortir ensemble demain soir
5. venir chez vous pour le dîner
6. boire un peu de champagne pour fêter un événement

Les vacances à la mer restent toujours très attrayantes pour les Français. Ils sortent moins de leurs frontières que les habitants des autres pays européens parce qu'ils y trouvent une grande variété de destinations telles que la Bretagne et la région Provence-Alpes-Côte d'Azur. (Adapté de Gérard Mermet, *Francoscopie 2007*, Larousse, p. 480.)

Est-ce que vous alliez souvent à la plage quand vous étiez petit(e)? Où?

**C. À l'école en France.** Jessica, une jeune Américaine, a fait sa quatrième année d'école primaire en France parce que son père avait été muté *(transferred)* à Nancy pour un an. Aidez-la à faire la description de son séjour en France avec des notes qu'elle a prises.

Je / avoir / dix ans à cette époque-là. Je / parler / très peu le français. Malheureusement, en France, toutes mes leçons / être / en français. Je / devoir / faire les maths et les sciences en français! Le pire, ce / être de parler / avec les autres / pendant la récréation *(recess)*. Je / me sentir / toute seule / au début. Personne ne / parler / anglais. Après deux mois, il / se produire (passé composé) / un miracle. Je / commencer / à tout comprendre et à m'exprimer en français. Maintenant je / se débrouiller / toujours bien en français.

# La grammaire à apprendre

## L'emploi du passé composé

**A.** Whereas the **imparfait** describes past actions or conditions with reference to their continuation, the **passé composé** describes past events from the point of view of their completion:

 To download a podcast on The **passé composé** vs. The Imperfect, go to **academic.cengage.com/french**

* *Completed, isolated action:* A reported event tells what happened or what someone did.

  Je **suis allée** faire du ski.

* *Action completed in a specified period of time:* The beginning and/or end of the period is specified.

  J'**ai passé** une semaine dans une station de ski.

* *Action that happened a specific number of times:* The number of times an action occurred is detailed or implied.

  Je **suis allée** quatre fois sur les pistes.

* *Series of events:* A series of actions that advance the story are reported. Each answers the question, "And what happened next?"

  Le dernier jour de mes vacances je **suis montée** sur le télésiège *(chair-lift)* comme d'habitude. Une fois arrivée, j'**ai respiré** à fond *(took a deep breath)*; je **me suis mise** en position de départ; je **me suis concentrée**; j'**ai pris** mes bâtons de ski; et je **suis partie**. Je **suis arrivée** en bas sans tomber une seule fois. C'était la première fois!

* *Change in state or condition:* Something occurs which causes alteration of an existing state or condition.

  Avant de descendre du télésiège, j'avais peur de tomber. Quand je **me suis rendu compte** que j'allais réussir un parcours *(ski run)* sans chute *(fall)*, j'**ai été** très heureuse.

**B.** A few abstract verbs have special meanings when used in the **passé composé**:

| | Imparfait | | Passé composé | |
|---|---|---|---|---|
| savoir | je savais | *I knew* | j'ai su | *I found out* |
| pouvoir | je pouvais | *I could/was able* | j'ai pu | *I succeeded in* |
| vouloir | je voulais | *I wanted (to)* | j'ai voulu | *I tried to* |
| | | | je n'ai pas voulu | *I refused to* |

Ce jour-là j'**ai pu** skier sans tomber… Le soir je **savais** que le ski allait devenir une passion.

## *Liens culturels*

## Les vacances—c'est sacré!

Depuis 1982, la loi garantit à chaque travailleur salarié français cinq semaines annuelles de congés payés. Beaucoup, par le jeu de l'ancienneté ou de conventions particulièrement avantageuses, disposent en fait de plus de cinq semaines de congés annuels. Malgré les efforts du gouvernement pour encourager les Français à étaler *(spread out)* leurs congés sur l'année, beaucoup de Français prennent leurs vacances en juillet et août. En général, 48,3% des séjours personnels ont lieu en juillet et en août.

Mais où vont les Français? Comme dans les années précédentes, la mer et la campagne sont les destinations les plus populaires. Cinquante-cinq pour cent des vacanciers font des séjours chez des proches (parents ou amis). Un Français sur six n'est jamais parti en vacances pour des raisons diverses. La nouveauté est que le nombre de séjours de courte durée est maintenant supérieur à celui des départs de longue durée. La situation économique en France ne favorise pas les vacances de longue durée. Par ailleurs les gens invoquent les «accidents» de la vie comme une maladie ou un accident, ou encore le divorce ou le licenciement *(layoff)* comme raisons de ne pas prendre de vacances et de rester chez eux.

Où sont ces gens? Qu'est-ce qu'ils font?

Il faut ajouter que, depuis 1989, la France est la première destination mondiale des touristes. En nombre de séjours d'étrangers, l'Espagne et les États-Unis viennent en seconde et troisième positions.

À votre avis, quels sont les avantages et les inconvénients d'avoir cinq semaines de congés payés par an pour un pays et pour ses habitants? Si vous aviez cinq semaines de vacances, est-ce que vous les prendriez toutes ensemble ou est-ce que vous les étaleriez sur l'année?

Adapté de Gérard Mermet, *Francoscopie 2007* (Larousse, pp. 470–486).

## Comparaison entre l'imparfait et le passé composé

Almost any time that you tell a story in French, you need to use a combination of past tenses. Study the comparison chart below to further your understanding of the **imparfait** and the **passé composé**.

**Imparfait**

Delphine **allait** souvent à Nantes pour rendre visite à ses grands-parents. *(habitual, repetitive action)*

C'**était** un jour splendide.

Il **faisait** beau dans la ville, mais il ne **faisait** pas trop chaud. *(background description)*

Delphine **voulait** acheter un petit cadeau pour sa grand-mère. *(condition/state)*

Distraite par ses pensées, elle **marchait** sans regarder devant elle… *(continuing action)*

qui **regardait** une vitrine. *(condition/state)*

**Passé composé**

Elle y **est allée** trois fois l'été passé. *(specific number of times)*

Pendant sa dernière visite, quelque chose de formidable **s'est passé.** *(specified period of time)*

Elle **est tombée** amoureuse. *(completed, isolated action)*

Alors, elle **a pris** son sac et elle **est sortie** de la maison. Elle **a traversé** la rue, puis elle **a tourné** à gauche. *(series of events)*

jusqu'au moment où elle **a bousculé** *(bumped into)* un jeune homme *(interruption)*

Surpris, ils **ont** tous les deux été gênés *(change in mental state)* et ils **ont commencé** à s'excuser. Cela **a été** le début d'un amour qui semble être éternel! *(specified period of time)*

NOTE: Although certain words may provide clues to a particular tense (e.g., **souvent** for the **imparfait** and **tout à coup** for the **passé composé**), the context will always provide the most help.

# Activités

**A. Comparaison.** Retournez à la *Conversation* de cette leçon et relisez l'histoire racontée par Laurence. Justifiez l'emploi du passé composé ou de l'imparfait dans chaque phrase en indiquant de quelle sorte de condition ou d'action il s'agit.

**B. À compléter.** Terminez les phrases suivantes en utilisant un verbe à l'imparfait pour indiquer le contexte des actions.

1. Hier soir j'ai téléphoné à mon ami(e) parce que…
2. Je n'ai pas fait mes devoirs parce que…
3. Quand je me suis couché(e), mon chien…

Terminez les phrases suivantes en utilisant un verbe au passé composé qui indique l'action survenue *(intervening)*.

4. Je dormais depuis une demi-heure quand le téléphone…
5. J'étais certaine que c'était Jacques, alors je…
6. J'avais raison. Pendant un quart d'heure nous…

Terminez les phrases suivantes en utilisant un verbe à l'imparfait ou au passé composé, selon le contexte.

7. Le lendemain il faisait très beau, par conséquent nous…
8. Je venais de finir mon livre quand…
9. Puisque j'étais très fatigué(e), je…

Additional activity: Mettez l'histoire de Judith au passé.

Tu ne croiras jamais ce qui m'_____ (arriver) pendant mon dernier séjour à Paris. C'_____ (être) l'été dernier. Il _____ (faire) beau et chaud, mais j'_____ (avoir) beaucoup de difficultés. D'abord on _____ (voler) mes chèques de voyage à l'aéroport d'Orly. Donc je (j') _____ (passer) tout de suite à American Express. Ensuite, je _____ (laisser) mon passeport et mon portefeuille dans un taxi! Alors, je (j') _____ (passer) des heures à l'Ambassade américaine. Ce _____ (être) très difficile d'obtenir un autre passeport sans pièces d'identité. Plusieurs jours après, je (j') _____ (perdre) mes nouveaux chèques de voyage. Donc, je (j') _____ (aller) encore une fois à American Express. Après tout cela, j'_____ (être) très déprimée. Heureusement que j'_____ (avoir) des amis avec qui je _____ (sortir) tous les soirs. Ils me (m') _____ (remonter) le moral *(raised my spirits)*. Grâce à eux, le séjour _____ (ne pas être) une catastrophe. Je (J') _____ (pouvoir) visiter la ville et revoir des amis parisiens. La prochaine fois je ferai plus attention à mes affaires.

**C. Les aventures d'un chat.** Karine a une histoire à raconter à propos de son chat.[6] Remplissez les blancs avec l'imparfait ou le passé composé du verbe entre parenthèses, selon le cas.

—Tu ne croiras jamais ce qui m'est arrivé!

—Raconte!

—Eh bien, l'autre jour je _____ (se faire bronzer) dans la cour quand je _____ (entendre) un chat. Les sons _____ (sembler) venir de l'autre côté de notre clôture *(fence)*. Bon, alors, je (j') _____ (courir) à toute vitesse puisque je _____ (s'attendre) à trouver mon chat mort à la suite d'une bagarre avec un autre animal. Mais ce _____ (ne pas être) le cas. Mon chat noir, bien vivant, _____ (être) là avec sa proie *(prey)*, une petite souris grise. Évidemment, il _____ (être) tellement fier de sa prouesse qu'il _____ (vouloir) me la montrer. D'abord je _____ (se fâcher) parce qu'il m'avait fait peur. Mais, au bout de quelques secondes, j'_____ (être) très contente. Mon chat, normalement indifférent à tout humain, m'avait invitée à entrer dans son monde à lui pendant quelques instants.

[6] Plus de la moitié des familles françaises ont un animal domestique. On dit que les intellectuels, les artistes, les instituteurs et les fonctionnaires préfèrent les chats, tandis que les commerçants, les artisans, les policiers, les militaires et les contremaîtres *(factory supervisors)* aiment mieux les chiens. (Adapté de *Francoscopie 2007*, Larousse, p. 186-87)

**D. En vacances.** Voici les pensées de M. Thibault pendant une journée lors de *(at the time of)* ses vacances à Paris. Le soir, il veut écrire ses pensées dans un journal. Récrivez les événements au passé pour son journal, en faisant attention au temps du verbe.

Ce matin il fait chaud et il y a du soleil. J'espère voir le soleil toute la journée. Je vais au syndicat d'initiative à dix heures parce que je veux faire une excursion dans le Val de Loire. Les employés du syndicat me donnent beaucoup de renseignements utiles. Avec leur aide je sais où m'adresser pour louer une voiture. Je les remercie.

La circulation à Paris est épouvantable et éprouvante, comme d'habitude, mais je réussis à sortir de la ville sans incident. Je conduis depuis une demi-heure quand j'entends un bruit d'éclatement *(blowout)*. Zut, alors! Un pneu crevé! Je veux changer le pneu mais je ne sais pas comment faire. Il y a une station-service qui n'est pas trop loin, et donc je décide d'y aller à pied.

Il n'y a pas cinq minutes que je marche quand il commence à pleuvoir et qu'il se met à faire froid. Ce n'est pas mon jour de chance! Enfin j'arrive à la station-service où l'on m'aide. Au bout d'une heure, je peux reprendre la route du Val de Loire!

## Interactions

**A. Une histoire.** Racontez une histoire en français (au passé, bien sûr). Décrivez quelque chose qui vous est arrivé. Mettez autant de détails que possible. N'oubliez pas de lier les événements avec les expressions que vous venez d'apprendre. Après, vos camarades de classe vous poseront des questions pour deviner si votre histoire est vraie ou fausse.

MODÈLE: *Alors, un jeune Français, qui avait très faim, est entré dans un restaurant qui se trouvait dans la banlieue de Londres. Il a demandé à la serveuse:*
*—Mademoiselle, s'il vous plaît, donnez-moi le plat du jour et... un petit mot aimable.*
*Au bout de quelques instants elle lui a apporté le plat. Puis elle est retournée à la cuisine. Le Français l'a rattrapée et lui a demandé:*
*—Et mon petit mot aimable?*
*Alors, elle s'est penchée à son oreille et lui a dit:*
*—Ne mangez pas ça.*

**B. Une autre histoire.** Travaillez en groupes de quatre étudiants. Chaque personne raconte une petite histoire. Les autres répondent d'une manière appropriée en utilisant des expressions que vous venez d'apprendre.

SUJETS POSSIBLES: la première fois que vous avez conduit une voiture, ce que vous avez fait hier soir, des vacances récentes, le jour où vous avez fait la connaissance d'un(e) très bon(ne) ami(e), etc.

## Premier brouillon  Dossier personnel

1. After you have chosen your topic in **Leçon 1,** organize the notes you have written by thinking about these important elements of a narrative:
*Characters:* for example, how old were the characters at the time of the incident? What did they look like? How were they dressed?
*Setting:* if it is important to your narrative, give descriptive details about the time and place.
*Plot:* because you are telling about something that really happened, you know the basic plot. Will there be a conflict? What final words will you use to close your narrative?

2. Begin writing your introductory paragraph by focusing on the topic sentence that describes the incident for the reader. Use your opening paragraph to get your reader's attention.

3. Write two or three paragraphs in which you use details to describe the events. Since this is a narrative about a past event, you will have to make decisions about your use of the **imparfait** and **passé composé.**

4. Write a concluding paragraph in which you end your story with a description of the last event.

**Phrases:** Writing an essay; describing people, objects, weather; sequencing events
**Vocabulary:** Clothing; women's clothing; colors; hair colors
**Grammar:** Compound past tense; imperfect

Hôtel OLYMPIA
℡ 02 48 70 49 84
42 chambres ** NN
66, av. d'Orléans
18000
BOURGES
Fax : 02 48 65 29 06

La Croix Verte
HOTEL - RESTAURANT - SALON DE THE
Benoit PIETTE

# Leçon 3

## Comment raconter une histoire

 Track 13

### Conversation (CONCLUSION)

**Rappel:** Have you reviewed the **plus-que-parfait**? (Text p. 134 and Workbook p. 85)

> **Premières impressions**
>
> **Soulignez:**
> - les expressions qu'on emploie pour encourager celui/celle qui raconte
> - les petites expressions qu'on utilise pour gagner du temps quand on parle
>
> **Trouvez:**
> - ce qu'on peut faire à La Nouvelle-Orléans

*Les amies continuent à se raconter leurs aventures de voyages exotiques.*
*Deux ans avant d'aller au Sénégal, Laurence était allée en Louisiane.*

NADINE: Mais, Laurence, avant ton voyage au Sénégal, tu étais allée à La Nouvelle-Orléans, n'est-ce pas?

LAURENCE: Ben oui, c'était pendant l'été 2004, un an avant l'ouragan Katrina. C'était une autre destination exotique… Tu ne croiras jamais ce qui nous est arrivé là, à Marc et à moi! Un jour, on est allé dans les bayous. On était dans une barque° et on regardait les crocodiles sur la rive° et dans l'eau, autour de nous. Tout à coup, il y en a un qui a arraché° le nounours° d'un enfant, sous nos yeux, dans notre barque!

NADINE: Ce n'est pas vrai… Raconte!

LAURENCE: Si, je t'assure. L'enfant était assis entre ses parents. Notre guide, qui était Cajun, nous a rassurés, mais je crois que tout le monde avait peur qu'il n'y ait une autre attaque et qu'elle ne soit plus grave.

NADINE: Et alors? Qu'est-ce que vous avez fait après cet incident?

LAURENCE: Tu sais, le guide a bien compris que nous avions tous peur, et il a fait demi-tour. Nous sommes donc partis plus tôt que prévu. C'est impressionnant, une gueule° de crocodile grande ouverte…

NADINE: C'est même difficile à imaginer, tu sais.

KATIA: À part ça, La Nouvelle-Orléans t'a plu? Qu'est-ce qu'il y avait d'intéressant à voir?

LAURENCE: Bon, euh, il y avait le quartier français, euh, le Vieux Carré, qui était un quartier très diversifié. L'architecture… les balcons, les maisons, enfin, tout était de style espagnol. Et puis il y avait le jazz, partout, et pratiquement du matin au soir. C'était fou! Dans les cafés, dans la rue, tu entendais toujours des airs de jazz, les grands tubes° du Dixie. Ça faisait assez rétro°, comme ambiance! Je me demande ce qu'il reste de tout cela, maintenant.

NADINE: Moi aussi… D'après ce que j'ai lu dans les journaux, ces temps-ci, le quartier français a retrouvé la vie. C'est le centre de la vie nocturne. Même si ce n'est pas la même chose qu'avant le cyclone, il

**une barque** *small boat*
**la rive** *bank*
**arracher… de** *to grab … from* / **le nounours** *teddy bear*

**une gueule** *mouth (of an animal)*

**un tube** *hit* / **rétro** *typical of a past style (1930s)*

une digue *sea wall*

y a de l'animation et chacun y met du sien. Mais les quartiers qui ont le plus souffert, ceux qui ont été dévastés par la rupture des digues° et qui sont restés sous l'eau pendant des semaines, sont encore des terrains vagues qui sentent la désolation.

LAURENCE: Tu sais... Katrina était un cyclone de catégorie 5... Il a été très meurtrier et a ravagé toute la région, pas seulement la Louisiane, mais le Mississipi, l'Alabama. Et ce n'est pas seulement la côte qui a souffert, mais l'intérieur des terres aussi: maisons, villages, entreprises, routes, champs, forêts, tout!

NADINE: En fait, je pense y aller cet hiver, comme volontaire. Je voudrais aider, même si c'est de façon minime, à la reconstruction. Ça te dirait de venir avec moi, avec une association?

## Observation et analyse

1. Décrivez ce qui s'est passé dans les bayous.
2. Parlez de l'architecture de La Nouvelle-Orléans.
3. Quelle sorte de musique est-ce que Laurence a entendue?
4. Est-ce que vous pensez que La Nouvelle-Orléans a plu à Laurence? Expliquez.

## Réactions

1. Quelle autre ville est-ce qu'on peut comparer avec La Nouvelle-Orléans? Est-ce que vous y êtes allé(e)?
2. Quelle sorte de musique est-ce que vous préférez? Quand est-ce que vous écoutez de la musique? Vous êtes amateur/animatrice de musique *(music lover)*?
3. Quel âge aviez-vous quand le cyclone Katrina s'est abattu sur la côte sud des États-Unis? Quels souvenirs avez-vous de cette fin de mois d'août 2005?

Est-ce que vous aimez le jazz?

# Expressions typiques pour...

## Gagner du temps pour réfléchir

### Au début de la phrase

Enfin…
Eh bien…
Euh…
Tu sais/vois…/Vous savez/voyez…
Bon…

D'après moi/ce qu'on m'a dit…

Ben… *(familiar)*
Dis/Dites donc… *(By the way, tell me . . .)*
À propos… *(By the way . . .)*
En fait *(In fact . . .)*

### Au cours du récit

… enfin…
… euh…
… alors…

… donc…
… et puis…

… et puis ensuite…
… mais…

… de toute façon/en tout cas… *(. . . in any case . . .)*

### À la fin de la phrase

… n'est-ce pas?
… quoi?
… tu vois/vous voyez?

… tu sais/vous savez?
… tu comprends/vous comprenez?

… tu ne crois pas/vous ne croyez pas?
… hein? *(familiar)*

… voilà.

Draw attention to the importance of the expression **euh** in French to replace the English pause word *umm*. Teach correct pronunciation—lips pursed and tongue in low central position. Have students practice by inserting as many **euh**'s as possible into responses to simple oral questions. [For additional ideas on teaching pause words, see Judith G. Frommer and Wayne Ishikawa, "Alors… euh… on parle français?", *French Review*, vol. 53, no. 4 (March 1980), pages 501–506.]

## Réagir à un récit

### Exprimer la surprise

Non!
C'est incroyable!
Vraiment?
C'est (Ce n'est) pas vrai!/C'est vrai?
Sans blague! *(No kidding!—familiar)*
Tiens! *(familiar)*
Oh là là! *(familiar)*
C'est (vachement *[very]*) bizarre! *(familiar)*
Ça alors! *(intonation descendante)*

### Dire que l'on comprend

Oui, oui.
Je comprends.
Et alors? *(intonation ascendante)*

### Exprimer l'indifférence

Ça ne me surprend pas.
Ça ne m'étonne pas.
Et alors? *(intonation descendante)*
C'est tout?

### Encourager celui/celle qui raconte

Et qu'est-ce qui s'est passé après?
Qu'est-ce que tu as fait après?
Est-ce que tu savais déjà… ?
Est-ce que tu t'étais déjà rendu compte que… ?

NOTE: Any of these expressions can be used with **vous**.

## Liens culturels

## Pour vous aider à comprendre la conversation française...

L'expression orale comprend beaucoup plus que la grammaire et le vocabulaire. Les interlocuteurs utilisent aussi des petits silences, des sons («... euh...»), des mots («... enfin...»), et des expressions («... de toute façon...») qui n'ont pas de signification au sens propre du terme, mais qui ont plusieurs fonctions de communication.

Ces mots et ces silences nous permettent «de maintenir la communication entre la personne qui parle et la personne qui écoute; de donner à la personne qui parle le temps de réfléchir aux mots qui vont suivre; et de signaler à la personne qui écoute que la personne qui parle a fini ou n'a pas fini de parler». Faites attention à ne pas utiliser ces petits sons et mots trop souvent dans la conversation formelle. Vous n'auriez pas l'air très fin.

Écoutez bien les conversations françaises—vous allez reconnaître ces mots et ces expressions! Quels mots

De quoi est-ce qu'elles parlent? Est-ce que c'est une conversation intéressante?

ou sons est-ce qu'on utilise en anglais pour maintenir la communication? Est-ce qu'en général on entend ces mots et ces expressions dans d'autres modes de communication, par exemple, dans les débats politiques ou dans les actualités à la télé? Pourquoi?

(Chamberlain & Steele, *Guide pratique de la communication*, Didier, 1985, p. 114)

---

Warm-up: (questions for the day following the vocabulary presentation)

1. Est-ce que tu te souviens de la dernière fois où tu as dormi dans un hôtel? Est-ce que tu avais réservé en avance? 2. Comment était le/la réceptionniste? Obligeant(e) *(Helpful)*? Désagréable? Aimable? 3. Quel type de chambre est-ce que tu avais? 4. Est-ce que t'es servi(e) du service d'étage? 5. Comment est-ce que tu as réglé la note?

## Mots et expressions utiles

### L'hôtel

**une chambre à deux lits**  *double room (room with two beds)*
**une chambre avec douche/salle de bains**  *room with a shower/bathroom*
**une chambre de libre**  *vacant room*
**la clé**  *key*
**un grand lit**  *double bed*

**le service d'étage**  *room service*
**la réception**  *front desk*
**le/la réceptionniste**  *hotel desk clerk*
**réserver/retenir une chambre**  *to reserve a room*

**payer en espèces/par carte de crédit/avec des chèques de voyage/par carte bancaire[7]**  to *pay in cash/by credit card/in traveler's checks/by bank card*
**régler la note**  *to pay, settle the bill*

### Divers

**arracher... de**  *to grab . . . from*

---

[7] En France, en dehors des grandes villes, il est difficile de payer avec des chèques de voyage. Les commerçants, et même les petites banques, les refusent souvent à cause des nombreuses contrefaçons *(counterfeits)* qui circulent dans le monde entier. La carte bancaire est le moyen de payer le plus efficace. Mais avant de partir, pensez à informer la banque de votre voyage à l'étranger et des dates.

## Mise en pratique

Conversation à la **réception** de l'hôtel:

—Bonjour, madame. Est-ce que vous avez une **chambre de libre** pour une nuit?

—Oui, mademoiselle, il nous reste une **chambre à deux lits**.

—Oh, je n'ai besoin que d'un **grand lit**, mais... c'est une chambre **avec salle de bains**?

—Oui, il y a une salle de bains **avec douche**.

—Bon, ça va, je prends la chambre. Vous voulez que je **règle la note** maintenant?

—Non, je vais prendre l'empreinte de votre carte de crédit... Voilà la **clé**...

La Nouvelle-Orléans, en Louisiane

Des 734 345 Louisianais qui se reconnaissent d'origine française, 196 784 (à peu près 27%) parlent ou comprennent le français. (*Quid 2007*, p. 878b)

Est-ce que vous connaissez La Nouvelle-Orléans? Pourquoi est-ce que cette ville est célèbre? L'avez-vous déjà visitée?

## Activités

**A. Les réactions.** Vous vous trouvez à une soirée où les sujets de conversation sont variés. Quelle est votre réaction à ce que disent les gens autour de vous? Utilisez les *Expressions typiques pour...*

> MODÈLE: —Karine vient d'avoir des jumeaux...
> —*C'est vrai? Elle doit être contente!*

1. —... et puis ils ont divorcé...
2. —On m'a dit que Fanny et Paul fêtaient leur troisième anniversaire de mariage...
3. —De toute façon, je ne veux pas y aller avec vous.
4. —Bon, j'ai rentré ma voiture dans le garage et je suis entré dans le salon...
5. —Les Dechamp partent pour l'Afrique demain...
6. —Est-ce que tu peux croire que son fiancé sort avec une autre fille?

**B. Un film.** Un scénariste a écrit le dialogue ci-dessous pour un nouveau film. Récrivez son dialogue afin de le rendre plus naturel en insérant dans les phrases des expressions qui donnent du liant à la conversation. Jouez la scène avec un(e) camarade de classe.

> —Qu'est-ce que tu fais le week-end prochain?
> —Pas grand-chose. Je resterai à la maison, probablement.
> —Si nous allions faire du ski à Val Thorens?
> —C'est une bonne idée. Les pistes y sont excellentes.
> —Je ferai des réservations d'hôtel.
> —Je demanderai à mon frère de me prêter sa voiture.
> —Je te téléphone ce soir.
> —D'accord. Salut. À ce soir!

**C. À l'hôtel.** Imaginez que vous vous trouviez à la réception d'un hôtel en France. Jouez la scène avec un(e) camarade de classe. Demandez:

1. si une chambre est disponible
2. le prix de la chambre
3. comment on peut régler la note
4. où l'on peut garer sa voiture (dans le parking public; au sous-sol, dans la rue)

Le/La réceptionniste (votre partenaire) va vous demander:

1. combien de personnes sont avec vous
2. la durée de votre séjour à l'hôtel
3. le type de chambre que vous voulez
4. votre adresse

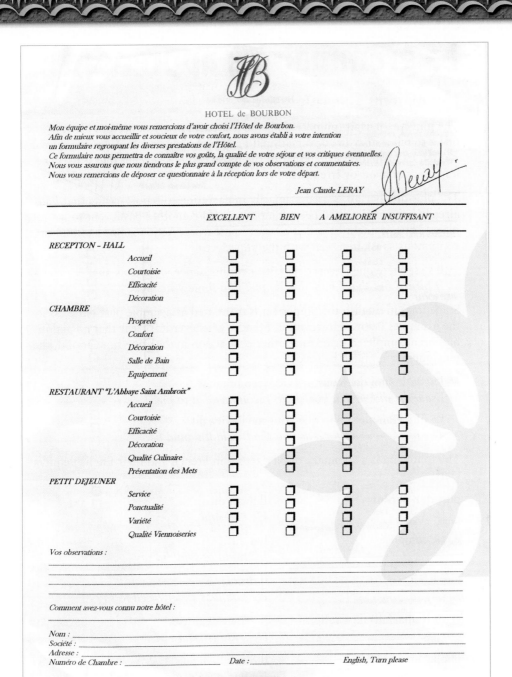

**HOTEL de BOURBON**

*Mon équipe et moi-même vous remercions d'avoir choisi l'Hôtel de Bourbon.*
*Afin de mieux vous accueillir et soucieux de votre confort, nous avons établi à votre intention*
*un formulaire regroupant les diverses prestations de l'Hôtel.*
*Ce formulaire nous permettra de connaître vos goûts, la qualité de votre séjour et vos critiques éventuelles.*
*Nous vous assurons que nous tiendrons le plus grand compte de vos observations et commentaires.*
*Nous vous remercions de déposer ce questionnaire à la réception lors de votre départ.*

*Jean Claude LERAY*

| | EXCELLENT | BIEN | A AMELIORER | INSUFFISANT |
|---|---|---|---|---|
| **RECEPTION – HALL** | | | | |
| Accueil | ☐ | ☐ | ☐ | ☐ |
| Courtoisie | ☐ | ☐ | ☐ | ☐ |
| Efficacité | ☐ | ☐ | ☐ | ☐ |
| Décoration | ☐ | ☐ | ☐ | ☐ |
| **CHAMBRE** | | | | |
| Propreté | ☐ | ☐ | ☐ | ☐ |
| Confort | ☐ | ☐ | ☐ | ☐ |
| Décoration | ☐ | ☐ | ☐ | ☐ |
| Salle de Bain | ☐ | ☐ | ☐ | ☐ |
| Equipement | ☐ | ☐ | ☐ | ☐ |
| **RESTAURANT "L'Abbaye Saint Ambroix"** | | | | |
| Accueil | ☐ | ☐ | ☐ | ☐ |
| Courtoisie | ☐ | ☐ | ☐ | ☐ |
| Efficacité | ☐ | ☐ | ☐ | ☐ |
| Décoration | ☐ | ☐ | ☐ | ☐ |
| Qualité Culinaire | ☐ | ☐ | ☐ | ☐ |
| Présentation des Mets | ☐ | ☐ | ☐ | ☐ |
| **PETIT DEJEUNER** | | | | |
| Service | ☐ | ☐ | ☐ | ☐ |
| Ponctualité | ☐ | ☐ | ☐ | ☐ |
| Variété | ☐ | ☐ | ☐ | ☐ |
| Qualité Viennoiseries | ☐ | ☐ | ☐ | ☐ |

*Vos observations :*
_____
_____
_____
_____

*Comment avez-vous connu notre hôtel :*
_____

*Nom :* _____
*Société :* _____
*Adresse :* _____
*Numéro de Chambre :* _____  *Date :* _____  *English, Turn please*

Mercure     ACCOR

Entreprise indépendante membre d'un réseau de franchise

De quelle sorte de brochure est-ce qu'on a détaché cette fiche? À quoi est-ce qu'elle sert? Avez-vous déjà rempli une telle fiche aux États-Unis? Où? Imaginez que vous la remplissiez après avoir joué la scène de l'exercice C à la page 162.

# La grammaire à apprendre

To download a podcast on The Pluperfect, go to **academic.cengage.com/french**

The **passé simple**, used mainly in works of literature, is listed in **Appendice D.**

## L'emploi du plus-que-parfait

The **plus-que-parfait** (pluperfect) is the last past tense you need to learn in order to tell a story in conversational French. As you saw in *La grammaire à réviser*, its formation is like that of the **passé composé** except that it uses the imperfect of **avoir** or **être** instead of the present tense form.

The **plus-que-parfait** is used primarily in narration to report events that *had* already happened or had been completed *before* another past event took place. Thus, it might be called a "past" past tense. Action is not habitual or continuous as is often seen with the imperfect.

> Il s'est avéré que j'**avais** déjà **fait** sa connaissance il y a trois ans.
> *It turned out that I had already met him three years ago.*

Sometimes in English the pluperfect is translated as a simple past tense, as in the examples below. However, in French, whenever it is clear that an action had been completed prior to another past action in the same time period, the **plus-que-parfait** must be used.

> J'ai vu le film que vous m'**aviez recommandé.**
> *I saw the movie that you (had) recommended to me.*

> Le film était aussi bon que vous me l'**aviez dit.**
> *The movie was as good as you (had) said it would be.*

The following is a summary of past tenses in French and their English equivalents:

| | |
|---|---|
| **plus-que-parfait** | Il avait dit... <br> *He had said . . .* |
| **passé composé** | Il a dit... <br> *He said/has said/did say . . .* |
| **imparfait** | Il disait... <br> *He said/was saying/used to say . . .* |
| venir (**imparfait**) de + infinitif | Il venait de dire... <br> *He had just said . . .* |
| **imparfait** + depuis | Il disait... depuis... <br> *He had been saying . . . for . . .* |

NOTE: The **plus-que-parfait,** when used with **si,** expresses a wish or regret about past events:

> Si seulement j'**avais gagné** à la loterie!
> Si seulement je n'**avais** pas **perdu** tout mon argent!

# Activités

**A. Un voyage.** Répondez aux questions suivantes sur votre dernier voyage.

1. Quels préparatifs est-ce que vous aviez déjà faits deux jours avant le départ?
2. Est-ce que vous aviez déjà visité cet endroit?
3. Où est-ce que vous avez dormi (dans un hôtel, chez des amis, etc.)? Est-ce que vous y aviez dormi auparavant *(before)*?
4. Avant de partir, qu'est-ce que vous aviez projeté de faire pendant le séjour? Est-ce que vous avez vraiment fait ce que vous aviez prévu?

**B. En métro.** Complétez l'histoire suivante sur un voyage en métro, en mettant le verbe entre parenthèses au passé composé, à l'imparfait ou au plus-que-parfait selon le cas.

On lui _____ (dire) que le métro parisien _____ (être) le meilleur du monde, mais Danielle _____ (n'en pas être) si sûre. Ce _____ (être) son premier séjour à Paris; elle _____ (venir) d'une petite ville du Québec. Elle _____ (voyager) seule et elle _____ (ne jamais prendre) le métro auparavant.

Elle _____ (vouloir) aller au Centre Pompidou[8] sur la place Beaubourg. D'après le plan de métro qu'elle _____ (consulter), Rambuteau _____ (sembler) être la station de métro la plus proche. Avec quelques palpitations, donc, elle _____ (aller) à la station Cambronne tout près de son hôtel et elle _____ (acheter) ses premiers tickets de métro au guichet, un carnet de dix tickets.

Elle _____ (prendre) la direction Charles-de-Gaulle-Étoile. Elle _____ (attendre) sur le quai l'arrivée de la rame *(subway train)*. Après être montée dans un wagon, elle _____ (se rendre compte) du fait qu'elle _____ (devoir) faire deux changements. Elle _____ (avoir peur) de se tromper de ligne, mais il _____ (s'avérer) qu'elle _____ (s'inquiéter) pour rien. Avec l'aide des plans de métro affichés partout dans les stations et dans les voitures, elle _____ (se rendre) à Rambuteau sans le moindre problème.

Est-ce que vous êtes déjà allé(e) à la Martinique[9]? Si oui, qu'y avez-vous fait? Sinon, est-ce que vous aimeriez y aller? Pourquoi?

# Le Jardin de Balata

## Conservatoire des Jardins et Paysages

*"C'est parce que le Jardin de BALATA est tout à fait extraordinaire et que son créateur JEAN-PHILIPPE THOZE, est animé d'une foi profonde dans l'art des jardins et du savoir-faire évident dans l'organisation végétale que le Conservatoire des Jardins et Paysages a accueilli ce site dans la chaîne des jardins d'exception"*

Claude SASTRE
*Sous-Directeur au Muséum d'Histoire*
*Vice-Président du Conservatoire des Jardins et Paysages*

MARTINIQUE

---

[8] Le Centre Pompidou est un musée d'art moderne.
[9] La Martinique, une île dans les Caraïbes, est un département français.

Activity C: Written preparation in advance may be helpful.

Additional activity: Group picture story. Distribute interesting magazine pictures (the more ambiguous the better) backed with lined paper to groups of 3 to 5 students. Students brainstorm questions about the pictures and write them on the back. Instructor collects each picture and set of questions to distribute to another group, which answers the questions to create a story in the past.

**C. Une lettre.** Crystelle a écrit une lettre à son amie américaine. Voici la version anglaise. Quelle était la version française originale?

---

Dear Jennifer,

Hi! How are you? I am doing fine. In fact, I had just returned from vacation when I received your letter.

The photos you sent me were great! No kidding! I recognized several historic sites I had studied in my civilization course.

You will not believe what happened to Philippe during our vacation at the beach. (You remember Philippe, don't you?) He was in the process of paying the hotel bill when a crazy man (who was talking to the hotel clerk) pulled out a gun (**sortir un revolver**). Apparently the hotel had lost his reservation. The man got so upset (**se fâcher tellement**) that he threatened to kill the hotel clerk! And here I had always thought that I was high-strung (**nerveux/nerveuse**)!

I am enclosing (**joindre**) the book I promised to send you. I hope you like it (**plaire**).

Love, (**Grosses bises**)

Crystelle

---

## Interactions

**A. Une fête.** Imaginez que vous et un copain/une copine étiez à la même fête hier soir. Jouez les rôles et parlez de la fête, en utilisant les expressions d'hésitation et d'encouragement que vous avez apprises.

SUJETS POSSIBLES:
- qui était là ou qui n'était pas invité
- ce que tout le monde portait
- si vous vous êtes amusé(e) ou ennuyé(e) et pourquoi
- un incident intéressant ou embarrassant

**B. Eh bien…** En groupes de trois personnes, racontez à tour de rôle une histoire sur un des sujets suivants (ou une autre histoire si vous préférez). Utilisez les expressions d'hésitation pour rendre la conversation plus réaliste. Vos partenaires vont réagir à ce que vous dites et vont vous poser des questions. Utilisez si possible une action qui s'est passée avant une autre (le plus-que-parfait).

SUJETS POSSIBLES: un incident…
- qui vous a gêné(e)
- qui s'est passé en route pour l'école/l'université
- qui est arrivé quand vous êtes allé(e) en France/au Québec/en Afrique
- qui s'est passé pendant vos vacances

## Deuxième brouillon  Dossier personnel

1. Write a second draft of the paper that you wrote in **Leçon 2**, focusing particularly on the order in which the events happened. Try to add details on pertinent events that happened before the events described in the narrative (i.e., using the **plus-que-parfait**).

2. To strengthen the time order used for the events that occurred, try to incorporate some of the following expressions:

   EXPRESSIONS UTILES: à ce moment là…, pendant (+ nom)/pendant que (+ verbe conjugué)…, en même temps…, hier…, avant-hier…, la semaine dernière…, après-demain…, la semaine prochaine…, la veille *(the night before)*, l'avant-veille…, l'année précédente…, le lendemain…, cinq jours après…

**Phrases:** Writing an essay; sequencing events
**Grammar:** Pluperfect; prepositions with times and dates; time expressions

# Synthèse

## Activités musicales

 To experience this song, go to **academic.cengage.com/french/bravo**

### Michel Sardou: *Minuit moins dix*

#### Avant d'écouter

1. Qu'est-ce que vous faites le soir en général? Vous aimez sortir avec des amis ou vous préférez rester tranquille chez vous? Pourquoi?
2. Décrivez la dernière soirée que vous avez passée seul(e) chez vous. Qu'est-ce que vous avez fait? Comment était votre humeur *(mood)*? Racontez les détails de cette soirée dans l'ordre chronologique.

#### Après avoir écouté

1. Résumez, dans l'ordre chronologique, les événements de la soirée décrite dans la chanson. Est-ce que c'est une soirée typique pour une jeune femme? Pourquoi?
2. À votre avis, est-ce que cette jeune femme a une vie heureuse? Expliquez. D'après vous, qu'est-ce qui est arrivé à minuit moins dix?

### Zachary Richard: *Ma Louisiane*

#### Avant d'écouter

1. Est-ce que vous êtes déjà allé(e) en Louisiane? Si oui, décrivez votre séjour là-bas en utilisant le passé composé et l'imparfait et donnez vos impressions de cet état. Sinon, dites comment vous imaginez la Louisiane.
2. Qu'est-ce que vous savez de l'histoire de la Louisiane et de ses habitants?

#### Après avoir écouté

1. D'où viennent les Cadiens à l'origine? Pourquoi est-ce qu'ils ont quitté cette région? Est-ce qu'ils étaient heureux de partir? Est-ce qu'ils se sont bien habitués à leur nouvelle vie en Louisiane?
2. Est-ce que vous pensez que Zachary Richard est fier de ses origines? D'après lui, de quoi les Cadiens doivent se souvenir?

Turn to **Appendice B** for a complete list of active chapter vocabulary.

You may want to use the song *Minuit moins dix* to practice telling stories. Ask students to do a cloze exercise first, and then retell the story in the form of a dialogue, using linking words. Finally, have them talk about their own reactions to the song.

You may want to use the song *Ma Louisiane* by Zachary Richard to practice the passé composé and imparfait. Ask students to make observations on differences between standard French and Cajun French with regard to grammar and pronunciation.

## Activités orales

**A. Mon pauvre Toutou!** Vous êtes allé(e) en Floride pendant les vacances de printemps *(spring break)*. Vous avez laissé votre petit chien insupportable *(obnoxious)* chez un(e) ami(e). Vous venez de rentrer et vous téléphonez à votre ami(e) qui vous dit que malheureusement votre chien est mort pendant votre absence. Jouez les rôles pendant le coup de téléphone. Posez cinq à dix questions sur cet événement triste. Votre ami(e) répondra.

**B. Le voyage de mes rêves.** Parlez de vacances récentes. Si possible, apportez des photos (que vous avez tirées sur papier ou que vous avez mises dans le forum de discussion du cours *(discussion board)*, des dépliants ou des images tirées de livres de voyage pour les montrer à la classe. Expliquez: les préparatifs de voyage; où vous êtes allé(e) et avec qui; comment vous avez voyagé; le temps qu'il a fait; où vous avez logé; si vous voulez y retourner; et des choses intéressantes qui se sont passées. Utilisez les expressions que vous avez apprises. La classe vous posera des questions pendant votre présentation.

## Activité écrite

**Bon anniversaire, bon anniversaire...** Écrivez une composition où vous décrivez un anniversaire mémorable (votre 10e, 12e, 16e, 21e anniversaire). Donnez la date et des exemples de chansons ou films qui étaient très populaires à ce moment-là. Expliquez où vous habitiez, ce que vous avez fait pour célébrer cet anniversaire, ce que vous avez eu comme cadeaux, etc.

Additional written activity: Give students photocopies of two or three brochures of places to visit. Have them choose one as the basis for a written story about a recent trip. DIRECTIONS: Describe the setting and an event that happened there. Add details and a few other characters. Add an element of excitement and pay attention to tenses.

## Révision finale  Dossier personnel

1. Reread your composition and focus on the unity of the paragraphs. All of the sentences within each paragraph must be on the same topic. If a sentence is not directly related to the topic, it does not belong in the paragraph.
2. Bring your draft to class and ask two classmates to peer review your composition using the symbols on page 433. They should pay particular attention to whether the narrative contains a well-developed beginning, middle, and conclusion, and uses chronological order effectively.
3. Examine your composition one last time. Check for correct spelling, grammar, and punctuation. Pay special attention to your use of the **passé composé, imparfait,** and **plus-que-parfait** tenses, and agreement with past participles.
4. Prepare your final version.

**Phrases:** Writing an essay; sequencing events
**Grammar:** Compound past tense; imperfect; pluperfect; participle agreement

Chambord

Point out the Loire valley region on a map of France, explain its geography and the reasons why so many châteaux were built there. Then show a map of the Loire valley, pointing out the various châteaux.

## I. Les châteaux

## Avant la lecture

### Sujets à discuter

- Avez-vous déjà visité un château en France ou dans un autre pays? Si oui, décrivez votre expérience—où, quand, comment. Sinon, aimeriez-vous en visiter un? Pourquoi ou pourquoi pas?

- À votre avis, pourquoi est-ce qu'on a construit des châteaux?

- Pourquoi est-ce qu'en France, on trouve qu'il est important de préserver les vieux bâtiments et jardins? Comment est-ce qu'on doit financer leur préservation, à votre avis?

Note that châteaux built during the Middle Ages (500–1500 A.D.) were needed for defensive purposes, thus they were squatter, more "formidable," whereas those built in the Renaissance (16th century) were less necessary for defense; architectural advances allowed for more "grace" in style. The construction of some of the châteaux extended over centuries, so one can see the evolution of styles within the same structure as needs changed and knowledge advanced.

### Introduction

*Following the travel theme of this chapter, we now take a journey through France's châteaux country. Interwoven into its rich heritage, the châteaux have played important historic and cultural roles for the country and remain incredibly popular sites for tourists from around the world.*

# Les châteaux

Les châteaux constituent un élément important du patrimoine° de la France. Les bâtiments, les meubles et les jardins racontent l'histoire des nom-
5 breuses familles royales et nobles, leur mode de vie, l'art et les traditions des siècles passés. Plusieurs des châteaux français les plus connus se trouvent dans la vallée de la Loire. L'intérêt d'une
10 visite n'est cependant pas purement historique. On peut aussi en profiter pour faire des promenades dans les jardins et dans les parcs ou pour participer à d'autres événements: les châteaux de
15 Blois et de Chenonceau, par exemple, offrent des spectacles son et lumière, et au château de Cheverny, de mai à novembre, on peut même monter en ballon et survoler° la région.

## 20 Chambord

Le château de Chambord a été commencé en 1519 par le roi François Ier dont l'empreinte° est surtout évidente par les salamandres qu'on voit sculptées partout
25 sur les murs et les plafonds en voûte°. *(Voir ci-dessus à gauche.)* François Ier est mort avant que la construction du château ne soit terminée. L'architecture de Chambord reflète par conséquent les goûts
30 artistiques de plusieurs périodes. La décoration sculptée du célèbre double escalier en colimaçon° est considérée comme l'un des chefs-d'œuvre de la Renaissance. *(Voir ci-dessus à droite.)* La façade du château
35 fait 128 mètres de long. Avec 440 pièces et 365 cheminées°, Chambord est le plus grand des châteaux de la Loire.

## Chenonceau

Thomas Bohier, Receveur° des Finances
40 sous François Ier, a fait construire Chenonceau *(voir la photo à la page*

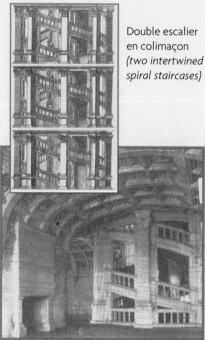

Double escalier
en colimaçon
*(two intertwined
spiral staircases)*

*171)* en 1513 pour son épouse Catherine Briçonnet qui a eu une influence déterminante sur le style et la conception du
45 château. L'architecte, un maçon° nommé Pierre Nepveu, a bâti le château sur les fondations d'un moulin° fortifié dont il a conservé le donjon°. Plus tard, Henri II a donné le château à sa maîtresse
50 bien-aimée, Diane de Poitiers, qui y a habité pendant plusieurs années. Mais à la mort du roi, la reine Catherine de Médicis n'a pas perdu de temps pour reprendre possession du château.
55 En France, ainsi que dans d'autres pays d'Europe, beaucoup de monuments et de bâtiments importants du patrimoine ont été endommagés pendant les deux guerres mondiales. Les vitraux° de
60 la chapelle de Chenonceau, par exemple, ont été détruits par un bombardement en 1944, mais on les a restaurés. Pendant la Première Guerre mondiale, Monsieur Gaston Menier, propriétaire du château,

**patrimoine** *heritage*

On voyait la salamandre comme le symbole du feu et du froid, parce qu'on croyait que cet animal pouvait vivre dans le feu sans se consumer et éteindre le feu grâce à la froideur de son corps. François Ier employait la salamandre comme emblème avec la devise *(slogan)* «J'y vis et je l'éteins».

**survoler** *fly over*

**empreinte** *mark, impression /* **maçon** *stonemason*

**plafonds en voûte** *vaulted ceilings /* **moulin** *mill /* **donjon** *keep (most secure part of castle)*

**double... en colimaçon** *two intertwined spiral staircases*

**cheminées** *fireplaces*
**vitraux** *stained glass windows*

**Receveur** *comptable public*

Chenonceau

La Galerie de Chenonceau

<sub>65</sub> a fait aménager à ses frais° un hôpital temporaire dont les différents services occupaient toutes les salles, y compris l'étonnante Galerie, longue de soixante mètres. Au cours de l'occupation alle-<sub>70</sub> mande, de 1940 à 1942, de nombreuses personnes ont mis à profit la situation privilégiée de la Galerie dont la porte sud donnait accès à la zone libre, alors que l'entrée du château se trouvait en <sub>75</sub> zone occupée.

## Cheverny

Cheverny, l'un des plus prestigieux et des plus magnifiquement meublés des châteaux de la Loire, est depuis plus de <sub>80</sub> 600 ans la propriété de la même famille, les Hurault, grands personnages de la Cour et conseillers des rois Louis XII, François Ier, Henri III et Henri IV. La construction du château a été terminée en <sub>85</sub> 1634 par Hurault de Cheverny. Ouvert au public dès 1922, l'intérêt particulier de Cheverny réside dans la splendide décoration intérieure, d'époques Louis XIII, Louis XIV et Louis XV, demeurée° dans <sub>90</sub> son état primitif.

**a fait... à ses frais** *equipped with his own money*

**demeurée** *left*

Other well-known châteaux outside of the Loire Valley include le château de Versailles, le château médiéval du Louvre, and le château de Vincennes.

Angers

**vénerie** *hunting on horseback and with dogs* / **répandus** *scattered*

**chenil** *here, a kennel for the hunting dogs* / **abrite** *shelters*

**bois de cerfs** *stag horns*

**particuliers** *private individuals*

For more literary selections, visit Textchoice.com

Comme les traditions de la vénerie° sont toujours pratiquées au château, Cheverny est donc aussi connu pour son impressionnant chenil° qui abrite° 70 chiens
95 franco-anglais et sa salle des trophées où sont exposés 2 000 bois de cerfs°.

Les châteaux décrits ici datent des XVIème et XVIIème siècles, mais ils ne sont pas les plus anciens des châteaux
100 de la Loire. Le château d'Angers, par exemple, a été construit en 1228 par Saint Louis. La vallée de la Loire n'est pas non plus le seul endroit où on peut visiter des châteaux en France. Il y en a
105 des centaines répandus° dans de nombreuses régions. Beaucoup de châteaux en France sont aujourd'hui des musées, comme Chambord. D'autres, moins importants dans l'histoire du pays, ont
110 été reconvertis en hôtels ou appartiennent à des particuliers°.

Adapté du *Guide de Tourisme Michelin*, Clermont-Ferrand: Michelin, 1987, p. 89; dépliant *Châteaux Cheverny*, Agence Créations; dépliant *Chambord*, Création Technical de Paris 12, imprimerie Landais, 1995; dépliant *Château de Chenonceau*, impr. Cadet.

## Après la lecture

### Compréhension

**A. Observation et analyse.** Répondez.

1. Pourquoi est-ce qu'on visite les châteaux en France? Qu'est-ce qu'on peut y faire? (Citez au moins 4 activités.)
2. Quel était l'emblème de François Ier? Pourquoi croyez-vous qu'il l'avait choisi?
3. Quelle partie de Chambord est considérée comme un chef-d'œuvre de l'architecture de la Renaissance?

4. Qui était Catherine Briçonnet? Qui était Diane de Poitiers? Qui était Catherine de Médicis? Expliquez le rôle de ces femmes dans l'histoire du château de Chenonceau.

5. Pourquoi est-ce que Chenonceau était important pendant la Première et la Seconde Guerres mondiales?

6. Qui est actuellement propriétaire du château de Cheverny? Pourquoi?

7. Quelle tradition est toujours pratiquée par cette famille?

8. Combien de châteaux est-ce qu'il y a aujourd'hui en France?

9. Est-ce que tous les châteaux français sont aujourd'hui des musées publics? Expliquez.

**B. Grammaire/Vocabulaire.** Choisissez toutes les réponses possibles pour compléter les phrases suivantes.

1. Le château de Chambord...
   a. est le plus grand château de la Loire.
   b. était la résidence de François Ier.
   c. est célèbre pour son double escalier en colimaçon.
   d. est le plus ancien des châteaux de la Loire.

2. Le château de Chenonceau...
   a. offre des spectacles de son et lumière.
   b. est aujourd'hui un hôpital.
   c. a été détruit pendant la Première Guerre mondiale.
   d. peut être appelé «le château des femmes».

3. Le château de Cheverny...
   a. est célèbre pour ses animaux.
   b. est aujourd'hui la propriété d'une famille qui avait autrefois des liens avec la royauté.
   c. a des vitraux qui ont été restaurés après un bombardement pendant la Seconde Guerre mondiale.
   d. a été construit par Saint Louis.

**C. Réactions**

1. L'entretien des vieux châteaux exige beaucoup d'effort et d'argent. Avec tous les problèmes graves qui existent aujourd'hui, comme la faim, le terrorisme et la pauvreté, selon vous, est-ce que cela vaut la peine de préserver ces vieux châteaux? Expliquez.

2. Il y a actuellement beaucoup de châteaux en France qui sont la propriété d'individus qui y habitent et les ouvrent aussi au public. Voudriez-vous être propriétaire et habiter un de ces châteaux? Quels sont les avantages et les inconvénients de posséder et d'habiter un château? Expliquez.

As students discuss the first item, ask them to consider the importance of being able to see how people lived in the past, to see the size of the rooms and the types of furniture, and to be better able to imagine the living conditions of that time.

Point out to students that châteaux were (obviously) built without central heating and air conditioning, electricity, plumbing, etc. These are expensive to add and expensive to maintain in a structure not meant for them.

## Interactions

1. Vous êtes Diane de Poitiers. Jouez une petite scène au moment où Catherine de Médicis vous fait déménager du château de Chenonceau.
2. Parlez en petits groupes des films que vous avez vus qui représentent la vie médiévale ou de la Renaissance, par exemple, *Le Retour de Martin Guerre* ou *Monty Python, Sacré Graal*. Si vous n'avez jamais vu un film de ce genre, inventez une intrigue *(plot)* intéressante pour un nouveau film dont l'histoire se passe au Moyen Âge ou à la Renaissance.

## Expansion

1. Faites des recherches sur un château français. Quelle est l'histoire de ce château? Qui l'a fait construire et quand? Trouvez quelques faits intéressants ou surprenants sur ce château. Quel en est le statut aujourd'hui? Préparez un petit guide touristique pour présenter vos recherches.
2. Est-ce que vous préféreriez vivre dans un château ou dans un appartement? Essayez de trouver sur les réseaux Internet ou dans un journal des châteaux en vente. Écrivez une courte description du château (quel en est le prix? combien de chambres il y a?, etc.) et comparez les avantages et les inconvénients de la vie dans un château et de la vie dans un appartement à Paris.

## II. *La Fanette* de Jacques Brel

## Avant la lecture

### Sujets à discuter

- Avez-vous déjà été amoureux/amoureuse? De qui? Décrivez son apparence physique et sa personnalité. Est-ce qu'il/elle vous a aimé(e) aussi? Expliquez. Si vous n'avez jamais été amoureux/amoureuse, décrivez le cas de quelqu'un que vous connaissez.
- Avez-vous déjà été trahi(e) *(betrayed)* en amour? Si oui, qui était cette personne qui vous a trahi(e)? Quels sentiments avez-vous éprouvés? de la tristesse? de l'amertume *(bitterness)*? de la colère? du soulagement *(relief)*? de la haine *(hate)*? Comment est-ce que la situation s'est résolue? Si vous n'avez jamais été dans cette situation, imaginez comment vous réagiriez si vous étiez trahi(e).

### Stratégies de lecture

**A. Technique poétique: la répétition.** Dans cette chanson, Jacques Brel utilise la technique poétique de la répétition. Combien de fois trouvez-vous les mots **Faut dire** dans la chanson? Quels autres mots y sont répétés? Quel est l'effet de ces répétitions?

**B. Technique poétique: les mots en opposition.** Les poètes mettent souvent en opposition des mots qu'ils veulent souligner. De cette façon, le lecteur peut mieux apprécier l'effet de ces mots. Par exemple, dans la chanson que vous allez lire:

Faut dire qu'ils <u>ont ri</u>

Quand ils m'ont vu <u>pleurer</u>

Les mots **ont ri** et **pleurer** font contraste. Parcourez *(Scan)* la chanson suivante et trouvez d'autres exemples de mots mis en opposition. Où se trouvent ces mots dans les vers? Expliquez leur position.

Discuss with students why some songs remain popular for decades and centuries. One of the reasons is that a song tells a story or evokes an emotion in a situation that is universal and that doesn't change over the centuries, such as love, sorrow, joy, etc.

### Introduction

*The function of telling a story is illustrated in the following song by Jacques Brel (1929–1978), a Belgian poet/singer who was famous throughout the French-speaking world in the 1960s and 1970s for his songs. The pains of solitude and nostalgia for love and friendship were dominant themes in his works. The following song (part of the musical review* Jacques Brel is Alive and Well and Living in Paris*) is about himself, a friend, and a young woman named* **la Fanette***.*

# La Fanette

les vagues *waves*

Nous étions deux amis et Fanette m'aimait
La plage était déserte et dormait sous juillet
Si elles s'en souviennent les vagues° vous diront
Combien pour la Fanette j'ai chanté de chansons

5    Faut dire
Faut dire qu'elle était belle
Comme une perle d'eau
Faut dire qu'elle était belle
Et je ne suis pas beau
10    Faut dire
Faut dire qu'elle était brune
Tant la dune était blonde
Et tenant l'autre et l'une
Moi je tenais le monde
15    Faut dire
Faut dire que j'étais fou
De croire à tout cela
Je le croyais à nous
Je la croyais à moi

se méfier de *mistrust*

20    Faut dire
Qu'on ne nous apprend pas
À se méfier de° tout

mentir *lie*

Nous étions deux amis et Fanette m'aimait
La plage était déserte et mentait° sous juillet
25  Si elles s'en souviennent les vagues vous diront
Comment pour la Fanette s'arrêta la chanson

Faut dire
Faut dire qu'en sortant
D'une vague mourante

voir *see*
amant *lover*

30    Je les vis° s'en allant
Comme amant° et amante
Faut dire
Faut dire qu'ils ont ri
Quand ils m'ont vu pleurer
35    Faut dire qu'ils ont chanté

maudits *cursed*

Quand je les ai maudits°
Faut dire
Que c'est bien ce jour-là
Qu'ils ont nagé si loin

40     Qu'ils ont nagé si bien

Qu'on ne les revit° pas

Faut dire

Qu'on ne nous apprend pas...

Mais parlons d'autre chose

revoir *see again*

45   Nous étions deux amis et Fanette l'aimait

La plage est déserte et pleure sous juillet

Et le soir quelquefois

Quand les vagues s'arrêtent

J'entends comme une voix

50   J'entends... c'est la Fanette

*La Fanette*, Paroles et musique: Jacques Brel © 1963 Éditions Gérard Meys, Paris.

For more literary selections, visit Textchoice.com

## Après la lecture

### Compréhension

**A. Observation et analyse.** Répondez aux questions suivantes avec un(e) camarade de classe.

1. Pendant quelle saison le chanteur et la Fanette s'aimaient-ils?
2. Décrivez la Fanette.
3. Comment est-ce que la Fanette est morte? Avec qui? Où?
4. Qu'est-ce que le chanteur entend quelquefois? Et les vagues, de quoi se souviennent-elles selon le chanteur?
5. Quelle est l'attitude de Brel envers la Fanette dans la chanson?

**B. Grammaire/Vocabulaire.** Étudiez l'emploi du passé composé et de l'imparfait dans la chanson.

1. Expliquez comment le choix du temps de chaque verbe influe sur l'histoire.
2. Expliquez l'emploi du présent dans les vers suivants: 9, 21/43, 25, 46, 48, 49/50.
3. Comparez la première et la troisième strophes, vers par vers, en ce qui concerne leur signification, surtout les vers 4 et 26.

**C. Réactions.** Donnez votre réaction.

1. Comment avez-vous trouvé la chanson—intéressante, bizarre, triste, etc.? Expliquez.
2. Est-ce que cette chanson vous a fait penser à une chanson que vous connaissiez déjà? Expliquez.
3. Quelles sortes de chansons aimez-vous le mieux?

## Interactions

1. **Jouez les rôles.** Imaginez que la Fanette n'est pas morte mais qu'elle a voulu rompre avec le chanteur. Jouez les rôles de la Fanette et du chanteur. Quelle raison lui donne-t-elle pour vouloir rompre avec lui? Quelle est la réponse du chanteur? Qu'est-ce qu'ils se disent avant de se quitter?
2. **Le courrier du cœur.** Imaginez que le chanteur écrit au courrier du cœur *(advice columnist)* pour raconter cette triste histoire. Écrivez d'abord la lettre qu'il écrit pour demander de l'aide. Écrivez ensuite la réponse du courrier du cœur. Quelles suggestions est-ce que vous lui donneriez?

## Expansion

Cherchez sur Internet une autre chanson de Jacques Brel qui traite des mêmes thèmes ou de thèmes similaires, par exemple, la solitude, la perte de l'amitié, la trahison *(betrayal)*, etc. Analysez le choix du temps des verbes, les techniques poétiques, la façon dont Brel raconte l'histoire, etc. Donnez votre réaction à cette chanson.

# Exprimez-vous!

**Thème:** Les médias
(la presse, la télévision,
la radio)

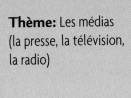

After working with the Expressions
typiques pour... and the Mots et
expressions utiles for Leçons 1 and
2, ask students to write a description of this photograph. They can
imagine who these people are, what
the occasion is, and their reactions.
Students can also give their own
reactions to the scene.

 Heinle iRadio

 Système–D Writing Assistant

 Pour tester vos connaissances, visitez
academic.cengage.com/french/bravo

## Leçon 1

**Fonction:** Comment dire ce que
l'on veut
**Culture:** Les médias
**Langue:** Le subjonctif: formation
irrégulière • Le subjonctif: la volonté

PRÉPARATION

## Leçon 2

**Fonction:** Comment exprimer les
sentiments et les attitudes
**Culture:** La presse: les journaux; les
magazines
**Langue:** Le subjonctif: l'émotion,
l'opinion et le doute • L'infinitif pour
éviter le subjonctif

PREMIER BROUILLON

## Leçon 3

**Fonction:** Comment persuader et
donner des ordres
**Culture:** Les gestes
**Langue:** Le subjonctif: la nécessité et
l'obligation • Le passé du subjonctif

DEUXIÈME BROUILLON

## La grammaire à réviser

Le subjonctif

## Synthèse

**Activités musicales:** MC Solaar:
*Nouveau Western*
RÉVISION FINALE

## Intermède culturel

• «Ma cité va voter»
• Jacques Prévert: *Barbara*

# La grammaire à réviser

**Une visite nécessaire.** Donnez la forme appropriée du subjonctif pour chaque verbe.

1. Ma sœur veut que nous _____ (rendre) visite à notre tante. (je/tu/vous)
2. Il faut que nous _____ (se préparer) pour le voyage assez vite. (on/vous/ma sœur)
3. Il est nécessaire que nous _____ (trouver) des billets aller-retour. (tu/je/on)
4. Il faut que nous _____ (penser) à prendre notre passeport. (vous/tu/ma sœur)
5. Il est essentiel que nous _____ (partir) dans deux jours. (je/vous/mes frères)

The information presented here is intended to refresh your memory of a grammatical topic that you have probably encountered before. Review the material and then test your knowledge by completing the accompanying exercises in the workbook.

## Avant la première leçon

### Le subjonctif

The subjunctive is used more frequently in French than in English. The subjunctive mood is used to express uncertainty or subjectivity. It expresses the personal feelings of the speaker, such as doubt, emotion, opinion, and volition. The subjunctive mood often occurs in a dependent clause beginning with **que**.

| Main clause | Dependent clause |
|---|---|
| Le professeur veut | que je **finisse** mon devoir. |

The present subjunctive of all verbs (except **avoir** and **être**) is formed by adding the following endings to the subjunctive stem: **-e, -es, -e, -ions, -iez, -ent.** To find the subjunctive stem of regular **-er, -ir,** and **-re** verbs and verbs conjugated like **sortir,** drop the **-ent** ending from the third-person plural form of the present tense.

|  | **parler** | **rendre** | **finir** | **sortir** |
|---|---|---|---|---|
| STEM: | **parl**ent | **rend**ent | **finiss**ent | **sort**ent |
| que je | parle | rende | finisse | sorte |
| que tu | parles | rendes | finisses | sortes |
| qu'il/elle/on | parle | rende | finisse | sorte |
| que nous | parlions | rendions | finissions | sortions |
| que vous | parliez | rendiez | finissiez | sortiez |
| qu'ils/elles | parlent | rendent | finissent | sortent |

Qu'est-ce que vous vous attendez à trouver dans *Télé 7 Jours*?

# Leçon 1

## Comment dire ce que l'on veut

### Conversation

Track 14

**Rappel:** Have you reviewed the regular formation of the subjunctive? (Text p. 180 and Workbook pp. 107–108)

---

#### Premières impressions

**Soulignez:**

● les expressions pour exprimer ce que l'on veut ou ce que l'on préfère faire

**Trouvez:**

● la chaîne *(channel)* où passe l'émission que Julie désire voir

---

*La famille Cézanne a fini de dîner. Bien qu'elle ait des tas de contrôles° en ce moment, Julie, qui a quinze ans, tient à° regarder la télévision ce soir.*

**un contrôle** *test*

**tenir à** *to really want to, insist on*

JULIE: J'aimerais bien voir l'émission° *Léa Parker*[1]. S'il te plaît, maman, je voudrais vraiment voir l'épisode de ce soir!

**une émission** *TV show*

MME CÉZANNE: Dis donc, ma chérie, tu ne m'as pas dit que tu avais un contrôle demain?

JULIE: Si, en maths, mais j'ai révisé en étude° cet après-midi.

**en étude** [f] *in study hall*

MME CÉZANNE: La dernière fois aussi, tu avais révisé en étude et tu as eu une assez mauvaise note, non? Il vaut mieux monter dans ta chambre maintenant et refaire quelques problèmes.

JULIE: Oh non, maman… je vais m'embrouiller° les idées si je refais des problèmes ce soir!

**s'embrouiller** *to become confused*

MME CÉZANNE: *(incrédule)* Ne me raconte pas d'histoires, hein? Comment tu vas faire demain quand tu auras les sujets du contrôle devant toi?

JULIE: J'ai l'intention de faire des exercices qui ressemblent à ceux du livre.

MME CÉZANNE: Eh bien justement, il faut en refaire quelques-uns maintenant, un par chapitre, je dirais. Tu redescendras quand tu auras fini.

JULIE: Maman, s'il te plaît! Je ne voudrais pas rater *Léa Parker*. Je te promets de monter tout de suite après.

MME CÉZANNE: Regarde l'heure. Il est déjà neuf heures moins le quart. Allez, monte travailler. Je fais la vaisselle et je vais voir où tu en es dans une demi-heure.

*À suivre*

---

[1]*Léa Parker* est une série policière sur la chaîne M6. C'est l'actrice Sonia Rolland, Miss France 2000, qui interprète le rôle de l'héroïne. Léa Parker, experte en arts martiaux, belle et sexy, est un agent d'élite au sein de la Division des Opérations Spéciales, une cellule ultra-secrète de la Police Nationale.

Have students look up the *Léa Parker* website to give a brief summary of one of the show's episodes or to find out how French people view the show.

## Observation et analyse

1. Qu'est-ce que Julie veut faire? Pourquoi? (Donnez trois raisons.)
2. Est-ce que sa mère est d'accord avec elle? Expliquez.
3. Décrivez Julie (son âge, sa personnalité, ses désirs, etc.).
4. À votre avis, est-ce que c'est Julie ou sa mère qui va finalement avoir gain de cause (*won the argument*)? Pourquoi?

## Réactions

1. Vous aimez regarder la télévision? Est-ce que vous préférez regarder la télévision au lieu de faire vos devoirs de temps en temps? Est-ce que vous en subissez les conséquences d'habitude?
2. Selon vous, est-ce qu'il est nécessaire de limiter les heures que les enfants passent devant le poste de télévision? Expliquez.

# Expressions typiques pour...

## Dire ce que l'on veut ou espère faire

Je (veux) voudrais bien regarder la télévision.
J'aimerais bien regarder un feuilleton (*soap opera*).
J'ai l'intention de faire mes devoirs demain.
Je tiens à (*really want*) travailler dur demain.
Je compte (*intend, plan on*) aller à Paris pour voir la nouvelle exposition.
J'ai envie de (*feel like*) voir un bon film.
J'espère aller au Brésil.
Je compte bien (*expect*) partir demain.

## Dire ce que l'on préfère

Je préfère le sport.
J'aime mieux le foot.
J'aimerais mieux partir après le match.
Il vaut mieux partir tout de suite.
Je regarde plutôt (*rather*) les sports à la télé.

When deciding whether to use **je veux...** or **je voudrais...**, keep in mind that **je veux...** is much stronger, less polite, and could be interpreted as an order.

In a store, restaurant, or service institution, sometimes simply identifying what you want to buy is sufficient: **Une baguette, s'il vous plaît.** The addition of **je voudrais...** increases the level of politeness: **Je voudrais un steak-frites, s'il vous plaît.**

To express what you do not want or hope not to do, make the same expressions negative. Note that a similar distinction as above is made between **je ne veux pas...** and **je ne voudrais pas...**, the former being a very strong, less polite expression.

Regardez ces jeunes gens. À quel sport est-ce qu'ils jouent? Et vous, quel sport préférez-vous?

# Mots et expressions utiles

## La volonté

**avoir envie de (+ infinitif)** *to feel like (doing something)*
**compter** *to intend, plan on, count on, expect*
**tenir à** *to really want; to insist on*

## La télévision

**une émission** *broadcast, TV show*
**un programme** *program listing*

**diffuser/transmettre (en direct)** *to broadcast (live)*
**une rediffusion** *rerun*

**les actualités/les informations** [f pl] *news (in the press, but especially on TV)*
**le journal télévisé** *TV news*

**une causerie** *talk show*
**un débat** *debate*
**une émission de téléréalité** *reality show*
**un feuilleton** *serial; soap opera*
**un jeu télévisé** *game show*
**un reportage en direct** *live report*
**une série** *series*
**un spot publicitaire** *TV commercial*

**une chaîne** *channel*
**l'écran** [m] *screen*
**mettre la 3, 6, etc.** *to put on channel 3, 6, etc.*
**le poste de télévision** *TV set*
**rater** *to miss*
**une télécommande** *remote control*
**un téléspectateur/une téléspectatrice** *TV viewer*
**la télévision par câble** *cable TV*

**allumer la télé** *to turn on the TV*
**augmenter le son** *to turn up the volume*
**baisser le son** *to turn down the volume*
**éteindre la télé** *to turn off the TV*

## Divers

**un contrôle** *test*
**s'embrouiller** *to become confused*

Quel genre d'émission est-ce que ces jeunes regardent, d'après vous? Et vous, qu'est-ce que vous regardez à la télé?

Expansion: To work with the vocabulary, ask personalized questions such as: Combien d'heures par semaine regardez-vous la télévision? Quelle est votre chaîne/causerie préférée? Pourquoi? Vous aimez les feuilletons? Lesquels? Quelle sorte d'émission regardez-vous le plus souvent? Est-ce que vous avez la télévision par câble? Que pensez-vous des spots publicitaires américains?

The following television vocabulary may be useful: une émission passera (à l'écran) *a program will be shown;* un(e) journaliste *television reporter;* un speaker/une speakerine *broadcaster*

---

**Mise en pratique**

—Tiens, il est presque midi! **Allume la télé**, s'il te plaît. Le **journal télévisé** commence dans cinq minutes sur France 2. Je ne veux pas manquer le résumé des **actualités**.

—Je me demande s'ils vont **transmettre en direct** l'arrivée de la navette spatiale *(space shuttle)*.

—Elle était prévue pour midi, non? En tout cas ce soir, il y aura un **débat** sur les problèmes des banlieues françaises. Le **programme** habituel est changé.

—Ce n'est pas grave. L'épisode du **feuilleton** peut bien attendre une semaine! Euh... puisque la **télécommande** est près de toi, peux-tu **augmenter le son**? Merci!

# Les médias

P resque tous les ménages ont au moins un poste de télé et paient la modeste redevance *(fee)* annuelle des chaînes nationales. De plus en plus de ménages s'abonnent aussi à des services de distribution de chaînes par câble, satellite ou Internet. 82 pour cent des foyers sont équipés d'un magnétoscope et 75% d'un lecteur de DVD. «De tous les équipements électroniques apparus sur le marché, le lecteur de DVD est, avec le téléphone portable, celui qui s'est développé le plus rapidement.» (Mermet, p. 394).

Les Français s'intéressent beaucoup aux nouveaux produits comme les écrans plats (LCD ou plasma), les systèmes de «home cinéma» et les lecteurs et enregistreurs de DVD dont les ventes augmentent régulièrement. Pour avoir la télé à haute définition, de plus en plus de familles combinent leur abonnement au téléphone avec un abonnement à TNT (télévision numérique terrestre) ou à l'ADSL (connexion Internet à haut débit).

La télévision occupe la plus grande partie du temps libre des Français. Les écoliers français passent autant de temps devant la télé qu'à l'école, environ 1058 heures par an à regarder les chaînes nationales gratuites.

Regardez les programmes ci-dessus et à la page 185. Quelles émissions choisiriez-vous si vous vous intéressiez à la science-fiction? aux sports? à la musique? à la médecine? Quelles émissions américaines reconnaissez-vous? Quelle série choisiriez-vous de regarder? Quels films?

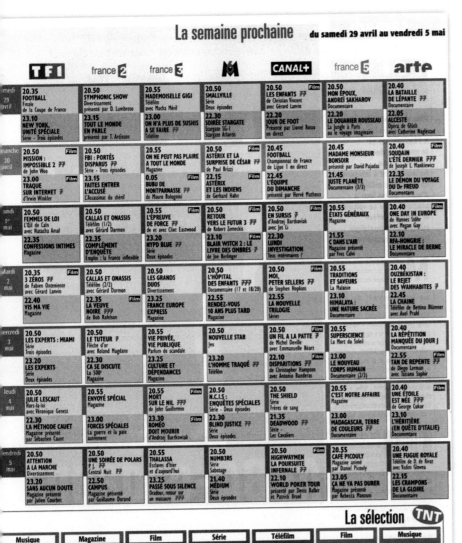

**La semaine prochaine** du samedi 29 avril au vendredi 5 mai

Les jeunes de 4 à 10 ans regardent la télévision en moyenne 2 heures 10 minutes par jour, mais les adultes la regardent 3 heures 30 minutes par jour!

Qu'est-ce que les Français regardent le plus souvent? En 2005, les Français disent avoir consacré 260 heures aux émissions de fiction (feuilletons), 207 heures aux magazines et aux documentaires, 158 heures aux informations et aux journaux télévisés, 103 heures aux jeux, 92 heures à la publicité, 69 heures aux films, 48 heures aux variétés, 43 heures au sport, 34 heures aux émissions pour la jeunesse et 44 heures aux autres types de programmes. Les émissions de téléréalité commencent à perdre leur popularité au profit des séries.

Est-ce que vous ou vos parents possédez une télé à écran plasma? Combien de chaînes de télévision recevez-vous? Combien d'heures par jour est-ce que vous passez devant la télévision à regarder des émissions ou des DVD? Quelles sortes d'émissions est-ce que vous regardez le plus souvent?

Texte adapté de Gérard Mermet, *Francoscopie 2007* (Larousse pp. 393–396); «Téléréalité, un genre en sursis?», http://www.linternaute.com/imprimer/télévision/actualité/06/fin-téléréalité/fin-téléréalité

## Activités

**A. Désirs, espoirs et intentions.** En utilisant les *Expressions typiques pour...*, dites à chacune de ces personnes ce que vous comptez faire dans les situations suivantes.

> MODÈLE: votre père—vos projets pour les vacances de Pâques (*Easter*)
> ***Papa, j'aimerais aller en Normandie pour les vacances de Pâques.***

1. le professeur de français—votre intention d'avoir une bonne note
2. votre fille/fils—ses projets pour sa chambre en désordre
3. une amie—vous voulez emprunter sa voiture
4. un ami—vous allez au cinéma ensemble et vous voulez voir un film qu'il n'a pas envie de voir
5. une voisine—elle fait beaucoup de bruit
6. un camarade de classe—il parle avec un autre étudiant et vous n'entendez pas le professeur

**B. Mot de passe.** Imaginez que vous participiez au jeu télévisé «Mot de passe». Devinez à quels mots ou expressions (de la liste à la page 183) s'appliquent les définitions suivantes.

1. une émission de télé où l'animateur/animatrice (*announcer*) invite des gens célèbres à venir parler avec lui/elle et à divertir les téléspectateurs
2. le contraire d'**allumer la télé** (ou ce qu'on fait quand on ne veut plus regarder la télé)
3. la partie du poste de télé où l'image est projetée
4. un petit appareil qui permet de contrôler la télé à distance
5. la liste et l'horaire des émissions
6. le contraire d'**augmenter le son**

Maintenant, c'est à vous! Donnez un synonyme ou une définition en français pour les mots et les expressions suivants afin que votre partenaire ou le reste de la classe puisse les deviner. (Il serait utile de réviser les expressions utilisées pour identifier et décrire les objets et les personnes, **Leçons 1** et **2** du **Chapitre 3**.)

7. les actualités
8. un feuilleton
9. avoir envie de
10. un téléspectateur/une téléspectatrice

**C. Vos projets d'avenir.** Vous parlez avec un(e) ami(e) et vous lui expliquez ce que vous voulez faire dans l'avenir. Complétez les phrases ci-dessous. Les sujets suivants peuvent vous donner des idées: le travail, le mariage et les enfants, une maison ou un appartement, les voyages, les loisirs, les études, créer une entreprise, écrire un livre.

1. J'aimerais...
2. J'ai l'intention de...
3. Je préfère... mais en ce moment je...
4. Dans cinq ans, je compte... et je tiens surtout à...
5. Maintenant, il vaut mieux...

**22.20 jeu** 12

**Fear Factor**
*animé par* <u>Clémence Castel</u> 88289528
Trois hommes et trois femmes, qui ne se connaissent pas et qui n'ont rien en commun, se retrouvent pour tester leur courage et leur détermination. Entourés de médecins et de cascadeurs professionnels, chargés d'assurer leur sécurité, ils vont tenter de découvrir leurs véritables limites.

Aimez-vous regarder les jeux télévisés? Si oui, lequel préférez-vous? Pourquoi? Sinon, qu'est-ce que vous préférez aux jeux télévisés?

Activity C: Follow-up: Collect the answers and read several aloud to the class. Have students guess who wrote each one.

Variation idea: Ask students to imagine how various people (the president, their favorite movie stars, sports celebrities, etc.) might complete these sentences.

# La grammaire à apprendre

## Le subjonctif: formation irrégulière

To download a podcast on The Subjunctive, go to **academic.cengage.com/french**

When expressing wants and intentions regarding other people and events, it is often necessary to use the subjunctive mood. In *La grammaire à réviser*, you reviewed the formation of verbs that are regular in the subjunctive. This section completes the discussion of how to form the subjunctive.

When previewing verbs that are irregular in the subjunctive mood, model their pronunciation. Ask students to practice writing out these forms.

**A.** Some verbs have two subjunctive stems—one for the **nous** and **vous** forms and one for the remaining forms. To find the subjunctive stem for the **nous** and **vous** forms, you drop the **-ons** ending from the first person plural of the present tense. For example:

| appeler | |
|---|---|
| que j'**appelle** | que nous **appelions** |
| que tu **appelles** | que vous **appeliez** |
| qu'il/elle **appelle** | qu'ils/elles **appellent** |

The following verbs have two subjunctive stems:

| croire | que je **croie** | que nous **croyions** |
|---|---|---|
| devoir | que je **doive** | que nous **devions** |
| envoyer | que j'**envoie** | que nous **envoyions** |
| mourir | que je **meure** | que nous **mourions** |
| prendre | que je **prenne** | que nous **prenions** |
| recevoir | que je **reçoive** | que nous **recevions** |
| venir | que je **vienne** | que nous **venions** |
| voir | que je **voie** | que nous **voyions** |

**B.** The following verbs have irregular stems but regular subjunctive endings:

| | aller | faire | pouvoir |
|---|---|---|---|
| que je (j') | aille | fasse | puisse |
| que tu | ailles | fasses | puisses |
| qu'il/elle/on | aille | fasse | puisse |
| que nous | allions | fassions | puissions |
| que vous | alliez | fassiez | puissiez |
| qu'ils/elles | aillent | fassent | puissent |

| | savoir | valoir | vouloir |
|---|---|---|---|
| que je | sache | vaille | veuille |
| que tu | saches | vailles | veuilles |
| qu'il/elle/on | sache | vaille | veuille |
| que nous | sachions | valions | voulions |
| que vous | sachiez | valiez | vouliez |
| qu'ils/elles | sachent | vaillent | veuillent |

NOTE: The irregular subjunctive form of **falloir** is **qu'il/elle/on faille**.

La FNAC (Fédération nationale d'achats) est une chaîne de magasins spécialisée dans la distribution de biens culturels et de loisirs. Recherchez sur l'Internet dans quels pays elle existe, quelle est son histoire, et ce qu'on peut y acheter.

## La radio

**un animateur/une animatrice** *radio or TV announcer*
**un auditeur/une auditrice** *member of (listening) audience*
**une station** *(TV, radio) station*

## La presse

**un abonnement** *subscription*
   **être abonné(e) à** *to subscribe to*
**annuler** *to cancel*

**une annonce** *announcement, notification*
   **les petites annonces** *classified advertisements*
**les nouvelles** [f pl] *printed news; news in general*
**une publicité** *advertisement*

**un reportage** *newspaper report; live news or sports commentary*
**une rubrique** *heading, item; column*
**un bi-mensuel** *bimonthly publication*
**un hebdomadaire** *weekly publication*
**un journal** *newspaper*
**un magazine** *magazine*
**un mensuel** *monthly publication*
**un quotidien** *daily publication*
**une revue** *magazine (of sophisticated, glossy nature)*

**un lecteur/une lectrice** *reader*
**un numéro** *issue*
**le tirage** *circulation*

**Mise en pratique**

Ça fait longtemps que je **suis abonnée à** cet **hebdomadaire**, mais je trouve qu'il contient trop de **publicité** en ce moment. Où sont les bons articles, les **reportages** sur les événements internationaux, les analyses sur telle ou telle personne, les **rubriques** spécialisées? Si la qualité ne s'améliore pas, je vais **annuler** mon **abonnement** et prendre un **bi-mensuel** comme *Lire*. Je serai plus au courant des sorties de livres.

## Activités

**A. Contradictions.** Vous n'êtes pas d'accord avec votre camarade et vous le/la contredisez systématiquement.

> MODÈLE: —Je suis très heureux/heureuse d'aller chez elle demain.
>       **—Moi, ça m'embête. Je préfère rester à la maison.**

1. Je trouve ce tableau merveilleux.
2. Je suis content(e) d'avoir choisi ce film.
3. Qu'est-ce qu'elle est belle, cette voiture!
4. Je trouve cette publicité révoltante.
5. J'en ai marre de cette pluie.
6. J'adore écouter ses histoires.

**B. Les médias.** Vous écoutez une émission de Radio Énergie Montréal, mais vous n'entendez pas bien à cause de l'électricité statique. Complétez le passage en choisissant parmi les mots proposés entre parenthèses.

> Bonsoir. Ici Jacques Baumier. Voici un résumé des dernières _____ (nouvelles/petites annonces). Aujourd'hui à Ottawa, selon le _____ (journal/tirage) *Le Devoir*, une réunion très importante a eu lieu entre le Président des États-Unis et le Premier Ministre canadien. La _____

**Expansion:** To work with the media vocabulary, ask personalized questions such as: Pendant combien d'heures par semaine est-ce que vous écoutez la radio? Pendant combien d'heures par semaine est-ce que vous lisez le journal? La radio, la télévision, le journal: Lequel de ces médias est-ce que vous préférez et pourquoi? Quels magazines ou revues est-ce que vous préférez? Pourquoi?

# Liens culturels

## La presse: les journaux

En matière d'information, la presse est considérée comme le média le plus crédible par les Français. Pourtant *(However)*, depuis 1970, les quotidiens ont enregistré une baisse sérieuse de leurs ventes. La concurrence *(competition)* de la télévision et de l'Internet n'explique pas la situation française si on la compare à celle des autres pays développés. Mais l'une des causes probables est le prix élevé des quotidiens en France, ce qui a mené au développement de la presse quotidienne gratuite, par exemple, *20 minutes* (un quotidien d'information gratuit local, disponible dans plusieurs grandes villes) et *Métro* (qui ressemble à *20 minutes*, mais qui est distribué dans les métros des grandes villes). En 2005, les journaux quotidiens nationaux les plus

importants par leur tirage étaient: *L'Équipe* (un quotidien sportif—2,4 millions de lecteurs), *Le Parisien/ Aujourd'hui en France* (un journal qui exploite le sensationnel—2,2 millions de lecteurs dans la région parisienne et l'Oise), *Le Monde* (un journal sérieux avec 1,9 million de lecteurs), *Le Figaro* (1,2 million de lecteurs dans la région parisienne et l'Oise) et *Libération* (un quotidien de gauche—879 000 lecteurs).

## La presse: les magazines

Les magazines français se sont adaptés au monde actuel avec intelligence et imagination. Chaque année de nouveaux titres tentent de s'installer dans les «créneaux» *(niches)* ouverts par les centres d'intérêt des Français. Les sujets s'étendent de l'aventure à l'informatique en passant par le golf ou la planche à voile. La presse française compte aujourd'hui plus de 2 550 magazines, et 97 pour cent des Français lisent régulièrement un magazine.

Comparez la presse américaine et la presse française. Comment est-ce que vous vous tenez au courant? Est-ce en lisant un journal tous les jours? les nouvelles sur l'Internet? en regardant les informations à la télévision? Quel(s) magazine(s) est-ce que vous préférez?

Adapté de Gérard Mermet, *Francoscopie 2007* (Larousse, pp. 418–419; 421)

Liens culturels: Bring in as many as possible of the French magazines and newspapers mentioned here and/or ask students to find three francophone publications available over the Internet (e.g., *Maghreb Observateur, Le Soir en ligne, La Revue du Liban*). Ask students to work in small groups and to look over the news, advertisements, etc. Each group should then prepare a brief presentation on the magazine or newspaper they have been given. (It would be helpful to prepare a handout for them, giving a format for this presentation.) Ask students to determine the political ideology of the publication and what its average reader might be like. As a special project, ask students to design and write their own short magazines.

(chaîne/station) de télévision TV 5 transmettra une émission spéciale ce soir. *L'Actualité*, l(e) _____ (auditeur/magazine) québécois le plus lu, interviewera le Président américain et publiera un _____ (reportage/ tirage) sur son séjour à Ottawa. Ce _____ (numéro/programme) spécial comptera aussi des analyses pour permettre aux _____ (auditeurs/ lecteurs) de mieux comprendre les nouveaux accords.

**C. Exprimez-vous.** Expliquez ce que vous diriez dans les situations suivantes.

1. Vous venez de payer $150 pour un repas qui n'était pas très bon.
2. Vous venez d'avoir une contravention. L'agent de police est parti. Vous êtes fâché(e).
3. Votre frère/sœur vient d'arriver. Vous ne vous êtes pas vu(e)s depuis un an.
4. Vous venez de recevoir vos notes. Elles sont très bonnes. Vous vous attendiez *(expected)* à de mauvaises notes.
5. Une personne vient d'accrocher *(run into)* votre voiture.
6. Un ami vient de vous offrir un très joli cadeau.
7. Un meurtre a été commis dans votre quartier.

**D. Questions indiscrètes.** Posez les questions suivantes à un(e) camarade. Faites un résumé de ses réponses à la classe.

1. À quelles occasions est-ce que tu es content(e)?
2. Dans quelles circonstances est-ce que tu es mécontent(e)?
3. De quoi est-ce que tu as souvent peur?
4. Raconte un événement où tu as exprimé ton soulagement.
5. Pour qui est-ce que tu éprouves de l'admiration?
6. Qu'est-ce qui te dégoûte?
7. Décris une situation où tu as protesté.

# La grammaire à apprendre

To download a podcast on The Subjunctive, go to **academic.cengage.com/french**

Preview: For the subjunctive, use the mnemonic device of WEDDING: Wishes; Emotion; expressions of Doubt and uncertainty; Desire; Impersonal expressions; Negative expressions with **croire**, **penser**, and **espérer**; Giving opinions.

## Le subjonctif: l'émotion, l'opinion et le doute

**A.** The subjunctive mood is frequently used after expressions of emotion. As with verbs of volition, the subjects of the main and dependent clauses must be different. For example:

être heureux(-euse)/content(e)/triste/désolé(e)/fâché(e)/furieux(-euse)/
  étonné(e)/surpris(e)/ravi(e) *(delighted)*/déçu(e) *(disappointed)* que
regretter que
avoir peur que/craindre que

Je **suis déçue** que nous ne **puissions** pas regarder la télévision. Le poste est en panne *(out of order)*.
Je **regrette** que nous n'**ayons** pas de deuxième poste.
Ma famille **est heureuse** que ce ne **soit** pas un week-end, parce que nous regardons beaucoup plus la télé le week-end.
Nos parents **ont peur** que les réparations ne **soient** chères.

**B.** Some impersonal expressions indicate points of view or opinions that are uncertain, hypothetical, or emotional. These begin with the impersonal **il** or, in less formal language, **ce**. For example:

il vaut mieux que
il est bon/triste/étonnant/utile/curieux/bizarre/étrange/honteux/
  surprenant/important/naturel/regrettable/rare/normal que
c'est dommage/ce n'est pas la peine que

**Il est important** que nous **voyions** ce match.
Mais, **il vaut mieux** que nous **attendions** le week-end pour aller au cinéma.

**C.** To express doubt, uncertainty, or possibility, the following verbs and impersonal expressions may be used:

douter que
ne pas être sûr(e)/certain(e) que
il est douteux/impossible/peu probable que

il se peut que
il est possible que
il semble que

**Il se peut que** ce cinéma **soit** plein.
**Nous doutons que** Marc **vienne** au ciné-club avec nous.

NOTE: When the expressions **être sûr(e) que** and **être certain(e) que** are used in the affirmative, they take the indicative mood. The expressions **il me semble que** and **il est probable que** also take the indicative.

**Il est probable qu'ils viendront.**
**Il me semble qu'il a dit** qu'ils allaient venir.
Moi, **je suis sûre qu'ils arriveront** bientôt.

After verbs of thinking, believing, and hoping (**penser, croire,** and **espérer**) in the negative or interrogative, the subjunctive is used to indicate uncertainty on the part of the speaker.

**Pensez-vous** que la télé **soit** une drogue?
Oui, je pense que la télévision est une drogue douce.

**Crois-tu** que nous **ayons** le temps de regarder la télé ce soir?
Non, **je ne pense pas** que vous **ayez** le temps ce soir. Il faut faire vos devoirs.

However, after both the negative and interrogative used together, the indicative is necessary.

Mais **ne penses-tu pas** que nous **méritons** quand même une demi-heure de télé ce soir?
Voyons… voyons… permission accordée! Pour une émission seulement!

## L'infinitif pour éviter le subjonctif

An infinitive is used instead of the subjunctive when the subject of the dependent clause is the same as that of the main clause or if the subject is not specified.

- With verbs of volition:

  Moi, je veux **partir** bien en avance.
  *I want to leave well in advance.*

  Mon mari préfère ne pas **partir** trop tôt.
  *My husband prefers not to leave too early.*

  BUT:

  À vrai dire, je préfère qu'il **parte** en avance avec moi.
  *Really, I prefer that he leave early with me.*

- With impersonal expressions or with **être** + adjective + **de:**

  **Il est bon de se détendre** le mercredi après-midi, n'est-ce pas?
  *It is good to relax on Wednesday afternoons, isn't it?*

  **Je suis content de** ne pas **avoir** grand-chose à faire.
  *I am happy to not have much to do.*

In the present infinitive form, **ne pas** precedes the infinitive.

## Premier brouillon  Dossier personnel

**Phrases:** Expressing an opinion
**Grammar:** Subjunctive

1. Using the subject that you developed in **Leçon 1,** begin writing your first draft. Your introduction will be very important. You may need to rewrite it several times. To begin, use a question or an interesting sentence to attract your reader's attention.

2. Give your point of view on the topic and address several of the opposing arguments.

Avez-vous des conseils pour l'occupant(e) de cette chambre?

# Leçon 3

## Comment persuader et donner des ordres

Track 16  **Conversation**

> **Premières impressions**
>
> **Soulignez:**
> - les expressions pour persuader et donner des ordres
>
> **Trouvez:**
> - pourquoi le match de foot Brésil-Irlande est très important

*Julie, son frère Adrien et Samuel, leur cousin, sont en plein milieu d'une discussion où il s'agit de décider de l'émission qu'ils vont regarder à la télévision.*

JULIE: Il y a une bonne série policière américaine sur France 2 ce soir: «FBI: portés disparus». Ça ne vous tente pas?

ADRIEN: Ah, non, écoute, je vois que sur Canal+ il y a le match de foot Brésil-Irlande…

JULIE: Oh, non! Pas du foot!

SAMUEL: Passe-moi le programme, s'il te plaît.

ADRIEN: *(à sa sœur)* Ça ne te dit rien de regarder le match de foot? Ce sont les quarts de finale de la Coupe du Monde ce soir.[3]

JULIE: Tu sais bien que je ne comprends pas grand-chose au foot! Alors, regarder trois heures de match à la télé, ça ne me dit vraiment rien!

**je t'en prie** *will you please*

ADRIEN: Oui…, mais tu ne comprends pas: c'est le Brésil qui joue contre l'Irlande ce soir. Allez, sois sympa, je t'en prie°, et regarde le match avec nous, quoi. Samuel et moi, nous t'expliquerons. «FBI: portés disparus» est une rediffusion.

JULIE: Mais je ne l'ai pas encore vu, moi! Et puis, les séries policières, ça me plaît.

**un compromis** *compromise*

SAMUEL: Bon, eh bien, je vous propose un compromis°. Qu'est-ce que vous diriez d'une partie de «Scrabble»?

**mettre en sourdine** *to turn on mute*

ADRIEN: Tiens, pourquoi pas? Ça fait longtemps qu'on n'y a pas joué. Et on pourra mettre le match en sourdine°, juste pour voir le score de temps en temps.

**renoncer** *to give up*
**le placard** *cupboard*

JULIE: Tu ne renonces° jamais, Adrien, hein? Eh bien, puisque tu nous imposes ton choix, c'est toi qui vas chercher le jeu dans le placard° de ma chambre.

---

[3] Tous les quatre ans (1994, 1998, 2002, 2006, etc.) la Coupe du Monde permet aux meilleures équipes nationales de football de se disputer le titre de Champion du Monde. Le football, introduit en France en 1890, est devenu le sport le plus populaire. La Fédération Française de Football, qui compte 22 608 clubs, organise chaque année les Championnats de France et la Coupe de France. En 1998, la France a gagné la Coupe du Monde. La finale opposait la France au Brésil. En 2002, les «Bleus», l'équipe de France, ont été éliminés au premier tour de la Coupe du Monde. En 2006, la France a perdu la finale contre l'équipe d'Italie au cours des prolongations *(overtime)*, plus précisément au cours des tirs au but *(penalty shootouts)*.

## Observation et analyse

1. Qu'est-ce que Julie veut voir à la télé? Quels arguments est-ce qu'elle utilise pour convaincre les autres?
2. Que veut voir Adrien? Pourquoi?
3. Est-ce qu'on aboutit à *(reach)* un compromis à la fin? Quelle sorte de compromis?
4. Pensez-vous que Julie et son frère aient souvent ce genre de petite discussion? Justifiez votre point de vue.

## Réactions

1. Quelle émission est-ce que vous auriez choisie et pourquoi? (J'aurais choisi... )
2. Autrefois, est-ce que vous aviez souvent des discussions avec votre famille au sujet de l'émission que vous vouliez regarder à la télé? Qui avait gain de cause *(won the argument)*?

# Expressions typiques pour...

## Persuader

Si tu me laisses/vous me laissez tranquille, je te/vous promets qu'on sortira dans dix minutes.
Cela ne te/vous dit rien de regarder le match?
Ferme/Fermez la porte pour me faire plaisir.
Efforce-toi *(Try hard)* de te calmer./Efforcez-vous de vous calmer.
Sois sympa, je t'en prie./Soyez sympa, je vous en prie.
Qu'est-ce qu'il faut dire pour te/vous persuader de venir avec nous au cinéma?
Que dirais-tu d'une pizza?/Que diriez-vous d'un apéritif? Ça ne te/vous tente pas?
Je serais content(e)/heureux(-euse) si tu venais/vous veniez avec nous.
Je t'encourage à le faire./Je vous encourage à venir.

## Donner des ordres[4]

Couche-toi!/Couchez-vous! Il est tard!
Tu vas te coucher tout de suite!
Je te/vous demande d'éteindre la télé.
Je te (t')/vous défends/interdis *(forbid)* de regarder cette émission.

Je te/vous prie de me laisser seul(e).
Ne parle pas la bouche pleine!
Veux-tu monter dans ta chambre tout de suite!

## Exprimer la nécessité ou l'obligation

Il est indispensable que tu étudies/vous étudiiez. *(subjonctif)*
Il est obligatoire que tu fasses tes devoirs/vous fassiez vos devoirs. *(subjonctif)*
Il faut absolument que tu me laisses tranquille/vous me laissiez tranquille. *(subjonctif)*
Tu dois/Vous devez dormir.
Tu as/Vous avez besoin de cela pour mieux travailler.
Tu as/Vous avez intérêt à *(You'd better)* écouter le professeur!

[4] Note that these orders refer to talking to a child or children. Persuasion techniques would be used to talk to another adult.

Zidane, un joueur de football français d'origine algérienne, a aidé la France à gagner la Coupe du Monde en 1998. Il a gagné le titre du meilleur joueur de la Coupe du Monde 2006 et a été considéré l'un des meilleurs joueurs du monde. Il est maintenant à la retraite.

Est-ce que vous regardez de temps en temps les reportages sportifs en sourdine? Est-ce que vous utilisez parfois un casque ou des écouteurs pour éviter des disputes avec vos parents ou voisins? Expliquez.

## Mots et expressions utiles

### La persuasion

**aboutir à un compromis** *to come to or reach a compromise*
**avoir des remords** *to have (feel) remorse*
**avoir gain de cause** *to win the argument*
**convaincre (quelqu'un de faire quelque chose)** *to persuade (someone to do something)*
**une dispute** *an argument*
**s'efforcer de** *to try hard, try one's best*
**le point de vue** *point of view*
**renoncer** *to give up*

**l'esprit [m] ouvert** *open mind*
**têtu(e)** *stubborn*

**changer d'avis** *to change one's mind*
**se décider (à faire quelque chose)** *to make up one's mind (to do something)*
**indécis(e) (sur)** *indecisive; undecided (about)*
**prendre une décision** *to make a decision*

**défendre (à quelqu'un de faire quelque chose)** *to forbid (someone to do something); to defend*
**interdire (à quelqu'un de faire quelque chose)** *to forbid (someone to do something)*
**je te/vous prie (de faire quelque chose)** *will you please (do something)*

Suggest that students write their own Mise en pratique using at least five of the new Mots et expressions utiles.

**Mise en pratique**

—Maman, je **t'en prie**, laisse-moi aller à Chicago pour le week-end! Tous mes amis y vont, et je serai le seul à rester ici si tu ne me donnes pas la permission.
—Des lycéens qui vont à Chicago sans surveillance *(supervision)*? C'est impossible! J'ai généralement l'**esprit ouvert**, mais cette fois, je n'ai pas le choix. Tu es trop jeune. Je dois t'**interdire** d'y aller.
—Qu'est-ce que tu veux que je te promette pour te faire **changer d'avis**?
—Désolée, je n'ai pas le droit de me laisser **convaincre**. S'il t'arrivait quelque chose… j'en **aurais des remords** toute ma vie. Mais je te propose un **compromis**. On ira tous à Chicago pendant les grandes vacances.

## Activités

**A. Le bon choix.** Pour chacune des situations suivantes, choisissez l'expression qui vous semble la meilleure ou inventez-en une autre.

1. Votre fille de quatre ans veut regarder un film d'épouvante à la télévision. Vous dites:
   **a.** Si tu regardes ce film, je t'envoie au lit.
   **b.** J'aimerais que tu regardes ce film avec moi.
   **c.** ?

2. Votre femme/mari ne veut pas vous acheter de cadeau d'anniversaire. Elle/Il ne veut pas dépenser trop d'argent. Vous dites:

   a. Je t'assure que je ne te parlerai plus jamais de la vie si tu ne m'achètes rien.
   b. Sois gentil(le) et achète-moi un petit quelque chose.
   c. ?

3. Vous avez froid. Votre camarade de chambre préfère les appartements froids. Vous dites:

   a. Si tu montes *(raise)* le thermostat, je te prépare du thé glacé *(iced tea)*.
   b. Il faut qu'on monte le thermostat. Sinon, je vais attraper un rhume.
   c. ?

4. Vous voulez sortir pour célébrer le Nouvel An. Votre fiancé(e) veut rester à la maison. Vous dites:

   a. Qu'est-ce qu'il faut faire pour te persuader de sortir? Je te promets un bon dîner demain...
   b. Tu vas sortir avec moi.
   c. ?

5. Vous voulez acheter une nouvelle voiture. Votre mère n'offre pas de vous prêter de l'argent. Vous dites:

   a. Tu me prêteras de l'argent, n'est-ce pas?
   b. Si tu ne me prêtes pas d'argent, je vais faire un caprice *(throw a tantrum)*.
   c. ?

6. Vous avez choisi la voiture que vous voulez. Elle est trop chère. Vous dites au vendeur:

   a. Il faut que vous baissiez le prix de $2 000.
   b. Si vous baissez le prix de $2 000, je l'achète tout de suite!
   c. ?

**B. L'indécision.** Pauvre Anne! Elle est toujours indécise. Utilisez les expressions et les mots suivants pour compléter ses pensées. Faites tous les changements nécessaires.

> l'esprit ouvert / changer d'avis / indécis / prendre une décision / s'efforcer de

Oh! Je n'arrive pas à me décider. Je suis tellement _____. Mon problème, c'est que j'ai _____ ; alors, pour moi, il est très difficile de _____ parce que je peux toujours comprendre les deux points de vue. Les rares occasions où je prends position *(take a stand)*, je finis par *(end up)* _____ après deux ou trois jours. Qu'est-ce que je dois faire? Est-ce que quelqu'un peut _____ me convaincre pour de bon?

**C. Imaginez.** Pour chacune des expressions suivantes, inventez un contexte approprié (**où, quand, avec qui,** etc.). Jouez ensuite la scène.

MODÈLE: Essaie de te calmer.
> *Situation imaginée: Mon ami(e) et moi sommes coincé(e)s (stuck) dans un ascenseur qui s'est arrêté entre deux étages. Pendant que nous attendons que quelqu'un nous aide, mon ami(e) a une crise de nerfs. Pour le/la détendre, je lui dis: Essaie de te calmer. Si tu te calmes, tu t'en sortiras mieux.*
> *Ne t'inquiète pas,* etc.

1. Donnez-moi votre portefeuille.
2. Efforcez-vous de paraître contents.
3. Souris un peu, juste pour me faire plaisir.
4. Il est essentiel que tu coures aussi vite que possible.
5. Sois gentil(le), ne me laisse pas seul(e). J'ai très peur.

To download a podcast on The Subjunctive and the Past Subjunctive, go to **academic. cengage.com/french**

Aimez-vous lire? Quelle sorte de livres est-ce que vous lisez? Combien d'heures par semaine est-ce que vous lisez?

# La grammaire à apprendre

## Le subjonctif: la nécessité et l'obligation

These expressions are followed by the subjunctive and will be helpful when you are requesting or persuading someone to do something.

demander que
insister pour que
empêcher que
il faut (absolument) que
il est nécessaire que
il est essentiel que
il suffit que

**Il est nécessaire** que nous **choisissions** les meilleurs livres à lire.
*It is necessary that we choose the best books to read.*

**J'insiste pour** que nous **lisions** des auteurs classiques.
*I insist that we read classical authors.*

Certain expressions of obligation (**il est nécessaire que, il faut que, il est essentiel que**) can be replaced by **devoir** + infinitive. The meaning conveys less of a sense of obligation, however.

Il est nécessaire qu'on y aille avec lui.
On **doit** y **aller** avec lui.
*It is necessary to go there with him.*

Il faut que nous écrivions à sa sœur.
Nous **devons écrire** à sa sœur.
*We must write to his sister.*

## Le passé du subjonctif

The past subjunctive is a compound tense used to refer to actions or conditions that took place at any time prior to the time indicated by the main verb. It is formed with the present subjunctive of the auxiliary verbs **avoir** or **être** plus the past participle. You will choose the same auxiliary verb as you would for the **passé composé.**

<u>regarder</u>

| | |
|---|---|
| que j'aie regardé | que nous ayons regardé |
| que tu aies regardé | que vous ayez regardé |
| qu'il <br> qu'elle } ait regardé <br> qu'on | qu'ils <br> qu'elles } aient regardé |

<u>partir</u>

| | |
|---|---|
| que je sois parti(e) | que nous soyons parti(e)s |
| que tu sois parti(e) | que vous soyez parti(e)(s) |
| qu'il soit parti | qu'ils soient partis |
| qu'elle soit partie | qu'elles soient parties |
| qu'on soit parti(e)(s) | |

<u>se réveiller</u>

| | |
|---|---|
| que je me sois réveillé(e) | que nous nous soyons réveillé(e)s |
| que tu te sois réveillé(e) | que vous vous soyez réveillé(e)(s) |
| qu'il se soit réveillé | qu'ils se soient réveillés |
| qu'elle se soit réveillée | qu'elles se soient réveillées |
| qu'on se soit réveillé(e)(s) | |

Mon frère a demandé que je lui achète un CD à la FNAC.
*My brother asked that I buy him a CD at FNAC.*

Il est content que j'aie trouvé son CD préféré.
*He is happy that I found his favorite CD.*

Il sera content que je le lui apporte aujourd'hui![5]
*He will be happy that I'm bringing it to him today!*

[5] NOTE: There is no *future* subjunctive form. The present subjunctive is used to express future actions.

On a eu chaud!

Quelle barbe! *(How dull!)*

T'es toqué, non?! *(You're nuts!)*

J'en ai marre!

Extra!

Mon œil! *(You can't fool me!)*

## Les gestes

**L**es gestes sont un moyen d'expression révélateur. En analysant les gestes français et américains, on peut remarquer un degré de tension musculaire plus élevé parmi les Français que parmi les Américains. Les Français ont tendance à avoir un torse plus droit et plus rigide et des épaules *(shoulders)* hautes et carrées *(square)*. Mais en conversation, «les épaules restent des instruments de communication étonnamment flexibles. On les ramène souvent vers l'avant et ce geste s'accompagne d'une expiration ou d'une moue *(pout)*, créant ainsi un mouvement du corps que

*Follow-up:* Ask students to act out the descriptions in the Liens culturels.

les étrangers trouvent typiquement français.»

On peut distinguer un Américain d'un Français de loin. Le premier a tendance à balancer *(swing)* les épaules et le bassin *(pelvis)*, et à faire des moulinets avec les bras *(whirl the arms around)*. Le second s'efforce d'occuper un espace plus restreint; pas de balancement sur le côté. Autre différence, «les hommes américains, lorsqu'ils sont debout, mettent souvent les mains dans leurs poches (en s'appuyant le dos contre un mur s'ils attendent quelque chose). Les hommes français... ont plus tendance à croiser les

bras—attitude qui évoque une plus grande tension.»

Les gestes jouent un rôle fondamental dans la communication. «En France comme aux États-Unis, les gestes de la main varient beaucoup selon le niveau social, le sexe, l'âge ou la région. On remarque toutefois certaines différences générales entre Français et Américains.»

Est-ce que vous pourriez donner quelques exemples de personnages tirés de films français et américains qui illustrent ces différences? Donnez des exemples de gestes typiquement américains.

---

Laurence Wylie et Jean-François Brière, *Les Français*, 2001 (Prentice Hall, pp. 68, 70–74)

*Expansion of drawings:* Give other gestures to express the following: **On se taille? (On s'en va?)/J'ai une idée!/ L'addition, s'il vous plaît./Vous avez le téléphone?** See if students can guess their meanings. If students are from other countries, suggest that they give gestures from their cultures.

# Activités

**A. Exigences.** Une Anglaise va bientôt faire un voyage en France. Elle est très difficile. Elle veut que l'hôtel soit parfait. Voici ses conditions. Traduisez-les-lui en français.

I ask that the hotel be clean (**propre**). Furthermore (**De plus**), I insist that the employees smile (**sourire**). It is necessary that breakfast be on time and that the tea be hot. The croissants must be fresh. It is essential that the bed not be too soft (**mou**). I must sleep in silence. It is therefore necessary that the other guests (**clients**) be quiet (**discrets**).

**B. Le cadeau d'anniversaire.** Sébastien a acheté un cadeau à Manon, mais il y a un problème. Combinez les phrases en suivant le modèle et vous découvrirez de quel problème il s'agit.

MODÈLE: Manon est heureuse. Sébastien lui a offert un cadeau.
> ***Manon est heureuse que Sébastien lui ait offert un cadeau.***

1. Manon est toute contente. Sébastien lui a acheté un iPhone.
2. Sébastien ne regrette plus. Le iPhone lui a coûté une fortune.
3. Il avait un peu peur. Manon n'aimera peut-être pas le iPhone.
4. Mais Manon est triste. Sébastien ne lui a pas offert le modèle de luxe.
5. Elle n'est pas sûre. Il faut expliquer à Sébastien qu'elle aurait préféré avoir le modèle le plus performant.
6. Sébastien est surpris. Manon a l'air de plus en plus triste et elle le remercie sans enthousiasme.
7. Les parents de Manon sont désolés. Leur fille est une personne ingrate.
8. Quelques jours plus tard, ils sont aussi étonnés. Manon et Sébastien se sont brouillés (*quarreled*) chez eux.

Selon vous, quel est le problème?

**C. Quel professeur!** Un professeur parle avec ses étudiants. Un(e) étudiant(e) du fond de la salle répète moqueusement tout ce qu'il dit. Jouez le rôle de cet(te) étudiant(e) et répétez les déclarations suivantes.

MODÈLE: —Il faut que vous alliez au laboratoire de langues tous les jours.
> —*Vous devez aller au laboratoire de langues tous les jours.*

1. Il est nécessaire que vous écriviez ces phrases pour demain.
2. Il faut que trois étudiants me remettent (*hand in*) leurs cahiers demain matin.
3. Il est essentiel que nous lisions ce paragraphe tout de suite.
4. Il faut que Jérémy et Angélique écrivent leurs réponses au tableau.
5. Il est nécessaire que vous fassiez attention à ce que je dis.
6. Il faut que Laura vienne me voir après le cours.

Que pensez-vous de ce professeur? Voulez-vous suivre son cours? Expliquez.

**D. Que dois-je faire?** Donnez trois suggestions à un(e) camarade de classe qui vous demande des conseils.

Que dois-je faire…

1. pour bien dormir?
2. pour bien manger?
3. pour être heureux/heureuse?
4. pour être riche?
5. pour rester jeune?
6. pour vivre longtemps?

Additional activity: Have students complete the following activity orally or on a handout.

Votre grand-père/grand-mère vous donne des conseils pour vivre une vie longue et heureuse. Complétez les phrase suivantes:

> Il est bon de…
> Il faut que…
> J'insiste pour que…
> Il est nécessaire que…
> Il suffit que…
> Il ne faut pas que…

Vous êtes baby-sitter. Vous donnez des conseils à un enfant de cinq ans pour qu'il/elle soit sage:

> Il faut que…
> Je demande que…
> J'insiste pour que…
> J'empêche que…
> Il est essentiel que…
> Il est nécessaire que…
> Il ne faut pas que…
> Il est bon de…

# Interactions

**A. Une contravention.** Vous retournez à votre voiture et vous voyez un agent de police vous donner une contravention pour stationnement sur le trottoir. Expliquez que vous n'étiez garé(e) là que quelques minutes et que vous deviez faire quelque chose de très important. Donnez quelques détails. Persuadez l'agent de ne pas vous donner de contravention.

**B. Une publicité.** Avec un(e) camarade de classe, préparez une courte publicité pour un produit et présentez-la à un petit groupe d'étudiants. Utilisez votre publicité pour les persuader d'acheter votre produit.

## Deuxième brouillon   Dossier personnel

1. Look over the first draft that you wrote in **Leçon 2.** Find at least one point in your argument where you can insert an example. If possible, use two different examples. These will provide a concrete link to your discussion, which will be primarily abstract.

2. Use some of the following expressions to link your example to your composition.

   EXPRESSIONS UTILES: **par exemple; Rappelons l'exemple de…; … confirme…; Considérons l'exemple de…**

# Synthèse

## Activités musicales

### MC Solaar: *Nouveau Western*

#### Avant d'écouter

1. Est-ce que vous aimez regarder des westerns à la télévision? Comment sont ces films en général? Qui sont les personnages? Quels sont les thèmes typiques des westerns? Est-ce qu'il y a des stéréotypes qu'on retrouve souvent dans les westerns?

2. Imaginez un «nouveau western», c'est-à-dire un western dont l'histoire se passe aujourd'hui. Qui seront les personnages? De quoi est-ce que l'histoire va parler? Est-ce que les thèmes et les stéréotypes vont ressembler à ceux des westerns traditionnels? Qu'est-ce qui va être différent?

#### Après avoir écouté

1. Sur une feuille de papier, faites deux colonnes et notez les éléments du western traditionnel et ceux du «nouveau western» décrits par MC Solaar. Quelles sont leurs ressemblances et leurs différences? Qu'est-ce que vous pensez des comparaisons de MC Solaar?

2. D'après MC Solaar, la ruée vers l'or *(goldrush)* est le seul but *(goal)* du cow-boy. Expliquez cette phrase dans le contexte du western traditionnel et dans celui du «nouveau western». Est-ce que vous êtes d'accord avec MC Solaar? Expliquez votre opinion en utilisant des expressions que vous avez apprises dans ce chapitre et le subjonctif.

Activity B: Follow-up: Ask one person from each group to present his or her advertisement to the entire class. Students will discuss which products they would buy, and why.

**Phrases:** Persuading; writing an essay; linking ideas
**Grammar:** Subjunctive

To experience this song, go to **academic.cengage.com/french/bravo**

Turn to **Appendice B** for a complete list of active chapter vocabulary.

Before working with *Nouveau Western*, you may want to have students look again at the TV schedule shown on pp. 184–185 and notice the popularity of American films on French TV. In *Nouveau Western*, MC Solaar comments on Hollywood, the U.S., and western movies.

# Activités orales

**A. Je m'excuse...** Vous êtes au restaurant où vous avez commandé un bon déjeuner pour un(e) ami(e) et sa mère. Quand l'addition arrive, vous vous rendez compte du fait que vous n'avez pas votre portefeuille sur vous. Discutez de la situation avec le maître d'hôtel, en décrivant vos sentiments. Convainquez-le de vous laisser partir et de revenir plus tard avec l'argent.

**B. La loterie.** Vous recevez un coup de téléphone qui vous apprend que vous venez de gagner à la loterie. Jouez la scène où vous recevez cette nouvelle inattendue. Exprimez votre joie. Expliquez ce que vous avez l'intention de faire avec l'argent. Persuadez la personne qui vous a téléphoné de faire la fête avec vous.

Quels magazines français connaissez-vous?

# Activité écrite

**Un vol annulé.** Vous êtes en voyage d'affaires et vous attendez votre vol Paris-Strasbourg quand l'hôtesse de l'aéroport vous informe qu'on a annulé le vol. L'agent peut arranger un autre vol, mais il arrivera trop tard pour la présentation de votre ligne de produits dans le studio d'une radio de Strasbourg. Le train prendrait aussi trop de temps. Écrivez une lettre dans laquelle vous insistez pour qu'on vous rembourse votre billet et vos frais de déplacement (taxi, etc.). Décrivez aussi les clients que vous avez perdus. Demandez qu'on vous envoie un chèque aussitôt que possible. Commencez par: **Monsieur/Madame.** Terminez par: **Veuillez accepter, Monsieur/Madame, mes sentiments les plus distingués.**

**Activité écrite: Variation:** As a prewriting activity, have students work together on this letter. They can prepare topic sentences for each of their paragraphs together. Possible main ideas include: **Premier paragraphe:** Le problème du vol annulé et ce qui s'est passé; **deuxième paragraphe:** vous voulez être remboursé(e); vous avez perdu de l'argent parce que vous avez manqué la présentation; **troisième paragraphe:** vous insistez sur le fait que vous voulez un chèque aussi vite que possible; closing.

Ask students to complete the letters individually before the next class, when they will spend fifteen to twenty minutes of class time on small-group editing of the letters.

## Révision finale  Dossier personnel

1. Focus on your conclusion. Make sure it recaptures your arguments. You can propose another solution or incite your reader to act in some way. Don't include any new ideas in your conclusion.

2. Bring your second draft to class. Ask two classmates to peer review your paper. They should check your organization, making sure that the introduction and conclusion are clear. Ask your classmates to check your style to make sure that it is of a formal level without slang. Your classmates will use the symbols on page 433 to correct your grammar.

3. Examine your composition one last time. Check for correct spelling, grammar, and punctuation. Pay special attention to your use of the subjunctive mood.

4. Prepare your final version.

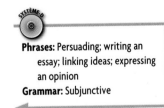

**Phrases:** Persuading; writing an essay; linking ideas; expressing an opinion
**Grammar:** Subjunctive

## I. «Ma cité va voter»

### Avant la lecture

*Sujets à discuter*

1. Écoutez-vous la radio souvent? Quand et pourquoi? Quelle station est-ce que vous préférez? Connaissez-vous des gens qui n'écoutent pas la radio?

2. Est-ce que vous avez déjà participé à une émission à lignes ouvertes *(call-in program)*, c'est-à-dire une émission de radio où le public peut appeler en direct? Expliquez.

3. Décrivez deux ou trois groupes de gens défavorisés *(underprivileged, disadvantaged)* aux États-Unis. Qui sont-ils? Quel âge ont-ils? Est-ce qu'ils sont pauvres? éduqués? illettrés? militants? passifs? Où est-ce qu'ils habitent? en ville? en banlieue? Qu'est-ce qu'ils veulent? Quelles actions est-ce qu'ils font de temps en temps pour attirer l'attention?

### Introduction

The media, a focus of this chapter, often plays roles other than simply informing. Sometimes it is used for purposes of change, for solving societal problems. Générations 88.2 is a unique radio broadcasting station tailored for young people from the working class suburbs (colloquially called **cités** or **quartiers difficiles**) around Paris. Many of these young listeners are of North African descent and feel deeply alienated from the mainstream culture as well as from the political process. Générations 88.2 is offering them a platform where they can express their frustrations and also their hopes. Following the riots of October–November 2005, and the realization that most young people did not participate in elections and had an even lower political representation, locally and nationally, than their parents, coordinated efforts have been made to encourage them to register and vote so that their expectations might be expressed by way of the political process rather than through confrontation with the police.

# «Ma cité va voter»

«Cartes d'identité, cartes de séjour, bonjour!» Yassine, Thomas et Chloé ouvrent leur libre antenne quotidienne aux auditeurs de Générations 88.2. De 6 heures à 10 heures, le trio blague°, écoute et reçoit des invités entre un flash info et une revue de presse à leur sauce°, le tout ponctué de rap.

Ce jour-là, le débat porte sur l'inscription des jeunes des quartiers sur les listes électorales. Le trio a lancé un grand jeu concours° baptisé RTT, République tout-terrain. La cité qui aura inscrit le plus de jeunes dans son département verra l'équipe de Générations s'installer chez elle pour une émission avec concert en direct. Les nouveaux électeurs envoient la photocopie de leur récépissé° d'inscription à la radio. Et «ça marche», selon le PDG° de la radio, Bruno Laforestrie. «L'année dernière, vous avez brûlé des voitures; cette année, vous allez vous inscrire et voter!» hurlent les animateurs° au micro. Un message martelé° aux 530 000 auditeurs que rassemble cette radio commerciale chaque semaine en Île-de-France.

Les auditeurs de Générations sont coursiers°, employés municipaux, chauffeurs de poids lourds, parfois étudiants ou chômeurs, tous issus des quartiers de Paris ou de sa banlieue. La moitié a moins de 19 ans, ils parlent de leurs maux et ont le sentiment d'être «enfin écoutés». Sur Générations, les musulmans peuvent dire «salam aleïkoum°» et échanger quelques mots en arabe avec des animateurs qui leur ressemblent et décrochent° eux-mêmes le téléphone. «Yassine, toi qui connais Les Mureaux°, tu vois la route qui va du grand mur à la mosquée?» commence un auditeur. Tout est fait pour que l'auditeur se sente chez lui. «On t'écoute, frère», «porte-toi bien, ma sœur», cajole° Yassine, d'origine marocaine, fils de chauffeur de taxi et de femme de ménage.

Au centre des débats, sur la libre antenne matinale comme sur Générations 2000 le samedi avec Bob, la vie dans les cités et les mauvaises relations avec les forces de l'ordre. «Les policiers de la brigade anti-criminalité, c'est tout sauf des gentils, dit Mohammed, des Mureaux. Ils vont toujours te chercher un truc qui ne va pas: ton feu arrière ne fonctionne pas bien? Tiens, une prune°!» «À force de traiter les jeunes comme des chiens, ne vous étonnez pas qu'ils mordent°», lance un autre.

Adapté de *Libération* (mardi 7 novembre 2006)

**salam aleïkoum** *peace be with you*, équivalent de «bonjour» en arabe / **blague** *joke*

**à leur sauce** *to their liking* / **décrochent** *pick up* / **Les Mureaux** une ville industrielle située à 39 km à l'ouest de Paris

**concours** compétition
**cajole** exprime une grande douceur et protection à l'égard de quelqu'un

**récépissé** *receipt*
**PDG** Président-directeur-général

**animateurs** *disc jockeys*
**martelé** *drummed in*

**prune** *slang for being hit with something, here a ticket*
**coursiers** *delivery men* / **mordent** *bite*

For more literary selections, visit Textchoice.com

## Après la lecture

*Compréhension*

**A. Observation et analyse.** Répondez aux questions suivantes.

1. Qu'est-ce que c'est que la radio Générations 88.2? Combien d'auditeurs l'écoutent?
2. Qu'est-ce que Yassine, Thomas et Chloé utilisent pour attirer l'attention de leurs auditeurs?
3. Quel est le sujet de discussion dans ce passage?
4. Décrivez le concours organisé par la radio. Quel en est le prix?
5. Pourquoi l'inscription de ces jeunes sur les listes électorales est-elle si importante?
6. Quels emplois ont ces auditeurs, typiquement? Quel âge ont-ils?
7. Pourquoi est-ce que les jeunes aiment parler avec les animateurs de Générations 88.2?
8. D'après cet article, quels sont les deux sujets principaux de discussion pour les jeunes qui appellent cette station de radio?

**B. Grammaire/Vocabulaire.** Les noms ci-dessous ou des mots de la même famille apparaissent dans les textes que vous venez de lire. Définissez chaque mot et puis donnez le verbe qui lui correspond. Enfin, écrivez une phrase qui emploie des mots de la même famille.

> MODÈLE: invités—*guests*; inviter—*to invite*
> *Les invités de cette station de radio sont rappeurs.*
> *Les animateurs ont invité mes rappeurs préférés vendredi soir.*

1. identité
2. débat
3. inscription
4. émission
5. électeurs
6. récépissé
7. employés
8. étudiants
9. animateur
10. téléphone
11. connaissance
12. ménage
13. chercheur
14. traitement

**C. Réactions**

1. Est-ce que vous êtes inscrit(e) sur une liste électorale? Avez-vous déjà voté? Expliquez.
2. Pourquoi pensez-vous que les jeunes qui habitent les cités en France en viennent à brûler des voitures?
3. Est-ce qu'il y a des endroits aux États-Unis où les habitants d'une ville ou d'une banlieue ont eu de mauvaises relations avec la police? Donnez des exemples. Est-ce qu'on a trouvé des solutions aux problèmes? Expliquez.

## Interactions

1. **Jouez les rôles.** Divisez la classe en groupes de cinq. Chaque groupe représente une station de radio. Dans chaque groupe, décidez qui en sont les trois animateurs et qui sont les deux auditeurs qui appellent pendant l'émission. Les membres de chaque groupe doivent aussi se mettre d'accord sur le type d'auditeurs qui écoutent (âge, profession, statut économique, etc.), le type de musique qu'on passe et les principaux sujets de discussion. Les animateurs doivent créer un scénario pour une émission du matin. Ceux qui téléphoneront doivent préparer des questions à poser aux animateurs. Chaque groupe joue sa scène à tour de rôle. Ensuite, choisissez, en votant, celui qui aura joué la meilleure scène.

2. **La violence est-elle parfois justifiée?** Organisez un débat sur la violence. Pensez, par exemple, à des confrontations qui ont eu lieu aux États-Unis: le mouvement de revendication des droits civils dans les années 1960, les émeutes *(riots)* de Miami ou de Philadelphie dans les années 1980 ou la brutalité policière contre Rodney King à Los Angeles en 2001. Est-ce qu'on peut parfois justifier la violence?

## Expansion

1. Faites des recherches sur la violence dans les rues en France en 2005 quand des jeunes des quartiers difficiles ont brûlé des véhicules, des écoles élémentaires, des bus, etc. Trouvez-en les causes, le nombre de morts et de blessés et identifiez ce qui a mis fin à la violence. Est-ce qu'on voit encore ces actes de violence aujourd'hui dans les rues de France? Qu'est-ce qu'on doit faire pour éviter cette violence?

2. Trouvez des renseignements sur la station de radio Générations 88.2. Est-ce que la campagne décrite dans l'article pour faire inscrire les jeunes sur les listes électorales a réussi? Expliquez.

## II. *Barbara* de Jacques Prévert

### Avant la lecture
#### Sujets à discuter

- Est-ce que vous avez déjà visité la Bretagne? la ville de Brest? Expliquez.
- Quel effet est-ce que la pluie a sur vous? Quelles sont vos émotions quand il pleut? Est-ce que vous aimez faire des promenades sous la pluie ou est-ce que vous préférez rester au sec *(dry)* chez vous?
- Est-ce que vous connaissez quelqu'un qui est allé à la guerre? Parlez de ce qu'il/elle a vécu. Si vous ne connaissez personne qui est allé à la guerre, imaginez ce qui peut arriver à quelqu'un qui y va.

#### Stratégies de lecture

**Trouvez les détails.** Parcourez le texte rapidement et trouvez tous les mots qui décrivent 1) le bonheur, l'amour; 2) la guerre. Faites une liste de ces mots. Est-ce que vous pouvez deviner le thème de ce poème?

La ville de Brest en 1944

Point out **la Bretagne** and Brest on a map of France. Remind students that much combat during World War II took place on French soil and that many towns, including Brest, were severely damaged.

Remind students that although a particular event, such as the destruction of Brest in WWII, may have inspired a work of art, the emotions expressed may be universal and applicable to any similar situation. Ask students to imagine similar events happening in other war zones, such as the Persian Golf, Afghanistan, Iraq.

You may wish to have students learn more about Prévert and read more of his poems.

Have students indicate the emotions that are portrayed in the poem by having them choose the words that give them the clues.

Find a recording of Yves Montand who sings *Barbara* and play it for the class.

**Épanouie** *Radiant* / **ruisselante** *dripping wet*

**croisée** rencontrée / **s'abritait** *was taking shelter*

### Introduction

*In this chapter you have been studying how to express emotions in French and in what contexts they are typically found. This poem by Jacques Prévert demonstrates some of the emotions that have been presented in this chapter. Using very simple language and grammar, Prévert expresses deep emotions that translate across the years, to other times and other situations. Prévert is known for his poetic style which resembles spoken language and which evokes strong emotions about love and liberty as well as compassion for those in difficulty. He often strongly criticizes figures of authority and sides with the less fortunate in society. In this poem, the poet observes a young woman and her lover before the war, and after the war, he reflects on what might have happened to them. As you read, note the emotions of the observer.*

## Barbara

Rappelle-toi Barbara
Il pleuvait sans cesse sur Brest[1] ce
    jour-là
Et tu marchais souriante
5  Épanouie° ravie ruisselante°
Sous la pluie
Rappelle-toi Barbara
Il pleuvait sans cesse sur Brest
Et je t'ai croisée° rue de Siam
10  Tu souriais

Et moi je souriais de même
Rappelle-toi Barbara
Toi que je ne connaissais pas
Toi qui ne me connaissais pas
15  Rappelle-toi
Rappelle-toi quand même ce jour-là
N'oublie-pas
Un homme sous un porche
    s'abritait°
20  Et il a crié ton nom

[1] Brest est un port maritime et militaire à l'ouest de la Bretagne. La ville a été entièrement détruite au moment de la libération en 1944.

Barbara
Et tu as couru vers lui sous la pluie
Ruisselante ravie épanouie
Et tu t'es jetée dans ses bras
25 Rappelle-toi cela Barbara
Et ne m'en veux pas° si je te tutoie°
Je dis tu à tous ceux que j'aime
Même si je ne les ai vus qu'une seule
    fois
30 Je dis tu à tous ceux qui s'aiment
Même si je ne les connais pas
Rappelle-toi Barbara
N'oublie pas
Cette pluie sage et heureuse
35 Sur ton visage heureux
Sur cette ville heureuse
Cette pluie sur la mer
Sur l'arsenal
Sur le bateau d'Ouessant°
40 Oh Barbara
Quelle connerie° la guerre
Qu'es-tu devenue maintenant

Sous cette pluie de fer°
De feu d'acier de sang
45 Et celui qui te serrait dans ses bras
Amoureusement
Est-il mort disparu ou bien encore
    vivant
Oh Barbara
50 Il pleut sans cesse sur Brest
Comme il pleuvait avant
Mais ce n'est plus pareil et tout est
    abîmé°
C'est une pluie de deuil° terrible et
55    désolée
Ce n'est même plus l'orage
De fer d'acier de sang
Tout simplement des nuages
Qui crèvent° comme des chiens
60 Des chiens qui disparaissent
Au fil de l'eau° sur Brest
Et vont pourrir° au loin
Au loin très loin de Brest
Dont il ne reste rien.

fer *iron*

ne m'en veux pas *don't hold it against me* / je te tutoie *I use the* tu *form*

abîmé *ruiné*

deuil *mourning*

crèvent *meurent*

bateau d'Ouessant *ferry that goes to the westernmost inhabited island,* Ouessant / Au fil de l'eau *With the current* / pourrir *putréfier* / connerie *profonde bêtise qui dépasse l'imagination (argot)*

For more literary selections, visit Textchoice.com

Jacques Prévert, *Barbara*, extrait de *Paroles*, © Éditions Gallimard.

## Après la lecture

### Compréhension

**A. Observation et analyse.** Répondez aux questions suivantes.

1. Pourquoi est-ce que la femme marchait «souriante»?
2. Pourquoi est-ce que le poète souriait à la femme?
3. Quelles sont les différentes descriptions de la pluie dans le poème?
4. Que symbolise l'emploi des «nuages»? Qu'est-ce qui s'est passé?
5. Quel est l'effet du contraste des images de la guerre dans la deuxième partie avec les images du bonheur dans la première partie?
6. Combien de fois est-ce que «Rappelle-toi» est répété dans le poème? Quel est l'effet de cette répétition? Pourquoi est-ce que «Rappelle-toi» n'est pas répété dans la deuxième partie du poème?
7. Est-ce que le poète connaît la jeune femme? Pourquoi est-ce qu'il l'appelle Barbara? Quel est l'effet de l'emploi de ce prénom pour cette femme que le poète ne connaissait pas et qui ne le connaissait pas (vers 13–14)?

**B. Grammaire/Vocabulaire.** Le rôle des adjectifs dans *Barbara* est très important, et vous améliorerez ce que vous écrivez en les employant correcte-
ment. Révisons-en la formation. Ci-dessous, vous avez des noms modifiés
par des adjectifs. Faites l'accord de chacun de ces adjectifs avec le nom qui
suit. Ensuite, expliquez quel sentiment est exprimé par cet adjectif: le désir,
l'espoir, le désespoir, la déception, la crainte, l'inquiétude, la joie, l'admiration,
l'irritation, le calme, la fureur, le bonheur, l'indécision, le respect, etc.

> MODÈLE: la dame souriante—les monsieurs *souriants*
> *L'adjectif exprime la joie ou le bonheur.*

1. la pluie incessante—les cris _____
2. le monsieur fâché—les filles _____
3. l'agent de police gêné—les professeurs _____
4. le gentil garcon—les _____ fillettes
5. l'endroit tranquille—les nuages _____
6. le soldat déçu—l'actrice _____
7. le professeur furieux—les commerçantes _____
8. la dame ravie—les étudiants _____
9. le visage ruisselant de larmes—les mains _____
10. la jeune fille désolée—le grand-père _____

**C. Réactions.** Donnez votre réaction.

1. Est-ce que vous souriez de temps en temps aux gens que vous ne connaissez pas? Pourquoi?
2. Quelle est l'image du poème la plus frappante pour vous? Pourquoi?
3. Décrivez les sentiments que vous ressentez en lisant ce poème.

## Interactions

1. Dans quelles circonstances la guerre est-elle justifiée?
2. Imaginez ce qui est arrivé, pendant la guerre, à l'homme qui appelait
   Barbara. Et à Barbara, qu'est-ce qu'il lui est arrivé?

## Expansion

1. Faites des recherches sur la ville de Brest sur l'Internet et à la bibliothèque et faites un reportage sur son histoire pour la classe. Comment
   est la ville aujourd'hui?
2. Faites des recherches sur les plages de Normandie. Qu'est-ce qui s'est
   passé sur ces plages en 1944? Qu'est-ce qu'on y voit de nos jours quand
   on les visite?

# À mon avis...

**Thèmes:** Les actualités;
Les arts

Use this photo to introduce the chapter function of expressing opinions, agreement and disagreement. Possible questions to ask:
1. Comment s'appellent les films que l'on passe en ce moment?
2. À votre avis, de quoi est-ce que ces films traitent? 3. Quel est le dernier film que vous avez vu?
4. Qu'est-ce que vous avez pensé de ce film? 5. Vous êtes allé(e) voir le film avec quelqu'un? Si oui, est-ce que vous et votre ami(e) avez partagé la même opinion sur le film? Expliquez.

 Heinle iRadio

 Système–D Writing Assistant

 Pour tester vos connaissances, visitez
academic.cengage.com/french/bravo

## Leçon 1

**Fonction:** Comment engager, continuer et terminer une conversation
**Culture:** L'art de discuter
**Langue:** Les pronoms **y** et **en**

PRÉPARATION

## Leçon 2

**Fonction:** Comment exprimer une opinion
**Culture:** Trois grands musées
**Langue:** La position des pronoms objets multiples • Les pronoms disjoints

PREMIER BROUILLON

## Leçon 3

**Fonction:** Comment exprimer la probabilité
**Culture:** La France et l'immigration
**Langue:** Le verbe **devoir** •
Les adjectifs et les pronoms indéfinis

DEUXIÈME BROUILLON

## La grammaire à réviser

• Les pronoms objets directs et indirects
• La position des pronoms objets

## Synthèse

**Activités musicales:** Renaud: *Manhattan Kaboul;* Maxime Le Forestier: *Être né quelque part*
RÉVISION FINALE

## Intermède culturel

• L'impressionnisme
• Maryse Condé: *Hugo le terrible*

# La grammaire à réviser

The information presented here is intended to refresh your memory of various grammatical topics that you have probably encountered before. Review the material and then test your knowledge by completing the accompanying exercises in the workbook.

## Avant la première leçon

### Les pronoms objets directs et indirects

#### A. Formes

| Pronoms objets directs | | Pronoms objets indirects | |
|---|---|---|---|
| me | nous | me | nous |
| te | vous | te | vous |
| le | les | lui | leur |
| la | | | |

#### B. Fonctions

- *Direct* object pronouns replace nouns referring to persons or things that receive the action of the verb directly:

  Est-ce que tu as la clé?
  *Do you have the key?*

  Est-ce que tu l'as?
  *Do you have it?*

- Note that it is common in spoken French to represent an idea twice in the same sentence, once as a noun and once as a pronoun:

  La clé, tu l'as?
  Tu l'as, la clé?
  *Do you have the key?*

- When an adjective or an entire clause or phrase is replaced, the neuter pronoun **le** is used:

  Est-ce que tu penses que **tu as perdu la clé**?

  Non, je ne **le** pense pas.
  *No, I don't think so.*

- *Indirect* object pronouns replace nouns referring to persons (not things) that receive the action of the verb indirectly. In English *to* either precedes the noun or is implied:

  Alors, est-ce que tu as donné la clé à Anne?

  Oui! Je **lui** ai donné la clé!
  *Yes! I gave the key to her. (I gave her the key.)*

**Je veux aller au cinéma.** Reformulez les phrases suivantes en utilisant des pronoms objets directs.

**Modèle:** Je choisis le film de Matt Damon.
**Je le choisis.**

1. Je consulte le journal.
2. Je trouve l'adresse du cinéma.
3. Je choisis l'heure de la séance.
4. J'invite mes copains de la classe de français.
5. Je cherche mon portefeuille.
6. Je quitte la maison.
7. Je retrouve mes amis.

**Mes vacances à Paris avec ma famille.** Reformulez les phrases suivantes en utilisant des pronoms objets indirects.

**Modèle:** Je montre Paris à mes parents.
**Je leur montre Paris.**

1. Je parle des monuments à mes parents.
2. Je téléphone à une amie française, Anne.
3. J'explique le voyage à Anne.
4. Elle parle des musées à mes parents et moi.
5. Elle montre le Louvre à ma mère.
6. Elle explique l'histoire de Paris à mon père.
7. Après notre retour, nous écrivons une carte à Anne.

NOTE 1: Certain verbs, such as **écouter** *(to listen to)*, **regarder** *(to look at)*, **payer** *(to pay for)*, **chercher** *(to look for)*, and **attendre** *(to wait for)* take direct object pronouns in French, contrary to their English usage.

NOTE 2: On the other hand, certain verbs that take a direct object in English require an indirect object in French, such as **téléphoner à** *(to telephone)*, **demander à** *(to ask)*, **dire à** *(to tell)*, **plaire à** *(to please)*, and **offrir à** *(to offer)*.

## Avant la deuxième leçon

### La position des pronoms objets

| | |
|---|---|
| **Affirmative:** | La clé? Je l'ai. |
| **Negative:** | Je ne l'ai pas. |
| **Interrogative:** | L'as-tu, la clé? |
| **Compound tense:** | Je l'ai perdue. |
| | Non! La voilà. Je ne l'ai pas perdue. |
| **Infinitive:** | Je vais **la** donner à Anne. |
| | Oui, je vais **lui** donner la clé. |
| **Imperative affirmative:** | Anne! Attrape-**la**! |
| | Regarde-**moi**! |
| **negative:** | Ne **la** perds pas, s'il te plaît. |
| | Ne **me** demande pas une nouvelle clé. |

NOTE: In an affirmative command, **me** changes to **moi** and **te** changes to **toi.** They are placed after the verb. Both pronouns retain their usual form and placement in negative commands.

Remember that past participles agree with preceding *direct* objects in gender and number. Past participles do not agree, however, with preceding *indirect* objects.

TRÉSORS D'ÉTÉ
AU MAX LINDER

*Chefs-d'œuvre restaurés par la*
*Cinémathèque française*

Sur écran géant
tous les mardis à 20h30
du 4 juillet au 29 août

Connaissez-vous des films classiques? des films en noir et blanc? des films muets? Lesquels, par exemple?

# Leçon 1

## Comment engager, continuer et terminer une conversation

Track 17

### Conversation

**Rappel:** Have you reviewed direct and indirect object pronouns? (Text pp. 220–221 and Workbook pp. 133–134)

> #### Premières impressions
>
> **Soulignez:**
>
> - les expressions pour engager une conversation
> - les expressions pour terminer une conversation
>
> **Trouvez**
>
> - qui arrive à la table d'Émilie et de Fabien et ce que cette personne veut.

*Émilie et Fabien, deux jeunes cadres, se trouvent dans une brasserie près de l'agence publicitaire où travaille Émilie. Ils viennent de déjeuner ensemble.*

**se faire licencier** *to get laid off*

ÉMILIE: Dis donc, Fabien, qu'est-ce que tu m'as dit à propos de Paul… Qu'il s'était fait licencier°?

**être au chômage** *to be unemployed*

FABIEN: Non, pas encore, mais je crois que cela ne va pas tarder… il va être au chômage°.

*Une volontaire d'Amnesty International[1] arrive et les interrompt.*

**la peine de mort** *death penalty*

BÉNÉDICTE: Pardon, messieurs-dames, excusez-moi de vous interrompre. Est-ce que vous seriez d'accord pour signer une pétition pour Amnesty? C'est pour une excellente cause. Nous nous opposons à la peine de mort°. Une petite signature ici, si ça ne vous dérange pas.

ÉMILIE: On peut en savoir un peu plus? C'est pour quel pays?

**tuer** *to kill*

BÉNÉDICTE: C'est aux États-Unis, au Texas. Ils vont électrocuter un homme… qui a effectivement tué° quelqu'un. Mais Amnesty s'oppose totalement à la peine de mort et nous essayons d'obtenir autant de signatures que possible, pour que le gouvernement américain change d'opinion et abolisse aussi la peine de mort. Voilà! Voudriez-vous signer la pétition?

FABIEN: Je pense que c'est une très bonne cause.

BÉNÉDICTE: Si vous voulez signer ici. Alors…

FABIEN: Ça me semble raisonnable. *(Il signe.)* Voilà.

ÉMILIE: Attends, passe-moi la pétition. Je vais signer aussi.

BÉNÉDICTE: Très bien. Merci. Au revoir, excusez-moi de vous avoir interrompus. Merci beaucoup messieurs-dames, au revoir.

[1] Amnesty International, dont le siège international est à Londres, a été créée *(created)* en «1961 à la suite de l'appel de l'avocat britannique Peter Benenson en faveur des prisonniers oubliés». C'est une organisation mondiale dont le but est la «défense des droits de l'homme». Elle est indépendante «de tout gouvernement, groupe politique, intérêt économique ou confession religieuse». Le mouvement s'oppose «à la peine de mort et à la torture en toute circonstance». Amnesty International a plus de 1,8 million membres dans 150 pays dont 20 200 sont français. *(Quid 2007,* p. 778c)

FABIEN: Bon, il faut que je m'en aille. Je reviendrai après cette petite réunion.

ÉMILIE: Bon, alors, à tout de suite. Je vais lire le journal en attendant Didier et Martine.

FABIEN: Au revoir!

*À suivre*

## Observation et analyse

1. Pourquoi est-ce qu'Émilie et Fabien parlent de leur ami Paul?
2. Qu'est-ce que Bénédicte propose à Émilie et à Fabien?
3. Quelle est la position d'Amnesty International sur la peine de mort?
4. Selon la conversation, quels sont les rapports entre Fabien et Émilie?

## Réactions

1. Est-ce que vous avez déjà signé une pétition? Pour quelles causes?
2. Est-ce que vous pensez que la pétition de Bénédicte aura des répercussions?
3. Parlez de la peine de mort aux États-Unis. Est-ce que les exécutions sont plus fréquentes en ce moment qu'avant? Expliquez.

# Expressions typiques pour...

## Engager une conversation sur un sujet précis

*(rapports intimes et familiaux)*

Je te dérange?
J'ai besoin de te parler…
Dis donc, Marc, tu sais que…
Au fait *(By the way)*…

*(rapports professionnels et formels)*

Excusez-moi de vous interrompre…
Excusez-moi de vous déranger *(disturb you)*…
Je (ne) vous dérange (pas)?
Je peux prendre quelques minutes de votre temps?
Pardon, monsieur/madame…

See **Chapitre 1, Leçon 2**, pp. 15–16, for expressions to use when you want to make small talk but do not have a particular subject in mind.

## Prendre la parole

Eh bien…/Bon…/Écoute(z)…

Je $\left\{\begin{array}{l}\text{veux}\\\text{voulais}\\\text{voudrais}\end{array}\right\}$ dire que…
demander que…

### Pour exprimer une opinion

Moi, je pense que…
À mon avis…

### Pour répondre à une opinion exprimée

Mais…/Oui, mais…/D'accord, mais…
Je n'ai pas bien compris…
Justement…/Exactement…/Tout à fait…
En fait/En réalité *(Actually)*…

More expressions will be presented in **Leçon 2** of this chapter.

# Terminer une conversation (annoncer son départ)

Remember to use the subjunctive mood after **il faut que**.

Bon…/Eh bien…

Bon…/Alors…/Excusez-moi, mais… { je dois m'en aller/partir.
il faut que je m'en aille/parte.
je suis obligé(e) de m'en aller/partir.

Allez, au revoir.
À bientôt./À tout de suite./À la prochaine.
On se revoit la semaine prochaine?
Alors, on se téléphone?

Nicolas Sarkozy
Est-ce que vous serez homme/femme politique un jour?
Pourquoi ou pourquoi pas?

# Mots et expressions utiles

## La politique

**une campagne électorale** *election campaign*
**un débat** *debate*
**désigner/nommer** *to appoint*
**discuter (de)** *to discuss*
**un électeur/une électrice** *voter*
**élire** (past part.: **élu**) *to elect*
**être candidat(e) (à la présidence)** *to run (for president)*
**se faire inscrire** *to register (to vote)*
**la lutte (contre)** *fight, struggle (against)*

**un mandat** *term of office*
**la politique étrangère** *foreign policy*
**la politique intérieure** *internal policy*
**un problème/une question** *issue*
**un programme électoral** *platform*
**se (re)présenter** *to run (again)*
**réélire** (past part.: **réélu**) *to reelect*
**soutenir** *to support*
**un deuxième tour** *run-off election*
**voter** *to vote*

Additional vocabulary:
le droit de vote *right to vote;* l'État [m] *government, state;* un homme (une femme) politique *politician;* poser sa candidature *to run for office*

**Mise en pratique**

Le suffrage universel masculin a été institué en France par la IIe République en 1848, mais les femmes n'ont acquis le droit de vote qu'en 1945. En 1974, l'âge minimum des **électeurs** et des **électrices** a été ramené *(brought back)* de 21 ans à 18 ans.

L'ancien maire de Paris, Jacques Chirac, a été **élu** Président de la République en mai 1995. En 2002, il a été **réélu** pour un **mandat** de cinq ans. (Une importante réforme constitutionnelle a été adoptée en septembre 2000: la réduction du mandat présidentiel de sept ans à cinq ans.)

Pendant la **campagne électorale** en 2002, il avait promis, en **politique étrangère**, de poursuivre lentement l'intégration de l'Europe. En **politique intérieure**, il avait souligné que le **problème** principal était la **lutte** contre le chômage.

En 2007, de nombreux candidats **se sont présentés** aux élections présidentielles au premier tour, ce qui montre une énorme différence entre le système français et celui des États-Unis. «Ils sont douze candidats[2], dont quatre femmes. Nicolas Sarkozy a été élu au **deuxième tour** (avec 53,06% des votes contre 46,94% pour Ségolène Royal, son adversaire) pour un mandat de cinq ans.

[2] Les principaux partis politiques en France:
À gauche
–L'extrême gauche est représentée par deux groupes trotskystes: *Lutte ouvrière (LO)* et *la Ligue communiste révolutionnaire (LCR)*.
–*Le Parti communiste français (PCF)* cherche les nouveaux terrains de lutte. Il a moins de succès depuis quelques années.
–*Le Parti socialiste (PS)* a été le parti ayant le plus d'adhérents depuis plusieurs années. C'est un parti de classes moyennes salariées et de cadres, rassemblant entre 25% et 30% de l'électorat. Il manque d'unité idéologique.

À droite
–*L'Union pour un mouvement populaire (UMP)* est le parti de Jacques Chirac, qui a été président de la République de 1995 à 2007. Comme le PS, il manque d'unité idéologique.
–*L'Union pour la démocratie française (UDF)* est un parti qui représente les intérêts du centre-droit.
–*Le Front national (FN)* et son président, Jean-Marie Le Pen, ont longtemps eu une moyenne de 15% de l'électorat, mais en avril 2007, son score est passé à 10,5%. Ce parti d'extrême droite rejette la construction européenne et l'immigration.
(Adapté du site proposé par la Documentation française 1/20/07; www.vie-publique.fr.)

## La guerre *(War)*

l'armée *army*
les armes [f pl] de destruction massive
   (ADM) *weapons of mass destruction*
les forces [f pl] *forces*
le front *front; front lines*
le soldat *soldier*

les combats [m pl] *fighting*
le conflit *conflict*
une embuscade *ambush*

libérer *to free*
livrer *to deliver*
se produire *to happen, take place*
prendre en otage *to take hostage*

attaquer *to attack*
un attentat *attack*
insensé(e) *insane*
la mort *death;* les morts [m pl]
   *the dead*
la peine de mort *death penalty*
le terrorisme *terrorism*
tuer *to kill*

céder à *to give up; to give in*
la négociation *negotiation*
la paix *peace*
la polémique *controversy*
les pourparlers [m pl] *talks;*
   *negotiations*

Additional vocabulary: l'espionnage [m]
*spying;* une mine *mine;* l'opposition [f]
*opposition*

## Divers

un sans-abri *homeless person*

---

You might want to ask
students these follow-up
questions: Êtes-vous tou-
jours d'accord avec les
décisions du gouverne-
ment? Que pensez-vous de
la décision d'aller en
guerre en Irak?

**Mise en pratique**

Pendant le **conflit** entre l'Irak et le Koweït en 1990, les Français ont découvert leur désaccord sur le rôle de l'**armée** dans le monde d'aujourd'hui. Des unités spécialisées de l'armée de l'air ont fait partie des troupes qui **ont attaqué** les forces irakiennes sur le **front** ouest. Un pilote français a été **pris en otage**. Il **a été libéré** après la fin des **combats**, mais la **mort** de plusieurs **soldats** pendant les opérations de déminage *(minesweeping)* des plages a causé un débat public.

Le débat s'est ravivé en 2003 quand les États-Unis ont déclaré, sans l'accord des Nations Unies, la **guerre** à l'Irak. La France a alors décidé de ne pas prendre part à la guerre. Depuis la fin des opérations militaires, qui ont été très rapides, et suite à l'absence apparente d'**armes de destruction massive (ADM)**, bien des Français ont contesté les raisons avancées par les Américains pour déclencher cette guerre. La France et les États-Unis continuent à négocier leur désaccord *(iron out their disagreements)* et depuis 2006 il y a eu un rapprochement.

---

# Activités

**A. Pardon, monsieur.** Engagez des conversations avec les personnes mentionnées. Parlez des sujets donnés en employant les *Expressions typiques pour…*

MODÈLE: votre père: un emprunt de $20
   —*Papa, je te dérange? Non? Je voulais te demander si tu*
   *pourrais me prêter $20.*

1. vos amis: l'article sur la prise d'otages
2. un étranger dans la rue: le chemin pour aller à la pharmacie la plus proche
3. M. Voulzy, votre patron: une idée qui vous est venue au sujet de la nouvelle publicité
4. vos voisins d'à côté: le vol qui a eu lieu dans la maison en face de la vôtre
5. votre mari/femme: quelque chose que vous voulez acheter

**B. Eh bien…** Maintenant, imaginez que vous terminiez chaque conversation que vous avez commencée dans l'exercice A. Que diriez-vous dans chaque situation? Utilisez les *Expressions typiques pour…*

MODÈLE: —*Bon, eh bien merci, papa. Je dois retourner à mes devoirs. J'en ai beaucoup pour demain.*

**C. Sur le vocabulaire.** Voici des phrases tirées d'un journal français. Remplissez les blancs avec le(s) mot(s) approprié(s) de la liste suivante. Faites tous les changements nécessaires.

### DEUX FRANÇAIS ASSASSINÉS EN IRAK

mort / attentat / tué / blessé / terroriste / libéré / embuscade

1. Victimes d'une _____ alors qu'ils circulaient en convoi sur l'autoroute qui relie Bagdad à la frontière jordanienne, deux Français ont trouvé la _____ en Irak, lundi soir, et un troisième a été grièvement _____.
2. L'_____ mortel est de ceux qui se produisent régulièrement en Irak. Les deux Français ont été _____ par des _____.

Adapté de *Libération (Libération.fr)*, mercredi 07 janvier 2004.

### ÉLECTIONS PRÉSIDENTIELLES

électeurs / se représenter / mandat / voter / débat / soutenir

3. Jacques Chirac est arrivé à la fin de son deuxième _____ en mai 2007.
4. En 2007, malgré les prédictions, les Français _____ (ne… pas, passé composé) pour le candidat centriste.
5. Le _____ politique sur l'attitude de la France à l'égard de l'immigration n'est pas nouveau.
6. Selon les experts, la mobilisation des jeunes _____ a fait monter le taux de participation à 85%.

**D. Une opinion.** Prenez la parole et exprimez une opinion sur les sujets suivants en deux phrases avec un(e) partenaire; il/elle répondra à l'opinion exprimée.

1. les dernières élections
2. le rôle des Nations Unies
3. le terrorisme
4. un événement sportif récent
5. la criminalité dans les grandes villes

# La grammaire à apprendre

## Les pronoms *y* et *en*

During a conversation, people often use pronouns to refer to persons, things, or ideas already mentioned. You reviewed direct and indirect object pronouns in *La grammaire à réviser*. The following is information relevant to the pronouns y and en.

To download a podcast on The Pronouns **y** and **en,** The Position of Object Ponouns, go to **academic.cengage.com/french**

### A. L'usage du pronom *y*

- **Y** replaces a preposition of location (**à, en, sur, chez, dans, sous, devant** etc., except for **de**) and its object. Translated as *there,* it is not always used in English, although it must be used in French:

    —Est-ce que tu es déjà allée au musée Rodin[3]?
    —Non, je n'y suis jamais allée. Allons-y.

- **Là** must be used to express *there* if the place has not been previously mentioned:

    —Déposez vos sacs au vestiaire, juste **là**, derrière le pilier, avant d'entrer dans le musée.

- **Y** is also used to replace **à** + noun referring to a thing. Typical verbs requiring **à** before a noun object are **s'intéresser, répondre, penser, jouer,** and **réfléchir**:

    —La technique de Rodin? J'y réfléchis en regardant ses sculptures.
    —Nos questions sur la technique de Rodin? Le guide peut y répondre.
    —La sculpture? Nous nous y intéressons beaucoup!

NOTE: **À** + person is replaced by an indirect object pronoun or a disjunctive pronoun. (Disjunctive pronouns will be discussed in the next lesson.)

    —Est-ce que tu sais où se trouve notre guide? Je voudrais **lui** poser une question sur «Le Penseur».

- In the future and conditional tenses of **aller**, **y** is not used:

    —Le musée Rodin est formidable! Je voudrais aussi voir le musée Picasso. Est-ce que tu **irais** avec moi?

**Jouer à** is used for sports or games; **jouer de** is used with musical instruments.

### B. L'usage du pronom *en*

- **En** is used to replace the preposition **de** and its noun object referring to a place or thing. If the noun object refers to a person, a disjunctive pronoun is normally used instead. Typical verbs and verbal expressions whose objects are introduced by **de** are **avoir peur, avoir besoin, parler, se souvenir, penser, discuter,** and **jouer**:

    — Est-ce que tu te souviens du mouvement de révolte étudiant qui a eu lieu en 1986?
    — Oui, je m'en souviens bien. On en parle toujours.

**Penser** only requires **de** before a noun object when it is in the interrogative form, when asking for an *opinion*. For example, **Qu'est-ce que tu penses de «American Idol»?** In all other cases, it takes **à**.

---

[3] Auguste Rodin (1840–1917) est un des sculpteurs les plus connus de France. Il est l'auteur du «Penseur», du «Baiser», de «Balzac», etc.

- Nouns preceded by the partitive or an indefinite article are replaced by **en.** The English equivalent *(some/any)* may be expressed or understood, but **en** is always used in French:

  —Tu connais des étudiants qui ont participé aux manifestations *(demonstrations)*?
  —Oui, j'**en** connais plusieurs. Paul et Catherine, par exemple.

- **En** is also used to replace a noun referring to a person or thing preceded by a number or other expression of quantity (**beaucoup de, peu de, trop de, un verre de, plusieurs,** etc.). The noun object and the preposition **de** (if there is one) are replaced by **en;** only the number or expression of quantity remains. Although **en** may not be translated in English, it *must* be used in French:

  —Un grand nombre d'étudiants ont participé aux manifestations, n'est-ce pas?
  —Oui, il y **en** a eu beaucoup. Juste à Metz, ils étaient plus de 100 000!
  —Il y a eu des morts?
  —Malheureusement, il y **en** a eu un, un jeune étudiant de vingt-deux ans.[4]

> *Additional notes on the use of **y** and **en:***
> - Placement in a sentence follows the same rules as other object pronouns.
> - Past participle agreement is never made with **y** or **en.**
> - In general, **y** replaces **à** + noun; **en** replaces **de** + noun.

Liens culturels: Show a video of French speakers in conversation, either a commercially prepared educational video or a segment from a French film. Point out to students the close physical proximity of French speakers, use of gestures, and polite interruptions.

[4] À la suite de la mort du jeune étudiant Malek Houssékine, Jacques Chirac, qui était Premier ministre à l'époque, a annoncé le retrait de la réforme de l'enseignement supérieur qu'il proposait (1986).

## *Liens culturels*

# L'art de discuter

Il y a plusieurs différences entre l'art de discuter chez les Français et chez les Américains. D'abord, les Français se tiennent plus près les uns des autres quand ils se parlent. Mal interprétée quelquefois par les Américains qui y voient un acte agressif, cette coutume reflète tout simplement un moindre besoin d'espace personnel. Ce trait culturel est aussi évident dans les mouvements plus restreints que font les Français, comparés avec les gestes plus expansifs des Américains.

Il est aussi admis dans certains cas d'interrompre son interlocuteur avant qu'il ait terminé sa phrase dans une conversation française, ce qui produit un effet de chevauchement *(overlapping).* En outre, pendant qu'un Français vous parle, un autre Français commencera peut-être à vous parler aussi. Il faut alors écouter deux conversations en même temps! Alors qu'en général interrompre quelqu'un est considéré comme impoli chez les Américains, l'absence d'interruptions, lors d'une conversation animée chez les Français passe pour une certaine indifférence.

Quelles autres différences est-ce que vous avez remarquées entre les conversations françaises et américaines? Est-ce qu'il y a des différences dans la conversation selon la région aux USA? Donnez quelques petits mots et expressions que les Français utilisent pour maintenir la communication (voir le **Chapitre 4**).

Imaginez la conversation entre ces deux personnes. De quoi est-ce qu'elles discutent?

# Activités

**A. Sondage.** Sophie répond aux questions d'un journaliste qui fait un sondage pour *Femme Actuelle,* une revue française destinée aux femmes d'aujourd'hui. Complétez ses réponses en utilisant **y** ou **en**.

1. Les sports? Oui, je m'_____ intéresse beaucoup.
2. Des enfants? Non, je n'_____ ai pas.
3. Le cinéma? Oui, nous _____ allons souvent.
4. Les élections? Non, je n'_____ ai pas discuté au bureau.
5. Le bridge? Non, je n'_____ joue jamais.
6. Plus d'argent? Bien sûr! J'_____ ai toujours besoin.
7. Des animaux domestiques? Oui, j'_____ ai deux: un chat et un oiseau.
8. Des amis américains? Oui, j'_____ ai plusieurs.
9. Le prochain concert de John Mayer? Oui, nous _____ allons.
10. Votre dernière question? Mais j'_____ ai déjà répondu!

**B. Interview.** Utilisez les verbes et les mots ci-dessous pour interviewer un(e) camarade de classe. Votre partenaire doit répondre en utilisant un pronom objet (direct, indirect, **y** ou **en**), selon le cas.

MODÈLE: aimer aller à: dans le centre des grandes villes / à la campagne / dans les parcs nationaux
—*Est-ce que tu aimes aller dans le centre des grandes villes?*
—*Oui, j'aime y aller.*
—*Est-ce que tu aimes aller à la campagne?*
—*Non, je n'aime pas beaucoup y aller.*

1. avoir trop (beaucoup, assez) de: temps / argent / ami(e)s / devoirs
2. s'intéresser à: la politique / l'art / la sculpture / les sports
3. connaître: la ville de New York / tous les étudiants de la classe / *(name of one student)*
4. se souvenir de: les devoirs pour aujourd'hui / mon nom / l'anniversaire de tes seize ans
5. aller souvent à: la bibliothèque / la cantine / le café du coin / chez tes grands-parents
6. téléphoner hier à: tes parents / le président de l'université / le professeur

**C. La politique.** Un homme qui travaille pour la campagne électorale d'un conseiller municipal parle avec un électeur. Remplissez les blancs avec un pronom objet (direct, indirect, **y** ou **en**), selon le cas. N'oubliez pas de faire tous les changements nécessaires.

—Je ne vous dérange pas?
—Non, vous ne (n') _____ dérangez pas. Entrez.
—Est-ce que vous vous intéressez à la politique?
—Oui, je me (m') _____ intéresse un peu.
—Bon. Je voulais vous parler un peu de Jean Matou, qui se présente au Conseil municipal de votre mairie. Est-ce que vous connaissez Jean Matou?
—Oui, je (j') _____ connais. En fait, je (j') _____ ai rencontré à une soirée il n'y a pas longtemps.

— Et vous avez vu ses deux interviews à la télé?

— Euh, je (j') _____ ai vu une.

— Qu'est-ce que vous _____ avez pensé?

— Oh, j'ai pensé que... c'était pas mal.

— Très bien, monsieur. J'aimerais préciser quelques points de son programme électoral. Auriez-vous deux minutes?

— Bon. D'accord. Allez-_____...

*L'homme commence à expliquer...*

— Enfin, téléphonez-_____ si vous souhaitez que je (j') _____ donne plus de renseignements.

— D'accord. Je (J') _____ téléphonerai si je (j') _____ ai besoin.

— Une dernière chose: Est-ce que ça vous intéresserait de travailler comme volontaire dans cette campagne?

— Euh... Écoutez, je vais _____ réfléchir et je (j') _____ appellerai.

## Interactions

**A. Trouvez quelqu'un qui...** Posez les questions suivantes à plusieurs étudiants. Trouvez des étudiants pour qui la réponse est vraie. Soyez poli(e) en posant les questions. Dites bonjour, présentez-vous et puis posez votre question. Après, continuez un peu la conversation. Puis excusez-vous et terminez la conversation. Si possible, utilisez les pronoms **y** et **en** ou des pronoms d'objets directs ou indirects.

Trouvez quelqu'un qui...

 aime les mêmes émissions à la télé que vous

 est né(e) dans le même état que vous

 étudie à la bibliothèque

 vient de la même ville que vous

 a le même nombre de frères et de sœurs que vous

 est volontaire dans la même organisation que vous

**B. Au secours.** Imaginez que vous perdez souvent les objets qui vous appartiennent. Un(e) camarade de classe va jouer le rôle de votre camarade de chambre. Demandez-lui où vous avez mis des objets importants. (Utilisez les mots utiles ci-dessous.) N'oubliez pas d'engager la conversation comme il le faut. Votre camarade dira qu'il/qu'elle ne sait pas où vous avez mis ces objets, qu'il/qu'elle ne les a jamais vus ou qu'il/qu'elle les a vus récemment et qu'il/qu'elle sait où ils sont.

MOTS UTILES: **sac à dos** [m] *(backpack);* **livre de français; pull-over** [m] **marron; sur le plancher** *(floor);* **dans un tiroir** *(drawer);* **dans le panier à linge** *(laundry basket);* **ne... nulle part** *(not anywhere)*

## Préparation  Dossier personnel

The focus of this chapter is writing an argumentative paper for your portfolio in which you express an opinion and try to convince the reader of your point of view. In order to be most effective, you'll want to address the opposing viewpoint to show that you are at least aware of the contrary position.

1. Choose your topic from the list below or create one of your own.
   a. La possession d'armes à feu devrait être interdite.
   b. Les États-Unis doivent rester neutres en ce qui concerne les conflits à l'étranger à moins qu'il ne s'agisse d'une question de sécurité nationale.
   c. Les responsables d'attentats terroristes devraient être condamnés à la peine de mort.
   d. Il est indispensable de définir le mariage dans la constitution américaine.
   e. Il faudrait avoir des cours de citoyenneté et d'éthique.
   f. Votre choix.
2. After you've chosen your topic, make a list of related vocabulary that might be useful for your paper.
3. Write a list of arguments both supporting and opposing your point of view. In order to make sure that you've listed all the possible positions, show your list to at least one classmate to help you develop your topic.

**Phrases:** Expressing an opinion; agreeing & disagreeing; weighing alternatives
**Grammar:** Subjunctive

Le traité sur l'Union européenne a été conclu par les chefs d'État et de gouvernement des Douze lors du 45e sommet européen à Maastricht (Pays-Bas) en 1991 et est entré en vigueur *(put into effect)* en 1993. C'est un traité d'union économique, monétaire et politique. Les premières élections européennes après Maastricht ont eu lieu en 1994. Le 1er janvier 2002, les monnaies nationales ont été retirées et remplacées par des pièces et des billets en euros (€). L'euro est la monnaie officielle qui est utilisée par la plupart des pays-membres (il y en a maintenant 27 qui ont signé un traité d'adhésion.)

(Adapté de Dominique et Michèle Frémy, *Quid 2007*, pp. 810b-c; p. 1956a.)

# Leçon 2

## Comment exprimer une opinion

Track 18

### Conversation (SUITE)

**Rappel:** Have you reviewed the placement of object pronouns? (Text p. 221 and Workbook pp. 134–135)

Le musée du quai Branly

**dans l'ombre** *in the shadows (hidden away)*

**C'est honteux** *It's a disgrace*

**les oubliettes** *the deepest and dankest of prisons in medieval castles where people were thrown and forgotten*

---

> **Premières impressions**
>
> **Soulignez:**
> * plusieurs façons de donner son avis
> * plusieurs façons de marquer son accord ou son désaccord
>
> **Trouvez:**
> * de quel musée on parle
> * ce qu'on a fait

*Après le départ de la représentante d'Amnesty International, un jeune couple, Didier et Martine, ont rejoint Émilie à table pour prendre un café. Voici leur conversation.*

**DIDIER:** Au fait, la semaine dernière, je suis enfin allé voir le musée du quai Branly[5] près de la tour Eiffel. C'est le nouveau musée entièrement consacré aux arts d'Afrique, d'Asie, d'Océanie et des Amériques. C'est l'architecte Jean Nouvel qui a conçu le bâtiment et les espaces d'exposition.

**ÉMILIE:** Eh alors? Comment tu l'as trouvé? Qu'est-ce que tu en penses?

**DIDIER:** Eh bien… J'ai beaucoup aimé… je trouve que les œuvres présentées sont fantastiques. Apparemment, les collections sont très importantes… plus de 300 000 œuvres. Je vais y retourner en juin pour voir les nouvelles expos qui sont annoncées.

**MARTINE:** Je ne partage pas ton enthousiasme… À mon avis, ce musée est une abomination! Je trouve qu'il symbolise le pillage des colonisateurs dans les pays colonisés.

**ÉMILIE:** Absolument pas! Moi, je trouve que c'est important d'exposer des œuvres de tous les coins du monde qui sont restées dans l'ombre° bien trop longtemps.

**MARTINE:** Mais pas du tout! C'est honteux°! C'est scandaleux même! Ces œuvres d'art n'appartiennent pas à la France. En plus, je me demande si l'acquisition de ces trésors était légitime.

**DIDIER:** Oui, mais tu sais, Martine, au moins, ça permet de voir des choses très rares, comme les statuettes chupicuaros[6] du Mexique. Tu sais, c'est une de ces statuettes qui sert d'emblème au musée. Je comprends la controverse, et même le scandale. Mais c'est important que ces collections, très anciennes parfois, sortent des oubliettes°.

---

[5] Le musée du quai Branly: Ce musée a été inauguré en juin 2006 après cinq ans de travaux qui ont coûté 232 millions euros. Il y a eu beaucoup de débats sur le nom du musée et sur la réunion du musée de l'Homme et du musée des arts d'Afrique et d'Océanie.

[6] Les statuettes chupicuaros du Mexique: Les Chupicuaros sont une population ancienne qui s'est installée au Mexique un peu avant 200 av. J.-C.

MARTINE: Ah non! Moi, je ne suis pas du tout d'accord! Je trouve que c'est une très mauvaise idée, parce que nous tirons des avantages touristiques de ces objets d'art. Finalement, cette belle structure a coûté très cher à la France. Et du coup, il a fallu fermer le musée de l'Homme du Trocadéro[7].

ÉMILIE: Eh oui... C'est dommage pour le musée de l'Homme. Mais le musée du quai Branly, ou le MQB comme on dit, réunit des œuvres incroyables!

DIDIER: Je suis de ton avis, Émilie. L'idée de Jacques Chirac[8] est que «les chefs d'œuvre du monde entier naissent libres et égaux°» comme il l'a dit dans un de ses discours.

naissent libres et égaux (naître) *born free and equal*

MARTINE: Eh bien, moi aussi, je veux bien le visiter pour la première fois! Je veux voir ce bâtiment qui nous a coûté les yeux de la tête°! Chaque président a son musée, n'est-ce pas? Pompidou avait voulu Beaubourg, Giscard d'Estaing a proposée le musée d'Orsay et Mitterrand avait sa pyramide du Louvre[9]... Quand vont-ils penser aux problèmes sociaux comme le chômage des jeunes et les banlieues?

coûter les yeux de la tête coûter une fortune

*À suivre*

## Observation et analyse

1. Quel est l'avis de Martine sur la construction du musée du quai Branly? Expliquez son point de vue.
2. Est-ce qu'Émilie est d'accord avec elle? Expliquez l'argument qu'elle avance.
3. Quelle est l'attitude de Didier dans le débat?
4. Est-ce qu'on a rénové ou construit beaucoup de musées à Paris? Comment le savez-vous?

## Réactions

1. Quels musées est-ce que vous avez visités? Lesquels est-ce que vous préférez et pourquoi?
2. Est-ce que l'apparence d'un musée est importante pour vous ou est-ce que c'est les expositions qui vous attirent?
3. Êtes-vous pour ou contre la construction de musées quand il y a des problèmes sociaux importants et que l'argent manque? Expliquez votre réponse.
4. Avec qui est-ce que vous êtes le plus d'accord dans le débat sur le musée du quai Branly?

[7] Le musée de l'Homme: Un musée fondé en 1937 qui prépare sa rénovation (conduite sur cinq années) autour d'une histoire naturelle et culturelle de l'homme. Avant d'être fermé, il a servi d'institution de recherche anthropologique et de préhistoire. Le futur musée aura une collection de préhistoire très prestigieuse.

[8] Jacques Chirac (né en 1932) a été président de la France de 1995 jusqu'en 2007 (un premier mandat de sept ans et un second mandat de cinq ans, selon la modification constitutionnelle). Auparavant, il avait été maire de Paris (1977–1995).

[9] Georges Pompidou (1911–1974) est devenu président en 1969 jusqu'à sa mort en 1974; Valéry Giscard d'Estaing (1926– ) a été président de la République de 1974 à 1981; François Mitterrand (1916–1996) a été président de 1981 à 1995 (deux mandats de sept ans).

# Expressions typiques pour...

## Demander l'avis de quelqu'un

Quel est ton/votre avis?
Qu'est-ce que tu penses de... ?
Qu'est-ce que vous en pensez?
Est-ce que tu es/vous êtes
    d'accord avec... ?
Selon toi/vous, faut-il... ?
Comment tu le trouves?/
    Comment vous le trouvez?

## Exprimer une opinion...

Je (ne) crois/pense (pas) que...
Je trouve que...
À mon avis.../Pour moi...
D'après moi.../Selon moi...
Par contre... *(On the other hand ...)*
De plus/En plus/En outre... *(Besides ...)*

## ... avec moins de certitude

J'ai l'impression que...
Il me semble que...
..., vous ne trouvez pas?

## Dire qu'on est d'accord

Ça, c'est vrai.
Absolument.
Tout à fait. *(Absolutely.)*
Je suis d'accord (avec toi/vous).
Je suis de ton/votre avis.
Je le crois.
Je pense que oui.
C'est exact/juste.
Moi aussi. (Ni) moi non plus.
    *(Me neither.)*

## Dire qu'on n'est pas d'accord

Ce n'est pas vrai.
Absolument pas.
Pas du tout. *(Not at all.)*
Je ne suis pas d'accord (avec toi/vous).
Je ne le crois pas.
Je pense que non.
C'est scandaleux/idiot/honteux *(shameful)*!
Cependant... *(However ...)*
Je ne partage pas entièrement vos vues.
    *(très poli)*

## Exprimer l'indécision

Vous trouvez?
C'est vrai?
C'est possible.
Je ne sais (pas) quoi dire.
Je ne suis pas sûr(e)/certain(e).
On verra.

## Exprimer l'indifférence

Ça m'est (tout à fait) égal.
Tout cela est sans importance.
Au fond, je ne sais pas très bien.
Bof!

> After the negative of **croire** and **penser**, the subjunctive is used to imply doubt: **Je ne crois pas qu'il y aille.**

> Contrary to several other opinion verbs, **J'ai l'impression que** and **Il me semble que** take the indicative mood, even in the negative and interrogative forms.

# Mots et expressions utiles

## Les arts/L'architecture

la conception *(from* concevoir)
    *design, plan*
en verre, en métal, en terre battue
    *made of glass, metal, adobe*
une œuvre *work (of art)*
rénover *to renovate*

## Les perspectives

honteux/honteuse *shameful*
insupportable *intolerable, unbearable*
laid(e) *ugly*
moche *(familiar) ugly, ghastly*

chouette *(familiar) neat, nice, great*
passionnant(e) *exciting*
remarquable/spectaculaire *remarkable/*
    *spectacular*
réussi(e) *successful, well executed*
super *(familiar) super*

s'accoutumer à *to get used to*
attirer *to attract*
convaincre *to convince*
supprimer *to do away with*

> Additional vocabulary: déformer la réalité *to alter reality;* la nature morte *still life;* le paysage *landscape;* le portrait *portrait;* représenter la réalité *to represent reality;* la sculpture *sculpture;* la statue *statue;* le tableau *painting*

# Activités

**A. Un sondage.** Un reporter du journal de votre campus fait un sondage sur les idées et les goûts des étudiants. Répondez à ses questions en vous servant des expressions présentées pour donner votre opinion.

> MODÈLE: —Qu'est-ce que tu penses de la musique de… *(current rock group)?*
> —*Moi, je la trouve super!*

1. Est-ce qu'il faut supprimer les contrôles?
2. Faut-il assister à tous les cours pour bien comprendre le français (la philosophie, les mathématiques)?
3. À ton avis, est-ce que… est un(e) bon(ne) président(e) pour notre université?
4. D'après toi, est-ce que les femmes peuvent réussir en politique?
5. Qu'est-ce que tu penses de… *(name of new film)?*
6. Comment tu trouves… *(name of current TV program)?*

**B. Les arts.** Vous êtes au musée avec un(e) ami(e). Regardez ces œuvres d'art et donnez vos réactions en utilisant les expressions données à la page 234.

**Activity B: Expansion:** Pass out playing cards with pictures of famous paintings. Put four or five students in a group and have them ask questions and express opinions about the paintings on other group members' cards.

Nicolas Poussin, *L'inspiration du poète*

Paulette Foulem, *Avant le «squall»*

Fernand Léger, *Le remorqueur* (tugboat)

Jacques Louis David, *Portrait de Madame Récamier*

**C. À vous!** Maintenant c'est à vous de mener une petite enquête sur les idées de vos camarades de classe. Demandez l'avis de quelqu'un sur les sujets suivants en employant les *Expressions typiques pour...* à la page 234.

1. les œuvres impressionnistes
2. la peine de mort
3. les rénovations d'un bâtiment sur le campus/en ville
4. la réduction/l'augmentation des impôts
5. le journal de votre école/campus

**Activity D: Expansion:** Students create five statements expressing their opinion on a topic. In groups of three or four, they present their opinions and react to each other within the group, using appropriate statements of agreement, disagreement, or indifference.

**D. Selon moi...** Voici les résumés de plusieurs éditoriaux récents dans le journal de votre ville. Réagissez à chaque opinion en disant si vous êtes d'accord ou non, et pourquoi.

MODÈLE: Il faut légaliser la marijuana.
—*Je ne le crois pas. La marijuana est une drogue et je suis contre toutes les drogues.*

1. Le suicide assisté doit rester illégal.
2. Il faut interdire aux gens de fumer dans les bars.
3. M./Mme/Mlle... serait un(e) bon(ne) président(e) pour notre pays.
4. Les jeux de hasard *(gambling)* doivent être légalisés dans tous les états.

# La grammaire à apprendre

## La position des pronoms objets multiples

During the course of a conversation or debate, you occasionally need to use more than one pronoun to refer to previously mentioned persons, things, or ideas. You have already reviewed placement of one object pronoun in *La grammaire à réviser*. Be sure to do the practice exercises in the workbook.

The following chart illustrates pronoun order when you need to use two object pronouns together. Note that the same order applies to negative imperatives:

**To download a podcast on The Pronouns y and en, The Position of Object Pronouns, go to academic.cengage.com/french**

To help students remember pronoun order, point out the pennant shape of the groupings as well as the braying sound of a donkey for the last two (i.e., "y en" sounds similar to "hee haw").

An additional idea is to bring color-coded 4 x 6 cards showing typical combinations of pronouns and have students make a similar set of cards for themselves.

```
me    ⎤  l'
te    ⎥  le      le  ⎤  lui
se    ⎬  la      la  ⎥  leur
nous  ⎥  les     les ⎦
vous  ⎦

y en (il y en a )

                    m'en
m'y                 t'en
t'y                 s'en
s'y                 nous en
nous y              vous en
vous y              lui en
l'y (je l'y ai rencontré[e])  leur en
les y (je les y ai rencontré[e]s)
```

Note: When in doubt, remember that **en** clings to the verb; **y** also likes to precede the verb.

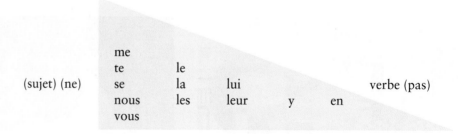

| (sujet) (ne) | me te se nous vous | le la les | lui leur | y | en | verbe (pas) |
|---|---|---|---|---|---|---|

—Les peintures de Degas? Vous **vous y** intéressez?
  Bien. Je **vous les** montrerai dans quelques minutes.
  Ne **vous en** allez pas...

In affirmative commands, all pronouns follow the verb in the order below and are connected by a hyphen:

| verbe | le la les | me (moi) te (toi) lui leur nous vous | y | en |
|---|---|---|---|---|

As you can see, direct object pronouns come before indirect object pronouns, and **y** and **en** are always last.

—Vos sacs et vos paquets à la consigne? Oui, mettez-**les-y**.
   Ils seront sous bonne garde.

—Vos tickets? Donnez-**les-moi**, s'il vous plaît.

Note that **me** and **te** change to **moi** and **toi** when they are the only or last pronouns after the imperative. However, when they precede **y** or **en**, they contract to **m'** or **t'** and an apostrophe replaces the hyphen.

—Des tableaux de Renoir? Oui, montrez-**m'en**.

## Activités

**A. Visite au musée d'Orsay.** Voici des questions posées par un groupe de touristes à leur guide. Imaginez comment répondrait le guide en substituant des pronoms objets aux mots en italique.

1. Est-ce qu'il y aura beaucoup *de touristes* aujourd'hui?
2. Est-ce que nous devons acheter *les billets au guichet*?
3. Est-ce qu'il faut vous donner *les billets*?
4. Est-ce que nous verrons *des tableaux de Manet dans cette galerie*?
5. Peut-on parler *de l'art moderne à cet artiste qui est en train de peindre*?
6. En général, est-ce qu'on donne *un pourboire aux guides*?

**B. Mais je suis ta maman!** Une mère donne les conseils suivants à son fils, qui ne l'écoute pas très bien. Répétez chaque conseil en utilisant des pronoms objets appropriés.

1. Mange *ton dîner*, mon petit.
2. Ne donne pas trop *de biscuits à ta sœur*.
3. Sers-toi *de ta fourchette*, s'il te plaît.
4. Attention! Ne te coupe pas *le doigt*!
5. Donne-moi *les allumettes* immédiatement!
6. Ne laisse pas *tes jouets sur le plancher*.
7. Donne *des bonbons à ta grand-mère*.
8. Bonne nuit, mon chou. N'aie pas peur *des monstres*.

Paulette Foulem est une artiste peintre qui vient du Nouveau-Brunswick. Elle habite maintenant à Paris. Connaissez-vous des artistes qui viennent de votre région? Où habitent-ils maintenant?

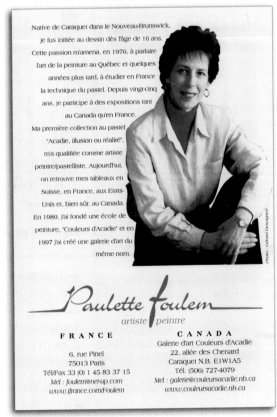

Native de Caraquet dans le Nouveau-Brunswick, je fus initiée au dessin dès l'âge de 16 ans. Cette passion m'amena, en 1976, à parfaire l'art de la peinture au Québec et quelques années plus tard, à étudier en France la technique du pastel. Depuis vingt-cinq ans, je participe à des expositions tant au Canada qu'en France. Ma première collection au pastel "Acadie, illusion ou réalité", m'a qualifiée comme artiste peintre/pastelliste. Aujourd'hui, on retrouve mes tableaux en Suisse, en France, aux Etats-Unis et, bien sûr, au Canada. En 1989, j'ai fondé une école de peinture, "Couleurs d'Acadie" et en 1997 j'ai créé une galerie d'art du même nom.

*Paulette Foulem*
artiste peintre

FRANCE
6, rue Pinel
75013 Paris
Tél/Fax 33 (0) 1 45 83 37 15
Mel : foulem@net-up.com
www.ifrance.com/Foulem

CANADA
Galerie d'art Couleurs d'Acadie
22, allée des Chenard
Caraquet N.B. E1W1A5
Tél. (506) 727-4079
Mel : galerie@couleursacadie.nb.ca
www.couleursacadie.nb.ca

**C. Sondage.** Circulez et posez les questions suivantes à plusieurs camarades de classe, qui répondront avec des pronoms, si possible. N'oubliez pas de saluer la personne et de lui dire au revoir. Après, dites à la classe une ou deux chose(s) intéressante(s) que vous avez apprise(s).

1. Est-ce que tu as vu une exposition d'art au musée récemment? Si oui, laquelle?
2. Tu as pris un bon repas dans un restaurant récemment? Si oui, où?
3. Tu as regardé une bonne émission à la télévision chez toi récemment? Si oui, laquelle?
4. Est-ce que tu dois faire des recherches *(research)* à la bibliothèque cette semaine? Si oui, sur quoi?
5. Tu as parlé de ta note au professeur de français récemment? Si oui, pourquoi?
6. Tu vas bientôt donner un cadeau à ton meilleur ami/ta meilleure amie? Que penses-tu lui acheter?

# La grammaire à apprendre

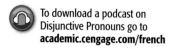

To download a podcast on Disjunctive Pronouns go to **academic.cengage.com/french**

## Les pronoms disjoints

| | |
|------|-------|
| moi | nous |
| toi | vous |
| lui | eux |
| elle | elles |

When expressing opinions in French, you often need to use a special group of pronouns called disjunctive pronouns in order to:

- emphasize your opinions

   —**Moi,** je trouve cette idée déplorable!

- or say with whom you agree or disagree

   —Je suis d'accord avec **lui**; c'est une idée absurde.

These and other functions of disjunctive pronouns are summarized below.

### L'usage des pronoms disjoints

- To emphasize a word in a sentence:

   —**Toi,** tu ne sais pas ce que tu dis.
   *You don't know what you are saying.*

   —Je ne te comprends pas, **moi.**
   *I don't understand you.*

   —Mais non. Ce n'est pas **moi** qui ne sais pas où j'en suis. C'est **toi!**
   *No, I'm not the one who is confused. You're the one!*

In French, emphasis is achieved by the addition of a disjunctive pronoun or **c'est/ce sont** + disjunctive pronoun.

- To express a contrast:

  **Moi,** je suis contre la peine de mort. Et **toi,** qu'est-ce que tu en penses?

- After most prepositions:

  —Pour **moi,** l'idée même de la peine de mort est insupportable.

  …Mes parents? Selon **eux,** la peine de mort est justifiable.

NOTE: **Y** replaces the preposition **à** + a place or thing, and the indirect object pronouns replace **à** + a person. However, with expressions such as **penser à/de, faire attention à, s'habituer à, s'intéresser à, faire référence à, s'adresser à,** and **être à,** disjunctive pronouns are used after **à** or **de** when the object is a person.

  — Qu'est-ce que vous pensez de ce nouvel homme politique, Alexandre? Qu'est-ce que vous pensez de **lui**?

  — Oh, je m'intéresse beaucoup à **lui**. Il me semble sincère.

- In compound subjects:

  —Mon mari et **moi,** nous ne sommes pas de votre avis.

Notice that the plural subject pronoun may be used in addition to the disjunctive pronoun.

- In one-word questions and answers without verbs:

  —Qui est d'accord avec nous?

  —**Moi!**

  —Et **toi,** Sonia?

- After **c'est/ce sont** in order to carry out the function of identifying*:

  —C'est **elle** qui trouve cet homme sans défaut.

NOTE: **C'est** is used in all cases except for the third-person plural, which takes **ce sont.**

  —C'est **nous** qui avons raison; ce sont **eux** qui ont tort.

- In comparisons after **que:**

  —Évidemment, Sonia n'est pas du même avis que **toi.**

- In the negative expressions **ne… ni… ni** and **ne… que:**

  —Elle n'écoute que **toi.** Elle n'écoute ni **lui** ni **moi.**

- With the adjective **-même(s)** to reinforce the pronoun:

  —Peut-être que Sonia **elle-même** devrait être candidate!

  *Maybe Sonia should run for office herself!*

---

* See **Chapitre 3, Leçon 1.**

Quelle est la valeur d'un musée comme France Miniature? Est-ce qu'il y a un musée comme France Miniature aux États-Unis? Si oui, où est ce musée?

**France Miniature:** Sur une immense carte en relief, sont regroupées les plus vieilles richesses de la France: 166 monuments historiques, 15 villages typiques des régions, les paysages et les scènes de la vie quotidienne à l'échelle (*scale*) du $\frac{1}{30}^{ième}$… au cœur d'un environnement naturel extraordinaire. (*France Miniature,* Groupe Musée Grévin)

## Activités

**A. Au musée.** Un groupe d'amis se retrouvent au musée du Louvre, où ils discutent de leurs tableaux préférés. Créez de nouvelles phrases en substituant les sujets entre parenthèses aux mots en italique. Changez aussi les pronoms disjoints en italique.

1. J'adore ce tableau de Delacroix. Selon *moi,* c'est sa meilleure œuvre. (Catherine / Tu / Tes sœurs)
2. *Éric* n'est pas d'accord avec *moi.* (Je, Éric / Nous, Éric et toi / Muriel et toi, tes amis)
3. *Éric* va peindre un tableau *lui-même.* (Nous / Je / Tom et Pierre)
4. Qui va au premier étage pour voir les œuvres de Rubens? *Moi!* (Anne et Sylvie / Toi / Éric et toi)
5. C'est *Catherine* qui est perdue! (nous / Chantal et Luc / Marc)

**B. Questions indiscrètes.** Posez les questions suivantes à un(e) camarade. Faites un résumé de ses réponses à la classe.

MODÈLE: Est-ce que c'était ta mère qui préparait ton petit déjeuner quand tu étais à l'école primaire?
—*Oui, c'était elle qui préparait mon petit déjeuner quand j'étais à l'école primaire.*

1. Est-ce que ton (ta) camarade de chambre fait plus souvent la cuisine que toi?
2. Est-ce que tu nettoies l'appartement/la maison toi-même?
3. À qui est la télé chez toi?
4. Ton (Ta) camarade de chambre et toi, vous sortez souvent ensemble?
5. D'habitude, est-ce que ton (ta) camarade de chambre a plus de travail à faire que toi?

## Liens culturels

## Trois grands musées

**Le musée d'Orsay:** En 1986, l'ancienne gare d'Orsay a été transformée en musée de l'art du XIXe siècle. Il contient les œuvres réalistes, impressionnistes, post-impressionnistes et fauves des années 1850 à 1914. Ces œuvres étaient autrefois exposées au Jeu de Paume, au musée Rodin, à Versailles et dans beaucoup d'autres petits musées et entrepôts *(warehouses)* dispersés dans Paris. Aujourd'hui, il y a de nombreux visiteurs (environ 2,5 millions par an) qui admirent ces œuvres. Visitez le site Web (www.musée-orsay.fr) pour voir la liste des expositions.

Le musée d'Orsay

**Le centre Pompidou (Beaubourg):** Le Centre National d'Art et de Culture Georges Pompidou est situé dans le vieux quartier Beaubourg. Bien qu'on ait commencé sa construction pendant la présidence de Pompidou (1969 à 1974), ce musée d'art moderne n'a été fini qu'en 1977, après sa mort. Il a été fermé entre 1997 et 2000 pour des rénovations. Aujourd'hui, il continue à attirer l'attention à cause de son architecture singulière. Adoré ou détesté des Français, le centre Beaubourg est un des musées les plus fréquentés de Paris. Voir www.centrepompidou.fr.

Le centre Beaubourg

Le Louvre

**Le Louvre:** L'ancienne résidence des rois aux XVIe et XVIIe siècles est devenue un musée entre 1791 et 1793. Sous la présidence de François Mitterrand, on y a ajouté un niveau souterrain, dessiné par l'architecte sino-américain I.M. Pei. Pour donner de la grandeur à l'entrée, Pei a fait construire une grande pyramide en verre de vingt mètres de hauteur entourée de trois pyramides plus petites, jointes par des fontaines. Le Louvre est toujours en train d'évoluer. En 2005, le Président de la République, Jacques Chirac, a annoncé que le département des Arts de l'Islam s'installera dans les nouveaux espaces de la cour Visconti. Rudy Ricciotti et Mario Bellini sont les architectes de ce projet. Voir www.louvre.fr.

Qu'est-ce que vous pensez de l'esthétique de ces musées très différents les uns des autres? Laquelle est-ce que vous préférez et pourquoi? Est-ce que vous vous intéressez à l'architecture? Expliquez. Est-ce que vous avez un musée américain préféré? un bâtiment préféré?

---

Liens culturels: Bring in slides or photos of these three museums, as well as photos of some of the famous works housed in them.

## Interactions

**A. Imaginez.** Jouez le rôle d'un homme/d'une femme politique qui se présente aux élections. Votre partenaire sera un électeur/une électrice qui n'a pas encore décidé pour qui il/elle va voter. Il/Elle posera des questions pour déterminer l'opinion du candidat/de la candidate que vous jouez.

SUJETS SUGGÉRÉS: la peine de mort, la réduction du déficit national, la pollution, le terrorisme international, le droit aux soins médicaux, la sécurité sociale, le chômage

**B. Petits débats.** Travaillez en groupes de trois étudiants. La première personne exprimera son avis sur un sujet et demandera l'avis de la deuxième personne. Après cela, la troisième personne dira s'il/si elle est d'accord ou pas et expliquera pourquoi.

> MODÈLE: la loi qui interdit aux jeunes de dix-huit à vingt et un ans de boire de l'alcool
> —*À mon avis, cette loi n'est pas juste. Qu'est-ce que tu en penses?*
> —*Je suis d'accord avec toi. Si on peut être envoyé à la guerre à dix-huit ans, on doit avoir le droit de boire de l'alcool au même âge.*
> —*Mais non, je ne suis pas de ton avis. Il y a trop d'accidents de voiture causés par de jeunes conducteurs ivres.*

1. la cohabitation avant le mariage
2. la violence dans les films
3. Howard Stern/les médias
4. l'immigration
5. le mariage gai
6. (votre choix)

## Premier brouillon  Dossier personnel

**Phrases:** Writing an essay; persuading; expressing an opinion; agreeing & disagreeing
**Grammar:** Subjunctive

1. Use the vocabulary and arguments that you brainstormed in **Leçon 1** to begin writing your first draft. Write an introductory paragraph in which you inform your reader of the object of your discussion.
2. Describe your point of view and then the opposing point of view. Give a response to each opposing argument and explain the reason for your opposition.
3. Present several solutions, choices, or possibilities and then write a possible conclusion.

# Leçon 3

## Comment exprimer la probabilité

### Conversation (CONCLUSION)

Track 19

> **Premières impressions**
>
> **Soulignez:**
> - les mots et les expressions que ces jeunes gens utilisent pour exprimer la probabilité ou l'improbabilité de certains événements
>
> **Trouvez:**
> - de quel problème on parle (citez deux exemples qui sont donnés)

*Les jeunes amis continuent à discuter à la brasserie. Fabien est revenu de sa petite réunion.*

ÉMILIE: Oui, on s'occupe beaucoup des problèmes à l'étranger. Enfin, je ne sais pas ce que tu en penses, mais on devrait plutôt s'occuper de ce qui se passe chez nous.

MARTINE: Oui, mais il ne me semble pas qu'il y ait autant de problèmes ici qu'ailleurs.

DIDIER: On a quand même un gros problème avec l'immigration et le racisme, tu ne trouves pas?

MARTINE: Non, pas tellement… je trouve que finalement les choses vont assez bien.

DIDIER: On ne peut pas dire qu'on n'ait pas de problèmes de racisme!

ÉMILIE: Et un des résultats est le climat d'insécurité dans les banlieues° sur-tout celles habitées par les immigrés nord-africains. Il y a beaucoup de jeunes Maghrébins qui ne se sentent pas chez eux. C'est pour-quoi les banlieues restent difficiles et sont des secteurs chauds. En octobre-novembre 2005, il y a eu des émeutes° de jeunes.

MARTINE: Ça a fait la une des journaux° et la télé aime bien faire peur. Mais au fond°, j'ai l'impression que beaucoup de Nord-Africains se sen-tent français maintenant. Il y en a beaucoup qui sont nés ici et qui sont allés à l'école ici.

ÉMILIE: Oui, mais beaucoup sont au chômage. En plus, beaucoup se plai-gnent° d'une grande discrimination dans le travail. Il y a beaucoup de jeunes Maghrébins qui ne se sentent pas chez eux.

FABIEN: Tu sais, avec la récession économique qui s'aggrave° de jour en jour, il est possible que ces difficultés empirent°, au moins pendant quelques temps.

MARTINE: Mais enfin, il faut avoir un peu plus d'espoir et de confiance dans les gens. On va probablement voir baisser le taux de chômage. Je parie° que les choses s'arrangeront. On trouvera des solutions. Et ce n'est pas uniquement français d'ailleurs. C'est comme ça en Amérique depuis les années 80.

DIDIER: Oui, mais en France, c'est peut-être plus un problème de culture et de religion que de race. Ce n'est pas facile pour une minorité eth-nique musulmane de s'intégrer dans une civilisation catholique…

**la banlieue** *suburbs*

**les émeutes** *riots*
**la une des journaux** *front page*
**au fond** *basically*

**se plaindre** *to complain*

**s'aggraver** *to get worse*
**empirer** *to worsen*

**parier** *to bet*

## Observation et analyse

1. Qui dans la conversation est optimiste? Qui ne l'est pas?
2. Décrivez l'évolution de la société selon Martine.
3. Pourquoi est-ce qu'il y a un problème d'intégration pour les Nord-Africains parmi les Français? Pour la deuxième génération de Nord-Africains, comment est-ce que ce problème va peut-être se résoudre *(to be solved)*?
4. Dans le dialogue, avec qui est-ce que vous êtes d'accord? Pourquoi?

## Réactions

1. Est-ce que vous avez un grand-parent ou un arrière-grand-parent qui a émigré d'un pays étranger pour venir en Amérique? De quel pays?
2. Quelles sortes de problèmes est-ce qu'un nombre croissant *(increasing)* d'immigrants pose à un pays?
3. Est-ce qu'il y a eu des événements dans les années récentes qui peuvent nous faire réfléchir au problème du racisme aux États-Unis? Expliquez.

## Expressions typiques pour...

### Exprimer la probabilité des événements

*(The following expressions all take the indicative mood. Those with devoir are followed by an infinitive.)*

#### D'aujourd'hui ou de l'avenir
Sans doute qu'ils viendront dans quelques minutes.
Il est probable qu'ils viendront en voiture.
Ils doivent être en route *(must be on the way)*.
Il est probable qu'ils s'excuseront.

#### Du passé
Ils ont été retenus *(held up)* sans doute.
Ils ont dû partir en retard *(must have gotten a late start)*.
Ils ont probablement oublié de nous téléphoner.
Ils devaient arriver à trois heures.

### Exprimer l'improbabilité des événements

*(The following expressions all take the subjunctive mood.)*

Il ne semble pas que ce manque de ponctualité soit typique.
Il est improbable qu'ils aient oublié notre rendez-vous.
Il est peu probable qu'ils aient eu un accident de voiture.
Il est douteux qu'ils viennent.
Cela me semble peu probable qu'il ait oublié notre rendez-vous.

# Mots et expressions utiles

## L'immigration et le racisme

un(e) immigrant(e) *newly arrived immigrant*
un(e) immigré(e) *an immigrant well established in the foreign country*

un bouc émissaire *scapegoat, fall guy*
la main-d'œuvre *labor*
maghrébin(e) *from the Maghreb (Northwest Africa: Morocco, Algeria, Tunisia)*

l'accueil [m] *welcome*
accueillant(e) *welcoming, friendly*

la banlieue *the suburbs*
les quartiers [m pl] défavorisés *slums*

s'accroître *to increase*
s'aggraver *to get worse*
blesser *to hurt*
croissant(e) *increasing, growing*
éclairer *to enlighten*
empirer *to worsen*
répandre *to spread*
rouer quelqu'un de coups *to beat someone black and blue*

le chômage *unemployment*
un chômeur/une chômeuse *unemployed person*

un incendie *fire*
les émentes [f] *riots*
une manifestation/manifester *demonstration, protest (organized)/to demonstrate, protest*
une menace *threat*
la xénophobie *xenophobia (fear/hatred of foreigners)*

Additional vocabulary: s'étendre *to spread;* se manifester *to arise, emerge;* un soulèvement *spontaneous uprising*

---

**Mise en pratique**

Depuis les élections présidentielles de 2002 et le score relativement élevé du chef de file *(party leader)* du Front national (FN), Jean-Marie Le Pen, les exemples de racisme se sont multipliés en France. Le FN a profité du **chômage** qui **s'est aggravé** pour promouvoir une idéologie que beaucoup considèrent **xénophobe**. Quand Le Pen est arrivé au deuxième tour, beaucoup de Français, choqués par ce résultat, sont descendus dans la rue pour **manifester**. Ces manifestations se sont répandues et Le Pen a reçu peu de votes.

You might want to ask students this follow-up question: Est-ce que des problèmes similaires existent aux USA?

# Activités

See **Chapitre 7** for a review of the future tense.

**A. Imaginez.** Jouez le rôle de quelqu'un qui peut prédire l'avenir. Créez deux prédictions avec les mots donnés ci-dessous et une expression de probabilité ou d'improbabilité.

> MODÈLE: … le prochain président des États-Unis sera…
> —*Il est très probable que le prochain président des États-Unis sera une femme.*
> —*Il est peu probable que je sois le prochain président des États-Unis.*

1. … le film qui gagnera l'Oscar du «meilleur film» de l'année sera…
2. … je finirai mes études universitaires en…
3. … je me marierai avec…
4. … j'aurai… enfants.
5. … je serai… (profession)
6. … (votre choix)

Activity B: Written preparation in advance may be helpful.

**B. Ça continue…** Voici des phrases tirées d'un journal français. Finissez chaque phrase en utilisant les *Mots et expressions utiles*.

1. Depuis quelques années, les incidents entre _____ et les Français se multiplient.
2. À cause de la crise économique et du _____, beaucoup de Français reprochent aux étrangers de s'approprier le travail revenant de droit aux nationaux.
3. Frédéric Boulay, un _____ de vingt-deux ans, a tué deux ouvriers turcs et en _____ cinq autres. Il a dit que c'était à cause de la _____ étrangère qu'il était sans travail.
4. Dans le 20e arrondissement de Paris, de septembre à décembre, trois _____ ont eu lieu dans des immeubles habités par des immigrés. Le feu a donc détruit leur logement.
5. S.O.S.–Racisme[10] a organisé une _____ antiraciste qui a rassemblé entre 200 000 et 400 000 personnes. Aujourd'hui, ce groupe continue à être actif dans la campagne contre le racisme avec d'autres groupes, comme l'Obu (Organisation des banlieues unies).

**C. Vous êtes le prof.** Vos élèves ne comprennent pas les expressions et mots suivants. Aidez-les en donnant un synonyme pour chaque expression dans le premier groupe et un antonyme pour chaque expression dans le deuxième groupe. Utilisez les *Mots et expressions utiles*.

| Synonyme | Antonyme |
|---|---|
| 1. battre quelqu'un | 1. améliorer |
| 2. faire du mal à quelqu'un | 2. un travailleur |
| 3. un secteur pauvre d'une ville | 3. le vrai responsable |
| 4. le feu | 4. diminuer |

---

[10] Les étudiants qui s'intéressent à ce groupe peuvent s'informer en visitant le site Internet de S.O.S.–Racisme (www.sos-racisme.org).

**D. Qu'est-ce qui s'est probablement passé?** Pour chacun des événements suivants, donnez une explication plausible.

MODÈLE: Votre ami arrive en retard pour votre rendez-vous.
—*Tu as dû partir en retard.*

1. Votre mari/femme ne vous offre rien pour votre anniversaire.
2. Votre enfant, au bord des larmes *(tears)*, vient vous voir.
3. Votre camarade de chambre veut vous emprunter $200.
4. Il est sept heures du matin et on dit à la radio que l'université sera fermée aujourd'hui.

# La grammaire à apprendre

### Le verbe *devoir*

To download a podcast on Present Irregular Verbs, go to **academic.cengage.com/french**

**A.** One of the principal ways of expressing probability is to use **devoir** + infinitive. (Remember that when **devoir** is followed directly by an object it means *to owe*.) Note the difference in meaning implied by each tense.

| | |
|---|---|
| Présent: | Tu **dois** avoir raison, mon pote *(familiar—friend)*. *(must, probably)* |
| Imparfait: | Je ne **devais** pas faire attention. *(was probably)* |
| Passé composé: | J'ai **dû** oublier de fermer la porte à clé. *(must have)* |

**B. Devoir** also may be used to express necessity or moral obligation, as in the following examples:

| | |
|---|---|
| Présent: | Nous **devons** réexaminer le problème de l'immigration clandestine aux États-Unis. *(must, have to)* |
| Passé composé: | L'année passée, les douaniers **ont dû** arrêter plus de 1,8 million de personnes qui essayaient d'entrer illégalement dans le pays. *(had to)* |
| Imparfait: | Autrefois, nous ne **devions** pas nous préoccuper de ce problème. *(used to have to)* |
| Futur: | Je crois que le président **devra** proposer de nouvelles mesures. *(will have to)* |
| Conditionnel: | Combien d'immigrants par an un gouvernement **devrait**-il accepter? *(should)* |
| Conditionnel passé: | Nous **aurions dû** étudier ce problème plus tôt. *(should have)* |

## Activités

**A. Questions indiscrètes.** Posez les questions suivantes à un(e) camarade. Faites un résumé de ses réponses à la classe.

1. Qu'est-ce que tu dois faire ce soir?
2. Est-ce que tu devras travailler ce week-end aussi?
3. Tu dois être un(e) étudiant(e) exemplaire, non?
4. Quand tu étais petit(e), est-ce que tu recevais de l'argent de poche *(pocket money)* de tes parents? Quels genres de travaux ménagers *(chores)* est-ce que tu devais faire pour gagner cet argent?
5. Tu as dû être un(e) enfant sage, n'est-ce pas?
6. D'après toi, à quel âge est-ce que les parents devraient permettre aux enfants de sortir seuls?

**B. Une lettre.** Vous avez consenti à traduire en français une lettre écrite par les parents d'un(e) de vos ami(e)s aux propriétaires d'un petit hôtel à Caen. Voici la lettre en anglais.

Dear Mr. and Mrs. Lesage,

You probably do not often receive letters from Americans, but my husband and I have to tell you how much we enjoyed your hotel this summer.

Everyone was so friendly there, and the accommodations (**l'hébergement**) were great! We must have stayed at a dozen hotels during our trip, but yours was without any doubt the best.

We thank you once again for the warm (**chaleureux**) welcome that you gave us.

Sincerely,

Linda and Charles Jackson

**C. Grand-mère passe la journée avec ses petits-enfants.** Finissez la conversation en remplissant les blancs avec la forme correcte du verbe **devoir**.

1. Il fait froid dehors, Claude. Tu _____ mettre un pull.
2. Quand ta mère était petite, elle _____ aimer jouer dehors aussi.
3. La soupe que j'ai préparée au déjeuner était vraiment délicieuse. Ta sœur et toi, vous _____ vraiment en manger!
4. Il pleut. Je pense que nous _____ rester dedans.
5. Je n'ai pas entendu la sonnette *(doorbell)*. Je _____ sûrement dormir.
6. Le bébé ne pleure plus. Il _____ s'endormir *(fall asleep)*.
7. Après 2020, les gens _____ penser davantage au nombre croissant de personnes âgées, comme moi!

**D. Qu'est-ce qu'on doit faire?** Répondez en deux phrases aux questions suivantes avec un(e) camarade de classe. Notez vos conclusions.

1. Qu'est-ce qu'on doit faire pour rester jeune?
2. Qu'est-ce qu'on devrait faire pour ne pas dépenser trop d'argent?
3. Qu'est-ce qu'on devrait faire pour améliorer les écoles américaines?
4. Qu'est-ce qu'on aurait dû faire pour éviter la Deuxième Guerre mondiale?

## La France et l'immigration

Le nombre des immigrés qui vivent en France est estimé à 4,5 millions (*Francoscopie 2007*, p. 198). L'élection présidentielle de 2007 a montré que l'immigration et la place des étrangers dans la société provoquent toujours de nombreux débats, en particulier sur les questions de religion et de culture. Être fier de sa culture et s'intégrer dans la culture française est parfois un problème pour des personnes d'origine étrangère.

Dans l'extrait suivant d'un livre autobiographique intitulé *La France et les Beurs* (personnes nées en France de parents nord-africains), Zaïr Kédadouche, un ancien joueur de football professionnel du Paris-Football Club, qui est maintenant président de l'association Intégration France, réfléchit sur la vie actuelle.

Il y a aujourd'hui en France des murs invisibles entre les gens: les Noirs, les Arabes, les Juifs, les Blancs, les pauvres, les riches... L'ethnicisation des rapports sociaux est dangereuse: sans mixité sociale, pas de mobilité sociale, et pas d'intégration. Comment faire pour que les Français ne soient pas les membres interchangeables de tribus distinctes aux intérêts inconciliables? [...] La société française considère encore les immigrés comme différents—les discriminations dont ils sont victimes en témoignent aisément—pourquoi ne veut-elle pas le reconnaître? La question de l'immigration souffre d'un immense non-dit. [...] Le langage lui-même souffre de tabous. «Arabe», «immigré», «Islam» sont devenus des mots quasiment *(almost)* imprononçables. [...] Nous avons la chance en France d'être libres d'émettre une opinion, de critiquer, d'analyser, quel que soit le sujet. Or *(And yet)*, il y a encore des sujets auxquels on n'ose *(dare)* pas toucher. [...]

L'Algérie est trop souvent associée à des images négatives: attentats, terrorisme, fanatisme... Beaucoup de Beurs sont gênés, voire *(indeed)* honteux, quand on évoque l'Algérie. Ils ont du mal à en parler, même quarante ans après. La douleur est toujours présente. Pourtant, ils sont fiers d'être algériens. Au conseil d'administration du lycée auquel je participe, une Beurette de dix-sept ans m'a demandé un jour si j'étais algérien, ce à quoi j'ai répondu que j'étais français, d'origine algérienne. Elle m'a dit: «Mais vous n'êtes pas fier d'être algérien? Parce que moi, je le suis.»

Êtes-vous fier (fière) de votre culture et des origines de votre famille? Expliquez. D'après vous, pourquoi les discussions sur l'immigration sont-elles difficiles en France? Selon l'auteur, Zaïr Kédadouche, pourquoi les jeunes Beurs ont-ils du mal à s'intégrer en France? Quels sont les grands points de discussion sur l'immigration aux États-Unis?

Extrait de Zaïr Kédadouche, *La France et les Beurs*, © Éditions de La Table Ronde, 2002, pp. 28, 66, 68, 75.

La guerre d'Algérie, une guerre d'indépendance qui a opposé l'Algérie à la France, s'est terminée en 1962, après sept ans de conflits violents.

# La grammaire à apprendre

 To download a podcast on Indefinite Adjectives and Pronouns, go to **academic.cengage.com/french**

## Les adjectifs et les pronoms indéfinis

Indefinite adjectives and pronouns are useful for carrying out practically any function of language. Examples of the more common adjectives and pronouns are given below.

The indefinite pronouns **quelque chose** and **quelqu'un** are both singular and masculine. Adjectives that modify these pronouns follow them and are introduced by **de**.

Exemples: J'ai vu **quelque chose de** sympathique aujourd'hui. Il y avait des jeunes qui parlaient avec **quelqu'un de** bizarre dans le métro et qui essayaient de l'aider.

The final **s** of **tous**, normally silent, is pronounced when it is used as a pronoun.

| Adjectifs | Pronoms |
|---|---|
| **quelque, quelques** *some, a few* | **quelque chose (de)** *something*<br>**quelqu'un** *someone, somebody*<br>**quelques-un(e)s** *some, a few* |

Il y a **quelques** jours, des terroristes ont pris des otages. **Quelques-uns** des otages sont français.

| | |
|---|---|
| **chaque** *each* | **chacun(e)** *each one* |

Les preneurs d'otages ont pris une photo de **chaque** otage. Comme on pouvait s'y attendre, **chacun** avait l'air pâle et effrayé.

| | |
|---|---|
| **tout(e)** (avant un nom singulier sans article) *every, any, all* | **tous, toutes** *all* |

On a perdu presque **tout** espoir parce que les otages sont **tous** accusés d'espionnage.

| | |
|---|---|
| **tout, toute, tous, toutes** *all, every, the whole* | **tout** (invariable) *everything* |

On espère que **toutes** les personnes enlevées seront bientôt libérées. Mais **tout** doit être fait pour éviter un affrontement *(confrontation)* militaire.

| | |
|---|---|
| **plusieurs** (invariable) *several* | **plusieurs** (invariable) *several* |

Les preneurs d'otages ont **plusieurs** fois menacé la vie des prisonniers. On a peur que **plusieurs** d'entre eux ne soient déjà morts.

## Activités

**A. Écoutez-moi!** Voici les phrases tirées d'un discours prononcé par un étudiant qui est candidat à la présidence du gouvernement étudiant. Complétez chaque phrase selon votre imagination.

1. Je crois que vous, les étudiants, êtes tous…
2. Si je suis élu, chaque étudiant recevra…
3. Quant au stationnement sur le campus, je promets que tous les étudiants…
4. De plus, je crois que tout professeur devrait…
5. J'ai plusieurs idées pour améliorer la qualité de la nourriture universitaire, par exemple…
6. Maintenant, si vous aimez mes idées, il faut que chacun de vous…

**B. À la bibliothèque.** Camille doit faire un exposé en classe sur l'art impressionniste. Elle se rend donc à la bibliothèque universitaire de la Sorbonne pour y faire des recherches. Complétez sa conversation avec l'employée de la bibliothèque en ajoutant les adjectifs et les pronoms indéfinis appropriés.

CAMILLE: Bonjour, madame.

L'EMPLOYÉE: Bonjour, mademoiselle.

CAMILLE: Pourriez-vous m'aider? J'ai besoin de _____ *(several)* livres sur l'art impressionniste.

L'EMPLOYÉE: Oui, alors, consultez ce catalogue et notez les livres que vous désirez voir… Voilà _____ *(a few)* de nos livres et _____ *(several)* de nos diapositives *(slides)*. Vous ne voulez probablement pas _____ *(all)* ces livres?

CAMILLE: Euh, je ne sais pas. Je voudrais regarder _____ *(everything)* ce que vous m'avez apporté, si c'est possible.

L'EMPLOYÉE: Bien sûr, mademoiselle. Prenez votre temps pour étudier le _____ *(everything)*.

**C. Répondez sans réfléchir.** Dites la première chose qui vous vient à l'esprit. Posez les questions en français. Travaillez avec un(e) camarade de classe.

1. Name (**Nommez**) several French presidents.
2. Name each French professor you know.
3. Name someone interesting.
4. Name some French singers.
5. Think of (**Pensez à**) something orange.
6. Think of all the French cars you know.
7. Name several American cities with French names. Give the name of the state where each one is located.
8. Think of several famous French cities.

## Interactions

**A. Imaginez…** En groupes de trois étudiants, imaginez le monde et les États-Unis dans trois ans et puis dans dix ans. Quels changements est-ce qu'il y aura dans la vie de tous les jours? Quels événements ont peu de chance d'avoir lieu? Écrivez un petit résumé de vos prédictions pour les deux périodes. Expliquez aux autres étudiants de la classe ce que vous avez écrit et parlez des différences et des similitudes dans vos réponses.

**B. Dans un grand magasin.** Imaginez que vous travaillez dans un grand magasin au rayon des vêtements femmes ou hommes. Votre partenaire sera un client/ une cliente qui veut se faire rembourser pour un pullover qu'il/qu'elle a visiblement porté plusieurs fois. Discutez des choses suivantes: s'il est probable qu'il/qu'elle a porté le pull; s'il est probable que le magasin va rembourser la personne pour le pull, etc. Expliquez au client/à la cliente qu'il/elle peut parler avec le directeur, etc.

MOTS UTILES: **rendre quelque chose** *(to return something)*; **porté** *(worn)*; **un remboursement** *(refund)*; **un échange**; **sale** *(dirty)*; **il manque un bouton** *(it's missing a button)*; **détendu** *(stretched-out [material])*; **ne servir à rien** *(to do no good)*

Activity B: You may want to point out to students that many French libraries do not operate on a self-service basis like American libraries. You must have a library card to enter the library and often are not permitted to search for books yourself. Instead, you fill out request slips and give them to library personnel, who then bring the materials to you. Note that the library in the Centre National d'Art et de Culture Georges Pompidou and the local municipal libraries in France are exceptions and do permit visitor browsing.

## Deuxième brouillon  Dossier personnel

1. Write a second draft of your paper from **Leçon 2**, incorporating more detail and adding examples to illustrate your point of view or the opposing point of view.
2. To make your arguments more forceful and organized, insert some of the following expressions:

EXPRESSIONS UTILES: Commençons par…; il faut rappeler que…; il ne faut pas oublier que…; par conséquent…; contrairement à ce que l'on croit généralement…; de plus…; en tout…; enfin…; en premier (second, troisième, dernier) lieu…; il est possible que…; il se peut que…; mais…; il n'en est pas question parce que…; quant à *(as far as)*…; il est certain que…; d'autre part…

**Phrases:** Writing an essay; expressing an opinion; agreeing & disagreeing, weighing alternatives
**Grammar:** Subjunctive

# Synthèse

## Activités musicales

♪ To experience these songs, go to **academic.cengage.com/french/bravo**

### Renaud: *Manhattan Kaboul*

#### Avant d'écouter

1. Regardez le titre de la chanson de Renaud. À votre avis, de quoi va parler cette chanson?
2. Qu'est-ce que vous savez au sujet des conflits en Afghanistan et en Iraq? Selon vous, comment est-ce que la situation va évoluer?

The song *Manhattan Kaboul* is a good review of new vocabulary in **Leçon 1** since it deals with war and terrorist acts in the U.S. and in Afghanistan.

#### Après avoir écouté

1. Qui sont les deux personnes mentionnées dans la chanson? En quoi sont-elles différentes? similaires? À votre avis, pourquoi est-ce que Renaud décrit ces deux personnes? Quel est son message?
2. D'après vous, est-ce que Renaud est pour ou contre la guerre? Expliquez. Et vous, qu'est-ce que vous en pensez?

### Maxime Le Forestier: *Être né quelque part*

#### Avant d'écouter

This song can be used to discuss the themes of racism and human equality, part of the focus of **Leçon 3**.

1. Connaissez-vous des personnes qui ont quitté leur pays d'origine pour aller vivre dans un autre pays? Pour quelles raisons est-ce qu'on décide d'émigrer? Est-ce que c'est une décision facile, d'après vous? Expliquez.

#### Après avoir écouté

1. Maxime Le Forestier dit qu'on ne choisit ni ses parents, ni sa famille, ni l'endroit où l'on naît. Est-ce qu'il y a quelque chose d'autre qu'on ne choisit pas dans la vie, à votre avis? Est-ce que, par contre, il y a des choses qu'on peut toujours choisir? Lesquelles?
2. Maxime Le Forestier se demande si «les gens naissent égaux en droits à l'endroit où ils naissent». Qu'est-ce que vous en pensez?

# Activités orales

**A. Moi, je pense que…** Regardez un journal français à la bibliothèque ou sur Internet (www.figaro.fr/ ou www. lemonde.fr/) et trouvez un article sur un événement récent ou un problème politique ou social. En groupes de trois ou quatre étudiants, décrivez votre article à tour de rôle. Donnez, bien sûr, votre opinion sur le sujet. Les autres étudiants donneront leur réaction à ce que vous dites et puis ils présenteront leur article.

**B. Faisons la fête!** Vous célébrez la fin du semestre/trimestre chez un(e) ami(e). Il y a beaucoup de monde. Vous connaissez à peu près la moitié du groupe. Circulez parmi les invités (la classe) et engagez une conversation avec au moins huit personnes. Utilisez, bien sûr, les expressions que vous avez apprises pour engager, continuer et terminer une conversation.

SUJETS DE CONVERSATION: les examens de fin de semestre/trimestre; vos notes probables; les projets de vacances; les cours du semestre/trimestre prochain; un(e) petit(e) ami(e); un film vu récemment; les actualités

# Activité écrite

**Immigration.** Trouvez un article (dans un journal ou un magazine français ou sur Internet) où l'on parle des problèmes de l'immigration ou du racisme en France ou aux États-Unis. Utilisez cet article et les renseignements donnés dans ce chapitre pour écrire une composition dans laquelle vous comparez l'immigration ou le racisme dans les deux pays. Utilisez les questions suivantes comme guide:

- Quelles sont les ressemblances et les différences entre les deux situations?
- Est-ce que les immigrés viennent avec l'intention de rester en permanence dans les deux cas?
- Pourquoi est-il difficile de limiter l'entrée des immigrants?
- À votre avis, qu'est-ce qu'on doit faire pour résoudre le problème?
- Quelles seront les conséquences probables si on n'y prête pas attention?

## Révision finale  Dossier personnel

1. Reread your composition and focus on the conclusion, making sure that it offers a synthesis or a solution. Choose a title that will capture the attention of your reader and indicate the topic.

2. Bring your draft to class and ask two classmates to peer review your paper. They should pay particular attention to whether your argumentation is convincing. Ask them which ideas are the most persuasive. Your classmates should use the symbols on page 433 to indicate grammar errors.

3. Examine your composition one last time. Check for correct spelling, grammar, and punctuation. Pay special attention to your use of pronouns, the verb **devoir,** and indefinite adjectives and pronouns.

4. Prepare your final version.

Révision finale/Additional written activity: Write a letter to the editor of the monthly newsletter of the French department at your school. Express your opinions on a current problem and ask that something be done about it.

*Suggested topics:* l'augmentation des droits d'inscription; la qualité de la nourriture servie dans les restaurants universitaires; l'incompétence du gouvernement étudiant; le stationnement sur le campus; l'entraîneur sportif récemment renvoyé par le président de l'université; les heures d'ouverture limitées de la bibliothèque. *Follow-up:* Redistribute student letters among the class and have each student play the part of the editor by writing a thoughtful response. After credit is given for both requests and responses, pass responses back and have students do an oral pair activity in which they express their reactions to the proposed solutions.

**Phrases:** Writing an essay; expressing an opinion; agreeing & disagreeing; weighing alternatives
**Grammar:** Subjunctive; future tense

**Phrases:** Writing an essay; expressing an opinion; agreeing & disagreeing; weighing alternatives
**Grammar:** Direct and indirect object pronouns; pronoun **en**; locative pronoun **y**

## I. L'impressionnisme

## Avant la lecture

### Sujets à discuter

- Connaissez-vous des artistes impressionnistes? Lesquels?
- Qu'est-ce que vous savez de l'impressionnisme?
- Quelles seraient les caractéristiques probables de tableaux basés sur des impressions?

> **Introduction**
>
> In **Leçon 2** of this chapter, you learned how to express opinions about a number of subjects, including art. The following reading describes perhaps the most well-known, although originally misunderstood, art movement in France, **l'impressionnisme.** Opinions about the movement at the time were strong and very different from the esteem in which impressionist art is held today.

Auguste Renoir, *La danse à la campagne*

**aboutissement** *result*

Ask students if they have ever seen original impressionist paintings in an art museum, and if so, where. If appropriate, describe your own experiences.

**membres du jury** *in this context, members of the selection committee*

**Quoique** *Although*

**néanmoins** *nevertheless*

**d'alors** *of that time*

Claude Monet, *Le déjeuner sur l'herbe*

L'impressionnisme est un terme qui s'applique à la littérature, à la musique et à la peinture. À l'origine, le mot faisait référence à un groupe
5 de peintres français à Paris au XIXe siècle. Le plus connu de ces peintres est peut-être Claude Monet, mais le groupe comprend aussi Auguste Renoir, Édouard Manet et Camille Pissarro.
10 Comme tout mouvement artistique, l'impressionnisme est né d'une réaction aux idées dominantes d'alors°. C'est l'aboutissement° d'un nouveau style d'expression.

15 Les peintres impressionnistes se rebellaient d'une part contre l'Académie. Dans l'esprit de beaucoup d'artistes à l'époque, cette institution symbolisait ce qui était conventionnel et s'opposait à toute inno-
20 vation qui menaçait son enseignement du dessin et de la peinture, ou contestait les doctrines établies. D'autre part les impressionnistes luttaient aussi contre le Salon officiel, une exposition importante
25 pour les peintres, parce qu'elle représentait un des principaux moyens de se faire connaître. Les membres du jury°, en grande partie conservateurs, privilégiaient un groupe de peintres traditionnels et le
30 Salon refusait donc d'exposer les œuvres des impressionnistes.

Quoique° les impressionnistes se soient opposés à l'Académie et aient introduit des méthodes nouvelles, ils
35 gardaient néanmoins° une partie des techniques traditionnelles. Ils essayaient, dans leurs tableaux, de communiquer

Édouard Manet, *Chez le père Lathuille*

l'impression ressentie au cours de leur observation de la nature. La base de leur
40 technique était l'observation des couleurs et de la lumière. L'eau et l'air étaient les éléments par excellence de l'univers impressionniste. Pour créer cet effet d'impression, les peintres ont rem-
45 placé la technique traditionnelle des touches° continues par celle de la touche divisée. Leur sujet étant fréquemment un paysage°, urbain aussi bien que campagnard; c'était en plein air° qu'ils
50 aimaient travailler, afin de mieux apprécier les changements de temps et de qualité de la lumière. Pourtant, les peintres impressionnistes ont aussi peint des tableaux à grande échelle° destinés
55 à des expositions particulières. Préparés de manière conventionnelle dans leurs ateliers°, ces tableaux étaient souvent basés sur des études faites en plein air.

Les impressionnistes ont introduit
60 dans leurs tableaux quelques-unes des nouveautés caractéristiques de la vie moderne: des trains, des bateaux à vapeur°, des ponts métalliques et des cheminées d'usine°. Mais, ils ont
65 aussi partagé le goût des maîtres de la modernité pour la peinture française du

XVIIIe siècle. Ils ont peint des portraits, des bouquets et des scènes de la vie
70 quotidienne, notamment des femmes à leur toilette, des danseuses en train de répéter°, des courses de chevaux° et des scènes de
75 café parisien. Certaines de leurs pratiques trouvent leurs origines dans l'art du Japon: par exemple, la suppression de la ligne d'horizon; le recours° à des éléments du paysage pour entourer° le
80 sujet et remplir la toile; et la suggestion que le paysage déborde° du tableau, comme s'il était un simple morceau du monde découpé dans° une réalité plus vaste.
85 L'impressionnisme a été longtemps méconnu en France. Son exclusion du Salon officiel, des musées, des galeries fréquentées par le grand public, des revues et même des livres reflète
90 l'indifférence ressentie par le public pour l'art impressionniste au XIXe siècle, indifférence qui explique peut-être le nombre restreint d'impressionnistes étrangers et leur apparition tardive.

**répéter** *to practice* / **courses de chevaux** *horse races* / **touches** *brushstrokes*
**paysage** *landscape*

**en plein air** *outside* / **recours** *utilisation* / **entourer** *surround*

**déborde** *overflows*

**à grande échelle** *large scale* / **découpé dans** *cut out of*

**ateliers** *studios*

**bateaux à vapeur** *steam boats*
**cheminées d'usine** *factory smoke-stacks*

For more literary selections, visit Textchoice.com

## Après la lecture

### Compréhension

**A. Observation et analyse.** Répondez.

1. À quels arts est-ce que l'impressionnisme fait référence?
2. Nommez quelques artistes impressionnistes.
3. Contre quoi est-ce que les peintres impressionnistes réagissaient et pourquoi?
4. Quels aspects de la vie moderne est-ce que les impressionnistes représentaient?
5. Qu'est-ce qui était nouveau dans leurs méthodes et dans leurs techniques?
6. Quels sujets ont-ils surtout peints?
7. Comment est-ce que l'art du Japon a influencé l'art impressionniste?
8. Comment est-ce que les Français du XIXe siècle ont réagi à l'art impressionniste? Et le reste du monde?

## B. Grammaire/Vocabulaire

1. Trouvez dans la lecture des exemples d'adjectifs et de pronoms indéfinis et expliquez leur emploi (e.g., **chaque otage** = *each hostage;* **tout** = *everything*).

2. Répondez aux questions suivantes en remplaçant les mots soulignés par un pronom.

   MODÈLE: L'impressionnisme est-il un terme qui s'est appliqué <u>à la littérature</u>?

   *Oui, il s'y est appliqué.*

   a. À l'origine, le mot faisait-il référence <u>à un groupe de peintres français à Paris au XIXe siècle</u>?

   b. Est-ce que les peintres impressionnistes se rebellaient contre <u>l'Académie</u>?

   c. Le Salon a-t-il refusé d'exposer <u>les œuvres des impressionnistes</u>?

   d. Est-ce que les peintres impressionnistes ont peint <u>des tableaux à grande échelle</u>?

   e. Est-ce que certaines pratiques impressionnistes trouvent leurs origines dans <u>l'art du Japon</u>?

   f. L'impressionnisme a-t-il été longtemps méconnu <u>en France</u>?

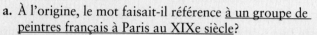

## C. Réactions

1. Aimez-vous l'art impressionniste? Pourquoi?

2. Selon vous, pourquoi est-ce que l'art impressionniste est si populaire aujourd'hui?

3. D'après ce que vous avez lu sur les sujets choisis par les impressionnistes, quels sujets de notre vie quotidienne est-ce qu'un artiste impressionniste dépeindrait aujourd'hui?

## Interactions

1. Jouez le rôle d'un(e) artiste impressionniste du XIXe siècle qui essaie de convaincre un membre de l'Académie d'accepter d'exposer ses toiles *(canvases)*.

2. Trouvez des reproductions de cinq œuvres impressionnistes dans un livre, dans un calendrier, etc. Jouez le rôle d'un(e) guide au musée d'Orsay. Décrivez les tableaux et répondez aux questions des membres de votre petit groupe (un père, une mère et deux enfants).

## Expansion

Faites un exposé oral ou un reportage sur un peintre impressionniste en utilisant les réseaux de l'Internet, des livres, etc. N'oubliez pas d'inclure une petite biographie, les noms de ses œuvres importantes, ses sujets préférés, ses techniques particulières, etc.

## II. *Hugo le terrible* de Maryse Condé

### Avant la lecture

#### Sujets à discuter

Maryse Condé

- Est-ce que vous avez déjà visité une île des Caraïbes (des Antilles) comme la Guadeloupe ou Haïti? Laquelle? Quand? Expliquez les cir- constances. Parlez, par exemple, de la population locale et de l'endroit où vous avez logé, des contacts que vous avez eus avec les gens, de vos impressions sur la population locale. Si vous n'avez pas visité d'îles des Caraïbes, comment imaginez-vous ces endroits?
- La discrimination est ainsi définie dans le dictionnaire *Le Petit Robert:* «le fait de séparer un groupe social des autres en le traitant plus mal». Quelles sortes de discrimination existent dans le monde? Sur quoi est- ce que la discrimination est basée? Pourquoi est-ce qu'il est difficile de mettre fin à la discrimination?
- Est-ce que vous avez déjà vu ou subi un cyclone, une tornade ou un tremblement de terre? Sinon, connaissez-vous quelqu'un qui a été victime d'une telle catastrophe mais qui y a survécu? Expliquez les circonstances.
- Connaissez-vous quelqu'un qui est photographe pour un journal, un magazine ou pour la télévision? Si oui, expliquez. Pensez-vous qu'il y a beaucoup de concurrence entre les journalistes pour obtenir les pre- mières images d'un événement?
- Quelles sortes de risques est-ce que les photographes ou les photo- journalistes prennent? Quelles circonstances dangereuses ou difficiles justifient, à votre avis, la bravoure de certains d'entre eux? Qu'est-ce qui vous paraît extrême?

#### Stratégies de lecture

**D'après le contexte.** En utilisant le contexte et la structure de chaque phrase, trouvez dans la liste suivante une expression équivalente aux mots soulignés.

| | |
|---|---|
| expérimenté(e) | très vite |
| gaspillé(e) | travailler aux côtés de |
| choqué(e) | se promener dans les rues au lieu d'aller à l'école |
| troubler | de la France, de la mère-patrie, pas du pays colonisé |

1. Malgré nos signaux, les voitures passaient <u>à toute allure</u> sans faire attention à nous.
2. Elle [la voiture] avait à bord un couple de jeunes <u>métropolitains</u>, coiffés d'identiques visières vertes.
3. Mon père qui en <u>côtoie</u> plusieurs dans son travail, n'en reçoit jamais à la maison.
4. Comme ça, vous <u>avez fait l'école buissonnière</u>?
5. Frédéric leur conseillait les sites touristiques à visiter, les spécialités à dégus- ter, les boîtes de nuits où danser, avec l'assurance d'un guide <u>chevronné</u>.
6. Ne dis pas cela! Alors notre voyage est <u>gâché</u>!
7. Je l'ai regardée d'un air <u>offusqué</u> et elle m'a adressé un petit sourire...
8. Cela ne vous <u>gêne</u> pas?

*Introduction*

In **Leçon 3** of this chapter you learned to talk about issues related to France
and immigration. Additional perspectives can be found in this reading, which
takes place on the French island of Guadeloupe in 1989.

The West Indies are often threatened by hurricanes. In her book, Hugo le
terrible, *Maryse Condé, a famous novelist from Guadeloupe, recounts the
events of the giant hurricane Hugo which inflicted heavy damage on the
island. In this excerpt, it is obvious that the Guadeloupeans and tourists from
metropolitan France do not share the same view of the hurricane.*

«16 septembre 1989, 15h35
Attention Cyclone Hugo se dirige rapidement sur la Guadeloupe. Rejoignez les
habitations ou les abris. Alerte 2 déclenchée ce jour à compter de 12 heures
Préfet Région Guadeloupe»

# Hugo le terrible

**à toute allure** très vite

Malgré nos signaux, les voitures
passaient à toute allure° sans faire
attention à nous. Je commençais à me
décourager, car cela faisait près d'une
heure que nous étions là à danser d'un
pied sur l'autre et à agiter nos mouchoirs
quand une jeep Cherokee noire a fini
par s'arrêter.

Elle avait à son bord un couple
de jeunes métropolitains°, coiffés
d'identiques visières° vertes. Le jeune
homme était torse nu, très bronzé.
La jeune fille, très bronzée elle aussi,
portait sur son maillot un short à
pois° roses. Ses longs cheveux couleur de paille° flottaient dans l'air. En
m'installant à l'arrière de la jeep, je les ai
regardés avec méfiance. Ils semblaient
pourtant sympathiques et puis c'étaient
les seuls qui se soient arrêtés pour nous
prendre. Mais nous ne fréquentons
guère de métropolitains. Mon père qui
en côtoie° plusieurs dans son travail, n'en
reçoit jamais à la maison. Petite Mère n'a
dans son salon que des clientes guade-
loupéennes. C'est que nous nous faisons
d'eux une idée assez particulière. Nous
croyons qu'ils ne s'intéressent pas vraiment à notre pays, à nos problèmes et
désirent seulement profiter du soleil et
de la mer. Ils appartiennent à un monde
que nous ne cherchons ni à connaître
ni à comprendre et que nous regardons
de loin à travers des préjugés hérités de
notre histoire. La réciproque est vraie.
Les métropolitains se tiennent à l'écart°
de nous. Je me demande s'il existe des
pays où les problèmes entre les communautés ne se posent pas et où la couleur
de la peau n'a pas d'importance.

Le jeune homme nous a souri:
—Je m'appelle Pascal; elle, c'est
Manuéla. Comme ça, vous avez fait
l'école buissonnière°?

J'ai laissé à Frédéric le soin de répondre. Au bout de quelques minutes, voilà
qu'ils riaient tous les trois, qu'ils étaient
engagés dans une conversation des plus
animées comme de vieilles connaissances. Frédéric leur conseillait les sites
touristiques à visiter, les spécialités à
déguster°, les boîtes de nuit où danser,
avec l'assurance d'un guide chevronné°.
À un moment, j'ai entendu Manuéla
déclarer:

**se tenir à l'écart** *to stand apart,*
*keep to oneself*

**métropolitains** de la France, de la
mère-patrie, pas du pays colonisé /
**visières** *visors*

**pois** *polka dots*
**paille** *straw* / **faire l'école buisson-
nière** se promener dans les rues au
lieu d'aller à l'école

**côtoyer** travailler aux côtés de
**déguster** manger avec plaisir
**chevronné** expérimenté

—Tout ce qui nous intéresse en fait, c'est Hugo, c'est le cyclone de demain!

Frédéric a haussé les épaules:

—Il n'y aura pas de cyclone!

60 Elle a protesté avec feu:

—Ne dis pas cela! Alors tout notre voyage est gâché!

Avait-elle tout son bon sens? Croyait-elle qu'un cyclone était une

65 attraction au même titre que les combats de coq dans les pitt° ou les défilés de cuisinières le jour de la fête de Saint Laurent°? Savait-elle tout ce que cela risquait d'entraîner°?

70 Je l'ai regardée d'un air offusqué° et elle m'a adressé un petit sourire:

—Et toi, tu n'es pas bavard! Comment t'appelles-tu?

J'ai dit d'un ton sévère:

75 —Je ne suis pas de votre avis concernant Hugo. Ce sera peut-être un grand malheur pour nous autres Guadeloupéens.

Elle a incliné la tête:

—Je sais bien. Mais que veux-tu?

80 Pascal et moi, nous sommes des pho-

tographes. Nous sommes arrivés de la Dominique où nous étions en vacances dès que nous avons entendu la nouvelle. Tu sais, les

85 photographes sont des voyeurs. Ils parcourent les champs de bataille, les camps de réfugiés, ils sont présents lors des catastrophes et se battent pour prendre

90 les clichés les plus sensationnels.

Je n'avais jamais pensé à cela. J'ai murmuré:

—Cela ne vous gêne° pas?

C'est Pascal qui a répondu

100 gentiment:

—C'est notre métier! Tu aimes bien, n'est-ce pas, avoir des images de ce qui se passe à travers le monde? Il faut bien que quelqu'un les prenne!

105 Nous étions arrivés devant l'Hôtel Hybiscus. Je suis descendu. Il me semble que je regarderai plus jamais de la même manière les photos des grands magazines ou certains reportages à la

110 télévision.

Maryse Condé, *Hugo le terrible*, © Éditions SEPIA, pp. 38–41.

**pitt** arène de combats de coqs / **défilés… Saint Laurent** *on Saint Laurent Day cooks march in parades held in their honor* / **gêner** *to trouble* / **entraîner** causer / **offusqué** choqué

For more literary selections, visit Textchoice.com

## Après la lecture

### Compréhension

**A. Observation et analyse.** Répondez aux questions suivantes.

1. Regardez le premier paragraphe de l'extrait. Qu'est-ce que Frédéric et le narrateur font?
2. Depuis combien de temps est-ce qu'ils attendent?
3. Décrivez les gens dans la jeep Cherokee.
4. Pourquoi le narrateur est-il un peu méfiant envers le couple?
5. Selon le narrateur, est-ce que les Guadeloupéens et les métropolitains se fréquentent? Pourquoi?
6. De quoi est-ce que Frédéric parle avec Pascal et Manuéla?
7. Comment est-ce que Pascal explique sa profession?
8. Quelle est la réaction du jeune narrateur face aux deux métropolitains?
9. Imaginez ce qui se passe après cette scène.

**B. Grammaire/Vocabulaire.** Complétez les phrases suivantes.

1. Le narrateur et sa famille ne fréquentent pas souvent les métropolitains parce que…
2. Selon Pascal, Manuéla et lui ont quitté la Dominique parce que…
3. Le cyclone qui menace la Guadeloupe s'appelle…
4. Selon Manuéla, les photographes sont…
5. Le jeune narrateur est gêné par les jeunes métropolitains parce que…

**C. Réactions.** Donnez votre réaction.

1. Décrivez Pascal et Manuéla et puis Frédéric et le jeune narrateur. Parlez ensuite de votre réaction à leurs attitudes les uns envers les autres. Selon vous, d'où viennent ces attitudes? Quelle est votre réaction à la situation décrite dans l'extrait?
2. Est-ce que vous avez lu d'autres livres ou histoires qui traitent des attitudes des colonisateurs envers les colonisés? Décrivez-les à un(e) camarade de classe.

## Interactions

**A. Les photographes et les photojournalistes.** À la fin de l'extrait, le jeune narrateur dit qu'il ne regardera «plus jamais de la même manière les photos des grands magazines ou certains reportages à la télévision». Est-ce qu'il y a des images à la télévision ou des photos que vous n'oublierez jamais? Pensez aux photos prises sur les champs de bataille, aux photos prises lors de catastrophes, aux photos prises lors de moments très heureux, etc. Parlez-en avec des camarades de classe.

**B. Imaginons.** Le narrateur se demande «s'il existe des pays où les problèmes entre les communautés ne se posent pas et où la couleur de la peau n'a pas d'importance». Qu'est-ce que vous connaissez, ou faites, comme efforts pour abolir la barrière des différences apparentes? pour comprendre les préoccupations et les besoins des gens de pays ou de cultures différents? Parlez-en avec des camarades de classe.

**C. La conversation.** Avec un(e) camarade de classe, relisez l'extrait en cherchant les techniques verbales ou non-verbales que les quatre personnages utilisent pour engager la conversation. Selon vous, est-ce que les métropolitains sont polis? Et le jeune narrateur, est-ce qu'il est poli? Donnez des suggestions à ces jeunes gens.

## Expansion

Faites un reportage sur la France et le colonialisme. Qu'est-ce que la colonisation a apporté et qu'est-ce qu'elle a enlevé aux habitants des pays colonisés? Existe-t-il dans la société d'aujourd'hui des situations qui ressemblent à la colonisation? Lesquelles? Faites une liste de tous les pays que la France a colonisés. Choisissez un de ces pays pour rechercher plus à fond l'histoire et les résultats de cette colonisation. Dites si le pays est indépendant aujourd'hui et, s'il l'est, trouvez quand et comment il a acquis son indépendance. Décrivez son gouvernement actuel. Identifiez des auteurs, des poètes et des cinéastes célèbres de ce pays. Terminez en donnant votre opinion sur le colonialisme.

# Chapitre 7

# Qui vivra verra

**Thèmes:** La carrière; L'économie; Le logement

After working with the **Mots et expressions utiles** for Leçon 1, have students describe this photograph.

Use the following questions to introduce the chapter: **Pour quelle profession est-ce que vous vous préparez? Pourquoi est-ce que vous avez choisi cette profession?**

 Heinle iRadio

 Système–D Writing Assistant

 Pour tester vos connaissances, visitez academic.cengage.com/french/bravo

## Leçon 1

**Fonction:** Comment parler de ce qu'on va faire
**Culture:** Les Français et les métiers
**Langue:** L'usage du futur, le futur antérieur
PRÉPARATION

## Leçon 2

**Fonction:** Comment faire une hypothèse, conseiller, suggérer et avertir
**Culture:** L'argent
**Langue:** Les phrases conditionnelles
PREMIER BROUILLON

## Leçon 3

**Fonction:** Comment faire des concessions
**Culture:** Savoir-vivre au travail
**Langue:** Le subjonctif après les conjonctions
DEUXIÈME BROUILLON

## La grammaire à réviser

• Le futur

## Synthèse

**Activités musicales:** Les Nubians: *Que le mot soit perle*
RÉVISION FINALE

## Intermède culturel

• *L'Union européenne et l'Europe étudiante*
• Félix Leclerc: *L'alouette en colère*

# La grammaire à réviser

**Les musées.** Parlez de vos visites des musées à Paris.

1. Nous irons à Paris cet été. (je/vous/Simon).
2. On aura beaucoup de musées à voir à Paris. (nous/tu/il y a)
3. D'abord, je visiterai le musée d'Orsay. (nous/on/mes amis)
4. Et puis, nous pourrons voir le Louvre. (je/vous/tu)
5. J'y achèterai sans doute des souvenirs. (Caroline/nous/les visiteurs)

The information presented here is intended to refresh your memory of a grammatical topic that you have probably encountered before. Review the material and then test your knowledge by completing the accompanying exercises in the workbook.

## Avant la première leçon

### Le futur

#### A. Verbes réguliers

The future tense is formed by adding the following endings to the infinitive: **-ai, -as, -a, -ons, -ez, -ont.** You will recall that the conditional uses the infinitive in its formation as well. With **-re** verbs, the final **e** is dropped before adding the future endings.

**parler**

| | |
|---|---|
| je parler**ai** | nous parler**ons** |
| tu parler**as** | vous parler**ez** |
| il/elle/on parler**a** | ils/elles parler**ont** |

**rendre**

| | |
|---|---|
| je rendr**ai** | nous rendr**ons** |
| tu rendr**as** | vous rendr**ez** |
| il/elle/on rendr**a** | ils/elles rendr**ont** |

**finir**

| | |
|---|---|
| je finir**ai** | nous finir**ons** |
| tu finir**as** | vous finir**ez** |
| il/elle/on finir**a** | ils/elles finir**ont** |

#### B. Changements orthographiques dans certains verbes en *-er*

Some **-er** verbs have spelling changes before adding the future endings. These changes are made in all forms of the future and conditional.

- Verbs like **acheter:** j'ach**è**terai; nous m**è**nerons
- Verbs like **essayer:** j'essa**i**erai; nous emplo**i**erons
- Verbs like **appeler:** j'appe**ll**erai; nous rappe**ll**erons

#### C. Verbes irréguliers

| | |
|---|---|
| aller: j'**irai** | pleuvoir: il **pleuvra** |
| avoir: j'**aurai** | pouvoir: je **pourrai** |
| courir: je **courrai** | recevoir: je **recevrai** |
| devoir: je **devrai** | savoir: je **saurai** |
| envoyer: j'**enverrai** | tenir: je **tiendrai** |
| être: je **serai** | valoir: il **vaudra** |
| faire: je **ferai** | venir: je **viendrai** |
| falloir: il **faudra** | voir: je **verrai** |
| mourir: je **mourrai** | vouloir: je **voudrai** |

Je **ferai** des économies quand j'**aurai** un emploi.

—*Je serai bref...*

# Leçon 1

## Comment parler de ce qu'on va faire

### Conversation

Track 20

**Rappel:** Have you reviewed the formation of the future? (Text p. 262 and Workbook pp. 159–160)

> **Premières impressions**
>
> **Soulignez:**
> - les expressions pour dire ce qu'on va faire
>
> **Trouvez:**
> - ce qu'Alisa va choisir comme profession

*Marine, une étudiante française, et Alisa, une étudiante américaine qui vit à Paris avec sa famille, sont en première année à l'université. Elles parlent de leurs études et de leur avenir°.*

**l'avenir** [m] *future*

ALISA: Dis-moi, qu'est-ce que tu étudies, toi?

MARINE: Moi, je fais médecine.

ALISA: Ah, bon? Tu as un bel avenir devant toi! C'est un métier° où l'on gagne bien sa vie et qui est intéressant en plus. Il faut faire de longues études, non?

**un métier** *job, profession*

MARINE: Oui. Lorsque je terminerai ma formation°, j'aurai fait sept années d'études. C'est fou, non?

**la formation** *training, education*

ALISA: Et ça ne te fait rien° de ne pas avoir le temps de sortir, de partir en week-ends?

**ça ne te fait rien** *it does not bother you*

MARINE: Mais enfin, voyons, il ne faut pas exagérer. Je pense qu'il y a trois ans, peut-être quatre ans de sacrifices, et puis le reste du temps on peut quand même en profiter°. Et toi, qu'est-ce que tu fais?

**en profiter** *to enjoy life*

ALISA: Moi, j'étudie la psychologie. Justement, j'ai aussi pensé à la médecine, mais alors vraiment, la perspective de m'enfermer° avec mes livres pendant des années me fait peur… Je veux sortir et avoir des amis.

**s'enfermer** *to close oneself up*

MARINE: Oui, mais la psycho, c'est long aussi!

ALISA: Oui, c'est long, mais il me semble qu'il y a quand même un meilleur équilibre° entre les études et la vie privée qu'avec la médecine. Il me semble que j'aurai plus de temps libre, surtout si je ne travaille pas en clinique.

**l'équilibre** [m] *balance*

MARINE: Oui, tu as sans doute raison.

ALISA: Si la médecine t'intéresse tellement, est-ce que tu as pensé à devenir infirmière°?

**l'infirmière** [f] *nurse*

MARINE: Naturellement. Ce serait peut-être moins stressant, mais pour moi, moins intéressant comme travail… Enfin, je verrai…

ALISA: Eh bien, ce sera à moi de te téléphoner et de t'inviter pour te sortir de tes livres! À propos, nous allons au cinéma ce soir. Ça t'intéresse?

MARINE: Certainement! J'ai besoin de me distraire après toute cette discussion!

*À suivre*

## Observation et analyse

1. Selon Alisa et Marine, quels sont les avantages d'être médecin? les inconvénients (disadvantages)?
2. Pourquoi est-ce qu'Alisa a choisi la psychologie?
3. Comment est-ce que Marine compare les professions de médecin et d'infirmière? Selon vous, a-t-elle raison? Est-ce que vous trouvez les deux jeunes femmes aussi idéalistes l'une que l'autre? Expliquez.

## Réactions

1. Combien d'années d'études est-ce que votre future profession va exiger? Quels sont les avantages et les inconvénients de cette profession? (Si vous n'avez pas encore choisi de profession, décrivez-en une qui vous semble intéressante.)
2. Croyez-vous que les longues années d'études de médecine sont trop stressantes pour la santé des étudiants? À votre avis, est-ce que les patients que les jeunes internes traitent sont négligés? en danger?

## Liens culturels

### Métiers d'hier et d'aujourd'hui

Évolution de la structure de la population active totale (effectifs en milliers) et part des femmes (en %):

| | 1975 | 2001 | 2005 | Part des femmes (2005) |
|---|---|---|---|---|
| – Agriculteurs exploitants | 1 691 | 618 | 651 | 30,1 |
| – Artisans, commerçants, chefs d'entreprise | 1 767 | 1 500 | 1 505 | 28,8 |
| – Cadres et professions intellectuelles supérieures, dont: | 1 552 | 3 493 | 3 660 | 36,0 |
| • professions libérales | 186 | 329 | 346 | 38,1 |
| – Professions intermédiaires, dont: | 3 480 | 5 293 | 5 745 | 48,4 |
| • clergé, religieux | 115 | 14 | 9 | 8,1 |
| • contremaîtres, agents de maîtrise | 532 | 531 | 563 | 10,5 |
| – Employés, dont: | 5 362 | 7 737 | 7 232 | 76,6 |
| • policiers et militaires | 637 | 523 | 495 | 10,9 |
| – Ouvriers, dont: | 8 118 | 7 139 | 5 972 | 18,1 |
| • ouvriers qualifiés | 2 947 | 3 334 | 2 799 | 11,4 |
| • chauffeurs, magasinage-transport | 960 | 1 104 | 1 092 | 9,0 |
| • ouvriers non qualifiés | 3 840 | 2 414 | 1 851 | 32,3 |
| • ouvriers agricoles | 371 | 287 | 230 | 27,7 |
| – Catégorie socioprofessionnelle indéterminée | 72 | 237 | 156 | 48,2 |
| **Population active** | **22 042** | **26 044** | **24 921** | **45,8** |

Source: INSEE

## Les Français et les métiers

Quels changements remarquez-vous dans les métiers en France pendant les trente dernières années? Comment pouvez-vous expliquer ces changements? Quels métiers est-ce que les femmes françaises exercent le plus, d'après ces statistiques? Est-ce qu'on voit ces mêmes sortes de changements dans la répartition des métiers aux États-Unis? Est-ce qu'on voit les mêmes pourcentages de femmes dans la répartition des métiers aux États-Unis? Expliquez.

Gérard Mermet, Francoscopie 2007 (Larousse, p. 282)

la part portion / les contremaîtres foremen / les agents de maîtrise supervisors / les ouvriers (non) qualifiés (un)skilled workers / la population active working population

Ask students to identify the careers they are familiar with. Ask: Quel était le métier de votre grand-père (paternel ou maternel)? de votre grand-mère? Quel est le métier de votre mère? de votre père?

# Expressions typiques pour...

## Dire ou demander ce qu'on va faire

- Quand on fait référence au futur en français parlé, on peut utiliser le présent du verbe.

Je pars $\begin{cases} \text{ce soir.} \\ \text{demain.} \end{cases}$

Tu viens $\begin{cases} \text{mardi?} \\ \text{la semaine prochaine?} \end{cases}$

Qu'est-ce que tu fais $\begin{cases} \text{demain?} \\ \text{ce week-end?} \end{cases}$

- Très souvent on utilise le futur proche (**aller** + infinitif) quand on parle d'un événement plus éloigné dans le futur.

On va partir $\begin{cases} \text{mercredi en huit.} \\ \text{dans un mois.} \end{cases}$

- On utilise le futur et le futur antérieur après **quand, lorsque, dès que, après que** et **aussitôt que**, et surtout en français écrit.

Dès que Patrice viendra, on partira.

Point out to students that they may already know many of these expressions. There are, however, several new expressions among the responses to the question «Allez-vous faire quelque chose?»

## Répondre à la question: Allez-vous faire quelque chose?

Oui! $\begin{cases} \text{Je vais certainement/sûrement...} \\ \text{On ne m'empêchera pas de... } \textit{(You won't keep me from . . .)} \\ \text{Je vais..., c'est sûr.} \end{cases}$

Oui, probablement. $\begin{cases} \text{Je vais peut-être...} \\ \text{J'espère...} \\ \text{J'aimerais...} \end{cases}$

Peut-être. $\begin{cases} \text{Peut-être que oui/que non...} \\ \text{Je ne suis pas sûr(e)/certain(e), mais...} \end{cases}$

Non, probablement pas. $\begin{cases} \text{Je n'ai pas vraiment envie de...} \\ \text{Je ne vais probablement pas...} \end{cases}$

Non! $\begin{cases} \text{Ça m'étonnerait que je... (+ subjonctif) } \textit{(I'd really be surprised} \\ \qquad \textit{that . . .)} \\ \text{On ne m'y prendra pas! } \textit{(You won't catch me . . . !)} \\ \text{Ne t'inquiète pas/Ne te fais pas de souci } \textit{(Don't worry)}\text{, je} \\ \qquad \text{ne vais pas...} \end{cases}$

When **peut-être** begins a sentence, a **que** must follow it or the subject must be inverted: **Peut-être qu'**elle deviendra médecin. **Peut-être** Marine deviendra-t-elle médecin.

# Mots et expressions utiles

## La recherche d'un emploi
### (Job hunting)

La recherche d'un emploi: This list gives an overview of the process of getting a job.

Additional job vocabulary that might be useful: un bourreau de travail *workaholic;* faire des heures supplémentaires *to work overtime;* un partage des tâches *job share;* un(e) stagiaire *trainee;* le travail au noir *moonlighting;* travailler à plein temps/à temps partiel *to work full-time/part-time*

l'avenir [m] *future*
la réussite *success*

chercher du travail *to look for work*
trouver un emploi *to find a job*

changer de métier *to change careers*
occuper un poste *to have a job*

avoir une entrevue/un entretien *to have an interview*
le curriculum vitae (le C.V.) *résumé, CV*
être candidat(e) à un poste *to apply for a job*
la formation professionnelle *professional education, training*
l'offre [f] d'emploi *opening, available position*
remplir une demande d'emploi *to fill out a job application*
la sécurité de l'emploi *job security*
le service du personnel *personnel services*

les allocations [f pl] de chômage *unemployment benefits*
le salaire *pay (in general)*
le traitement mensuel *monthly salary*
en profiter *to take advantage of the situation; to enjoy*
la promotion *promotion*

être à la retraite *to be retired*
la pension de retraite *retirement pension*
prendre sa retraite *to retire*

### Divers

s'enfermer *to close oneself up*
l'équilibre [m] *balance*
ne rien faire à quelqu'un *to not bother anyone*

---

**Mise en pratique**

Mon Dieu! La **recherche d'un emploi** prend vraiment du temps! Le **curriculum vitae** à préparer, les **demandes d'emploi à remplir** et, bien sûr, les **entrevues**. Tout ça me rend fou! Si jamais je **trouve un emploi**, je te jure que je ne **changerai** pas **de métier** tout de suite!

---

Les métiers: Have students name the trades, professions, or crafts that interest them. You may need to give them some new terms or ask students to look them up. Suggest that they put these in their personal vocabulary list.

You may want to supplement your presentation of the new vocabulary by talking about the position of professors in France: En France, les professeurs qui ont réussi à certains concours (l'Agrégation et le CAPES en particulier) sont fonctionnaires. En tant qu'employés du Ministère de l'Éducation nationale, ils bénéficient des avantages des employés de la fonction publique: sécurité de l'emploi (emploi et salaire garantis jusqu'à l'âge de la retraite), droit de grève, assurance-maladie, retraite, congés payés.

## Les métiers *(Trades, professions, crafts)*

les professions [f pl] libérales: un médecin/une femme médecin, un(e) dentiste, un(e) avocat(e), un architecte, un infirmier/une infirmière *(nurse)*, etc.
les fonctionnaires (employés de l'État): un agent de police, un douanier/une douanière, un magistrat *(judge)*, etc.

les affaires [f pl] *(business)* travailler pour une entreprise: un homme/une femme d'affaires *(businessman/woman)*, un(e) secrétaire, un(e) employé(e) de bureau, un(e) comptable *(accountant)*, un(e) représentant(e) de commerce *(sales rep)*, etc.
le commerce (servir les clients): un boucher/une bouchère, un épicier/une épicière, un(e) commerçant(e) *(shopkeeper)*

l'industrie [f] (travailler dans une usine): un ouvrier/une ouvrière *(worker)*, un(e) employé(e), un(e) technicien(ne), un chef d'atelier *(shop)*, un ingénieur, un cadre/une femme cadre *(manager)*, un directeur/une directrice, etc.

l'informatique [f] *(computer science)*: un(e) informaticien(ne) *(computer expert)*, un(e) analyste en informatique, un programmeur/une programmeuse, etc.

l'enseignement [m]: un instituteur/une institutrice ou un professeur des écoles, un professeur, un enseignant, etc.

la sécurité: un agent de police, un(e) gardien(ne) d'immeuble ou de prison, un gendarme, un inspecteur/une inspectrice, un(e) militaire, un(e) surveillant(e) *(guard)*

Parlez des emplois que vous avez eus. Comment est-ce que vous les avez trouvés?

Un métier peut être...

ingrat *(thankless)*, dangereux, malsain *(unhealthy)*, ennuyeux, fatigant, mal payé, sans avenir

ou...

intéressant, stimulant *(challenging)*, passionnant, fascinant, enrichissant *(rewarding)*, bien payé, d'avenir

**Mise en pratique**

Que faire dans la vie? Devenir **avocate**? C'est **bien payé**, mais je n'aime pas parler en public. **Comptable**? On peut travailler seul, mais le travail ne semble pas très **stimulant. Agent de police**? Hmmm… , peut-être un peu trop **dangereux** pour moi. Ou bien, **professeur**? C'est parfait! C'est une profession **d'avenir** qui a l'air **intéressante**, sauf, bien sûr, quand on a des étudiants paresseux comme moi!

Ask students if they agree with the speaker in the **Mise en pratique** section.

# Activités

**A. Votre vie professionnelle.** Vous cherchez du travail. Que faites-vous? Mettez les phrases dans l'ordre chronologique.

se présenter au service du personnel
préparer un curriculum vitae
demander des lettres de recommandation

remplir une demande d'emploi
accepter l'offre
avoir une entrevue/un entretien
trouver une agence de placement

**B. Quel avenir vous attend?** Une voyante *(fortuneteller)* vous fait les prédictions suivantes. Réagissez en utilisant les *Expressions typiques pour...*

MODÈLE: L'année prochaine vous serez riche.
  *Ça m'étonnerait que je devienne riche.*

Activity B: Expansion: As students play the roles, suggest that the **voyante** add other predictions to get impromptu reactions from the client.

1. Ce week-end vous allez aller au cinéma / vous allez étudier / vous allez beaucoup dormir.
2. L'année prochaine vous serez toujours étudiant(e) / vous allez changer de vie / vous allez chercher du travail / vous allez entrer dans la marine ou l'armée / vous allez voyager.
3. Dans quinze ans vous serez riche et célèbre / vous serez au chômage / vous aurez un métier dangereux / vous aurez cinq enfants.

Vous pensez être professeur un jour? Quels sont, d'après vous, les avantages et les inconvénients de ce métier?

# Professeur: Isabelle forme des êtres humains

306 000 personnes

Le métier attire et recrute. La passion pour une discipline ne suffit pas pour devenir professeur. Il faut aimer les enfants, être pédagogue, avoir de l'autorité. Un métier que l'on choisit en connaissance de cause.

*Isabelle, professeur de lettres : «Un cours, c'est un dialogue. J'essaie d'apporter la curiosité.»*

Activity C: Expansion: Do as a whole-class discussion to get a number of reactions. Talk about the **avantages et inconvénients** of each profession and the special abilities that each requires. In addition, you can ask students to describe a profession in small groups and see if group members can guess it. For additional cultural information, have students look up the website of **Médecins sans frontières** (http://www.paris.msf.org) and discuss the work these doctors have done in many countries. Mention how admired these doctors are by the French. In 1999 **Médecins sans frontières** won the Nobel Peace Prize. These doctors continue to work in dangerous parts of the world.

**C. À l'agence locale de l'ANPE**[1]. L'agent vous propose des métiers dans les secteurs suivants. Réagissez et dites ce que vous aimeriez ou n'aimeriez pas faire dans la vie et expliquez pourquoi.

MODÈLES: l'informatique

*Je vais peut-être devenir informaticien(ne). J'adore les ordinateurs et je voudrais inventer des logiciels* (software) *pour faciliter la vie de tous les jours.*

OU

*Je n'ai pas vraiment envie de devenir informaticien(ne). Je déteste les ordinateurs, donc, pour moi, ce métier serait ennuyeux. Je préférerais un métier où on a des contacts avec les gens plutôt qu'avec les machines.*

1. la sécurité
2. le droit *(law)*
3. le commerce
4. les affaires
5. l'enseignement
6. l'industrie du bâtiment
7. la médecine
8. votre choix

**D. Faites des projets.** Travaillez avec un(e) camarade de classe pour préparer des projets. Utilisez les mots et expressions de la leçon.

1. Ce week-end: décidez de ce que vous allez faire et parlez des préparatifs.
2. Les vacances: discutez de ce que vous allez faire pendant les prochaines vacances.
3. Votre vie professionnelle: parlez de votre avenir.

[1] Agence nationale pour l'emploi

# La grammaire à apprendre

## L'usage du futur

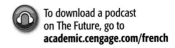
To download a podcast on The Future, go to **academic.cengage.com/french**

You have reviewed the formation of the future in *La grammaire à réviser*. The future is used to express an action, event, or state that will occur in the future.

**A.** The future tense is used after **quand, lorsque** *(when)*, **aussitôt que** *(as soon as)*, **dès que** *(as soon as)*, and **après que** *(after)* when expressing a future action. In English the present tense is used.

**Après que** is generally only used with the future perfect. See section B on page 270.

> **Dès qu'**elle **aura** son diplôme, Élise fera un voyage aux États-Unis pour perfectionner son anglais.
> *As soon as she has her diploma, Élise will travel to the United States to perfect her English.*

> **Quand** elle nous **rendra** visite en juillet, nous l'emmènerons à Washington, D.C., avec nous.
> *When she visits us in July, we will take her to Washington, D.C., with us.*

**B.** The future tense also states the result of a **si** clause in the present tense.

> **Si** elle réussit à cet examen compétitif, elle **sera** professeur d'anglais et son emploi **sera** garanti.
> *If she passes this competitive exam, she will be an English professor and her employment will be guaranteed.*

> Élise **acceptera** un poste à Strasbourg **si** son mari y trouve du travail.
> *Élise will accept a job in Strasbourg if her husband finds work there.*

NOTE: The **si** clause can be placed either at the beginning or the end of a sentence.

## Le futur antérieur

To download a podcast on The Future Perfect, go to **academic.cengage.com/french**

**A.** The future perfect is formed with the future tense of the auxiliary **avoir** or **être** and the past participle of the main verb. Agreement rules, word order, and negative/interrogative patterns are the same as for the **passé composé**.

> **J'aurai passé** dix ans à étudier la médecine avant de devenir médecin.
> *I will have spent ten years studying medicine before becoming a doctor.*

Preview the **futur antérieur** by drawing pictures that show students arriving at the library at 6:00 (big building with clock on front) with the caption: Ce soir, Paul et Martine arriveront à la bibliothèque à six heures pour étudier avec Jacques. Draw another picture with one student already studying (room with clock): Mais à six heures, Jacques sera déjà arrivé. Il aura déjà lu le chapitre à étudier en entier. Il aime avoir de l'avance et pouvoir expliquer aux autres.

**étudier**

| | |
|---|---|
| j'aurai étudié | nous **aurons étudié** |
| tu **auras** étudié | vous **aurez étudié** |
| il/elle/on **aura** étudié | ils/elles **auront étudié** |

**arriver**

| | |
|---|---|
| je **serai** arrivé(e) | nous **serons** arrivé(e)s |
| tu **seras** arrivé(e) | vous **serez** arrivé(e)(s) |
| il **sera** arrivé | ils **seront arrivés** |
| elle **sera** arrivée | elles **seront arrivées** |
| on **sera** arrivé(e)(s) | |

se coucher

| | |
|---|---|
| je me **serai couché(e)** | nous nous **serons couché(e)s** |
| tu te **seras couché(e)** | vous vous **serez couché(e)(s)** |
| il se **sera couché** | ils se **seront couchés** |
| elle se **sera couchée** | elles se **seront couchées** |
| on se **sera couché(e)(s)** | |

**B.** The future perfect is used to express an action that will have taken place *before* another action in the future. It expresses the English *will have* + past participle.

En l'an 2030, tout **aura changé.**
*By the year 2030, everything will have changed.*

As stated earlier, a future tense must be used after the conjunctions **quand, lorsque, aussitôt que, dès que,** and **après que** when expressing a future action. The future perfect is the tense needed if the future action or state will have taken place before another future action. The main verb will be in either the future or the imperative.

Dès qu'il **aura trouvé** un emploi, il achètera une voiture.
*As soon as he has found (will have found) a job, he will buy a car.*

Partons aussitôt qu'il **aura appelé.**
*Let's leave as soon as he has called (will have called).*

At times it is up to the speaker to decide whether to use the simple future or the future perfect after one of the above conjunctions. When both clauses use the simple future, it is implied that both actions take place at the *same* time.

Aussitôt qu'il **achètera** sa nouvelle voiture, il nous **emmènera** faire
    un tour.
*As soon as he buys his new car, he will take us for a ride.*

Aussitôt qu'il **aura acheté** sa nouvelle voiture, il nous emmènera faire
    un tour.
*As soon as he has bought his new car, he will take us for a ride.*

NOTE: After the conjunction **après que,** the future perfect is the most frequent choice.

Après que nous **serons revenus,** je te raconterai toutes nos aventures.
*After we have returned, I will tell you about all our adventures.*

## Summary

|  | Si/conjunction clause | Main clause |
|---|---|---|
| si | present | present<br>future<br>imperative |
| quand<br>lorsque<br>dès que<br>aussitôt que | future | future<br>imperative<br>future perfect |
|  | future perfect | future<br>imperative |
| après que | future perfect | future<br>imperative |

Note that verbs following **quand, lorsque, dès que,** and **aussitôt que** can occasionally be used in the present tense to convey the sense of habit: **Dès que mon bébé se réveille, je le change.**

Quelle sorte de formation est-ce que l'agence ISERPA offre? Et l'Institut d'Études Supérieures des Arts? Et l'université de Nantes?

Additional activity. Have students use the Internet to further research the various degree programs available at these three educational institutions. Ask them to report their findings in class and to compare these degree programs with those available at your institution.

# Activités

**A. Demain.** Dites ce que nous aurons déjà fait demain.

VERBES UTILES: **manger, déjeuner, étudier, parler, sortir, dîner, se coucher, se lever, enseigner, boire**

> MODÈLE: À six heures demain matin…
> *j'aurai déjà beaucoup dormi.*

1. À huit heures du matin, je…
2. À dix heures du matin, mes amis…
3. À midi, le professeur…
4. À cinq heures de l'après-midi, ma mère…
5. À sept heures demain soir, je…
6. À neuf heures demain soir, nous…
7. À minuit demain, les étudiants…

**Activity B: Follow-up:** To further practice the future tense, have students complete the following activity.

**La réponse au jeune idéaliste.** Complétez les phrases suivantes. Faites tous les changements nécessaires.

Cher jeune idéaliste: Vous / devoir / faire attention. Vos projets / être / très compliqué / et / idéaliste. Vous / et / votre femme / avoir *(futur)* / des difficultés. Où / trouver *(futur)* / vous / argent / pour faire / tout / ce que / vous / vouloir / faire? Vos parents vous / le / prêter *(futur)* / ils? Ça / coûter *(futur)* / cher / d'aller / en Angleterre, / aux États-Unis / et au Japon. Vous / avoir *(futur)* / sûrement / du mal à trouver / travail là-bas. Votre mère / avoir / raison. Vous / ne… pas / avoir / pieds / sur terre. Réfléchir / bien. —Le courrier du cœur

**B. Le courrier du cœur.** Ce jeune homme a un problème. Il écrit au courrier du cœur pour demander conseil. Choisissez les verbes qui conviennent et complétez sa lettre. Attention au temps des verbes! Ensuite, imaginez la réponse.

---

le 27 février

Chère Madame,

Je vous écris pour vous demander votre avis. Dans une semaine je _____ (me marier / me promener) avec une jeune fille que je connais depuis longtemps. Dès que nous _____ (commencer / passer) nos examens, nous _____ (aller / quitter) en Angleterre. Nous y _____ (passer / visiter) deux mois. Lorsque nous _____ (enseigner / perfectionner) notre anglais, nous _____ (partir / finir) pour les États-Unis. Nous espérons travailler comme interprètes à Washington, D.C. Vous voyez, ma fiancée et moi, nous sommes spécialistes en langues. Nous _____ (gagner / savoir) beaucoup d'argent en travaillant aux États-Unis. Après que nous _____ (avoir / devenir) riches, nous _____ (aller / rentrer) au Japon où nous _____ (continuer / dépenser) à travailler. Ma mère dit que nous n'avons pas les pieds sur terre. A-t-elle raison?

*Un jeune idéaliste*

---

**C. L'avenir.** Avec un(e) camarade, complétez les phrases suivantes en imaginant votre avenir selon les circonstances données.

1. Dès que j'aurai mon diplôme, je…
2. Je me marierai quand…
3. J'aurai des enfants lorsque…
4. Quand je travaillerai, je…
5. Je changerai sans doute de travail quand…
6. Il faudra peut-être partir dans une autre ville si…
7. Si je ne trouve pas de travail, je…
8. Quand j'aurai gagné beaucoup d'argent, je…
9. Si je suis au chômage, je…
10. Je prendrai ma retraite quand…
11. En l'an 2055, je…

# Interactions

Review the telephone expressions in **Appendice C.**

**A. Le week-end.** Téléphonez à un(e) ami(e) et demandez-lui de prendre un week-end prolongé avec vous. Discutez d'où vous pourriez aller et de ce que vous pourriez faire à différents endroits. Puis, choisissez une destination et faites vos projets.

**B. Une offre d'emploi.** Vous êtes le directeur/la directrice d'un petit bureau et vous avez besoin d'employer un(e) secrétaire bilingue. Vous téléphonez à un conseiller/une conseillère de placement pour vous aider à trouver l'employé(e) idéal(e). Le conseiller/La conseillère vous demandera de décrire les tâches *(duties)* que le/la secrétaire devra accomplir. Vous expliquez que vous voulez que le/la secrétaire réponde au téléphone et qu'il/qu'elle fasse du traitement de texte. Dites que votre budget est serré *(tight)* et que le salaire paraît peut-être un peu bas, mais que vous offrez en contrepartie la sécurité de l'emploi et une bonne ambiance de travail *(a pleasant working atmosphere)*.

Activity B: Expansion: Suggest that the prospective employee ask some questions regarding vacation time, child-care leave (le congé familial), day-care options (la garderie), etc.

## Préparation   Dossier personnel

In this chapter, your instructor may ask you to write a formal business letter.

1. First of all, choose what type of business letter you would like to write. Choose between the following options: a letter of recommendation or a job application letter. In either case, imagine that you are writing to a native French speaker whom you do not know well.

2. After you've chosen the type of letter you want to write, make an outline of what you want to say. You can write the letter about yourself or anyone you know well.

   If you are writing a recommendation letter (**une lettre de recommandation**), describe why you or this person should be hired. Discuss formal training, experience, and personal characteristics.

   If you are writing a job application letter (**une lettre de demande d'emploi**), explain why you (or the person about whom you're writing) want(s) the job and why you are (or he/she is) fit for it. Try to explain without too much bragging. Describe formal training, experience, and personal characteristics.

3. Fill in your outline and write freely under each of the areas mentioned above. Brainstorm your ideas with a partner.

**Phrases:** Writing a letter (formal)
**Vocabulary:** Professions
**Grammar:** Future tense; future perfect

# Leçon 2

## Comment faire une hypothèse, conseiller, suggérer et avertir

Track 21

### Conversation (SUITE)

> **Premières impressions**
>
> **Soulignez:**
> - les expressions pour conseiller et suggérer quelque chose, pour faire une hypothèse et pour avertir
>
> **Trouvez:**
> - combien d'argent Alisa aura pour payer son logement
> - où habite Thibault

*Plus tard, Alisa retrouve Marine et d'autres amis devant le cinéma. Tandis qu'ils font la queue° pour acheter leur billet, ils se parlent.*

**faire la queue** *to stand in line*

ALISA: Est-ce que je peux vous demander un petit conseil? Je dois déménager parce que mes parents rentrent aux États-Unis. À votre avis, est-ce que c'est possible de trouver un appartement à louer° pas trop cher?

**louer** *to rent*

MARINE: Pas vraiment! Je te signale qu'à Paris il est très difficile de trouver un appartement à louer, même au prix fort°.

**au prix fort** *at a high price*
**un studio** *efficiency apartment*

YANIS: Si j'étais toi, je chercherais plutôt une chambre ou un petit studio°.

ALISA: Je pensais payer 550 euros par mois...

**une chambre de bonne** *room for rent (formerly maid's quarters)* /
**sur le palier** *on the landing* /
**bruyant** *noisy*

DELPHINE: Avec ça, tu pourrais tout juste avoir une chambre de bonne° avec eau froide et W.C. sur le palier°, dans un quartier bruyant° et moche.

ALISA: Non, moi, je pensais prendre un appartement avec d'autres étudiants.

MARINE: Peut-être avec des Américains, parce que les Français, eux, ils ne font pas tellement° cela.

**tellement** *so much*

**le loyer** *rent*

ALISA: Mais pourquoi ne pas vivre entre étudiants? Ça ne vous intéresserait pas de diviser le loyer° d'un appartement à trois ou quatre? Où est-ce que tu habites, toi, Thibault, par exemple?

THIBAULT: Moi, j'ai une chambre d'étudiant. Ce n'est pas le grand luxe, mais j'ai eu du mal à l'avoir! Je l'ai, je la garde!

Show slides or a videotape of housing in France for students who may have no idea of what it is like. (Also, see pictures on page 278.)

ALISA: Et vous, Marine et Delphine, vous n'avez jamais vécu dans un appartement?

MARINE: Non, dans des chambres...

ALISA: C'est étonnant!

YANIS: Mais même si on voulait se retrouver tous ensemble dans un appartement, financièrement, cela serait toujours très difficile à Paris.

ALISA: Oh... mais c'est très décourageant! Alors, qu'est-ce que vous me conseillez?

DELPHINE: J'ai une idée. Tu pourrais aller à l'église américaine. Là, ils ont beaucoup de petites annonces de toutes sortes… Je te conseille vraiment d'y aller…

YANIS: Tu as pensé aussi à aller à la bibliothèque? Ils ont des articles, des petites annonces sur des panneaux d'affichage°, pour des logements…

DELPHINE: Tu ferais mieux peut-être d'habiter une chambre à la Cité-U°.

ALISA: Tiens! Ce sont de très bonnes idées. Il faudrait que je me renseigne. Merci!

*À suivre*

**un panneau d'affichage** *bulletin board*

**la Cité-U** *student residence hall(s)*

## Observation et analyse

1. Quelle est la réaction des amis d'Alisa à son idée de louer un appartement à Paris?
2. Quelle sorte de logement est-ce qu'ils lui suggèrent?
3. Est-ce que les autres veulent habiter ensemble? Pourquoi ou pourquoi pas?
4. Où conseillent-ils à Alisa d'aller pour trouver des renseignements sur les logements disponibles?
5. Pourquoi, à votre avis, est-ce qu'Alisa a tant de difficultés à comprendre la situation du logement à Paris?
6. Imaginez pourquoi les parents d'Alisa rentrent aux États-Unis.

Pour qui sont ces logements? Quels genres de logements propose-t-on?

## Réactions

1. Quelle sorte de logement est-ce que vous chercheriez si vous étiez dans la même situation qu'Alisa à Paris? Expliquez.
2. Connaissez-vous beaucoup d'Américains qui étudient en Europe? Voudriez-vous le faire un jour? Expliquez.

## Expressions typiques pour…

### Faire une hypothèse

Si tu pars, où iras-tu?/Si vous partez, où irez-vous?  Si je pars, j'irai à Chicago.
  *(action vue comme possibilité réelle)*
Si tu partais, où irais-tu?/Si vous partiez, où iriez-vous?  Si je partais, j'irais à Paris.
  *(action vue comme hypothèse—irréelle au moment où l'on parle)*

### Conseiller

Tu devrais/Vous devriez manger à la Tour d'Argent[2].
Je te/vous conseille/recommande de…
Il vaut mieux encaisser ce chèque *(cash this check)* tout de suite.
Tu ferais/Vous feriez mieux de louer un studio.
Si j'étais toi/vous, je chercherais une chambre.
Si j'étais à ta/votre place, je déposerais *(deposit)* mon chèque à la banque.
J'ai une très bonne idée/une idée sensationnelle…

To advise against, use the negative form of the structures for advising.

[2] Fondé en 1582, c'est un des restaurants les plus chers et les plus célèbres de Paris, avec vue sur Notre-Dame, l'Île Saint-Louis et la Seine. En général, les étudiants n'y vont pas!

## Suggérer

Je te/vous suggère de
Tu peux/Vous pouvez } chercher une chambre.
Tu pourrais/Vous pourriez

Tu as pensé à/Vous avez pensé à } acheter en copropriété *(condo[minium])*?
Pourquoi ne pas

## Accepter une suggestion

Tiens! C'est une bonne idée.
D'accord.
Pourquoi pas?
C'est une excellente suggestion.

## Refuser une suggestion

Non, ce n'est pas une bonne idée.
Non, je ne veux/peux pas.
Merci de ton/votre conseil, mais ce
    n'est pas possible en ce moment.
Ça me paraît difficile/impossible.

## Avertir *(To warn)*

Je te/vous signale *(point out)*
Je te/vous préviens *(warn)* } que ce n'est pas facile.

Attention
Fais/Faites attention } aux voitures!
Fais gaffe *(familiar—Be careful, watch out)*

# Mots et expressions utiles

Additional lodging vocabulary: l'ascenseur *elevator;* la baignoire *bathtub;* la banlieue *suburbs;* le centre-ville *downtown;* le chauffage *heat;* la cour *courtyard;* la cuisine *kitchen;* la douche *shower;* l'eau [f] chaude/froide *hot/cold water;* l'escalier [m] *stairway;* l'étage [m] *floor;* le gaz *gas;* le lavabo *sink;* la pièce *room;* le rez-de-chaussée *first floor/ground floor;* la salle à manger *dining room;* la salle de bains *bathroom;* la salle de séjour *living room;* le sous-sol *basement;* les WC [m pl] / les toilettes [f pl] *toilet;* le câble *cable;* le chauffage au sol *floor heating;* le balcon *balcony;* la cave *(wine) cellar*

## Le logement

l'agent [m] immobilier *real estate agent*

l'appartement [m] *apartment*
la chambre de bonne *room for rent (formerly maid's quarters)*
la Cité-U(niversitaire)/résidence universitaire *student residence hall(s)*
une HLM (habitation à loyer modéré) *low income housing*
l'immeuble [m] *apartment building*
le logement en copropriété *condominium*
le studio *efficiency apartment*

les charges [f pl] *utilities (for heat and maintenance of an apartment or condominium)*
le/la locataire *tenant*
louer *to rent*
le loyer *rent*

le/la propriétaire *owner; householder*
acheter à crédit *to buy on credit*

## Une habitation peut être...

grande, petite, vieille, ancienne, neuve *(brand new)*, récente, moderne, rénovée *(remodeled)*, confortable, agréable, sale, propre *(clean)*, commode *(convenient)*, pratique, facile à entretenir *(to maintain)*, au prix fort *(at a high price)*

## Les avantages/inconvénients (disadvantages)

bien/mal conçu(e) *(designed)*, situé(e), équipé(e), entretenu(e) *(maintained)*; beau/belle; moche; laid(e); solide; tranquille; calme; bruyant(e) *(noisy)*; isolé(e)

Eh bien voilà, madame. J'ai enfin fini mes études universitaires et je viens de trouver un emploi bien payé. Il n'y a plus qu'une question à régler: où habiter? Ma mère me conseille de **louer** un **studio** ou une **chambre de bonne** pendant une année. Mais moi, j'en ai assez d'être **locataire**, je voudrais être **propriétaire**! Tout le monde **achète à crédit** de nos jours, alors pourquoi pas moi? Je pourrais acheter une **vieille** maison **située** dans un quartier **tranquille** ou un **logement en copropriété**, moderne, et **bien entretenu** par une association. En bref, madame l'**agent immobilier**, me voilà! Qu'est-ce que vous avez à me proposer?

> **Expansion:** Have students role-play the **Mise en pratique.** The client expresses his/her preferences and the real estate agent shows the client pictures of various properties.

## La banque

le **carnet de chèques** *checkbook*
la **carte de crédit** *credit card*
la **carte électronique** *automatic teller card*
le **distributeur automatique de billets** *automatic teller machine*

le **compte chèques** *checking account*
le **livret d'épargne** *savings account*

**changer de l'argent** *to change money*
**déposer** *to deposit*
**encaisser un chèque** *to cash a check*

**ouvrir un compte** *to open an account*
**prendre son mal en patience** *to wait patiently*
**retirer de l'argent** *to make a withdrawal*

**emprunter** *to borrow*
le **prêt** *loan*
**prêter** *to lend*

l'**intérêt** *interest*
le **taux d'intérêt** *interest rate*

> Additional banking vocabulary: le billet *bill*; la monnaie *change*; la pièce *coin*; le virement *transfer*; virer *to transfer*; la Bourse *stock market*; un investissement *investment*

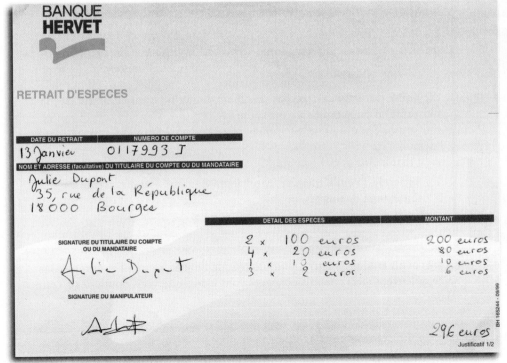

> Combien d'argent est-ce que cette personne a retiré? D'habitude, combien d'argent retirez-vous à la fois?
>
> It would be helpful to show pictures or slides of banks and bank machines. If possible, bring in other documents that you have from banks in France or Quebec and have students use those to role-play situations where they go to the bank to open an account, cash a check, change money, etc. If none are available, have students make up forms using the model to the left or search the Web.

—Tu as une minute? Il faut que je m'arrête à la banque pour **encaisser un chèque**, enfin si j'ai bien mon **carnet de chèques** avec moi. Sinon, je dois passer au **distributeur automatique de billets**.

—Je peux te **prêter** de l'argent.

—Ce **prêt** me serait fait à quel **taux d'intérêt**?

—Il vaut peut-être mieux que tu ailles à la banque. Ça te reviendra moins cher!

## Activités

**A. Si j'étais à ta/votre place.** En utilisant les *Expressions typiques pour...*, donnez des conseils et des suggestions dans les situations suivantes.

> MODÈLE: à un professeur qui veut préparer son prochain cours
> *J'ai une très bonne idée. Annulez le cours!*

1. à un(e) ami(e) qui veut aller au cinéma
2. à votre petit frère/petite sœur qui cherche un bon livre
3. à un(e) touriste qui cherche un bon restaurant dans votre ville
4. à un(e) ami(e) qui fume beaucoup
5. à un(e) ami(e) qui veut voyager à l'étranger
6. à un(e) inconnu(e) qui porte un chapeau dans la salle de cinéma

**B. Que décider?** Une amie américaine qui a hérité d'une maison en France vous demande de l'aider à écrire à un agent immobilier. Traduisez la lettre en français pour elle.

> Sir/Madam,
>
> I would be very obliged if you could give me (**Je vous serais très obligée de bien vouloir me donner**) some advice. I have become the owner of an old house in Lyon. It is solid but badly maintained. I am renting it to a young couple who complains (**se plaint**). They say that many things in the house do not work (**ne pas marcher**). I would be very grateful (**reconnaissante**) if you could give me some suggestions. Should I sell the house? Should I borrow money to remodel it? Should I destroy (**démolir**) it?
>
> I thank you in advance for your suggestions.
>
> Sincerely, (**Veuillez agréer, Monsieur/Madame, l'assurance de mes sentiments distingués.**)
>
> *Marcia Cohen*

Décrivez ces logements. Lequel est-ce que vous préférez? Pourquoi?

Après avoir traduit la lettre, jouez le rôle de l'agent immobilier et répondez à cette lettre. Quels conseils et suggestions est-ce que vous donneriez à cette dame?

Activity A: Expansion: Add several more situations: 7. à votre fille/garçon qui veut manger des bonbons pour le petit déjeuner 8. à votre grand-père/grand-mère qui veut voir le film *Apocalypto* 9. à un(e) inconnu(e) qui demande de l'argent dans la rue

Activity B: Written preparation in advance would be helpful.

**C. Questions indiscrètes.** Interviewez un(e) camarade sur le logement et l'argent. Faites un résumé de ses réponses à la classe.

1. Est-ce que tu habites une résidence universitaire? un appartement? une maison? un studio? une chambre? un logement en copropriété? Décris ton logement.
2. Est-ce que tes parents sont propriétaires ou locataires? Quels sont les avantages et inconvénients d'être propriétaire? d'être locataire?
3. Est-ce que tu as déjà emprunté de l'argent à la banque? Pour quoi faire? Est-ce que tu te souviens du taux d'intérêt?
4. Combien de comptes en banque est-ce que tu as? Est-ce que tu préfères un livret d'épargne ou un compte chèques? Pourquoi?

# La grammaire à apprendre

## Les phrases conditionnelles

To download a podcast on Conditional Sentences, go to **academic.cengage.com/french**

We often use the conditional to counsel, suggest, or warn someone about something. We present a possible or hypothetical fact or condition after the word *if* and follow it with the result. In French this is accomplished by using the *imperfect* in the **si** clause and the *conditional* in the result clause.

> Écoute ta mère: si j'**étais** toi, je **déposerais** la moitié de ton chèque sur ton livret d'épargne.
> *Listen to your mother: if I were you, I would deposit half of your check in your savings account.*

In this chapter, we discuss two types of *if*/result clauses. A third type, which uses the past conditional, will be presented in **Chapitre 10**.

Formation of the conditional was reviewed in **Chapitre 1** and the imperfect in **Chapitre 4**.

Preview of sequence of tenses: Begin by asking questions as follows: Si vous étiez une célébrité, qui aimeriez-vous être? Avec quelle célébrité est-ce que vous rêveriez de passer une soirée? Si on vous offrait un quart d'heure d'antenne à la télévision, qu'est-ce que vous en feriez?

| *Si* clause | Main clause |
|---|---|
| present | present<br>future<br>imperative |
| imperfect | conditional |

> Si elle **va** à la Banque Hervet, elle **retirera** la somme de 296 euros de son compte chèques.
> *If she goes to the Banque Hervet, she will withdraw the sum of 296 euros from her checking account.*

> Si nous **voulions** de l'argent, nous **irions** à la Banque Populaire.
> *If we wanted some money, we would go to the Banque Populaire.*

NOTE:
- As mentioned earlier, the order of the two clauses is interchangeable.
- Neither the future nor the conditional is used in the **si** clause.

## L'argent

En France, on dit que «l'argent ne fait pas le bonheur»; on dit aussi que «peine d'argent n'est pas mortelle». Une personne honnête doit se méfier de l'argent. Les Français se méfient surtout de l'argent vite fait. Il faut dire, cependant, que la France est fascinée par l'argent et qu'elle est fière de ses Rothschild et de ses Wendel. En fait, les salaires des gens riches sont souvent un sujet de conversation à la télévision. Les statistiques officielles montrent qu'il y a un accroissement des inégalités de revenus. Beaucoup de Français sont cho-

qués par les salaires exorbitants de certaines personnalités des médias.

L'utilisation de la carte bancaire devient de plus en plus populaire en France. Son usage, longtemps réservé aux retraits d'argent dans les billetteries, est maintenant étendu aux paiements. Les Français possèdent 51,2 millions de Cartes bleues.

Quelle est l'attitude des Américains envers l'argent? Est-elle en train de changer? Est-ce que vous avez des cartes bancaires? Si oui, quand et dans quels contextes est-ce que vous les utilisez? Est-ce que vous recevez beaucoup d'offres pour de nouvelles cartes bancaires? Trop d'offres?

Adapté de Gérard Mermet, *Francoscopie 2007* (Larousse, pp. 309–311, 368).

## Activités

**A. Quelle situation embarrassante!** Imaginez que vous soyez dans les situations suivantes. Dites ce que vous feriez pour en sortir.

MODÈLE: Vous êtes à la station-service où vous venez de faire le plein. Vous vous rendez compte que vous n'avez pas d'argent.
*Si je me rendais compte que je n'avais pas d'argent, je demanderais un prêt au propriétaire.*

1. Vous êtes perdu(e) dans une ville que vous ne connaissez pas.
2. Vous tombez malade dans un pays dont vous ne parlez pas la langue.
3. Vous faites du ski dans les Alpes et vous êtes pris(e) dans une tempête de neige.
4. Votre voiture tombe en panne *(breaks down)* au milieu de la nuit.
5. Vous travaillez dans une banque et il y a un hold-up.
6. Vous mangez au restaurant et vous apercevez votre ancien(ne) petit(e) ami(e).
7. Vous êtes à la terrasse d'un café et une mouche se noie *(a fly drowns)* dans votre verre d'eau.

**B. Questions indiscrètes.** Posez les questions suivantes à un(e) camarade. Faites un résumé de ses réponses à la classe.

1. Qu'est-ce que tu ferais si tu avais un emploi horrible? si tu ne pouvais pas changer de travail pour des raisons financières? si tu avais un(e) patron(ne) que tu détestais?

Additional activity: Have students work in small groups to brainstorm solutions for the following problems. Afterwards they will share their ideas with the entire class: Qu'est-ce que tu ferais dans les situations suivantes? 1. Quelqu'un a volé ton passeport et ton portefeuille pendant un voyage en France. 2. Tu voyages à l'étranger et il y a un coup d'état dans le pays où tu te trouves. 3. Tu as de mauvaises notes dans tous tes cours. 4. Tu n'arrives pas à trouver un job d'été et tu as vraiment besoin d'argent.

2. Qu'est-ce que tu ferais si tu avais des quintuplé(e)s? Comment est-ce que tu gagnerais de l'argent pour les élever?
3. Qu'est-ce que tu ferais si tu gagnais à la loterie? Où est-ce que tu irais? Qu'est-ce que tu achèterais? Est-ce que tu partagerais ce que tu as gagné avec tes amis?
4. Qu'est-ce que tu ferais si tu devais habiter pendant un an sur une île déserte? Si tu pouvais choisir, avec qui est-ce que tu aimerais passer ton séjour? Qu'est-ce que tu emporterais avec toi?

## Interactions

**A. Un prêt.** Imaginez que vous voulez obtenir un prêt. Regardez le formulaire ci-dessous et discutez de vos idées avec le conseiller financier/la conseillère financière *(loan officer)* (votre partenaire). Expliquez ce que vous voulez faire avec ce prêt. Dites combien d'argent vous voulez emprunter et combien de temps il vous faudra pour repayer l'emprunt. Le/La conseiller/conseillère vous donnera des suggestions.

Additional reading activity: Use the realia below as a brief reading activity before students begin activity A. Have them look at the large type and imagine the purpose of the form. Ask what other types of loans one can get.

| Réaliser vos projets immobiliers | Demande d'informations sur le prêt immobilier évolutif |
|---|---|

*Prêt Immobilier Évolutif.*

# Le prêt qui s'adapte à vos changements de situation.

**SOCIÉTÉ GENERALE**

**CONJUGUONS NOS TALENTS.**

❑ M.   ❑ Mme   ❑ Mlle

Nom : _____ Prénom : _____

Code guichet : _____

N° de compte : _____ Clé RIB : _____

Je suis intéressé(e) par le Prêt Immobilier Evolutif et souhaite obtenir, sans engagement de ma part, des renseignements complémentaires.

Je coche la case correspondant à mes besoins :

| Résidence | Principale | Secondaire | Locative |
|---|---|---|---|
| · Travaux | ❑ | ❑ | ❑ |
| · Construction | ❑ | ❑ | ❑ |
| · Acquisition (neuf) | ❑ | ❑ | ❑ |
| (ancien) | ❑ | ❑ | ❑ |

Je souhaite emprunter : _____ €.

Je ne désire pas rembourser plus de _____ € par mois.

La durée de mon prêt ne doit pas excéder _____ ans. (maximum 20 ans).

Pour vous permettre d'établir une simulation, je complète les renseignements ci-après :

• Situation de famille :
❑ Marié   ❑ Concubin   ❑ Divorcé   ❑ Célibataire

• Situation du logement :
❑ Propriétaire   ❑ Locataire   ❑ Autre (préciser)

| | MOI-MÊME | CONJOINT |
|---|---|---|
| Date de naissance | | |
| Nombre d'enfants | | |
| Profession | | |
| Ancienneté chez l'employeur | | |
| Revenus mensuels | | |
| Allocations familiales | | |
| Autres revenus | | |
| Loyer | | |
| Remboursement prêts en cours | | |
| Autres charges | | |

Fait à _____ le _____

Signature :

« Loi informatique et libertés (article 27 et 31) et secret professionnel :
Les informations nominatives ci-dessus sont obligatoires. Elles sont destinées à la Société Générale qui, de convention expresse, est autorisée à les conserver en mémoire informatique ainsi qu'à les communiquer aux sociétés de son groupe, à des tiers pour des besoins de gestion, ou à des sous-traitants. Vos droits d'accès et de rectification peuvent être exercés auprès du service ayant recueilli ces informations ».

Pourquoi est-ce que vous rempliriez cette demande?

## Observation et analyse

1. Quelle sorte de logement est-ce qu'Alisa a enfin trouvé?
2. À quel organisme est-ce qu'Alisa va s'adresser pour trouver les réponses à ses questions d'assurance-maladie?
3. Pourquoi est-ce que Yanis et Marine sont surpris par le système d'assurance-maladie aux États-Unis?
4. Quelle raison est-ce qu'Alisa donne pour l'absence d'une assurance-maladie nationale aux États-Unis?
5. Quelle est l'opinion d'Alisa sur le socialisme français d'après cette conversation?

## Réactions

Pensez-vous que les États-Unis adopteront bientôt un système national d'assurance-maladie? Expliquez. Croyez-vous que ce serait une bonne chose? Expliquez.

## Expressions typiques pour...

### Faire une concession

À première vue, je ne suis pas d'accord avec toi/vous, mais tu connais/vous connaissez mieux la situation que moi.
Bien, tu m'as convaincu(e)/vous m'avez convaincu(e).
Je suis convaincu(e).
À bien réfléchir, je crois que tu as raison/vous avez raison...
Je dois mal me souvenir/me tromper.
En fin de compte *(Taking everything into account)*, je crois que tu as raison.
Si c'est ce que tu penses/vous pensez...
Je n'avais pas pensé à cela.

**bien que/quoique (+ subjonctif)** *(although)*
> **Bien qu'**elle ait été prudente dans ses investissements, elle a perdu de l'argent à la Bourse *(stock market)*.

**quand même** *(nonetheless, even so)*, **tout de même** *(in any case)*, **néanmoins** *(nevertheless)*, **pourtant** *(however)*, **cependant** *(however)*, **mais** *(but)*
> Elle a bien étudié ses investissements; elle a **pourtant** perdu beaucoup d'argent.

**malgré** *(in spite of)*, **en dépit de** *(in spite of)*, **avec** *(with)*
> **Malgré** ses connaissances, elle a perdu beaucoup d'argent à la Bourse.

**Preview ideas:** Explain to students that these expressions (Faire une concession) will be used when they are discussing a topic and they want to concede to the other person's point of view. Provide other examples:

**Quoiqu'elle** ait fait de son mieux, elle a perdu de l'argent à la Bourse.

Elle a cru bien investir son argent, **cependant** elle en a beaucoup perdu.

Elle a bien investi son argent, **mais** elle en a beaucoup perdu.

**Avec** toutes ses connaissances, elle n'a pas réussi à garder ses investissements.

# Mots et expressions utiles

## L'économie [f] (Economy)

l'assurance-maladie [f] *health insurance*
  être assuré(e) *to be insured*
la cotisation *contribution*
une mutuelle *mutual benefit insurance company*
la prime *premium; free gift, bonus; subsidy*
souscrire *to contribute, subscribe to*

les bénéfices [m pl] *profits*
le budget *budget*
la consommation *consumption*
le développement *development*
une entreprise *business*
exporter *to export*
importer *to import*

les impôts [m pl] *taxes*
le marché *market*

aller de mal en pis *to go from bad to worse*
le progrès *progress*
s'améliorer *to improve*

un abri *shelter*
un restaurant du cœur *soup kitchen*
un(e) sans-abri *homeless person*
un(e) SDF (sans domicile fixe) *person without a permanent address*

## Divers

en fin de compte *taking everything into account*

Additional vocabulary: l'agriculteur/l'agricultrice *farmer;* le chantier *building site;* le consommateur *consumer;* la crise *crisis;* la croissance *growth;* travailler à la chaîne *to work on an assembly line;* le syndicat *union*

### Mise en pratique

Depuis six mois, l'**économie** va de mal en pis. Les **entreprises** ne font pas de **bénéfices** et licencient *(lay off)* des employés. Nous **exportons** moins que nous n'**importons**. Les **impôts** augmentent, les **sans-abri** font la queue devant les **restaurants du cœur**. Personne ne sait quand l'**économie** va s'**améliorer**, mais tout le monde attend la fin de cette récession.

## Les conditions de travail

le chef (de bureau, d'atelier, d'équipe) *leader (manager) of office, workshop, team*
le directeur/la directrice *manager (company, business)*
l'employeur [m] *employer*
le/la gérant(e) *manager (restaurant, hotel, shop)*
le personnel *personnel*

le bureau *office*
la maison, la société *firm, company*
l'usine [f] *factory*

compétent(e)/qualifié(e) *competent/qualified, skilled*
motivé(e) *motivated*

une augmentation de salaire *pay raise*
le congé *holiday, vacation*
l'horaire [m] *schedule*
les soins [m] médicaux *medical care and treatment*

Malgré des conditions de travail difficiles, les employés de McDonald's France sont très attachés à leur employeur, d'après une enquête qui indique que 75% des 43 000 salariés de la société sont fiers de travailler chez McDonald's. Ce qu'ils apprécient vraiment? Des rapports faciles avec le management, l'esprit d'équipe et le respect individuel qui leur est accordé. (L'Express.fr, lundi 26 mars 2007)

### Mise en pratique

Je viens de trouver un emploi dans une petite entreprise familiale dans le centre-ville. J'aurai un **horaire** flexible, mon propre **bureau** et cinq semaines de **congé**. De plus, mon **employeur** m'a promis une **augmentation de salaire** tous les six mois, si je prouve que je suis **compétent**. Ce n'est pas mal, hein? Il y a de quoi être **motivé**, non?

## Activités

**A. Concessions.** En petits groupes, utilisez les expressions pour exprimer une concession pour répondre aux points de vue suivants.

> MODÈLE: Les jeux d'argent *(gambling)* font de l'État un spéculateur.
> ***Pourtant, dans certains états, le budget de l'éducation reçoit une bonne partie des bénéfices de ces jeux.***

1. La liberté individuelle est la chose la plus importante de notre vie.
2. Il est dangereux de développer l'énergie nucléaire.
3. Le chômage est (en grande partie) dû à un excès d'importations.
4. Le réchauffement de la planète est un danger imminent.
5. Les congés payés aux États-Unis ne sont pas assez longs.
6. Les chefs d'entreprise sont trop bien payés.
7. Les ouvriers doivent recevoir une partie des bénéfices de leur entreprise.

**Activity B:** Written preparation might be helpful.

**B. Le travail.** Traduisez en français cette petite annonce pour un journal québécois.

American company looking for qualified people. We need motivated workers to work in our factory in Montreal. We are also in need of managers, team leaders, and secretaries. We are only interested in people who are motivated to work hard. We offer good hours, excellent salary, and five weeks of vacation. To apply, send résumés to Mr. Blanche.

**C. Complétez.** Chacune des phrases ci-dessous exprime une idée de concession. Complétez ces phrases en imaginant une situation pour chaque contexte.

1. Nous allons faire de notre mieux en dépit de... (on a annoncé des licenciements *[layoffs]* / la suppression de la prime de rendement *[productivity]*)
2. Bien que je... (je suis arrivé(e) à l'heure à un rendez-vous important / j'ai oublié l'anniversaire de mon mari/ma femme)
3. Malgré nos sourires... (à la plage / dans une entrevue)
4. Nous sommes rentrés déçus; cependant... (le film était / les vacances étaient)

# La grammaire à apprendre

## Le subjonctif après les conjonctions

To download a podcast on The Subjunctive, go to **academic.cengage.com/french**

Certain subordinate conjunctions require the subjunctive mood rather than the indicative because of their meaning. Notice that the subjunctive is used in the clause where the conjunction is located, not in the clause that follows or precedes it.

### A. Les conjonctions de concession

Certain conjunctions indicate a concession on the part of the speaker toward what is either reality or something that could be so and is therefore hypothetical.

bien que/quoique    *although*

**Bien que** ce **soit** un métier mal payé, il veut être mécanicien.
*Although it is not a well-paying trade, he wants to be a mechanic.*

## B. Les conjonctions de restriction

Other conjunctions express a restriction, real or possible.

à moins que (+ ne)    *unless*
sans que              *without*

Il va tout acheter au Printemps **à moins que** les prix **ne soient** trop
  élevés.
*He is going to buy everything at Le Printemps unless the prices are too
  high.*

The **ne explétif** should be used
with **à moins que.** Remember that
it has no meaning and that it is
used in formal speech. It is also
used with **de peur que, de crainte
que** (see section D), and **avant que**
(see section E).

## C. Les conjonctions de condition

These conjunctions introduce a condition that is not a reality.

pourvu que        *provided that*
à condition que   *on the condition that*

Il continuera à travailler dans son atelier **pourvu qu'il ait** assez de
  clients.
*He will continue to work in his workshop provided that he has enough
  customers.*

## D. Les conjonctions de but

Some conjunctions express a goal or purpose. This is similar to the idea
of volition. Therefore, the subjunctive mood is required.

pour que/afin que                         *in order that, so that*
de peur que (+ ne)/de crainte que (+ ne)  *for fear that*

Il a tout fait **pour que** ses prix **baissent.**
*He did everything so that his prices would be lower.*

## E. Les conjonctions de temps

These conjunctions are concerned with actions that take place at some
time after the action of the main clause and may depend on the other
action taking place.

avant que (+ ne)    *before*
jusqu'à ce que       *until*
en attendant que     *waiting for*

**Avant qu'il n'aille** à la banque, il doit vérifier qu'il y a de l'argent sur
  son compte.
*Before he goes to the bank, he must verify that there is some money in
  his account.*

**E.** The following conjunctions can sometimes be replaced by a corresponding preposition followed by an infinitive. This is done when the subject of the subordinate clause (introduced by a conjunction requiring the subjunctive) is the same as the subject of the main clause. The most common prepositional counterparts are:

| Conjonction (+ subjonctif) | Préposition (+ infinitif) |
| --- | --- |
| à moins que (+ ne) | à moins de |
| sans que | sans |
| à condition que | à condition de |
| afin que | afin de |
| pour que | pour |
| de peur que (+ ne) | de peur de |
| de crainte que (+ ne) | de crainte de |
| avant que (+ ne) | avant de |
| en attendant que | en attendant de |

Il est rentré chez lui **sans** avoir fermé son atelier à clé. Il y est retourné **de crainte de** tout se faire voler *(to be robbed)*. Il a sorti sa clé **afin de** verrouiller *(lock)* la porte. **Avant de** le faire, il a jeté un coup d'œil dans l'atelier pour examiner ses outils *(tools)*. Il s'est rendu compte que quelqu'un avait déjà tout volé!

In sentences with **bien que, quoique, pourvu que,** and **jusqu'à ce que,** the clause in the subjunctive cannot be replaced by an infinitive construction even when the subject of the main clause and dependent clause is the same. There is no corresponding prepositional construction.

Elle continuera à lire cet article **bien qu'**elle ne **soit** pas convaincue.
*She will continue to read that article although she is not convinced.*

**Quoiqu'**elle **apprécie** la Société Générale, elle a choisi le Crédit Agricole.
*Although she likes the Société Générale, she chose the Crédit Agricole.*

## Activités

**A. Sondage sur les goûts culturels des jeunes.** Avec un(e) partenaire, complétez ce paragraphe en choisissant la conjonction ou la préposition appropriée.

_____ (Bien que / Pourvu que / De peur que) les étudiants s'intéressent à la politique et à l'économie, ils adorent surtout le cinéma. Leur mémoire est courte, cependant. _____ (De peur de / Jusqu'à / Quoique) ils se trompent dans le titre ou le nom du metteur en scène, 82 pour cent ont cité un film qui les avait marqués dans les trois derniers mois. Comme metteur en scène, ils admirent Louis Malle. Le même sondage révèle que les étudiants français aiment aussi la musique _____ (avant que / afin de / à condition que) ce soit du rock. Ils aiment également lire et parler de leurs lectures _____ (de peur que / à moins de / pourvu que) il s'agisse d'écrivains comme Faulkner, Dostoïevsky, Boris Vian, Jean-Paul Sartre et Steinbeck. _____ (Pour ne pas / À moins de / En attendant de) trop généraliser les résultats de ce sondage, le lecteur doit savoir que cette enquête a été effectuée auprès de 382 étudiants.

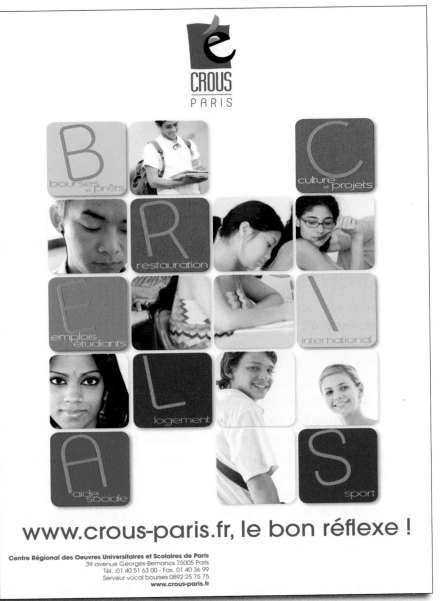

Pourquoi est-ce qu'on va au CROUS?

**B. La Sécurité sociale.** Marine continue à expliquer le système de la Sécurité sociale à Alisa. Remplissez les blancs avec la forme appropriée du verbe entre parenthèses en utilisant le subjonctif, si c'est nécessaire.

À moins que nous n'_____ (oublier) de remplir notre feuille, la Sécurité sociale paiera la majorité des frais médicaux. Par exemple, lorsqu'on _____ (avoir) une opération à l'hôpital ou dans une clinique, la Sécurité sociale rembourse presque tous les frais. Puisque tu _____ (être) américaine, il faut que tu te renseignes au CROUS parce que je ne _____ (savoir) pas si les étrangers _____ (pouvoir) s'inscrire. Afin de _____ (savoir) si tu y _____ (avoir) droit ou non, demande-leur un rendez-vous. Il vaut mieux que tu y _____ (aller) en personne. On ne sait jamais avec les renseignements par téléphone.

**C. Conditions de travail.** Complétez les phrases suivantes. Mettez la phrase à la forme négative si vous n'êtes pas d'accord!

1. Moi, je réussirai dans mon travail à condition que…
2. Je paierai les assurances-maladies de crainte de…
3. Je pense que les assurances-maladies sont nécessaires afin que…
4. Les syndicats *(unions)* sont importants à moins que…
5. Je m'inscrirai au syndicat quoique…
6. Je travaillerai jusqu'à…
7. Je prendrai ma retraite avant de…

# Liens culturels

## Savoir-vivre au travail

Si vous réussissez à trouver un poste dans un pays francophone, ne sous-estimez pas l'importance du savoir-vivre. Avec vos collègues, soyez toujours courtois; collaborez avec eux ou elles et aidez-les quand vous le pouvez. N'étalez pas vos problèmes personnels et ne passez pas trop de temps à bavarder.

Le protocole demande qu'un subordonné dise bonjour et au revoir à son supérieur mais, en général, il «ne lui tendra pas la main le premier» (d'Amécourt, p. 60). C'est le supérieur qui doit «nuancer les rapports» de courtoisie (d'Amécourt, p. 61). Vous allez, bien sûr, serrer la main de vos collègues pour dire bonjour le matin en arrivant au travail et pour leur dire au revoir à la fin de la journée. En général, il faut rendre le travail plus agréable par votre personnalité et par votre atti-

tude, mais vous devez rester discret (d'Amécourt, p. 61).

Les habitudes de travail en France sont un peu différentes des vôtres. Ainsi, l'espace et l'heure sont abordés sous un autre angle. Souvent, dans les bureaux des sociétés françaises, les portes sont fermées. Mais chacun peut frapper et entrer rapidement, sans attendre la réponse. La porte crée une sorte de limite ou de distance. Les gens ne vont pas regarder et toucher vos affaires sans vous demander la permission.

En ce qui concerne l'heure, les Français sont souvent dix minutes en retard à une réunion de bureau; ce n'est pas considéré comme impoli. Il leur arrive parfois aussi d'annuler ou de changer l'heure d'une réunion à la dernière minute, et ne soyez pas surpris s'il y a plusieurs interruptions pendant la réunion. C'est normal.

Les Français ont une idée différente du temps. Ils voient le temps d'une manière polychronique, ce qui veut dire que plusieurs choses peuvent se passer en même temps et que les gens peuvent arriver à n'importe quel moment. Le temps est plutôt élastique. Ce qui compte pour eux c'est les gens ou les personnes avec qui ils travaillent. Fixer l'heure d'une réunion est tout simplement pour avoir une idée générale de quand on va se retrouver.

Comparez les coutumes professionnelles de la France avec celles de votre pays. Parlez du protocole, de l'espace et de l'heure. Est-ce qu'il y a des différences régionales aux USA?

Adapté de: d'Amécourt, *Savoir-Vivre Aujourd'hui* (Paris: Bordas, 1983, pp. 59–61); Polly Platt, *French or Foe* (Skokie, IL: Culture Crossings, Ltd., 1995, pp. 41–42, 44–51).

Liens culturels: Ask students to work in small groups to discuss work habits in the U.S., which may vary by office, profession, and geographic region.

# Interactions

**A. Les livres perdus.** Vous avez emprunté deux livres à votre camarade de chambre il y a plusieurs mois et il/elle est fâché(e) que vous ne les lui ayez pas rendus. Avouez que vous auriez dû les rendre et donnez une excuse pour expliquer pourquoi vous ne l'avez pas fait. Expliquez que maintenant vous les avez perdus. Résolvez la situation.

**B. Jouez le rôle.** Votre partenaire et vous allez jouer des rôles différents. Pour chaque rôle, imaginez une concession à faire à votre partenaire. Utilisez des conjonctions autant que possible.

1. votre mari/femme/meilleur(e) ami(e): son anniversaire
2. votre enfant: l'heure de son coucher
3. votre mère/père âgé(e): son logement
4. votre chef: votre congé
5. votre secrétaire: son augmentation de salaire
6. votre médecin: votre santé
7. votre professeur: la qualité de votre composition

## Deuxième brouillon   Dossier personnel

1. Write a second draft of the letter that you worked on in **Leçons 1** and **2**, focusing particularly on the way you begin and end the letter. You may want to begin the job application letter with any of the following expressions:

   > Je vous prie de *(Please . . . )*
   > Je vous serais obligé(e) de *(I would be obliged to . . . )*
   > Permettez-moi de me présenter…
   > Je désire poser ma candidature à un poste de…

   A letter of recommendation might begin with any of the following phrases:

   > Puis-je me permettre de vous recommander…
   > J'ai l'honneur de vous recommander…

2. To make the transitions smoother, you might want to add some phrases such as the following to the job application letter:

   > Vous trouverez, dans mon curriculum vitae ci-joint, le résumé de ma formation académique et de mon expérience professionnelle…
   > J'aimerais attirer votre attention sur…
   > En vous remerciant à l'avance de votre considération,…

   In the letter of recommendation, use the following phrases:

   > Elle/Il a/est (diplômes ou qualifications) et…
   > Je vous serais reconnaissant(e) de ce que vous pourriez faire pour lui/elle…
   > En vous remerciant dès maintenant,…
   > Avec mes remerciements anticipés,…

**Phrases:** Writing a letter (formal); expressing an opinion
**Vocabulary:** Professions
**Grammar:** Subjunctive

# Synthèse

♪ To experience this song, go to **academic.cengage.com/french/bravo**

## Activités musicales

### Les Nubians: *Que le mot soit perle*

#### Avant d'écouter

1. Est-ce que vous savez d'où viennent les perles *(pearls)*? Quel animal les produit? Comment? À quoi associez-vous les perles? Faites une liste de tous les mots qui vous viennent à l'esprit *(that come to mind)*.
2. En français, on entend parfois «c'est une perle rare» quand on parle de quelqu'un ou de quelque chose. À votre avis, qu'est-ce que cela veut dire? Essayez d'expliquer cette expression.
3. Regardez le titre de la chanson. À votre avis, qu'est-ce qu'un mot et une perle peuvent avoir en commun?

#### Après avoir écouté

1. Quels sont les verbes et les adjectifs qui sont associés au «mot» dans la chanson? Est-ce que ce sont des termes positifs ou négatifs? Qu'est-ce que la chanson nous apprend au sujet du «mot»? Est-ce que vous pensez que la comparaison entre «le mot» et la perle est une bonne comparaison? (Relisez la liste que vous avez faite dans **Avant d'écouter**.) Pourquoi ou pourquoi pas?
2. Comment interprétez-vous cette chanson? Qu'est-ce que c'est, «le mot», d'après vous? Pourquoi est-ce que Les Nubians veulent «que le mot soit perle»?
3. Écrivez une strophe *(stanza)* supplémentaire pour la chanson. Essayez d'exprimer votre conception personnelle de l'importance du «mot». Suivez le modèle de la chanson et utilisez la conjonction **que** et le subjonctif.

Students learned many uses of the subjunctive mood in Chapter 5 and the conjunctions that require the subjunctive in this chapter. This song can be used to illustrate the use of **que...**, which represents a strong wish, and thus requires the subjunctive as well.

## Activités orales

**A. Un message.** Vous êtes secrétaire bilingue dans une société américaine en France. Expliquez, en français, ce message téléphonique à votre patron(ne):

> Mr. Rafael returned your call. He says that it is difficult to know whether you should sell your house. It's well situated but poorly maintained. He left the name of Sophie Lambert, whom he said you should call. She is a real estate agent who is very friendly and will help you. If you follow her advice, you should make some money. He alluded to (**faire allusion à**) several other investment possibilities that he will discuss with you later.

**B. L'avenir.** Avec un(e) partenaire, créez une histoire qui va illustrer le proverbe «Qui vivra verra». On utilise souvent cette expression quand on discute de l'avenir. Inventez un conte de fées ou une histoire à propos de vous ou de quelqu'un d'autre. Votre histoire devra se terminer par ce proverbe.

Activity A: Expansion: Before beginning the activity, remind students that the boss needs to react to the message. She/He should ask the secretary to do something in response to the note. The secretary can call Mr. Rafael back; she/he can call Sophie Lambert; she/he can call a bank. See if students come up with other options.

Review the telephone expressions in **Appendice C.**

## Activité écrite

**Les offres d'emploi.**  Vous avez découpé les offres d'emploi publiées dans *Le Journal de Montréal,* un journal québécois (ci-dessus). Faites une liste des avantages et des inconvénients de chaque emploi. Ensuite, écrivez une lettre à votre tante et à votre oncle qui habitent près de Montréal. Décrivez l'emploi qui vous intéresse le plus et expliquez pourquoi. Demandez-leur conseil pour obtenir cet emploi. Demandez si vous pouvez dormir chez eux un jour ou deux si vous obtenez une entrevue.

## Révision finale  Dossier personnel

1. Reread your composition and focus on the unity of the letter.
2. Bring your draft to class and ask two classmates to peer review your composition, using the symbols on page 433. They should pay particular attention to whether the letter is convincing and whether it makes a good case.
3. Examine your letter one last time. Check for correct spelling, grammar, and punctuation. Pay special attention to your use of the future tense, the sequence of tenses with **si**, and the subjunctive after conjunctions.
4. Prepare your final version using paper of good quality. The appearance of the letter will be important for making a good impression. Make sure that there are no mistakes and crossed-out corrections. The typeface of the printer should be clear and easy to read. Leave sufficient margins on the sides for legibility as well.

After the letter is complete, have students role-play the job interview between the employer and prospective employee.

**Phrases:** Writing a letter (formal); writing an essay; hypothesizing
**Vocabulary:** Professions; describing people
**Grammar:** Future tense; future perfect; sequence of tenses with **si;** conditional; subjunctive

## I. L'Union européenne et l'Europe étudiante

### Avant la lecture

*Sujets à discuter*

- Quelle était la situation politique, économique et sociale en Europe à la fin de la Seconde Guerre mondiale?
- Qu'est-ce que vous savez sur l'Union européenne?
- Combien de pays font partie de l'Union européenne?
- Dans quels domaines sont-ils en avance en ce qui concerne l'unification?
- Quels seraient les avantages pour un pays de faire partie d'une union entre plusieurs pays? Quels seraient les inconvénients? Y aurait-il des avantages pour les étudiants?

Discuss with students the advantages of studying abroad. What is gained from such an experience? What difficulties prevent students from studying abroad?

Remind students that in the Middle Ages, students routinely traveled and studied throughout Europe. Although regional dialects existed, the common language of all educated people was Latin, and university courses were conducted in Latin. Ask students if they see any parallel with the situation today. Ask them to consider that English is the common language of the United States and most of Canada, a very large area. Ask how a common language throughout an even larger area might affect their studies.

### Introduction

*The European Union was an ancient dream that finally began to take shape in the middle of the 20th century. The first stage of development began in 1951 when France, Germany, Italy, Belgium, Luxembourg, and the Netherlands formed the* **Communauté européenne du charbon** *(coal)* **et de l'acier** *(steel). That same group formed a system of economic unity in 1957 which was called the* **Marché commun** *or the* **Communauté économique européenne.** *In 1992, with the Treaty of Maastricht, the Common Market transformed itself into the* **Union européenne (UE)** *and moved toward political and monetary conformity. In 2002, the euro was finally adopted as the single monetary standard.*

*The European Union is also having an effect on the educational system. The conversations in this chapter were centered around an American girl studying abroad in France and how she learned to live on her own. French and other European students now have a greater opportunity to study outside of their home countries as well, but obstacles remain. In this reading, you will learn about some of these opportunities and obstacles.*

## L'Union européenne et l'Europe étudiante

L'Union européenne a été construite progressivement depuis la fin de la Seconde Guerre mondiale (1939–1945). L'idée a été lancée par Robert Schuman,
5 ministre français des affaires étrangères, dans son discours du 9 mai 1950. Cette date est «l'anniversaire» de la fondation de l'Union européenne et elle est célébrée chaque année comme la «Journée
10 de l'Europe».

L'Union a commencé par un noyau de 6 pays: la Belgique, les Pays-Bas, le Luxembourg, l'Allemagne, l'Italie et la France. Le Danemark, l'Irlande et le
15 Royaume-Uni ont demandé leur adhésion en 1973, la Grèce en 1981, l'Espagne et le Portugal en 1986, et l'Autriche, la Finlande et la Suède en 1995. En 2004, dix nouveaux pays ont porté l'Union a
20 un total de 25 pays: la Pologne, l'Estonie,

Le Parlement européen

la Lituanie, la Lettonie, la Hongrie, la Slovénie, la République tchèque, la Slovaquie, Chypre et Malte[1].

25 L'Union est très en avance dans certains domaines comme l'économie, la monnaie, les douanes, les communications et les lois sociales. Dans les domaines où chaque pays a peur de perdre sa liberté d'action, comme la défense, 30 la politique étrangère et la culture, l'Union a encore des décisions à prendre.

Ce retard de l'unification existe aussi dans les diplômes universitaires. Au Moyen-Âge, les étudiants européens 35 allaient souvent fréquenter les universités d'un autre pays que le leur. Des efforts sont faits aujourd'hui pour faciliter à nouveau la mobilité des étudiants européens et recréer une véritable 40 «Europe étudiante».

## L'Europe étudiante

Quelques 260 étudiants français à l'Universidad Complutense de Madrid, plus de 200 à Grenade et à Saragosse, 45 entre 150 et 200 à Séville, Barcelone, Valence, Alicante... En tête des universités européennes accueillant le plus grand nombre de Français figurent 13 établissements espagnols, suivis par une 50 longue série d'universités britanniques et irlandaises. Et pourtant, à la question: «Où rêvez-vous de partir étudier?», la plupart des étudiants répondent spontanément les États-Unis, le Canada, 55 voire° l'Australie. L'Europe? Bof... Harvard, Stanford ou Columbia apparaissent irrésistiblement plus attirantes que les facultés européennes, qui souffrent d'un terrible déficit de notoriété.

voire *even*

[1] La Roumanie et la Bulgarie sont devenues membres de l'Union européenne en 2007, ce qui porte le nombre total d'états-membres à 27.

**rayonnait** était immense

**carrément** totalement

**pâlot** pâle, sans vigueur

**supérieur** universitaire

**en vaut la chandelle** en vaut la peine

**freins** *brakes (here, barriers)*
**se bousculent** *jostle around*
**cursus** *curriculum*
**le bac** l'examen du baccalauréat à la fin du lycée / **répugnent** hésitent

**élèves** étudiants

60 La réputation de Salamanque et d'Alcala rayonnait° dans toute l'Europe au temps de Cervantès, comme celle de la Sorbonne et d'Oxford. Aujourd'hui, combien d'étudiants français connais-65 sent Heidelberg ou Louvain, des institu-tions qui forment l'élite intellectuelle de l'Allemagne et de la Belgique depuis plusieurs siècles?

L'Europe étudiante a grand besoin 70 d'une cure de vitamines. Seize ans après sa naissance, le programme européen ERASMUS², destiné à promouvoir les échanges d'étudiants entre universités, est encore un adolescent pâlot°. En 75 2002–2003, seulement 19 000 étudiants français ont effectué un séjour d'études dans une université européenne. C'est ridiculement peu, rapporté à nos 2 mil-lions d'élèves de l'enseignement supé-80 rieur°. Les élites ne suivent pas la voie tracée par Jean Monnet³.

Ceux qui ont eu la chance de vivre une aventure européenne en revien-nent enthousiastes. [...] Dans l'esprit 85 des autres, ce sont surtout des points d'interrogation qui se bousculent°. Quand est-il préférable de partir? Tout de suite après le bac° ou au bout d'un certain nombre d'années d'études? 90 Est-ce que je peux tenter ma chance dans un pays dont je ne parle pas cou-ramment la langue? Sur quels critères choisir parmi plusieurs universités étrangères? À quelles aides financières 95 aurai-je droit? Suis-je bien sûr que mon séjour sera validé et ne me retardera pas pour la suite de mes études? Ces mul-tiples questions, les étudiants ne savent pas toujours à qui les poser. Certaines 100 universités semblent carrément° ignorer que l'Europe existe. Un exemple parmi d'autres: à l'université de Marne-la-Vallée, en région parisienne, à peine 1 jeune sur 100 part à l'étranger au cours 105 de ses études. Ce n'est pourtant pas l'envie qui leur en manque!

Une fois résolue la question du «quand?», se pose celle du «où?». D'une manière générale, l'Europe du Sud, 110 Espagne en tête, attire beaucoup plus les Français que l'Europe du Nord. Les pays scandinaves disposent pourtant d'un enseignement supérieur de pre-mière classe. [...] L'Allemagne n'attire pas 115 non plus les foules. [...] Contrairement aux Pays-Bas ou à la Scandinavie, il est rare que les cours y soient dispensés en anglais. La maîtrise de l'allemand est donc indispensable. Mais le jeu en vaut 120 la chandelle°, tout particulièrement pour les ingénieurs. [...]

Restent deux freins° bien réels à la mobilité internationale: la validation du cursus° suivi à l'étranger et le finance-125 ment du séjour. Actuellement, certains professeurs répugnent° à laisser partir leurs élèves° [...] Ces réticences n'auront bientôt plus de raison d'être grâce au nouveau système LMD (licence-master-130 doctorat)⁴. [...]

Dernier obstacle, et non des moindres: le financement du séjour à l'étranger. [...] Certes, les jeunes qui

² ERASMUS: le partenariat entre des établissements de l'enseignement supérieur pour promouvoir la mobilité des étudiants dans l'Union européenne
³ Jean Monnet: un des créateurs de l'Union européenne
⁴ Ce gigantesque changement, déjà engagé depuis la rentrée 2003 dans certaines universités, va progressivement s'appliquer à toute l'Europe et devrait être achevé en 2010. Il s'agit d'harmoniser les diplômes européens de façon à faciliter la mobilité des étudiants d'un pays à l'autre en rendant les cursus comparables et échangeables. Chaque cours vaudra un certain nombre d'ECTS (sys-tème européen de transfert d'unités capitalisables [*credits*]).

partent dans le cadre d'ERASMUS n'ont
135 pas à régler les droits d'inscription à
l'université du pays. Ils se contentent de
payer leur année à leur établissement
français. [...] Mais il faut aussi prévoir un
budget de logement et de nourriture:
140 environ 1 000 euros° par mois, avec des
variations importantes entre le sud et
le nord de l'Europe, les capitales et les
petites villes... Les bourses°? Un véritable maquis°! Certaines régions sont
145 très généreuses avec leurs étudiants, [...]
d'autres non. [...] Dans la majorité des
cas, le coup de pouce° se limitera à 100
euros par mois, versés six mois après
le départ! Malgré les imperfections du
150 système, [...] les étudiants qui regrettent
leur séjour sont rarissimes. Étudier
en Europe a encore un petit parfum
d'aventure. Profitez-en!

Copyright *L'Express*, Hélène Constanti, 2003.

**un maquis** système très compliqué

**le coup de pouce** aide

**euros** un euro = environ 1,33 dollar U.S. (voir www.xe.com pour l'équivalence la plus courante)

**Les bourses** *Scholarships*

For more literary selections, visit Textchoice.com

## Après la lecture

### Compréhension

**A. Observation et analyse**

1. Qui a eu l'idée de former l'Union européenne? Quand? Quels pays étaient les premiers à en faire partie? Et les plus récents (nommez-en trois)? Pouvez-vous nommer tous les pays qui en font partie?
2. Dans quels domaines ces pays sont-ils en avance en ce qui concerne l'unification?
3. Dans quels domaines est-ce qu'il y a eu peu de progrès? Pourquoi?
4. Où vont la plupart des étudiants français qui participent à «l'Europe étudiante»?
5. Si les jeunes Français avaient le choix, où iraient-ils pour faire leurs études? Pourquoi?
6. Qu'est-ce qu'on veut dire par «le jeu en vaut la chandelle, tout particulièrement pour les ingénieurs»? Pourquoi est-ce que les études à l'étranger sont avantageuses pour les étudiants en sciences?
7. Quelles sont les questions que les étudiants se posent?
8. Selon l'article, quelles sont les deux difficultés les plus importantes? Quelle solution sera bientôt établie pour résoudre un de ces problèmes? Est-qu'il y a des bourses d'étudiants? Expliquez.

**B. Grammaire/Vocabulaire.** Vous allez réviser le genre des noms. Relisez l'article en faisant attention aux choses suivantes:

a. Notez le genre des pays mentionnés dans l'article. Notez aussi qu'il y a quelques noms de pays, comme Malte, qui n'ont pas d'article. Résumez la règle qui permet de déterminer le genre des pays.
b. Trouvez les mots suivants et déterminez leur genre selon le contexte. Dites comment vous savez le genre de chaque mot: idée, domaine, établissement, critères, freins, obstacle, régions.

### C. Réactions

1. Quelle est votre réaction à la formation d'une Europe unifiée? Pensez-vous que cela soit une bonne chose? Expliquez votre réponse.

2. Si vous aviez le choix, dans quels pays est-ce que vous étudieriez? Expliquez pourquoi.

3. Pensez-vous qu'un jour beaucoup d'étudiants français participeront à ERASMUS? Expliquez.

## Interactions

1. L'article explique que chaque pays a peur de perdre sa liberté d'action dans les domaines suivants: la défense, la politique étrangère et la culture. Avec un(e) camarade de classe, imaginez pourquoi l'unification dans ces domaines-là est plus difficile que dans les autres (l'économie, la monnaie, les lois sociales, les douanes et les communications). Expliquez votre réponse à la classe.

2. Imaginez que vous êtes le Secrétaire d'État américain et que vous pouvez proposer une union entre les États-Unis et d'autres pays du monde. Qu'est-ce que vous proposeriez? Expliquez pourquoi.

3. Avec un(e) camarade de classe, inventez un programme d'études à l'étranger. Choisissez le pays idéal et le programme d'études idéal. Combien d'étudiants peuvent participer? Sur quels critères est-ce qu'on choisira les étudiants? Combien coûtera le programme? Décrivez les logements, la durée, les cours et d'autres détails qui vous paraissent importants.

## Expansion

Ask students to do research to find out the latest topics of concern to members of the European Union, i.e., the topics that members are currently discussing and trying to resolve.

1. Faites une comparaison entre l'Union européenne et les États-Unis. Considérez, par exemple, la structure gouvernementale, monétaire, politique, militaire et économique.

2. En utilisant les ressources de la bibliothèque et de l'Internet, écrivez un reportage sur les programmes d'études à l'étranger offerts par votre université ou par les universités de votre région. Trouvez un programme qui vous intéresse, décrivez-le et dites pourquoi il est intéressant à votre avis.

Reconnaissez-vous le château Frontenac et le fleuve Saint-Laurent à Québec?

## II. *L'alouette° en colère°* de Félix Leclerc

alouette *lark* / colère *anger*

## Avant la lecture

### Sujets à discuter

1. Connaissez-vous la chanson d'enfants *Alouette, gentille alouette, alouette, je te plumerai*? De quoi s'agit-il? Si vous ne connaissez pas cette chanson, jetez un coup d'œil à l'introduction.
2. Comment est-ce qu'on peut décrire le ton de cette chanson? amusant? sérieux? frivole? intellectuel? tragique? Expliquez.
3. Est-ce que vous avez déjà visité le Québec? Qu'est-ce que vous savez sur sa situation politique? sur sa langue?

### Stratégies de lecture

**A. Technique poétique: la répétition.** Dans sa chanson, Félix Leclerc utilise la technique poétique de la répétition. Combien de fois trouvez-vous les mots «J'ai un fils»? Quels autres mots y sont répétés? Quel est l'effet de ces répétitions?

**B. Vocabulaire thématique:** Parcourez la chanson et trouvez les mots suivants:

> écrasé    dépouillé    chômeur    humilié    abattre    prison

D'après le titre de cette chanson de Leclerc et les questions ci-dessus, essayez de deviner ce qu'a voulu dire le poète/chanteur et précisez-en le thème.

Find a recording of *L'alouette en colère* by Félix Leclerc and play it for the class.

## Introduction

*Alouette, gentille Alouette* is a traditional song that is very popular among children in France and Quebec. The Quebec singer Félix Leclerc transformed this song into one of revolt in which he expresses his strong support for the independence of the province of Quebec from Canada.

Leclerc (1914–1988) was a singer, songwriter, actor and writer who was not interested in politics until 1970. His first album appeared in 1950 and won a prize for the song Moi, mes souliers. In the 1970s Leclerc became politically active especially after the War Measures Act was invoked. These measures meant that anyone who seemed to be a sympathizer with the separatist **Front de Libération du Québec** party could be arrested. In 1972 his album L'Alouette en colère was released, and he became famous in the Francophone world soon after that. The most popular songs were the one for which the album was named and Les 100 000 façons de tuer un homme. *Leclerc remained active throughout his life and received many awards and much recognition for his work. In fact, his name is on many schools, streets and buildings in Quebec.*

Here are the words of the folksong Alouette, gentille Alouette:

1. Alouette, gentille Alouette
   Alouette, je te plumerai.
   Je te plumerai la tête
   Je te plumerai la tête
   Et la tête,
   Et la tête,
   Alouette,
   Alouette,
   Ooooh...

2. Alouette, gentille Alouette,
   Alouette, je te plumerai.
   Je te plumerai le bec,
   Je te plumerai le bec,
   Et la tête,
   Et la tête,
   Et le bec,
   Et le bec,
   Alouette,
   Alouette,
   Ooooh...

*(Each time the verse is repeated, a new line is added, which is sung twice. Use verse 2 as a model for verses 3 through 8.)*

3. le cou
4. le dos
5. les ailes

6. la queue
7. les jambes
8. les pieds

# L'alouette en colère

J'ai un fils enragé
Il ne croit ni à dieu ni à diable ni à roi
J'ai un fils écrasé°
Par les temples à finances où il ne peut entrer
5 Et par ceux des paroles dont il ne peut sortir
J'ai un fils dépouillé°
Comme le fut son père porteur d'eau
Sur le bois locataire
Et chômeur dans son propre pays

**écrasé** *crushed*

**dépouillé** *stripped, shorn; here, deprived, stripped of everything*

10 Il ne lui reste plus que sa belle vue sur le fleuve

Et sa langue maternelle qu'on ne reconnaît pas

J'ai un fils révolté

Un fils humilié

Un fils qui demain sera un assassin

15 Alors moi j'ai crié à l'aide au secours quelqu'un

Le gros voisin d'en face est accouru° armé

Grossier°, étranger

Pour abattre° mon fils et lui casser les reins°

Et le dos et la tête et le bec et les ailes°

20 Alouette.

Mon fils est en prison

Et je sens en moi, dans le tréfonds° de moi

Malgré moi, malgré moi

Entre la chair° et l'os°

25 S'installer la colère.

Félix Leclerc, *L'Alouette en colère,* © Éditions Olivi Musique.

est accouru *rushed up*

**Grossier** *Coarse, Rude*

**abattre** *to knock down* / **lui casser les reins** *to punch his back* / **les ailes** *wings*

**le tréfonds** *the inmost depths*

**la chair** *flesh* / **l'os** *bone*

For more literary selections, visit Textchoice.com

# Après la lecture

## Compréhension

**A. Observation et analyse.** Répondez aux questions suivantes.

1. Qu'est-ce que c'est que «les temples à finances»? Pourquoi est-ce que le fils ne peut pas y entrer?

2. D'après votre connaissance du Québec, quel est le fleuve qui fait la richesse du Québec?

3. Est-ce que vous pouvez expliquer le vers «sa langue maternelle qu'on ne reconnaît pas» et le fait que le fils est «chômeur dans son propre pays»?

4. Pourquoi est-ce qu'on a mis le fils en prison?

5. Quels sont les sentiments du père à la fin de la chanson?

**B. Grammaire/Vocabulaire.** Techniques poétiques.

1. Le renouvellement d'un cliché: Pourquoi, selon vous, est-ce que Leclerc a choisi *Alouette, gentille alouette* comme base de cette œuvre? Quels mots de cette chanson est-ce qu'il a utilisés dans le poème? Quel est l'effet de ces mots dans sa chanson?

2. Le récit d'une transformation: Pourquoi est-ce que le père utilise le mot «alouette» pour décrire le fils en prison?

**C. Réactions**

1. Quels sont vos sentiments en lisant le poème? Expliquez pourquoi.

2. Qu'est-ce qui vous met en colère? Expliquez pourquoi. Est-ce que les raisons de votre colère sont plutôt personnelles ou politiques?

## Interactions

1. Avec un(e) camarade de classe, imaginez ce qui arrive au fils et au père après l'entrée du fils en prison. Qu'est-ce qui se passera s'il est libéré de prison? Écrivez une suite à la chanson en utilisant vos propres idées.
2. En petits groupes, discutez pour savoir quels autres groupes, en dehors des Québécois, ont été opprimés, enragés, écrasés et dépouillés par leur situation politique. Comparez vos réponses avec celles de vos camarades de classe.

## Expansion

1. Faites des recherches sur Internet et à la bibliothèque sur la vie de Félix Leclerc et sur celle d'autres chanteurs/chanteuses québécois(es) qui sont politiquement engagé(e)s, et faites un reportage à leur sujet pour la classe.
2. Faites des recherches sur Internet ou à la bibliothèque sur un chanteur/une chanteuse américain(e) ou français(e) qui parle de politique. Faites un reportage pour la classe en parlant de la vie de cette personne et des thèmes politiques qu'il/elle aborde.

# La vie n'est jamais facile

# Chapitre 8

**Thème:** Les tribulations de la vie quotidienne

Use this photo to give a context to the functions and vocabulary of this chapter. Have students identify where the scene is taking place, who the two people are, and what they are doing. Ask students in what situations they have had to complain—stores, car repair shops, school, a landlord's office, etc. Discuss the different ways people react when someone complains to them.

 Heinle iRadio

 Système–D Writing Assistant

 Pour tester vos connaissances, visitez academic.cengage.com/french/bravo

---

## Leçon 1

**Fonction:** Comment se plaindre et s'excuser
**Culture:** L'esprit critique des Français
**Langue:** La négation

PRÉPARATION

## Leçon 2

**Fonction:** Comment demander, donner et refuser une permission
**Culture:** Fumer ou ne pas fumer?
**Langue:** Prépositions exigées par certains verbes • Les prépositions et les noms géographiques

PREMIER BROUILLON

## Leçon 3

**Fonction:** Comment demander et donner des explications
**Culture:** La vie n'est jamais facile…
**Langue:** Les pronoms relatifs

DEUXIÈME BROUILLON

---

## La grammaire à réviser

- L'expression négative de base: **ne… pas**
- Les pronoms relatifs: **qui** et **que**

## Synthèse

**Activités musicales:** Édith Piaf: *Non, je ne regrette rien;* Yves Duteil: *La langue de chez nous*
RÉVISION FINALE

## Intermède culturel

- *Les immigrants à l'école du français*
- Lori Saint-Martin: *Pur polyester*

# La grammaire à réviser

**Contradictions.** Répondez aux questions suivantes en utilisant **ne... pas.**

**Modèle:** Vous travaillez beaucoup?

**Non, je ne travaille pas beaucoup.**

1. Vous serez toujours étudiant(e)?
2. Vous voulez être célèbre?
3. Vous cherchez du travail?
4. Vous avez cherché du travail récemment?
5. Vous avez vu un film intéressant le week-end passé?
6. Vous voulez revoir un de vos anciens professeurs un jour?
7. Vous vous marierez un jour?
8. Vous achèterez une maison un jour?

The information presented here is intended to refresh your memory of various grammatical topics that you have probably encountered before. Review the material and then test your knowledge by completing the accompanying exercises in the workbook.

## Avant la première leçon

### L'expression négative de base: *ne... pas*

The negative expression **ne... pas** is positioned in the following ways:

| | |
|---|---|
| **Simple tense:** | Je **ne** vois **pas** souvent Pierre. |
| **with pronouns:** | Je **ne** le connais **pas** très bien. |
| **Compound tense:** | Nous **n'**avons **pas** vu Pierre depuis longtemps. |
| **with pronouns:** | Même Christine **ne** l'a **pas** vu. |
| **Inversion:** | **N'**habite-t-il **pas** toujours avenue des Gaulois? |
| **Infinitive:** | Il est important de **ne pas** perdre contact avec ses amis. |
| **Imperative:** | **N'**oublie **pas** de lui téléphoner! |
| **with pronouns:** | **Ne** l'oublie **pas**! |

NOTE:

- While pronouns in affirmative commands *follow* the verb, in negative commands they *precede* the verb.

- The indefinite and partitive articles change to **de (d')** after **ne... pas**:

  —Pierre habite avec un camarade de chambre, n'est-ce pas?
  —Non, il **n'**a **pas de** camarade de chambre; il habite seul...

  but the definite article does not change:

  ... et nous **n'**avons **pas l'**adresse de son nouvel appartement.

- **Si** is used instead of **oui** for an affirmative answer to a negative question:

  —Tu **ne** vas **pas** essayer de la trouver?
  —**Si**, je vais essayer de la trouver!

# Avant la troisième leçon

## Les pronoms relatifs: *qui* et *que*

In order to provide more detailed explanations and descriptions, two clauses are often combined into a single sentence. Relative pronouns are used to relate the second clause to a noun or pronoun already mentioned in the first clause. For example:

My sister is coming to visit.
My sister lives in Chicago. → My sister, *who* lives in Chicago, is coming to visit.

**Qui** is used when the relative pronoun functions as the *subject* of the relative clause; **que** (**qu'** before a vowel or mute **h**) is used when the relative pronoun acts as the *object*:

          *(subj.)*  *(verb)*
J'ai besoin de quelqu'un **qui** puisse m'aider avec cette lecture.
*I need someone **who** can help me with this reading.*

          *(obj.)(subj.)*   *(verb)*
Voilà le passage **que** je ne comprends pas.
*Here is the passage **that** I don't understand.*

NOTE:

- The antecedents of **qui** and **que** can be either persons or things.

- Elision is never made with **qui**:

  Où est l'assistante **que** j'ai vue il y a juste quelques minutes? Elle m'a parlé d'un dictionnaire **qui** est facile à utiliser.

  *Where is the assistant whom (that) I saw just a few minutes ago? She told me about a dictionary that is easy to use.*

- Relative pronouns are not always expressed in English, but must be used in French:

  La femme **que** tu as prise en photo est là-bas.

  *The woman (whom) you photographed is over there.*

**Au travail.** Utilisez **qui** ou **que** pour lier les phrases suivantes.

**Modèle:** Je travaille avec des amis.
Ils sont très intelligents.
**Je travaille avec des amis qui sont très intelligents.**

1. Le directeur est un homme travailleur. Il arrive très tôt le matin.
2. Il a vécu beaucoup d'aventures. Il aime raconter ses aventures.
3. Il nous donne beaucoup de responsabilités. Nous apprécions beaucoup ces responsabilités.
4. Il donne des conseils aux jeunes employés. Ils demandent son avis.
5. Les jeunes employés demandent souvent une augmentation de salaire. Le directeur ne donne pas d'augmentation de salaire.

# Leçon 1

## Comment se plaindre et s'excuser

Track 23

**Rappel:** Have you reviewed the basic negative patterns? (Text p. 304 and Workbook pp. 185–187)

### Conversation

---

**Premières impressions**

**Soulignez:**

- les expressions que M. Arnaud utilise pour se plaindre *(to complain)*
- les expressions que l'employée utilise pour s'excuser

**Trouvez:**

- ce que M. Arnaud ramène au rayon gadgets et pourquoi il le ramène
- pourquoi il va téléphoner à l'électricien

---

**faire les courses** *to do errands*

**une boussole** *compass*

**est censé enregistrer mes séances d'entraînement** *is supposed to be recording my workout sessions*

**l'emballage d'origine** *the original packaging*

**la tonalité** *dialing tone*

**ne vous inquiétez pas** *don't worry*

*C'est mercredi matin. M. Arnaud, qui est en train de faire les courses°, se trouve au rayon gadgets.*

L'EMPLOYÉE: Bonjour, monsieur.

M. ARNAUD: Bonjour, madame. Excusez-moi, mais je vous ramène ce téléphone mobile—ce nouveau Nokia qui est équipé d'un tuner radio, de la fonction Push-to-Talk, d'une boussole° et de beaucoup d'autres choses. La fonction Push-to-Talk ne marche pas. Et je ne comprends pas le programme qui est censé enregistrer mes séances d'entraînement° en cyclisme et mes résultats de tennis. J'ai acheté cet appareil lundi mais... franchement, il est trop compliqué. J'ai besoin d'un appareil performant, mais facile à utiliser.

L'EMPLOYÉE: Ah bon. Faites voir!

*M. Arnaud lui tend le téléphone et l'emballage d'origine°.*

L'EMPLOYÉE: C'est un de nos top-modèles. Il ne marche pas?

M. ARNAUD: Non, je vais vous montrer... Vous voyez? Il n'y a pas de tonalité° quand on pousse la touche Push-to-Talk... Il doit y avoir un problème dans les circuits intérieurs. En tout cas, j'aimerais rendre cet appareil et être remboursé. Je regrette mais je ne peux pas me servir d'un appareil si compliqué.

L'EMPLOYÉE: Eh bien, écoutez... euh... je ne comprends pas, enfin... euh... Vous êtes sûr qu'il ne marche pas?

M. ARNAUD: Ah, tout à fait, tout à fait! J'ai passé des heures à lire le manuel et à essayer de comprendre, mais en vain.

L'EMPLOYÉE: Je suis vraiment désolée, enfin c'est... euh... notre maison et cette marque ont une très bonne réputation. Écoutez, ne vous inquiétez pas°. Je vais m'en occuper. On peut vous rembourser ou trouver un téléphone moins sophistiqué.

M. ARNAUD: Eh bien écoutez, je vous remercie, je vais réfléchir. J'ai besoin d'un portable mais je ne sais pas ce que je devrais choisir. Je vais me renseigner. Je repasserai demain ou après-demain.

L'EMPLOYÉE: Vous pouvez compter sur nous pour trouver un téléphone qui vous convienne°. Au revoir, monsieur, et à demain.

M. ARNAUD: Merci, madame. Au revoir.

*M. Arnaud retourne à son bureau. Sa femme téléphone et lui demande de contacter l'électricien parce que le frigo° qu'on vient de faire réparer est encore tombé en panne°.*

*À suivre*

qui vous convienne *that will suit you*

le frigo *(familiar)* fridge, refrigerator / tomber en panne *to break down*

## Observation et analyse

1. Pourquoi est-ce que M. Arnaud se plaint?
2. Décrivez la réaction de l'employée à la plainte de M. Arnaud.
3. Quand est-ce que M. Arnaud retournera au rayon gadgets? Pourquoi ne prend-il pas de décision tout de suite?
4. Pourquoi est-ce que M. Arnaud va se plaindre auprès de l'électricien?
5. D'après la conversation, décrivez les personnalités de M. Arnaud et de l'employée du rayon gadgets.

## Réactions

1. Qui fait les courses chez vous? Et vous, vous aimez les faire? Expliquez.
2. Pensez-vous que le téléphone ne marche vraiment pas ou qu'il est trop compliqué pour Monsieur Arnaud? Expliquez.
3. Est-ce que vous avez déjà eu des problèmes comme ceux de M. Arnaud? Lesquels? Expliquez ce que vous avez fait.

# Expressions typiques pour...

## Se plaindre auprès de quelqu'un

Excusez-moi, mais je pense que...
Pardon, monsieur/madame, mais je crois qu'il y a une erreur...
Je regrette de vous déranger, mais j'ai un petit problème...
Je voudrais que vous (+ verbe au subjonctif)...
Pardon, monsieur/madame. J'aurais une réclamation *(complaint)* à faire.

## Répondre à une plainte

Je suis désolé(e) *(sorry)*, mademoiselle.
Je regrette, monsieur/madame.
Je suis navré(e) *(sorry)*, monsieur/madame.
*(plus formel)*

**Accueil favorable; solution possible**
Je vais m'en occuper *(take care of it)* tout de suite.
Voilà ce que je vous propose.
Je pourrais vous proposer un échange.
Nous allons le/la faire réparer tout de suite.

**Regrets; pas de solution**
Mais nous n'en avons plus.
Je ne peux rien faire.
Il n'y a rien que je puisse faire pour vous dépanner *(repair a breakdown)*.

Si vous n'êtes pas satisfait(e) de la réponse

C'est inadmissible! C'est scandaleux!

Comment voulez-vous que j'accepte ça?

Pourrais-je voir... (le chef de rayon/de service [departmental/service supervisor])?

Vous allez avoir de mes nouvelles. *(You're going to hear from me.)*

## S'excuser *(c'est vous qui vous excusez)*

Excusez-moi. Je suis désolé(e).

Je ne l'ai pas fait exprès *(on purpose)*.

Je ne savais pas quoi faire.

Je ne le ferai plus, je te/vous l'assure.

Je m'excuse encore, monsieur/madame/mademoiselle.

## Excuser et rassurer *(répondre à une excuse)*

Ne t'inquiète pas./Ne vous inquiétez pas.

Ne t'en fais pas./Ne vous en faites pas.

Ça ne fait rien. *(It doesn't matter./Never mind.)*

Je ne t'en/vous en veux pas. *(I'm not holding a grudge against you.)*

Ce n'est pas vraiment de ta/votre faute.

Ce n'est pas bien grave *(serious)*.

## Mots et expressions utiles

### Les tribulations de la vie quotidienne

au secours! *help!*

un cas d'urgence *emergency*
  en cas d'urgence *in case of emergency*

une panne *breakdown*
  tomber en panne *to have a (car) breakdown*

annuler *to cancel*

une commission *errand*

débordé(e) de travail *swamped with work*

ça ne fait rien *it doesn't matter; never mind*

en vouloir à quelqu'un *to hold a grudge against someone*

être navré(e) *to be sorry*

faire exprès *to do on purpose*

n'en plus pouvoir (je n'en peux plus) *to be at the end of one's rope;*
  *to have had it (I've had it)*

---

**Mise en pratique**

*Le monologue intérieur de M. Arnaud:*

Décidément, ma journée va de mal en pis: ce téléphone mobile que je viens d'acheter et qui ne marche pas et maintenant le frigo qui est **tombé en panne**; au bureau, le stress: je **suis débordé de travail**... **Je n'en peux plus**... J'ai besoin de vacances.

## Les problèmes de voiture

la batterie *car battery*
démarrer *to get moving (car); to start*
dépanner *to repair a breakdown*
un embouteillage *traffic jam*
l'essence [f] *gasoline*

être en panne d'essence *to be out of gas*
être/tomber en panne *to break down*
les heures [f pl] de pointe *rush hours*
la station-service *gas station*

> **Mise en pratique**
>
> Et maintenant, la voiture de ma femme qui ne **démarre** pas! Il faut que j'appelle une dépanneuse *(tow truck)* pour la faire remorquer *(to tow)* à la **station-service.** Je ne peux pas la **dépanner** moi-même! Ce n'est pas la **batterie** et il y a de l'**essence**!

## Les pannes à la maison

le congélateur *freezer*
l'électricien(ne) *electrician*
le frigo *(familiar) fridge, refrigerator*

marcher *to run; to work (machine)*
l'outil [m] *tool*
le plombier *plumber*

> **Mise en pratique**
>
> Monsieur Paul, l'**électricien**, prend 90€ de l'heure plus le déplacement *(travel expenses)*. Ça va faire une grosse somme. Je devrais peut-être acheter mes propres **outils**, mais je ne suis ni électricien ni **plombier.**

## Les achats en magasin

le chef de rayon/de service *departmental/service supervisor*
le rayon (gadgets) *(gadget) section, aisle*
demander un remboursement *to ask for a reimbursement*
faire une réclamation *to make a complaint*

les frais [m pl] *costs, charges*
le grand magasin *department store*
gratuit(e) *free, at no cost*
la quincaillerie *hardware store*
une tache *stain*
un trou *hole*
vendu(e) en solde *sold at a reduced price, on sale*

> **Mise en pratique**
>
> Et je m'aperçois tout d'un coup que j'ai des **taches** sur mon nouveau pantalon. Heureusement que j'ai gardé le ticket de caisse. Je vais retourner au **grand magasin** et **demander un remboursement.** Ça devrait être facile. Mais décidément, ce n'est pas mon jour de chance.

# L'esprit critique des Français

Les Français ne se plaignent ni de la même façon ni avec la même fréquence que les Américains. Pourquoi? Tout d'abord, les Américains et les Français ne conçoivent pas l'éducation des enfants de la même manière (rappelez-vous les **Liens culturels** du **Chapitre 3,** à la page 117). Cet écart entre les deux conceptions est à la base de nombreux stéréotypes et malentendus culturels. L'éducation à la française tend à développer un esprit critique et apprend à l'enfant à se défendre et à résister tandis que l'éducation à l'américaine lui apprend plutôt à ne pas attaquer ou critiquer les autres.

Cette différence fait que les rapports d'amitié ne se développent pas non plus de la même façon dans les deux cultures. En général, il est plus difficile d'établir des rapports d'amitié avec les Français qu'avec les Américains, mais il est plus difficile d'approfondir des liens d'amitié avec les Américains. Les Américains qui visitent la France ou qui y vivent se plaignent souvent de l'apparente froideur des gens dans les grandes villes comme Paris, Lyon, Marseille, et de l'accueil

peu amical dans les magasins ou dans les bureaux de gare, de banques ou de postes. En revanche les Français, étonnés par la gentillesse des Américains, les trouvent un peu superficiels. Les Français des grandes villes sourient moins souvent aux étrangers et sont moins enclins que les Américains à se parler entre eux s'ils ne se connaissent pas. Quand les Français se plaignent ou critiquent quelque chose, la vivacité de leur langage peut surprendre et froisser les Américains. Ceux-ci *(The latter)* ont plutôt l'habitude de cacher leurs sentiments derrière un sourire et des formules de politesse. Il semble ainsi que les rapports d'amitié entre les Américains soient plus fragiles que les rapports français qui supportent d'être mis à l'épreuve. Les Français acceptent plus facile-

ment que les Américains de perdre une partie de leur liberté pour rendre service à un ami. Pour les Français, une véritable amitié doit être durable et capable de surmonter des moments de mésentente et même des opinions et des avis très différents. Ce qui trouble souvent les Américains, c'est que les amis français n'ont pas peur de se critiquer. Or, même si le ton monte ou si la discussion tourne à la dispute d'idées (politiques, souvent), les mots de reproche sont pris, non comme une mise en cause de la personne, mais comme une preuve d'amitié. Autrement dit, les amis en question peuvent discuter sérieusement, être en désaccord, et rester de vrais amis.

Quels sont, à votre avis, les avantages et les inconvénients de ces deux attitudes? Analysez votre approche de l'amitié. Est-ce qu'elle est tout à fait américaine, selon la description qu'on en fait ici, ou est-ce qu'elle en diffère en quelque façon?

Adapté de *Les Français,* Laurence Wylie et Jean-François Brière (Englewood Cliffs, NJ: Prentice Hall, 2001, pp. 102, 107–109).

# Activités

**A. Les plaintes.** Plaignez-vous auprès de la personne indiquée (votre partenaire) en commençant chaque réclamation par une des *Expressions typiques pour...* Votre partenaire doit répondre de façon appropriée.

MODÈLE: à la réceptionniste de l'hôtel: il n'y a pas d'eau dans votre salle de bains
—*Excusez-moi, mademoiselle, mais j'ai un petit problème. Il n'y a pas d'eau dans ma salle de bains.*
—*Je suis désolée, monsieur/madame. Je vais m'en occuper tout de suite.*

1. à l'épicier: les champignons en boîte que vous avez achetés ce matin sont gâtés *(spoiled)*
2. à la vendeuse: il manque un bouton au pullover que vous avez acheté il y a trois jours
3. à votre ami: il a oublié de vous retrouver ce matin à l'arrêt du bus
4. à l'agent de police: la petite fête des voisins d'à côté est trop bruyante
5. à votre camarade de classe: elle n'a pas le droit de fumer dans le couloir de l'immeuble

**B. Sur le vocabulaire.** Où allez-vous ou qui appelez-vous quand vous avez les problèmes suivants? Utilisez les *Mots et expressions utiles.*

1. Vous avez un pneu crevé.
2. Il y a des taches sur un vêtement que vous venez d'acheter.
3. La réception des émissions sur le câble est mauvaise.
4. Vous voulez installer un ordinateur, mais vous n'êtes pas sûr(e) que les prises de courant *(outlets)* soient bonnes.
5. Votre lave-vaisselle ne marche pas, mais vous pensez que vous pouvez le réparer vous-même.
6. Vous n'en pouvez plus! Il est impossible de réparer le lave-vaisselle sans outils professionnels!

Selon les problèmes décrits dans l'exercice B, de quels services proposés par Alliance Services est-ce que vous avez besoin?

**C. Toujours des excuses...** Jouez les rôles. Pour chaque situation, une personne doit s'excuser en utilisant la raison donnée et l'autre doit répondre avec bienveillance *(kindly)*.

| Personne qui s'excuse | À qui | Raison |
|---|---|---|
| 1. un enfant | sa mère | avoir cassé un vase |
| 2. un professeur | sa classe | ne pas avoir corrigé les examens |
| 3. une fille | sa sœur | avoir abîmé *(ruined)* sa robe |
| 4. un(e) ami(e) | son ami(e) | avoir perdu le disque compact emprunté |
| 5. un(e) employé(e) de bureau | son/sa patron(ne) | avoir oublié de poster une lettre importante |

Êtes-vous stressé(e)? Qu'est-ce que vous faites pour vous détendre? Est-ce que vous riez ou est-ce que vous racontez des blagues *(jokes)* pour détendre vos amis? Le stress est devenu «un fléau» *(plague)* en France à la fin du XXe siècle et au début du XXIe siècle. Et aux États-Unis?

## Le rire à prendre au sérieux

Que vous soyez stressé, anxieux, malade... riez ! Le rire, même à haute dose, est sain. Il prend soin de notre moral, mais pas seulement. Il déclenche aussi une foule d'effets bénéfiques sur notre organisme, il stimule les fonctions vitales, cœur, poumons, circulation sanguine, respiration et système immunitaire... De quoi être en forme à bon prix.

Même si vous êtes "rirophobe" ou n'êtes pas, *a priori*, très doué pour faire rire, cela s'apprend. C'est ce que vous enseigne ce guide pratique, écrit par un professionnel de l'humour, psychothérapeute et *coach* d'entreprises. Entraînez-vous sérieusement pour la rentrée.

"Rire pour vivre. Les bienfaits de l'humour sur notre santé et notre quotidien". Bernard Raquin. Éd. Dangles. Coll. Grand Angle/Psycho-épanouissement.

# La grammaire à apprendre

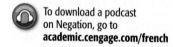

To download a podcast on Negation, go to **academic.cengage.com/french**

## La négation

Negative expressions can be useful when you want to complain or apologize, or respond to someone else's complaint or apology. You have already reviewed the basic **ne... pas** pattern in *La grammaire à réviser*. Below are additional negative expressions. The ones starred (*) are positioned in the same way as **ne... pas** and follow the same rules regarding the dropping or retaining of articles.

| | |
|---|---|
| ne... aucun(e) | *no, not any, not a single* (stronger than **ne... pas**) |
| *ne... guère | *hardly, scarcely* |
| *ne... jamais | *never* |
| ne... ni... ni | *neither . . . nor* |
| ne... nulle part | *nowhere* |
| *ne... pas du tout | *not at all* |
| *ne... pas encore | *not yet* |
| *ne... pas non plus | *not either* |
| ne... personne | *no one, not anyone, nobody* |
| *ne... plus | *no longer, not any longer, no more* |
| *ne... point | *not* (regional or literary French) |
| ne... que | *only* |
| ne... rien | *nothing* |

**A.** The negative pronouns **personne, rien,** and **aucun(e)** can be used as subjects, objects of the verb, or objects of a preposition. When used as subjects, they are placed in the normal subject position, although **ne** still precedes the verb. With these expressions, **pas** is never used.

Le week-end passé, **personne ne** m'a téléphoné.
*Last weekend, no one phoned me.*

**Rien ne** s'est passé.
*Nothing happened.*

Mes amis fidèles? **Aucun ne** m'a rendu visite.
*My faithful friends? No one visited me.*

**B.** **Aucun(e)** frequently acts as an adjective and thus is placed before the noun it modifies. It may modify a subject or an object, and no articles are needed.

Je n'ai eu **aucun** visiteur.    **Aucune** lettre **n'**est arrivée par la poste.
*I had no visitors.*    *Not one letter came in the mail.*

**C.** Used as the object of a verb in compound tenses, **personne** and **aucun(e)** follow the past participle, rather than the auxiliary verb. The negative adverb **nulle part** is also placed after the past participle.

Je n'ai vu **personne**.    Je **ne** suis allé **nulle part**.
*I saw no one.*    *I went nowhere. (I did not go anywhere.)*

**D.** With **ne... ni... ni**, the partitive and indefinite articles are dropped altogether. As with most negative expressions, however, the definite article is retained.

Je n'ai vu **ni** amis **ni** étrangers.
*I saw neither friends nor strangers. (I didn't see any friends or strangers.)*

Je n'ai parlé **ni** avec le facteur **ni** avec la concierge.
*I didn't speak with the mail carrier or the concierge.*

> As with **ne... pas**, the indefinite article and the partitive article become **de (d')** when they follow negative expressions (exception: **ne... ni... ni**). Definite articles do not change. For example: **Je ne reçois jamais de lettres! Il faut dire, cependant, que je n'ai pas le temps d'écrire à mes amis.**

**E.** **Ne... que**, which is synonymous with **seulement**, is a restrictive expression rather than a true negative. Thus all articles are retained after it. **Que** is placed directly before the word group it modifies.

Je n'avais **que** le chat pour me tenir compagnie... Et il **n'**a fait **que** dormir.
*I had only the cat to keep me company . . . And all he did was sleep.*

**F.** In sentences with multiple negative expressions, **ne** is used just once, and the second part of each negative expression is placed in its normal position.

**Personne n'a jamais** frappé à la porte.
*No one ever knocked at my door.*

Quand mon appartement a été propre, je **n'**avais **plus rien** à faire.
*When my apartment was clean, I had nothing more to do.*

**G.** **Rien** and **personne** can be further qualified by combining them with **de** plus a masculine singular adjective.

Il n'y avait **rien de spécial** à la télé.
*There was nothing special on television.*

**Personne d'intéressant** n'a participé à mon émission préférée du soir.
*Nobody interesting participated in my favorite evening show.*

Indefinite pronouns **quelque chose** and **quelqu'un** can be modified the same way:

**quelque chose d'amusant** = *something fun*
**quelqu'un d'intelligent** = *someone smart*

**H.** Negative expressions such as **jamais, personne, rien,** and **pas du tout** can be used alone in answer to a question.

> Qui est venu me parler? **Personne!**
> *Who came to talk to me? Nobody!*

> Qu'est-ce qui s'est passé? **Rien!**
> *What happened? Nothing!*

> Est-ce que j'ai aimé mon week-end en solitaire? **Pas du tout!**
> *Did I like my solitary weekend? Not at all!*

## Activités

**A. Au contraire.** M. Arnaud continue à passer une très mauvaise journée. Les phrases suivantes indiquent ce qu'il aurait préféré qu'on lui dise. Corrigez les phrases pour dire le contraire et rétablir la vérité.

> MODÈLE: Ces trois taches? Je sais très bien comment elles ont été faites.
> *Ces trois taches? Je ne sais pas du tout comment elles ont été faites.*

1. Nous avons beaucoup de lecteurs de DVD du modèle que vous voulez.
2. Nous faisons toujours des remboursements.
3. Il y a quelqu'un qui pourra vous aider. Le chef de rayon est toujours là.
4. Tout ce que vous avez commandé dans notre catalogue est arrivé.
5. Votre frigo marche normalement.
6. M. Arnaud, vous avez de la chance aujourd'hui.

**B. Embouteillages.** Les phrases ci-dessous sont adaptées d'un article sur les embouteillages dans les grandes villes françaises. Changez les phrases en ajoutant l'expression négative entre parenthèses. Faites tout autre changement nécessaire.

1. Bien que la circulation ait augmenté de 5 pour cent en trois ans, circuler en voiture au centre de Paris est devenu vraiment impossible. (ne… que)
2. Comme la circulation était complètement bloquée par un accident grave, un chauffeur de taxi s'est garé pour aller au cinéma. Quand il en est sorti, tout avait bougé. (Rien ne…)
3. Les parkings aux portes *(on the outskirts)* de Paris, à l'intention des banlieusards *(suburb dwellers)*, font gagner du temps. (ne… guère)
4. Les infrastructures routières sont adaptées à l'augmentation de la circulation. (ne… plus)
5. Il y a sûrement un remède miracle qui puisse satisfaire tout le monde. (ne… pas)

—*Il ne sait pas encore que j'ai considérablement réduit son rôle.*

Expliquez l'emploi de la négation dans ce dessin humoristique.

**C. Plaignons-nous!** Complétez chaque phrase en vous plaignant des difficultés de la vie quotidienne. Comparez vos réponses à celles de vos camarades de classe.

1. Personne ne...
2. Je ne... pas encore...
3. Je ne... plus... parce que...
4. Rien ne m'agace plus que...
5. Je ne... guère... parce que...
6. Mon professeur de... n'aime ni... ni...

**D. Une lettre de plainte.** Vous travaillez en France dans une station-service. Votre patron a reçu une lettre que vous devez traduire en français.

> December 26
>
> Dear Mr. Gaspiron,
>
> My family and I want to make a complaint. On December 23 our car broke down near your service station in Valence. We paid an enormous sum, and you repaired our breakdown. The problem is that our car no longer works. We haven't gone anywhere or done anything for three days. (We only arrived in Lyon and then the car broke down.) No one can help us here. They say that they have never seen such a (**une telle**) car. We are asking you for a refund and the money necessary to pay for our stay (**notre séjour**) in this hotel in Lyon.
>     We will call you in two days to find out your response.
>
>            Sincerely,
>
>            *Richard Grey*

**E. Une journée horrible.** Racontez une journée où vous n'avez pas eu de chance. Utilisez les exemples «du week-end passé» dans l'explication de la négation qui commence à la page 312.

**Activity D:** Written preparation in advance may be helpful.

**Additional activity:** Give students the following handout and have them complete it individually or in small groups.

Au secours! Un vendeur du magasin Darty (magasin qui vend de l'équipement pour la maison) qui a entendu trop de plaintes est très malheureux. Traduisez sa lettre: "Dear Annie, Do you mind if I complain a bit? You know I work at Darty's? Well, nothing is going as planned. I am swamped with work and my customers do not appreciate me, that's for sure. On top of (**En plus de**) all the complaints that I have to hear every day, no customer ever comes to tell me anything nice. When you think about all the hours I work, I'm definitely (**c'est sûr que**) not making enough money, and I don't have much free time either. I really am fed up. Help!

## Interactions

**A. Je n'en peux plus!** Jouez le rôle d'un couple marié ou de deux camarades qui se disputent à cause du ménage qui n'est pas fait. Utilisez, par exemple, les phrases suivantes: «Mais c'est moi qui fais toujours la lessive *(laundry)*. Tu ne la fais jamais!» En utilisant les expressions que vous avez apprises, plaignez-vous. Expliquez que vous ne ferez plus certaines choses à la maison. Expliquez ce que vous voulez que votre partenaire fasse. Votre partenaire s'excuse de temps en temps et se plaint aussi. Essayez de résoudre la situation ensemble.

**B. C'est inadmissible!** Vous arrivez dans un joli petit hôtel où vous avez logé auparavant. Vous découvrez cependant que cette fois-ci, on n'a pas votre réservation. Insistez pour qu'on vous donne une chambre. Plaignez-vous d'abord (assez poliment) auprès du réceptionniste et puis expliquez votre demande au directeur de l'hôtel. Les deux personnes s'excusent gentiment mais elles ne peuvent pas vous donner de chambre. Vous perdez patience et vous vous fâchez. Dites que vous ne reviendrez plus dans cet hôtel et que vous ne le recommanderez plus ni à vos amis ni à vos collègues.

## Préparation  Dossier personnel

You practiced writing a personal narrative in **Chapitre 4** in which you told or narrated something that happened to you or someone you know. The focus of this chapter is another type of narrative called creative fiction, which will require additional creativity and imagination.

**Phrases:** Writing an essay
**Grammar:** Compound past tense **(passé composé)**; imperfect **(imparfait)**; pluperfect **(plus-que-parfait)**; participle agreement **(participe passé)**

1. First of all, choose between writing a story of the fantastic, such as a fairy tale or science fiction, or a story based on reality but with a focus on suspense.

2. Next, determine your point of view. If you want your narrator to participate in the story, choose the first-person point of view (**je, nous**). A first-person narrator does not have to be the writer, but can be any character you choose. The reader will be drawn into the story, feeling what the character feels. If you only want the narrator to describe the action, use the third-person point of view (**il, elle, ils, elles**).

3. Brainstorm your story ideas, letting your imagination run freely. Take notes and don't worry for the moment about whether all the ideas will fit the story.

4. In pairs or small groups, share notes to get more ideas from classmates.

# Leçon 2

## Comment demander, donner et refuser une permission

### Conversation (SUITE)

Track 24

> **Premières impressions**
>
> **Soulignez:**
> - les expressions qu'on utilise pour demander la permission et pour donner ou refuser la permission
>
> **Trouvez:**
> - pourquoi M. Arnaud sera en retard ce soir

*C'est un mercredi après-midi et Mme Arnaud, qui est professeur à l'université de Paris VI, est en train de travailler chez elle quand son mari lui téléphone.*

MME ARNAUD: Allô!

M. ARNAUD: Allô, chérie, c'est moi!

MME ARNAUD: Bonjour, ça va? Je pensais justement à toi.

M. ARNAUD: Moi aussi. Je pensais à toi. Je voulais rentrer tôt ce soir, mais, justement, j'ai un petit problème... un rendez-vous imprévu° assez tard cet après-midi avec des clients importants et le patron me demande de dîner avec eux ce soir. Ça ne t'embête pas?°

MME ARNAUD: Si! Ça m'embête. On avait décidé que c'était à ton tour de faire à dîner ce soir.

M. ARNAUD: Je suis désolé, mais ces clients sont très importants.

MME ARNAUD: C'est vraiment quelque chose que tu ne peux pas changer?

M. ARNAUD: Non, il faut que je reste. Écoute, demain, je ferai quelque chose de spécial. Je veux me rattraper°. Ce n'est vraiment pas possible ce soir.

MME ARNAUD: Bon, je comprends... puisque tu n'y peux rien. Il faut que je raccroche°, on frappe à la porte. Je t'embrasse. Travaille bien. À ce soir!

M. ARNAUD: À ce soir! Je t'embrasse.

*L'électricien arrive pour réparer le frigo.*

L'ÉLECTRICIEN: Bonjour, madame.

MME ARNAUD: Bonjour, monsieur. Si vous voulez me suivre. Le frigo, par ici, voilà.

L'ÉLECTRICIEN: D'accord... *(après quelques moments)* Euh, est-ce que vous permettez que je fume pendant que je travaille?

MME ARNAUD: Je suis désolée, mais ce n'est pas possible. Je suis allergique à la fumée et puis je n'aime pas l'odeur que ça laisse dans la maison...

*À suivre*

**imprévu** *unexpected*

**Ça ne t'embête pas?** *That won't bother you, will it?*

**se rattraper** *to make up for it*

**raccrocher** *to hang up (telephone)*

## Observation et analyse

1. Avec qui est-ce que M. Arnaud a une réunion? Est-ce important? Comment le savez-vous?
2. Qui va préparer le dîner ce soir et pourquoi?
3. Décrivez la réaction de Mme Arnaud à la demande de son mari.
4. Si vous étiez M. Arnaud, qu'est-ce que vous feriez pour vous rattraper?
5. Qu'est-ce que l'électricien a envie de faire?
6. Est-ce que les carrières de M. et de Mme Arnaud ont une influence sur leur vie familiale? Comment résolvent-ils leurs problèmes?

## Réactions

1. Est-ce que vous préparez le dîner tous les jours? Si oui, qu'est-ce que vous préparez? Sinon, qui prépare le dîner chez vous et qu'est-ce qu'il/elle prépare?
2. Selon vous, est-ce que la vie professionnelle a souvent une influence négative sur la vie familiale? Expliquez. Comment un couple peut-il résoudre ses difficultés?
3. Jouez les rôles de M. et Mme Arnaud. Imaginez que Mme Arnaud refuse de changer ce qui était prévu.

# Expressions typiques pour...

### Demander la permission

Est-ce que je peux/pourrais... ?
J'aimerais/Je voudrais...
Est-ce qu'il serait possible de (+ inf.)?
Est-ce qu'il serait possible que (+ subj.)?
Est-ce que vous me permettez de (+ inf.)?
Est-ce que vous permettez que (+ subj.)?

Avec des questions à la forme négative
Ça ne t'embête/te dérange pas si... ?
Ça ne t'embête/te dérange pas que... (+ subj.)?

### Donner la permission

Je vous en prie./Je t'en prie.
Certainement!
Je n'y vois pas d'inconvénients.
Vous avez ma permission.
Ne vous en faites pas./Ne t'en fais pas. *(Don't worry.)*

### Refuser la permission

Je suis désolé(e), mais ce n'est pas possible.
Non, je regrette.
Il n'en est pas question.

### On donne la permission

Mais non, pas du tout.
Bien sûr que non.

### On refuse la permission

Si! Ça m'embête.
Si! Ça me dérange.

# Mots et expressions utiles

## Les événements imprévus et oubliés

amener quelqu'un *to bring someone over (along)*
emmener quelqu'un *to take someone (somewhere)*
assister à *to attend*
changer d'avis *to change one's mind*
emprunter quelque chose à quelqu'un *to borrow*
    *something from someone*
prêter quelque chose à quelqu'un *to lend something*
    *to someone*
imprévu(e)/inattendu(e) *unexpected*

un congrès *conference; professional meeting*
une réunion *meeting*

## Comment réagir

s'arranger *to work out*
consentir à *to consent to*
défendre à quelqu'un de *to forbid someone to*
embêter *to bother; to annoy*
raccrocher *to hang up (the telephone)*
se rattraper *to make up for it*
résoudre *to resolve, solve*

Résoudre—past part.: **résolu**;
présent: **résous, résous, résout, résolvons, résolvez, résolvent**

# Activités

**A. Permission.** Pour chaque situation, utilisez deux expressions de la liste des *Expressions typiques pour...* pour demander la permission.

1. Vous voulez inviter votre petit(e) ami(e) à dîner chez vous. Parlez-en avec votre camarade de chambre.
2. Vous êtes en train de passer un examen mais vous avez très soif et vous voulez aller boire de l'eau. Adressez-vous à votre professeur.
3. Vous allez faire une petite fête ce soir et vous aimeriez que vos invités puissent garer leur voiture dans l'allée *(driveway)* de votre voisin. Parlez-en avec lui.
4. Vous voulez échanger vos heures de travail de samedi avec votre collègue. Parlez-en avec lui, puis avec votre patron que vous ne connaissez pas très bien.
5. Vous êtes en train de visiter une chambre à louer. Vous pensez que vous inviterez des amis de temps en temps chez vous. Adressez-vous à la propriétaire.

**B. Vous êtes le prof.** Vos élèves ne comprennent pas les mots et les expressions suivants. Aidez-les à les comprendre en donnant un synonyme pour chaque mot ou expression en utilisant les *Mots et expressions utiles.*

1. aller à un congrès
2. faire venir quelqu'un avec vous
3. utiliser quelque chose qui appartient à quelqu'un d'autre
4. un meeting
5. trouver une solution
6. approuver
7. donner l'ordre de ne pas faire quelque chose
8. s'organiser
9. ne plus avoir la même opinion

**C. Imaginez...** Donnez ou refusez la permission dans chaque situation, en variant vos réponses.

1. Votre enfant de seize ans vous demande: «Maman/Papa, est-ce que je peux sortir avec mes amis ce soir?»
2. Un(e) camarade de classe vous demande: «Est-ce que tu me permets de copier tes notes de classe? J'étais malade hier.»
3. Votre voisine, avec qui vous êtes bon(ne)s ami(e)s, vous demande: «Est-ce qu'il serait possible que je laisse mon enfant chez toi pendant une heure? Je dois aller à une réunion.»
4. Votre camarade de chambre vous demande: «Ça ne t'embête pas si je fais le ménage à fond *(thorough cleanup)* lundi prochain au lieu de ce week-end?»
5. L'instituteur de votre enfant vous envoie ce mot: «Je vous demande la permission d'emmener votre enfant à une sortie scolaire au musée d'art moderne vendredi matin.»

**D. Questions indiscrètes.** Posez les questions suivantes à un(e) camarade. Faites un résumé de ses réponses à la classe.

1. Quand quelqu'un te demande la permission de faire quelque chose que tu n'aimes pas, est-ce que tu dis ce que tu penses vraiment? Dans quelles circonstances est-ce que tu dis toujours la vérité? Quand est-ce que tu modifies un peu la vérité?
2. Est-ce qu'il y a, chez les autres, certains tics ou habitudes qui t'irritent? Lesquels?
3. De temps en temps, est-ce qu'il y a quelqu'un qui demande à emprunter ta voiture? Qui? Est-ce que tu la lui prêtes?
4. Si quelqu'un d'important t'invitait à participer à une manifestation pour une cause avec laquelle tu n'étais pas d'accord, est-ce que tu dirais la vérité à cette personne ou tu inventerais une excuse? Quelles excuses est-ce qu'on peut utiliser si on ne veut pas accepter une invitation?
5. Quelles excuses est-ce que tu entends souvent? Quelles excuses est-ce que tu donnes souvent?

## Objectif École sans tabac

C'est souvent vers 12–14 ans qu'un jeune allume sa première cigarette, parfois dans la cour du lycée. Le Comité National contre les Maladies Respiratoires (C.N.M.R) a lancé une pétition à l'échelle nationale pour que la loi Évin (interdisant de fumer dans les lieux publics) soit mieux respectée dans les écoles. Cet «Appel pour une école sans tabac» sera remis au ministre de l'Éducation Nationale à la fin de l'année. Pour vous procurer cette pétition, appelez le C.N.M.R au 01 46 34 58 80.

Qu'est-ce qui est interdit dans cet article? Êtes-vous d'accord? Pourquoi ou pourquoi pas?

## Fumer ou ne pas fumer?

«Ça ne vous dérange pas que je fume?», «Vous n'auriez pas du feu?» Ce sont des questions qu'on entendait assez souvent dans le passé malgré les campagnes de prévention du tabagisme *(use of tobacco)* commencées il y a une vingtaine d'années. Les responsables politiques, d'ailleurs, hésitaient à prendre des mesures trop draconiennes par crainte de déplaire aux électeurs qui veulent qu'on les laisse décider eux-mêmes de fumer ou de ne pas fumer. Mais cela commence à changer en France comme partout dans le monde. Le tabac est désigné comme l'ennemi public «numéro un» parce qu'on sait que le tabac est responsable de 90% des cancers du poumon et de 60 000 décès par an. Le tabagisme est alors la première cause de mortalité évitable. Si rien n'est fait, le nombre de victimes pourrait doubler d'ici 2025. (*Francoscopie 2007*, p. 52) En fait, des chercheurs britanniques ont calculé que chaque cigarette fumée équivaut à 11 minutes de vie en moins. (www.tabagisme.net, 2007)

Entre 1999 et 2003, la lutte contre le tabagisme a eu du succès en France: le nombre de fumeurs a diminué. En 2005 la proportion de fumeurs a diminué mais la proportion de gros fumeurs (ceux qui fument plus de 20 cigarettes par jour) a augmenté. Comment con-

**JACQUES FAIZANT**

ÇA NE VOUS DÉRANGE PAS QUE JE FUME?

NON. SI ÇA NE VOUS DÉRANGE PAS QUE JE TOUSSE.

RÉPONSES PERTINENTES QUE PERSONNE NE FAIT JAMAIS, À DES QUESTIONS IDIOTES QUE TOUT LE MONDE POSE TOUJOURS.

tinuer la campagne d'information? Certains proposent une nouvelle augmentation des prix. Sous pression politique, le gouvernement Raffarin «a concédé fin 2003 un moratoire sur les prix jusqu'en 2008»! Privée de ce moyen efficace, la lutte antitabac a proposé de réduire les lieux où on peut fumer. (www.doctissimo.fr, 2007)

En 1991 la loi Évin a visé à protéger les non-fumeurs du tabagisme passif. Depuis juin 2005, un arrêt de la Cour de cassation oblige les employeurs à protéger les salariés du tabagisme. Mais selon une enquête Ipsos/Pfizer de juillet 2005, les recommandations ne sont pas suivies ni inspectées. (www.doctissimo.fr, 2007) Depuis le 1er février 2007 il est interdit de fumer dans les entreprises, établissements de santé, écoles, collèges, magasins.

D'ici le 1er janvier 2008 les bar-tabacs, restaurants et discothèques doivent «installer des fumoirs strictement réglementés, dans lesquels le personnel n'aura pas la possibilité d'entrer, ni ne pourra servir de consommations». En cas de non respect de l'interdiction, deux types d'amende sont prévus. (www.premier-ministre.gouv.fr)

L'image du tabac s'est dégradée. Six fumeurs sur dix veulent s'arrêter mais «le passage à l'acte est souvent difficile...». (*Francoscopie 2007*, p. 52) La lutte contre le tabagisme est difficile.

Existe-t-il toujours des campagnes anti-tabac aux États-Unis? Décrivez-les. Pensez-vous que la hausse des prix du tabac soit une solution efficace? Quels sont les droits des fumeurs et des non-fumeurs?

---

Notice that the French use a negative conditional sentence at times to soften a request, as in **Vous n'auriez pas du feu?** *(Would you have a light?)* or **Tu n'aurais pas un stylo à me prêter?** *(Would you have a pen to lend me?)*.

# La grammaire à apprendre

To download a podcast on Prepositions Required by Verbs, go to **academic.cengage.com/french**

## Prépositions exigées par certains verbes

Several of the expressions introduced for asking, giving, and refusing permission include a preposition before an infinitive. The conjugated verb determines whether **à**, **de**, or no preposition is needed before the infinitive. Below are listings of common verbs and their prepositions.

**A.** Some verbs that require **à** before an infinitive:

| | |
|---|---|
| aider à | encourager à |
| s'amuser à | enseigner à |
| apprendre à | s'habituer à |
| s'attendre à *(to expect)* | hésiter à |
| autoriser à | s'intéresser à |
| avoir à *(to have to)* | inviter à |
| commencer à | se mettre à |
| consentir à | réussir à |
| continuer à | tenir à *(to insist on)* |

Ma mère m'**a** toujours **encouragé à** faire de mon mieux. Elle m'**a enseigné à** respecter les droits des autres. Elle **tenait à** traiter chaque être humain d'une manière équitable. J'espère **réussir à** suivre son exemple.

**B.** Some verbs that require **de** before an infinitive:

| | |
|---|---|
| s'agir de *(to be about)* | parler de |
| s'arrêter de | refuser de |
| choisir de | regretter de |
| décider de | remercier de *(to thank)* |
| se dépêcher de *(to hurry)* | rêver de |
| empêcher de *(to prevent)* | se souvenir de |
| essayer de | tâcher de *(to try)* |
| finir de | venir de *(to have just)* |
| oublier de | |
| | |
| avoir besoin de | avoir l'intention de |
| avoir envie de | avoir peur de |

J'**avais décidé de** devenir médecin. Rien n'allait m'**empêcher de** finir mes études. J'**ai refusé de** me décourager pendant les longues années de préparation à cette carrière.

**C.** Some verbs that are followed directly by an infinitive:

| | | |
|---|---|---|
| aimer | devoir | préférer |
| aller | écouter | savoir |
| compter | espérer | sembler |
| *(to intend)* | faire | souhaiter |
| croire | falloir | venir |
| désirer | penser | voir |
| détester | pouvoir | vouloir |

Ces deux enfants veulent aller jouer dehors. Qu'est-ce qu'ils disent
pour demander la permission à leur mère?

Comme mon oncle, je **veux** être médecin. Je **compte** exercer dans un village. Il **faut** dire que j'**aime** soigner les gens. Avec mes connaissances je
**pourrai** les aider à guérir *(get well, cured)* rapidement.

**D.** Some verbs that require **à** before a person and **de** before an infinitive:

| | |
|---|---|
| commander à quelqu'un de | dire à quelqu'un de |
| *(to order)* | écrire à quelqu'un de |
| conseiller à quelqu'un de | permettre à quelqu'un de |
| défendre à quelqu'un de | promettre à quelqu'un de |
| *(to forbid)* | reprocher à quelqu'un de |
| demander à quelqu'un de | suggérer à quelqu'un de |

Je **conseille à** chaque personne qui envisage la médecine comme profession
**d'**y penser sérieusement. Je **suggérerais à** tous ceux qui s'y intéressent **d'**être
sûrs que c'est bien ce qu'ils veulent faire.

**E.** **Être** + adjective + preposition + infinitive

• Most adjectives that follow the verb **être** require **de** before an infinitive:

Je suis content **de** te voir, Nathalie.
Tu es si gentille **de** me rendre visite.

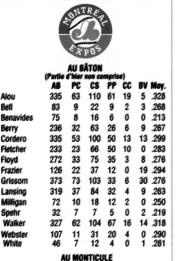

**AU BÂTON**
*(Partie d'hier non comprise)*

| | AB | PC | CS | PP | CC | BV | Moy. |
|---|---|---|---|---|---|---|---|
| Alou | 335 | 63 | 110 | 61 | 19 | 5 | .328 |
| Bell | 83 | 9 | 22 | 9 | 2 | 3 | .268 |
| Benavides | 75 | 8 | 16 | 6 | 0 | 0 | .213 |
| Berry | 236 | 32 | 63 | 26 | 6 | 9 | .267 |
| Cordero | 335 | 53 | 100 | 50 | 13 | 13 | .299 |
| Fletcher | 233 | 23 | 66 | 50 | 10 | 0 | .283 |
| Floyd | 272 | 33 | 75 | 35 | 3 | 8 | .276 |
| Frazier | 126 | 22 | 37 | 12 | 0 | 19 | .294 |
| Grissom | 373 | 73 | 103 | 33 | 6 | 30 | .276 |
| Lansing | 319 | 37 | 84 | 32 | 4 | 9 | .263 |
| Milligan | 72 | 10 | 18 | 12 | 2 | 0 | .250 |
| Spehr | 32 | 7 | 7 | 5 | 0 | 2 | .219 |
| Walker | 327 | 62 | 104 | 67 | 16 | 14 | .318 |
| Webster | 107 | 11 | 31 | 20 | 4 | 0 | .290 |
| White | 46 | 7 | 12 | 4 | 0 | 1 | .261 |

**AU MONTICULE**

| | G | P | VP | ML | PM | BB | R | MPM |
|---|---|---|---|---|---|---|---|---|
| Eischen | 0 | 0 | 0 | 0.2 | 4 | 0 | 1 | 60.00 |
| Fassero | 7 | 6 | 0 | 132.0 | 46 | 40 | 115 | 3.14 |
| Henry | 6 | 2 | 1 | 76.1 | 21 | 15 | 52 | 2.48 |
| Heredia | 4 | 3 | 0 | 53.2 | 26 | 10 | 43 | 4.37 |
| Hill | 13 | 4 | 0 | 127.2 | 47 | 38 | 80 | 3.31 |
| Martinez | 6 | 5 | 1 | 109.1 | 46 | 32 | 112 | 3.79 |
| Rojas | 3 | 2 | 15 | 69.0 | 26 | 15 | 65 | 3.39 |
| Rueter | 4 | 2 | 0 | 65.0 | 41 | 15 | 38 | 5.68 |
| Scott | 4 | 2 | 0 | 38.1 | 13 | 14 | 29 | 3.05 |
| Shaw | 4 | 2 | 0 | 60.0 | 25 | 15 | 39 | 3.75 |
| Wetteland | 2 | 6 | 14 | 45.1 | 15 | 17 | 51 | 2.98 |
| White | 1 | 1 | 0 | 20.1 | 15 | 11 | 15 | 6.65 |

Est-ce que vous êtes un(e) fanatique de base-ball? Avez-vous déjà vu jouer les Expos de Montréal?

**Phrases:** Apologizing
**Grammar:** Relative pronouns **ce qui, ce que**; relative pronoun **dont**; relative pronouns **qui, que**; prepositions + relative pronoun **lequel**

**Phrases:** Writing an essay; sequencing events
**Grammar:** Compound past tense **(passé composé)**; imperfect **(imparfait)**; pluperfect **(plus-que parfait)**; participle agreement **(participe passé)**

**C. Le fanatique mécontent.** Utilisez un pronom relatif approprié pour compléter ce que dit un fanatique de base-ball mécontent.

Le match _____ il s'agit était celui entre les Expos et les Cubs. Les Expos, sur _____ j'avais parié *(bet)* une somme d'argent considérable, ont perdu après une prolongation de deux manches *(innings)*. L'histoire des Expos, c'est l'histoire d'un point _____ ils ont souvent été incapables d'obtenir. Les Expos, _____ dominent les ligues majeures pour les matches se terminant par une différence d'un point (total de 52), ont fait la même chose lundi soir (3–2). Les reporters sportifs ont dit que _____ cette équipe avait besoin, c'était le goût de l'attaque. Moi, je ne crois pas _____ ils disent. C'est un problème plus profond. _____ ne va pas, c'est la gestion *(management)* et le directeur général de l'équipe.

## Interactions

**A. L'entretien.** On vous interviewe pour un poste dont vous avez vraiment envie. Pendant l'entretien le directeur du personnel mentionne plusieurs détails embarrassants de votre dossier (voir ci-dessous). Vous lui donnez des raisons valables et vous arrivez à bien justifier votre sérieux. Essayez de parler avec facilité *(articulately)* et avec élégance en utilisant des pronoms relatifs.

Ce que le directeur mentionne:

- Vous n'avez travaillé que six mois pour l'entreprise Hodik et vous voulez déjà partir.
- Vous avez oublié de mettre votre adresse sur votre demande d'emploi.
- Vous avez manqué au moins un jour par semaine à votre dernier emploi.
- On n'a reçu aucune lettre de recommandation.

**B. Cher Monsieur/Chère Madame.** Aujourd'hui, c'est la date limite pour rendre une dissertation sur l'existentialisme. Malheureusement vous ne l'avez pas encore terminée. Écrivez une longue explication en donnant les raisons pour lesquelles vous êtes en retard. Essayez de convaincre le professeur qui avait bien averti la classe que c'était un devoir très important. Vous ne voulez pas perdre de points à cause de votre retard. Utilisez beaucoup de pronoms relatifs pour impressionner le professeur et pour qu'il voie combien vous êtes intelligent(e).

## Deuxième brouillon  Dossier personnel

1. Write a second draft of the narrative you started in **Leçon 2**, focusing particularly on the use of details to increase suspense and to dramatize the action. These details should heighten the interest of the story and make the reader anxious to find resolution to the conflict.

2. You might want to incorporate some of the following expressions that deal with suspense and emotional states:

EXPRESSIONS UTILES: **rester paralysé…; être désespéré…; avoir une peur folle** *(to be terrified)***…; sauter du lit…; descendre/monter rapidement l'escalier…; allumer/éteindre la lumière…; sentir/entendre quelque chose…; quelque chose bougeait; crier…; menacer…**

# Synthèse

## Activités musicales

### Édith Piaf: *Non, je ne regrette rien*

#### Avant d'écouter

1. Est-ce qu'il y a des choses que vous regrettez dans la vie (par exemple, au niveau de vos études, de votre travail, de vos relations, etc.)? Si vous pouviez retourner en arrière *(go back in time)*, qu'est-ce que vous feriez différemment?
2. Édith Piaf dit qu'elle repart à zéro *(starts again from scratch)*. Après quels genres d'événements est-ce qu'on doit parfois repartir à zéro? Est-ce que vous pensez que c'est difficile? Pourquoi ou pourquoi pas?

#### Après avoir écouté

1. Quelles sont les choses que la chanteuse ne regrette pas? Quelle est son attitude en ce qui concerne le passé? Et l'avenir? Est-ce qu'elle a une vision optimiste ou pessimiste de son avenir? Expliquez.
2. Dans **Avant d'écouter**, vous avez parlé des choses que vous regrettez. Maintenant, écrivez un paragraphe pour décrire ce que vous ne regrettez pas. Utilisez des expressions négatives.

### Yves Duteil: *La langue de chez nous*

#### Avant d'écouter

1. Yves Duteil est un défenseur de la langue française. À votre avis, pourquoi est-ce qu'il pense qu'il est nécessaire de défendre la langue française? Qu'est-ce qui la menace?

#### Après avoir écouté

1. Le chanteur évoque la langue française en faisant appel aux cinq sens. Trouvez l'association logique pour chacun, puis ajoutez d'autres associations personnelles.

   1. l'odorat *(smell)*
   2. l'ouïe *(hearing)*
   3. la vue *(sight)*
   4. le goût *(taste)*
   5. le toucher *(touch)*

   a. le parfum des herbes
   b. les couleurs de Provence
   c. le fromage de chèvre et le pain de froment
   d. les pierres [polies]
   e. les accents

2. Yves Duteil fait allusion à un pays autre que *(other than)* la France où l'on parle français. Duquel s'agit-il? Faites un petit résumé de ce que le chanteur en dit. Utilisez des pronoms relatifs.

To experience this song, go to **academic.cengage.com/french/bravo**

The song, *Non, je ne refrette rien* can be used to practice negative expressions. Ask students if they have see the film *La vie en rose* about Édith Piaf.

The song *La langue de chez nous* can be used to discuss the importance of language as part of cultural identity, which is the theme of the **Intermède culturel** reading *Les immigrants à l'école du français.*

# Activités orales

### A. Au restaurant.
Vous êtes dans un restaurant élégant et très cher où vous avez dîné plusieurs fois. En général, la nourriture et le service sont impeccables. Cette fois-ci, cependant, rien ne va comme il faut. Vous demandez à parler avec le maître d'hôtel et vous vous plaignez des choses suivantes:

- Le champagne que vous adorez n'était pas frais *(chilled)*;
- Le steak que vous avez commandé était froid et trop cuit *(overcooked)*;
- Vous avez commmandé des petits pois, mais on vous a servi un légume auquel vous êtes allergique;
- La nappe *(tablecloth)* était sale;
- Il vous manquait une fourchette.

**Jouez les rôles.** Le maître d'hôtel vous demandera pardon et vous donnera des raisons. Par exemple, il vous dit que le restaurant a eu des problèmes d'électricité, que le chef de cuisine est en grève, et que le serveur/la serveuse travaille là depuis seulement deux jours, etc.

### B. Imaginez.
Un(e) ami(e) a acheté votre ancienne voiture. Il/Elle vous a fait un chèque sans provision *(insufficient funds)*. Jouez les rôles avec votre camarade. D'abord, plaignez-vous au sujet du chèque. Votre ami(e) répond en disant que la voiture n'a jamais démarré *(never started)*. Vous continuez la conversation en vous plaignant, en vous excusant et en donnant des explications. Vous vous parlez poliment parce que votre amitié est très importante et vous voulez rester bon(ne)s ami(e)s.

**Phrases:** Writing a letter (informal); asking permission
**Vocabulary:** Traveling; house
**Grammar:** Prepositions **à** and **en** with places; verb + **de** + infinitive; verb + infinitive; verb + **à** + infinitive

# Activité écrite

### Est-ce qu'il serait possible… ?
Écrivez une lettre à des amis qui ont une belle villa sur la Côte d'Azur. Demandez si vous pouvez passer la dernière semaine du mois de juillet dans la villa avec plusieurs amis et vos deux chiens. Ce ne sont pas de très bons amis mais vous pensez que vous les connaissez assez pour leur demander un tel service. Échangez votre lettre avec un(e) camarade de classe. Chacun d'entre vous répondra à la lettre échangée. Vous donnerez ou refuserez la permission en expliquant votre décision.

### Révision finale  Dossier personnel

1. Reread your story, paying particular attention to whether the story creates the impression that you intended. Check whether the details add to this impression.

2. Bring your draft to class and ask two classmates to peer review your paper. They should pay particular attention to whether or not your story creates the suspense you intended and whether they can identify the three parts of the story: the situation, complication, and resolution. Your classmates should use the symbols on page 433 to indicate grammar errors.

3. Examine your composition one last time. Check for correct spelling, grammar, and punctuation. Pay special attention to your use of negation, prepositions, and relative pronouns.

4. Prepare your final version.

**Phrases:** Writing an essay; sequencing events
**Grammar:** Compound past tense (**passé composé**); imperfect (**imparfait**); pluperfect (**plus-que-parfait**); participle agreement (**participe passé**)

## I. *Les immigrants à l'école du français*

### Avant la lecture

#### *Sujets à discuter*

- Qu'est-ce que vous savez sur le Québec (population, langue, culture, histoire, économie, etc.)? Est-ce que vous y êtes déjà allé(e)? Combien de fois? Expliquez.
- Parlez des immigrants aux États-Unis. Quels sont leurs problèmes d'intégration aujourd'hui? Pensez-vous que les immigrants du siècle dernier ont eu des difficultés semblables? différentes? Expliquez.
- Croyez-vous que le gouvernement fédéral devrait faciliter l'intégration des immigrants aux États-Unis? Expliquez.

Provide students with background information on Quebec, if necessary. You may wish to emphasize its position as a French-speaking province within a country where English is dominant, the province's insistence on maintaining the French language, Quebec's economic importance within Canada, and the movement to separate from Canada and its successes and failures.

Encourage any of your students who are first or second generation immigrants to discuss their or their parents' experience.

#### Introduction

*Although complaining about the tribulations of daily life is something all human beings like to do, immigrants to another country often have an especially difficult daily existence. They must adjust to new surroundings, new customs, a new workplace and often another type of work, and different ways of accomplishing even routine tasks. The necessity of learning a new language can be yet another obstacle that immigrants must overcome.*

*For a long time, immigrants to the Canadian French-speaking province of Quebec came primarily from Western Europe. Over the last thirty years, however, immigrants have become a great deal more diverse, with numerous arrivals from other regions of the world (Eastern Europe, Asia, the Middle East, the Caribbean, Africa). Although the government of Quebec gives preference to Francophone immigrants, many of the **nouveaux Québécois** are not proficient in the French language and must therefore learn it.*

## Les immigrants à l'école du français

Ils viennent d'arriver au Québec et sont là pour apprendre le français. «Pas le français littéraire, mais celui qu'on parle dans la rue ou le métro!» précise leur
5 professeur, Marcel Dubé, un professeur malicieux qui fait de son cours un vrai spectacle.

Dans la classe, il y a Iglika la Bulgare, Yun Tao le Chinois, Bhavini l'Indienne,
10 Louri le Russe... 19 adultes qui s'amusent comme des gamins°. «L'objectif, c'est qu'ils se débrouillent° rapidement au quotidien, dit Dubé. Et s'intègrent en douceur dans la société québécoise.»
15 «Chui zallé chez l'dentiss'°», «Hier, j'travaillais», «J'ai manqué l'autobus». Bien qu'ils débutent à peine leur formation, les élèves de Marcel Dubé ont déjà tous un petit accent du Québec.
20 Pour les faire rire, Dubé en rajoute° et leur apprend volontiers des expressions locales... et coquines°. Il chante aussi, les fait chanter et les encourage avec bonne humeur. «Difficile pour des adultes de
25 se rasseoir sur les bancs d'école pour apprendre une nouvelle langue, dit-il.

**Chui zallé chez l'dentiss'** Je suis allé chez le dentiste

**en rajoute** *goes even further*

**coquines** un peu audacieuses

**gamins** enfants
**se débrouillent** *fend for themselves*

Mais ils sont motivés: ils savent que le français est indispensable pour fonctionner au Québec.» [...]

30 Question de survie pour le Québec. En raison de son faible taux de natalité°, du vieillissement de sa population et de la baisse de son poids démographique au sein du Canada°, la province attend
35 beaucoup des immigrants. «Alors qu'en Europe l'immigration connote souvent l'insécurité, chez nous c'est plutôt la sécurité», dit André Boulerice, ministre délégué aux Relations avec les citoyens
40 et à l'Immigration°. «La sécurité d'être encore là demain, de nous développer, de grandir et de parler français.» D'où un recrutement intensif à l'étranger et une sélection rigoureuse des candidats—
45 axée°, tant sur leur capacité à trouver un emploi que leur connaissance du français. Le Québec n'est cependant pas totalement maître de son immigration: cette année, il aura sélectionné 65% des
50 immigrants—les 35% restants (demandeurs d'asile et personnes invoquant la réunification familiale) relevant du gouvernement fédéral canadien. [...]

Que ce soit à Montréal ou dans les
55 régions, rien n'est négligé pour faciliter leur intégration. En plus des carrefours°, des dizaines d'organismes communautaires subventionnés par le MRCI s'efforcent de répondre aux moindres
60 besoins des nouveaux venus—depuis l'aide à l'achat de vêtements d'hiver

jusqu'à l'inscription des enfants à la garderie ou à l'école, en passant par la recherche d'un logement à prix raison-
65 nable. [...]

Le jumelage° est un autre moyen imaginé au Québec pour que les immigrants se sentent chez eux. Pendant six mois, un Québécois bénévole° et un
70 immigrant sont «jumelés» en fonction de leurs affinités, de leur âge ou de leur emploi. [...] Karen Emmanuel, 29 ans, québécoise d'origine haïtienne, professeur de français à la Maison d'Haïti de
75 Montréal, a ainsi été jumelée avec Sylvia Perez, une Mexicaine de 26 ans. [...] Karen n'y a pas perdu au change°: elle est allée améliorer son espagnol au Mexique, où Sylvia l'a invitée l'été dernier. [...]

80 «La socialisation et l'intégration des immigrants prennent du temps, reconnaît [...] Jean Renaud [professeur de sociologie à l'université de Montréal]. Adopter une nouvelle langue aussi.
85 L'immigration génère au Québec une francisation° tranquille. Mais celle-ci est irréversible.» La pub° de la télévision gouvernementale qui souligne les 25 ans de la Charte de la langue française
90 donne d'ailleurs à voir une francophonie québécoise de toutes les couleurs: immigrants et Québécois «de souche°» chantant d'une même voix *La Langue de chez nous*, d'Yves Duteil°.

Copyright *L'Express*, Isabelle Grégoire, 2002.

## Après la lecture

### Compréhension

**A. Observation et analyse.** Répondez.

1. Quels sont deux objectifs des cours de français que prennent les immigrants au Québec?
2. De quelles techniques d'enseignement est-ce que le professeur Dubé se sert avec les adultes? Qu'en pensez-vous?
3. Comment est-ce que les Québécois voient les immigrants? Pourquoi?
4. Qu'est-ce que c'est que le MRCI? Quelle est sa fonction?

5. Expliquez en quoi consiste le programme de jumelage créé par le gouvernement provincial du Québec pour faciliter l'immigration.

6. Décrivez d'autres moyens utilisés pour faciliter l'intégration des immigrants au Québec.

7. Pourquoi est-ce que l'auteur mentionne la chanson *La Langue de chez nous* d'Yves Duteil?

**B. Grammaire/Vocabulaire.** Révisez la grammaire du chapitre 8 et encerclez la bonne réponse dans chaque phrase adaptée du texte.

1. Le cours _____ (que/qui/quoi) donne Marcel Dubé devient un vrai spectacle.

2. Le gouvernement ne néglige _____ (rien/nulle part/que) pour faciliter l'intégration des immigrants.

3. Karen Emmanuel est professeur de français à la Maison _____ (du/de l'/d') Haïti _____ (au/à la/à) Montréal.

4. Au lieu d'aller _____ (à/en/à la) Espagne pour améliorer son espagnol, elle est allée _____ (à/au/à la) Mexique.

5. On fête les 25 ans de la Charte de la langue française avec une pub _____ (que/qui/quoi) donne à voir une francophonie québécoise de toutes les couleurs.

## C. Réactions

1. Que pensez-vous de tous les efforts du gouvernement québécois pour faciliter l'intégration des immigrants au Québec? Est-ce que «le jeu en vaut la chandelle» (est-ce que cela vaut la peine)? Expliquez.

2. Est-ce que le gouvernement fédéral ou les états américains doivent faire des efforts équivalents pour les immigrants aux États-Unis? Expliquez.

3. D'après ce que vous avez lu dans cet article, comparez l'attitude des Québécois envers la langue française et celle des Américains envers la langue anglaise.

## Interactions

1. Votre partenaire et vous êtes des jeunes Sénégalais(es) en train d'émigrer aux États-Unis sans une bonne connaissance de l'anglais. Jouez une petite scène dans laquelle vous vous plaignez de tous les problèmes d'intégration que vous rencontrez dans la vie américaine.

2. Votre partenaire est professeur de français et vous êtes son élève. Jouez une petite scène où il/elle essaie en vain de vous apprendre la langue française.

## Expansion

Faites des recherches sur l'Internet et à la bibliothèque pour approfondir votre connaissance sur l'immigration au Québec. Trouvez: a) les pays d'où viennent les plus grands nombres d'immigrants et indiquez le pourcentage que représente chaque groupe; b) ce que les immigrants doivent faire pour devenir citoyens du Québec; c) le taux de natalité du Québec et celui des États-Unis; d) d'autres chansons québécoises qui célèbrent l'unité de tous les habitants. Faites un rapport où vous soulignez deux ou trois faits qui vous ont surpris(e) ou impressionné(e); quelles conclusions pouvez-vous en tirer?

## II. *Pur Polyester* de Lori Saint-Martin

## Avant la lecture

### Sujets à discuter

Ask students to consider the effect of belonging to a language minority. What type of discrimination might this engender? How would this affect their attitude toward other members of the language group? speakers of the dominant language? speakers of other languages?

- Est-ce que vous avez déjà déménagé d'une région à une autre? Si oui, de quels problèmes de transition est-ce que vous avez soufferts? Si vous n'avez jamais déménagé, avez-vous connu des élèves au lycée, ou plus récemment à l'université, qui ont eu des difficultés à s'intégrer dans un nouvel endroit? Expliquez si l'environnement de l'école a été un avantage ou un handicap. Pourquoi?
- Avez-vous été victime de discrimination? Expliquez.

### Stratégies de lecture

**Trouvez les détails.** Parcourez le texte et trouvez les détails suivants:

1. les noms de quatre villes québécoises
2. le pays natal des parents de la narratrice
3. la raison pour laquelle la mère de la narratrice est retournée dans son pays natal
4. le résultat des élections de 1995 au Québec en ce qui concerne la décision de quitter le Canada

### Introduction

*In the previous reading, you learned that the low birth rate of the Canadian French-speaking province of Quebec in recent years has resulted in larger numbers of immigrants coming to Quebec to respond to the increased workforce needs of industry and service sectors. Many of the newly arrived immigrants, the* **néo-québécois,** *come from non-French speaking countries. Although the Quebec government has many programs to help immigrants integrate into society, that society is often not accepting of them. The emphasis on Quebeckers of* **pure laine** *(pure wool), that is, descended from the French colonists of the XVIIth century, creates an alienating experience for immigrants. Members of the separatist* **Parti Québécois** *have voiced suspicions that new immigrants are less interested in making a life in Quebec than in preparing their ultimate move to English-speaking Canada and the United States. In 1995, the leader of the* **Parti Québécois,** *Jacques Parizeau, went so far as to lay the blame for the failure of the referendum on the secession of Quebec from Canada on the "ethnic vote." In her novel,* Mon père, la nuit *(1999), author Lori Saint-Martin tells the story of a ten-year-old immigrant girl who arrives in Quebec with her parents from Europe. In this excerpt, you will witness the tribulations of life through the eyes of this young southern European immigrant.*

# Pur Polyester*

On parle beaucoup de laine, ici. Pas n'importe laquelle, la vraie, la pure. D'où viens-tu, toi? Et tes parents, et leurs parents? Du Lac-Saint-Jean, très bien, du Bas-du-Fleuve, excellent, du fin fond de l'Abitibi, parfait. Montréalais depuis Jacques Cartier°? Alors voici ton certificat. «Un Québécois pure laine.» Pure laine comme Maria Chapdelaine°? Mais non, Louis Hémon était un maudit° Français. Faut pas confondre. Je suis immigrante, je confonds. Pour nous, pas de laine, la vie est trop chère ici et mes parents trop pauvres. Pur polyester. Faut vivre avec ce qu'on a. T'es une p'tite qui, toi°?

À la polyvalente°, on est beaucoup d'allophones°. Allô, allophones? Des *parlant-autre*. Je parle autre. Mon affaire est confuse, douteuse. De l'Espagne à Montréal, en passant par Paris. À peine leur fille née, mes parents filent° en France, puis, dix ans plus tard, ils viennent ici. La dérive des continents°.

Mon village est le plus beau, mon cousin est ton cousin, tous nous sommes parents depuis la nuit des temps. Tricotés serrés°, amoureux de notre arbre généalogique et d'une ville de France que nos ancêtres ont fuie. T'es une p'tite qui, toi? Une Gagnon, une Tremblay d'Amérique, une Gélinas? Une quoi, dis-tu? Beurk°, quels noms ils se paient ces gens-là, impossibles à prononcer, et cette peau basanée°, ces yeux bridés° qui nous volent nos jobs, cette marée° d'enfants qui monte et nous noie°, nous les salut-les-vrais°. Tu viens d'où, donc? Et quand y retournes-tu, au fait? La laine est pure ou elle n'est pas. On ne devient pas Québécois. [...]

Dur l'exil, *Dios mío*. Les lettres arrivent, toutes minces sur papier bleu, et les photos, et maman rit et pleure de voir, déjà prêts pour l'école, des bébés qu'elle n'a jamais bercés. Maman est retournée une seule fois, pour la mort de sa maman à elle. Elle a tout de suite pris le deuil et ne l'a jamais quitté depuis. Quand on perd sa mère, on perd la terre entière, dit-elle, et le sel, et la lumière. Un jour tu sauras. Son visage s'éteint quand elle pense à mon futur deuil à moi. Ma pauvre petite fille que je ne pourrai pas consoler de m'avoir perdue.

Moi je ne suis pas en exil, sinon par maman et papa. Je ne suis vraiment de nulle part, tant ils m'ont dit que Paris ce n'était pas chez nous, sinon peut-être un peu, déjà, d'ici. Pour moi l'Espagne n'est qu'un mot, quelques images qui transitent par la voix de ma mère, une nostalgie de soleil. Salamanque, notre ville d'université et de cathédrales, la pierre dorée, les oiseaux qui tournoient°, la Plaza Mayor, les lézards à l'heure de la sieste, le vieillard aveugle qui vend des billets de loto, les terrasses. L'Espagne est pour eux le bonheur premier, le pays où ils habitaient leur langue, où ils ne nageaient pas encore dans le français comme des enfants malheureux dans un vêtement de la mauvaise taille. [...]

Un jour d'automne, on nous demande à nous tous de voter pour dire si nous voulons quitter le Canada. Nous semblons avoir dit «oui», puis le «non» monte comme une vague de fond°, et puis, finalement, c'est «non», du bout, mais vraiment du bout des lèvres°.

Alors c'est les larmes à la télé, les drapeaux bleu et blanc° si beaux, bien

---

**Jacques Cartier** premier explorateur du Canada en 1534–1535

**Maria Chapdelaine** roman célèbre de Louis Hémon / **maudit** *damned*

**T'es une p'tite qui, toi?** *Who are you a daughter of?*
**polyvalente** école secondaire
**allophones** ceux qui parlent une autre langue

**filent** vont

**La dérive des continents** *Continental drift* / **tournoient** *flutter around*

**Tricotés serrés** *Close-knit*

**Beurk** *slang expression to express dismay*

**basanée** foncée
**yeux bridés** *slanted eyes*
**marée** *flood* / **vague de fond** *tidal wave* / **se noyer** *to drown* / **salut-les-vrais** les vrais Québécois
**du bout des lèvres** timidement

**bleu et blanc** québécois

If your class has read *Les immigrants à l'école du français,* ask students to discuss the contrast between the official promotion of immigration and the rejection of immigrants felt by the narrator here.

Ask students whether the "ethnic vote" in the U.S. has the same importance as the ethnic vote in Quebec. What similarities do they see? What differences?

**ceux avec la feuille d'érable** canadiens / **tête d'enterrement** visage très triste

**estomaqués** très étonnés

**brèche** *edge*

For more literary selections, visit Textchoice.com

85 mieux que ceux avec la feuille d'érable°. La tête d'enterrement° du chef du gouvernement. Dès qu'il ouvre la bouche, on est estomaqués°. «L'argent et des
votes ethniques.» L'argent, connais pas.
90 Les votes ethniques je connais, c'est maman et papa et la mère de Rosa et les parents d'An Li qui se fait appeler Diana et tous les autres, *ay Dios*. Il continue de parler, le monsieur au visage
95 rond et triste, il dit «nous», nous avons perdu, nous gagnerons la prochaine fois, les jeunes sont avec nous. Leur «nous» abolit notre «nous», fait de nous des «eux autres», des méchants. Leur «nous»

100 me brise le cœur, me dit qu'on ne sera jamais chez nous, ici. Pourtant si j'avais eu l'âge de voter, ç'aurait été oui. [...]
    Mes parents ont voulu, à coup d'efforts, me donner les clés de ce pays
105 à eux fermé. Voulu que la langue de ce pays coule de source dans ma bouche, que je sois chez moi là où ils ne seront jamais chez eux. Je suis avec eux, je suis toute seule, je suis aussi avec les
110 gens d'ici, de mon pas-tout-à-fait-mais-presque-pays. Entre-deux, sur la brèche°, en train, peut-être, de devenir—mais le devient-on jamais?—Québécoise.

* Le Québec décrit dans *Pur Polyester* a beaucoup changé. Comme les autres sociétés occidentales modernes, le Québec d'aujourd'hui est une société multiethnique ouverte et accueillante. Extrait de Lori Saint-Martin, *Mon père, la nuit* (Québec, 1999).

# Après la lecture

## Compréhension

**A. Observation et analyse.** Répondez.

1. Comment est-ce qu'on définit «un Québécois pure laine»?
2. Qu'est-ce que c'est qu'un «pur polyester»? Expliquez l'emploi de cette expression.
3. Dans quels pays est-ce que la narratrice a vécu?
4. D'après cette lecture, quelle est l'attitude des «vrais Québécois» envers les immigrants? Pourquoi?
5. Décrivez la vie de la mère de la narratrice, d'après la jeune fille.
6. Est-ce que la narratrice se sent exilée comme ses parents? Expliquez.
7. Qu'est-ce qui s'est passé le jour des élections de 1995?
8. Comment est-ce que la jeune fille aurait voté si elle avait eu l'âge légal de voter? Pourquoi, selon vous, aurait-elle choisi de voter ainsi?
9. Quelle sorte de vie est-ce que les parents veulent pour leur fille, la narratrice?
10. Comment est-ce que la narratrice se voit sur le plan de l'identité nationale?

**B. Grammaire/Vocabulaire.** Entourez les adjectifs qui décrivent le mieux la narratrice et expliquez vos réponses. Lesquels peuvent décrire la mère? Est-ce qu'il y a des adjectifs qui les décrivent toutes les deux?

**allophone   arrogante   confuse   triste   sereine   nostalgique
méchante   seule   québécoise**

Avez-vous d'autres adjectifs à ajouter pour décrire la jeune fille? la mère? Lesquels?

## C. Réactions

1. Que pensez-vous de la perspective des «pure laine» envers les immigrants au Québéc? Est-ce qu'aux États-Unis on voit une telle perspective envers les gens qui viennent d'une autre partie du pays? envers les gens qui viennent d'autres pays?
2. Croyez-vous que la narratrice devienne un jour québécoise? Justifiez votre réponse.

## Interactions

1. Votre partenaire et vous êtes les parents de la jeune fille. Créez une conversation dans laquelle vous exprimez votre nostalgie de l'Espagne. Évoquez ce qui vous manque le plus et parlez aussi des espoirs que vous avez pour votre fille.
2. Jouez les rôles de la narratrice et de son ami(e) d'école qui est aussi un(e) immigrant(e). Parlez des difficultés qu'on a quand on se sent entre deux cultures. Parlez aussi des joies liées au fait d'avoir deux mondes de références culturelles. Choisissez l'attitude qui vous caractérise le mieux: la nostalgie ou la richesse de la pluralité.

*Expansion*

Faites des recherches sur l'histoire politique du Québec. Allez à la bibliothèque et cherchez sur l'Internet. Répondez aux questions suivantes: Quelle est l'histoire politique du Québec? Combien de personnes parlent toujours français au Québec? Qu'est-ce que les Québécois ont fait pour que le Québec reste francophone? Est-ce que le Québec veut toujours se séparer du reste du Canada? Comment est-ce que vous voyez l'avenir du Québec?

# Je prendrais bien celui-ci...

**Thèmes:** La maison; Les vêtements; La technologie; La cuisine

This chapter is about making choices in every day life. Students will practice language and vocabulary typically used while making choices and comparisons in such contexts as shopping, cooking, and discussing the concept of friendship. Use this photograph as an introduction to the marché aux puces setting of the first conversation. Ask students to describe what they see; why items are displayed outside; and if they've ever shopped in such a market. Possible questions: Est-ce que vous êtes déjà allé(e) à un marché aux puces? Qu'est-ce qu'on y vend? Qu'est-ce que vous remarquez sur la photo?

 Heinle iRadio

 Système–D Writing Assistant

 Pour tester vos connaissances, visitez academic.cengage.com/french/bravo

---

## Leçon 1

**Fonction:** Comment dire ce qu'on préfère
**Culture:** La mode
**Langue:** Les pronoms démonstratifs
• Les adverbes

PRÉPARATION

## Leçon 2

**Fonction:** Comment comparer
**Culture:** Les Français et la technologie
**Langue:** Le comparatif et le superlatif des adjectifs, des adverbes et des noms

PREMIER BROUILLON

## Leçon 3

**Fonction:** Comment donner des instructions, des indications et des ordres
**Culture:** Se renseigner
**Langue:** Faire causatif et les verbes de perception

DEUXIÈME BROUILLON

---

## La grammaire à réviser

• Les adjectifs démonstratifs
• Les adverbes

## Synthèse

**Activités musicales:** France Gall: *Évidemment*
RÉVISION FINALE

## Intermède culturel

• Raymonde Carroll: *L'amitié*
• Dany Laferrière: *La photo*

# La grammaire à réviser

The information presented here is intended to refresh your memory of various grammatical topics that you have probably encountered before. Review the material and then test your knowledge by completing the accompanying exercises in the workbook.

## Avant la première leçon

### Les adjectifs démonstratifs

Demonstrative adjectives are used to point out something or someone. They are the equivalent of *this, that, these,* and *those* in English. They must agree in gender and number with the nouns they modify.

|  | singulier | pluriel |
|---|---|---|
| **masculin** | ce (cet) | ces |
| **féminin** | cette | ces |

Dans **cette** leçon-ci, nous étudions l'emploi des adjectifs démonstratifs. Nous avons besoin de **ces** petits mots lorsque nous voulons désigner une personne particulière ou un objet particulier.

NOTE: **Cet** is used before a masculine singular noun or adjective beginning with a vowel or mute **h.**

To distinguish between two elements, add **-ci** (when referring to something close to you) and **-là** (when referring to something farther away).

—Qu'est-ce que tu penses de ce livre-**là**?

—Moi, je préfère ce livre-**ci.**

### Les adverbes

#### A. L'usage
An adverb is used to qualify a verb, an adjective, or another adverb. Many adverbs in French end in **-ment;** the English equivalent is *-ly.*

#### B. La formation
Most adverbs are formed by adding **-ment** to the feminine form of the adjective:

| Adjectif | Adverbe |
|---|---|
| actif/active | activement |
| doux/douce | doucement |
| naturel/naturelle | naturellement |
| sérieux/sérieuse | sérieusement |

---

**Les achats en magasin.** En faisant les magasins avec une copine, vous échangez vos opinions. Faites tous les changements nécessaires.

1. Cette robe est très jolie. (jupe/pantalon/chaussures)
2. Ce grand magasin est trop cher. (restaurant/quincaillerie/station-service)
3. Quel est le prix de ce poste de télévision? (téléphone mobile/ordinateur/lecteur de CD)
4. J'adore ces tennis. (manteau/sandales/chemise)
5. Ce frigo est très moderne. (congélateur/appareil/scanner)

**Comment?** Comment est-ce que vous...

1. marchez? (lent/nonchalant/rapide)
2. étudiez? (fréquent/rare/indépendant)
3. pensez? (constant/superficiel/intelligent)
4. écrivez? (assez naturel/plutôt difficile/simple)
5. vivez? (intense/simple/royal)

BUT: If the masculine adjective ends in a vowel, this form is often used to form the adverb:

| | |
|---|---|
| absolu | absolument |
| probable | probablement |
| rapide | rapidement |
| vrai | vraiment |

- When the masculine adjective ends in **-ant** or **-ent,** the endings are replaced by **-amment** and **-emment** respectively. They are both pronounced [amã]. **Lent** is an exception.

| | |
|---|---|
| constant | constamment |
| méchant | méchamment |
| évident | évidemment |
| lent/lente | lentement |
| patient | patiemment |

- A few adverbs end in **-ément:**

| | |
|---|---|
| précis | précisément |
| profond | profondément |
| confus | confusément |
| énorme | énormément |

## C. La fonction

**Adverbes de manière:** ainsi *(in this way),* bien, mal, cher, vite, ensemble, debout *(standing),* plutôt *(rather),* sans doute *(probably),* volontiers *(willingly)*

**Adverbes de quantité et d'intensité:** plus, moins, peu, assez, beaucoup, trop, à peu près *(more or less),* tellement *(so),* tant *(so much),* autant *(as much, so much),* aussi *(as),* davantage *(more),* tout à fait *(completely),* très

**Adverbes de temps:** avant, après, avant-hier *(the day before yesterday),* hier, aujourd'hui, demain, après-demain *(the day after tomorrow),* aussitôt *(immediately),* tout de suite *(right away),* bientôt, déjà, alors *(then),* puis *(then),* encore *(still),* enfin, ensuite, d'abord *(first),* longtemps *(long, a long time),* maintenant, autrefois *(formerly),* auparavant *(before),* quelquefois *(sometimes),* soudain *(suddenly),* souvent, toujours, tard, tôt

**Adverbes de lieu:** ici, là, là-bas *(over there),* près, loin, ailleurs *(someplace else),* devant, derrière, dedans *(inside),* dehors *(outside),* dessous *(underneath),* dessus *(on top),* nulle part *(nowhere),* partout *(everywhere),* quelque part *(somewhere)*

**Adverbes de restriction:** à peine *(scarcely),* peut-être *(possibly),* presque *(almost),* seulement, ne... jamais, ne... personne, ne... rien

# Leçon 1

## Comment dire ce qu'on préfère

Track 26

**Rappel:** Have you reviewed demonstrative adjectives and adverbs? (Text pp. 350–351 and Workbook pp. 211–213)

un blouson *jacket*

le marché aux puces *flea market*
If possible, show slides or a video of a **marché aux puces** so that students can imagine the context for the conversation, or have students describe an open-air flea market they've been to.

des bijoux [m pl] *jewelry* / une cuisinière *stove* / une poêle *frying pan* / un plat à micro-ondes *microwave dish*

je vous le fais *I'll give (sell) it to you*

par-dessus *on top of that*
une occasion *a bargain*

## Conversation

### Premières impressions

**Soulignez:**
- les phrases qui expriment les goûts et les préférences

**Trouvez:**
- en quelle matière est le blouson° que Sophie et Emily veulent acheter
- le prix le plus bas que le vendeur acceptera pour le blouson

*Le marché aux puces° de Lyon se trouve dans la banlieue à Vaulx-en-Velin. Deux amies, Sophie, une Française, et Emily, une Noire américaine[1], toutes deux étudiantes à l'Université de Lyon, s'y promènent.*

SOPHIE: Vraiment, j'adore les marchés aux puces!

EMILY: Moi aussi! Il y a absolument de tout: des vêtements, des bijoux°, des cuisinières°, des poêles°, des plats à micro-ondes°.

SOPHIE: Oh, regarde les blousons là-bas! Moi, le cuir, j'adore!

LE VENDEUR: Bonjour, ma petite dame… Oui, ce blouson, il est fait pour vous!

EMILY: Hum… Je ne sais pas. Mais celui-ci… il est à combien?

LE VENDEUR: Un très bon choix! Du vrai cuir.

SOPHIE: Ah, mais j'aime mieux celui-là, à gauche.

LE VENDEUR: Celui-là est à 350€. Un vrai blouson de cuir, un blouson de pilote de la Seconde Guerre mondiale, mademoiselle.

SOPHIE: Moi, les trucs de guerre, j'ai horreur de ça…

EMILY: Tiens, regarde ce blouson-ci. Il est plus joli que ce blouson-là, non?

LE VENDEUR: Du très beau cuir aussi! Allez, je vous le fais° à 310€.

EMILY: Moi, je pensais 240€ plutôt.

LE VENDEUR: Allez, je vous le fais à 270€, parce que vous êtes gentilles…

EMILY: Allez, monsieur, 240€, et on vous le prend!

LE VENDEUR: Non mais… mesdemoiselles, si je ne fais pas de bénéfice, je ne peux pas survivre, moi.

SOPHIE: Vous ne trouvez pas qu'il faut aussi prendre en considération le revenu des gens? Nous sommes étudiantes!

LE VENDEUR: Je ne peux vraiment pas. 270€, et je mets ce joli portefeuille en cuir par-dessus°…

SOPHIE: Ça, c'est une occasion°!

EMILY: OK, monsieur, nous le prenons.

SOPHIE: Voilà! Merci beaucoup, monsieur!

EMILY: Au revoir, monsieur!

[1] Beaucoup de Noirs américains ont immigré ou vécu en France. Ce sont surtout des artistes qui ont été reconnus en France avant d'être reconnus aux États-Unis. Parmi les plus célèbres sont Joséphine Baker, actrice et danseuse; Theloneus Monk, pianiste de jazz; James Baldwin, écrivain; Langston Hughes, écrivain.

## Observation et analyse

1. Quelles sortes de choses est-ce qu'on vend dans un marché aux puces?
2. Quelle est l'opinion de Sophie sur le blouson de pilote? Expliquez.
3. Décrivez la dernière offre du vendeur.
4. Est-ce que vous pensez que les filles aiment marchander *(to bargain)* avec les vendeurs? Expliquez.

## Réactions

1. Qu'est-ce que vous achèteriez dans un marché aux puces?
2. Est-ce que vous êtes déjà allé(e) à un marché aux puces? Où? Parlez de cette expérience.
3. Aimez-vous marchander avec un vendeur—un vendeur d'automobiles, par exemple? Expliquez.

Joséphine Baker est allée en France dans les années 1920. Elle est morte à Paris en 1975.

## Expressions typiques pour...

### Exprimer ses goûts et ses préférences

Moi, j'adore… parce que…

Je préfère les vêtements neufs (aux vêtements d'occasion *[secondhand]*) parce que…

Je préfère ce pantalon-ci à celui-là parce que…

Je préfère celui-ci parce que…

J'aime mieux le manteau marron (que le manteau vert) parce que…

J'aime bien les tennis (mais je préfère les chaussures de bateau) parce que…

Ce que je préfère, c'est… plutôt que…

Je n'aime ni les tennis ni les sandales, mais (à tout prendre), ce sont les tennis que je préfère.

Je n'aime pas du tout…/Je n'aime pas tellement…

Ça ne me plaît pas…/ Ça ne me dit rien.

J'ai horreur de…

Parfois… *(At times . . . )*

Je ne sais pas./Bof.

Est-ce que vous préférez les boutiques ou les grands magasins? Expliquez.

## Mots et expressions utiles

### Les meubles et les appareils-ménagers
*(furniture and household appliances)*

l'armoire [f]  *wardrobe, armoire*
le coussin  *cushion, pillow*
l'étagère [f]  *shelf; shelves*
le placard  *cupboard; closet*
le tapis  *carpet*
le tiroir  *drawer*

la cuisinière  *stove*
le four à micro-ondes  *microwave oven*
le lave-vaisselle  *dishwasher*
la machine à laver (le linge)  *washing machine*
le sèche-linge  *clothes dryer*

Dans quelle sorte de maison est-ce qu'on mettrait ces meubles? Devinez le sens des mots **pendules, lustres, bibelots.**

**Preview:** Bring in visuals to preview these vocabulary items.

**Follow-up:** After students have studied the words, bring in pictures or slides of rooms for them to describe. To review the clothes items, bring in photographs of people (some famous) and have students describe what they are wearing. Students can comment on whether the people are well dressed, poorly dressed, etc.

Additional household and clothing vocabulary: l'argenterie [f] *silverware;* l'assiette [f] *plate;* le broyeur à ordures *garbage disposal;* la couverture *cover, blanket;* le drap *sheet;* les enceintes [f] acoustiques *speakers, speaker system;* le linge de maison *linen;* le slip de bain *men's swimsuit;* un walkman/un baladeur *walkman*

Useful vocabulary for talking about the color of clothing: Les couleurs sont... criardes *loud;* neutres *neutral;* soutenues *solid;* vives *bright;* voyantes *gaudy, loud*

**Mise en pratique**

Au secours! Je cherche un appartement à louer à un prix raisonnable. J'aimerais bien avoir une grande cuisine avec beaucoup de **placards,** d'**étagères** et de **tiroirs** afin d'y ranger ma vaisselle. J'adore faire la cuisine, tu sais. Et puisque je suis très occupée, mon appartement doit être équipé d'une **machine à laver,** d'un **sèche-linge,** d'un **lave-vaisselle** et d'un **four à micro-ondes.** Où puis-je trouver cet appartement de rêve?

### Les vêtements et la mode

les bas [m pl]  *stockings*
les bottes [f pl]  *boots*
les chaussettes [f pl]  *socks*
les chaussures [f pl] à hauts talons/à
   talons plats  *high-heeled shoes/
   low-heeled shoes*
le collant  *pantyhose*

les bijoux [m pl]  *jewelry*
   la bague  *ring*
   les boucles [f pl] d'oreilles
      *earrings*
   le bracelet  *bracelet*
   le collier  *necklace*

le blouson (en cuir/de cuir)  *(leather)
   jacket*
le pardessus  *overcoat*
la veste (de sport)  *(sports) jacket*

la chemise  *man's shirt*
le chemisier  *woman's shirt*

le costume  *man's suit*
le tailleur  *woman's tailored suit*

l'imperméable [m]  *raincoat*
le maillot de bain  *swimsuit*
le parapluie  *umbrella*

les sous-vêtements [m pl]  *underwear*
le tissu  *fabric*

enlever (un vêtement)  *to take off (a
   piece of clothing)*
mettre un vêtement  *to put on a piece
   of clothing*
changer de vêtements  *to change
   clothes*
essayer (un vêtement)  *to try on (a
   piece of clothing)*
s'habiller/se déshabiller  *to get
   dressed/to get undressed*
être mal/bien habillé(e)  *to be poorly/
   well dressed*
Ce vêtement lui va bien.  *This piece of
   clothing looks good on him/her.*

## Un vêtement est...

chic; élégant; en bon/mauvais état; sale; déchiré *(torn)*; râpé *(threadbare, worn)*; lavable *(washable)*; chouette *(familiar—great, nice, cute)*; génial *(fantastic)*; d'occasion *(secondhand, bargain)*; dans ses prix *(in one's price range)*; une trouvaille *(a great find)*

## On vend des vêtements...

dans une boutique  *in a shop, small store*
dans un grand magasin  *in a department store*
dans une grande surface  *in a huge discount store*
à un marché aux puces  *at a flea market*

## Divers

Je vous le fais  *I'll give (sell) it to you*

**Mise en pratique**

Qu'est-ce que je vais acheter comme cadeau pour ma petite amie? Elle est toujours si **bien habillée** que je dois lui trouver quelque chose de très **élégant**. Peut-être un **tailleur** pour ses voyages d'affaires? Non, ce n'est pas **dans mes prix**. Hum... Un **chemisier** très **chic**? Mais je n'aime pas beaucoup les **chemisiers** ici. Un **maillot**? Non, c'est trop personnel. Un **parapluie**? Non, c'est trop anonyme! Ça y est! J'ai trouvé le cadeau parfait: des **bijoux**. Mais de quelle sorte? un **collier**? une **bague**? un **bracelet**? Hum...

Follow-up: Have students create their own Mise en pratique using at least 10 new words or phrases from the Mots et expressions utiles of pp. 354–355. Suggested topic: Les cadeaux les plus surprenants que j'ai reçus!

# Activités

**A. Sur le vocabulaire.** Vous travaillez comme interprète pour un grand magasin à New York. Vous devez connaître le magasin par cœur pour pouvoir guider les touristes vers les rayons *(departments)* qu'ils cherchent. Étudiez la liste qu'on vous a donnée. Avec un(e) camarade de classe, jouez les rôles d'un(e) touriste français(e) et de l'interprète. (N'oubliez pas qu'en France, le rez-de-chaussée est le *first floor* américain.)

MODÈLE: —*Excusez-moi, monsieur/mademoiselle/madame, mais où se trouve le rayon des tissus?*
—*C'est au troisième étage, monsieur.*

| DEPARTMENT | FLOOR | DEPARTMENT | FLOOR |
|---|---|---|---|
| Blouses–women's | 2 | Shirts–men's | 3 |
| Fabric | 4 | Shoes | 2 |
| Jewelry | 1 | Suits–men's | 3 |
| Stockings | 1 | Suits–women's | 2 |
| Household appliances | 3 | Swimwear | 2 |
| Furniture | 5 | Umbrellas | 1 |

# La mode

Des noms comme Chanel, Dior ou Nina Ricci évoquent le prestige de la haute couture et des parfums délicats. Plus abordables *(affordable)* sont les collections de prêt-à-porter *(ready-to-wear)* et la confection industrielle *(clothing business)*, produites en masse et meilleur marché, que l'on trouve dans les boutiques, les grands magasins et les grandes surfaces.

La mode se démocratise et les frontières de son marché s'étendent de plus en plus. Cela signifie qu'une mode typiquement française, réservée à une classe sociale aisée *(well off)*, n'existe plus à proprement parler. Presque toutes les couches *(levels)* de la société s'intéressent à la mode. Les jeunes essaient d'établir leur identité à travers leur look. Par exemple, depuis quelques années le piercing est à la mode. Les jeunes se font percer les narines *(nostrils)*, les sourcils *(eyebrows)*, le nombril *(bellybutton)*.

Pour être appelées «haute couture»—une appellation contrôlée—les maisons de confection doivent avoir leurs propres ateliers de production, employer au moins quinze personnes, présenter à la presse chaque année une collection printemps-été et une collection automne-hiver d'au moins 35 modèles, et présenter à la clientèle ses collections sur trois mannequins vivants plusieurs fois par an. Bien que le nombre de clients réguliers des vêtements de la haute couture ne soit pas grand, le prestige associé avec ces vêtements aide à vendre d'autres produits offerts par les maisons de confection, par exemple, des parfums, du maquillage et du prêt-à-porter. (http://www.infoplease. com/spot/fashionside1.html, David Johnson, *What is Haute Couture? Uncovering the business of high fashion*, Information Please® Database, ©2006, Pearson Education, Inc.)

Un des plus grands problèmes que les couturiers et créateurs de mode rencontrent est la contrefaçon *(counterfeiting)* de leur marque. Ce problème constitue une menace pour l'économie française et il force les maisons de haute couture à payer de gros frais pour la surveillance de leur marque. De plus, la qualité médiocre de ces imitations peut ternir *(tarnish)* la réputation du créateur.

Selon vous, est-ce que la mode est un art ou une entreprise commerciale? Pensez-vous que la mode influence trop la vie de certaines personnes? Expliquez. Est-ce que les vêtements sont indicatifs de la personnalité des gens qui les portent?

Et vous, quel look est-ce que vous préférez?

Liens culturels: Preview: Bring in some fashion magazines before students read this section. Ask them what ideas or stereotypes they have about France and la mode, then discuss the magazines. If possible, show pictures or videos of French people in everyday attire. Explain that not many French people have clothes made for them now, although only a few decades ago it was cheaper to have clothes made by a local **couturière** than to buy them off the rack. Ask several questions such as: Est-ce que vous avez déjà acheté des vêtements sur mesure? À quelles occasions est-ce qu'on achète des vêtements sur mesure en général?

**B. Préférences.** En utilisant les *Expressions typiques pour...* donnez vos préférences sur quatre des sujets proposés.

MODÈLES: villes

*En ce qui me concerne, j'aime mieux les grandes villes parce qu'il y a beaucoup de choses à y faire.*

OU

*Je n'aime pas tellement les petites villes parce que tout le monde se connaît et se retrouve partout, au supermarché, à l'église, à la poste, etc.*

| | | |
|---|---|---|
| la boisson | le climat | les pays |
| la nourriture | les films | les vêtements |
| le sport | les chaussures | la musique |
| le petit déjeuner | les magasins | les restaurants |

**C. Une grande surface.** Votre ami est vendeur dans une grande surface. Aidez-le à apprendre le vocabulaire nécessaire pour son travail en lui donnant un synonyme ou un antonyme pour chacune des expressions suivantes. Utilisez les *Mots et expressions utiles.*

Synonymes

1. chouette
2. un type de manteau pour se protéger du froid
3. ce qui couvre le plancher d'une pièce
4. un appareil pour faire cuire *(cook)* très rapidement
5. un type de manteau pour se protéger de la pluie

Antonymes

6. mettre un vêtement
7. se déshabiller
8. un vêtement neuf
9. propre
10. à un prix exorbitant

# La grammaire à apprendre

## Les pronoms démonstratifs

### A. Les pronoms définis

You reviewed demonstrative adjectives earlier. Expressing preferences also necessitates at times the use of demonstrative pronouns. The definite demonstrative pronouns agree in number and gender with the nouns that they replace.

| | singulier | pluriel |
|---|---|---|
| masculin | celui | ceux |
| féminin | celle | celles |

To download a podcast on Demonstrative Pronouns, go to **academic.cengage.com/french**

They are used to point out or designate something or someone. They must always be used with -**ci** or -**là**, a preposition, or a dependent clause headed by a relative pronoun. Note that -**là** is used much more frequently than -**ci** in spite of the distinction between -**ci** *(close by)* and -**là** *(farther away)*. These usages are illustrated as follows:

- Followed by -**ci** *(this one, these)* and -**là** *(that one, those)*

  J'aime bien cette **casserole-ci**, mais le marchand me recommande **celle-là**.
  *I like this pan a lot, but the salesperson recommends that one.*

If you are shopping and there is a variety of similar items, you can point and say:

  Donnez-m'en deux (trois, etc.) de **ceux-là** (**celles-là**), s'il vous plaît.

The expressions **celui-là** and **celle-là** have a pejorative meaning when used to talk about a person who is not present. For example:

  —Tu connais le grand blond qui est avec Caroline?
  —Oh, **celui-là**. Ne m'en parle pas!

- With a preposition (usually **de**)

  Tiens, tu peux prendre mon pardessus et **celui de** Marc aussi, s'il te plaît?
  *Say, can you take my overcoat and Marc's too, please?*

NOTE: With **de**, the demonstrative pronoun indicates the owner or possessor.

- Followed by a dependent clause headed by a relative pronoun

  De tous les pardessus je préfère **ceux qui** tiennent chaud.
  *Of all the overcoats, I prefer those that keep you warm.*

  **Celui que** je préfère est en laine. Il est chaud.
  *The one I prefer is wool. It is warm.*

  C'est pour **ceux qui** aiment avoir chaud.
  *It's for those who like to be warm.*

- In order to precisely indicate an object, the following words can be added:

$$\left.\begin{array}{l} \text{celui} \\ \text{celle} \\ \text{ceux} \\ \text{celles} \end{array}\right\} \begin{array}{l} \text{de gauche} \\ \text{de droite} \\ \text{d'en bas} \\ \text{d'en haut} \\ \text{du milieu} \end{array}$$

TOUT L'HABILLEMENT
*POUR DAMES*
ROBES — MANTEAUX — TAILLEURS
ET ROBES DE MARIEES

**GYSELE**

*PRÊT A PORTER ET SUR MESURE*

**57, Rue de Rivoli**
**75001 PARIS**
Métro : CHATELET

BONS DE LA SEMEUSE ACCEPTÉS

Quels types de vêtements est-ce qu'on peut trouver chez Gysèle?

## B. Les pronoms indéfinis

The indefinite demonstrative pronouns **ceci** *(this)* and **cela** (**ça**) *(that)* do not refer to a specific noun but to a concept or idea. **Ceci** is rarely used except to announce an idea to follow. **Ça** is considered informal; **cela** is more formal and is used in written language.

  —Dis-moi si tu comprends **ceci**: la laine est le tissu le plus recommandé pour se protéger du froid et de la pluie.
  —**Ça**, c'est facile à comprendre.

Est-ce que vous aimeriez commander des vêtements sur mesure? Pour quelle(s) occasion(s)?

## Activités

**A. Trouvailles (Lucky finds).** Vous revenez du marché aux puces où vous avez acheté beaucoup de choses. Maintenant vous montrez vos trouvailles à votre sœur. Complétez les blancs avec un pronom démonstratif approprié.

1. 2,80 mètres de tissu exotique. C'est _____ que Sophie voulait pour se faire une robe.
2. Trois Rolex (des imitations!). _____ que je préfère, ce sont les deux plus petites.
3. Deux paires [f pl] de bottes. _____-ci est pour Julien; _____-là est pour Jessica.
4. Ces pulls en acrylique sont exactement _____ dont maman avait besoin.
5. Malheureusement, leurs manteaux n'étaient pas super, et _____ que j'ai choisi est un peu râpé aux manches.
6. Ces lunettes à bordure rouge sont un peu comme _____ de Laurence, non?
7. Ce walkman japonais ressemble à _____ que Bénédicte s'est acheté, pas vrai?
8. Il y avait un choix énorme d'outils. J'espère que _____ que j'ai choisi pour papa sera utile.

Activity B: Written preparation in advance
may be helpful.

**B. Une boutique chic.** Imaginez que vous alliez dans une boutique à Paris avec une amie riche et snob de votre mère. Traduisez ce qu'elle dit. Ensuite, donnez votre réaction.

I'm looking for a red dress. I like that one over there, but I'd prefer that it have long sleeves (**une manche**).

Oh, this wool (**en laine**) pullover is much prettier than that one.

What is that? Is that a skirt? It looks like a bag (**un sac**)! The ones that I prefer have a cut (**une coupe**) that suits me better than this! This other model is for those who are taller.

What is that woman doing over there? That one. Why is she staring at me (**me dévisager comme cela**)? Let's leave!

**C. À la recherche d'une tenue habillée** *(dressy clothes).* Racontez ce qui s'est passé la dernière fois que vous avez acheté une robe habillée *(elegant dress)* ou un costume.

1. Quelle était l'occasion?
2. Qu'est-ce que vous cherchiez?
3. Qu'est-ce que vous avez fini par acheter?
4. Vous étiez satisfait(e)? Expliquez.
5. Est-ce qu'il y avait des retouches *(alterations)* à faire?

# La grammaire à apprendre

## Les adverbes

**To download a podcast on Adverbs, go to academic.cengage.com/french**

Adverbs are useful when expressing preferences and in many other contexts to give details regarding when, where, and how the act of communication takes place. You have already reviewed the basics of adverb formation in *La grammaire à réviser.* The irregular formation and placement of adverbs will now be discussed.

**Preview idea:** When presenting the adverbs, use sentences to differentiate between the adjectives and the more difficult adverbs: **Cette robe est d'une meilleure qualité. Cependant celle-ci me va mieux. Cette robe est petite. Elle me plait peu. Et elle me va mal!**

### A. La formation des adverbes irréguliers

• Some adverbs are formed in an irregular way.

| Adjectif | Adverbe |
|---|---|
| bon/bonne *good* | bien *well* |
| bref/brève *brief* | brièvement *briefly* |
| gentil/gentille *nice* | gentiment *nicely* |
| mauvais(e) *bad, wrong* | mal *badly* |
| meilleur(e) *better* | mieux *better* |
| petit(e) *small* | peu *little* |

—Ce manteau en polyester me protègera **peu** du froid en hiver.
—C'est vrai. Un manteau en pure laine te tiendrait plus chaud. Mais ce modèle-ci te va **mieux** que l'autre.

• In certain expressions, an adjective may be used as an adverb. There is, therefore, no change in form.

chanter faux *to sing off key*
parler bas/fort *to speak softly/loudly*

coûter cher  *to cost a lot*
sentir bon/mauvais  *to smell good/bad*
travailler dur  *to work hard*
voir clair  *to see clearly*

—Ces croissants **sentent bon.**
—Oui, mais ils **coûtent cher.**

- An adverb that is a direct equivalent to those we often use in English may not exist in French. For example:

en colère  *angrily*
de façon permanente  *permanently*
avec espoir  *hopefully*
avec plaisir  *gladly*

## B. La position des adverbes

- In general, adverbs follow the verb they modify in the simple tenses in French. In English they often come between the subject and the verb. This is *never* the case in French.

Il fait **rapidement** un tour au marché aux puces.
*He quickly takes a walk around the flea market.*

- In French, some adverbs can begin a sentence. The most common are adverbs of time, **heureusement,** and **malheureusement.**

**D'abord** elle achète une paire de chaussures d'occasion.
*First she buys a pair of secondhand shoes.*

- When a compound tense is used, many common adverbs are placed between the auxiliary and the past participle.

Elle s'est **presque** acheté une Mercedes.
*She almost bought a Mercedes.*

Est-ce qu'elle aurait **vraiment** fait cela?
*Would she really have done that?*

NOTE: Adverbs may be placed after the past participle for emphasis:

Ces jouets-là lui ont plu **énormément.**
*Those toys pleased her enormously.*

- When a verb is followed by an infinitive, common adverbs are placed beween the two verbs.

Elle va **sûrement** retourner au marché le week-end prochain.
*She is surely going to go back to the market next weekend.*

- As in English, French adverbs precede the adjectives and adverbs that they modify.

Elle a **très bien** fait de partir au bout d'une heure.
*She did very well to leave after one hour.*

# Activités

Activity A: Follow-up: After the students have answered the questions, have the interviewer decide whether the student is well adapted to university life. He/She should give some reasons and advice.

**A. La vie universitaire.** Un employé de l'université vous pose des questions pour savoir si vous vous adaptez bien à la vie universitaire. Répondez à ses questions en employant un des adverbes de votre choix ou le dérivé d'un des adjectifs proposés.

régulier / vrai / précis / sûr / absolu / constant / naturel / franc / bref / gentil / énorme / complet / rare / heureux / malheureux / fréquent / petit / patient / bon

Est-ce que...

1. vous étudiez?
2. vous dormez sept heures par jour?
3. vous mangez trois fois par jour?
4. vous sortez?
5. vous aimez votre cours de français?
6. vos professeurs sont bons?
7. vous êtes content(e) de l'université?
8. vous allez revenir l'année prochaine?

**B. Une lettre.** Laurent écrit une lettre à un ami. Vous trouvez que ce qu'il a écrit n'est pas très intéressant. Embellissez la lettre en ajoutant les adverbes suivants.

demain / hier / méchamment / énormément / gentiment / très / vraiment trop / malheureusement / heureusement / presque / soudain / doucement dehors / ailleurs / complètement / en même temps / bien entendu

---

Lyon, le 5 juin

Cher Justin,
Tu ne devineras jamais ce qui m'est arrivé _____! J'étais dans le parking de Carrefour et un chien a couru vers moi. Il aboyait *(was barking)* _____. Il était _____ costaud et il avait l'air _____ féroce. _____ j'avais peur et je ne savais pas _____ quoi faire. J'étais _____ sûr que si je courais, il allait courir après moi. _____, j'ai eu une idée. Je lui ai parlé _____ et _____ je suis monté sur le capot *(hood)* de ma voiture! Les clients qui étaient dans le parking me regardaient comme si j'étais _____ fou! À l'avenir, je ferai mes courses _____. Quel embarras!
    Salut, et à la prochaine!

Laurent

---

Activity C: Written preparation in advance may be helpful.

**C. La réponse.** Justin, un Américain, répond à son ami Laurent. Traduisez cette lettre en français pour lui.

---

Columbus, June 17

Dear Laurent,
I can just see you (**Je t'imagine bien**) standing on your car! You can do better than that! They say that with dogs you must sing slowly—even if you sing off key (I know you sing well!)—and walk slowly. Frankly, you did precisely the wrong thing (**le contraire de ce qu'il fallait faire**). One should absolutely not show that one is afraid (**avoir peur**) of dogs. They are extremely sensitive (**sensible**) to fear. The next time, I hope that you will react (**réagir**) more intelligently (**d'une façon plus intelligente**).
    Hope to hear from you soon.

Justin

---

## Interactions

**A. Les possibilités.** Vous voulez un(e) chat(te) ou un(e) chien(ne). Lisez les petites annonces «Animaux». Expliquez à un(e) camarade à quelle annonce, parmi celles que vous voyez, vous préférez répondre et pourquoi. Est-ce qu'il/elle choisirait la même annonce que vous? Discutez de vos choix avec la classe.

**B. Débat.** En français, il y a un proverbe qui dit: «L'habit ne fait pas le moine *(monk)*». Est-ce qu'on peut juger la personnalité de quelqu'un par ses vêtements? Prenez parti en paires ou en groupes de trois et discutez de la question.

## Préparation   Dossier personnel

One of the communication goals of this chapter is to learn to write directions that teach your reader how to understand something or how to do something. This activity should help you logically develop an idea and then explain it.

1. First of all, choose an idea or process that you know well so that you can carefully explain it to someone else. In fact, giving directions will help you learn the process. You may want to choose from among the following ideas: describe an experiment; explain a graph, a map, caption, sketch or outline, or survey; explain the rules of a game; explain a recipe; write directions for skills, such as eating with chopsticks, playing a musical instrument; explain how to save someone from choking to death, etc. Feel free to use another idea. Whatever you choose, you should be prepared to explain your directions orally while other students follow along.

2. Write out a draft of the steps to the instructions.

3. If possible, watch someone do the activity and take notes.

Activity A: Preparation: Use the realia in activity A as a reading before beginning the role play activity.

**SYSTÈME·D**

**Vocabulary:** Clothing; house; kitchen
**Grammar:** Demonstrative pronouns; adverb formation
**Phrases:** Sequencing events; linking ideas

# Leçon 2

## Comment comparer

### Conversation

> **Premières impressions**
>
> **Soulignez:**
> - les expressions pour dire que deux choses sont identiques, comparables ou différentes
>
> **Trouvez:**
> - les différences entre les iPods qu'on compare

*Sophie et Emily ont quitté le marché aux puces et se trouvent en face d'un magasin d'électronique.*

**SOPHIE:** Emily, tu te souviens quand tu m'as aidée à acheter un ordinateur il y a trois ans? Le choix entre un micro° et un portable° n'était pas facile!

**EMILY:** Je me rappelle bien! Quand tu as eu compris que les portables pouvaient avoir un cédérom°, un lecteur de DVD°, et autant de mémoire, de puissance° et de logiciels° sophistiqués que les micros, tu as décidé d'acheter un portable.

**SOPHIE:** Et maintenant je suis une vraie cybernaute! À propos, est-ce que tu pourrais m'aider encore une fois? J'ai reçu de l'argent de ma tante et je voudrais bien acheter un iPod. Tu en as un, n'est-ce pas?

**EMILY:** Bien sûr! Entrons dans ce petit magasin: ils sont super!

*Les deux filles entrent dans le magasin d'électronique et regardent l'étalage des iPods.*

**SOPHIE:** Oh dis donc! Regarde tous ces modèles! Ils se ressemblent tous. Comment est-ce que je peux en choisir un?

**EMILY:** Ça dépend de ce que tu veux faire.

**SOPHIE:** J'adore la musique, je voudrais bien écouter mes chansons préférées.

**EMILY:** Mais, tu peux écouter de la musique avec tous les modèles. La question, c'est si tu veux aussi regarder des films, des photos, des programmes de télévision, jouer à des jeux et regarder des podcasts, par exemple sur des musées ou le zoo, ou même les cours de certains de tes profs.

**SOPHIE:** Tout cela semble génial!

**EMILY:** Alors, tu dois en acheter un qui a beaucoup de mémoire. Tiens! Celui-ci par exemple. C'est le plus cher mais il a plus de mémoire que tous les autres.

**SOPHIE:** Je n'ai pas beaucoup d'argent… Dis-moi, à supposer que je choisisse un modèle moins cher—et j'adore ces couleurs—est-ce qu'on peut avoir une même qualité audio?

**EMILY:** Je crois qu'à moins de faire des études de musique, tu ne t'apercevras pas de la différence. Les modèles diffèrent l'un de l'autre par le nombre de chansons qu'on peut avoir en mémoire, la durée de la pile° et le nombre de fonctions.

---

*Margin glossary:*

un **micro** *desktop computer* / un **portable** *laptop computer*

un **cédérom** *CD-ROM* / un **lecteur de DVD** *DVD drive* / **la puissance** *power, speed* / **les logiciels** [m] *software*

**la pile** *battery*

**364** ⏚ Chapitre 9

SOPHIE: Comme toujours, celui qui est le plus pratique est le plus cher…

EMILY: Moi, personnellement, j'adore mon petit iPod qui ne fait que jouer des chansons, mais c'est une préférence personnelle. De toute façon, avec tous ces modèles, tu auras la capacité d'importer° tes CD ou d'acheter des chansons sur iTunes Store et puis de les synchroniser° sur ton iPod.

SOPHIE: Cherchons un vendeur. Je suis prête à devenir une vraie accro!

**importer** *to import, download*
**synchroniser** *to synch*

## Observation et analyse

1. Quel ordinateur est-ce que Sophie a acheté il y a trois ans? Pourquoi?
2. Pourquoi est-ce que Sophie veut acheter un iPod?
3. D'après la conversation, quels sont les avantages des iPods les plus chers?
4. Quels facteurs semblent entrer dans la décision de Sophie?
5. Est-ce que Sophie et Emily ont les mêmes connaissances en technologie?
6. Quel iPod est-ce que Sophie va probablement acheter? Pourquoi pensez-vous cela?

## Réactions

1. Est-ce que vous avez un ordinateur? un iPod? Si oui, vous en êtes content(e)? Sinon, pourquoi?
2. Est-ce que les étudiants doivent avoir le droit d'écouter leur iPod pendant les cours? Expliquez.
3. Certaines universités équipent chaque nouvel(le) étudiant(e) d'un ordinateur personnel. Est-ce que vous pensez que toutes les universités devraient faire la même chose? Expliquez. Est-ce que vous pensez que les lycées devraient aussi avoir un ordinateur pour chaque élève? Expliquez.

# Expressions typiques pour...

## Comparer

### Souligner les ressemblances

Il n'y a aucune différence entre ces deux articles.

Ils sont $\begin{cases} \text{pareils.} \\ \text{semblables } (similar). \\ \text{identiques.} \end{cases}$

Ils sont (plus ou moins) comparables.
C'est le même (logiciel).
Ils se ressemblent comme deux gouttes d'eau. *(They are as alike as two peas in a pod.)*
Cet iPod ressemble à l'autre.
Ils ont beaucoup de choses en commun.

Il n'y a pas beaucoup $\left.\begin{array}{c} \\ \\ \end{array}\right\}$ de différence(s).
Il y a peu

Cet iPod a autant de mémoire que l'autre.
Il est aussi petit que l'autre.

### Souligner les différences

Ils sont différents l'un de l'autre.

Cet iPod est (bien, beaucoup, un peu) plus/moins grand que l'autre.

Il n'est pas aussi rapide que l'autre.

Il a moins de/plus de mémoire que l'autre iPod.

Ils ont très peu de choses en commun.

Ils n'ont rien en commun.

C'est mieux/pire.

La qualité est (bien) meilleure.

Cet appareil n'a rien à voir avec *(has nothing to do with)* celui-là: il n'est pas comparable!

## Mots et expressions utiles

### La technologie/Les communications

Bring in pictures of computers and point out the parts while modeling the pronunciation in French.

Additional technology-related vocabulary: une carte vidéo *video card;* une disquette *diskette;* les commandes [f pl] *commands;* un tableau *chart;* brancher *to plug in;* programmer des menus *to program (create menus);* zapper *to zap, switch between channels or sites*

l'informatique [f] *computer science; data processing*

être dans l'informatique *to be in the computer field*

un micro(-ordinateur) *desktop computer*

un portable *laptop computer*

le logiciel *software*

le matériel *hardware*

le cédérom (CD-ROM) *CD-ROM*

une carte USB *flash/memory stick*

le clavier *keyboard*

compatible *compatible*

le disque dur *hard (disk) drive*

l'écran [m] *screen*

le graveur de CD/DVD *CD/DVD burner*

l'imprimante (à laser) [f] *(laser) printer*

le lecteur de DVD *DVD drive*

le lecteur zip *zip drive*

la mémoire *memory*

une pile *battery*

la puissance *power, speed*

la souris *mouse*

la touche *key*

les données [f pl] *data*

un fichier adjoint *attachment*

les graphiques [m pl] *graphics*

le programme *program*

le traitement de texte *word processing*

appuyer *to press, push (a key)*

cliquer *to click*

déplacer *to move (something)*

effacer *to erase*

enlever *to take out*

enregistrer *to store, record*

faire marcher *to make something work*

formater *to format*

recharger *to recharge*

reculer *to backspace*

sauvegarder *to save*

synchroniser *to synch*

(re)taper *to (re)type*

le browser *browser*

se connecter/se brancher à l'Internet *to connect to the Internet*

le courrier électronique (le mail, le mél, le courriel) *email*

le/la cybernaute *one who enjoys the Web*

importer *to download, import from the Web*

Internet [m] *the Internet*

le moteur de recherche *search engine*

le podcast *podcast*

le réseau *network*

télécharger un message/un dossier *to download a message/a file*

le site Web *website*

le Web *World Wide Web*

— De quels **logiciels** est-ce que tu te sers?

— Oh, j'ai beaucoup de **programmes** et de jeux. Mais j'utilise surtout un **logiciel** de **traitement de texte**. Je **tape** mes notes de cours, je fais mes devoirs, je fais tout avec.

— Et est-ce que tu te sers d'une **carte USB**?

— Ça dépend. Quand j'ai beaucoup de **données**, je les **sauvegarde** sur le **disque dur**. Mais si c'est quelque chose de très important, je le **sauvegarde** aussi sur une **carte USB** ou sur un **lecteur zip**, au cas où j'**effacerais** par accident le contenu du **disque dur**.

— Et **Internet**?

— Je **me connecte à Internet** tous les jours. Je suis un vrai **cybernaute**.

**Informatique Multimédia**

TELEASSISTANCE
**CENTRAL PC**

► Réparation PC et MAC
► Installation logiciel et matériel
► Optimisation et sécurisation
► Connexion internet
► Formations
► Réseaux (wifi, ethernet, USB...)

**01.45.400.110**

**Dépannage à domicile** install. config, wifi ADSL antivirus réseau, 7j/7 au 06 21 42 79 17

**PC bloqué**, virus Internet, 7j/7, à partir de 15€, paiement seulement si PC réparé 01 42 81 93 87

**Dépannage PC** à domicile à part. 25€/h, création site internet 06 80 55 78 25

**Intervention** à domicile sur PC ou Mac et création de site 01 43 38 87 60

**Acer Travelmate** 4062LMI Centrino M 740 512 DDRAM 2 60 GO écran TFT 15.1 XGA DVDRW intégré Wifi G 128Mo vidéo partage Win XP Home garantie constructeur sur site : 599€ TTC au lieu de 999€ TTC près de 40% de remise nette ! SNB Solutions Note Books 01 45 84 39 20 site web : www.snb-portables.com

**Vds lots portables** occasion PIII 1.2 512 SDRAM 40Go écran TFT 14.1 XGA DVD intégré modem SNB Solutions Note Books 27 rue de Domrémy 75013 Paris 01 45 84 39 20 www.snb-portables.com réseau garantie 3 mois : 329€ TTC

**Réparation, installation,** configuration PC/MAC et PC portable, devis gratuit, ouvert 7j/7, PC d'occasion. 77, rue d'Avron 75020 Paris M° Buzenval. Tél. 01 44 64 00 27

**Vds occasions** reconditionnées IBM X 24 PIII 1.13 Ghz 256 SDRAM 20Go écran TFT 12.1 XGA CD ROM DVD modem WIFI garantie 6 mois : 299€ TTC. SNB Solutions Note Books : 27 rue de Domrémy 75013 Paris 01 45 84 39 20 www.snb-portables.com

**Dépanne tous PC 7j/7,** mini prix 06 26 45 64 10

**Ordinateur portable** multimédia, 300€ + Pentium PC écran 150€ 01 43 38 87 60

**Techn. inform.** prop. dépannage ts PC à dom., install. montage, config. wifi, ADSL, antivirus, soir & WE 06 74 62 89 50

**VENTE MATÉRIEL INFORMATIQUE** d'occasion et maintenance

À PRIX D'EXCEPTION
• **ROUTEURS CISCO**
• **Pentium III et IV**
• **PC portables, écrans, et pièces détachées**

**C COM**
66, av. Ph. Auguste 11e
**01.44.64.76.95**

**Dépannage et vente** informatique à dom., tarif unique 39€ illimité, dépl. non inclus 01 47 36 20 19

**Dépan. PC,** sites programmation 01 46 58 00 38

**Vds lots PC Toshiba** neufs M60 188 Centrino M750 1024 Mo 17 pouces DVDRW WIFI G 128 de vidéo ATI X600 : 899€ TTC au lieu de 1.399€ TTC. SNB Solutions Note Books 27 rue de Domrémy 75013 Paris 01 45 84 39 20 www.snb-portables.com

**Nouveau votre ordinateur** avec graveur DVD, écran plat, imprimante, scanner à 39€/mois.Achetez maintenant et commencez à payer dans 3mois Tél: 0820 312 942

**IBM THINKPAD X22** occasion PIII 800 256 SDRAM 20 GO écran TFT 12.1 XGA CD ROM 24X boîtier titane 1,3kg garantie 3 mois : 229€ ttc SNB Solutions Note Books 27 rue de Domrémy 75013 Paris 01 45 84 39 20 www.snb-portables.com

**Informaticien débloque** PC à dom., répar., install. et Internet 01 53 80 28 55

**Dépan. PC,** sites programmation 01 46 58 00 38

**Dépannage inform.** à dom., installation et config., matériels, réseaux, logiciels 01 43 62 94 18 ou 06 10 23 59 97

**Portable PC FUJISTU SIEMENS AMILO** destockage de neuf 1437G centrino M 740 1024 MO DRRAM 2 80 écran TFT 15.4 WXGA ultra brillant DVDRW 128 de vidéo ATI X 700 WIFI G WIN XP home garantie constructeur 1 an : 699€ ttc SNB Solutions Note Books 27 rue de Domrémy 75013 Paris 01 45 84 39 20 www.snb-portables.com

**PC PII 69€,** PIII 100€, PIII 800MHz 150€, portable 250€, PIV 280€, écr. 17" 35€ 06 22 33 78 11

**PC portables** destockage neuf constructeur HP pavillon ZD 8290EA P4 640 3.2 1024 Mo RAM 100Go écran géant 17 WXGA large ultra brillant DVDRW + double couche 256Mo de vidéo X600 ATI RADEON : 899€ TTC au lieu d'un prix public de 1.799€ TTC. SNB Solutions Note Books 27 rue de Domrémy 75013 Paris 01 45 84 39 20 site web : www.snb-portables.com

**Ordinateur Pentium** parf. Internet en ADSL, complet, parf. état, UC clavier, écran souris, 145€ 01 40 85 18 62

**Dépanne et installe PC** et tous réseaux, Prix intéressant 01 43 07 46 60 06 25 80 47 66 Paris & RP

**Vds PC portables** occasion IBM Thinkpad 600 PII 400 128Mo 6Go écran TFT 13.3 XGA CD rom garantie 3 mois : 149€ TTC. SNB Solutions Note Books 27 rue de Domrémy 75013 Paris 01 45 84 39 20 site web : www.snb-portables.com

**Ingén. pr dépannage,** ADSL, Internet, antivirus, petit prix 06 23 47 37 10

**Portables Toshiba** Centrino occasion à 530€ SNB Solutions Note Books 27 rue de Domrémy 75013 Paris 01 45 84 39 20 site web : www.snb-portables.com

**PC portables Acer Aspire** 9503 SMI neuf Pentium M 370 512 DDRAM 2 60 GO écran TFT 17WXGA DVDRW 128 de vidéo WIFI G DVDRW WIN XP home garantie constructeur : 699€ TTC SNB Solutions Note Books 27 rue de Domrémy 75013 Paris 01 45 84 39 20 site web : www.snb-portables.com

**PC portables** Hewlett Packard NC 6000 gamme pro Centrino 1.5 512 DDRAM 60 Go écran TFT 14.1 XP pro garantie constructeur 3 ans sur site : 599€ TTC neuf destocké à plus de 50% de leur prix public SNB Solutions Note Books 27 rue de Domrémy 75013 Paris 01 45 84 39 20 site web : www.snb-portables.com

**Dépannage** inform. à dom., installation et config., matériels, réseaux, logiciels 01 43 62 94 18 ou 06 10 23 59 97

**Ing. info,** dépannage, virus, Internet, Wifi, formation 06 25 43 92 62

**PC et portables** d'occasion ou neufs, à partir de 149€ 01 47 36 20 19

**Mac** dépann. install. wifi cours 01 40 44 77 41

**PC portable Acer** Turion64 1,6Go écran 15,4 DD 100Go mémoire 1,25Go graveur DVD 700€ 06 50 11 07 73

## Activités

**A. Petites annonces–Informatique multimédia.** À quelle(s) annonce(s) ci-dessus est-ce que vous répondriez si vous vouliez ce qui est décrit ci-dessous? Expliquez votre réponse.

1. un IBM d'occasion avec garantie de 6 mois
2. quelqu'un qui pourrait réparer un Macintosh
3. un portable avec 100 Go de mémoire
4. un ordinateur avec souris
5. un graveur et un scanner

**B. Une compagnie d'informatique.** Vous travaillez pour une compagnie d'informatique américaine qui souhaite vendre ses ordinateurs dans des pays africains francophones. Traduisez cette publicité.

We are presenting IZT's new laptop computer with CD-ROM and DVD. It is compatible with all systems on the market (**tous les systèmes sur le marché**). It can use all software developed for IBT. The keyboard is sensitive (**sensible**), the screen is easy to adjust (**régler**). It is perfect for word processing while you are traveling. It can read almost all printers' software. Isn't it time you bought the IZT portable computer?

Activity C: Expansion: Je te recommande...
Votre camarade vient d'arriver de France et ne connaît pas bien les États-Unis. Vous lui faites des recommandations. Choisissez donc quatre autres sujets de la liste et discutez-en en détail en comparant différents besoins, différentes marques, différents genres, etc. Refaites cet exercice par écrit pour le prochain cours.

**C. Comparaisons.** En petits groupes, comparez quatre des sujets présentés ci-dessous.

> MODÈLES: les livres
> *Les livres de poésie sont plus difficiles à lire que les livres de science-fiction.*
> OU
> *Les livres de James Joyce sont plus difficiles à lire que les livres de Robert Ludlum.*

les villes touristiques les lecteurs de DVD les universités
les boissons les vêtements les ordinateurs
les téléphones mobiles les films les iPods
les télés à écran plat la poésie

# La grammaire à apprendre

## Le comparatif et le superlatif des adjectifs

To download a podcast on The Comparative and The Superlative, go to **academic.cengage.com/french**

**A.** When comparing two things or people, **plus, moins,** or **aussi** is placed before the adjective and **que** after it.

> Cet ordinateur-ci est **plus** rapide **que** celui-là.
> *This computer is faster than that one.*

> Cet ordinateur-ci est **moins** cher **que** celui-là.
> *This computer is less expensive than that one.*

> Cet ordinateur-ci est **aussi** puissant **que** celui-là!
> *This computer is as powerful as that one!*

**B.** The superlative is used to compare three or more things or people. It is formed by placing **le, la,** or **les** and **plus** or **moins** before the adjective. The adjective is placed in its normal position—before or after the noun depending on the adjective. **De** is used after the adjective to indicate location. This is the equivalent of *in* or *of* in English. Do not use **dans** in this instance.

> C'est l'ordinateur **le plus** cher **de** ce magasin d'informatique.
> *That is the most expensive computer in this computer store.*

> C'est **le plus** petit écran **du** magasin.
> *That is the smallest screen in the store.*

With the adjectives that normally precede the noun, it is also correct to put them after the noun:

> C'est l'écran **le plus grand.**
> *That is the biggest screen.*

NOTE: The following construction can always be used:

> Cet ordinateur est **le plus cher** de tous les ordinateurs qu'on vend dans ce magasin d'informatique.
> *That computer is the most expensive of all the computers that they sell in this computer store.*

**C.** The adjectives **bon** and **mauvais** are irregular in some forms.

|  | Comparatif | Superlatif |
|---|---|---|
| bon(ne) | meilleur(e) | le meilleur<br>la meilleure<br>les meilleur(e)s |
|  | moins bon(ne) | le moins bon<br>la moins bonne<br>les moins bon(ne)s |
|  | aussi bon(ne) |  |
| mauvais(e) | plus mauvais(e), pire | le plus mauvais, le pire<br>la plus mauvaise, la pire<br>les plus mauvais(es), les pires |
|  | moins mauvais(e) | le moins mauvais<br>la moins mauvaise<br>les moins mauvais(es) |
|  | aussi mauvais(e) |  |

NOTE: **Pire** is often used to express abstract judgment, whereas **plus mauvais** expresses concrete judgment:

—J'ai **le meilleur** ordinateur du monde!
*I have the best computer in the world!*

—Mais tu as **le plus mauvais** logiciel!
*But you have the worst software!*

—Ça, c'est **la pire situation** possible!
*That's the worst possible situation!*

## Le comparatif et le superlatif des adverbes

**A.** The same constructions (**plus que, moins que, aussi que**) are used to compare adverbs.

Ce portable fonctionne **plus** vite **que** l'autre.
*That laptop runs faster than the other.*

Ce portable fonctionne **moins** vite **que** l'autre.
*That laptop runs less quickly than the other.*

Ce portable fonctionne **aussi** vite **que** l'autre.
*That laptop runs as fast as the other one.*

**B.** When forming the superlative of adverbs, the articles do not change to agree in number and gender because adverbs are invariable.

Ce sont les portables qui fonctionnent **le plus** vite.

**C.** The adverbs **bien** and **mal** are irregular.

|       | **Comparatif** | **Superlatif** |
|-------|----------------|----------------|
| bien  | mieux          | le mieux       |
|       | moins bien     | le moins bien  |
|       | aussi bien     |                |
| mal   | plus mal       | le plus mal    |
|       | (pis *[rarely used]*) | (le pis *[rarely used]*) |
|       | moins mal      | le moins mal   |
|       | aussi mal      |                |

Cet ordinateur-ci fonctionne **le mieux**.
*This computer works the best.*

Celui-là fonctionne **le moins bien**. Il est vieux.
*That one works the worst. It is old.*

## Le comparatif et le superlatif des noms

**A.** When comparing amounts or quantities of nouns, the expressions **plus de**, **moins de**, and **autant de** are used.

Cet ordinateur a **plus de** mémoire **que** l'autre.
*That computer has more memory than the other.*

Cet écran a **moins de** résolution **que** l'autre.
*This screen has less resolution than the other.*

Cet ordinateur-ci a **autant de** mémoire **que** l'autre.
*This computer has as much memory as the other.*

**B.** To form the superlative of nouns, the expressions **le plus de** and **le moins de** are used. As with adverbs, articles do not change.

Mais cet ordinateur-là a **le plus de** mémoire.
*But that computer has the most memory.*

## Activités

Activity A: Variation: Have students compare many other items, such as elementary and primary schools, professions, cars, courses, universities, and other items of interest to them.

**A. La vie au lycée et à l'université.** Vous écrivez une composition qui a pour sujet la comparaison entre la vie au lycée et la vie à l'université. Choisissez l'expression appropriée en complétant les phrases suivantes avec le comparatif des adjectifs. Faites tous les changements nécessaires.

1. Les lycéens / être / plus (moins, aussi) / libre / que... parce que...
2. Les cours au lycée / être / moins (plus, aussi) / difficile / que... parce que...
3. Les repas au lycée / être / aussi (plus, moins) / bon / que... parce que...
4. La responsabilité des étudiants / être / moins (plus, aussi) / grand / que... parce que...
5. La vie sociale à l'université / être / plus (moins, aussi) / intéressant / que... parce que...
6. Les étudiants / être / aussi (plus, moins) / sérieux / que... parce que...
7. Les professeurs au lycée / être / plus (moins, aussi) / strict / que... parce que...

# Liens culturels

Liens culturels: Expansion: Take a class poll to find out the purposes for which American students use computers. Compare the results with the purposes Brainstorm for which the French use computers. future applications of computers to everyday life.

## Les Français et la technologie

Actuellement, 52% des ménages sont équipés d'un ordinateur et le nombre augmente. L'ordinateur est devenu un instrument d'éducation et de communication. C'est aussi le centre des jeux vidéo, de l'écoute de la musique et du visionnage des photos de famille. Un Français sur deux dispose d'une connection Internet à domicile. Ils l'utilisent pour l'envoi de mails, pour surfer la toile et, de plus en plus, pour acheter en ligne. Ceux qui utilisent une messagerie instantanée représentent 23% de la population, mais pour 56% des 13–17 ans, la messagerie instantanée joue un rôle plus important que le contact direct. On voit aussi se développer d'autres formes de communication informative et interactive, par exemple, les «blogs» et l'encyclopédie collective *Wikipedia*. En général, la popularité d'Internet dépend de l'âge, du statut socio-économique et de la profession du consommateur. Le Minitel, un des réseaux précurseurs d'Internet né dans les années 80, n'a pas évolué comme on l'avait prévu. Il n'y a que 6,7 millions de Français qui l'utilisent aujourd'hui, et le nombre diminue. Par contre, Internet continue à transformer la vie et la perception du monde et ses applications concernent en effet tous les domaines de la vie.

Internet est porteur du meilleur et du pire dans le monde et il suscite de nombreuses questions. Cet outil de communication sera-t-il accessible à tout le monde, y compris dans les pays pauvres et dans les régimes de dictature politique? Réduira-t-il ou renforcera-t-il les inégalités entre les individus et entre les pays? Sera-t-il un instrument de liberté ou de surveillance? Les informations diffusées seront-elles objectives ou destinées à manipuler les opinions? Qu'en pensez-vous? Discutez de ces questions avec vos camarades de classe. À quelles autres questions est-ce que vous pensez en parlant de l'avenir d'Internet?

Adapté de Gérard Mermet, *Francoscopie 2007* (Larousse, pp. 430–431, 433–435, 438, 441).

**B. Super!** Pour Vincent tout est super—surtout quand il parle de tous ses gadgets. Complétez ses phrases avec le superlatif. Attention! Certains superlatifs sont irréguliers. Connaissez-vous quelqu'un comme Vincent?

1. je / avoir / plus / bon / ordinateur / de / monde
2. il / marcher / plus / bien / tous / autres / ordinateurs
3. il / avoir / plus / mémoire / tous / autres / ordinateurs
4. écran / avoir / plus / bon / résolution / possible
5. imprimante / marcher / plus / vite / toutes / autres / imprimantes
6. programme que j'ai écrit / avoir / graphiques / plus / intéressants
7. ordinateur / être / moins / cher / de tous / portables
8. de tous les nouveaux iPods / iPod / avoir / plus / bon / qualité audio
9. télévision / avoir / plus / bon / couleurs / possibles
10. lecteur de CD / avoir / qualité de son / plus / bon / de tous / lecteurs de CD / magasin
11. scanner / marcher / avec / plus / fiabilité *(reliability)*

**C. Trouvez quelqu'un qui...** Pendant cinq minutes, posez ces questions en français à vos camarades pour savoir qui dans la classe...

1. has less money on him/her than you
2. had a better grade than you on the last French test
3. takes as many courses as you
4. likes classical (popular, jazz, etc.) music more than you do
5. watched TV less than you last night
6. studies more often than you in the library this term

**D. Comparaisons.** Répondez aux questions suivantes. Comparez vos réponses à celles des autres étudiants de la classe.

1. Est-ce que vous avez déjà eu un job d'été? Si vous avez eu plusieurs jobs d'été, comparez-les. Parlez des horaires, de la nature du travail, du patron, des clients, etc.
2. Est-ce que vous avez vécu ailleurs qu'ici? Où? Comparez les endroits où vous avez vécu. Parlez du climat, des loisirs, de vos amis, de la vie nocturne, etc.
3. Est-ce que vous avez voyagé? Où? Comparez vos voyages. Parlez des endroits, du climat, des loisirs, des gens, etc.
4. Est-ce que vous avez lu plusieurs livres récemment? Lesquels? Comparez-les en parlant des personnages, de la longueur, du style, de l'auteur, etc.
5. Est-ce que vous avez mangé au restaurant récemment? Dans quels restaurants? Comparez-les en parlant du service, de la cuisine, de l'ambiance, etc.

## Interactions

**A. Tout change dans la vie.** Étudiez le tableau à droite qui montre les changements dans la répartition des dépenses des ménages français. Comparez les pourcentages des années 1960 jusqu'à 2005. Pour quelles catégories est-ce que les Français ont dépensé le plus au cours des années récentes? Pour quelles catégories est-ce qu'ils ont dépensé le moins?

**B. Le choix de l'université.** Un(e) ami(e) ou parent(e) plus jeune que vous est en train de choisir une université. Aidez-le/la à comparer plusieurs universités et à choisir celle qui est la plus appropriée. Comparez les choses suivantes:

1. les cours
2. les professeurs
3. les étudiants
4. les frais d'inscription
5. les ressources du campus
6. le logement
7. la vie sociale
8. l'éloignement de sa famille et de ses amis
9. la région géographique

### Transferts et arbitrages

*Evolution de la structure des dépenses de consommation effective des ménages[1] (en %, aux prix courants):*

|  | 1960 | 1970 | 1980 | 1990 | 2000 | 2005 |
|---|---|---|---|---|---|---|
| Produits alimentaires, boissons non alcoolisées | 23,2 | 18,0 | 14,5 | 13,1 | 11,4 | 10,7 |
| Boissons alcoolisées, tabac | 5,4 | 3,8 | 2,8 | 2,4 | 2,7 | 2,4 |
| Articles d'habillement et chaussures | 9,7 | 8,1 | 6,1 | 5,4 | 4,0 | 3,7 |
| Logement, chauffage, éclairage, dont: | 10,7 | 15,8 | 16,8 | 17,4 | 19,1 | 19,0 |
|   –location de logement | 5,6 | 10,5 | 10,0 | 12,0 | 13,6 | 13,9 |
|   –chauffage, éclairage | 3,6 | 3,3 | 4,7 | 3,3 | 3,0 | 2,9 |
| Equipement du logement | 8,4 | 7,3 | 6,8 | 5,6 | 5,1 | 4,5 |
| Santé | 1,5 | 2,1 | 2,0 | 2,7 | 2,9 | 2,7 |
| Transports, dont: | 9,3 | 10,4 | 12,1 | 12,6 | 12,2 | 11,4 |
|   –achats de véhicules | 2,2 | 2,6 | 3,6 | 4,1 | 3,2 | 3,0 |
|   –carburants, lubrifiants | 2,6 | 2,7 | 3,2 | 2,7 | 2,9 | 2,7 |
|   –entretien | 2,3 | 3,0 | 3,1 | 3,5 | 3,5 | nd |
|   –transports collectifs | 2,1 | 1,7 | 1,7 | 1,7 | 1,8 | 1,6 |
| Communications | 0,5 | 0,6 | 1,3 | 1,5 | 1,7 | 2,1 |
| Loisirs et culture | 6,2 | 6,8 | 7,1 | 7,0 | 7,1 | 7,1 |
| Éducation | 0,5 | 0,5 | 0,4 | 0,5 | 0,5 | 0,5 |
| Hôtels, cafés, restaurants | 6,5 | 5,4 | 5,5 | 6,0 | 6,0 | 4,7 |
| Autres biens et services | 5,7 | 6,0 | 6,2 | 6,1 | 6,0 | 8,6 |
| **Total dépense de consommation des ménages** | **87,6** | **84,9** | **81,5** | **80,4** | **78,7** | **76,9**[4] |
| Dépense de consommation des ISBLSM[2] | 1,1 | 0,8 | 0,7 | 0,7 | 0,9 | 1,8 |
| Dépense de consommation des APU[3], dont: | 11,3 | 14,3 | 17,8 | 18,9 | 20,4 | 21,3 |
|   –santé | 4,1 | 5,9 | 7,7 | 9,0 | 9,7 | 9,5 |
|   –éducation | 5,3 | 5,9 | 6,2 | 5,8 | 6,4 | 6,4 |
| Consommation effective des ménages | 100,0 | 100,0 | 100,0 | 100,0 | 100,0 | 100,0 |

(1) Les dépenses effectives sont celles directement supportées par les ménages, auxquelles on ajoute celles supportées par l'État mais dont les bénéficiaires peuvent être précisément définis (remboursements de Sécurité sociale, coûts d'hospitalisation publique, frais d'éducation). (2) Dépenses de consommation des institutions sans but lucratif au service des ménages en biens et services individualisés. (3) Dépenses de consommation des administrations publiques en biens et services individualisables. (4) Après correction territoriale.

Source: INSEE

Gérard Mermet, *Francoscopie 2007* (Larousse, p. 358)

Interactions, Activity A: Expansion: Ask students to make their own individual lists of personal expenses for the current year and then to compare their lists in small groups. Have them discuss how they think the breakdown of their expenses will change after they finish their studies and get a job. Then compare these projections with the statistics on the French.

Comparez l'apparence physique de la mère et de sa fille.

## Premier brouillon  Dossier personnel

1. Begin the directions that you drafted in **Leçon 1** with an introductory note that presents the subject. In this section, you will give an overview or explanation of what you will discuss.

2. If appropriate, include a list of materials or ingredients and illustrations. Provide any warnings or cautionary notes about any dangers. Look ahead to the expressions on pages 376–377 for some ideas.

3. The main body of your text will contain the description of the procedures or plans. You should pay particular attention to whether your explanation is clear and shows the steps clearly. You should go from the simple to the complex, from beginning to end, from general to specific, or in chronological order depending on what you are explaining.

4. Be sure to define any words or terms for the non-specialist. Try to do this through illustrations or writing descriptive phrases or sentences explaining the word. It might also help to give the semantic category.

5. Write a title that will give readers an idea of what they'll be learning to do.

**Phrases:** Describing objects; comparing and contrasting
**Grammar:** Comparison

# Leçon 3

## Comment donner des instructions, des indications et des ordres

### Conversation

 Track 28

> **Premières impressions**
>
> **Soulignez:**
> - les expressions pour donner des instructions et pour dire qu'on ne comprend pas
>
> **Trouvez:**
> - où l'on met le fromage dans un croque-monsieur: sur le dessus, dedans ou sur les deux côtés

*Une semaine après le shopping, Sophie donne une leçon de cuisine à Emily, pour la remercier de son aide avec l'achat de son iPod.*

EMILY: Alors, Sophie, c'est quoi, ton secret pour les croque-monsieur? Je serais vraiment curieuse de savoir!

SOPHIE: Bon, écoute, je vais te montrer ça... Alors, d'abord tu prends deux tranches de pain de mie°, du pain de mie frais, évidemment... Tu prends ta poêle°, tu mets un petit peu de beurre dedans, tu le fais fondre° un peu, et une fois que le beurre est chaud, tu mets du beurre sur une première tranche de pain que tu mets dans la poêle.

*le pain de mie* sandwich loaf
*une poêle* frying pan
*faire fondre* to melt

EMILY: Ah, tu mets du beurre sur le pain aussi... D'accord.

SOPHIE: Oui, sinon tu vas avoir un croque-monsieur qui va coller° à la poêle, tu vois? Ensuite, tu mets une première tranche de fromage, du gruyère[2]... peu importe, selon tes goûts... Et puis, tu mets une tranche de jambon et tu laisses cuire° un petit peu, euh, pour que le fromage fonde.

*coller* to stick

*laisser cuire* to let (it) cook

EMILY: Et tu fais griller° ton pain d'abord ou...

*faire griller* to toast

SOPHIE: Tu fais griller le pain dans la poêle avec le jambon et le gruyère, si tu veux. Fais attention de ne pas laisser coller le pain à la poêle. Ensuite, ce que tu fais, tu remets une tranche de fromage sur le dessus, tu laisses fondre le tout et tu mets bien une deuxième tranche de pain avec toujours du beurre mais sur l'extérieur parce qu'il faudra retourner le croque-monsieur pour faire dorer° l'autre côté.

*faire dorer* to brown
*piger* (familiar) to understand, to "get it"

EMILY: Je ne pige pas°! Tu ne mets pas de fromage sur le dessus? Juste dedans?

SOPHIE: Oui. Sur le dessus, ça risquerait de coller!

EMILY: Oh, mais c'est trop compliqué pour moi! Comprendre la technologie est vraiment plus facile qu'apprendre à faire la cuisine!

SOPHIE: Mais ce n'est pas compliqué du tout! Oh là là... ! Tiens on va aller acheter ce qu'il faut.

[2] Le gruyère est un fromage suisse à pâte dure qui vient à l'origine de la région de Gruyère, dans le Jura suisse. Le Comté est l'équivalent français, aussi fabriqué dans les laiteries (dairies) du Jura, une chaîne de montagnes que se partagent la France et la Suisse.

Le sandwich très populaire

## Observation et analyse

1. Quels ingrédients est-ce qu'il faut pour faire un croque-monsieur?
2. Quelle sorte de fromage est-ce que Sophie recommande?
3. À quoi faut-il faire attention pour bien réussir un croque-monsieur?
4. Est-ce qu'Emily sera une bonne cuisinière? Expliquez.

## Réactions

1. Est-ce que vous aimez faire la cuisine? Pourquoi ou pourquoi pas? Est-ce que vous avez déjà fait des recettes françaises? Si oui, lesquelles? Sinon, est-ce qu'il y en a qui vous intéressent?
2. Est-ce que vous avez déjà donné une leçon de cuisine à une autre personne? Si oui, décrivez cette expérience. Sinon, est-ce que vous avez déjà donné des instructions à une autre personne? Expliquez.

## Expressions typiques pour...

### Donner des indications ou des instructions

D'abord/La première chose que vous faites, c'est...

Après cela/Puis/Ensuite... {
suivez cette rue, puis allez à gauche...
prenez du beurre et, après cela, faites-le fondre dans une casserole...
vous branchez l'appareil; ensuite vous sélectionnez la température...
}

Il faut d'abord faire bouillir l'eau avant de mettre les œufs dans la casserole...
Je vous explique comment vous devez faire pour faire marcher *(make something work)*... Vous allez mettre...
Maintenant...
Là, vous enfoncez *(insert)* bien la clé, vous tirez la porte vers vous et...
N'oubliez pas de (+ infinitif)...
Faites attention à ne pas (+ infinitif)...
Pensez bien à (+ infinitif)...

### S'assurer que l'on comprend

Tu comprends?/Vous comprenez jusque là?
Tu y es?/Vous y êtes? *(Do you understand? Do you "get it"?)*
Tu vois/Vous voyez ce que je veux dire?
Tu piges? *(familiar—Do you understand? Do you "get it"?)*

### Encourager

C'est bien... maintenant...
Très bien. Continue(z).
Tu te débrouilles/Vous vous débrouillez très bien *(getting along very well)*.
Tu t'y prends/Vous vous y prenez très bien *(are doing it the right way)*.
Tu es/Vous êtes doué(e) *(gifted)* pour ça.

## Dire qu'on ne comprend pas

Je m'excuse mais je ne comprends pas ce que je dois faire.
Excuse-moi/Excusez-moi, mais je ne comprends pas.
Peux-tu répéter, s'il te plaît?/Pouvez-vous répéter, s'il vous plaît?
Je (ne) pige pas. Tu peux répéter?

## Donner des ordres

Tape cette lettre et trouve-moi.../Tapez cette lettre et trouvez-moi...
Je veux que tu téléphones/vous téléphoniez à...
Tu veux me chercher..., s'il te plaît?/Vous voulez me chercher..., s'il vous plaît?
Plus fort!/À gauche!/Pas si vite!/À table!

## Mots et expressions utiles

### La cuisine

une casserole *(sauce) pan*
un couvercle *lid*
un grille-pain *toaster*
une marmite *large cooking pot*
le plat *dish (container); dish (part of meal), course*
la poêle *frying pan*

(faire) bouillir *to boil*
(faire) cuire *to cook*
(faire) dorer *to brown*
(faire) fondre *to melt*
(faire) frire *to fry*
(faire) griller *to toast (bread); to grill (meat, fish)*
(faire) mijoter *to simmer*
(faire) rôtir *to roast*
(faire) sauter/revenir *to sauté (brown or fry gently in butter)*

coller *to stick*
passer au beurre *to sauté briefly in butter*
verser *to pour*

le pain de mie *sandwich bread*

### Suivre des instructions

se débrouiller *to manage, get along*
doué(e) *gifted, talented*
piger *(familiar) to understand, to "get it"*
s'y prendre bien/mal *to do it the right/wrong way*
Tu y es?/Vous y êtes? *Do you understand? Do you "get it"?*

Additional vocabulary related to la cuisine: un batteur *patissier mixer;* une cafetière *coffe maker;* un mixeur *blender;* un robot ménager *food processor*

**Mise en pratique**

Supprimer le gras *(fat)* de mon régime! Impossible! Même si je dois en mourir! J'adore mes steaks et mes pommes de terre au beurre, avec une goutte d'huile pour empêcher que le beurre ne brûle. Pour les haricots, les choux et les autres légumes, c'est **passés au beurre**, au vrai beurre, qu'ils sont les meilleurs. Et je **fais fondre** du fromage sur presque tout ce que je **fais cuire**. Je devrais commencer à **faire griller**, à **faire rôtir**, ou bien pire, à **faire bouillir**? Il n'en est pas question!

Have students create their own Mise en pratique using at least 5 new words or phrases from the Mots et expressions utiles on this page and if necessary, those on top of p. 354 (Les meubles et les appareils-ménagers). Suggested topic: Mes aventures dans la cuisine.

Décrivez cette cuisine. Comparez-la à votre cuisine.

## Activités

**A. Vous êtes le prof.** Vos étudiants de cuisine ne comprennent pas les expressions et les mots suivants. Donnez une définition, un synonyme ou un exemple pour chaque expression.

> MODÈLE: un couvercle
> *C'est ce que vous mettez au-dessus d'une casserole.*

1. faire dorer
2. une marmite
3. faire fondre
4. s'y prendre bien
5. faire mijoter
6. un(e) étudiant(e) doué(e)

**B. Une décoration.** Regardez les images suivantes. Donnez les instructions à suivre pour fabriquer un artichaut-bougeoir *(artichoke candlestick)*.
MOT UTILE: **un pinceau** *(paintbrush)*

**C. Instructions.** Avec un(e) partenaire, donnez des instructions pour: (1) préparer un citron pressé *(fresh lemonade)*, du café, un hamburger ou votre petit déjeuner préféré; (2) ouvrir la porte de votre maison; (3) prononcer votre prénom en français; et (4) faire marcher un ordinateur ou écrire une lettre de recommandation. N'oubliez pas de poser des questions si vous ne comprenez pas les instructions. Les instructions à la page 379 sur la préparation de certains fruits peuvent servir de modèles.

# Trucs et astuces

### LES CERISES
**Comment les congeler ?**
▶ Préférez les variétés acides (griottes et montmorency).
▶ Ne gardez que les plus belles. Lavez-les et équeutez-les. Séchez-les au sèche-cheveux. Disposez-les dans des barquettes d'aluminium en une seule couche et recouvrez-les de sucre. Fermez les barquettes. Congelez-les 4 heures à puissance maximale puis redescendez à température normale (-18° C). Elles se conservent pendant environ 8 mois.

### Des glaçons surprises !
Prenez un bac à glaçons vide et déposez dans chaque case un fruit au choix : framboise, myrtille, groseille, cassis, etc. Recouvrez d'eau et mettez au congélateur. En démoulant vos glaçons, le fruit apparaît en transparence !

### LES FRAISES
**Éviter les risques d'urticaire...**
▶ Pelez légèrement les grains externes pour les faire tomber (ce sont eux les responsables).
▶ Rincez les fraises dans une eau citronnée, ou...
▶ Immergez-les rapidement, plusieurs fois de suite, dans une eau vinaigrée.

### LES GROSEILLES
**Comment les égrapper ?**
Vous éviterez de les écraser et vous gagnerez du temps en utilisant une fourchette. Tenez la fourchette face bombée vers le haut dans une main, et dans l'autre la grappe de groseilles. Faites ensuite de petits mouvements brefs.

D'après vous, lequel de ces trucs et astuces est le plus utile?

# La grammaire à apprendre

## *Faire* causatif et les verbes de perception

**A.** The verb **faire** is commonly followed by an infinitive when meaning: (1) to have someone do something for you; (2) to make someone do something; or (3) to cause something to be done. These constructions will be very useful as you practice giving instructions and orders in this lesson.

Elle **a fait faire** une robe pour sa fille.
*She had a dress made for her daughter.*

Elle **a fait travailler** les mannequins pour les clients.
*She made the models work for the customers.*

Ses commentaires **feront réfléchir** les clients.
*Her comments will cause the customers to think.*

The expression **se faire + infinitif** is used when the action is done for oneself. There is no agreement of the past participle.

Elle **s'est fait faire** une robe.
*She had a dress made for herself.*

 To download a podcast on ***Faire* causative,** go to **academic.cengage.com/french**

 To download a podcast on Verbs of Perception, go to **academic.cengage.com/french**

NOTE: If one were performing the action oneself, the expression would be:

Elle **a fait** une robe pour sa fille.
*She made a dress for her daughter.*

**B.** The causative construction may have one or two objects. When there is only one object, it is a direct object.

Le couturier **a fait** travailler **ses mannequins.**
Il **les a** vraiment **fait** travailler.
*The fashion designer made his models work.*
*He really made them work.*

When the construction has two objects, the person is the indirect object and the thing is the direct object.

Il **a fait** couper **cette robe à son assistante.** (Il la lui a fait couper.)
*He had his helper cut the dress. (He had her cut it.)*

NOTE: The object pronouns are placed before the form of **faire**. The past participle is invariable in the causative construction because the real object is the infinitive phrase.

In affirmative commands, however, the object pronouns follow **faire**.

**Fais-le** couper.     *Have it cut.*

**C.** The following are some very useful constructions with **faire**:

| | |
|---|---|
| faire venir | to have someone come; to send for |
| faire voir | to show |
| faire tomber | to drop something |
| Ça me fait rire/pleurer/penser à... | That makes me laugh/cry/think about . . . |

NOTE: The expression **rendre + pronom personnel** or **nom** is used with an adjective.

Cette nouvelle **me rend heureux.** Ça **me fait** sourire!
*That news makes me happy. That makes me smile!*

**D.** The verbs of perception **laisser, entendre,** and **voir** resemble the construction of the *faire* causatif, and the placement of the object pronouns follows the same pattern.

J'entends **venir** le couturier.
*I hear the fashion designer coming.*

J'ai **vu arriver** le mannequin il y a dix minutes.
*I saw the model arrive ten minutes ago.*

Je me demande s'il la **laissera partir** de bonne heure.
*I wonder if he will let her leave early.*

# Activités

**A. Une recette.** On vous a donné cette recette. Aujourd'hui, avec votre famille, vous décidez de l'essayer. Décrivez comment préparer un repas.

MOTS UTILES: **les haricots** [m pl] *(beans);* **les moules** [f pl] *(mussels);* **refroidir** *(to cool down);* **mélanger** *(to mix);* **orner** *(to decorate);* **une rondelle** *(slice)*

### Salade de haricots aux moules

Nous / faire / cuire / haricots / avec / carotte, / deux oignons, / sel / et / poivre. Je / les / laisser / refroidir. Mike / ouvrir / les moules. Tu / préparer / vinaigrette. Tout ça / faire / réfléchir / mère. Elle / n'a pas l'habitude de / nous / entendre / travailler / la cuisine.

Au moment de servir, / nous / mélanger / les haricots / les moules (après en avoir réservé quelques-unes pour orner les rondelles de tomates) et les trois quarts de la vinaigrette. Tu / décorer / plat de rondelles de tomates. Je / verser / reste / de vinaigrette dessus. Mike / faire / voir / salade / maman. Ça / la / faire / sourire / et elle / nous / féliciter.

**B. Questions indiscrètes.** Parlez avec un(e) camarade. Ensuite, comparez vos réponses avec celles des autres étudiants.

Qu'est-ce qui te fait…

1. rire?
2. chanter?
3. réfléchir longuement?
4. rêver?
5. perdre patience?
6. crier *(yell out)*?
7. pleurer?

**C. Votre réaction.** Comment réagissez-vous et que décidez-vous de faire ou de faire faire dans les situations suivantes? (**Ça me fait… / Ça me rend… / Ça me donne envie de…**)

1. Votre mère/père vous offre un cadeau dont vous aviez envie depuis longtemps.
2. Vous lisez un livre très triste.
3. Vous regardez un ancien film d'Eddie Murphy.
4. Vous regardez un programme sur les sans-abri.
5. Votre fils/fille revient de l'école avec un deuxième zéro en maths.
6. Vous organisez une fête pour célébrer le vingt-cinquième anniversaire de mariage de vos parents.

**D. Échange de recettes!** Avec un(e) camarade, échangez une recette, oralement, puis par écrit. La recette à droite peut servir de modèle. Voici quelques idées.

coq au vin
crêpes ou gaufres
salade de thon

omelette aux champignons
soupe de légumes

# Confiture de fraises express

## La recette

**Préparation : 20 minutes**
**Cuisson : 10 minutes**

*Pour 4 verrines de 200 g :*
**500 g de fraises, 400 g de sucre gélifiant, 1 citron, 1 orange.**

**1** - Laver les fraises. Les équeuter et les couper en morceaux. Les verser dans une jatte. Saupoudrer de sucre gélifiant. Ajouter les jus de citron et d'orange. Laisser macérer 1/2 heure.

**2** - Faire cuire à couvert 5 minutes au micro-ondes, puissance maximale. Mélanger. Cuire à nouveau pendant 5 minutes, puissance maximale, à découvert cette fois. Verser dans les verrines. Laisser refroidir avant de fermer.

*Apports nutritionnels pour 100 g (1/2 verrine) :*
230 kcalories (960 kJoules),
54 g de glucides,
1,4 g de fibres,
110 mg de potassium.

Quels plats ou desserts est-ce que vous aimez préparer? Quels plats est-ce que vous n'aimez pas préparer?

# *Liens culturels*

## Se renseigner

Qu'est-ce que vous faites quand vous êtes perdu(e)? Est-ce que vous consultez un plan ou un guide? Est-ce que vous demandez le chemin à un inconnu? Et quand vous voulez utiliser un appareil qui ne vous est pas familier, lisez-vous le mode d'emploi ou demandez-vous à un(e) ami(e) de vous aider?

Que font la plupart des Français dans ces mêmes circonstances? La première chose qu'ils feront est de demander à quelqu'un d'autre de les aider. Un Français consulte peu les indicateurs ou les horaires. La même chose se produit avec les modes d'emploi insérés dans les emballages des appareils en vente. Les Français sont peu enclins à déchiffrer des notices souvent insuffisantes ou mal traduites de l'anglais. Ils aiment mieux demander à quelqu'un d'autre de les aider. Cela explique la facilité avec laquelle les Français se demandent des petits services.

Quand un Français demande un renseignement ou un service, il affirme l'importance d'une amitié. Cette observation se vérifie dans les liens d'amitié qui existent en France. Les amis font tout leur possible pour s'entraider. Aux États-Unis nous accordons plus d'importance à l'art de se débrouiller tout seul (on aime se suffire à soi-même). On essaie de montrer qu'on n'a besoin de personne. En France on donne *l'occasion* à quelqu'un de rendre service.

Et vous, est-ce que vous aimez demander des petits services aux autres ou préférez-vous vous débrouiller tout(e) seul(e)? À qui demandez-vous un service de temps en temps? Parlez des circonstances où vous prendriez des décisions différentes.

Adapté de Raymonde Carroll, *Évidences invisibles. Américains et Français au quotidien*, Édition du Seuil, 1987, pp. 167–168.

## Interactions

**A. Comment faire.** Circulez parmi vos camarades de classe pour compléter l'activité suivante. À la fin de votre description, votre camarade doit deviner le nom de ce que vous avez décrit.

- Dites au premier/à la première camarade de classe comment aller à votre endroit préféré sur le campus pour étudier.
- Dites au suivant/à la suivante comment faire votre sandwich préféré.
- Dites au suivant/à la suivante comment trouver votre petit café préféré.

**B. Descriptions.** Avec un(e) camarade de classe, décrivez une activité liée à vos loisirs, à votre travail ou à vos études. Si vous n'êtes pas sûr(e) de la façon de dire quelque chose, essayez d'utiliser d'autres mots pour exprimer ce que vous voulez dire. Votre partenaire va vous poser des questions, puis va décrire une de ses activités. Après, dites à la classe ce dont vous avez discuté.

## Deuxième brouillon · Dossier personnel

1. Write a second draft of the explanation you started in **Leçon 1,** focusing primarily on the use of details to clarify the instructions.

2. Discuss any cause and effects (**causes et effets**) in the steps you will mention. This will help you focus on the consequences of certain moves or actions. You might want to incorporate some of the following expressions that deal with cause and effect.

   EXPRESSIONS UTILES: **par conséquent, en effet, alors, donc, ainsi, en résumé, en conclusion**

3. Review **Chapitre 2** *Dossier personnel*, p. 79, to see how you can strengthen comparing and contrasting to add details. Use any of the following terms to compare and contrast some of the ideas: **contrairement à, par contre, au contraire, ne pas être compatible avec.**

4. Write a conclusion or ending line to give closure to your directions.

**Phrases:** Comparing and contrasting; linking ideas
**Grammar:** Causative **faire**

# Synthèse

## Activités musicales

To experience this song, go to **academic.cecngage.com/french/bravo**

This song can be used to help students learn the pronunciation of adverbs with [amã].

### France Gall: *Évidemment*

#### Avant d'écouter

1. Dans la chanson que vous allez entendre, France Gall parle des sentiments qu'on ressent après la disparition d'une personne chère. Qu'est-ce qui change quand on perd quelqu'un soudainement? Qu'est-ce qui ne change pas? Qu'est-ce qu'on peut faire pour surmonter *(to overcome)* ce genre de tragédie? Qu'est-ce qu'il faut éviter de faire?

#### Après avoir écouté

1. Quelles sont les deux choses mentionnées dans la chanson qu'on continue à faire après la disparition d'une personne chère? Est-ce qu'on les fait de la même manière qu'avant? Expliquez.

2. Qu'est-ce qui est différent après la disparition d'un être cher, d'après la chanson? En vous inspirant des paroles, essayez d'imaginer et de comparer les vies de ceux qui ont aimé la personne disparue avant et après sa disparition. Utilisez des comparatifs et des superlatifs.

3. À votre avis, pourquoi est-ce que l'adverbe «évidemment» a été choisi comme titre pour cette chanson? Est-ce que vous pensez que c'est un bon titre? Si oui, expliquez pourquoi. Sinon, suggérez un autre adverbe que vous trouvez plus approprié et expliquez votre choix.

Quel(s) poisson(s) est-ce que vous préférez: la sole, le saumon, les sardines, le thon? Connaissez-vous quelqu'un qui sache bien préparer le poisson? Vous avez une recette à suggérer?

## Activités orales

**A. Un repas parfait.** Avec un(e) partenaire, créez le menu d'un repas parfait. Décrivez les hors d'œuvres que vous voulez préparer. Discutez de vos préférences. Expliquez comment préparer le plat principal, les légumes et le dessert. Expliquez pourquoi vous préférez ces recettes en les comparant à d'autres que vous aimez moins.

**B. Vous avez gagné!** Imaginez qu'un(e) ami(e) et vous ayez le billet de loterie gagnant pour un prix de 20 millions d'euros! Décidez de la façon dont vous allez dépenser l'argent. Comparez vos préférences en matière de voitures, de maisons, de vêtements, de fondations de bienfaisance *(charities)*, de destinations de vacances, etc. Si vous n'êtes pas d'accord, vous devrez faire un compromis.

## Activité écrite

**Un gadget.** Faites la description d'un gadget. Décrivez comment il marche et comparez-le à d'autres choses. Les autres étudiants et le professeur vont deviner ce que vous décrivez.

### Révision finale  Dossier personnel

1. Reread your instructions, paying particular attention to whether what you say is clear. You may want to try to follow the directions yourself before you take them to class. If you can't follow them, be sure to revise by adding another step or switching steps around.
2. Bring your draft to class and be prepared to present your instructions to two classmates who will follow your directions. They should use the symbols on page 433 to indicate grammar errors.
3. Examine your composition one last time. Check for correct spelling, grammar, and punctuation. Pay special attention to your use of demonstrative adjectives, adverbs, comparative and superlative of adjectives, and **faire causatif**.
4. Prepare your final version.

**Phrases:** Describing objects
**Grammar:** Comparison; adverb formation

Activité écrite: Preview: The item described can be something very simple such as a pencil, a boat, a desk. You may wish to model a description yourself: Il a trois pneus, un siège, un guidon *(handlebar)* et deux pédales. Il n'y a pas de moteur. Les enfants l'adorent. Ils aiment rouler vite là-dessus. *(Tricycle)*

**Phrases:** Giving directions; linking ideas; sequencing events
**Grammar:** Demonstrative adjectives; adverb formation; comparison; causative **faire**

## I. *L'amitié* de Raymonde Carroll

## Avant la lecture

### Sujets à discuter

- Que représente le concept de l'amitié pour les Américains? Par exemple, si un(e) ami(e) vous invite à dîner chez lui/elle, est-ce que vous recevez cet(te) ami(e) chez vous la prochaine fois, ou est-ce que c'est toujours la même personne qui invite l'autre? Si un(e) ami(e) vous donne un cadeau pour votre anniversaire, est-ce que vous lui donnez aussi un cadeau pour son anniversaire? Pourquoi?
- Quand vous avez des problèmes, est-ce que vous les racontez à vos ami(e)s ou pas? Expliquez.
- Que savez-vous sur l'amitié chez les Français?

### Introduction

In her book Évidences invisibles, *the French ethnographer Raymonde Carroll, who has lived in the United States for several years, discusses French and American attitudes toward friendship. She analyzes the different ways that Americans and the French express friendship and their differing expectations of friends. This reading complements the information given in this lesson's* **Liens culturels** *that you read earlier. Discussing both of these readings will help you compare and understand habits and cultural differences, a useful skill in our increasingly interconnected world and one that you have practiced in this chapter.*

# L'amitié

J'ai souvent entendu des Français déclarer que les Américains «n'avaient aucun sens de l'amitié»... Une de mes amies, française et qui vivait aux États-
5 Unis depuis deux ans, est arrivée un jour chez moi pour déverser° un trop-plein de rancune° contre ses «amis-voisins». J'avais appris qu'elle était «très fatiguée»... Je proposai aussitôt de garder ses enfants
10 pour qu'elle puisse se reposer, ce qu'elle accepta tout de suite... Elle s'est amère-ment° plainte, chez moi, du fait que sa voisine, qu'elle considérait comme une bonne copine, une Américaine, ne lui
15 avait justement pas fait la même offre: «Tu crois qu'elle m'a dit je vais te prendre les enfants pour que tu te reposes? Tu

crois qu'elle a apporté un plat quelcon-que pour m'éviter de faire la cuisine?
20 Non, rien. Elle me demande seulement comment je vais, tous les jours... quelle hypocrite... » Puis, nostalgie de la France, où on sait ce que c'est que l'amitié. Sourire reconnaissant°: «Heureusement
25 qu'il y a toi, parce que toi, tu sais ce que c'est que l'amitié, tu vois, tu m'as proposé tout de suite de me prendre les gosses°... Tandis que les Américains, eux, ils vous laisseraient crever°... »
30 Ce à quoi l'on s'attend, c'est que l'ami propose «spontanément» de faire ce qu'on souhaiterait lui demander de faire. Comme l'ami doit être mis au courant°, on commence par raconter qu'on a un

**déverser** jeter

**rancune** colère / **reconnaissant** *grateful*

**gosses** enfants (familier)

**amèrement** *bitterly* / **crever** mourir (familier)

**mis au courant** *brought up to date*

**le cas échéant** *if the case arises*

**péremptoire** qui n'admet pas d'objection

**crevé** très fatigué (familier)

**te tues** *kill yourself*

**minerait** diminuerait

**se recroquevillerait** *would withdraw* / **intempéries** difficultés

**insoutenable** *unbearable*

**manies** obsessions / **sautes d'humeur** *mooodiness* / **barque** bateau

**mettre les pieds dans le plat** manquer de tact

**supporter** *to put up with*

---

35 «ennui», on expose la situation qui fait problème. L'ami, si c'est un «vrai ami», devrait alors intervenir, prendre en quelque sorte la situation en main, proposer une solution, c'est-à-dire son aide.

40 Ce qui appelle la réponse: «Oh, non, je ne veux pas trop t'embêter»... Et c'est alors à l'ami d'insister: «Mais non, ça ne m'ennuie pas du tout, à quoi servent les amis alors, si on ne peut pas compter sur

45 eux... » Cela explique pourquoi on ne s'étonne pas de voir un ami annoncer d'un ton péremptoire°: «Pas d'histoires, je passe te prendre ce soir à 8 heures, et nous allons au cinéma. Tu es crevé°,

50 tu as besoin de te détendre, je ne vais pas rester là à ne rien faire, alors que tu te tues° de travail sous mes yeux...», ou encore: «N'insistez pas, nous vous emmenons avec nous à la campagne ce

55 week-end, cela vous fera le plus grand bien, et je n'accepterai pas que vous refusiez.»

Face à une telle prise en main, un(e) Américain(e) se recroquevillerait°. En

60 effet, cela représenterait une invasion insoutenable° de sa vie privée, et, pire, une suggestion qu'il(elle) est incapable de mener sa barque°, de se débrouiller tout(e) seul(e). On comprend pourquoi

65 l'amie-voisine américaine de mon amie française se serait bien gardée de lui proposer de «lui prendre les enfants». Cela en effet aurait signifié que la voisine avait remarqué que mon amie était incapable

70 de prendre soin de ses enfants...

Une raison pour laquelle j'ai des amis est que leur présence est une source de plaisir, que je sois français ou américain. Pour des Français, cela se traduit par de

75 fréquentes sorties ensemble: restaurants, cinéma, pique-niques, et autres activités qui varient selon l'âge. Il est donc possible que Zoé invite plusieurs fois de suite son amie Géraldine (et son partenaire ou

80 mari le cas échéant°) à des dîners chez elle, sans que cela ne gêne Géraldine qui, elle, reçoit rarement. La règle de réciprocité entre amis va cependant être respectée: Géraldine s'arrangera pour

85 faire des petits cadeaux «pour rien», sans occasion spéciale, et pour rendre service, payer à Zoé le cinéma ou le théâtre, lui garder les enfants, ou faire quelque chose d'équivalent. Parfois, la présence même

90 de Géraldine à un dîner de Zoé est un service rendu à Zoé: celle-ci a demandé à Géraldine de «ne pas la laisser seule».

Dans un contexte parallèle, semblable, des Américains préféreraient

95 des échanges de même nature. On dîne l'un chez l'autre à tour de rôle, sans que l'alternance doive être respectée de façon rigide. Des cadeaux répondent à des cadeaux, et ainsi de suite. Cela éli-

100 mine la possibilité que l'un ou l'autre se sente exploité, ce qui minerait° l'amitié...

La différence vient du fait que pour les Français, les liens d'amitié une fois établis, ils sont assez solides pour résister

105 à toutes sortes d'intempéries°. Mes amis connaissent mon sale caractère, mes petites manies°, mes sautes d'humeur°, mon habitude de mettre les pieds dans le plat°, mon manque de tact, que sais-

110 je. S'ils sont mes amis, c'est parce qu'ils savent tout cela sur moi, mais qu'ils trouvent autre chose en moi qui compense, fasse supporter° mes défauts, ou encore qu'ils se retrouvent en moi...

115 Pour les Américains, cependant, l'amitié la plus solide semble contenir en elle un élément constant de fragilité. Une multitude de dangers la menace: la séparation, la distance, le silence, c'est-à-dire

120 tout ce qui menace l'équilibre de la relation, qui repose sur l'égalité et l'échange, l'alternance. Une relation de dépendance qui deviendrait trop forte signalerait la fin de l'amitié...

125 Cette insistance sur l'égalité ne me paraît pas un trait important de l'amitié française, qui semble très bien s'accommoder d'une sorte de répartition des rôles.

130 Ainsi, américain(e), j'ai le réconfort de savoir que mon ami(e) «fera tout pour moi», mais je dois avoir le bon sens de ne pas tester cette conviction au-delà du possible, de ne pas «exagérer», par crainte 135 de détruire l'équilibre qui sauvegarde notre amitié. Cela ne serait pas le cas en France, où je peux partager avec mes amis «crise» après «crise» sans plus de remords qu'une phrase du genre: «Je t'embête, 140 hein, avec mes histoires.» C'est d'ailleurs ce rôle des amis qui a longtemps donné au recours à la psychanalyse une image négative en France (une «triste nécessité» pour «ceux qui n'ont pas d'amis», «ceux 145 qui ont besoin de payer quelqu'un pour les écouter», etc.). C'est aussi dans cette perspective que l'on peut comprendre le succès de la psychanalyse aux États-Unis: le refus d'accabler° les amis par un partage 150 inéquitable, disproportionné des problèmes.

Extrait de Raymonde Carroll, *Évidences invisibles. Américains et Français au quotidien*, Éditions du Seuil.

**accabler** bombarder

For more literary selections, visit Textchoice.com

## Après la lecture

### *Compréhension*

#### A. Observation et analyse

I. Répondez aux questions suivantes.

1. Selon l'amie de l'auteur, pourquoi est-ce que les Américains n'ont aucun sens de l'amitié? Parlez de la situation où la Française était fatiguée. Qu'est-ce que l'amie américaine a dit? Qu'est-ce que la Française aurait préféré?
2. Comment est-ce qu'un «vrai ami» prend la responsabilité d'aider quelqu'un en France? Selon l'auteur, quelle pourrait être la réaction d'un(e) Américain(e) si on l'aidait de la même façon?
3. Parlez de la réciprocité entre amis. Comment est-ce qu'on la voit en France? Et en Amérique?
4. Que sait un Français sur ses amis? Et en Amérique, en quoi est-ce que les liens d'amitié sont moins solides?

II. Comparez les Français et les Américains dans les domaines suivants. Utilisez le texte comme point de départ *(starting point)*.

1. les réactions spontanées
2. l'invasion de la vie privée
3. l'attitude envers la psychanalyse
4. la réciprocité
5. le sens de l'amitié

## B. Grammaire/Vocabulaire

**I. Mots apparentés.** Les mots de la colonne de gauche sont des mots apparentés qui se trouvent dans le texte que vous venez de lire. Trouvez-leur une expression équivalente dans la colonne de droite. Cherchez dans un dictionnaire le sens de ceux que vous ne connaissez pas.

| | | | |
|---|---|---|---|
| 1. remords | | a. | s'adapter |
| 2. réconfort | | b. | inégal |
| 3. sauvegarder | | c. | intercéder |
| 4. disproportionné | | d. | consolation |
| 5. compenser | | e. | regret |
| 6. spontanément | | f. | faute |
| 7. intervenir | | g. | être surpris |
| 8. s'étonner | | h. | instinctivement |
| 9. défaut | | i. | balancer |
| 10. s'accommoder | | j. | préserver |

**II. Familles de mots.** Il y a des mots inconnus qui ressemblent à des mots que vous avez déjà appris. Vous connaissez probablement les mots de la colonne de gauche. En utilisant le contexte et votre connaissance de ces mots, déterminez le sens des mots soulignés dans les phrases à droite.

| | | |
|---|---|---|
| 1. | alternatif | On dîne chez l'autre à tour de rôle, sans que l'alternance doive être respectée de façon rigide. |
| 2. | sauter | Mes amis connaissent mon sale caractère,… mes sautes d'humeur… |
| 3. | partie | Cette insistance sur l'égalité ne me paraît pas un trait important de l'amitié française, qui semble très bien s'accommoder d'une sorte de répartition des rôles. |
| 4. | soutenir | Cela représenterait une invasion insoutenable de sa vie privée (NB: Le préfixe **in-** indique le négatif de quelque chose.) |
| 5. | sortir | Pour des Français, cela se traduit par de fréquentes sorties ensemble: restaurants, cinéma, pique-niques… |

## C. Réactions

1. Êtes-vous d'accord que les Américains n'ont pas le sens de l'amitié? Expliquez pourquoi en vous servant d'exemples donnés du texte.
2. Voudriez-vous avoir de bons amis français? Expliquez.

## Interactions

**A. L'amitié.** Parlez des étapes de l'amitié: À quel moment est-ce que l'amitié entre deux personnes est «solidifiée»? Qu'est-ce qui peut détruire une amitié?

MOTS UTILES: **faire la connaissance de quelqu'un, aider quelqu'un, s'entraider** *(help each other)*, **passer des moments importants de la vie ensemble, dire des méchancetés** *(mean things)* **sur quelqu'un, mentir.**

**B. Sondage.** Demandez à au moins cinq étudiant(e)s de la classe combien de très bon(ne)s ami(e)s ils ont. Comment savent-ils/elles que ce sont de très bon(ne)s ami(e)s?

**C. Une histoire.** Inventez une petite histoire pour démontrer l'importance de l'amitié.

### Expansion

**Votre opinion de l'amitié?** Interviewez au moins trois personnes sur leur concept de l'amitié. Trouvez des gens d'origines, de pays et d'âges différents. Faites d'abord une liste de questions que vous voulez poser. Ensuite, faites les interviews et enfin écrivez un reportage que vous présenterez à la classe.

## II. *La photo* de Dany Laferrière

## Avant la lecture

### Sujets à discuter

- Où est-ce que vous avez passé votre enfance? Décrivez la ville et la région. Est-ce que vous étiez fier/fière de votre ville natale? Expliquez. Qu'est-ce que vous faisiez pour vous amuser? Est-ce que vous voyagiez souvent? Si oui, où?
- Décrivez une chose que vous teniez beaucoup à faire pendant votre enfance mais que vous saviez être impossible. Quelles émotions est-ce que vous éprouviez?
- Qu'est-ce que vous savez de Haïti (langue, statut socio-économique, situation politique, etc.)?
- L'auteur, Dany Laferrière, est né en 1953 et il a grandi à Petit-Goâve, une petite ville en Haïti. Comment imaginez-vous sa vie pendant son enfance?

### Stratégies de lecture

**Trouvez les détails.** Avant de lire le texte suivant, parcourez-le rapidement et trouvez: 1) une chose qui est sur la photo que le narrateur décrit; 2) le nombre de personnes qui sont sur la photo; 3) l'endroit où la photo a été prise; 4) l'endroit où le narrateur habite; 5) la date de la photo; et 6) la date du livre dont le texte est extrait. Faites une liste de vos réponses. Quel est probablement le thème de ce passage?

Dany Laferrière

You may need to help students with information on Haiti. Show the country on a map and point out its proximity to the United States. Be prepared to provide political and socioeconomic information on the country.

Students who have relatives who have immigrated or moved from one region to another may remember those relatives' stories of their childhood home, what they did there, and how it differed from their new surroundings.

Introduction

*In* Le Charme des après-midi sans fin, *the author, Dany Laferrière, recounts his youth through a series of brief sketches describing life in Petit-Goâve, the small town in Haiti where he grew up. The sketch that follows demonstrates how the description of an evocative moment in the past can illuminate the present and set up an unstated comparison.*

*Laferrière was born into a middle-class family in Port-au-Prince in 1953. After the repressive Duvalier regime killed a friend of his, Laferrière went into exile in Quebec in 1976, fleeing conditions in Haiti. He began writing in Quebec and published his first book in 1985. He now lives in Miami, Florida.*

# La photo

**accrochée** *hung*

Rien n'a changé dans la chambre de mon grand-père. Son chapeau, sa canne encore accrochée° au mur, près du lit, à côté de la photo d'un immense
5 tracteur jaune dans un champ de blé. Il m'arrive de passer des heures devant cette photo. Un homme est au volant° du tracteur. Ses deux fils (le plus jeune doit avoir à peu près mon âge) ne sont
10 pas loin. On les voit jusqu'à la taille°. Le reste du corps disparaît dans l'herbe haute. Je remarque qu'ils ne portent pas de chapeau. Mon grand-père n'aurait jamais toléré une pareille chose. À tra-
15 vailler tête nue dans le champ, on risque à coup sûr une insolation°. Ils portent tous les trois la même chemise à carreaux° dont les manches sont retroussées° jusqu'aux coudes. L'homme et
20 ses deux fils sont aussi blonds que des épis de maïs°. Je les regarde longtemps, surtout le plus jeune, me demandant ce qui arriverait si, lui et moi, on changeait de place. Il viendrait vivre dans cette
25 maison, à Petit-Goâve, et moi, j'irais à Chicago. Je me sens, chaque fois, tout

drôle à dire ce nom qui me paraît aussi impressionnant que le plus grand des tracteurs: Chicago. Chicago. Chicago.
30 Trois syllabes qui claquent au vent. Chicago. Je trouve ça bon dans ma bouche. Petit-Goâve sonne-t-il aussi bien? Je ne peux pas le savoir. Je suis né ici. Je ne sais plus quand j'ai entendu ce
35 nom (Chicago) pour la première fois. Lui, le petit garçon de Chicago, peut-être mourra-t-il sans jamais avoir entendu parler de Petit-Goâve. Je me sens tout triste d'y penser. Triste pour lui, pour
40 moi, et pour Petit-Goâve. Tout le monde connaît Chicago à cause de ses tracteurs jaunes. Et Petit-Goâve, par quoi sera-t-il connu dans le monde, un jour? Je remarque, pour la première fois, dans le
50 coin gauche de la photo (en bas) cette inscription: Chicago, US, 1950. Même cette photo est plus vieille que moi. Ce genre de chose peut vous foutre un tel cafard°.

Extrait de Dany Laferrière, *Le Charme des après-midi sans fin* (Paris, Serpent à Plumes, Éditions du Rocher, 1998).

**au volant** *at the steering wheel*

**la taille** *waist*

**une insolation** *sunstroke*

**à carreaux** *checked*
**retroussées** *rolled up*

**épis de maïs** *ears of corn*

**foutre un tel cafard** *to produce a fit of depression* (familiar)

For more literary selections, visit Textchoice.com

## Après la lecture

### Compréhension

#### A. Observation et analyse

1. Décrivez la photo dans la chambre du grand-père du narrateur.
2. Pourquoi est-ce que le narrateur est fasciné par la photo? Donnez deux ou trois raisons.
3. Qu'est-ce qu'il rêve de faire?
4. Est-ce qu'il connaît le nom de Chicago? Depuis quand? Est-ce qu'il croit que Petit-Goâve est aussi connu?
5. Comment est-ce qu'il voit Petit-Goâve? Trouvez quelques lignes dans le texte qui illustrent ses sentiments envers cette ville.
6. Expliquez la dernière ligne du texte: «Ce genre de chose peut vous foutre un tel cafard».

#### B. Grammaire/Vocabulaire.
Révisez d'abord la formation des phrases affirmatives et des phrases négatives aux pages 312–314. Ensuite, lisez les phrases suivantes adaptées de la lecture. Changez les phrases affirmatives en phrases négatives et vice versa.

1. Je remarque qu'ils ne portent plus de chapeau.
2. Mon grand-père n'aurait jamais toléré une pareille chose.
3. Rien n'a changé dans la chambre.
4. Je ne sais plus quand j'ai entendu ce nom pour la première fois.
5. Sa canne est encore accrochée au mur.
6. Le petit garçon de Chicago a déjà entendu parler de Petit-Goâve.
7. Tout le monde connaît Chicago à cause de ses tracteurs jaunes.

#### C. Réactions

1. Décrivez une photo, un poster ou un tableau qui a eu une forte influence sur vous. Chaque fois que vous le/la regardez, est-ce que vous avez la même réaction? Expliquez.
2. Comment est-ce que vous avez trouvé cet extrait de l'œuvre autobiographique de Dany Laferrière—intéressant, ennuyeux, émouvant, triste, etc.? Expliquez votre réaction.

### Interactions

**A.** Imaginez que le narrateur et le petit garçon de la photo font un échange pendant l'été: chacun prend la place de l'autre pendant deux mois. Comment est-ce que la vie de chaque garçon est transformée?

**B.** En petits groupes, imaginez la vie du narrateur à vingt ans, puis à trente ans. Racontez un épisode de sa vie.

*Expansion*

1. Surfez sur le Web ou cherchez dans des livres, des magazines (par exemple, *National Geographic*) et des journaux pour trouver des renseignements sur Haïti (la situation politique, le statut socio-économique, le climat, le tourisme, la population, etc.). Expliquez à la classe ce qui se passe actuellement dans le pays dans un domaine particulier.

2. Cherchez des renseignements (sur le Web ou dans des journaux) sur les Haïtiens qui ont quitté leur pays natal. Pourquoi sont-ils partis? Dans quelles régions des États-Unis habitent-ils? Pourquoi? Que font-ils comme travail?

# En somme...

**Thème:** Les loisirs
(les sports et le cinéma)

Use this photo to introduce the chapter theme of **loisirs.** Have students describe the photo with these questions: 1. Que font ces gens? 2. Comment est-ce qu'ils sont habillés? 3. Où est-ce que la scène a lieu?

After working with the functions and vocabulary for **Leçon 1,** ask students to write a description of the photograph.

 Heinle iRadio

 Système–D Writing Assistant

 Pour tester vos connaissances, visitez academic.cengage.com/french/bravo

## Leçon 1

**Fonction:** Comment faire un compliment et féliciter
**Culture:** Ne dites pas merci!
**Langue:** Les mots exclamatifs •
  Le participe présent
PRÉPARATION

## Leçon 2

**Fonction:** Comment exprimer le regret et faire des reproches
**Culture:** Les Français et le sport
**Langue:** Le conditionnel passé •
  Les phrases conditionnelles
PREMIER BROUILLON

## Leçon 3

**Fonction:** Comment résumer
**Culture:** Le septième art
**Langue:** La voix passive

DEUXIÈME BROUILLON

## Synthèse

**Activités musicales:** Céline Dion: *Le blues du businessman*
RÉVISION FINALE

## Intermède culturel

• *Rien ne m'émeut plus qu'une jeune actrice!*
  Entretien avec Jeanne Moreau
• Antoine de Saint-Exupéry: *Mermoz*

# Leçon 1

## Comment faire un compliment et féliciter

Track 29

## Conversation

> **Premières impressions**
>
> **Soulignez**
> - les expressions qu'on utilise pour faire ou accepter un compliment et pour féliciter *(to congratulate)*
>
> **Trouvez:**
> - qui a gagné le match et quel était le set le plus important

*Après un match de tennis important, une journaliste interviewe le gagnant, Pierre Duchêne.*

**disputer un match** *to play a match*

**tenir quelqu'un en haleine** *to hold someone spellbound*

**serré** *tight, closely fought*

**prendre le dessus** *to get the upper hand*

**donner du fil à retordre** *to give someone trouble*

**le tournoi** *tournament*

LA JOURNALISTE: Merci, Pierre, d'être venu nous rejoindre aussi rapidement dans nos studios. Vous avez disputé un match° absolument extraordinaire! Toutes nos félicitations. Ces cinq sets nous ont tenu en haleine° jusqu'à la fin! Bravo! Que pensez-vous de votre victoire?

PIERRE: Eh bien, je suis évidemment très content d'avoir gagné ce match… Le premier set a été très, très serré°…

LA JOURNALISTE: Les deux premiers même.

PIERRE: Peut-être… Je pense avoir pris le dessus°… j'ai senti Jean-Jacques faiblir à la fin du deuxième set. En effet, j'aurais peut-être pu faire mieux… même au début du deuxième set, mais Jean-Jacques jouait très bien… et d'ailleurs, je dois le féliciter d'avoir joué comme il l'a fait parce qu'il m'a vraiment donné du fil à retordre°.

LA JOURNALISTE: Oui, c'est vrai. Bravo, Jean-Jacques! Mais, vous aussi, vous devez être très fier.

PIERRE: Merci. Oui, je suis content d'avoir réussi comme cela. Enfin, je dois dire que je m'étais entraîné très sérieusement avant ce tournoi° mais on ne sait jamais.

LA JOURNALISTE: Alors, quel avenir envisagez-vous maintenant?

PIERRE: Écoutez… l'avenir est loin, mais enfin bon… il faut d'abord gagner le tournoi à Roland-Garros[1] le mois prochain.

LA JOURNALISTE: En attendant, merci beaucoup, Pierre, d'être venu nous rejoindre…

PIERRE: Je vous en prie. Ça m'a fait plaisir.

*À suivre*

[1] Roland-Garros est un stade de tennis à Paris où est joué un grand tournoi de tennis sur terre battue. Ce stade a été nommé Roland Garros en souvenir de l'aviateur français qui a été le premier à survoler la Méditerranée en 1913.

## Observation et analyse

1. Décrivez le match. Quels sets ont été très difficiles pour Pierre? Expliquez.
2. Selon Pierre, pourquoi est-ce qu'il a gagné?
3. Parlez de Jean-Jacques. Comment est-ce qu'il a joué?
4. Quel est le but de Pierre maintenant qu'il a gagné ce match?
5. Pensez-vous que Pierre atteigne son but?

## Réactions

1. Est-ce que vous avez déjà assisté à un match de tennis professionnel? Si oui, décrivez cette expérience.
2. Quels sports est-ce que vous préférez? Parlez de votre sport préféré.
3. Est-ce que vous aimez les sports compétitifs? Pourquoi ou pourquoi pas?

## Expressions typiques pour...

### Faire un compliment *(To compliment someone)*

Tu as/Vous avez bonne mine *(You look well)* aujourd'hui.
Quelle jolie robe!
J'adore tes/vos cheveux comme ça.
Qu'est-ce qu'elle est belle, ta/votre jupe!
Comme tu es/vous êtes joli(e)/élégant(e)!
Ça te/vous va à merveille *(wonderfully)*!
Tu as/Vous avez fait un match extraordinaire.

### Accepter un compliment

Tu trouves?/Vous trouvez?
Tu crois?/Vous croyez?
Cette robe? Je l'ai depuis longtemps.

*Puis, si la personne qui vous complimente persiste, répondez aimablement:*

Tu es/Vous êtes très gentil(le) de dire ça.
C'est gentil de me dire ça.
Que tu es/vous êtes gentil(le).
Moi aussi, je l'aime bien. C'est un cadeau de ma mère.

*Vous ferez la même chose pour accepter un compliment pour des résultats scolaires ou au travail:*

Merci. Oui, je suis content(e) d'avoir réussi comme cela.
J'avais beaucoup travaillé, mais on ne sait jamais.
Merci. Tu sais, j'ai eu peur jusqu'à la dernière minute.
Merci. J'ai eu de la chance.

Qu'est-ce qu'on dirait pour féliciter ce jeune couple?

### Accepter des remerciements

Je vous en prie. Ça m'a fait plaisir.
J'aurais voulu (en) faire plus.
Tu es/Vous êtes trop bon(ne).
C'est normal. Je voulais vous (t')aider.
Ce n'est rien.
Je n'ai rien fait de si extraordinaire!
N'importe qui en aurait fait autant. *(Anyone would have done as much.)*

### Féliciter

Félicitations!
Toutes mes félicitations!
Tous mes compliments.
Bravo!
Chapeau! *(familiar)*
C'est fantastique/formidable/génial!
Je suis content(e) pour toi (vous).
Je suis fier/fière de toi (vous).

**Pour un mariage ou des fiançailles**
Tous mes vœux *(wishes)* de bonheur.

## Accepter des félicitations

**Pour un mariage**
Merci, c'est gentil.

**Pour une réussite au travail**
Merci. Je te/vous dois beaucoup.

**Pour une compétition sportive**
Les conditions étaient bonnes.
J'étais en forme.
On a bien joué ensemble.
C'est à la portée *(within the reach)* de tout le monde.

## *Liens culturels*

## Ne dites pas merci!

Contrairement à l'anglais, quand vous répondez à un compliment en français, «merci» n'est pas toujours la bonne réponse. En remerciant, vous risquez de paraître vous vanter *(to boast, brag),* comme si vous étiez d'accord avec le compliment. D'abord, il vaut mieux refuser le compliment ou le minimiser. Par exemple, si vous dites à une Française «Quel joli ensemble tu as là», au lieu de dire «merci», elle répondrait plutôt: «Ça? Oh, je l'ai acheté en solde au printemps dernier». Minimiser l'objet du compliment met en valeur la gentillesse de celui qui complimente. C'est en même temps une façon de se camoufler, de se cacher comme une maison entourée d'un mur. Cette tendance reflète l'importance de la vie privée dans l'éducation des Français. Pour être *bien élevés,* les enfants français apprennent très tôt quelle conduite avoir en société et quels mots dire pour paraître respectueux, raisonnables et obéissants (voir **Liens culturels, Chapitre 3, Leçon 3; Chapitre 8, Leçon 1**).

Pour se distinguer et être appréciés par autrui, les Français recourent à l'élégance verbale et à une façon spirituelle de présenter les choses. C'est ainsi que, dans le jugement qu'ils portent sur les individus et leurs actions, ils attribuent généralement une plus grande importance aux qualités intellectuelles qu'aux qualités morales. L'intelligence, la lucidité, la rapidité d'esprit et le savoir sont les qualités suprêmes d'un individu plutôt que la sincérité, l'intégrité et la rectitude morale.

Et selon vous, quelles qualités sont les plus importantes? Est-ce que vous admirez les mêmes traits de caractère chez les hommes que chez les femmes?

Adapté de *Les Français,* 3e édition, Laurence Wylie et Jean-François Brière (Englewood Cliffs, NJ: Prentice Hall, 2001, p. 61) et de *Société et culture de la France contemporaine,* Georges Santoni, ed. (Albany: State University of New York, 1981, pp. 59–60).

## Mots et expressions utiles

### La compétition

le classement *ranking*
un(e) concurrent(e) *competitor*
un coureur/une coureuse *runner/cyclist*
une course *race*
une épreuve (athlétique) *an (athletic) event*
un(e) fana de sport *jock, an enthusiastic fan*
sportif/sportive *athletic, fond of sports*
un tournoi *tournament*

la douleur *pain*
s'entraîner *to train*
l'entraîneur/l'entraîneuse *coach*
épuisant(e) *grueling, exhausting*

la pression *pressure*
se prouver *to prove oneself*

à la portée de *within the reach of*
arriver/terminer premier *to finish first*
battre *to beat, break*
faillir (+ infinitif) *to almost (do something)*
prendre le dessus *to get the upper hand*
reprendre haleine *to get one's breath back*
serré(e) *tight; closely fought*
survivre (à) (past part. **survécu**) *to survive*

la défaite *defeat, loss*
le défi *challenge*
un match nul *tied game*
le record du monde *world record*
une victoire *win, victory*

---

**Mise en pratique**

—C'est la première fois que j'assiste à une **course**. C'est passionnant, hein?
—Absolument. J'y viens chaque année, mais j'**ai failli** ne pas pouvoir y assister cette fois-ci. J'avais beaucoup de travail. Mais je suis une **fana de sport**. Surtout quand mon cousin est un des participants.
—Vraiment? Un **coureur** dans la famille? Est-ce qu'il a des chances de gagner?
—Non, pas du tout. Il veut tout simplement **se prouver** qu'il peut **survivre à** ce genre d'**épreuves athlétiques**. C'est un **défi**.

---

# Activités

**A. Félicitations!** Pour chacune des circonstances suivantes, félicitez la personne indiquée, jouée par votre partenaire. Votre partenaire répondra de façon appropriée.

1. votre ami(e) qui a fini cinquième au marathon de New York
2. votre mari/femme qui a obtenu une promotion à son travail
3. de bons amis qui viennent de se marier
4. votre sœur/frère qui vient d'adopter un enfant
5. votre voisin(e) qui a trouvé un nouveau poste
6. votre fils/fille qui a obtenu un A à sa dernière interro

**B. Faire une leçon de vocabulaire.** Votre petite sœur a une liste de vocabulaire à apprendre. Aidez-la en lui donnant un synonyme pour chacune des expressions suivantes. Utilisez les *Mots et expressions utiles.*

Les participants

1. personne qui court
2. personne qui s'occupe de la préparation à un sport
3. personne qui adore les sports
4. personne qui participe à une compétition

Les événements

5. le succès
6. l'action de perdre
7. une épreuve sportive
8. l'ordre des gagnants

**C. Questions indiscrètes.** Posez les questions suivantes à un(e) camarade. Faites un résumé de ses réponses à la classe.

1. Est-ce que tu préfères les sports en tant que spectateur/spectatrice ou en tant que participant(e)? Quel(s) sport(s) est-ce que tu pratiques régulièrement?
2. Est-ce que tu prends part à des compétitions sportives? Lesquelles?
3. Décris une compétition sportive à laquelle tu as récemment assisté ou pris part. Il y avait combien de participants et de spectateurs? Qui a terminé premier ou quelle équipe a gagné/perdu? Quel était le score final?
4. Est-ce que tu as l'esprit compétitif quand tu fais du sport? Est-ce que c'est important, pour toi, de gagner? Pourquoi?

**D. Tu trouves?** Avec un(e) partenaire, créez de petites conversations dans lesquelles vous faites et acceptez des compliments. Discutez de vêtements, bijoux, voitures, chiens/chats et logements.

MOTS UTILES: **une coiffure** *(hairstyle)*, **une coupe** *(cut)*, **un collier, une cravate, une montre** *(watch)*, **une bague, des boucles d'oreilles, des chaussures**

MODÈLE: —*Comme elle est belle, ta robe!*
—*Tu trouves? Je l'ai achetée en solde il y a longtemps.*
—*On ne dirait pas. Elle a l'air toute neuve.*
—*Tu es trop gentille.*

**Zidane, un portrait du XXIᵉ siècle**

2004. 1h30. Documentaire français en couleurs de Philippe Parreno, Douglas Gordon.
Tourné en avril 2005 au stade Santiago Bernabeu de Madrid pendant un match du championnat espagnol, le film a à la même durée que le match. Grâce à 17 caméras synchronisées, mêlant le scope et la haute définition, centrées sur Zidane, le spectateur a le sentiment de côtoyer l'idole du football, sur le terrain, à ses côtés. Une expérience cinématographique unique et le portrait live d'un joueur exceptionnel.
.UGC Ciné Cité Les Halles 2 .Rex 9 .MK2 Beaubourg 11 .UGC Danton 38 .UGC Rotonde Montparnasse 41 .Gaumont Champs Elysées 47 .UGC Normandie 54 .UGC Opéra 64 .MK2 Bastille 73 .UGC Ciné Cité Bercy 75 bis .MK2 Bibliothèque 80 .UGC Gobelins 81 .Le Miramar 86 .Mistral 87 .Gaumont Aquaboulevard 91 bis .Pathé Wepler 105 .MK2 Quai de Seine/Quai de Loire 109

*Pariscope*, semaine du 24 au 30 mai 2006, p. 93

# La grammaire à apprendre

## Les mots exclamatifs

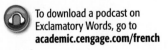
To download a podcast on Exclamatory Words, go to **academic.cengage.com/french**

**A.** Compliments are often in the form of exclamatory phrases or sentences. In French, the appropriate form of the interrogative adjective **quel** is used before the noun or another adjective designating the person or thing that you wish to compliment. The indefinite article is not used in the French construction.

**Quel** beau service!
*What a beautiful serve!*

**Quels** spectateurs enthousiastes!
*What enthusiastic spectators!*

**Quelle** persévérance!
*What perseverance!*

Of course not all exclamations are necessarily complimentary or positive.

> **Quel** idiot!
> *What an idiot!*

**B.** The exclamatory adverbs **comme, que, ce que,** and **qu'est-ce que** can be used at the beginning of a clause to express a compliment or an exclamation. Contrary to English, the grammatical structures that follow the exclamatory words are in the usual declarative word order.

> **Qu'est-ce que** vous devez travailler dur!
> *How hard you must work!*

> **Comme** vous vous concentrez bien!
> *How well you are concentrating!*

> **Ce que** j'aime vous regarder servir les balles de jeux!
> *How I love to watch you serve tennis balls!*

> **Que** vous jouez bien!
> *How well you play!*

## Activités

Activity A: Follow-up: For more practice, you could give students the following sentences to translate: 1. What an exhausting day! 2. How I hate Mondays (**le lundi**)! 3. What awful weather! 4. What a lousy profession! 5. The work is so boring! 6. What I wouldn't give to be on vacation! 7. How I wish I were (**J'aimerais être**) wealthy!

Félicitez ces jeunes footballeurs. Faites-leur aussi des compliments.

**A. Le match de rugby.** Un ami belge vient de jouer un match de rugby important. Traduisez les compliments et les commentaires qu'on lui fait pour qu'il les comprenne.

1. How well you play!
2. What a wonderful player!
3. How we loved your game!
4. What a tight (**serrée**) competition!
5. How sore (**avoir des courbatures**) you must be!
6. You are all so filthy (**sale**)!

**B. À merveille!** C'est vendredi après-midi et vous êtes de bonne humeur. En utilisant des mots exclamatifs, complimentez votre partenaire (qui doit répondre convenablement) sur:

1. trois de ses vêtements
2. son écriture
3. sa capacité à bien s'entendre avec les autres
4. son/sa camarade de chambre
5. son intelligence
6. un autre trait de votre choix

**C. Quelle mauvaise journée!** C'est lundi matin et vous arrivez au travail. Vous n'êtes d'humeur à faire de compliments à personne et vous rouspétez *(familiar—to groan, moan)* à propos de tout (par exemple: les horaires de travail, la monotonie des journées, vos collègues, votre salaire, la durée des congés, le temps qu'il fait). Défoulez-vous *(Let out some steam)* en utilisant des mots exclamatifs!

**Les petits Bleus champions d'Europe**

**FOOTBALL.** Trois semaines après leurs aînés, les « Bleuets » de l'équipe de France des moins de 18 ans sont devenus champions d'Europe de football en battant l'Ukraine en finale, 1 à 0, hier à Nuremberg (Allemagne). La relève paraît déjà assurée !

# La grammaire à apprendre

## Le participe présent

To download a podcast on The Present Participle, go to **academic.cengage.com/french**

### A. Formation

The present participle of both regular and irregular verbs is formed by dropping the **-ons** ending from the present tense **nous** form and adding **-ant.** It is the equivalent of the verbal *-ing* form in English.

| | | |
|---|---|---|
| utilisons | → | utilisant |
| finissons | → | finissant |
| battons | → | battant |
| faisons | → | faisant |
| EXCEPTIONS | | |
| être | → | étant |
| avoir | → | ayant |
| savoir | → | sachant |

### B. Usage

The present participle functions as either a verb or an adjective.

- When used as an adjective, agreement is made with the noun that the present participle modifies:

  Le chalet où nous étions hébergés n'avait pas l'eau **courante.**
  *The chalet where we were staying had no running water.*

- When used as a verb, no agreement is made:

  En **sautant** à la corde, la jeune fille s'est fait mal au pied.
  *While jumping rope, the little girl hurt her foot.*

- Although it may be used alone, the present participle is usually preceded by the preposition **en,** to express a condition or to show that two actions are going on simultaneously:

  À chacun ses goûts. Moi, j'aime écouter la radio **en faisant** mon footing.
  *To each his/her own. As for me, I like to listen to the radio while jogging.*

  Les jours de compétition, je commence à me concentrer **en me levant.**
  *On competition days, I begin concentrating as soon as I get up.*

One of the main uses of the present participle is to express a causal relationship between two actions: Il s'est foulé la cheville **en faisant** du ski. *He sprained his ankle while skiing.*

NOTE: **Tout** can be used before **en + participe présent** to accentuate the simultaneity or opposition of two actions. In this case, **tout** does not change form.

  **Tout en paraissant** détendu, je me prépare à la course: je m'en fais une image mentale.
  *While looking relaxed, I prepare myself for the race: I picture it in my mind.*

- The present participle can also express by what means something can be done:

Comme me le dit mon entraîneur, c'est **en travaillant** à son propre rythme qu'on réussit.

*As my coach tells me, it's by working at your own pace that you succeed.*

### C. Différences entre le français et l'anglais

- After all prepositions except **en,** the French infinitive form is used to express the equivalent of the English present participle:

J'ai passé tout mon temps libre **à me préparer** pour le triathlon. (passer son temps **à...**)

*I spent all my free time preparing for the triathlon.*

J'ai fini **par me placer** deuxième. (finir **par...**)

*I ended up placing second.*

- The preposition **après** must be followed by the past infinitive, even though it may translate as *after + verb + -ing*:

**Après avoir pris** une douche et **m'être changé,** j'ai mangé comme quatre.

*After taking a shower and changing, I ate like a horse.*

- An infinitive in French is also used when the English present participle functions as the subject or object of a verb:

**Faire du sport** est bon pour la santé.

*Practicing sports is good for your health.*

## Activités

**A. Comme vous êtes doué(e)!** Quelles activités est-ce que vous pouvez accomplir simultanément? Finissez chaque phrase en utilisant un participe présent.

1. J'écoute le professeur en...
2. Je dîne en...
3. Je fais mes devoirs en...
4. Je fais des promenades en...
5. Je regarde la télé en...

Mais il y a des limites! Quelles activités est-ce que vous trouvez impossibles à accomplir simultanément? Utilisez un participe présent.

6. Je ne peux pas parler en...
7. Je ne peux pas mâcher du chewing-gum en...
8. Je ne peux pas étudier en...
9. Je ne peux pas réfléchir en...
10. Il est dangereux de boire en...

**B. Écoute-moi!** Christine Arron, née en Guadeloupe, est une athlète française spécialisée dans le sprint. Elle a obtenu la médaille de bronze sur le relais 4x100 mètres aux jeux Olympiques d'Athènes en 2004, avec Véronique Mang, Muriel Hurtis et Sylviane Félix. Voici des conseils qu'elle donnerait peut-être aux athlètes qui se préparent pour les jeux Olympiques de 2008 à Beijing. Choisissez le verbe approprié et remplissez les blancs avec le participe présent ou l'infinitif, selon le cas.

1. On dit qu'on gagne des compétitions sportives en _____ régulièrement, et c'est tout à fait vrai. (s'entraîner/survivre)

2. La préparation comprend souvent beaucoup de séances d'entraînement _____. (épuiser/pleurer)

3. À moins d'_____ le soutien de ses amis, il est difficile de persévérer. (être/avoir)

4. Avant de/d' _____ en compétition, il faut connaître ses adversaires. (partir/entrer)

5. Tout en _____ une compétition précise, il faut toujours penser à la suivante. (se préparer à/ se concentrer sur)

6. Après _____ un but, il faut immédiatement commencer à s'entraîner pour le suivant. (attendre/atteindre)

7. Plus on approche du début des Jeux, plus les journées longues et _____ deviennent la norme. (fatiguer/relaxer)

8. Mais sur le podium de la victoire en _____ une médaille d'or, d'argent ou de bronze, vous vous rendez compte que tous les sacrifices en valaient la peine. (recevoir/savoir)

**C. Les proverbes.** Beaucoup de proverbes français utilisent le participe présent ou l'infinitif. Avec un(e) camarade de classe, discutez de ce que ces proverbes veulent dire et inventez un autre proverbe du même genre. Soyez prêt(e)s à l'expliquer à la classe.

1. C'est en forgeant *(forging)* que l'on devient forgeron *(blacksmith)*.
2. L'appétit vient en mangeant.
3. Vouloir, c'est pouvoir.

## Interactions

**A. La lettre d'un admirateur.** Préparez une lettre qu'un(e) fan écrirait à un chanteur/une chanteuse célèbre. Faites beaucoup de compliments parce que vous adorez cette personne. (Vous espérez aussi qu'il/qu'elle vous offrira un CD gratuit.)

MOTS UTILES : **sensationnel(le)** *(fabulous)*; **orchestration** [f] *(instrumentation)*; **paroles** [f pl] **qui ont du sens** *(meaningful lyrics)*; **le vidéoclip** *(music video)*; **la sortie de son nouvel album** *(the release of his/her new album)*

Additional Olympics vocabulary: accueillir les jeux Olympiques *to host the Olympics;* battre le record *to break the record;* la cérémonie d'ouverture *opening ceremony;* le Comité international olympique *International Olympic Committee;* déclarer forfait *to default;* disqualifier *to disqualify;* l'échec [m] *loss;* être à égalité (avec) *to tie (with);* les Jeux d'hiver/d'été *winter/summer Olympics;* jouer un hymne national *to play a national anthem;* une médaille d'or/d'argent/de bronze *gold/silver/bronze medal;* la pompe *pageantry;* le porteur de la flamme *torch bearer;* le record du monde de distance *world distance record;* la série éliminatoire *qualifying round*

Activity C, Additional items: 4. En vieillissant on devient plus fou et plus sage. 5. On ne fait pas d'omelette sans casser les œufs.

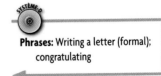

**Phrases:** Writing a letter (formal); congratulating

Quelles questions est-ce que le journaliste pose?

**B. L'interview.** Vous êtes journaliste pour le journal de votre université. Votre partenaire est un(e) athlète très connu(e) qui passe plusieurs jours dans votre ville. Il/Elle vous a accordé la permission de l'interviewer pour le journal. Apprenez tout ce qui est possible sur cette personne. Commencez, bien sûr, par le/la féliciter et par lui faire des compliments.

SUJETS DE DISCUSSION POSSIBLES: s'il/si elle veut bien vous donner des détails personnels (sur son âge, sa famille, etc.); comment il/elle s'entraîne pour les compétitions; comment il/elle réagit après une victoire quand tout le monde se presse autour de lui/d'elle; s'il/si elle peut donner des conseils aux jeunes qui veulent réussir dans un sport ou dans la vie; s'il/si elle a battu un record du monde; quelle compétition a été la plus difficile pour lui/pour elle; etc.

## Préparation  Dossier personnel

The focus of this chapter is writing a critical review of a film, book, or play that you have seen or read. A critical review almost always involves an opinion or judgment about the quality or effectiveness of something. It may also provide readers with a basis for making judgments or decisions. Like any statement of opinion, a critical review depends upon sound reasons and clear examples to make its point convincing.

1. Choose a film, book, or play about which you have strong positive or negative feelings.
2. Make a list of both good and bad aspects of the work you are evaluating. You may want to refer to pages 415–416 for helpful vocabulary related to your topic. Also consider the importance or lack of importance of this work.
3. After reviewing the good and bad aspects on your list, choose the overall point you want to make. Were you delighted, bored, angry, or stimulated by the work?
4. Show your list to a classmate to get helpful feedback.

**Phrases:** Expressing an opinion; agreeing and disagreeing; weighing alternatives

# Leçon 2

## Comment exprimer le regret et faire des reproches

### Conversation (SUITE)

🎧 Track 30

**Premières impressions**

Soulignez:
- les expressions qu'on utilise pour exprimer le regret et pour faire des reproches

Trouvez:
- la stratégie que Jean-Jacques a utilisée
- l'excuse qu'il donne à la fin

*La journaliste continue son reportage en interviewant maintenant Jean-Jacques Dumas, qui a perdu le match.*

LA JOURNALISTE: Je vais maintenant accueillir Jean-Jacques Dumas. Bonjour, Jean-Jacques. Alors, vous êtes déçu, bien entendu, de cette défaite, surtout après vos deux premiers sets? Comment expliquez-vous ce revirement° de situation? Vous sembliez pourtant dominer les deux premiers sets.

**le revirement** *turnaround*

JEAN-JACQUES: Le premier set était très, très serré, j'avoue°. Malheureusement à partir de la fin du deuxième set, j'ai commencé à perdre ma concentration. Si je n'avais pas perdu le service, peut-être que Pierre n'aurait pas pris le dessus aussi rapidement. Ceci dit, j'ai peut-être fait une erreur de stratégie en essayant de monter au filet° trop souvent, mais...

**avouer** *to admit*

**monter au filet** *to come to the net*

LA JOURNALISTE: Oui, c'était risqué d'essayer de le battre à son propre jeu...

JEAN-JACQUES: Oui, j'aurais dû sans doute rester en fond de court° et renvoyer° la balle comme je le fais d'habitude... mais j'avoue que d'avoir échoué au deuxième set a diminué ma concentration. Et j'avais aussi une douleur à la cheville° droite, ce qui, évidemment, n'a pas aidé.

**rester en fond de court** *to stay on the base line* / **renvoyer** *to return*

**la cheville** *ankle*

LA JOURNALISTE: Est-ce que vous ne seriez pas revenu à la compétition trop tôt après votre chute° d'il y a deux mois?

**la chute** *fall*

JEAN-JACQUES: L'entraînement se passait bien. J'ai peut-être eu tort de jouer à Monte-Carlo il y a deux semaines. En tout cas, je regrette que le match ait tourné à l'avantage de mon adversaire.

LA JOURNALISTE: Oui, si seulement vous n'aviez pas eu ce problème de cheville! Le match aurait peut-être tourné autrement... Merci, Jean-Jacques, d'avoir parlé avec nous aujourd'hui...

*À suivre*

## Observation et analyse

1. Est-ce que la performance de Jean-Jacques a été à la mesure de ce qu'il attendait de lui-même? Expliquez.
2. Jean-Jacques donne plusieurs raisons pour expliquer sa défaite. Quelles sont ses raisons?
3. D'après vous, pourquoi est-ce que Jean-Jacques ne mentionne pas Pierre et ses talents de joueur? Expliquez.

## Réactions

1. Maintenant que vous avez lu l'interview des deux joueurs, qu'est-ce que vous pensez de leur personnalité et du match qui les a opposés?
2. Et vous, dans quelles situations est-ce que vous exprimez des regrets?
3. Et dans quelles circonstances est-ce que vous vous faites des reproches?

# Expressions typiques pour...

## Exprimer le regret

Je regrette qu'elle soit déjà partie.

C'est bien regrettable/dommage que... (+ subjonctif)

Malheureusement, je suis arrivé(e) en retard.

Si seulement elle était restée plus longtemps!

Si seulement j'avais pu venir plus tôt!

Je suis désolé(e) *(sorry)* { que Paul (+ subjonctif)...  
de te/vous dire que (+ indicatif)...

## Reprocher quelque chose à quelqu'un

**Pour une action que vous ne jugez pas trop grave**

Tu n'aurais/Vous n'auriez pas dû faire ça.

Il ne fallait pas...

Ce n'était pas bien de...

Je n'aurais pas fait cela comme ça.

**Pour une action que vous jugez assez grave**

Tu devrais/Vous devriez avoir honte.

Comment as-tu/avez-vous pu faire ça?

C'est très grave ce que tu as/vous avez fait.

C'est inadmissible! C'est scandaleux!

## Se reprocher quelque chose

Je n'aurais pas dû faire ça.

Que je suis bête/imbécile/idiot(e)!

J'ai eu tort de...

J'aurais dû...

J'aurais mieux fait de...

Je n'aurais pas perdu si... (+ plus-que-parfait)

Vers chez Antoine, le 19 février

Bonjour Linda,

Je m'appelle Magaly, je suis la femme de Michel, c'est moi qui vous écris parce qu'il nous est arrivé un grand malheur, ma belle-maman est décédée le 20 janvier de cette année. Elle m'avait très souvent parlé de vous, c'est pourquoi je me permets de vous écrire ces quelques lignes.

Nous avons tous beaucoup de peine à surmonter ce deuil. Nos 3 enfants sont aussi vivement touchés.

J'espère que vous continuerez à nous donner de vos nouvelles chaque année et qui sait, peut-être que vous nous rendrez visite une fois, cela nous ferait vraiment plaisir.

Sachez qu'elle avait gardé un très bon souvenir de vous.

Bonnes salutations à votre petite famille et à bientôt.

Grosses bises

Jean-Pierre, Michel
Magaly et Marjory 8½ ans
Michèle 5ans
Johnny 3ans

Famille M. Dubois
Vers chez Antoine
2115 Mont-de-Bains

Quelles sont les nouvelles de Magaly? Pourquoi est-ce qu'elle écrit à Linda? Quels sont les rapports entre Linda et la famille de Magaly? Quelle sorte de réponse est-ce que Linda va probablement écrire?

## Présenter ses condoléances

Nous vous présentons nos sincères condoléances.
Nous prenons part à votre douleur.
Nous sommes tous touchés par votre grand malheur.
Nous avons appris avec beaucoup de peine le deuil *(sorrow)* qui touche votre famille.

## Mots et expressions utiles

### Situations regrettables

attraper un coup de soleil *to get sunburned*
ne pas mettre d'huile [f]/de lotion [f] solaire *to not put on suntan oil/lotion*

avoir un accident de voiture *to have an automobile accident*
conduire trop vite/rapidement *to drive too fast*
oublier d'attacher/de mettre sa ceinture de sécurité *to forget to fasten/put on one's seat belt*

échouer à/rater un examen *to fail/flunk an exam*
sécher un cours *to cut a class*

être fauché(e) *to be broke (out of money)*
être sans le sou *to be without a penny*

### Divers

avouer *to admit*
grossir/prendre des kilos *to put on weight*
un rendez-vous avec un(e) inconnu(e) *blind date*
ne pas se réveiller à temps *to oversleep*

---

**Mise en pratique**

—C'est bien regrettable que Marc n'ait pas pu finir ses cours cette année.
—Oui, il a eu un accident de voiture. Il conduisait trop vite, et en plus il avait oublié de mettre sa ceinture de sécurité. Il a été éjecté de la voiture.
—Et comment il va?
—Il a passé deux semaines à l'hôpital, mais quand il a repris les cours, il a eu du mal à rattraper son retard. Il a laissé tomber, je crois.

---

## Activités

**A. Les regrets.** En utilisant les *Expressions typiques pour...*, exprimez votre regret dans chaque situation.

1. Votre voisin(e) déménage et va s'installer dans une autre ville. C'est la dernière fois que vous vous voyez avant qu'il/elle ne déménage.
2. Vous n'avez pas terminé votre devoir pour le cours de français. Excusez-vous auprès du professeur.
3. Parlez avec votre ami(e) au sujet d'un(e) autre ami(e) que vous aviez invité(e) à votre soirée, mais qui n'est pas venu(e).
4. Vous vous trouvez aux obsèques *(funeral)* d'un ami de votre famille. Exprimez vos condoléances à son épouse.

**B. Vous êtes fâché(e)!** Faites un reproche à la personne indiquée dans chacune des circonstances suivantes. (ATTENTION: Évaluez la sévérité de chaque action avant de formuler votre reproche.)

1. Votre fils de sept ans a demandé à son grand-père de l'argent pour acheter un nouveau jouet.
2. Votre petit(e) ami(e) a admis qu'il/elle sortait avec quelqu'un d'autre depuis un mois.
3. Votre professeur vous a donné une interro-surprise.
4. La personne avec qui vous aviez rendez-vous n'a parlé que d'elle-même pendant toute la soirée.
5. Votre camarade de chambre a oublié de vous dire que votre ami(e) avait téléphoné pour dire qu'il/elle ne pourrait pas venir vous voir à sept heures ce soir. Il/Elle s'est souvenu(e) du message à 6h55.

Pourquoi ce jeune homme va-t-il boycotter les macaronis?

## Orange de colère

**Un supporter hollandais, après la défaite des « Orange » en demi-finale contre l'Italie :**
Nous allons boycotter les pizzas aux Pays-Bas et aussi les macaronis et les spaghettis.

**C. Que je suis bête!** Vous vous faites des reproches dans les situations suivantes.

1. C'est le week-end et vous êtes sans le sou!
2. Vous avez raté votre examen de chimie.
3. Un(e) ami(e) vous donne un cadeau de Noël, mais vous ne lui avez rien acheté.
4. Vous êtes très fatigué(e) ce matin parce que vous n'avez dormi que trois heures la nuit dernière.
5. Vos vêtements ne vous vont plus. Ils vous serrent trop *(are too tight)*.
6. Vous avez attrapé un coup de soleil.
7. Vous avez raté une interro-surprise parce que vous aviez séché le cours précédent. Par conséquent, vous n'avez pas su répondre aux questions.
8. Vous avez eu un accident de voiture, et maintenant vous êtes hospitalisé(e) pour plusieurs jours.

# La grammaire à apprendre

## Le conditionnel passé

To download a podcast on The Past Conditional, go to **academic.cengage.com/french**

The past conditional in French expresses what *would have happened* if another event had taken place or if certain conditions had been present. Thus, it is commonly used in expressions of regret and reproach.

Je **serais venu** plus tôt si j'avais su que tu avais besoin de mon aide.
*I would have come earlier if I had known that you needed my help.*

### A. Formation

- To form the past conditional, an auxiliary verb in the simple conditional is followed by the past participle. The rules of agreement common to all compound tenses are observed.

Je serais arrivée…     Nous aurions fini…
Tu lui aurais parlé…    Vous vous seriez fâchés…

Cette lettre? Paul ne l'**aurait** pas **écrite.**
Jeanne et Guillaume, ils l'**auraient écrite**?

### B. Usage

- Common ways of expressing regret and reproach in English are *could have* and *should have*. In French, *could have done something* is expressed by the past conditional of **pouvoir + infinitif**.

Tu **aurais pu** me téléphoner!
*You could have called me!*

- *Should have done something* is expressed by the past conditional of **devoir + infinitif**.

Tu as raison. J'**aurais dû** te téléphoner.
*You're right. I should have called you.*

NOTE: Either the simple conditional or the past conditional must be used following the expression **au cas où.**

> Au cas où tu **aurais** encore des problèmes, tu **pourrais** me donner un coup de fil.
> *In case you have further problems, you could give me a call.*

> Au cas où le technicien n'**aurait** pas **pu** venir réparer ta machine à laver, donne-moi un coup de fil.
> *In case the repair person isn't able to come repair your washing machine, give me a call.*

To download a podcast on Conditional Sentences, go to **academic.cengage.com/french**

## Les phrases conditionnelles

The past conditional is seen most often in conditional sentences in which the verb in the **si**-clause is in the **plus-que-parfait.**

> Si tu me l'**avais dit,** j'**aurais pu** apporter tous les outils nécessaires pour réparer ta machine à laver.

> Tu n'**aurais** pas **eu** à faire venir un plombier si tu m'**avais parlé** de tes difficultés.

SUMMARY OF CONDITIONAL SENTENCES

Other sequences of tenses may occur occasionally; however, future or conditional tenses can *never* be used in the **si**-clause.

| *Si*-clause | Main clause |
|---|---|
| présent | futur/présent/impératif |
| imparfait | conditionnel |
| plus-que-parfait | conditionnel passé |

Complétez la phrase: Moi, si j'étais riche,... !

Additional exercise: (to practice conditional sentences) Qu'est-ce que vous feriez/auriez fait si... ? Choisissez cinq phrases inachevées et complétez-les à votre guise. Soyez prêt(e) à expliquer vos réponses. 1. Si je travaillais en France.... 2. Si vous me posiez une question trop personnelle.... 3. Si j'avais perdu mon passeport pendant mon voyage en France.... 4. Si je passais la soirée avec Bill Clinton.... 5. Si ma voiture tombait en panne.... 6. J'aurais regardé la télévision plus souvent la semaine passée si.... 7. Si je fumais trois paquets de cigarettes par jour.... 8. Si les États-Unis avaient participé aux jeux Olympiques de Moscou en 1980.... 9. Si j'étais président(e) des États-Unis.... 10. Nous aurions fait du jogging à 5h30 ce matin si....

## Activités

**A. Dans ma boule de cristal.** Prévoyez ce qui se serait passé dans les cas suivants, en formant des phrases avec les éléments donnés. Faites tout changement nécessaire.

Si j'avais étudié davantage pour l'examen de français hier soir...

1. ... je / obtenir / une meilleure note
2. ... professeur / être / content
3. ... je / impressionner / camarades de classe
4. ... je / recevoir / mon diplôme / cette année
5. ... C'est à vous de décider!

Si John F. Kennedy n'avait pas été assassiné en 1963...

6. ... il / être / réélu / en 1964
7. ... nous / gagner / la guerre du Vietnam
8. ... les années 60 / être / différent
9. ... Jackie Kennedy / ne pas épouser / Aristotle Onassis
10. ... C'est à vous de décider!

**B. Ah, les regrets...** Avec un(e) camarade, complétez chaque phrase en utilisant le plus-que-parfait ou le conditionnel passé, selon le cas.

1. Je n'aurais pas échoué à l'examen si...
2. J'aurais fait du jogging ce matin si...
3. Si tu m'avais invité(e) à ta soirée...
4. Si j'avais passé plus de temps à la bibliothèque le semestre/trimestre passé...
5. J'aurais dormi plus de cinq heures hier soir si...
6. Si nous n'avions pas tant dansé hier soir...
7. Vous n'auriez pas attrapé de coup de soleil si...

**C. Si seulement...** La grand-mère de Sonia et d'Olivier, qui a quatre-vingts ans et qui souffre de nombreuses maladies, leur parle des regrets de sa vie passée. Elle donne aussi des conseils aux jeunes gens d'aujourd'hui pour prolonger leur vie. Utilisez le mode (indicatif, conditionnel, infinitif, participe présent, impératif) et le temps approprié pour compléter chaque phrase.

Mes médecins me disent que je _____ (pouvoir) vivre au moins dix ans de plus si j'avais suivi leurs conseils. Donc, si je les avais écoutés, je _____ (faire) davantage de gymnastique et je _____ (consommer) moins de sel et moins de graisses *(fat)*. Mais c'est trop tard maintenant.

Oh là là, _____ (regarder) comme ma peau est sèche! Je _____ (ne pas devoir) prendre de bains de soleil sans _____ (mettre) de lotion solaire, c'est certain. Et mes poumons—mon Dieu! Après _____ (fumer) pendant plus de cinquante ans, ils ne sont plus en bonne santé, je vous assure! Je _____ (ne jamais devoir) commencer à fumer.

Si j'étais vous, je _____ (s'arrêter de fumer) aujourd'hui même. De plus, je _____ (manger) moins de viande et plus de légumes et de fruits frais. Au cas où vous _____ (douter) de la valeur de ces conseils, vous _____ (n'avoir que) à regarder l'espérance de vie des Japonais.

Mais surtout, si vous _____ (vouloir) vivre bien et longtemps, il faut rester en bonne forme en _____ (faire) du sport et en _____ (éviter) les excès d'une vie trop sédentaire.

Voilà mes conseils pour la postérité! _____ (Écouter) cette vieille femme qui vous aime et _____ (ne pas faire) les mêmes erreurs!

**D. Questions indiscrètes: Les fantasmes.** Posez les questions suivantes sur ses fantasmes à un(e) camarade. Puis faites un résumé de ses réponses à la classe.

1. Si tu avais pu choisir n'importe quelle université, laquelle est-ce que tu aurais choisie?
2. Si tu pouvais habiter n'importe où, où est-ce que tu habiterais?
3. Si tu pouvais faire la connaissance de quelqu'un de célèbre, qui est-ce que tu choisirais?
4. Si tu pouvais faire une bonne action *(do a good deed)*, laquelle est-ce que tu ferais?
5. Si tu avais eu beaucoup de temps et d'argent le week-end dernier, qu'est-ce que tu aurais fait?
6. Si tu gagnes sept millions de dollars aujourd'hui, que feras-tu ou bien où iras-tu?
7. Si tu pouvais changer quelque chose dans ta vie, qu'est-ce que tu changerais?

# Les Français et le sport

Les Français sont de plus en plus nombreux à pratiquer une activité sportive, même occasionnellement. On croit qu'une meilleure résistance physique aide à mieux supporter les agressions de la vie moderne. De plus, on sait que les activités physiques sont importantes pour garder la santé et pour prolonger la vie. Le sport est considéré comme un loisir important.

De façon générale, la pratique des sports est en forte hausse. Les sports les plus pratiqués sont: le vélo, la natation, la randonnée pédestre et la pétanque. Depuis quelques années, parmi les activités de plein air, le roller est devenu très important. Même les adultes le pratiquent parce que ça leur rappelle leur jeunesse. La popularité des sports comme la gymnastique et la natation reflète probablement l'individualisme des Français. La randonnée pédestre, par contre, est l'occasion de se retrouver entre amis ou avec des voisins, des collègues ou des cousins.

Aujourd'hui, «plus d'un Français sur trois pratique un sport individuel, contre un sur quatre en 1973; un sur quinze pratique un sport col-

Vous jouez au football? Vous avez participé à une course à pied quelconque? À quelle occasion? Savez-vous d'où vient le mot «marathon»?

lectif». Parmi les sports d'équipe, le basket connaît un regain de popularité qui profite de la médiatisation des champions américains. Les Français adorent le foot (le football), mais c'est surtout en tant que spectateurs qu'ils aiment «participer». Le championnat du monde en 1998 (Coupe du monde) et le championnat d'Europe en 2000 dominaient la mémoire collective des Français jusqu'à la qualification des Bleus en finale de la Coupe du monde de 2006, et le malheureux coup de tête de leur star Zinedine Zidane.

Quels sports sont les plus populaires aux États-Unis? Quels sports préférez-vous?

Adapté de Gérard Mermet, *Francoscopie 2007* (Larousse, pp. 447–456).

# Interactions

**A. Jouez le rôle.** Vous allez avoir une très mauvaise note dans une de vos classes à la fin de ce semestre/trimestre. Deux camarades de classe vont jouer le rôle de vos parents. Vous allez leur annoncer la mauvaise nouvelle. Ils vont vous reprocher la mauvaise note et ils vont expliquer tout ce que vous auriez pu faire pour éviter la situation (étudier davantage, regarder moins souvent la télé, leur dire plus tôt pour qu'ils puissent payer des leçons particulières), etc.

**B. Composition.** C'est la rentrée des classes en septembre. Le professeur de votre cours de français vous demande d'écrire une composition qui raconte ce que vous avez fait pendant les vacances d'été. Il vous demande de l'écrire en répondant à la question suivante:

En quoi est-ce que votre été aurait été différent si vous aviez disposé d'une somme d'argent illimitée et du temps nécessaire pour la dépenser?

**Phrases:** Writing an essay
**Grammar:** Past conditional **(conditionnel passé)**; pluperfect **(plus-que-parfait)**; sequence of tenses with **si**

## Premier brouillon   Dossier personnel

1. To guide you as you write your critical review, draft a statement that sums up your overall evaluation of the work, using the list of positive and negative aspects that you developed in the previous lesson. This statement can be placed early in the review or used as a summary point in the last sentence.

2. Begin your draft with a summary of the work. The summary can be short or more extensive, but don't reveal the whole plot of the movie, book, or play. Give your readers a chance to find it out for themselves.

3. Incorporate specific material from the work that supports your opinion. You may begin with supporting evidence and end with a statement of opinion. Or you may start with your opinion and follow it up with reasons, facts, and examples. If your review is not entirely supportive, you may want to hypothesize about what could have been different in the work or what would have improved it.

**Phrases:** Expressing an opinion; agreeing and disagreeing
**Grammar:** Past conditional **(conditionnel passé)**; pluperfect **(plus-que-parfait)**; sequence of tenses with **si**

# Leçon 3

## Comment résumer

Track 31

### Conversation (CONCLUSION)

> **Premières impressions**
>
> **Soulignez:**
> - les expressions pour résumer
>
> **Trouvez:**
> - combien de personnages principaux il y aura dans le film
> - quel acteur célèbre va jouer dans le film

**la réalisateur/la réalisatrice** *director*

*Ayant remarqué la réalisatrice° Laurence Miquel dans le public qui a assisté au match, la journaliste décide de profiter de l'occasion.*

**une réalisation** *production*

LA JOURNALISTE: J'accueille maintenant Laurence Miquel qui va nous parler un peu de sa nouvelle réalisation°. Alors de quoi s'agit-il? Quel est le thème du... ?

**une intrigue** *plot*

LAURENCE MIQUEL: Eh bien, c'est un documentaire car c'est basé sur une histoire vraie. Mais il y a quand même une intrigue°. En fait, il s'agit d'une histoire d'amour entre plusieurs personnages, cinq personnages principaux° pour être précis.

**les personnages** [m pl] **principaux** *main characters* / **se dérouler** *to take place* / **un retour en arrière** *flashback*

L'histoire se déroule° sur quatre générations. Avec tout un jeu de retours en arrière°, je montre en fait combien le couple d'aujourd'hui vit une histoire semblable à celle de ses grands-parents.

LA JOURNALISTE: Oh! Ça a l'air intéressant! Vous nous mettez l'eau à la bouche. Et l'action se déroule où?

**avoir (beaucoup) à voir avec** *to have (a lot) to do with*

LAURENCE MIQUEL: Dans l'Ouest américain. Le contraste entre le passé et le présent a beaucoup à voir avec° le thème. En deux mots, j'essaie de créer un dialogue entre ce qui était rural et très peu développé au siècle dernier et le monde moderne d'aujourd'hui. D'où le titre «Le Retour vers l'Ouest». Le contraste fait ressortir les parallélismes.

**les interprètes** [m pl] *the cast*

LA JOURNALISTE: Je ne crois pas que les interprètes° que vous avez choisis soient tellement connus?

LAURENCE MIQUEL: Non. Le public va les découvrir. À part une apparition éclair° d'Alain Delon, ce sont tous de jeunes débutants°.

**une apparition éclair** *quick appearance (cameo)* / **un débutant** *beginner*

LA JOURNALISTE: Eh bien! J'espère que ce film, qui va bientôt sortir, sera une grande réussite.

LAURENCE MIQUEL: Je vous remercie beaucoup.

## Observation et analyse

1. Quelle sorte de film est-ce que Laurence Miquel est en train de faire?
2. Quel en est le thème?
3. Parlez de la signification *(meaning)* du titre.
4. Où est-ce que l'action se déroule?
5. À quelle époque se déroule le film?
6. Quelles sortes de gens iront probablement voir ce film? Pourquoi?

## Réactions

1. Est-ce que vous avez envie de voir ce film? Pourquoi ou pourquoi pas?
2. Est-ce que vous avez déjà vu un film français? Si oui, parlez-en.
3. Quels films est-ce que vous avez vus et aimés récemment? Pourquoi?
4. Qui est votre acteur préféré/actrice préférée?

## Expressions typiques pour...

### Résumer

Donc,…
Enfin bref,…
Pour résumer, je dirai que…
Je résume en quelques mots…
En bref,…
Pour tout dire,…
En somme,…
Ceci dit,…

Somme toute *(When all is said and done)*,…
Ce qu'il a dit, c'était que…
Ce qu'il faut (en) retenir *(retain)*, c'est que…
Ce qui s'est passé, c'est que…
En deux mots, le gangster a été tué par la police…

Since summarizing can involve telling a shortened version of a story, you may find it helpful to review the expressions used for telling a story in **Chapitre 4.**

**Guide pour vous aider à résumer un film/une pièce/un roman**

Est-ce que vous savez le nom du réalisateur/du metteur en scène *(stage director)*/de l'écrivain? (Non, je ne sais pas…)
Combien de personnages principaux est-ce qu'il y a dans le film/la pièce/le roman *(novel)*? (Il y en a…)
Qui sont-ils? Décrivez ces personnages. Parlez des interprètes. (Ils sont… )
Quand est-ce que l'action se déroule? Où?
Est-ce qu'il y a des retours en arrière?
De quoi s'agit-il dans le film/la pièce/le roman? *(What is the film/play/novel all about?)* (Il s'agit de…)
Résumez l'intrigue./Racontez un peu l'histoire.
Quelle est la signification du titre? (Le titre signifie…)
Quel est le thème principal?
Comment est-ce que vous trouvez le film/la pièce/le roman? Est-ce qu'il/elle est intéressant(e)? passionnant(e)? ennuyeux/ennuyeuse? médiocre? (Je le/la trouve…)

### Guide pour vous aider à résumer un article

Est-ce que vous savez le nom de l'auteur? (Oui, il/elle s'appelle...)
De quoi traite *(treats, deals with)* l'article? (L'article traite de...)
Quelles sont les idées les plus importantes présentées par l'auteur? (Les idées les plus importantes sont.../Ce que l'auteur a dit d'important, c'est que...)
Donnez plusieurs exemples que l'auteur utilise pour exprimer ses idées ou développer des arguments.
Est-ce que le titre s'explique?
Pour quelle(s) raison(s) est-ce qu'on lirait cet article? (On le lirait pour.../ parce que...)
Quelle est votre réaction à la lecture de cet article? (J'ai trouvé cet article...)

## Mots et expressions utiles

Quel est le thème de ce documentaire? Qui est Jacques Vergès? Pourquoi est-il connu? Aimeriez-vous voir ce documentaire? Pourquoi ou pourquoi pas?

**L'avocat de la terreur**
2007. 2h15. Documentaire français en couleurs de Barbet Schroeder avec Jacques Vergès, Bechir Boumaza, Hans-Joackim Klein.

Connu du grand public pour avoir défendu de nombreux terroristes et un criminel de guerre, Klaus Barbie, l'avocat Jacques Vergès reste un personnage mystérieux. Le réalisateur, fasciné par l'homme héroïque de la cause algérienne, fait à la fois son portrait et celui de son époque.
●UGC Ciné Cité Les Halles 2 ●Saint André des Arts 35 ●Le Saint-Germain-Des-Prés 36 ●Le Balzac 43 ●UGC Opéra 64 ●MK2 Bastille 73 ●UGC Ciné Cité Bercy 75 bis ●MK2 Bibliothèque 80 ●Les 7 Parnassiens 90 ●Le Cinéma des Cinéastes 99 ●MK2 Quai de Seine/Quai de Loire 109

*Pariscope*, semaine du 6 au 12 juin 2007

### Une pièce

une **comédie musicale** *musical*
un(e) **critique de théâtre** *theater critic*
l'**éclairage** [m] *lighting*
**frapper les trois coups** *to knock three times (heard just before the curtain goes up in French theaters)*
**jouer à guichets fermés** *to play to sold-out performances*
le **metteur en scène** *stage director*
la **mise en scène** *staging*
un **rappel** *curtain call*
une **représentation** *performance*
(avoir) le **trac** *(to have) stage fright*
la **troupe** *cast*

### Un film

un **acteur**/une **actrice** *actor/actress*
un(e) **cinéaste** *filmmaker*
un(e) **débutant(e)** *beginner*
le **dénouement** *ending*
se **dérouler**/se **passer** *to take place*
un **épisode** *episode*
un(e) **interprète** *actor/actress*
  les **interprètes** [m/f pl] *cast*
l'**intrigue** [f] *plot*
le **personnage (principal)** *(main) character*
un **producteur** *producer (who finances)*
le **réalisateur**/la **réalisatrice** *director*
la **réalisation** *production*
un **rebondissement** *revival*
un **retour en arrière** *flashback*
un(e) **scénariste** *scriptwriter*

le **thème** *theme*
**tourner un film** *to shoot a film*
la **vedette** *star (male or female)*
des **genres de films** *types of films*
  une **comédie** *comedy*
  un **dessin animé** *cartoon*
  un **documentaire** *documentary*
  un **film d'amour** *love story*
  un **film d'aventures** *adventure film*
  un **film d'épouvante** *horror movie*
  un **film d'espionnage** *spy movie*
  un **film de guerre** *war movie*
  un **film policier** *police story, mystery story*
  un **western** *western*

un **film doublé** *dubbed film*
**avec sous-titres** [m pl] *(with) subtitles*
en **version originale (v.o.)** *in the original language*

un **compte rendu** *review (of film, play, book)*
un(e) **critique de cinéma** *movie critic*

un **four** *flop*
un **navet** *third-rate film*
**réussi(e)** *successful*

l'**entracte** [m] *intermission*
l'**ouvreuse** [f] *usher*

### Divers

**avoir à voir avec** *to have something to do with*
**C'est complet.** *It's sold out.*

Un succès durable: *Les Misérables* est une pièce à ne pas manquer. De nombreux **critiques** parisiens en ont fait les éloges *(praise)*. Selon plusieurs **comptes rendus**, le **metteur en scène** du théâtre Mogador est à féliciter pour sa **mise en scène** ingénieuse et efficace. Les **producteurs** qui n'ont pas hésité à emmener le spectacle en tournée de **représentations** misent sur *(bet on)* la même qualité et continuent à trouver des **acteurs** de premier ordre. Le plus souvent les **troupes** en tournée **jouent à guichets fermés**.

Adapté du *Journal Français d'Amérique*

# Activités

**A. Résumez.** Racontez en une ou deux phrases les faits suivants en utilisant les expressions pour résumer.

1. votre dernière conversation avec votre professeur de français
2. votre dernière conversation avec votre patron ou un autre professeur
3. un programme de télévision
4. un événement d'actualité

**B. En bref...** Résumez en une ou deux phrases le contenu des trois conversations d'un des chapitres précédents, en utilisant les expressions pour résumer.

MODÈLE: *(Chapitre 5, Leçon 2)*
*Il s'agit d'un couple français qui entre en conflit avec leur fille Julie parce qu'elle passe trop de temps devant la télé au lieu de faire ses devoirs. Leur neveu Sébastien, par contre, s'intéresse plus à l'école et fait ses devoirs sans même qu'on le lui demande. Bref, on assiste à une comparaison assez nette entre ces deux enfants.*

**C. Êtes-vous cinéphile?** Écrivez les titres de dix films que vous avez vus (américains et étrangers) pendant les deux dernières années. Classez chaque film d'après son genre. Comparez votre liste et votre classification avec celles de vos camarades. Discutez de votre genre de film préféré.

**D. Oscar/César.** Quels sont les films qui ont reçu des «Oscar» cette année (ou l'année dernière) pour les catégories suivantes: meilleur film, meilleur réalisateur, meilleur acteur, meilleure actrice? Qu'est-ce que vous avez pensé des décisions des membres du jury? Est-ce que vous avez vu les films qui ont reçu le plus d'«Oscar»? Est-ce que vous savez quels films français ont gagné le plus de «César» cette année (ou l'année dernière)? Voir **www.lescesarducinema.com**.

**E. En peu de mots...** Choisissez une pièce ou un film que vous avez vu(e) ou un article que vous avez lu récemment. Faites-en un petit résumé.

Activity C: Expansion: Explain to students that Hollywood directors sometimes do remakes of French films that they think might appeal to American audiences. Below is a list of a few of these films. Ask students to view the French and American versions of a film and discuss sociocultural similarities and differences. 1. *Three Men and a Baby*, Dir. Leonard Nimoy, 1987 = *Trois hommes et un couffin*, Dir. Coline Serreau, 1985; 2. *Sommersby*, Dir. John Amiel, 1993 = *Le Retour de Martin Guerre*, Dir. Daniel Vigne, 1982; 3. *Diabolique*, Dir. Jeremiah Chechik, 1996 = *Les Diaboliques*, Dir. Henri-Georges Clouzot, 1955; 4. *Bird Cage*, Dir. Mike Nichols, 1996 = *La Cage aux folles*, Dir. Édouard Molinaro, 1978

## Liens culturels

## Le septième art

Si les Français vont au cinéma moins souvent que les Américains (la fréquentation moyenne par habitant était de 3 fois en France contre 4,7 fois aux États-Unis en 2005), ceci ne veut pas dire que les Français manquent de passion pour le septième art. Au contraire, ils le célèbrent chaque année. En 2008, ce sera la 24e année consécutive de la *Fête du cinéma* (traditionnellement autour de la Saint-Jean, le 24 juin). On achète un «carnet-passeport» au prix normal du billet d'entrée de la salle où l'on se rend. Ce carnet est ensuite validé, pendant trois jours et dans toutes les salles de la ville, moyennant 2€ à chaque séance supplémentaire. Divers spectacles ont aussi lieu à Paris et en province à cette occasion et des soirées sont organisées dans des bars et des discothèques. Pour en savoir plus, visitez le site **www.feteducinema.com.**

Cette passion des Français pour le cinéma remonte à plus d'un siècle. En fait, c'est en France, en décembre 1895, que le cinéma est né. Antoine Lumière avait organisé la première projection publique de ses «photographies animées» à l'hôtel Scribe, un haut lieu de la vie parisienne à l'époque. Antoine était fabricant de pellicules mais ce sont ses fils, Auguste et Louis, qui ont inventé la machine qui permettait de les montrer de façon successive. Lorsque Louis Lumière a montré les dessins de son premier cinématographe à son constructeur, Jules Charpentier,

ce dernier lui a dit: «C'est intéressant mais ça n'a aucun avenir!» Aujourd'hui, avec plus de 174 millions de spectateurs par an, l'avenir du cinéma en France n'est guère en danger. Cependant, l'année 2005 a été moins brillante pour les entrées en salles. Il y a eu une baisse de 11% sur le chiffre exceptionnel de 2004. Cette performance faible s'expliquait peut-être par l'absence de très gros succès. Il faut dire aussi que les nouvelles technologies favorisent de plus en plus le cinéma à la maison. Beaucoup de Français se sont équipés de télés à haute définition, avec écrans *(screen)* larges et plats, et d'un système de vidéo-projection. Par ailleurs, les chaînes numériques *(digital channels)*, accessibles par le câble, le satellite ou Internet, et les lecteurs de DVD à disque dur donnent aux Français la possibilité de recréer l'expérience du cinéma chez eux. Un troisième facteur qui entre peut-être en ligne de compte est le prix des places de cinéma: les entrées de cinéma coûtent plus cher qu'aux États-Unis (presque 10 euros). Il n'existe pas beaucoup de salles bon marché permettant aux familles modestes de s'offrir ce plaisir.

La récompense la plus prestigieuse du cinéma français est le «César», l'équivalent français de l'«Oscar» d'Hollywood. La première nuit des «César» s'est déroulée en 1976. À la cérémonie des «César» de 2007, *Lady Chatterley* a remporté le prix du meilleur film français de l'année. Marina

Hands et François Cluzet ont reçu les «César» des meilleurs interprètes féminin et masculin. Le «César» du meilleur film étranger a été décerné à *Little Miss Sunshine*. Visitez le site **www.lescesarducinema.com** pour en savoir plus.

Le cinéma américain et le cinéma français sont-ils différents? Pas vraiment, mais une des différences les plus souvent citées est l'importance du rôle du metteur en scène, ou «auteur», dans le choix des sujets et dans le style des films français (et européens en général). Alors que les films américains sont plutôt basés sur des aventures au rythme rapide, les films français ont toujours tendance à être plus lents, plus psychologiques et souvent plus intellectuels. Les grands metteurs en scène considèrent leurs films comme des œuvres d'art.

Croyez-vous que cet écart entre le style des films français et celui des films américains puisse disparaître un jour? Quel style de film est-ce que vous préférez? Pourquoi? Connaissez-vous des films qui ont été primés *(awarded a prize)* il y a dix ans? quinze ans? Allez-vous souvent au cinéma? Pourquoi ou pourquoi pas? Pourquoi, à votre avis, est-ce que le cinéma continue à occuper une place importante dans la vie sociale des Français et des Américains?

Adapté de *Francoscopie 2007* (Larousse, pp. 404–410); www.lescesarducinema.com; www.feteducinema.com

# La grammaire à apprendre

## La voix passive

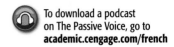 To download a podcast on The Passive Voice, go to **academic.cengage.com/french**

### A. Formation

The passive voice is useful in a number of contexts, including reporting the facts and summarizing what went on.

> Ce qui se passe à la fin du roman *Une rage fatale,* c'est que le mari **est tué** par sa femme qui est jalouse.

An active voice construction is characterized by normal word order, where the subject of the sentence performs the action and the object receives the action.

| Sujet | Verbe actif | Objet | Complément de lieu |
|---|---|---|---|
| La femme | a vu | son mari et sa maîtresse | dans un restaurant. |

In a passive voice construction, the subject is acted upon by the object (called the agent) and thus switches roles with the object.

| Sujet | Verbe passif | Agent | Complément de lieu |
|---|---|---|---|
| Le mari et sa maîtresse | ont été vus | par la femme | dans un restaurant. |

In French, only verbs that are followed directly by an object (i.e., no preposition precedes the object) can be put into the passive voice.

NOTE: The past participle agrees with the subject of the verb **être**. The formation is as follows:

> subject + **être** + past participle (+ **par/de** + agent)
>
> La femme **avait été arrêtée par** la police à une autre occasion; elle **était soupçonnée d'**avoir commis un vol.

An agent is not always mentioned. If one is expressed, it is usually introduced by **par**. However, **de** is used when the passive voice denotes a state. Typical past participles that are likely to be used with the preposition **de** are **aimé, détesté, haï, respecté, admiré, craint, dévoré, entouré,** and **couvert.**

> Durant toutes leurs années de mariage, elle **avait été dévorée de** jalousie.

### B. Pour éviter la voix passive

The passive voice construction is used much less often in French than in English. The following are alternatives to the use of the passive voice.

- If an agent is expressed, transform the sentence to the active voice. Thus, the agent is made the subject of the sentence and the passive subject becomes the direct object.

  PASSIVE: *Une rage fatale* **a été écrit** par un romancier célèbre.
  ACTIVE: Un romancier célèbre **a écrit** *Une rage fatale.*

- If an agent is not expressed and is a person, use the indefinite pronoun **on** as the subject, followed by the active verb in the third-person singular form.

  PASSIVE: Ce roman **est connu** dans de nombreux pays.
  ACTIVE: **On connaît** ce roman dans de nombreux pays.

- Certain common, habitual actions in English expressed in the passive voice can be rendered in French by pronominal verbs, assuming that the subject is inanimate. Common pronominal verbs used in this situation are **se manger, se boire, se parler, se vendre, s'ouvrir, se fermer, se dire, s'expliquer, se trouver, se faire,** and **se voir.**

  Ce roman ne **se vend** pas bien en ce moment.
  *This novel is not selling very well right now.*

  Mais cela **s'explique** facilement, puisqu'il vient seulement de sortir en librairie.
  *But that is easily explained, since it just came out in the bookstores.*

Quels films est-ce que les critiques ont aimés? Êtes-vous d'accord avec leur opinion? Expliquez.

## cotation des critiques

**Les critiques ont aimé :**
passionnément : ★★★,
beaucoup : ★★,
un peu : ★,
pas du tout : ▢.

Chaque cote est attribuée par les critiques eux-mêmes, à notre demande.

| | V. Gaucher A. Gaillard PARISCOPE | Dominique Borde FIGARO | Gérard Delorme PREMIERE | Peter Fondu OUI FM | Françoise Delbecq ELLE | Fabrice Leclerc CINE LIVE |
|---|---|---|---|---|---|---|
| The queen | ★★★ | ★★★ | ★★★ | ★★★ | ★★★ | ★★★ |
| La vie des autres | ★★★ | ★★★ | ★★★ | ★★ | ★★★ | ★★★ |
| Ne touchez pas la hache | ★★ | ★★★ | | ★★★ | ★★★ | |
| La Môme | ★★★ | ★★★ | ★★★ | | ★★ | ★★★ |
| Anna M. | ★★★ | ★★ | | | ★★ | ★★ |
| Le scaphandre et le papillon | | ★★ | ★★★ | | ★★ | ★★★ |
| We feed the world | ★★★ | | | ★ | | ★★★ |
| Zodiac | ★★ | ★ | ★★★ | | ★★ | ★★★ |
| Jésus camp | ★★ | | ★★ | | | ★★ |
| Le dernier roi d'Ecosse | ★★ | ★ | ★★ | | ★★ | |
| Still life | ★★ | ★ | | ★ | ★★★ | |
| Loin d'elle | ★★ | | | ★ | ★★★ | ★★ |
| Abandonnée | ★★★ | ▢ | ★★ | | ★ | |
| Black Snake Moan | ★★ | | ★★★ | | ★ | |
| Irina Palm | ★★ | ★★ | | | ★ | |
| Les chansons d'amour | ▢ | ★★ | | ★★ | | ★★ |
| Ensemble, c'est tout | ★★ | ★★ | | ▢ | ★★ | ★ |
| Après lui | ★★ | ★★ | | | ★ | |
| La faille | ★★ | ★ | | | ★ | |
| Goodbye Bafana | ★★ | ★ | | ★★ | | |
| Spider-man 3 | ★ | ★★ | ★ | ▢ | | ★★ |
| Tout ira bien | ★ | ★★ | ★ | | ★ | |
| Une vieille maîtresse | ▢ | ★★ | | ▢ | ★ | |
| La disparue de Deauville | ★ | ★ | | ▢ | | |
| U.V. | ★ | | | ▢ | | |

### REPRISES

| | | | | | | |
|---|---|---|---|---|---|---|
| Network, main basse sur la télévision | ★★★ | ★★ | ★★ | ★★★ | ★★★ | ★★★ |
| Diamants sur canapé | ★★★ | ★★ | | ★★ | ★★ | ★★★ |
| Charade | ★★★ | ★★ | | | | ★★★ |
| La femme des sables | ★★ | | ★★ | | | ★★★ |
| Le monde, la chair et le diable | ★★ | | ★★ | | ★★ | |

## box office

Les 20 films sortis au cours des 12 derniers mois ayant fait le plus grand nombre d'entrées à Paris et Périphérie

| | |
|---|---|
| Spider-man 3 | 1 343 253 |
| Pirates des Caraïbes 2 | 990 190 |
| Arthur et les Minimoys | 892 279 |
| Casino royale | 817 660 |
| Prête-moi ta main | 791 398 |
| La Môme | 675 889 |
| Le diable s'habille en Prada | 652 071 |
| Ne le dis à personne | 634 775 |
| Les infiltrés | 616 073 |
| La vie des autres | 598 977 |
| Pirates des Caraïbes jusqu'au bout du monde | 573 507 |
| T4xi | 512 220 |
| Little miss Sunshine | 510 702 |
| Ensemble c'est tout | 479 727 |
| Indigènes | 475 590 |
| Hors de prix | 474 027 |
| 300 | 464 542 |
| La nuit au musée | 439 290 |
| Miami vice : deux flics à Miami | 412 532 |
| Blood diamond | 411 909 |

Informations Ciné-Chiffres

*Pariscope, semaine du 6 au 12 juin 2007*

# Activités

**A. Une pièce à ne pas manquer.** Vous trouverez ci-dessous des phrases adaptées d'un compte rendu de la pièce *Du même ventre (womb)* qu'on a jouée à Paris au Théâtre de l'Est Parisien. Mettez ces phrases à la voix active et faites les changements nécessaires.

1. *Du même ventre,* une pièce instructive et drôle, a été écrite par Christine Anne.
2. La famille Claudel est composée de trois enfants très différents (Camille, Louise et Paul).
3. Leurs caractères ont été façonnés *(shaped)* par les blessures et les antagonismes de leur enfance.
4. Les deux sœurs et leur frère ont été élevés par des parents en désaccord perpétuel.
5. L'éducation familiale qu'ils ont reçue est analysée par les trois enfants.
6. Les trois rôles principaux sont interprétés par des comédiens de talent.
7. Le public sera frappé par l'actualité et la profondeur du sujet de la pièce.
8. Si vous aimez le bon théâtre, une excellente soirée vous sera offerte par *Du même ventre.*

> Adapté d'un article de *Pariscope,* du 24 au 30 mai 2006, pp. 27 et 41.

**B. Un drame psychologique.** Voici des extraits d'un compte rendu du film *Un roi sans divertissement,* adapté d'un livre écrit en 1947 par Jean Giono (1895–1970), un écrivain français élu à l'Académie Goncourt[2] en 1954. Mettez ces phrases à la voix passive.

1. Les amateurs du romancier Jean Giono connaissent bien l'histoire de ce capitaine chargé de découvrir le meurtrier de deux jeunes filles.
2. Ce capitaine de gendarmerie découvre l'assassin dans un village perdu dans les monts d'Aubrac.
3. Apparemment, l'ennui et la solitude ont poussé le meurtrier à commettre son double crime.
4. Charles Vanel, Colette Renard et Pierre Repp interprètent les rôles principaux de ce drame psychologique.
5. L'auteur, Jean Giono, a rejeté les formes faciles de pathos et de misérabilisme.

> Adapté d'articles de *Pariscope,* du 17 au 23 mars 2004, pp. 90, 116.

**C. Au cinéma.** Un touriste américain est au cinéma en France. Il cherche dans son dictionnaire les mots pour poser les questions ci-dessous. Aidez-le en utilisant des verbes pronominaux.

1. Is French spoken here?
2. Where is popcorn (**le pop-corn**) sold?
3. Are soft drinks (**boissons non-alcoolisées**) sold in this theater?
4. Tipping the ushers—is that still done in France?
5. I'm not French. Does it show?

---

[2] L'Académie Goncourt est formée de dix écrivains de langue française. Son objet est de décerner chaque année un prix pour «un ouvrage d'imagination en prose paru dans l'année» et plusieurs bourses. (Voir **www.academie-goncourt.fr**.)

**D. Le Karaoke: la machine à chanter.** Voici les extraits d'un article sur le vidéo-disque à lecture laser *(video disk player)*. Mettez les phrases suivantes à la voix passive (si elles sont à la voix active) ou à la voix active (si elles sont à la voix passive).

1. Au cours des années 80, le Karaoké est inventé par les ingénieurs de Pioneer.
2. On a emprunté le mot Karaoké, qui veut dire «orchestre vide», du japonais.
3. La musique originale d'une chanson est offerte par un lecteur de vidéodisques.
4. On projette les paroles de la chanson sur l'écran.
5. Cet appareil est utilisé par ses amateurs pour démontrer leurs talents de chanteur.
6. Des appareils de karaoké ont été installés par beaucoup de commerçants dans les bars et dans les hôtels il y a vingt ans.
7. Pendant les années 90, les Américains ont été séduits par le Karaoké.

# Interactions

**A. En bref…** Regardez un quotidien (français, si c'est possible). Jetez un coup d'œil aux gros titres et parcourez plusieurs articles. Faites un résumé de trois ou quatre événements importants qui sont présentés dans le journal que vous avez choisi. (Possibilités: **www.figaro.fr; www.lemonde.fr**)

> MODÈLE: Le Figaro *(journal français), du 3 juin*
> *En peu de mots, voici les événements principaux: Le G8 très polluant: Une étude sur l'impact environnemental de la réunion des grandes puissances mondiales; Ségolène Royal, candidate à la présidence en 2007, attaque un livre sur sa vie privée; Amélie Mauresmo est éliminée au 3ᵉ tour de Roland-Garros. Il ne reste qu'une Française; Quatre personnes ont été arrêtées pour un complot terroriste visant l'aéroport de JFK à New York.*

**B. Pour résumer…** Résumez un livre que vous avez lu récemment. Faites attention à l'utilisation de la voix active et de la voix passive. Utilisez les suggestions aux pages 415–416 pour vous aider à organiser votre résumé. Soyez prêt(e) à faire une présentation orale devant vos camarades de classe. Ils vont vous poser des questions sur votre présentation.

## Deuxième brouillon   Dossier personnel

1. Write a second draft of your paper from **Leçon 2.** Fine-tune your work using the *Expressions typiques pour…* on pages 415–416, the expressions for summarizing in this lesson, and the expressions presented in *Dossier personnel: Deuxième brouillon,* in **Chapitre 1** (p. 35).

2. You may also want to incorporate some of the following adjectives commonly used to discuss the style of writing used in movies, books, or plays: **gauche** *(awkward);* **maladroit** *(clumsy);* **vigoureux** *(energetic);* **banal** *(hackneyed, trite);* **passionné** *(impassioned);* **ironique; vivant** *(lively);* **émouvant** *(moving);* **ampoulé** *(pompous);* **plein de verve** *(racy);* **négligé** *(slipshod);* **guindé** *(stilted);* **lourd** *(stodgy);* **direct** *(straightforward);* **attendrissant** *(touching);* **plat, insipide** *(vapid, flat);* **vulgaire; spirituel** *(witty);* **prolixe** *(wordy)*

**Phrases:** Writing an essay; expressing an opinion; sequencing events
**Grammar:** Passive voice with **être, se**

**Phrases:** Writing an essay; expressing an opinion; sequencing events
**Grammar:** Passive voice with **être, se**

# Synthèse

## Activités musicales

### Céline Dion: *Le blues du businessman*

#### Avant d'écouter

1. Comment est-ce que vous décririez la musique «blues»? D'où est-ce qu'elle vient? Qu'est-ce que vous lui associez? Est-ce que vous connaissez des artistes qui chantent le blues? Lesquels? Est-ce que vous aimez ce genre de musique? Pourquoi ou pourquoi pas?

2. Cherchez l'expression «avoir le blues» dans un dictionnaire et expliquez son sens en utilisant vos propres mots. À votre avis, pourquoi est-ce que Céline Dion a choisi ce titre pour sa chanson? De quoi est-ce qu'elle va parler, d'après vous?

3. Et vous, est-ce que vous avez parfois «le blues»? Dans quelles situations?

#### Après avoir écouté

1. Faites un résumé de la chanson. Utilisez les expressions pour résumer que vous avez apprises dans ce chapitre et les questions suivantes pour vous aider: Quel est le sujet de la première partie de la chanson? De quoi est-ce que le «businessman» parle? Est-ce qu'il a l'air d'avoir réussi sa vie? Et dans la deuxième partie, de quoi est-ce qu'il parle? Est-ce qu'il a l'air heureux? Pourquoi ou pourquoi pas?

2. Imaginez que vous êtes un(e) collègue du «businessman» et que vous essayez de le réconforter *(to comfort him)*. Écrivez-lui une lettre dans laquelle vous le félicitez pour sa réussite dans le monde des affaires. Utilisez le vocabulaire du chapitre.

3. Imaginez maintenant que vous êtes le (la) meilleur(e) ami(e) du «businessman». Vous lui écrivez aussi une lettre, mais vous lui faites des reproches parce qu'il n'a pas eu le courage de faire ce qu'il voulait vraiment faire dans la vie. Utilisez le conditionnel passé et des phrases conditionnelles.

To experience this song, go to **academic.cengage.com/ french/bravo**

This song can be used to practice the conditionnel passé and the Expressions typiques pour... from this chapter.

## Activités orales

**A. En somme…** En une ou deux phrases, faites un résumé très bref de ce qui s'est passé dans chacune des situations suivantes. Dans chaque résumé, utilisez des expressions appropriées à la circonstance.

1. une conversation que vous avez eue récemment au téléphone
2. ce qui s'est passé pendant votre dernier cours de français
3. la météo de votre région pour demain
4. les instants les plus marquants d'un événement sportif que vous avez regardé à la télé récemment
5. ce qui s'est passé pendant la dernière réunion à laquelle vous avez assisté

**Activité écrite:** Additional activity: You recently received a letter and pictures from your best friend who moved to Quebec. Answer the letter and explain why you didn't write sooner. Compliment him/her on having lost weight (he/she told you this and it is obvious from a photo) and for his/her new hairstyle. Tell your friend about a movie/play you recently saw. Since you loved (or hated) this film/play, summarize it and give your opinion. Invite your friend to visit you soon.

**Grammar:** Compound past tense **(passé composé)**; past conditional **(conditionnel passé)**; pluperfect **(plus-que-parfait)**; sequence of tenses with **si**

**Phrases:** Writing an essay; expressing an opinion; sequencing events
**Grammar:** Participle agreement **(participe passé, participe présent)**; past conditional **(conditionnel passé)**; pluperfect **(plus-que-parfait)**; sequence of tenses with **si**; passive voice with **être, se**

**B. Imaginez…** Imaginez que vous avez participé au seul Ironman organisé sur le territoire français, à Nice, l'année dernière. Vous avez terminé le triathlon mais vous vous êtes classé(e) 869 sur 1400 au classement général. Votre partenaire est journaliste pour *Triathlète magazine,* un journal français pour ceux qui sont passionnés de triathlon. Il/Elle veut vous interviewer pour un article qui présente les gagnants et ceux qui ont moins bien réussi pendant la compétition.

SUJETS POSSIBLES: des informations personnelles; pourquoi vous avez participé au triathlon; ce que vous auriez dû faire pour être parmi les 10 premiers au classement; si vous avez déjà participé à un triathlon avant cet événement; si vous le referiez; etc.

## Activité écrite

**Mon journal…** Écrivez une page dans votre journal où vous résumez les événements majeurs de votre vie pendant le dernier semestre/trimestre. Mentionnez ce que vous avez fait et ce que vous auriez pu ou auriez dû faire pendant ce semestre/trimestre.

### Révision finale  Dossier personnel

1. Reread your paper for the extent of your coverage. Does your review tell enough about the work so that a reader can understand what it is about? Does it tell too much? Is your review an interesting piece of writing in itself? Is your opinion stated clearly, argued fairly, and supported by reasons, facts, and examples?

2. Bring your draft to class and ask two classmates to peer review your paper. It would be particularly helpful if they are not familiar with the work you have reviewed so that they can tell if you have been clear and complete. Your classmates should use the symbols on page 433 to indicate grammar errors.

3. Examine your composition one last time. Check for correct spelling, grammar, and punctuation. Pay special attention to your use of participles, conditional phrases, and passive voice.

4. Prepare your final version.

## *Rien ne m'émeut plus qu'une jeune actrice!*
## Entretien avec Jeanne Moreau

### Avant la lecture

#### Sujets à discuter

- Quel(le)s comédien(ne)s est-ce que vous trouvez impressionnant(e)s? Expliquez pourquoi.
- Est-ce que vous préférez le théâtre ou le cinéma? Expliquez votre réponse.
- Vous allez lire un entretien avec Jeanne Moreau, une des plus grandes comédiennes françaises, qui parle de sa vie d'artiste. Et vous, si vous interviewiez un(e) comédien(ne) qui a eu beaucoup de succès, qui choisiriez-vous?

### Introduction

*Jeanne Moreau is the "dean" of famous French actresses. Born in 1928, she was trained at a very selective acting school, the* **Conservatoire de Paris,** *and took courses at the* **Comédie-Française,** *a highly prestigious theater troupe created at the end of the 17th century. Her long career as a film actress began in 1948 and has lasted until 2007 (59 years.) She played in dozens of films, such as* Ascenseur pour l'échafaud *(scaffold) and* Les amants *by Louis Malle,* Jules et Jim *and* La mariée était en noir *by François Truffaut, and* Le journal d'une femme de chambre *by Luis Buñuel. In this interview, she is being asked about her opinion on today's young actresses.*

Jeanne Moreau

Ask students what actors they admire. Ask if they can name any French actors. Find out if they have seen the very popular *Le Fabuleux destin d'Amélie Poulain* (2001) with Audrey Tautou as the lead. (She later played in *The Da Vinci Code.*) Ask students to talk about the film *Amélie,* the actors, the film's humor, and its setting. See if students know about other recent hits, including *Paris, je t'aime* (2007) and *La Vie en rose* (2007).

If possible, bring in some clips of Jeanne Moreau in several films. You may want to talk to students about la Nouvelle Vague, a group of French filmmakers of the late 1950s and 1960s who broke convention in several ways and made stars of several directors, such as Truffaut and Godard.

## Rien ne m'émeut plus qu'une jeune actrice!

**Pensez-vous que c'est aujourd'hui plus facile pour une actrice de débuter?**

Je crois au contraire que c'est plus difficile. A l'époque, il y avait des voies
5 toutes tracées°. D'abord le cours Simon, mais il fallait avoir de l'argent et, dans ma famille, on n'en avait pas. Heureusement, il y avait aussi le Conservatoire, où j'ai appris le métier sans que mon père le
10 sache. Tout ce que j'ai fait était clandestin. J'ai mené une double vie dès l'âge de 14 ans, avec la complicité de ma mère. Quand j'ai débuté, il n'était pas question de médias, pas question non plus de
15 paraître.

**La jeune comédienne était moins exposée?**

Plus protégée. Quand j'étais à la Comédie-Française, il était, par exemple,
20 impensable de parler à des journalistes. Mais cela n'empêchait pas d'être libre d'esprit. J'ai fait scandale, parce que quand j'ai débuté à la Comédie-Française, en 1948, je signais, en même temps, mon
25 premier contrat de cinéma. Je revois la curiosité inquiète des vieux sociétaires° dans les coulisses°, qui, en réalité, rêvaient de tourner dans des films.

Au Conservatoire, suivre les cours
30 était le meilleur moyen de savoir ce qui

**toutes tracées** *clearly marked*

**sociétaires** acteurs membres de la Comédie-Française / **les coulisses** *behind the scenes*

allait se jouer. Un copain m'a appris que Jean Vilar° faisait passer des auditions au théâtre Edouard-VII. J'y suis allée et j'ai décroché° mon premier rôle. C'était
35 en 1947. Il me semble aussi qu'il y avait moins de comédiens et de comédiennes. Il ne serait jamais venu à l'idée de personne de parler d'intermittents du spectacle°, des gens qu'on embauche et
40 qu'on laisse tomber après, comme cela se passe maintenant avec la télévision.

**Vous avez toujours été assez anticonformiste, voire un peu rebelle.**

On ne peut pas dire «rebelle», parce
45 que je n'avais pas à me rebeller contre quoi que ce soit°. Cela peut paraître extrêmement prétentieux, mais tant de mystères ont entouré mes désirs, j'ai tellement été captive de cette vie sou-
50 terraine que cela m'a forgé un destin. J'ai appris la vie par la lecture. Et, au fur et à mesure du temps qui a passé, toutes ces femmes que j'ai incarnées°, ou tenté d'incarner, m'ont fait faire un travail de
55 spéléologue. Je vais au plus profond de la nature humaine. Et quand je dis que j'aime la beauté, c'est non pas parce que c'est un confort, mais parce que je connais tout le reste, toute la merde°, toute
60 l'horreur, tout ce qu'il y a de pire.

**Vous avez très vite joué avec François Truffaut, Louis Malle et d'autres jeunes réalisateurs qui sont devenus les plus grands. Avez-vous favorisé ces
70 rencontres?**

Je passe ma vie à tourner avec des jeunes réalisateurs—dont deux cet hiver, d'ailleurs. Pour le reste, je n'ai jamais rien anticipé. C'est cela qui est étonnant.
75 Mon agent ne voulait pas que je travaille avec Louis Malle parce qu'il avait tourné avec Cousteau°. «Vous voulez faire confiance à un homme qui a filmé un poisson!» m'avait-il dit. Avec Louis, dans les

couloirs du palais du Festival de Cannes,
80 j'ai rencontré un jeune homme intense avec une Gitane° à la bouche. C'était François.

J'avais été rejetée par les vieux de la
85 vieille°. Julien Duvivier° avait dit à mon agent: «Avec son visage asymétrique, ses yeux cernés et le physique qu'elle a, elle ne fera jamais carrière. C'est une très bonne comédienne, mais ça ne
90 marchera pas.»

**C'est finalement votre anticonformisme qui vous a permis de rencontrer des gens qui avaient le même besoin de liberté.**

95 J'avais une chance extraordinaire, parce que c'était encore l'époque où la femme était le grand mystère de toute vie masculine. Il y avait des héroïnes, c'étaient des choses qui restaient du XIXe siècle.

100 **Vous pensez que ça n'existe plus aujourd'hui?**

C'est normal, la société a bougé. Ce qui est intéressant maintenant, c'est la vie du monde. Aux cinéastes d'être pré-
105 monitoires°, comme les grands écrivains et les poètes.

**Ne trouvez-vous pas que, d'un point de vue physique, la singularité est désormais plus recherchée qu'il y a
110 soixante ans, où toutes les jeunes filles devaient ressembler à un modèle?**

Oui, mais il y a en même temps une nostalgie de l'image de la star. Et je crois
115 qu'à partir du moment où les gens vous reconnaissent dans la rue c'est un devoir de donner une image de soi sinon sophistiquée, au moins nette, propre, sans afféterie°. Heureusement, beaucoup
120 de jeunes femmes jouent le jeu. Elles sont belles, au top de la mode.

---

**Jean Vilar** célèbre metteur en scène de pièces de théâtre / **une Gitane** marque de cigarette française / **décrocher** obtenir

**les vieux de la vieille** les plus anciens / **Julien Duvivier** réalisateur de cinéma des années 1950

**intermittents du spectacle** acteurs employés à court terme

**quoi que ce soit** *anything*

**incarner** interpréter un rôle *(to embody a role)*

**prémonitoires** qui prévoient l'avenir

**la merde** mot vulgaire pour «excrément»; dans cette phrase, Jeanne Moreau veut parler des moments difficiles de sa vie.

**l'afféterie** *affectation*

**Jacques Cousteau** célèbre réalisateur de documentaires sur les fonds sous-marins

**On a demandé à nos jeunes comédiennes d'évoquer pour nous leur icône, leur modèle. Vous avez souvent été**
125 **citée. Que pensez-vous leur apporter?**

Peut-être la liberté intérieure, une certaine désinvolture°. Et la durée aussi. L'année prochaine, cela fera soixante ans que je fais ce métier. Et puis rien
130 ne m'émeut plus qu'une jeune actrice! Parce qu'on est de la même famille.

**Et elles, que vous apportent-elles?**

Leur audace, leur façon de parler librement. Attention, il ne faut pas
135 confondre parler librement le langage d'aujourd'hui et parler comme tout le monde parle à la télé!

**Quelles jeunes comédiennes vous marquent actuellement?**

140 Cécile de France. Je la trouve rayonnante°. C'est une découverte magnifique! Comme Natacha Régnier et Elodie Bouchez. Emilie Dequenne est devenue sublime. Ne pas oublier non plus Julie
145 Depardieu, si originale et nuancée. Et puis il y a Marina Hands, dont la grâce et la présence sont impressionnantes.

**Quels conseils donneriez-vous à cette nouvelle génération d'actrices?**

150 Avoir une bonne santé physique et morale, et une bonne résistance. Surtout, être double, savoir faire des folies° et être raisonnable.

**rayonnante** *radiant*

**la désinvolture** être sans soucis, libre

**faire des folies** s'amuser avec extravagance

Source: Extrait de L' EXPRESS.fr du 14/05/2007. Propos recueillis par Lydia Bacrie et Christophe Carrière

For more literary selections, visit Textchoice.com

## Après la lecture

### Compréhension

**A. Observation et analyse.** Répondez aux questions.

1. Parlez de la préparation que Jeanne Moreau a suivie pour devenir actrice.
2. Pour quelle raison a-t-elle fait scandale au début de sa carrière?
3. Comment est-ce que Jeanne Moreau décrit le métier d'actrice?
4. Pourquoi lui avait-on dit qu'elle ne réussirait pas à percer comme actrice?
5. Quelle devait être l'attitude d'une vedette qui voulait réussir dans les années 1950? Est-ce que cette attitude existe toujours? Chez quel(le)s artistes et chez quelles actrices par exemple?
6. Pourquoi est-ce que Jeanne Moreau admire les jeunes actrices?
7. Comment est-ce que vous comprenez le dernier conseil de Jeanne Moreau: «Surtout être double, savoir faire des folies et être raisonnable»? Au tout début de l'interview, Jeanne Moreau parle de la «double vie» qu'elle menait. À votre avis, est-ce qu'il s'agit de la même chose?

**B. Grammaire/Vocabulaire.** Révisez la grammaire des **Chapitres 8, 9** et **10** puis remplissez les blancs dans ces phrases adaptées de l'interview que vous venez de lire.

1. Tout _____ *(while working)* à la Comédie-Française, Jeanne Moreau a signé un contrat de cinéma.
2. _____ *(What)* est intéressant maintenant, c'est les différentes façons dont le monde du spectacle a changé.

3. Jeanne Moreau a été rejetée par le réalisateur Julien Duvivier. (Mettez à la voix active.)
4. Il faut trouver des actrices _____ (who) aient une bonne résistance et une bonne santé physique et morale.
5. Les jeunes comédiennes _____ (always made me smile) parce qu'elles parlent librement.
6. Il est difficile _____ expliquer aux jeunes interprètes la différence entre «parler librement» et «parler comme tout le monde parle à la télé».

## C. Réactions

1. Pourquoi est-ce que Jeanne Moreau et sa mère ont caché les études et le travail de Jeanne à son père? Comparez l'attitude des gens (du spectacle, du public) envers les actrices dans les années 1950, 1960 et 1970 avec l'attitude actuelle. Trouvez des exemples dans l'interview.
2. Orson Welles a dit que Jeanne Moreau était la meilleure actrice du monde. (Elle a aussi eu une carrière de chanteuse, de réalisatrice et de scénariste.) En 1992, elle a obtenu le «César» de la meilleure actrice pour le film *La vieille qui marchait dans la mer*. En 1998, elle a reçu des mains de Sharon Stone (une amie à elle) un «Oscar» et un hommage de l'Académie des «Oscar» pour l'ensemble de sa carrière. En 2003, le jury du Festival de Cannes a rendu hommage à toute son œuvre. Selon l'interview, pouvez-vous expliquer pourquoi elle a eu tant de succès? Quels films de Jeanne Moreau aimeriez-vous regarder pour voir si vous êtes d'accord? Expliquez.

## Interactions

A. Lancez-vous dans un débat sur l'engouement et même parfois l'obsession que les Américains ont pour les grandes vedettes de cinéma. Pourquoi les médias poursuivent-ils les acteurs et les actrices jusque dans leur vie privée? Discutez des raisons possibles de cette obsession en examinant les valeurs de la société moderne.

B. Imaginez que quelqu'un vous donne (à vous-même et à votre partenaire) $500 000 pour interviewer un(e) comédien(ne) de votre choix pour un programme à la télé. Décidez qui vous allez interviewer, où le tournage va avoir lieu, quels renseignements vous voulez obtenir, la durée de l'interview et quels points de vue vous allez présenter. Présentez ces informations à la classe et sollicitez l'opinion de vos camarades sur les chances de succès de votre interview.

## Expansion

A. Faites des recherches sur le cinéma français, sur les «César», sur le Festival de Cannes ou sur Jeanne Moreau. Allez à la bibliothèque et cherchez sur Internet. Faites une présentation orale sur ce que vous avez appris et sur ce qui vous intéresse.

B. Dans l'interview, Jeanne Moreau a parlé de plusieurs jeunes actrices françaises. Trouvez des renseignements sur deux de ces actrices. Dans quels genres de films ont-elles tourné? Ont-elles aussi joué dans des pièces de théâtre? Est-ce que ces actrices vous font penser à des actrices américaines? Auxquelles, par exemple? Pensez-vous que la vie d'une jeune actrice française soit très différente de la vie d'une jeune actrice américaine? Expliquez.

# II. *Mermoz* d'Antoine de Saint-Exupéry

## Avant la lecture

### Sujets à discuter

- Avez-vous déjà pratiqué une de ces activités aventureuses: sauter en parachute? piloter un avion? faire une course d'auto ou de bateau? faire du deltaplane *(hang gliding)*? faire de l'alpinisme? faire du «bungee jumping»? descendre des cascades? Décrivez vos expériences.
- Connaissez-vous quelqu'un qui pilote un avion? Parlez de cette personne, de sa personnalité, de son caractère, des raisons pour lesquelles il/elle a choisi de piloter, etc.
- Connaissez-vous quelqu'un qui adore l'aventure? Décrivez cette personne. Avez-vous de l'admiration pour elle? Expliquez.

### Stratégies de lecture

**Trouvez les détails.** Parcourez le texte et trouvez les détails suivants:

1. la profession de Mermoz
2. le nom du désert que Mermoz a traversé avec difficulté
3. le nombre de jours que Mermoz a passés comme prisonnier des Maures
4. le nom des montagnes dans lesquelles Mermoz et son camarade ont été bloqués
5. le nom de l'océan que Mermoz a traversé avec difficulté
6. le nombre d'années que Mermoz a passées à pratiquer sa profession

### Introduction

As you've read in this chapter, although the French do play team sports, their culture inclines them to a preference for individual performance. Individual sports and activities still provide an opportunity for dazzling displays of individual courage. The French have always been fascinated by solitary daring acts, and both Antoine de Saint-Exupéry (1900–1944) and the subject of this excerpt provided their countrymen with superb examples of individual courage and daring.

Saint-Exupéry, one of France's most admired figures, is well known as the author of Le Petit Prince, *a story about a lonely prince from an asteroid who explores the planets searching for a friend. In addition to a successful writing career, Saint-Exupéry enjoyed a career as an aviator, both as a test pilot and a military pilot. During World War II, in 1944, he took off on a spy mission for the Allies and was never seen again. Sixty years later, the twisted wreckage of his plane was found near Provence. In his autobiographical novel* Terre des hommes, *Saint-Exupéry remembers his friend Jean Mermoz (1901–1936), a famous pilot who set up the first airmail liaison from France to West Africa and then from France to South America in the early 1930s.*

Ask students if they have ever flown in a small plane and have them describe the difference between flying in a modern jumbo jet and flying in a small, two- or four-seater plane. Then ask them to imagine that experience without all of the modern navigational equipment that even many small planes possess today.

Antoine de Saint-Exupéry, aviateur et écrivain célèbre, dans son avion

# Mermoz

Quelques camarades, dont Mermoz, fondèrent la ligne française de Casablanca à Dakar, à travers le Sahara insoumis[1]. Les moteurs d'alors ne résis-
⁵ tant guère, une panne° livra° Mermoz aux Maures[2], ils hésitèrent à le massa-crer, le gardèrent quinze jours prisonnier, puis le revendirent°. Et Mermoz reprit ses courriers au-dessus des mêmes ter-
¹⁰ ritoires.

Lorsque s'ouvrit la ligne d'Amérique, Mermoz, toujours à l'avant-garde, fut chargé d'étudier le tronçon° de Buenos Aires à Santiago, et, après un pont sur le
¹⁵ Sahara, de bâtir un pont au-dessus des Andes. On lui confia un avion qui pla-fonnait à° cinq mille deux cents mètres. Les crêtes° de la Cordillère s'élèvent à sept mille mètres. Et Mermoz décolla°
²⁰ pour chercher des trouées°. Après le sable, Mermoz affronta° la montagne, ces pics qui, dans le vent, lâchent° leur écharpe° de neige, ce pâlissement° des choses avant l'orage, ces remous° si durs
²⁵ qui, subis entre deux murailles de rocs,

obligent le pilote à une sorte de lutte au couteau. Mermoz s'engageait dans ces combats sans rien connaître de l'adversaire, sans savoir si l'on sort en vie
³⁰ de telles étreintes°. Mermoz «essayait» pour les autres.

Enfin, un jour, à force d'«essayer», il se découvrit prisonnier des Andes. Échoués, à quatre mille mètres
³⁵ d'altitude, sur un plateau aux parois° verticales, son mécanicien et lui cher-chèrent pendant deux jours à s'évader°. Ils étaient pris. Alors, ils jouèrent leur dernière chance, lancèrent° l'avion vers
⁴⁰ le vide, rebondirent° durement sur le sol inégal, jusqu'au précipice, où ils coulèrent°. L'avion, dans la chute°, prit enfin assez de vitesse pour obéir de nouveau aux commandes. Mermoz le
⁴⁵ redressa° face à une crête, toucha la crête, et, l'eau fusant° de toutes les tubulures° crevées° dans la nuit par le gel°, déjà en panne après sept minutes de vol, découvrit la plaine chilienne,
⁵⁰ sous lui, comme une terre promise.

[1] région au sud du Maroc dont les habitants étaient en rébellion contre la domination française ou espagnole
[2] populations nomades du Sahara occidental

**panne** arrêt du moteur / **livra** *left* / **étreintes** *grips, pressures*

**revendirent** *sold*

**parois** *walls*

**s'évader** *to escape*
**tronçon** *segment*
**lancèrent** *hurled*
**rebondirent** *bounced*

**plafonnait à** ne pouvait pas voler au-dessus de / **coulèrent** *sank* / **chute** le fait de tomber / **crêtes** sommets / **décolla** *took off*
**trouées** *gaps* / **redressa** fit remonter / **affronta** s'attaqua à / **fusant** partant
**lâchent** *let go* / **tubulures** *pipes* / **crevées** *burst* / **écharpe** enveloppe / **pâlissement** *fading* / **gel** *frost* / **remous** *wind currents*

Le lendemain, il recommençait.

Quand les Andes furent bien explorées, une fois la technique des traversées bien au point, Mermoz confia
55 ce tronçon à son camarade Guillaumet et s'en fut explorer la nuit.

L'éclairage° de nos escales° n'était pas encore réalisé, et sur les terrains d'arrivée, par nuit noire, on alignait en
60 face de Mermoz la maigre illumination de trois feux d'essence.

Il s'en tira° et ouvrit la route.

Lorsque la nuit fut bien apprivoisée°, Mermoz essaya l'Océan. Et le courrier,
65 dès 1931, fut transporté, pour la première fois, en quatre jours, de Toulouse à Buenos Aires. Au retour, Mermoz subit une panne d'huile au centre de l'Atlantique Sud et sur une mer démon-
70 tée°. Un navire° le sauva, lui, son courrier et son équipage. [ … ]

Enfin après douze années de travail, comme il survolait une fois de plus l'Atlantique Sud, il signala par un bref
75 message qu'il coupait le moteur arrière droit. Puis le silence se fit.

La nouvelle ne semblait guère inquiétante, et, cependant, après dix minutes de silence, tous les postes
80 radio de la ligne de Paris jusqu'à Buenos Aires commencèrent leur veille° dans l'angoisse. Car si dix minutes de retard n'ont guère de sens dans la vie journalière°, elles prennent dans l'aviation
85 postale une lourde signification. Au cœur de ce temps mort, un événement encore inconnu se trouve enfermé. [ … ] Nous espérions, puis les heures se sont écoulées° et, peu à peu, il s'est fait tard.
90 Il nous a bien fallu comprendre que nos camarades ne rentreraient plus, qu'ils reposaient dans cet Atlantique Sud dont ils avaient si souvent labouré le ciel.

Extrait d'Antoine de Saint-Exupéry, *Terre des hommes* © Éditions Gallimard.

**éclairage** *runway lighting* / **escales** *stop(over)s* / **veille** *watch*

**journalière** de tous les jours
**s'en tira** en réchappa
**apprivoisée** *tamed*

**écoulées** passées

**démontée** *stormy* / **navire** bateau

For more literary selections, visit Textchoice.com

## Après la lecture

### Compréhension

**A. Observation et analyse.** Répondez aux questions suivantes.

1. Pendant combien de temps est-ce que Mermoz a été prisonnier des Maures?
2. Pourquoi devait-il chercher des trouées dans les Andes?
3. Nommez des pays et des continents dans lesquels Mermoz a voyagé.
4. Qu'est-ce que Mermoz a exploré après les Andes?
5. Quel message Mermoz a-t-il laissé le jour où il a disparu?
6. Pensez-vous que Mermoz était satisfait de sa vie? Expliquez.

**B. Grammaire/Vocabulaire.** Récrivez les phrases suivantes au passé, et ensuite, mettez-les dans l'ordre chronologique selon l'histoire.

_____ Mermoz devient pilote en Amérique du Sud.
_____ Mermoz se perd dans les Andes.
_____ Mermoz meurt entre Paris et Buenos Aires.
_____ Mermoz a une panne d'huile mais il est sauvé dans l'océan Atlantique.
_____ Mermoz est prisonnier d'un peuple nomade.
_____ Les pilotes fondent une ligne aérienne postale en Afrique du Nord.

## C. Réactions

1. Comment est-ce que vous trouvez cet extrait: triste, motivant, émouvant, etc.? Expliquez votre réaction.
2. Nommez des chercheurs et des explorateurs que vous admirez. Expliquez pourquoi.

   MOTS UTILES: **trouver des remèdes pour sauver des vies, découvrir un pays, explorer,** etc.
3. Connaissez-vous quelqu'un qui exerce une profession dangereuse? Parlez de cette personne.

   IDÉES: parachutiste, agent de police, pompier, bûcheron *(lumberjack)*

## Interactions

**A. Une liste.** Faites une liste des mots qui démontrent le sens de l'initiative, la détermination et le courage de Mermoz et des autres pilotes. En petits groupes, comparez vos listes et parlez du caractère de Mermoz.

**B. L'aventure**

1. Saint-Exupéry, aviateur et écrivain, a décrit dans ses œuvres la vie des pilotes. Il a lui-même disparu au cours d'une mission pendant la Seconde Guerre mondiale. Est-ce que les problèmes auxquels les pilotes d'avion doivent faire face aujourd'hui sont différents de ceux que devait affronter Mermoz? Expliquez.
2. En groupe de trois personnes, racontez une aventure que vous avez vécue pendant les vacances, à l'école ou pendant une soirée. Qui a vécu l'aventure la plus intéressante? la plus amusante? la plus effrayante?

**C. Une histoire.** Étudiez les expressions suivantes. Avec un(e) partenaire, racontez une histoire en utilisant tous ces mots. Ensuite, comparez l'histoire de Mermoz avec celle que vous avez racontée.

> être pilote pour une ligne aérienne postale
> être en panne de moteur
> être prisonnier/prisonnière
> continuer à transporter le courrier
> explorer les Andes
> tomber en panne d'huile *(run out of oil)* au-dessus de l'Atlantique
> être sauvé(e) par un navire
> disparaître un jour

## Expansion

Faites des recherches sur Internet ou à la bibliothèque sur un(e) de vos héros ou héroïnes. Faites une petite biographie de sa vie, y compris une description de son caractère. Expliquez pourquoi il/elle est votre héros/héroïne. Comparez votre choix avec celui des autres étudiants de la classe. Discutez des traits de caractère qu'il faut avoir ou de ce qu'il faut avoir fait pour être considéré comme un héros ou comme une héroïne.

# Appendix A

## Evaluation des compositions

### Grammaire

| | |
|---|---|
| **AA** | adjective agreement wrong |
| **AC** | accent wrong or missing |
| **ADV** | adverb wrong or misplaced after negative or expression of quantity |
| **AUX** | auxiliary verb problem |
| **CONJ** | conjunction wrong or missing |
| **E** | failure to make elision, or inappropriate elision |
| **GN** | gender wrong |
| **MD** | mood incorrect (indicative, imperative, or subjunctive) |
| **NB** | number wrong—sing./plur. |
| **NEG** | negative wrong, misplaced, or missing |
| **OP** | object pronoun wrong or missing |
| **POS** | possessive adjective wrong or missing, lacks agreement |
| **PP** | past participle in wrong form or has wrong agreement |
| **PR** | preposition wrong or missing |
| **PRO** | **y** or **en** wrong or missing |
| **REL** | relative pronoun wrong or missing |
| **RP** | reflexive pronoun wrong or missing |
| **SP** | spelling error |
| **SPN** | subject pronoun problem |
| **SVA** | subject/verb agreement lacking |
| **TN** | tense incorrect |
| **VC** | vocabulary wrong, wrong word choice |
| **VF** | verb form (e.g., stem) wrong or missing words |
| **WO** | word order wrong |

### Style

| | |
|---|---|
| **AWK** | acceptable, but awkward |
| **COM** | combine sentences |
| **INC** | incomprehensible, due to structure or vocabulary choice that makes it difficult to pinpoint the error |
| **NC** | not clear |
| **NL** | not logical in terms of paragraph development |
| **POL** | incorrect level of politeness (make more or less polite) |
| **REP** | use pronoun to avoid repetition |
| **RS** | repetitive structure |
| **SYN** | find synonym to avoid repetition |

# Appendix B

## Chapitre 1

### Saluer/Prendre congé *(To take leave)*

à la prochaine *until next time*
(se) connaître *to meet, get acquainted with; to know*
(s')embrasser *to kiss; to kiss each other*
se faire la bise *(familiar) to greet with a kiss*
faire la connaissance (de) *to meet, make the acquaintance (of)*
(se) rencontrer *to meet (by chance); to run into*
(se) retrouver *to meet (by prior arrangement)*
(se) revoir *to meet; to see again*

### Les voyages

un aller-retour *round-trip ticket*
annuler *to void, cancel*
l'arrivée [f] *arrival*
atterrir *to land*
un billet aller simple *one-way ticket*
la consigne *checkroom*
décoller *to take off*
un demi-tarif *half-fare*
le départ *departure*
desservir une gare, un village *to serve a train station, a village*
la destination *destination*
les frais d'annulation [m pl] *cancellation fees*
le guichet *ticket window, office; counter*
un horaire *schedule*
indiquer *to show, direct, indicate*
le panneau d'affichage électronique *electronic schedule*
partir en voyage d'affaires *to leave on a business trip*
le quai *platform*
une réduction *discount*
les renseignements [m pl] *information*
un tarif *fare, rate*
valable *valid*
un vol *flight; theft*

### La conversation

les actualités [f pl] *current events*
avoir l'air *to look, have the appearance of*
bavarder *to chat*
le boulot *(familiar) work*
être en forme *to be in good shape*
les loisirs [m pl] *leisure activities*
le paysage *countryside*

### L'argent

une carte de crédit *a credit card*
un chèque de voyage *traveler's check*
le chéquier *checkbook*
emprunter *to borrow*
encaisser *to cash (a check)*
le portefeuille *wallet, billfold; portfolio*
un prêt *a loan*
prêter *to lend*

### Rendre un service

aider quelqu'un (à faire quelque chose) *to help someone (do something)*
Ce n'est pas la peine. *Don't bother.*
déranger *to bother*
donner un coup de main à quelqu'un *(familiar) to give someone a hand*
déranger, embêter *to bother*

### Le voyage

les Antilles [f pl] *the West Indies*
descendre *to go down; to get off (train, etc.); to bring down (luggage)*
enlever *to take something out, off, down*
monter *to go up; to get on (train, etc.); to bring up (luggage)*
le porte-bagages *suitcase rack*
le quai *(train) platform*

### Divers

une couchette *cot, train bed*
s'installer *to get settled*
une place de libre *an unoccupied seat*
une place réservée *a reserved seat*

## Chapitre 2

### L'invitation

un agenda *engagement calendar*
avoir envie de (+ infinitif) *to feel like (doing something)*
avoir quelque chose de prévu *to have plans*
donner rendez-vous à quelqu'un *to make an appointment with someone*
emmener quelqu'un *to take someone (somewhere)*
être pris(e) *to be busy (not available)*

ne rien avoir de prévu *to have no plans*
passer un coup de fil à quelqu'un *to give (someone) a telephone call*
poser un lapin à quelqu'un *(familiar) to stand someone up*
prévoir/projeter de (+ infinitif) *to plan on (doing something)*
les projets [m pl] *plans*
faire des projets *to make plans*
regretter/être désolé(e) *to be sorry*
remercier *to thank someone*
vérifier *to check*

## Qui?

le chef *head, boss*
un(e) collègue *fellow worker*
un copain/une copine *a friend*
le directeur/la directrice *director*
le/la patron(ne) *boss*

## Quand?

dans une heure/deux jours *in an hour/two days*
samedi en huit/en quinze *a week/two weeks from Saturday*
la semaine prochaine/mardi prochain *next week/next Tuesday*
tout de suite *right away*

## Où?

aller au cinéma/à un concert/au théâtre *to go to a movie/a concert/the theater*
aller à une soirée *to go to a party*
aller en boîte *to go to a nightclub*
aller voir une exposition de photos/de sculptures *to go see a photography/sculpture exhibit*
prendre un verre/un pot *(familiar) to have a drink*

## La nourriture et les boissons

les anchois [m pl] *anchovies*
un artichaut *artichoke*
les asperges [f pl] *asparagus*
l'assiette [f] de charcuterie *cold cuts*
la bière *beer*
le buffet chaud *warm dishes*
le buffet froid *cold dishes*
le chèvre *goat cheese*
la choucroute *sauerkraut*
les côtelettes [f pl] de porc *pork chops*
les côtes [f pl] d'agneau *lamb chops*
la coupe de fruits *fruit salad*
les épinards [m pl] *spinach*
les frites [f pl] *fries*

le fromage *cheese*
la glace *ice cream*
les gourmandises [f pl] *delicacies*
les haricots [m pl] verts *green beans*
le jambon *ham*
le lait *milk*
le lapin *rabbit*
les légumes [m pl] *vegetables*
l'œuf [m] dur *hard-boiled egg*
l'omelette [f] nature *plain omelette*
les pâtes [f pl] *noodles, pasta*
les petits pois [m pl] *peas*
le poivron vert *green pepper*
les pommes [f pl] de terre *potatoes*
la pression *draft beer*
les salades [f pl] composées *salads*
la salade de saison *seasonal salad*
le sorbet *sherbet*
la tarte *pie*
le thon *tuna*
le veau *veal*
le vin *wine*
le yaourt *yogurt*

## L'enseignement

assister à un cours *to attend a class*
une conférence *a lecture*
un congrès *a conference*
se débrouiller *to manage, get along*
échouer à *to fail*
facultatif/facultative *elective; optional (subject of study)*
les frais [m pl] d'inscription *registration fees*
une leçon particulière *a private lesson*
une lecture *a reading*
manquer un cours *to miss a class*
une matière *a subject, course*
la note *grade*
obligatoire *required*
passer un examen *to take an exam*
rater *to flunk*
rattraper *to catch up*
redoubler un cours *to repeat a course*
réussir à un examen *to pass an exam*
réviser (pour) *to review (for)*
sécher un cours *to cut a class*
se spécialiser en *to major in*
tricher à *to cheat*

## Divers

discuter de choses et d'autres *to talk about this and that*
pareil(le) *same, such a*
la rentrée *start of the new school year*
volontiers *gladly, willingly*

# Chapitre 3

## La famille

les arrière-grands-parents *great-grandparents*
le beau-frère/beau-père *brother-/father-in-law or step-brother/-father*
la belle-sœur/belle-mère *sister-/mother-in-law or stepsister/-mother*
célibataire/marié(e)/divorcé(e)/remarié(e) *single/married/divorced/remarried*
le demi-frère/la demi-sœur *half brother/sister*
être de la famille *to be a parent, relative, cousin*
une famille nombreuse *large family*
une femme/un homme au foyer *housewife/househusband*
le mari/la femme *spouse; husband/wife*
une mère célibataire *single mother*
un père célibataire *single father*
le troisième âge/la vieillesse *old age*
la vie de famille *home life*

## Les enfants

l'aîné(e) *elder, eldest*
bien/mal élevé(e) *well/badly brought up*
le cadet/la cadette *younger, youngest*
un fils/une fille unique *only child*
gâté(e) *spoiled*
un(e) gosse *(familiar) kid*
un jumeau/une jumelle *twin*
le siège-voiture/siège-bébé *car seat*

## La possession

C'est à qui le tour? *Whose turn is it? (Who's next?)*
C'est à lui/à toi. *It's his/your turn.*
être à (+ pronom disjoint) *to belong to (someone)*

## Les affaires

l'appareil photo [m] *camera*
l'appareil photo numérique *digital camera*
le caméscope *camcorder*
le combo lecteur CD/DVD *CD/DVD player*
les écouteurs [m pl] *headphones*
l'iPod [m] *iPod*
le lecteur de CD *CD player*
le magnétoscope *VCR*
l'ordinateur [m] *computer*
le PDA *personal digital assistant (PDA)*
le scanner *scanner*

## Les personnes

avoir des boucles d'oreille/un anneau au nez *to have earrings/a nose ring*
avoir la vingtaine/la trentaine, etc. *to be in one's 20s/30s, etc.*
avoir les cheveux... *to have . . . hair*
    roux *red*
    châtains *chestnut*
    bruns *dark brown*
    noirs *black*
    raides *straight*
    ondulés *wavy*
    frisés *curly*
avoir les yeux marron *to have brown eyes*
avoir une barbe/une moustache/des pattes *to have a beard/moustache/sideburns*
être aveugle *to be blind*
être chauve *to be bald*
être dans une chaise roulante *to be in a wheelchair*
être de bonne/mauvaise humeur *to be in a good/bad mood*
être de petite taille *to be short*
être de taille moyenne *to be of average height*
être d'un certain âge *to be middle-aged*
être fort(e) *to be heavy, big, stout*
être grand(e) *to be tall*
être gros (grosse)/mince *to be big, fat/thin, slim*
être infirme *to be disabled*
être marrant(e)/gentil (gentille)/mignon (mignonne) *to be funny/nice/cute, sweet*
être paralysé(e)/tétraplégique *to be paralysed/quadriplegic*
être sourd(e) *to be deaf*
faire jeune *to look young*
marcher avec des béquilles *to be on crutches*
marcher avec une canne *to use a cane*
ne pas faire son âge *to not look one's age*
porter des lunettes/des lentilles de contact *to wear glasses/contact lenses*

## Les objets

être en argent/or/acier/coton/laine/plastique *to be made of silver/gold/steel/cotton/wool/plastic*
être grand(e)/petit(e), bas (basse) *to be big, tall, high/small, short/low*
être gros (grosse)/petit(e)/minuscule *to be big/small/tiny*
être large/étroit(e) *to be wide/narrow*
être long (longue)/court(e) *to be long/short*
être lourd(e)/léger (légère) *to be heavy/light*
être pointu(e) *to be pointed*
être rond(e)/carré(e)/allongé(e) *to be round/square/oblong*

## Les bons rapports

le coup de foudre *love at first sight*
s'entendre bien avec *to get along well with*
être en bons termes avec quelqu'un *to be on good terms with someone*
se fiancer *to get engaged*
fréquenter quelqu'un *to go steady with someone*
les liens [m pl] *relationship*
    les liens de parenté *family ties*
les rapports [m pl] *relationship*
se revoir *to see each other again*
tomber amoureux/amoureuse de quelqu'un *to fall in love with someone*

## Les rapports difficiles

se brouiller avec quelqu'un *to get along badly with someone*
une dispute *a quarrel*
    se disputer *to argue*
être en mauvais termes avec quelqu'un *to be on bad terms with someone*
exigeant(e) *demanding*
le manque de communication *communication gap*
se plaindre (de quelque chose à quelqu'un) *to complain (to someone about something)*
rompre avec quelqu'un *to break up with someone*
taquiner *to tease*
tendu(e) *tense*

## Divers

déménager *to move*
en avoir marre *(familiar) to be fed up*
faire la grasse matinée *to sleep late*
hausser les sourcils *to raise one's eyebrows*
s'occuper de *to take care of, handle*
plein de *(familiar) a lot of*
quotidien(ne) *daily*

# Chapitre 4

## Les vacances

une agence de voyages *travel agency*
avoir le mal du pays *to be homesick*
une brochure/un dépliant *pamphlet*
les congés [m pl] payés *paid vacation*
passer des vacances magnifiques/épouvantables *to spend a magnificent/horrible vacation*
un séjour *stay, visit*
un souvenir *memory (avoir un bon souvenir); souvenir (acheter des souvenirs)*
le syndicat d'initiative *tourist bureau*
visiter (un endroit) *to visit (a place)*

## Des choix

aller à l'étranger *to go abroad*
aller voir quelqu'un *to visit someone*
descendre dans un hôtel *to stay in a hotel*
rendre visite (à quelqu'un) *to visit (someone)*
un appartement de location *rental apartment*
un terrain de camping *campground (aller dans un...)*

## Les transports

atterrir *to land*
avoir une contravention *to get a ticket, fine*
avoir un pneu crevé *to have a flat tire*
être pris(e) dans un embouteillage *to be caught in a traffic tie-up/jam*
un car *bus (traveling between towns)*
la circulation *traffic*
décoller *to take off (plane)*
descendre (de la voiture/du bus/du taxi/de l'avion/du train) *to get out of (the car/bus/taxi/plane/train)*
faire de l'auto-stop *to hitchhike*
faire le plein *to fill up (gas tank)*
flâner *to stroll*
garer la voiture *to park the car*
manquer le train *to miss the train*
monter dans (une voiture/un bus/un taxi/un avion/un train) *to get into (a car/bus/taxi/plane/train)*
passer un alcootest® *to take a Breathalyzer® test*
se perdre *to get lost*
ramener *to bring (someone, something) back; to drive (someone) home*
se tromper de train *to take the wrong train*
tomber en panne d'essence *to run out of gas*
un vol (direct/avec escale) *flight (direct/with a stopover)*

## À la douane *(customs)*/Aux contrôles de sûreté *(security)*

l'agent/l'agente de sûreté *security officer*
confisquer *to confiscate*
débarquer *to land*
déclarer (ses achats) *to declare (one's purchases)*
déclencher une alarme sonore *to set off the alarm*
le douanier/la douanière *customs officer*
faire de la contrebande *to smuggle goods*
faire une fouille corporelle *to do a body search*
fouiller les bagages/les valises *to search, go through baggage/luggage*
montrer son passeport/sa carte d'identité *to show one's passport/identification card*
le passager/la passagère *passenger (on an airplane)*
passer à la douane/aux contrôles de sûreté *to go through customs/security*
passer dans un appareil de contrôle radioscopique *to go through x-ray security*

passer les objets sur le tapis de l'appareil de contrôle radioscopique *to put objects on the belt*

payer des droits *to pay duty/tax*

reprendre les objets ou vêtements après le passage sous le portique de détection *to take back objects or clothes after passing through the x-ray machine*

se présenter à la douane/aux contrôles de sûreté *to appear at customs/security*

### L'avion

débarquer *to get off*

embarquer *to go on board*

### L'hôtel

une chambre à deux lits *double room (room with two beds)*

une chambre avec douche/salle de bains *room with a shower/bathroom*

une chambre de libre *vacant room*

la clé *key*

un grand lit *double bed*

payer en espèces/par carte de crédit/avec des chèques de voyage/par carte bancaire *to pay in cash/by credit card/in traveler's checks/by bank card*

la réception *front desk*

le/la réceptionniste *hotel desk clerk*

régler la note *to pay, settle the bill*

réserver/retenir une chambre *to reserve a room*

le service d'étage *room service*

### Divers

arracher de *to grab from*

se débrouiller *to manage, get along*

se bousculer *to bump, jostle each other*

grossier (grossière) *rude*

jurer *to swear*

piquer *(slang) to steal*

## Chapitre 5

### La volonté

avoir envie de (+ infinitif) *to feel like (doing something)*

compter *to intend, plan on, count on, expect*

tenir à *to really want; to insist on*

### La télévision

les actualités/les informations [f pl] *news (in the press, but especially on TV)*

allumer la télé *to turn on the TV*

augmenter le son *to turn up the volume*

baisser le son *to turn down the volume*

une causerie *talk show*

une chaîne *channel*

un débat *debate*

diffuser/transmettre (en direct) *to broadcast (live)*

l'écran [m] *screen*

une émission *broadcast, TV show*

une émission de téléréalité *reality show*

éteindre la télé *to turn off the TV*

un feuilleton *serial; soap opera*

un jeu télévisé *game show*

le journal télévisé *TV news*

mettre la 3, 6, etc. *to put on channel 3, 6, etc.*

le poste de télévision *TV set*

un programme *program listing*

rater *to miss*

une rediffusion *rerun*

un reportage en direct *live report*

une série *series*

un spot publicitaire *TV commercial*

une télécommande *remote control*

un téléspectateur/une téléspectatrice *TV viewer*

la télévision par câble *cable TV*

### Les émotions

agacer *to annoy*

barber *to bore*

la crainte *fear*

embêter *to bother*

en avoir assez *to have had enough*

en avoir marre *(familiar) to be fed up*

ennuyé(e) *bored, annoyed, bothered*

ennuyeux/ennuyeuse *annoying, boring, tedious, irritating*

génial(e) *fantastic*

heureusement *thank goodness*

inquiet/inquiète *worried, anxious*

s'inquiéter *to worry*

l'inquiétude [f] *worry, anxiety*

insupportable *unbearable, intolerable*

On a eu chaud! *(familiar) That was a narrow escape!*

le soulagement *relief*

supporter *to put up with*

### La radio

un animateur/une animatrice *radio or TV announcer*

un auditeur/une auditrice *member of (listening) audience*

une station *(TV, radio) station*

### La presse

un abonnement *subscription*

être abonné(e) à *to subscribe to*

une annonce *announcement, notification*

les petites annonces *classified advertisements*
annuler *to cancel*
un bi-mensuel *bimonthly publication*
un hebdomadaire *weekly publication*
un journal *newspaper*
un lecteur/une lectrice *reader*
un magazine *magazine*
un mensuel *monthly publication*
les nouvelles [f pl] *printed news; news in general*
un numéro *issue*
une publicité *advertisement*
un quotidien *daily publication*
un reportage *newspaper report; live news or sports commentary*
une revue *magazine (of sophisticated, glossy nature)*
une rubrique *heading, item; column*
le tirage *circulation*

## La persuasion

aboutir à un compromis *to come to or reach a compromise*
avoir des remords *to have (feel) remorse*
avoir gain de cause *to win the argument*
changer d'avis *to change one's mind*
convaincre (quelqu'un de faire quelque chose) *to persuade (someone to do something)*
se décider (à faire quelque chose) *to make up one's mind (to do something)*
défendre (à quelqu'un de faire quelque chose) *to forbid (someone to do something); to defend*
une dispute *an argument*
s'efforcer de *to try hard, try one's best*
l'esprit [m] ouvert *open mind*
indécis(e) (sur) *indecisive; undecided (about)*
interdire (à quelqu'un de faire quelque chose) *to forbid (someone to do something)*
je te/vous prie (de faire quelque chose) *will you please (do something)*
le point de vue *point of view*
prendre une décision *to make a decision*
renoncer *to give up*
têtu(e) *stubborn*

## Divers

un contrôle *test*
s'embrouiller *to become confused*

# Chapitre 6

## La politique

une campagne électorale *election campaign*
un débat *debate*
désigner/nommer *to appoint*
un deuxième tour *run-off election*
discuter (de) *to discuss*
un électeur/une électrice *voter*
élire (past part.: élu) *to elect*
être candidat(e) (à la présidence) *to run (for president)*
se faire inscrire *to register (to vote)*
la lutte (contre) *fight, struggle (against)*
un mandat *term of office*
la politique étrangère *foreign policy*
la politique intérieure *internal (domestic) policy*
un problème/une question *issue*
un programme électoral *platform*
réélire (past part.: réélu) *to reelect*
se (re)présenter *to run (again)*
soutenir *to support*
voter *to vote*

## La guerre *(War)*

l'armée [f] *army*
les armes de destruction massive (ADM) [f pl] *weapons of mass destruction*
attaquer *to attack*
un attentat *attack*
céder à *to give up; to give in*
les combats [m pl] *fighting*
le conflit *conflict*
une embuscade *ambush*
les forces [f pl] *forces*
le front *front; front lines*
insensé(e) *insane*
libérer *to free*
livrer *to deliver*
la mort *death;* les morts [m pl] *the dead*
la négociation *negotiation*
la paix *peace*
la peine de mort *death penalty*
la polémique *controversy*
les pourparlers [m pl] *talks; negotiations*
prendre en otage *to take hostage*
se produire *to happen, take place*
le soldat *soldier*
le terrorisme *terrorism*
tuer *to kill*

## Les arts/L'architecture

la conception *(from* concevoir*) design, plan*
en verre/en métal/en terre battue *made of glass/metal/adobe*
une œuvre *work (of art)*
rénover *to renovate*

## Les perspectives

s'accoutumer à *to get used to*
attirer *to attract*
chouette *(familiar) neat, nice, great*
convaincre *to convince*
honteux (honteuse) *shameful*
insupportable *intolerable, unbearable*
laid(e) *ugly*
moche *(familiar) ugly, ghastly*
passionnant(e) *exciting*
remarquable/spectaculaire *remarkable/spectacular*
réussi(e) *successful, well executed*
super *(familiar) super*
supprimer *to do away with*

## L'immigration et le racisme

s'accroître *to increase*
l'accueil [m] *welcome*
accueillant(e) *welcoming, friendly*
s'aggraver *to get worse*
la banlieue *the suburbs*
blesser *to hurt*
un bouc émissaire *scapegoat, fall guy*
le chômage *unemployment*
un chômeur/une chômeuse *unemployed person*
croissant(e) *increasing, growing*
éclairer *to enlighten*
les émeutes [f] *riots*
empirer *to worsen*
un(e) immigrant(e) *newly arrived immigrant*
un(e) immigré(e) *an immigrant well established in the foreign country*
un incendie *fire*
maghrébin(e) *from the Maghreb (Northwest Africa: Morocco, Algeria, Tunisia)*
la main-d'œuvre *labor*
une manifestation/manifester *demonstration, protest (organized)/to demonstrate, protest*
une menace *threat*
les quartiers [m pl] défavorisés *slums*
répandre *to spread*
rouer quelqu'un de coups *to beat someone black and blue*
la xénophobie *xenophobia (fear/hatred of foreigners)*

## Divers

un sans-abri *homeless person*

# Chapitre 7

## La recherche d'un emploi *(Job hunting)*

les allocations [f pl] de chômage *unemployment benefits*
l'avenir [m] *future*
avoir une entrevue/un entretien *to have an interview*
changer de métier *to change careers*
chercher du travail *to look for work*
le curriculum vitae (le C.V.) *résumé, CV*
être candidat(e) à un poste *to apply for a job*
être à la retraite *to be retired*
la formation professionnelle *professional education, training*
occuper un poste *to have a job*
l'offre [f] d'emploi *opening, available position*
la pension de retraite *retirement pension*
prendre sa retraite *to retire*
en profiter *to take advantage of the situation; to enjoy*
la promotion *promotion*
remplir une demande d'emploi *to fill out a job application*
la réussite *success*
le salaire *pay (in general)*
la sécurité de l'emploi *job security*
le service du personnel *personnel services*
le traitement mensuel *monthly salary*
trouver un emploi *to find a job*

## Les métiers *(Trades, professions, crafts)*

les professions [f pl] libérales: un médecin/une femme mé-decin, un(e) dentiste, un(e) avocat(e), un archi-tecte, un infirmier/une infirmière *(nurse)*, etc.
les fonctionnaires (employés de l'État): un agent de po-lice, un douanier/une douanière, un magistrat *(judge)*, etc.
les affaires [f pl] *(business)* (travailler pour une entre-prise): un homme/une femme d'affaires *(businessman/woman)*, un(e) secrétaire, un(e) employé(e) de bureau, un(e) comptable *(accountant)*, un(e) représentant(e) de commerce *(sales rep)*, etc.
le commerce (servir les clients): un boucher/une bouchère, un épicier/une épicière, un(e) commer-çant(e) *(shopkeeper)*
l'industrie [f] (travailler dans une usine): un ouvrier/une ouvrière *(worker)*, un(e) employé(e), un(e) technicien(ne), un chef d'atelier *(shop)*, un ingénieur, un cadre/une femme cadre *(manager)*, un directeur/une directrice, etc.
l'informatique [f] *(computer science)*: un(e) informaticien(ne) *(computer expert)*, un(e) analyste en informatique, un programmeur/une programmeuse, etc.

l'enseignement [m]: un instituteur/une institutrice ou un professeur des écoles, un professeur, un(e) enseignant(e), etc.

la sécurité: un agent de police, un(e) gardienne d'immeuble ou de prison, un gendarme, un inspecteur/une inspectrice, un(e) militaire, un(e) surveillant(e), etc.

## Un métier peut être...

ingrat *(thankless)*, dangereux, malsain *(unhealthy)*, ennuyeux, fatigant, mal payé, sans avenir

## ou...

intéressant, stimulant *(challenging)*, passionnant, fascinant, bien payé, d'avenir

## Le logement

acheter à crédit *to buy on credit*
l'agent [m] immobilier *real estate agent*
l'appartement [m] *apartment*
la chambre de bonne *room for rent (formerly maid's quarters)*
les charges [f pl] *utilities (for heat and maintenance of an apartment or condominium)*
la Cité-U(niversitaire)/résidence universitaire *student residence hall(s)*
une HLM (habitation à loyer modéré) *low income housing*
l'immeuble [m] *apartment building*
le/la locataire *tenant*
le logement en copropriété *condominium*
louer *to rent*
le loyer *rent*
le/la propriétaire *owner; householder*
le studio *efficiency apartment*

## Une habitation peut être...

grande, petite, vieille, ancienne, neuve *(brand new)*, récente, moderne, rénovée *(remodeled)*, confortable, agréable, sale, propre *(clean)*, commode *(convenient)*, pratique, facile à entretenir *(to maintain)*, au prix fort *(at a high price)*

## Les avantages/inconvénients *(disadvantages)*

bien/mal conçu(e) *(designed)*, situé(e), équipé(e), entretenu(e) *(maintained)*; beau/belle; moche; laid(e); solide; tranquille; calme; bruyant(e) *(noisy)*; isolé(e)

## La banque

le carnet de chèques *checkbook*
la carte de crédit *credit card*
la carte électronique *automatic teller card*

changer de l'argent *to change money*
le compte chèques *checking account*
déposer *to deposit*
le distributeur automatique de billets *automatic teller machine*
emprunter *to borrow*
encaisser un chèque *to cash a check*
l'intérêt [m] *interest*
le livret d'épargne *savings account*
ouvrir un compte *to open an account*
prendre son mal en patience *to wait patiently*
le prêt *loan*
prêter *to lend*
retirer de l'argent *to make a withdrawal*
le taux d'intérêt *interest rate*

## L'économie [f] *(Economy)*

un abri *shelter*
aller de mal en pis *to go from bad to worse*
s'améliorer *to improve*
l'assurance-maladie [f] *health insurance*
être assuré(e) *to be insured*
les bénéfices [m pl] *profits*
le budget *budget*
la consommation *consumption*
la cotisation *contribution*
le développement *development*
une entreprise *business*
exporter *to export*
importer *to import*
les impôts [m pl] *taxes*
le marché *market*
une mutuelle *mutual benefit insurance company*
la prime *premium; free gift, bonus; subsidy*
le progrès *progress*
un restaurant du cœur *soup kitchen*
un(e) sans-abri *homeless person*
un SDF (sans domicile fixe) *person without a permanent address*
souscrire *to contribute, subscribe to*

## Les conditions de travail

une augmentation de salaire *pay raise*
le bureau *office*
le chef (de bureau, d'atelier, d'équipe) *leader (manager) of office, workshop, team*
compétent(e)/qualifié(e) *competent/qualified*
le congé *holiday, vacation*
le directeur/la directrice *manager (company, business)*
l'employeur [m] *employer*
le/la gérant(e) *manager (restaurant, hotel, shop)*
l'horaire [m] *schedule*
la maison *firm, company*

motivé(e) *motivated*
le personnel *personnel*
les soins [m pl] médicaux *medical care and treatment*
l'usine [f] *factory*

## Divers

s'enfermer *to close oneself up*
en fin de compte *taking everything into account*
l'équilibre [m] *balance*
ne rien faire à quelqu'un *to not bother someone*

# Chapitre 8

## Les tribulations de la vie quotidienne

annuler *to cancel*
au secours! *help!*
un cas d'urgence *emergency*
    en cas d'urgence *in case of emergency*
ça ne fait rien *it doesn't matter; never mind*
une commission *errand*
débordé(e) de travail *swamped with work*
en vouloir à quelqu'un *to hold a grudge against someone*
être navré(e) *to be sorry*
faire exprès *to do on purpose*
n'en plus pouvoir (je n'en peux plus) *to be at the end of one's (my) rope; to have had it (I've had it)*
une panne *breakdown*
    tomber en panne *to have a (car) breakdown*

## Les problèmes de voiture

la batterie *car battery*
démarrer *to get moving (car); to start*
dépanner *to repair a breakdown*
un embouteillage *traffic jam*
l'essence [f] *gasoline*
être en panne d'essence *to be out of gas*
être/tomber en panne *to break down*
les heures [f pl] de pointe *rush hours*
la station-service *gas station*

## Les pannes à la maison

le congélateur *freezer*
l'électricien(ne) *electrician*
le frigo *(familiar) fridge, refrigerator*
marcher *to run; work (machine)*
l'outil [m] *tool*
le plombier *plumber*

## Les achats en magasin

le chef de rayon/de service *departmental/service supervisor*
demander un remboursement *to ask for a reimbursement*
faire une réclamation *to make a complaint*
les frais [m pl] *costs, charges*
le grand magasin *department store*
gratuit(e) *free, at no cost*
la quincaillerie *hardware store*
le rayon (gadgets) *(gadget) section, aisle*
une tache *stain*
un trou *hole*
vendu(e) en solde *sold at a reduced price, on sale*

## Les événements imprévus et oubliés

amener quelqu'un *to bring someone over (along)*
assister à *to attend*
changer d'avis *to change one's mind*
un congrès *conference; professional meeting*
emmener quelqu'un *to take someone (somewhere)*
emprunter quelque chose à quelqu'un *to borrow something from someone*
imprévu(e)/inattendu(e) *unexpected*
prêter quelque chose à quelqu'un *to lend something to someone*
une réunion *meeting*

## Comment réagir

s'arranger *to work out*
consentir à *to consent to*
défendre à quelqu'un de *to forbid someone to*
embêter *to bother; to annoy*
raccrocher *to hang up (the telephone)*
se rattraper *to make up for it*
résoudre *to resolve, solve*

## Vous êtes déconcerté(e) *(confused, muddled)*

avoir du mal à (+ infinitif) *to have problems (doing something)*
désorienté(e)/déconcerté(e) *confused, muddled*
faire comprendre à quelqu'un que *to hint to someone that*
mal comprendre (past part. mal compris) *to misunderstand*
une méprise/une erreur *misunderstanding*
provoquer *to cause*
le sens *meaning*
la signification/l'importance [f] *significance, importance*
signifier *to mean*

## Vous êtes irrité(e)

avoir du retard *to be late*
C'est la goutte d'eau qui fait déborder le vase! *That's the last straw!*
couper *to disconnect (telephone, gas, electricity, cable)*
débrancher *to disconnect, unplug (radio, television)*
se décharger de ses responsabilités sur quelqu'un *to pass off one's responsibilities onto somebody*
faire la queue *to stand in line*
rentrer tard *to get home late*
valoir la peine (past part. **valu**) *to be worth the trouble*

## Vous êtes lésé(e) *(injured; wronged)*

bouleversé(e)/choqué(e) *shocked*
céder à quelqu'un (quelque chose) *to give in to someone (something)*
être en grève *to be on strike*
faire la grève *to go on strike*
le/la gréviste *striker*
léser quelqu'un *to wrong someone*
le syndicat *union*

## Divers

autrement dit *in other words*

# Chapitre 9

## Les meubles et les appareils-ménagers
*(Furniture and household appliances)*

l'armoire [f] *wardrobe, armoire*
le coussin *cushion, pillow*
la cuisinière *stove*
l'étagère [f] *shelf; shelves*
le four à micro-ondes *microwave oven*
le lave-vaisselle *dishwasher*
la machine à laver (le linge) *washing machine*
le placard *cupboard; closet*
le sèche-linge *clothes dryer*
le tapis *carpet*
le tiroir *drawer*

## Les vêtements et la mode

les bas [m pl] *stockings*
les bijoux [m pl] *jewelry*
    la bague *ring*
    les boucles [f pl] d'oreilles *earrings*
    le bracelet *bracelet*
    le collier *necklace*
le blouson (en cuir/de cuir) *(leather) jacket*
les bottes [f pl] *boots*

les chaussettes [f pl] *socks*
les chaussures [f pl] à hauts talons/à talons plats *high-heeled shoes/low-heeled shoes*
la chemise *man's shirt*
le chemisier *woman's shirt*
le collant *pantyhose*
le costume *man's suit*
l'imperméable [m] *raincoat*
le maillot de bain *swimsuit*
le parapluie *umbrella*
le pardessus *overcoat*
les sous-vêtements [m pl] *underwear*
le tailleur *woman's tailored suit*
le tissu *fabric*
la veste (de sport) *(sports) jacket*
changer de vêtements *to change clothes*
enlever (un vêtement) *to take off (a piece of clothing)*
essayer (un vêtement) *to try on (a piece of clothing)*
être mal/bien habillé(e) *to be poorly/well dressed*
s'habiller/se déshabiller *to get dressed/to get undressed*
mettre un vêtement *to put on a piece of clothing*
Ce vêtement lui va bien. *This piece of clothing looks good on him/her.*

## Un vêtement est...

chic; élégant; en bon/mauvais état; sale; déchiré *(torn)*; râpé *(threadbare, worn)*; lavable *(washable)*; chouette *(familiar—great, nice, cute)*; génial *(fantastic)*; d'occasion *(secondhand, bargain)*; dans ses prix *(in one's price range)*; une trouvaille *(a great find)*

## On vend des vêtements...

dans une boutique *in a shop, small store*
dans un grand magasin *in a department store*
dans une grande surface *in a huge discount store*
à un marché aux puces *at a flea market*

## La technologie/Les communications

appuyer *to press, push (a key)*
le browser *browser*
une carte USB *flash/memory stick*
le cédérom (CD-ROM) *CD-ROM*
le clavier *keyboard*
cliquer *to click*
compatible *compatible*
se connecter/se brancher à l'Internet *to connect to the Internet*
le courrier électronique (le mail, le mél, le courriel) *email*
le/la cybernaute *one who enjoys the Web*
déplacer *to move (something)*
le disque dur *hard (disk) drive*
les données [f pl] *data*

l'écran [m] *screen*
effacer *to erase*
enlever *to take out*
enregistrer *to store, record*
faire marcher *to make something work*
un fichier adjoint *attachment*
formater *to format*
les graphiques [m pl] *graphics*
le graveur de CD/DVD *CD/DVD burner*
importer *to download, import from the Web*
l'imprimante [f] *printer*
    à laser *laser*
l'informatique [f] *computer science; data processing*
    être dans l'informatique *to be in the computer field*
Internet [m] *the Internet*
le lecteur de DVD *DVD drive*
le lecteur zip *zip drive*
le logiciel *software*
le matériel *hardware*
la mémoire *memory*
un micro(-ordinateur) *desktop computer*
le moteur de recherche *search engine*
une pile *battery*
le podcast *podcast*
un portable *laptop computer*
le programme *program*
la puissance *power, speed*
recharger *to recharge*
reculer *to backspace*
le réseau *network*
sauvegarder *to save*
le site Web *website*
la souris *mouse*
synchroniser *to synch*
(re)taper *to (re)type*
télécharger un message/un dossier *to download a message/a file*
la touche *key*
le traitement de texte *word processing*
le Web *World Wide Web*
zapper *to zap; switch between channels or sites*

## La cuisine

une casserole *(sauce) pan*
coller *to stick*
un couvercle *lid*
(faire) bouillir *to boil*
(faire) cuire *to cook*
(faire) dorer *to brown*
(faire) fondre *to melt*
(faire) frire *to fry*
(faire) griller *to toast (bread); to grill (meat, fish)*
(faire) mijoter *to simmer*
(faire) rôtir *to roast*

(faire) sauter/revenir *to sauté (brown or fry gently in butter)*
un grille-pain *toaster*
une marmite *large cooking pot*
le pain de mie *sandwich bread*
passer au beurre *to sauté briefly in butter*
le plat *dish (container); dish (part of meal), course*
la poêle *frying pan*
verser *to pour*

## Suivre des instructions

se débrouiller *to manage, get along*
doué(e) *gifted, talented*
piger *(familiar) to understand, to "get it"*
s'y prendre bien/mal *to do it the right/wrong way*
Tu y es?/Vous y êtes? *Do you understand? Do you "get it"?*

## Divers

Je vous le fais *I'll give (sell) it to you*

# Chapitre 10

## La compétition

à la portée de *within the reach of*
arriver/terminer premier *to finish first*
battre *to beat, break*
le classement *ranking*
un(e) concurrent(e) *competitor*
un coureur/une coureuse *runner/cyclist*
une course *race*
la défaite *defeat, loss*
le défi *challenge*
la douleur *pain*
s'entraîner *to train*
l'entraîneur/l'entraîneuse *coach*
une épreuve (athlétique) *an (athletic) event*
épuisant(e) *grueling, exhausting*
faillir (+ infinitif) *to almost (do something)*
un(e) fana de sport *jock, an enthusiastic fan*
un match nul *tied game*
prendre le dessus *to get the upper hand*
la pression *pressure*
se prouver *to prove oneself*
le record du monde *world record*
reprendre haleine *to get one's breath back*
serré(e) *tight; closely fought*
sportif/sportive *athletic, fond of sports*
survivre (à) (past part. survécu) *to survive*
un tournoi *tournament*
une victoire *win, victory*

## Situations regrettables

attraper un coup de soleil *to get sunburned*
avoir un accident de voiture *to have an automobile
  accident*
conduire trop vite/rapidement *to drive too fast*
échouer à/rater un examen *to fail/flunk an exam*
être fauché(e) *to be broke (out of money)*
être sans le sou *to be without a penny*
ne pas mettre d'huile [f]/de lotion [f] solaire *to not put
  on suntan oil/lotion*
oublier d'attacher/de mettre sa ceinture de sécurité *to
  forget to fasten/put on one's seatbelt*
sécher un cours *to cut a class*

## Une pièce

une comédie musicale *musical*
un(e) critique de théâtre *theater critic*
l'éclairage [m] *lighting*
frapper les trois coups *to knock three times (heard just
  before the curtain goes up in French theaters)*
jouer à guichets fermés *to play to sold-out performances*
le metteur en scène *stage director*
la mise en scène *staging*
un rappel *curtain call*
une représentation *performance*
(avoir) le trac *(to have) stage fright*
la troupe *cast*

## Un film

un acteur/une actrice *actor/actress*
un cinéaste *filmmaker*
un compte rendu *review (of film, play, book)*
une(e) critique de cinéma *movie critic*
un(e) débutant(e) *beginner*
le dénouement *ending*
se dérouler/se passer *to take place*
l'entracte [m] *intermission*
un épisode *episode*

un film doublé *dubbed film*
un four *flop*
des genres de films *types of films*
    une comédie *comedy*
    un dessin animé *cartoon*
    un documentaire *documentary*
    un film d'amour *love story*
    un film d'aventures *adventure film*
    un film d'épouvante *horror movie*
    un film d'espionnage *spy movie*
    un film de guerre *war movie*
    un film policier *police story, mystery story*
    un western *western*
une(e) interprète *actor/actress*
    les interprètes [m/f pl] *cast*
l'intrigue [f] *plot*
un navet *third-rate film*
l'ouvreuse [f] *usher*
le personnage (principal) *(main) character*
un producteur *producer (who finances)*
le réalisateur/la réalisatrice *director*
la réalisation *production*
un rebondissement *revival*
un retour en arrière *flashback*
réussi(e) *successful*
un(e) scénariste *scriptwriter*
(avec) sous-titres [m pl] *(with) subtitles*
le thème *theme*
tourner un film *to shoot a film*
la vedette *star (male or female)*
en version originale (v.o.) *in the original language*

## Divers

avoir à voir avec *to have something to do with*
avouer *to admit*
C'est complet. *It's sold out.*
grossir/prendre des kilos *to put on weight*
ne pas se réveiller à temps *to oversleep*
un rendez-vous avec un(e) inconnu(e) *blind date*

# Appendix C

## Expressions supplémentaires

### Les nombres

#### Les nombres cardinaux

| | | | | | |
|---|---|---|---|---|---|
| 1 | un/une | 19 | dix-neuf | 51 | cinquante et un |
| 2 | deux | 20 | vingt | 52 | cinquant-deux |
| 3 | trois | 21 | vingt et un | 60 | soixante |
| 4 | quatre | 22 | vingt-deux | 61 | soixante et un |
| 5 | cinq | 23 | vingt-trois | 62 | soixante-deux |
| 6 | six | 24 | vingt-quatre | 70 | soixante-dix |
| 7 | sept | 25 | vingt-cinq | 71 | soixante et onze |
| 8 | huit | 26 | vingt-six | 72 | soixante-douze |
| 9 | neuf | 27 | vingt-sept | 80 | quatre-vingts |
| 10 | dix | 28 | vingt-huit | 81 | quatre-vingt-un |
| 11 | onze | 29 | vingt-neuf | 82 | quatre-vingt-deux |
| 12 | douze | 30 | trente | 90 | quatre-vingt-dix |
| 13 | treize | 31 | trente et un | 91 | quatre-vingt-onze |
| 14 | quatorze | 32 | trente-deux | 92 | quatre-vingt-douze |
| 15 | quinze | 40 | quarante | 100 | cent |
| 16 | seize | 41 | quarante et un | 101 | cent un |
| 17 | dix-sept | 42 | quarante-deux | 200 | deux cents |
| 18 | dix-huit | 50 | cinquante | 201 | deux cent un |

| | |
|---|---|
| 1 000 | mille |
| 1 001 | mille un |
| 1 300 | treize cents/mille trois cents |
| 1 740 | dix-sept cent quarante/ mille sept cent quarante |
| 8 000 | huit mille |
| 10 000 | dix mille |
| 100 000 | cent mille |
| 1 000 000 | un million |
| 1 000 000 000 | un milliard |

NOTE:

• When **quatre-vingts** and multiples of **cent** are followed by another number, the **s** is dropped.

| | |
|---|---|
| quatre-vingts | quatre-vingt-trois |
| deux cents | deux cent quinze |

**Mille** is always invariable: quatre mille habitants.

• French and English are exactly the opposite in their use of commas and decimal points.

3.5 in English is **3,5** in French.

• However, in numbers above 999, the French use a space.

15,000 in English is **15 000** in French.

### Les nombres ordinaux

| | | |
|---|---|---|
| 1er (1ère) | premier (première) | *first* |
| 2e | deuxième, second(e) | *second* |
| 3e | troisième | *third* |
| 4e | quatrième | *fourth* |
| 5e | cinquième | *fifth* |
| 6e | sixième | *sixth* |
| 7e | septième | *seventh* |
| 8e | huitième | *eighth* |
| 9e | neuvième | *ninth* |
| 10e | dixième | *tenth* |
| 11e | onzième | *eleventh* |
| 20e | vingtième | *twentieth* |
| 21e | vingt et unième | *twenty-first* |
| 100e | centième | *one hundredth* |

NOTE:

• In titles and dates, cardinal numbers are always used, except for "the first."

| | |
|---|---|
| François **1er** (Premier) | le **1er** (premier) avril |
| Louis **XVI** (Seize) | le **25** (vingt-cinq) décembre |

• Contrary to English, the cardinal number always precedes the ordinal number when both are used.

| | |
|---|---|
| les deux premiers groupes | les vingt premières pages |
| *the first two groups* | *the first twenty pages* |

## Les jours

| | | |
|---|---|---|
| lundi | jeudi | samedi |
| mardi | vendredi | dimanche |
| mercredi | | |

## Les mois

| | | |
|---|---|---|
| janvier | mai | septembre |
| février | juin | octobre |
| mars | juillet | novembre |
| avril | août | décembre |

## Les saisons

| | |
|---|---|
| l'été | en été |
| l'automne | en automne |
| l'hiver | en hiver |
| BUT: le printemps | au printemps |

## Les dates

le _____  _____  _____
    (nombre)  (mois)  (année)

EXEMPLES:   le 15 juin 1989
             le 1er avril 1992

## L'heure

### Quelle heure est-il?

| | |
|---|---|
| 1h | Il est une heure. |
| 3h | Il est trois heures. |
| 6h10 | Il est six heures dix. |
| 5h50 | Il est six heures moins dix. |
| 8h15 | Il est huit heures et quart. |
| 8h45 | Il est neuf heures moins le quart. |
| 10h30 | Il est dix heures et demie. |
| 12h | Il est midi/minuit. |

NOTE: The French equivalents of A.M. and P.M. are **du matin** (in the morning), **de l'après-midi** *(in the afternoon)*, and **du soir** *(in the evening)*. The 24-hour clock is also used, especially for schedules.

6 P.M. would be **dix-huit heures.**

## Les expressions de temps

| | |
|---|---|
| Il fait beau. | *The weather is nice.* |
| Il fait mauvais. | *The weather is bad.* |
| Il fait (du) soleil. | *It is sunny.* |
| Il fait chaud. | *It is warm.* |
| Il fait froid. | *It is cold.* |
| Il fait frais. | *It is cool.* |
| Il fait du vent. | *It is windy.* |
| Il fait humide. | *It is humid.* |
| Il fait sec. | *It is dry.* |
| Il fait brumeux. | *It is misty.* |
| Il fait jour. | *It is daylight.* |
| Il fait nuit. | *It is dark.* |
| Il se fait tard. | *It is getting late.* |
| Il pleut. | *It is raining.* |
| Il neige. | *It is snowing.* |
| Il gèle. | *It is freezing.* |
| Il grêle. | *It is hailing.* |
| Il y a un orage. | *There is a storm.* |
| Le temps est couvert/ nuageux. | *It is cloudy.* |
| La température est de 20°C. | *The temperature is 20 degrees Celsius.* |

## Les couleurs

| | |
|---|---|
| beige | *beige* |
| blanc/blanche | *white* |
| bleu/bleue | *blue* |
| brun/brune | *brown* |
| crème | *cream* |
| jaune | *yellow* |
| gris/grise | *gray* |
| marron | *chestnut brown* |
| noir/noire | *black* |
| orange | *orange* |
| pourpre | *crimson* |
| rose | *pink* |
| rouge | *red* |
| vert/verte | *green* |
| violet/violette | *purple* |
| bleu clair | *light blue* |
| rouge foncé | *dark red* |

NOTE: **Marron**, **orange**, and **crème** are invariable, as is any adjective modified by **clair** or **foncé.**

## Expressions au téléphone

Allô? Bonjour, monsieur.    Allô, oui. Bonjour.

C'est bien le 03.12.53.55.87?
{ Oui.
Non, vous faites erreur.
Quel numéro demandez-vous?

Ici, c'est Madame Dubois.
À qui ai-je l'honneur (de parler)?
Qui est-ce?
} C'est...

Pourrais-je parler à... ?
Puis-je parler à... ?
{ En personne.
Mais oui. Ne quittez pas. *(Hold on.)*
Je l'appelle./Je vous le (la) passe.
   *(I'll put him/her on.)*
Ne coupez pas. *(Don't hang up.)*
Non, il n'est pas là.
Est-ce que je peux prendre un
   message?
Il vous rappellera quand il rentrera.

# Appendix D

## Les temps littéraires

Four past tenses, two indicative and two subjunctive, are used in written French in formal literary style. The literary tenses are the **passé simple**, the **passé antérieur**, the **imparfait du subjonctif**, and the **plus-que-parfait du subjonctif**.

## Le passé simple

Many French authors express themselves in writing using the tense **le passé simple**, and thus it is used in several of your readings. This literary tense is the equivalent of the **passé composé**; in fact, the same distinctions that exist between the **passé composé** and the **imparfait** are made with the **passé simple** and the **imparfait**. However, whereas the **passé composé** is used in all forms of the spoken language and in correspondence, the **passé simple** is reserved exclusively for use in literary narrative writing. Since it is not likely that you will need to actively use this tense, you only need to learn to recognize and understand the forms.

The **passé simple** is composed of just one form. Regular verbs use the infinitive minus the **-er**, **-ir**, or **-re** endings as the stem, and add the following endings:

- **-er** verbs, including **aller**

| | |
|---|---|
| je parl**ai** | nous parl**âmes** |
| tu parl**as** | vous parl**âtes** |
| il/elle/on parl**a** | ils/elles parl**èrent** |

- **-ir** verbs, including verbs like **partir**, **dormir**, **servir**

| | |
|---|---|
| je pun**is** | nous pun**îmes** |
| tu pun**is** | vous pun**îtes** |
| il/elle/on pun**it** | ils/elles pun**irent** |

- **-re** verbs

| | |
|---|---|
| je rend**is** | nous rend**îmes** |
| tu rend**is** | vous rend**îtes** |
| il/elle/on rend**it** | ils/elles rend**irent** |

As for the irregular verbs, some verbs use the past participle as the stem, while others do not. Most irregular verbs and their stems are listed below. The endings for the irregular verbs are:

| je | **-s** | nous | **-mes** |
|---|---|---|---|
| tu | **-s** | vous | **-tes** |
| il/elle/on | **-t** | ils/elles | **-rent** |

A circumflex (ˆ) is placed above the last vowel of the stem in the **nous** and **vous** forms, as in the example below.

**croire**

| | |
|---|---|
| je crus | nous crûmes |
| tu crus | vous crûtes |
| il/elle/on crut | ils/elles crurent |

## Stems of irregular verbs

| | | | |
|---|---|---|---|
| apercevoir | **aperçu-** | mettre | **mi-** |
| asseoir | **assi-** | mourir | **mouru-** |
| atteindre | **atteigni-** | naître | **naqui-** |
| avoir | **eu-** | offrir | **offri-** |
| boire | **bu-** | ouvrir | **ouvri-** |
| conduire | **conduisi-** | paraître | **paru-** |
| convaincre | **convainqui-** | plaire | **plu-** |
| connaître | **connu-** | pleuvoir | **il plut** |
| courir | **couru-** | pouvoir | **pu-** |
| craindre | **craigni-** | prendre | **pri-** |
| croire | **cru-** | recevoir | **reçu-** |
| devenir | **devin-** | résoudre | **résolu-** |
| devoir | **du-** | rire | **ri-** |
| dire | **di-** | savoir | **su-** |
| écrire | **écrivi-** | suivre | **suivi-** |
| être | **fu-** | taire | **tu-** |
| faillir | **failli-** | valoir | **valu-** |
| faire | **fi-** | venir | **vin-** |
| falloir | **il fallut** | vivre | **vécu-** |
| fuir | **fui-** | voir | **vi-** |
| lire | **lu-** | vouloir | **voulu-** |

## Le passé antérieur

The **passé antérieur** is a literary tense used to designate a past event that occurred prior to another past event that is usually expressed in the **passé simple**. It often appears after the conjunctions **quand**, **lorsque**, **dès que**, **aussitôt que** and **après que**. The **passé antérieur** is formed with the **passé simple** of **avoir** or **être** and the past participle.

**parler**

| | |
|---|---|
| j'eus parlé | nous eûmes parlé |
| tu eus parlé | vous eûtes parlé |
| il eut parlé | ils eurent parlé |
| elle eut parlé | elles eurent parlé |
| on eut parlé | |

**partir**

| | |
|---|---|
| je fus parti(e) | nous fûmes parti(e)s |
| tu fus parti(e) | vous fûtes parti(e)(s) |
| il fut parti | ils furent partis |
| elle fut partie | elles furent parties |
| on fut parti | |

**se réveiller**

| | |
|---|---|
| je me fus réveillé(e) | nous nous fûmes réveillé(e)s |
| tu te fus réveillé(e) | vous vous fûtes réveillé(e)(s) |
| il se fut réveillé | ils se furent réveillés |
| elle se fut réveillée | elles se furent réveillées |
| on se fut réveillé | |

## L'imparfait du subjonctif

The **imparfait du subjonctif** may be used in subordinate clauses when the verb in the main clause is in a past tense or in the conditional. It is formed by dropping the ending of the **passé simple** and adding the endings below. The **imparfait du subjonctif** corresponds in meaning to the present subjunctive and, in fact, in spoken language the present subjunctive is used.

### aller

(passé simple: **j'allai**, etc.)

| | |
|---|---|
| que j'allasse | que nous allassions |
| que tu allasses | que vous allassiez |
| qu'il allât | qu'ils allassent |
| qu'elle allât | qu'elles allassent |
| qu'on allât | |

### finir

(passé simple: **je finis**, etc.)

| | |
|---|---|
| que je finisse | que nous finissions |
| que tu finisses | que vous finissiez |
| qu'il finît | qu'ils finissent |
| qu'elle finît | qu'elles finissent |
| qu'on finît | |

### croire

(passé simple: **je crus**, etc.)

| | |
|---|---|
| que je crusse | que nous crussions |
| que tu crusses | que vous crussiez |
| qu'il crût | qu'ils crussent |
| qu'elle crût | qu'elles crussent |
| qu'on crût | |

## Le plus-que-parfait du subjonctif

The **plus-que-parfait du subjonctif** may replace the **plus-que-parfait** or the **conditionnel passé**. It may be used in subordinate clauses for events that occurred prior to the time of the verb in the main clause. Like the **imparfait du subjonctif**, it is used when the main-clause verb is in a past tense or in the conditional. It is formed with the **imparfait du subjonctif** of **avoir** or **être** and the past participle. The **plus-que-parfait du subjonctif** corresponds in meaning to the **passé du subjonctif**.

### parler

| | |
|---|---|
| que j'eusse parlé | que nous eussions parlé |
| que tu eusses parlé | que vous eussiez parlé |
| qu'il eût parlé | qu'ils eussent parlé |
| qu'elle eût parlé | qu'elles eussent parlé |
| qu'on eût parlé | |

### venir

| | |
|---|---|
| que je fusse venu(e) | que nous fussions venu(e)s |
| que tu fusses venu(e) | que vous fussiez venu(e)(s) |
| qu'il fût venu | qu'ils fussent venus |
| qu'elle fût venue | qu'elles fussent venues |
| qu'on fût venu | |

# Appendix E

## Les verbes

### Les verbes réguliers

| INFINITIF | PRÉSENT | IMPÉRATIF | PASSÉ COMPOSÉ | IMPARFAIT |
|---|---|---|---|---|
| **parler**<br>*(to talk, speak)* | je **parle**<br>tu **parles**<br>il **parle**<br>nous **parlons**<br>vous **parlez**<br>ils **parlent** | **parle**<br>**parlons**<br>**parlez** | j'ai **parlé**<br>tu **as parlé**<br>il **a parlé**<br>nous **avons parlé**<br>vous **avez parlé**<br>ils **ont parlé** | je **parlais**<br>tu **parlais**<br>il **parlait**<br>nous **parlions**<br>vous **parliez**<br>ils **parlaient** |
| **finir**<br>*(to finish)* | je **finis**<br>tu **finis**<br>il **finit**<br>nous **finissons**<br>vous **finissez**<br>ils **finissent** | **finis**<br>**finissons**<br>**finissez** | j'ai **fini**<br>tu **as fini**<br>il **a fini**<br>nous **avons fini**<br>vous **avez fini**<br>ils **ont fini** | je **finissais**<br>tu **finissais**<br>il **finissait**<br>nous **finissions**<br>vous **finissiez**<br>ils **finissaient** |
| **rendre**<br>*(to give back)* | je **rends**<br>tu **rends**<br>il **rend**<br>nous **rendons**<br>vous **rendez**<br>ils **rendent** | **rends**<br>**rendons**<br>**rendez** | j'ai **rendu**<br>tu **as rendu**<br>il **a rendu**<br>nous **avons rendu**<br>vous **avez rendu**<br>ils **ont rendu** | je **rendais**<br>tu **rendais**<br>il **rendait**<br>nous **rendions**<br>vous **rendiez**<br>ils **rendaient** |
| **se laver**<br>*(to wash oneself)* | je **me lave**<br>tu **te laves**<br>il **se lave**<br>nous **nous lavons**<br>vous **vous lavez**<br>ils **se lavent** | **lave-toi**<br>**lavons-nous**<br>**lavez-vous** | je **me suis lavé(e)**<br>tu **t'es lavé(e)**<br>il/elle **s'est lavé(e)**<br>nous **nous sommes lavé(e)s**<br>vous **vous êtes lavé(e)(s)**<br>ils/elles **se sont lavé(e)s** | je **me lavais**<br>tu **te lavais**<br>il **se lavait**<br>nous **nous lavions**<br>vous **vous laviez**<br>ils **se lavaient** |

| PASSÉ SIMPLE | FUTUR | CONDITIONNEL | SUBJONCTIF | PARTICIPE PRÉSENT |
|---|---|---|---|---|
| je **parlai** | je **parlerai** | je **parlerais** | que je **parle** | **parlant** |
| tu **parlas** | tu **parleras** | tu **parlerais** | que tu **parles** | |
| il **parla** | il **parlera** | il **parlerait** | qu'il **parle** | |
| nous **parlâmes** | nous **parlerons** | nous **parlerions** | que nous **parlions** | |
| vous **parlâtes** | vous **parlerez** | vous **parleriez** | que vous **parliez** | |
| ils **parlèrent** | ils **parleront** | ils **parleraient** | qu'ils **parlent** | |
| je **finis** | je **finirai** | je **finirais** | que je **finisse** | **finissant** |
| tu **finis** | tu **finiras** | tu **finirais** | que tu **finisses** | |
| il **finit** | il **finira** | il **finirait** | qu'il **finisse** | |
| nous **finîmes** | nous **finirons** | nous **finirions** | que nous **finissions** | |
| vous **finîtes** | vous **finirez** | vous **finiriez** | que vous **finissiez** | |
| ils **finirent** | ils **finiront** | ils **finiraient** | qu'ils **finissent** | |
| je **rendis** | je **rendrai** | je **rendrais** | que je **rende** | **rendant** |
| tu **rendis** | tu **rendras** | tu **rendrais** | que tu **rendes** | |
| il **rendit** | il **rendra** | il **rendrait** | qu'il **rende** | |
| nous **rendîmes** | nous **rendrons** | nous **rendrions** | que nous **rendions** | |
| vous **rendîtes** | vous **rendrez** | vous **rendriez** | que vous **rendiez** | |
| ils **rendirent** | ils **rendront** | ils **rendraient** | qu'ils **rendent** | |
| je **me lavai** | je **me laverai** | je **me laverais** | que je **me lave** | **se lavant** |
| tu **te lavas** | tu **te laveras** | tu **te laverais** | que tu **te laves** | |
| il **se lava** | il **se lavera** | il **se laverait** | qu'il **se lave** | |
| nous **nous lavâmes** | nous **nous laverons** | nous **nous laverions** | que nous **nous lavions** | |
| vous **vous lavâtes** | vous **vous laverez** | vous **vous laveriez** | que vous **vous laviez** | |
| ils **se lavèrent** | ils **se laveront** | ils **se laveraient** | qu'ils **se lavent** | |

# Les verbes en -er avec changement d'orthographe

| INFINITIF | PRÉSENT | IMPÉRATIF | PASSÉ COMPOSÉ | IMPARFAIT |
|---|---|---|---|---|
| **acheter** *(to buy)* | j'**achète**<br>tu **achètes**<br>il **achète**<br>nous **achetons**<br>vous **achetez**<br>ils **achètent** | **achète**<br>**achetons**<br>**achetez** | j'**ai acheté**<br>tu **as acheté**<br>il **a acheté**<br>nous **avons acheté**<br>vous **avez acheté**<br>ils **ont acheté** | j'**achetais**<br>tu **achetais**<br>il **achetait**<br>nous **achetions**<br>vous **achetiez**<br>ils **achetaient** |
| Verbs like **acheter:** | | **amener** *(to bring [someone])*, **élever** *(to raise)*, **emmener** *(to take away [someone])*, **enlever** *(to take off, remove)*, **peser** *(to weigh)* | | |
| **appeler** *(to call)* | j'**appelle**<br>tu **appelles**<br>il **appelle**<br>nous **appelons**<br>vous **appelez**<br>ils **appellent** | **appelle**<br>**appelons**<br>**appelez** | j'**ai appelé**<br>tu **as appelé**<br>il **a appelé**<br>nous **avons appelé**<br>vous **avez appelé**<br>ils **ont appelé** | j'**appelais**<br>tu **appelais**<br>il **appelait**<br>nous **appelions**<br>vous **appeliez**<br>ils **appelaient** |
| Verbs like **appeler:** | **épeler** *(to spell)*, **jeter** *(to throw)*, **rappeler** *(to recall, call back)*, **rejeter** *(to reject)* | | | |
| **préférer** *(to prefer)* | je **préfère**<br>tu **préfères**<br>il **préfère**<br>nous **préférons**<br>vous **préférez**<br>ils **préfèrent** | **préfère**<br>**préférons**<br>**préférez** | j'**ai préféré**<br>tu **as préféré**<br>il **a préféré**<br>nous **avons préféré**<br>vous **avez préféré**<br>ils **ont préféré** | je **préférais**<br>tu **préférais**<br>il **préférait**<br>nous **préférions**<br>vous **préfériez**<br>ils **préféraient** |
| Verbs like **préférer:** | **célébrer** *(to celebrate)*, **espérer** *(to hope)*, **inquiéter** *(to worry)*, **posséder** *(to own)*, **protéger** *(to protect)*, **répéter** *(to repeat)*, **sécher** *(to dry)*, **suggérer** *(to suggest)* | | | |
| **manger** *(to eat)* | je **mange**<br>tu **manges**<br>il **mange**<br>nous **mangeons**<br>vous **mangez**<br>ils **mangent** | **mange**<br>**mangeons**<br>**mangez** | j'**ai mangé**<br>tu **as mangé**<br>il **a mangé**<br>nous **avons mangé**<br>vous **avez mangé**<br>ils **ont mangé** | je **mangeais**<br>tu **mangeais**<br>il **mangeait**<br>nous **mangions**<br>vous **mangiez**<br>ils **mangeaient** |
| Verbs like **manger:** | **arranger** *(to fix, arrange)*, **changer** *(to change)*, **corriger** *(to correct)*, **déménager** *(to move one's residence)*, **déranger** *(to disturb)*, **diriger** *(to manage, run)*, **nager** *(to swim)*, **négliger** *(to neglect)*, **obliger** *(to oblige)*, **partager** *(to share)*, **plonger** *(to dive)*, **protéger** *(to protect)*, **ranger** *(to put in order, put away)*, **songer à** *(to think of)*, **voyager** *(to travel)* | | | |
| **commencer** *(to start, begin)* | je **commence**<br>tu **commences**<br>il **commence**<br>nous **commençons**<br>vous **commencez**<br>ils **commencent** | **commence**<br>**commençons**<br>**commencez** | j'**ai commencé**<br>tu **as commencé**<br>il **a commencé**<br>nous **avons commencé**<br>vous **avez commencé**<br>ils **ont commencé** | je **commençais**<br>tu **commençais**<br>il **commençait**<br>nous **commencions**<br>vous **commenciez**<br>ils **commençaient** |
| Verbs like **commencer:** | **annoncer** *(to announce)*, **avancer** *(to move forward)*, **effacer** *(to erase)*, **lancer** *(to throw, launch)*, **menacer** *(to threaten)*, **placer** *(to put, set, place)*, **remplacer** *(to replace)*, **renoncer** *(to give up, renounce)* | | | |
| **payer** *(to pay, pay for)* | je **paie**<br>tu **paies**<br>il **paie**<br>nous **payons**<br>vous **payez**<br>ils **paient** | **paie**<br>**payons**<br>**payez** | j'**ai payé**<br>tu **as payé**<br>il **a payé**<br>nous **avons payé**<br>vous **avez payé**<br>ils **ont payé** | je **payais**<br>tu **payais**<br>il **payait**<br>nous **payions**<br>vous **payiez**<br>ils **payaient** |
| Verbs like **payer:** | **employer** *(to use, employ)*, **ennuyer** *(to bore, annoy)*, **envoyer** *(to send)* *(except in future and conditional)*, **essayer** *(to try)*, **essuyer** *(to wipe)*, **nettoyer** *(to clean)* | | | |

| PASSÉ SIMPLE | FUTUR | CONDITIONNEL | SUBJONCTIF | PARTICIPE PRÉSENT |
|---|---|---|---|---|
| j'achetai | j'achèterai | j'achèterais | que j'achète | achetant |
| tu achetas | tu achèteras | tu achèterais | que tu achètes | |
| il acheta | il achètera | il achèterait | qu'il achète | |
| nous achetâmes | nous achèterons | nous achèterions | que nous achetions | |
| vous achetâtes | vous achèterez | vous achèteriez | que vous achetiez | |
| ils achetèrent | ils achèteront | ils achèteraient | qu'ils achètent | |
| j'appelai | j'appellerai | j'appellerais | que j'appelle | appelant |
| tu appelas | tu appelleras | tu appellerais | que tu appelles | |
| il appela | il appellera | il appellerait | qu'il appelle | |
| nous appelâmes | nous appellerons | nous appellerions | que nous appelions | |
| vous appelâtes | vous appellerez | vous appelleriez | que vous appeliez | |
| ils appelèrent | ils appelleront | ils appelleraient | qu'ils appellent | |
| je préférai | je préférerai | je préférerais | que je préfère | préférant |
| tu préféras | tu préféreras | tu préférerais | que tu préfères | |
| il préféra | il préférera | il préférerait | qu'il préfère | |
| nous préférâmes | nous préférerons | nous préférerions | que nous préférions | |
| vous préférâtes | vous préférerez | vous préféreriez | que vous préfériez | |
| ils préférèrent | ils préféreront | ils préféreraient | qu'ils préfèrent | |
| je mangeai | je mangerai | je mangerais | que je mange | mangeant |
| tu mangeas | tu mangeras | tu mangerais | que tu manges | |
| il mangea | il mangera | il mangerait | qu'il mange | |
| nous mangeâmes | nous mangerons | nous mangerions | que nous mangions | |
| vous mangeâtes | vous mangerez | vous mangeriez | que vous mangiez | |
| ils mangèrent | ils mangeront | ils mangeraient | qu'ils mangent | |
| je commençai | je commencerai | je commencerais | que je commence | commençant |
| tu commenças | tu commenceras | tu commencerais | que tu commences | |
| il commença | il commencera | il commencerait | qu'il commence | |
| nous commençâmes | nous commencerons | nous commencerions | que nous commencions | |
| vous commençâtes | vous commencerez | vous commenceriez | que vous commenciez | |
| ils commencèrent | ils commenceront | ils commenceraient | qu'ils commencent | |
| je payai | je paierai | je paierais | que je paie | payant |
| tu payas | tu paieras | tu paierais | que tu paies | |
| il paya | il paiera | il paierait | qu'il paie | |
| nous payâmes | nous paierons | nous paierions | que nous payions | |
| vous payâtes | vous paierez | vous paieriez | que vous payiez | |
| ils payèrent | ils paieront | ils paieraient | qu'ils paient | |

# Les verbes irréguliers

## Sommaire

In the list below, the number at the right of each irregular verb corresponds to the number of the verb, or of a similarly conjugated verb, in the tables that follow. Verbs conjugated with **être** as an auxiliary verb in the compound tenses are marked with an asterisk (*). All other verbs are conjugated with **avoir**.

**absoudre** *(to forgive)*   1
**accueillir** *(to receive, welcome)*   15
**acquérir** *(to acquire, get)*   2
**admettre** *(to admit)*   26
**\*aller** *(to go)*   3
**\*s'en aller** *(to go away)*   3
**apercevoir** *(to catch a glimpse of)*   34
**\*apparaître** *(to appear)*   10
**appartenir** *(to belong)*   43
**apprendre** *(to learn)*   33
**\*s'asseoir** *(to sit down)*   4
**atteindre** *(to attain)*   13
**avoir** *(to have)*   5
**battre** *(to beat)*   6
**\*se battre** *(to fight)*   6
**boire** *(to drink)*   7
**combattre** *(to combat)*   6
**comprendre** *(to understand)*   33
**conclure** *(to conclude)*   8
**conduire** *(to drive; to conduct)*   9

**connaître** *(to know)*   10
**conquérir** *(to conquer)*   2
**construire** *(to construct)*   9
**contenir** *(to contain)*   43
**convaincre** *(to convince)*   41
**convenir** *(to agree)*   43
**coudre** *(to sew)*   11
**courir** *(to run)*   12
**couvrir** *(to cover)*   29
**craindre** *(to fear)*   13
**croire** *(to believe)*   14
**cueillir** *(to pick, gather)*   15
**cuire** *(to cook)*   9
**décevoir** *(to deceive)*   34
**découvrir** *(to discover)*   29
**décrire** *(to describe)*   19
**déplaire** *(to displease)*   30
**détruire** *(to destroy)*   9
**\*devenir** *(to become)*   43
**devoir** *(must, to have to; to owe)*   16

**dire** *(to say, tell)*   17
**disparaître** *(to disappear)*   10
**dormir** *(to sleep)*   18
**écrire** *(to write)*   19
**élire** *(to elect)*   25
**\*s'endormir** *(to fall asleep)*   18
**envoyer** *(to send)*   20
**éteindre** *(to turn off)*   13
**être** *(to be)*   21
**faire** *(to do, make)*   22
**falloir** *(to be necessary)*   23
**fuir** *(to flee)*   24
**\*s'inscrire** *(to join, sign up)*   19
**interdire** *(to forbid, prohibit)*   17
**joindre** *(to join)*   13
**lire** *(to read)*   25
**maintenir** *(to maintain)*   43
**mentir** *(to lie)*   38
**mettre** *(to put, place)*   26
**\*mourir** *(to die)*   27

| INFINITIF | PRÉSENT | IMPÉRATIF | PASSÉ COMPOSÉ | IMPARFAIT |
|---|---|---|---|---|
| 1.  **absoudre** *(to forgive)* | j'**absous** <br> tu **absous** <br> il **absout** <br> nous **absolvons** <br> vous **absolvez** <br> ils **absolvent** | **absous** <br> **absolvons** <br> **absolvez** | j'**ai absous** <br> tu **as absous** <br> il **a absous** <br> nous **avons absous** <br> vous **avez absous** <br> ils **ont absous** | j'**absolvais** <br> tu **absolvais** <br> il **absolvait** <br> nous **absolvions** <br> vous **absolviez** <br> ils **absolvaient** |
| 2.  **acquérir** *(to acquire, get)* | j'**acquiers** <br> tu **acquiers** <br> il **acquiert** <br> nous **acquérons** <br> vous **acquérez** <br> ils **acquièrent** | **acquiers** <br> **acquérons** <br> **acquérez** | j'**ai acquis** <br> tu **as acquis** <br> il **a acquis** <br> nous **avons acquis** <br> vous **avez acquis** <br> ils **ont acquis** | j'**acquérais** <br> tu **acquérais** <br> il **acquérait** <br> nous **acquérions** <br> vous **acquériez** <br> ils **acquéraient** |
| 3.  **aller** *(to go)* | je **vais** <br> tu **vas** <br> il **va** <br> nous **allons** <br> vous **allez** <br> ils **vont** | **va** <br> **allons** <br> **allez** | je **suis allé(e)** <br> tu **es allé(e)** <br> il/elle **est allé(e)** <br> nous **sommes allé(e)s** <br> vous **êtes allé(e)(s)** <br> ils/elles **sont allé(e)s** | j'**allais** <br> tu **allais** <br> il **allait** <br> nous **allions** <br> vous **alliez** <br> ils **allaient** |
| 4.  **s'asseoir** *(to sit down)* | je **m'assieds** <br> tu **t'assieds** <br> il **s'assied** <br> nous **nous asseyons** <br> vous **vous asseyez** <br> ils **s'asseyent** | **assieds-toi** <br> **asseyons-nous** <br> **asseyez-vous** | je **me suis assis(e)** <br> tu **t'es assis(e)** <br> il/elle **s'est assis(e)** <br> nous **nous sommes assis(es)** <br> vous **vous êtes assis(e)(s)** <br> ils/elles **se sont assis(es)** | je **m'asseyais** <br> tu **t'asseyais** <br> il **s'asseyait** <br> nous **nous asseyions** <br> vous **vous asseyiez** <br> ils **s'asseyaient** |

**\*naître** *(to be born)*  28
**obtenir** *(to obtain, get)*  43
**offrir** *(to offer)*  29
**ouvrir** *(to open)*  29
**paraître** *(to appear)*  10
**parcourir** *(to travel over)*  12
**\*partir** *(to leave)*  38
**\*parvenir** *(to arrive; to succeed)*  43
**peindre** *(to paint)*  13
**permettre** *(to permit)*  26
**\*se plaindre** *(to complain)*  13
**plaire** *(to please)*  30
**pleuvoir** *(to rain)*  31
**poursuivre** *(to pursue)*  39
**pouvoir** *(can, to be able)*  32
**prédire** *(to predict)*  17
**prendre** *(to take)*  33
**prévoir** *(to foresee)*  45
**produire** *(to produce)*  9
**promettre** *(to promise)*  26

**recevoir** *(to receive, get)*  34
**reconnaître** *(to recognize)*  10
**reconstruire** *(to reconstruct)*  9
**recouvrir** *(to recover)*  29
**\*redevenir** *(to become again)*  43
**réduire** *(to reduce)*  9
**remettre** *(to postpone)*  26
**reprendre** *(to take back)*  33
**résoudre** *(to resolve, solve)*  35
**retenir** *(to reserve)*  43
**\*revenir** *(to come back)*  43
**revoir** *(to see again)*  45
**rire** *(to laugh)*  36
**rompre** *(to break)*  6
**savoir** *(to know)*  37
**sentir** *(to smell)*  38
**\*se sentir** *(to feel)*  38
**servir** *(to serve)*  38
**\*se servir de** *(to use)*  38
**\*sortir** *(to go out)*  38

**souffrir** *(to suffer)*  29
**soumettre** *(to submit)*  26
**sourire** *(to smile)*  36
**soutenir** *(to support)*  43
**\*se souvenir** *(to remember)*  43
**suivre** *(to follow)*  39
**surprendre** *(to surprise)*  33
**survivre** *(to survive)*  44
**\*se taire** *(to be quiet)*  40
**tenir** *(to hold)*  43
**traduire** *(to translate)*  9
**transmettre** *(to transmit)*  26
**vaincre** *(to conquer)*  41
**valoir** *(to be worth; to deserve, merit)*  42
**\*venir** *(to come)*  43
**vivre** *(to live)*  44
**voir** *(to see)*  45
**vouloir** *(to wish, want)*  46

| PASSÉ SIMPLE | FUTUR | CONDITIONNEL | SUBJONCTIF | PARTICIPE PRÉSENT |
|---|---|---|---|---|
| n'existe pas | j'**absoudrai** | j'**absoudrais** | que j'**absolve** | **absolvant** |
| | tu **absoudras** | tu **absoudrais** | que tu **absolves** | |
| | il **absoudra** | il **absoudrait** | qu'il **absolve** | |
| | nous **absoudrons** | nous **absoudrions** | que nous **absolvions** | |
| | vous **absoudrez** | vous **absoudriez** | que vous **absolviez** | |
| | ils **absoudront** | ils **absoudraient** | qu'ils **absolvent** | |
| j'**acquis** | j'**acquerrai** | j'**acquerrais** | que j'**acquière** | **acquérant** |
| tu **acquis** | tu **acquerras** | tu **acquerrais** | que tu **acquières** | |
| il **acquit** | il **acquerra** | il **acquerrait** | qu'il **acquière** | |
| nous **acquîmes** | nous **acquerrons** | nous **acquerrions** | que nous **acquérions** | |
| vous **acquîtes** | vous **acquerrez** | vous **acquerriez** | que vous **acquériez** | |
| ils **acquirent** | ils **acquerront** | ils **acquerraient** | qu'ils **acquièrent** | |
| j'**allai** | j'**irai** | j'**irais** | que j'**aille** | **allant** |
| tu **allas** | tu **iras** | tu **irais** | que tu **ailles** | |
| il **alla** | il **ira** | il **irait** | qu'il **aille** | |
| nous **allâmes** | nous **irons** | nous **irions** | que nous **allions** | |
| vous **allâtes** | vous **irez** | vous **iriez** | que vous **alliez** | |
| ils **allèrent** | ils **iront** | ils **iraient** | qu'ils **aillent** | |
| je m'**assis** | je m'**assiérai** | je m'**assiérais** | que je m'**asseye** | s'**asseyant** |
| tu t'**assis** | tu t'**assiéras** | tu t'**assiérais** | que tu t'**asseyes** | |
| il s'**assit** | il s'**assiéra** | il s'**assiérait** | qu'il s'**asseye** | |
| nous **nous assîmes** | nous **nous assiérons** | nous **nous assiérions** | que nous **nous asseyions** | |
| vous **vous assîtes** | vous **vous assiérez** | vous **vous assiériez** | que vous **vous asseyiez** | |
| ils s'**assirent** | ils s'**assiéront** | ils s'**assiéraient** | qu'ils s'**asseyent** | |

| INFINITIF | PRÉSENT | IMPÉRATIF | PASSÉ COMPOSÉ | IMPARFAIT |
|---|---|---|---|---|
| 5. **avoir**<br>*(to have)* | j'**ai**<br>tu **as**<br>il **a**<br>nous **avons**<br>vous **avez**<br>ils **ont** | **aie**<br>**ayons**<br>**ayez** | j'**ai eu**<br>tu **as eu**<br>il **a eu**<br>nous **avons eu**<br>vous **avez eu**<br>ils **ont eu** | j'**avais**<br>tu **avais**<br>il **avait**<br>nous **avions**<br>vous **aviez**<br>ils **avaient** |
| 6. **battre**<br>*(to beat)* | je **bats**<br>tu **bats**<br>il **bat**<br>nous **battons**<br>vous **battez**<br>ils **battent** | **bats**<br>**battons**<br>**battez** | j'**ai battu**<br>tu **as battu**<br>il **a battu**<br>nous **avons battu**<br>vous **avez battu**<br>ils **ont battu** | je **battais**<br>tu **battais**<br>il **battait**<br>nous **battions**<br>vous **battiez**<br>ils **battaient** |
| 7. **boire**<br>*(to drink)* | je **bois**<br>tu **bois**<br>il **boit**<br>nous **buvons**<br>vous **buvez**<br>ils **boivent** | **bois**<br>**buvons**<br>**buvez** | j'**ai bu**<br>tu **as bu**<br>il **a bu**<br>nous **avons bu**<br>vous **avez bu**<br>ils **ont bu** | je **buvais**<br>tu **buvais**<br>il **buvait**<br>nous **buvions**<br>vous **buviez**<br>ils **buvaient** |
| 8. **conclure**<br>*(to conclude)* | je **conclus**<br>tu **conclus**<br>il **conclut**<br>nous **concluons**<br>vous **concluez**<br>ils **concluent** | **conclus**<br>**concluons**<br>**concluez** | j'**ai conclu**<br>tu **as conclu**<br>il **a conclu**<br>nous **avons conclu**<br>vous **avez conclu**<br>ils **ont conclu** | je **concluais**<br>tu **concluais**<br>il **concluait**<br>nous **concluions**<br>vous **concluiez**<br>ils **concluaient** |
| 9. **conduire**<br>*(to drive;*<br>*to conduct)* | je **conduis**<br>tu **conduis**<br>il **conduit**<br>nous **conduisons**<br>vous **conduisez**<br>ils **conduisent** | **conduis**<br>**conduisons**<br>**conduisez** | j'**ai conduit**<br>tu **as conduit**<br>il **a conduit**<br>nous **avons conduit**<br>vous **avez conduit**<br>ils **ont conduit** | je **conduisais**<br>tu **conduisais**<br>il **conduisait**<br>nous **conduisions**<br>vous **conduisiez**<br>ils **conduisaient** |
| 10. **connaitre**<br>*(to know)* | je **connais**<br>tu **connais**<br>il **connait**<br>nous **connaissons**<br>vous **connaissez**<br>ils **connaissent** | **connais**<br>**connaissons**<br>**connaissez** | j'**ai connu**<br>tu **as connu**<br>il **a connu**<br>nous **avons connu**<br>vous **avez connu**<br>ils **ont connu** | je **connaissais**<br>tu **connaissais**<br>il **connaissait**<br>nous **connaissions**<br>vous **connaissiez**<br>ils **connaissaient** |
| 11. **coudre**<br>*(to sew)* | je **couds**<br>tu **couds**<br>il **coud**<br>nous **cousons**<br>vous **cousez**<br>ils **cousent** | **couds**<br>**cousons**<br>**cousez** | j'**ai cousu**<br>tu **as cousu**<br>il **a cousu**<br>nous **avons cousu**<br>vous **avez cousu**<br>ils **ont cousu** | je **cousais**<br>tu **cousais**<br>il **cousait**<br>nous **cousions**<br>vous **cousiez**<br>ils **cousaient** |
| 12. **courir**<br>*(to run)* | je **cours**<br>tu **cours**<br>il **court**<br>nous **courons**<br>vous **courez**<br>ils **courent** | **cours**<br>**courons**<br>**courez** | j'**ai couru**<br>tu **as couru**<br>il **a couru**<br>nous **avons couru**<br>vous **avez couru**<br>ils **ont couru** | je **courais**<br>tu **courais**<br>il **courait**<br>nous **courions**<br>vous **couriez**<br>ils **couraient** |
| 13. **craindre**<br>*(to fear)* | je **crains**<br>tu **crains**<br>il **craint**<br>nous **craignons**<br>vous **craignez**<br>ils **craignent** | **crains**<br>**craignons**<br>**craignez** | j'**ai craint**<br>tu **as craint**<br>il **a craint**<br>nous **avons craint**<br>vous **avez craint**<br>ils **ont craint** | je **craignais**<br>tu **craignais**<br>il **craignait**<br>nous **craignions**<br>vous **craigniez**<br>ils **craignaient** |

| PASSÉ SIMPLE | FUTUR | CONDITIONNEL | SUBJONCTIF | PARTICIPE PRÉSENT |
|---|---|---|---|---|
| j'eus | j'aurai | j'aurais | que j'aie | ayant |
| tu eus | tu auras | tu aurais | que tu aies | |
| il eut | il aura | il aurait | qu'il ait | |
| nous eûmes | nous aurons | nous aurions | que nous ayons | |
| vous eûtes | vous aurez | vous auriez | que vous ayez | |
| ils eurent | ils auront | ils auraient | qu'ils aient | |
| je battis | je battrai | je battrais | que je batte | battant |
| tu battis | tu battras | tu battrais | que tu battes | |
| il battit | il battra | il battrait | qu'il batte | |
| nous battîmes | nous battrons | nous battrions | que nous battions | |
| vous battîtes | vous battrez | vous battriez | que vous battiez | |
| ils battirent | ils battront | ils battraient | qu'ils battent | |
| je bus | je boirai | je boirais | que je boive | buvant |
| tu bus | tu boiras | tu boirais | que tu boives | |
| il but | il boira | il boirait | qu'il boive | |
| nous bûmes | nous boirons | nous boirions | que nous buvions | |
| vous bûtes | vous boirez | vous boiriez | que vous buviez | |
| ils burent | ils boiront | ils boiraient | qu'ils boivent | |
| je conclus | je conclurai | je conclurais | que je conclue | concluant |
| tu conclus | tu concluras | tu conclurais | que tu conclues | |
| il conclut | il conclura | il conclurait | qu'il conclue | |
| nous conclûmes | nous conclurons | nous conclurions | que nous concluions | |
| vous conclûtes | vous conclurez | vous concluriez | que vous concluiez | |
| ils conclurent | ils concluront | ils concluraient | qu'ils concluent | |
| je conduisis | je conduirai | je conduirais | que je conduise | conduisant |
| tu conduisis | tu conduiras | tu conduirais | que tu conduises | |
| il conduisit | il conduira | il conduirait | qu'il conduise | |
| nous conduisîmes | nous conduirons | nous conduirions | que nous conduisions | |
| vous conduisîtes | vous conduirez | vous conduiriez | que vous conduisiez | |
| ils conduisirent | ils conduiront | ils conduiraient | qu'ils conduisent | |
| je connus | je connaîtrai | je connaîtrais | que je connaisse | connaissant |
| tu connus | tu connaîtras | tu connaîtrais | que tu connaisses | |
| il connut | il connaîtra | il connaîtrait | qu'il connaisse | |
| nous connûmes | nous connaîtrons | nous connaîtrions | que nous connaissions | |
| vous connûtes | vous connaîtrez | vous connaîtriez | que vous connaissiez | |
| ils connurent | ils connaîtront | ils connaîtraient | qu'ils connaissent | |
| je cousis | je coudrai | je coudrais | que je couse | cousant |
| tu cousis | tu coudras | tu coudrais | que tu couses | |
| il cousit | il coudra | il coudrait | qu'il couse | |
| nous cousîmes | nous coudrons | nous coudrions | que nous cousions | |
| vous cousîtes | vous coudrez | vous coudriez | que vous cousiez | |
| ils cousirent | ils coudront | ils coudraient | qu'ils cousent | |
| je courus | je courrai | je courrais | que je coure | courant |
| tu courus | tu courras | tu courrais | que tu coures | |
| il courut | il courra | il courrait | qu'il coure | |
| nous courûmes | nous courrons | nous courrions | que nous courions | |
| vous courûtes | vous courrez | vous courriez | que vous couriez | |
| ils coururent | ils courront | ils courraient | qu'ils courent | |
| je craignis | je craindrai | je craindrais | que je craigne | craignant |
| tu craignis | tu craindras | tu craindrais | que tu craignes | |
| il craignit | il craindra | il craindrait | qu'il craigne | |
| nous craignîmes | nous craindrons | nous craindrions | que nous craignions | |
| vous craignîtes | vous craindrez | vous craindriez | que vous craigniez | |
| ils craignirent | ils craindront | ils craindraient | qu'ils craignent | |

| INFINITIF | PRÉSENT | IMPÉRATIF | PASSÉ COMPOSÉ | IMPARFAIT |
|---|---|---|---|---|
| 14. croire<br>(to believe) | je **crois**<br>tu **crois**<br>il **croit**<br>nous **croyons**<br>vous **croyez**<br>ils **croient** | **crois**<br>**croyons**<br>**croyez** | j'ai **cru**<br>tu as **cru**<br>il a **cru**<br>nous avons **cru**<br>vous avez **cru**<br>ils ont **cru** | je **croyais**<br>tu **croyais**<br>il **croyait**<br>nous **croyions**<br>vous **croyiez**<br>ils **croyaient** |
| 15. cueillir<br>(to pick, gather) | je **cueille**<br>tu **cueilles**<br>il **cueille**<br>nous **cueillons**<br>vous **cueillez**<br>ils **cueillent** | **cueille**<br>**cueillons**<br>**cueillez** | j'ai **cueilli**<br>tu as **cueilli**<br>il a **cueilli**<br>nous avons **cueilli**<br>vous avez **cueilli**<br>ils ont **cueilli** | je **cueillais**<br>tu **cueillais**<br>il **cueillait**<br>nous **cueillions**<br>vous **cueilliez**<br>ils **cueillaient** |
| 16. devoir<br>(must, to have to;<br>to owe) | je **dois**<br>tu **dois**<br>il **doit**<br>nous **devons**<br>vous **devez**<br>ils **doivent** | **dois**<br>**devons**<br>**devez** | j'ai **dû**<br>tu as **dû**<br>il a **dû**<br>nous avons **dû**<br>vous avez **dû**<br>ils ont **dû** | je **devais**<br>tu **devais**<br>il **devait**<br>nous **devions**<br>vous **deviez**<br>ils **devaient** |
| 17. dire<br>(to say, tell) | je **dis**<br>tu **dis**<br>il **dit**<br>nous **disons**<br>vous **dites**<br>ils **disent** | **dis**<br>**disons**<br>**dites** | j'ai **dit**<br>tu as **dit**<br>il a **dit**<br>nous avons **dit**<br>vous avez **dit**<br>ils ont **dit** | je **disais**<br>tu **disais**<br>il **disait**<br>nous **disions**<br>vous **disiez**<br>ils **disaient** |
| 18. dormir<br>(to sleep) | je **dors**<br>tu **dors**<br>il **dort**<br>nous **dormons**<br>vous **dormez**<br>ils **dorment** | **dors**<br>**dormons**<br>**dormez** | j'ai **dormi**<br>tu as **dormi**<br>il a **dormi**<br>nous avons **dormi**<br>vous avez **dormi**<br>ils ont **dormi** | je **dormais**<br>tu **dormais**<br>il **dormait**<br>nous **dormions**<br>vous **dormiez**<br>ils **dormaient** |
| 19. écrire<br>(to write) | j'**écris**<br>tu **écris**<br>il **écrit**<br>nous **écrivons**<br>vous **écrivez**<br>ils **écrivent** | **écris**<br>**écrivons**<br>**écrivez** | j'ai **écrit**<br>tu as **écrit**<br>il a **écrit**<br>nous avons **écrit**<br>vous avez **écrit**<br>ils ont **écrit** | j'**écrivais**<br>tu **écrivais**<br>il **écrivait**<br>nous **écrivions**<br>vous **écriviez**<br>ils **écrivaient** |
| 20. envoyer<br>(to send) | j'**envoie**<br>tu **envoies**<br>il **envoie**<br>nous **envoyons**<br>vous **envoyez**<br>ils **envoient** | **envoie**<br>**envoyons**<br>**envoyez** | j'ai **envoyé**<br>tu as **envoyé**<br>il a **envoyé**<br>nous avons **envoyé**<br>vous avez **envoyé**<br>ils ont **envoyé** | j'**envoyais**<br>tu **envoyais**<br>il **envoyait**<br>nous **envoyions**<br>vous **envoyiez**<br>ils **envoyaient** |
| 21. être<br>(to be) | je **suis**<br>tu **es**<br>il **est**<br>nous **sommes**<br>vous **êtes**<br>ils **sont** | **sois**<br>**soyons**<br>**soyez** | j'ai **été**<br>tu as **été**<br>il a **été**<br>nous avons **été**<br>vous avez **été**<br>ils ont **été** | j'**étais**<br>tu **étais**<br>il **était**<br>nous **étions**<br>vous **étiez**<br>ils **étaient** |
| 22. faire<br>(to do, make) | je **fais**<br>tu **fais**<br>il **fait**<br>nous **faisons**<br>vous **faites**<br>ils **font** | **fais**<br>**faisons**<br>**faites** | j'ai **fait**<br>tu as **fait**<br>il a **fait**<br>nous avons **fait**<br>vous avez **fait**<br>ils ont **fait** | je **faisais**<br>tu **faisais**<br>il **faisait**<br>nous **faisions**<br>vous **faisiez**<br>ils **faisaient** |
| 23. falloir<br>(to be necessary) | il **faut** | n'existe pas | il a **fallu** | il **fallait** |

| PASSÉ SIMPLE | FUTUR | CONDITIONNEL | SUBJONCTIF | PARTICIPE PRÉSENT |
|---|---|---|---|---|
| je **crus**<br>tu **crus**<br>il **crut**<br>nous **crûmes**<br>vous **crûtes**<br>ils **crurent** | je **croirai**<br>tu **croiras**<br>il **croira**<br>nous **croirons**<br>vous **croirez**<br>ils **croiront** | je **croirais**<br>tu **croirais**<br>il **croirait**<br>nous **croirions**<br>vous **croiriez**<br>ils **croiraient** | que je **croie**<br>que tu **croies**<br>qu'il **croie**<br>que nous **croyions**<br>que vous **croyiez**<br>qu'ils **croient** | **croyant** |
| je **cueillis**<br>tu **cueillis**<br>il **cueillit**<br>nous **cueillîmes**<br>vous **cueillîtes**<br>ils **cueillirent** | je **cueillerai**<br>tu **cueilleras**<br>il **cueillera**<br>nous **cueillerons**<br>vous **cueillerez**<br>ils **cueilleront** | je **cueillerais**<br>tu **cueillerais**<br>il **cueillerait**<br>nous **cueillerions**<br>vous **cueilleriez**<br>ils **cueilleraient** | que je **cueille**<br>que tu **cueilles**<br>qu'il **cueille**<br>que nous **cueillions**<br>que vous **cueilliez**<br>qu'ils **cueillent** | **cueillant** |
| je **dus**<br>tu **dus**<br>il **dut**<br>nous **dûmes**<br>vous **dûtes**<br>ils **durent** | je **devrai**<br>tu **devras**<br>il **devra**<br>nous **devrons**<br>vous **devrez**<br>ils **devront** | je **devrais**<br>tu **devrais**<br>il **devrait**<br>nous **devrions**<br>vous **devriez**<br>ils **devraient** | que je **doive**<br>que tu **doives**<br>qu'il **doive**<br>que nous **devions**<br>que vous **deviez**<br>qu'ils **doivent** | **devant** |
| je **dis**<br>tu **dis**<br>il **dit**<br>nous **dîmes**<br>vous **dîtes**<br>ils **dirent** | je **dirai**<br>tu **diras**<br>il **dira**<br>nous **dirons**<br>vous **direz**<br>ils **diront** | je **dirais**<br>tu **dirais**<br>il **dirait**<br>nous **dirions**<br>vous **diriez**<br>ils **diraient** | que je **dise**<br>que tu **dises**<br>qu'il **dise**<br>que nous **disions**<br>que vous **disiez**<br>qu'ils **disent** | **disant** |
| je **dormis**<br>tu **dormis**<br>il **dormit**<br>nous **dormîmes**<br>vous **dormîtes**<br>ils **dormirent** | je **dormirai**<br>tu **dormiras**<br>il **dormira**<br>nous **dormirons**<br>vous **dormirez**<br>ils **dormiront** | je **dormirais**<br>tu **dormirais**<br>il **dormirait**<br>nous **dormirions**<br>vous **dormiriez**<br>ils **dormiraient** | que je **dorme**<br>que tu **dormes**<br>qu'il **dorme**<br>que nous **dormions**<br>que vous **dormiez**<br>qu'ils **dorment** | **dormant** |
| j'**écrivis**<br>tu **écrivis**<br>il **écrivit**<br>nous **écrivîmes**<br>vous **écrivîtes**<br>ils **écrivirent** | j'**écrirai**<br>tu **écriras**<br>il **écrira**<br>nous **écrirons**<br>vous **écrirez**<br>ils **écriront** | j'**écrirais**<br>tu **écrirais**<br>il **écrirait**<br>nous **écririons**<br>vous **écririez**<br>ils **écriraient** | que j'**écrive**<br>que tu **écrives**<br>qu'il **écrive**<br>que nous **écrivions**<br>que vous **écriviez**<br>qu'ils **écrivent** | **écrivant** |
| j'**envoyai**<br>tu **envoyas**<br>il **envoya**<br>nous **envoyâmes**<br>vous **envoyâtes**<br>ils **envoyèrent** | j'**enverrai**<br>tu **enverras**<br>il **enverra**<br>nous **enverrons**<br>vous **enverrez**<br>ils **enverront** | j'**enverrais**<br>tu **enverrais**<br>il **enverrait**<br>nous **enverrions**<br>vous **enverriez**<br>ils **enverraient** | que j'**envoie**<br>que tu **envoies**<br>qu'il **envoie**<br>que nous **envoyions**<br>que vous **envoyiez**<br>qu'ils **envoient** | **envoyant** |
| je **fus**<br>tu **fus**<br>il **fut**<br>nous **fûmes**<br>vous **fûtes**<br>ils **furent** | je **serai**<br>tu **seras**<br>il **sera**<br>nous **serons**<br>vous **serez**<br>ils **seront** | je **serais**<br>tu **serais**<br>il **serait**<br>nous **serions**<br>vous **seriez**<br>ils **seraient** | que je **sois**<br>que tu **sois**<br>qu'il **soit**<br>que nous **soyons**<br>que vous **soyez**<br>qu'ils **soient** | **étant** |
| je **fis**<br>tu **fis**<br>il **fit**<br>nous **fîmes**<br>vous **fîtes**<br>ils **firent** | je **ferai**<br>tu **feras**<br>il **fera**<br>nous **ferons**<br>vous **ferez**<br>ils **feront** | je **ferais**<br>tu **ferais**<br>il **ferait**<br>nous **ferions**<br>vous **feriez**<br>ils **feraient** | que je **fasse**<br>que tu **fasses**<br>qu'il **fasse**<br>que nous **fassions**<br>que vous **fassiez**<br>qu'ils **fassent** | **faisant** |
| il **fallut** | il **faudra** | il **faudrait** | qu'il **faille** | n'existe pas |

| INFINITIF | PRÉSENT | IMPÉRATIF | PASSÉ COMPOSÉ | IMPARFAIT |
|-----------|---------|-----------|----------------|-----------|
| 24. **fuir** *(to flee)* | je **fuis**<br>tu **fuis**<br>il **fuit**<br>nous **fuyons**<br>vous **fuyez**<br>ils **fuient** | **fuis**<br>**fuyons**<br>**fuyez** | j'ai **fui**<br>tu as **fui**<br>il a **fui**<br>nous avons **fui**<br>vous avez **fui**<br>ils ont **fui** | je **fuyais**<br>tu **fuyais**<br>il **fuyait**<br>nous **fuyions**<br>vous **fuyiez**<br>ils **fuyaient** |
| 25. **lire** *(to read)* | je **lis**<br>tu **lis**<br>il **lit**<br>nous **lisons**<br>vous **lisez**<br>ils **lisent** | **lis**<br>**lisons**<br>**lisez** | j'ai **lu**<br>tu as **lu**<br>il a **lu**<br>nous avons **lu**<br>vous avez **lu**<br>ils ont **lu** | je **lisais**<br>tu **lisais**<br>il **lisait**<br>nous **lisions**<br>vous **lisiez**<br>ils **lisaient** |
| 26. **mettre** *(to put, place)* | je **mets**<br>tu **mets**<br>il **met**<br>nous **mettons**<br>vous **mettez**<br>ils **mettent** | **mets**<br>**mettons**<br>**mettez** | j'ai **mis**<br>tu as **mis**<br>il a **mis**<br>nous avons **mis**<br>vous avez **mis**<br>ils ont **mis** | je **mettais**<br>tu **mettais**<br>il **mettait**<br>nous **mettions**<br>vous **mettiez**<br>ils **mettaient** |
| 27. **mourir** *(to die)* | je **meurs**<br>tu **meurs**<br>il **meurt**<br>nous **mourons**<br>vous **mourez**<br>ils **meurent** | **meurs**<br>**mourons**<br>**mourez** | je suis **mort(e)**<br>tu es **mort(e)**<br>il/elle est **mort(e)**<br>nous sommes **mort(e)s**<br>vous êtes **mort(e)(s)**<br>ils/elles sont **mort(e)s** | je **mourais**<br>tu **mourais**<br>il **mourait**<br>nous **mourions**<br>vous **mouriez**<br>ils **mouraient** |
| 28. **naître** *(to be born)* | je **nais**<br>tu **nais**<br>il **naît**<br>nous **naissons**<br>vous **naissez**<br>ils **naissent** | **nais**<br>**naissons**<br>**naissez** | je suis **né(e)**<br>tu es **né(e)**<br>il/elle est **né(e)**<br>nous sommes **né(e)s**<br>vous êtes **né(e)(s)**<br>ils/elles sont **né(e)s** | je **naissais**<br>tu **naissais**<br>il **naissait**<br>nous **naissions**<br>vous **naissiez**<br>ils **naissaient** |
| 29. **ouvrir** *(to open)* | j'**ouvre**<br>tu **ouvres**<br>il **ouvre**<br>nous **ouvrons**<br>vous **ouvrez**<br>ils **ouvrent** | **ouvre**<br>**ouvrons**<br>**ouvrez** | j'ai **ouvert**<br>tu as **ouvert**<br>il a **ouvert**<br>nous avons **ouvert**<br>vous avez **ouvert**<br>ils ont **ouvert** | j'**ouvrais**<br>tu **ouvrais**<br>il **ouvrait**<br>nous **ouvrions**<br>vous **ouvriez**<br>ils **ouvraient** |
| 30. **plaire** *(to please)* | je **plais**<br>tu **plais**<br>il **plaît**<br>nous **plaisons**<br>vous **plaisez**<br>ils **plaisent** | **plais**<br>**plaisons**<br>**plaisez** | j'ai **plu**<br>tu as **plu**<br>il a **plu**<br>nous avons **plu**<br>vous avez **plu**<br>ils ont **plu** | je **plaisais**<br>tu **plaisais**<br>il **plaisait**<br>nous **plaisions**<br>vous **plaisiez**<br>ils **plaisaient** |
| 31. **pleuvoir** *(to rain)* | il **pleut** | n'existe pas | il a **plu** | il **pleuvait** |
| 32. **pouvoir** *(can, to be able)* | je **peux**<br>tu **peux**<br>il **peut**<br>nous **pouvons**<br>vous **pouvez**<br>ils **peuvent** | n'existe pas | j'ai **pu**<br>tu as **pu**<br>il a **pu**<br>nous avons **pu**<br>vous avez **pu**<br>ils ont **pu** | je **pouvais**<br>tu **pouvais**<br>il **pouvait**<br>nous **pouvions**<br>vous **pouviez**<br>ils **pouvaient** |
| 33. **prendre** *(to take)* | je **prends**<br>tu **prends**<br>il **prend**<br>nous **prenons**<br>vous **prenez**<br>ils **prennent** | **prends**<br>**prenons**<br>**prenez** | j'ai **pris**<br>tu as **pris**<br>il a **pris**<br>nous avons **pris**<br>vous avez **pris**<br>ils ont **pris** | je **prenais**<br>tu **prenais**<br>il **prenait**<br>nous **prenions**<br>vous **preniez**<br>ils **prenaient** |

| PASSÉ SIMPLE | FUTUR | CONDITIONNEL | SUBJONCTIF | PARTICIPE PRÉSENT |
|---|---|---|---|---|
| je **fuis** | je **fuirai** | je **fuirais** | que je **fuie** | **fuyant** |
| tu **fuis** | tu **fuiras** | tu **fuirais** | que tu **fuies** | |
| il **fuit** | il **fuira** | il **fuirait** | qu'il **fuie** | |
| nous **fuîmes** | nous **fuirons** | nous **fuirions** | que nous **fuyions** | |
| vous **fuîtes** | vous **fuirez** | vous **fuiriez** | que vous **fuyiez** | |
| ils **fuirent** | ils **fuiront** | ils **fuiraient** | qu'ils **fuient** | |
| je **lus** | je **lirai** | je **lirais** | que je **lise** | **lisant** |
| tu **lus** | tu **liras** | tu **lirais** | que tu **lises** | |
| il **lut** | il **lira** | il **lirait** | qu'il **lise** | |
| nous **lûmes** | nous **lirons** | nous **lirions** | que nous **lisions** | |
| vous **lûtes** | vous **lirez** | vous **liriez** | que vous **lisiez** | |
| ils **lurent** | ils **liront** | ils **liraient** | qu'ils **lisent** | |
| je **mis** | je **mettrai** | je **mettrais** | que je **mette** | **mettant** |
| tu **mis** | tu **mettras** | tu **mettrais** | que tu **mettes** | |
| il **mit** | il **mettra** | il **mettrait** | qu'il **mette** | |
| nous **mîmes** | nous **mettrons** | nous **mettrions** | que nous **mettions** | |
| vous **mîtes** | vous **mettrez** | vous **mettriez** | que vous **mettiez** | |
| ils **mirent** | ils **mettront** | ils **mettraient** | qu'ils **mettent** | |
| je **mourus** | je **mourrai** | je **mourrais** | que je **meure** | **mourant** |
| tu **mourus** | tu **mourras** | tu **mourrais** | que tu **meures** | |
| il **mourut** | il **mourra** | il **mourrait** | qu'il **meure** | |
| nous **mourûmes** | nous **mourrons** | nous **mourrions** | que nous **mourions** | |
| vous **mourûtes** | vous **mourrez** | vous **mourriez** | que vous **mouriez** | |
| ils **moururent** | ils **mourront** | ils **mourraient** | qu'ils **meurent** | |
| je **naquis** | je **naîtrai** | je **naîtrais** | que je **naisse** | **naissant** |
| tu **naquis** | tu **naîtras** | tu **naîtrais** | que tu **naisses** | |
| il **naquit** | il **naîtra** | il **naîtrait** | qu'il **naisse** | |
| nous **naquîmes** | nous **naîtrons** | nous **naîtrions** | que nous **naissions** | |
| vous **naquîtes** | vous **naîtrez** | vous **naîtriez** | que vous **naissiez** | |
| ils **naquirent** | ils **naîtront** | ils **naîtraient** | qu'ils **naissent** | |
| j'**ouvris** | j'**ouvrirai** | j'**ouvrirais** | que j'**ouvre** | **ouvrant** |
| tu **ouvris** | tu **ouvriras** | tu **ouvrirais** | que tu **ouvres** | |
| il **ouvrit** | il **ouvrira** | il **ouvrirait** | qu'il **ouvre** | |
| nous **ouvrîmes** | nous **ouvrirons** | nous **ouvririons** | que nous **ouvrions** | |
| vous **ouvrîtes** | vous **ouvrirez** | vous **ouvririez** | que vous **ouvriez** | |
| ils **ouvrirent** | ils **ouvriront** | ils **ouvriraient** | qu'ils **ouvrent** | |
| je **plus** | je **plairai** | je **plairais** | que je **plaise** | **plaisant** |
| tu **plus** | tu **plairas** | tu **plairais** | que tu **plaises** | |
| il **plut** | il **plaira** | il **plairait** | qu'il **plaise** | |
| nous **plûmes** | nous **plairons** | nous **plairions** | que nous **plaisions** | |
| vous **plûtes** | vous **plairez** | vous **plairiez** | que vous **plaisiez** | |
| ils **plurent** | ils **plairont** | ils **plairaient** | qu'ils **plaisent** | |
| il **plut** | il **pleuvra** | il **pleuvrait** | qu'il **pleuve** | **pleuvant** |
| je **pus** | je **pourrai** | je **pourrais** | que je **puisse** | **pouvant** |
| tu **pus** | tu **pourras** | tu **pourrais** | que tu **puisses** | |
| il **put** | il **pourra** | il **pourrait** | qu'il **puisse** | |
| nous **pûmes** | nous **pourrons** | nous **pourrions** | que nous **puissions** | |
| vous **pûtes** | vous **pourrez** | vous **pourriez** | que vous **puissiez** | |
| ils **purent** | ils **pourront** | ils **pourraient** | qu'ils **puissent** | |
| je **pris** | je **prendrai** | je **prendrais** | que je **prenne** | **prenant** |
| tu **pris** | tu **prendras** | tu **prendrais** | que tu **prennes** | |
| il **prit** | il **prendra** | il **prendrait** | qu'il **prenne** | |
| nous **prîmes** | nous **prendrons** | nous **prendrions** | que nous **prenions** | |
| vous **prîtes** | vous **prendrez** | vous **prendriez** | que vous **preniez** | |
| ils **prirent** | ils **prendront** | ils **prendraient** | qu'ils **prennent** | |

| INFINITIF | PRÉSENT | IMPÉRATIF | PASSÉ COMPOSÉ | IMPARFAIT |
|---|---|---|---|---|
| 34. recevoir<br>*(to receive, get)* | je **reçois**<br>tu **reçois**<br>il **reçoit**<br>nous **recevons**<br>vous **recevez**<br>ils **reçoivent** | **reçois**<br>**recevons**<br>**recevez** | j'**ai reçu**<br>tu **as reçu**<br>il **a reçu**<br>nous **avons reçu**<br>vous **avez reçu**<br>ils **ont reçu** | je **recevais**<br>tu **recevais**<br>il **recevait**<br>nous **recevions**<br>vous **receviez**<br>ils **recevaient** |
| 35. résoudre<br>*(to resolve, solve)* | je **résous**<br>tu **résous**<br>il **résout**<br>nous **résolvons**<br>vous **résolvez**<br>ils **résolvent** | **résous**<br>**résolvons**<br>**résolvez** | j'**ai résolu**<br>tu **as résolu**<br>il **a résolu**<br>nous **avons résolu**<br>vous **avez résolu**<br>ils **ont résolu** | je **résolvais**<br>tu **résolvais**<br>il **résolvait**<br>nous **résolvions**<br>vous **résolviez**<br>ils **résolvaient** |
| 36. rire<br>*(to laugh)* | je **ris**<br>tu **ris**<br>il **rit**<br>nous **rions**<br>vous **riez**<br>ils **rient** | **ris**<br>**rions**<br>**riez** | j'**ai ri**<br>tu **as ri**<br>il **a ri**<br>nous **avons ri**<br>vous **avez ri**<br>ils **ont ri** | je **riais**<br>tu **riais**<br>il **riait**<br>nous **riions**<br>vous **riiez**<br>ils **riaient** |
| 37. savoir<br>*(to know)* | je **sais**<br>tu **sais**<br>il **sait**<br>nous **savons**<br>vous **savez**<br>ils **savent** | **sache**<br>**sachons**<br>**sachez** | j'**ai su**<br>tu **as su**<br>il **a su**<br>nous **avons su**<br>vous **avez su**<br>ils **ont su** | je **savais**<br>tu **savais**<br>il **savait**<br>nous **savions**<br>vous **saviez**<br>ils **savaient** |
| 38. sortir<br>*(to go out)* | je **sors**<br>tu **sors**<br>il **sort**<br>nous **sortons**<br>vous **sortez**<br>ils **sortent** | **sors**<br>**sortons**<br>**sortez** | je **suis sorti(e)**<br>tu **es sorti(e)**<br>il/elle **est sorti(e)**<br>nous **sommes sorti(e)s**<br>vous **êtes sorti(e)(s)**<br>ils/elles **sont sorti(e)s** | je **sortais**<br>tu **sortais**<br>il **sortait**<br>nous **sortions**<br>vous **sortiez**<br>ils **sortaient** |
| 39. suivre<br>*(to follow)* | je **suis**<br>tu **suis**<br>il **suit**<br>nous **suivons**<br>vous **suivez**<br>ils **suivent** | **suis**<br>**suivons**<br>**suivez** | j'**ai suivi**<br>tu **as suivi**<br>il **a suivi**<br>nous **avons suivi**<br>vous **avez suivi**<br>ils **ont suivi** | je **suivais**<br>tu **suivais**<br>il **suivait**<br>nous **suivions**<br>vous **suiviez**<br>ils **suivaient** |
| 40. se taire<br>*(to be quiet)* | je **me tais**<br>tu **te tais**<br>il **se tait**<br>nous **nous taisons**<br>vous **vous taisez**<br>ils **se taisent** | **tais-toi**<br>**taisons-nous**<br>**taisez-vous** | je **me suis tu(e)**<br>tu **t'es tu(e)**<br>il/elle **s'est tu(e)**<br>nous **nous sommes tu(e)s**<br>vous **vous êtes tu(e)(s)**<br>ils/elles **se sont tu(e)s** | je **me taisais**<br>tu **tu taisais**<br>il **se taisait**<br>nous **nous taisions**<br>vous **vous taisiez**<br>ils **se taisaient** |
| 41. vaincre<br>*(to conquer)* | je **vaincs**<br>tu **vaincs**<br>il **vainc**<br>nous **vainquons**<br>vous **vainquez**<br>ils **vainquent** | **vaincs**<br>**vainquons**<br>**vainquez** | j'**ai vaincu**<br>tu **as vaincu**<br>il **a vaincu**<br>nous **avons vaincu**<br>vous **avez vaincu**<br>ils **ont vaincu** | je **vainquais**<br>tu **vainquais**<br>il **vainquait**<br>nous **vainquions**<br>vous **vainquiez**<br>ils **vainquaient** |
| 42. valoir<br>*(to be worth;*<br>*to deserve, merit)* | je **vaux**<br>tu **vaux**<br>il **vaut**<br>nous **valons**<br>vous **valez**<br>ils **valent** | **vaux**<br>**valons**<br>**valez** | j'**ai valu**<br>tu **as valu**<br>il **a valu**<br>nous **avons valu**<br>vous **avez valu**<br>ils **ont valu** | je **valais**<br>tu **valais**<br>il **valait**<br>nous **valions**<br>vous **valiez**<br>ils **valaient** |

| PASSÉ SIMPLE | FUTUR | CONDITIONNEL | SUBJONCTIF | PARTICIPE PRÉSENT |
|---|---|---|---|---|
| je reçus | je recevrai | je recevrais | que je reçoive | recevant |
| tu reçus | tu recevras | tu recevrais | que tu reçoives | |
| il reçut | il recevra | il recevrait | qu'il reçoive | |
| nous reçûmes | nous recevrons | nous recevrions | que nous recevions | |
| vous reçûtes | vous recevrez | vous recevriez | que vous receviez | |
| ils reçurent | ils recevront | ils recevraient | qu'ils reçoivent | |
| je résolus | je résoudrai | je résoudrais | que je résolve | résolvant |
| tu résolus | tu résoudras | tu résoudrais | que tu résolves | |
| il résolut | il résoudra | il résoudrait | qu'il résolve | |
| nous résolûmes | nous résoudrons | nous résoudrions | que nous résolvions | |
| vous résolûtes | vous résoudrez | vous résoudriez | que vous résolviez | |
| ils résolurent | ils résoudront | ils résoudraient | qu'ils résolvent | |
| je ris | je rirai | je rirais | que je rie | riant |
| tu ris | tu riras | tu rirais | que tu ries | |
| il rit | il rira | il rirait | qu'il rie | |
| nous rimes | nous rirons | nous ririons | que nous riions | |
| vous rites | vous rirez | vous ririez | que vous riiez | |
| ils rirent | ils riront | ils riraient | qu'ils rient | |
| je sus | je saurai | je saurais | que je sache | sachant |
| tu sus | tu sauras | tu saurais | que tu saches | |
| il sut | il saura | il saurait | qu'il sache | |
| nous sûmes | nous saurons | nous saurions | que nous sachions | |
| vous sûtes | vous saurez | vous sauriez | que vous sachiez | |
| ils surent | ils sauront | ils sauraient | qu'ils sachent | |
| je sortis | je sortirai | je sortirais | que je sorte | sortant |
| tu sortis | tu sortiras | tu sortirais | que tu sortes | |
| il sortit | il sortira | il sortirait | qu'il sorte | |
| nous sortimes | nous sortirons | nous sortirions | que nous sortions | |
| vous sortites | vous sortirez | vous sortiriez | que vous sortiez | |
| ils sortirent | ils sortiront | ils sortiraient | qu'ils sortent | |
| je suivis | je suivrai | je suivrais | que je suive | suivant |
| tu suivis | tu suivras | tu suivrais | que tu suives | |
| il suivit | il suivra | il suivrait | qu'il suive | |
| nous suivimes | nous suivrons | nous suivrions | que nous suivions | |
| vous suivites | vous suivrez | vous suivriez | que vous suiviez | |
| ils suivirent | ils suivront | ils suivraient | qu'ils suivent | |
| je me tus | je me tairai | je me tairais | que je me taise | se taisant |
| tu te tus | tu te tairas | tu te tairais | que tu te taises | |
| il se tut | il se taira | il se tairait | qu'il se taise | |
| nous nous tûmes | nous nous tairons | nous nous tairions | que nous nous taisions | |
| vous vous tûtes | vous vous tairez | vous vous tairiez | que vous vous taisiez | |
| ils se turent | ils se tairont | ils se tairaient | qu'ils se taisent | |
| je vainquis | je vaincrai | je vaincrais | que je vainque | vainquant |
| tu vainquis | tu vaincras | tu vaincrais | que tu vainques | |
| il vainquit | il vaincra | il vaincrait | qu'il vainque | |
| nous vainquimes | nous vaincrons | nous vaincrions | que nous vainquions | |
| vous vainquites | vous vaincrez | vous vaincriez | que vous vainquiez | |
| ils vainquirent | ils vaincront | ils vaincraient | qu'ils vainquent | |
| je valus | je vaudrai | je vaudrais | que je vaille | valant |
| tu valus | tu vaudras | tu vaudrais | que tu vailles | |
| il valut | il vaudra | il vaudrait | qu'il vaille | |
| nous valûmes | nous vaudrons | nous vaudrions | que nous valions | |
| vous valûtes | vous vaudrez | vous vaudriez | que vous valiez | |
| ils valurent | ils vaudront | ils vaudraient | qu'ils vaillent | |

| INFINITIF | PRÉSENT | IMPÉRATIF | PASSÉ COMPOSÉ | IMPARFAIT |
|---|---|---|---|---|
| 43. **venir** (to come) | je **viens** tu **viens** il **vient** nous **venons** vous **venez** ils **viennent** | **viens** **venons** **venez** | je **suis venu(e)** tu **es venu(e)** il/elle **est venu(e)** nous **sommes venu(e)s** vous **êtes venu(e)(s)** ils/elles **sont venu(e)s** | je **venais** tu **venais** il **venait** nous **venions** vous **veniez** ils **venaient** |
| 44. **vivre** (to live) | je **vis** tu **vis** il **vit** nous **vivons** vous **vivez** ils **vivent** | **vis** **vivons** **vivez** | j'**ai vécu** tu **as vécu** il **a vécu** nous **avons vécu** vous **avez vécu** ils **ont vécu** | je **vivais** tu **vivais** il **vivait** nous **vivions** vous **viviez** ils **vivaient** |
| 45. **voir** (to see) | je **vois** tu **vois** il **voit** nous **voyons** vous **voyez** ils **voient** | **vois** **voyons** **voyez** | j'**ai vu** tu **as vu** il **a vu** nous **avons vu** vous **avez vu** ils **ont vu** | je **voyais** tu **voyais** il **voyait** nous **voyions** vous **voyiez** ils **voyaient** |
| 46. **vouloir** (to wish, want) | je **veux** tu **veux** il **veut** nous **voulons** vous **voulez** ils **veulent** | **veuille** **veuillons** **veuillez** | j'**ai voulu** tu **as voulu** il **a voulu** nous **avons voulu** vous **avez voulu** ils **ont voulu** | je **voulais** tu **voulais** il **voulait** nous **voulions** vous **vouliez** ils **voulaient** |

| PASSÉ SIMPLE | FUTUR | CONDITIONNEL | SUBJONCTIF | PARTICIPE PRÉSENT |
|---|---|---|---|---|
| je **vins** | je **viendrai** | je **viendrais** | que je **vienne** | **venant** |
| tu **vins** | tu **viendras** | tu **viendrais** | que tu **viennes** | |
| il **vint** | il **viendra** | il **viendrait** | qu'il **vienne** | |
| nous **vînmes** | nous **viendrons** | nous **viendrions** | que nous **venions** | |
| vous **vîntes** | vous **viendrez** | vous **viendriez** | que vous **veniez** | |
| ils **vinrent** | ils **viendront** | ils **viendraient** | qu'ils **viennent** | |
| je **vécus** | je **vivrai** | je **vivrais** | que je **vive** | **vivant** |
| tu **vécus** | tu **vivras** | tu **vivrais** | que tu **vives** | |
| il **vécut** | il **vivra** | il **vivrait** | qu'il **vive** | |
| nous **vécûmes** | nous **vivrons** | nous **vivrions** | que nous **vivions** | |
| vous **vécûtes** | vous **vivrez** | vous **vivriez** | que vous **viviez** | |
| ils **vécurent** | ils **vivront** | ils **vivraient** | qu'ils **vivent** | |
| je **vis** | je **verrai** | je **verrais** | que je **voie** | **voyant** |
| tu **vis** | tu **verras** | tu **verrais** | que tu **voies** | |
| il **vit** | il **verra** | il **verrait** | qu'il **voie** | |
| nous **vîmes** | nous **verrons** | nous **verrions** | que nous **voyions** | |
| vous **vîtes** | vous **verrez** | vous **verriez** | que vous **voyiez** | |
| ils **virent** | ils **verront** | ils **verraient** | qu'ils **voient** | |
| je **voulus** | je **voudrai** | je **voudrais** | que je **veuille** | **voulant** |
| tu **voulus** | tu **voudras** | tu **voudrais** | que tu **veuilles** | |
| il **voulut** | il **voudra** | il **voudrait** | qu'il **veuille** | |
| nous **voulûmes** | nous **voudrons** | nous **voudrions** | que nous **voulions** | |
| vous **voulûtes** | vous **voudrez** | vous **voudriez** | que vous **vouliez** | |
| ils **voulurent** | ils **voudront** | ils **voudraient** | qu'ils **veuillent** | |

# Lexique français–anglais

## A

**abîmer** to ruin
**abonnement** *(m)* subscription
**abonner: s'— à** to subscribe to (a magazine)
**abord: d'—** first; at first; first of all
**abordable** affordable
**aborder** to reach; to arrive at
**aboutir à** to reach
**aboyer** to bark
**abri** *(m)* shelter; **sans —** *(m, f)* homeless person
**abriter** to shelter
**absolument** absolutely
**accord** *(m)* agreement; **d'—** o.k., agreed
**accouchement** *(m)* childbirth, delivery
**accoutumer: s'— à** to get used to
**accrochages: avoir de petits —** to disagree with
**accrocher** to run into; to hang
**accroître: s'—** to increase
**accueil** *(m)* welcome
**accueillant(e)** welcoming, friendly
**accueillir** to welcome, greet
**accumuler** to accumulate
**acheter à crédit** to buy on credit
**acier** *(m)* steel; **être en —** to be made of steel
**acquérir** *(pp* **acquis)** to acquire
**acteur/actrice** *(m, f)* actor/actress
**action: faire une bonne —** to do a good deed
**actualités** *(f pl)* current events, news (in the press, but especially on television)
**actuellement** at the moment; at present
**aérien(ne)** aerial
**affaire: avoir — à** to be faced with
**affaires** *(f pl)* business
**affectueux(-euse)** affectionate
**afféterie (f)** affectation
**affiche** *(f)* poster
**afficher** to put up; to display
**affrontement** *(m)* confrontation
**afin que/pour que** in order that, so that
**agacer** to annoy, provoke
**âge** *(m)* age; **ne pas faire son —** to not look one's age; **le troisième —** old age; **— d'or** golden age

**agence** *(f)* **de voyages** travel agency
**agenda** *(m)* engagement calendar
**agent(e)** agent, security officer; **— de police** policeman; **— immobilier** real estate agent
**aggraver** to aggravate; **s'—** to worsen
**agir** to act; **s'— de** to be about
**aide** *(f)* help, aid; **appeler quelqu'un à l'—** to call someone for help
**aide** *(m)* helper
**aider** to help; **— quelqu'un (à faire quelque chose)** to help someone (do something)
**ailleurs** someplace else; **d'—** moreover, besides; **par —** furthermore
**aimer** to like, love
**aîné(e)** *(m, f)* elder, eldest
**ainsi** in this way, thus
**air** *(m)* air; **avoir l'— en forme** to look in good shape
**aisé(e)** easy; well-off
**alarme (sonore)** *(f)* alarm
**sonore alcootest®** *(m)* Breathalyzer® test; **passer un —** to take a Breathalyzer® test
**alentours** *(m pl)* surroundings
**allée** *(f)* driveway
**alléguer** to put forward
**aller** to go; **— de mal en pis** to go from bad to worse; **il lui va bien** it looks good on him/her; **s'en — to go away
**aller-retour** *(m)* round-trip
**allocation** *(f)* **de chômage** unemployment benefits
**allongé(e)** oblong
**allumer** to turn on
**allumette** *(f)* match
**allusion: faire — à** to allude to
**alors** then
**amateur de musique** music lover
**ambiance** *(f)* atmosphere
**améliorer** to improve
**aménager** to move in
**amener** to bring; **— quelqu'un** to bring someone over (along)
**amical(e)** friendly; **amicalement** best wishes; kind regards
**amoureux(-euse): tomber — de quelqu'un** to fall in love with someone
**ampoulé(e)** pompous

**amuse-gueule** *(m)* appetizer, snack
**amuser: s'—** to have fun
**anchois** anchovies
**ancien(ne)** former; ancient
**animateur/animatrice** *(m, f)* announcer, disc jockey
**anneau** *(m)* ring; **— au nez** nose ring
**annonce** *(f)* announcement, notification; **les petites —s** classified announcements
**annuler** to void, cancel
**Antilles** *(f pl)* West Indies
**anxieux(-euse)** anxious
**apercevoir** *(pp* **aperçu)** to notice, see; **s'—** to realize
**apéritif** *(m)* before-dinner drink; **apéro** *(fam)*
**aplatir** *(pp* **aplati)** to flatten
**apparaître** *(pp* **apparu)** to appear; to come into view; to become evident
**appareil** *(m)* apparatus, machine; **— de contrôle radioscopique** x-ray security; **— ménager** household appliance; **— photo (numérique)** (digital) camera
**apparition éclair** *(f)* quick appearance (cameo)
**appartement** *(m)* **de location** rental apartment
**appeler** to call; **— quelqu'un à l'aide** to call for help
**approfondir** to deepen
**appuyer** to press, push (a key)
**après** after; **— que** when
**après-demain** the day after tomorrow
**arabe** Arab; Arabic
**argent** *(m)* silver; money; **— de poche** pocket money; **être en —** to be made of silver
**argot** *(m)* slang
**armature** *(f)* framework
**armée** *(f)* army
**armes** *(f pl)* arms, weapons; **— de destruction massive (ADM)** weapons of mass destruction
**armoire** *(f)* wardrobe, armoire
**arracher de** to grab from
**arranger** to arrange; **s'—** to work things out
**arrestation** *(f)* arrest
**arrêter: s'—** to stop

arrière-grand-parent *(m)* great-grandparent

arrivée *(f)* arrival

arriver to arriver; — **premier** to finish first; — **à** to happen

artichaut *(m)* **bougeoir** artichoke candlestick

artisan(e) *(m, f)* artisan; craftsman

ascenseur *(m)* elevator

asperge *(f)* asparagus

assaisonné(e) seasoned

asseoir: s' — to sit (down)

assez rather, quite; — **de** enough; **en avoir —** *[fam]* to be fed up

assiette *(f)* plate; — **de charcuterie** plate of coldcuts

assis(e) seated

assister à to attend

associer to associate

assurance-maladie *(f)* health insurance

assuré(e): **être —** to be insured

atelier *(m)* workshop; artist's studio

attaquer to attack

atteindre to reach; to arrive at

attendre to wait (for); **en attendant que** waiting for; **s'— à** to expect

attendrissant(e) touching

attentat *(m)* attack

attente *(f)* wait

atterrir to land

attirer to attract

aucun(e) no; none

auditeur/auditrice *(m, f)* listener; member of (listening) audience; **assister en tant qu'— libre** to audit (a course)

au fait in fact

au fur et à mesure as; at the same time as

augmentation *(f)* **de salaire** pay raise

augmenter: — **le son** to turn up the volume; — **la température** to raise the temperature

auparavant before

auquel = **à + lequel** to, at, in which one

aussi also; as

aussitôt soon; — **que** as soon as

autant **(de)** as much, as many, so much

autoroute *(f)* highway

auto-stop *(m)*: **faire de l'—** to hitchhike

autrefois in the past, formerly

autrement otherwise; — **dit** in other words

autrui *(m)* others

avant **(de, que)** before

avantageux(-euse) advantageous

avant-hier the day before yesterday

avant-veille *(f)* two nights before

avec with

avenir *(m)* future

avertir to alert; to notify

avis *(m)* opinon; **changer d'—** to change one's mind; **être de l'— de quelqu'un** to agree with someone

avocat(e) *(m, f)* lawyer

avoir *(pp* **eu)** to have; — **à** to have to; — **l'air** to look, have the appearance of; — **le mal du pays** to be homesick; **en — assez** to have had enough; **n'en — que pour quelques minutes** to be only a few minutes

avortement *(m)* abortion, miscarriage

avouer to admit

## B

bac *(m) [fam]* high school diploma: **le baccalauréat**

bague *(f)* ring

baguette *(f)* stick; bread

baisser to lower; to decrease

balance *(f)* scale

balancer to swing

balayer to sweep

banal(e) trite

bande dessinée *(f)* comic strip

banlieue *(f)* suburbs

banlieusard(e) *(m, f)* suburb dweller

banque *(f)* bank

banquette *(f)* (booth) seat

banquier/banquière *(m, f)* banker

barbant(e) boring

barbe *(f)* beard; **ça me —** *[fam]* that bores me

barque *(f)* small boat

bas *(m pl)* stockings

bas(se) short; low

bassin *(m)* pelvis

bataille *(f)* battle

bâtiment *(m)* building

batterie *(f)* car battery

battre to beat, break

bavarder to chat

beau **(belle)** beautiful; **avoir — crier** to scream and scream

beau-frère/beau-père *(m)* brother-/father-in-law or stepbrother/-father

beignet *(m)* doughnut

belle-sœur/belle-mère *(f)* sister-/mother-in-law or stepsister/-mother

bénéfices *(m pl)* profits; benefits

bête *(f)* beast; animal

bête stupid

béton: **laisse béton** let it go *(slang; inverted pronunciation of* tomber*)*

beurre *(m)* butter; — **de cacahouète** peanut butter

bibliothèque *(f)* library

bien well; **faire du — à quelqu'un** to do someone some good; — **que** although

bienveillance: **avec —** kindly

bière *(f)* beer

bijou(x) *(m)* jewel(s)

billet *(m)* ticket; — **aller simple** one-way ticket

bi-mensuel *(m)* bimonthly publication

biscuit *(m)* cookie

bise *(f)* kiss; **se faire la —** *[fam]* to greet with a kiss

bistrot *(m)* pub; café

blanc *(m)* blank

blessé(e) hurt; wounded

blesser to hurt

blindage *(m)* screening; plating

blouson *(m)* **de cuir** leather jacket

boire *(pp* **bu)** to drink; — **quelque chose ensemble** to have a drink together

bois *(m)* wood; **avoir la gueule de —** *(fam)* to have a hangover

boisson *(f)* drink; — **alcoolisée** alcoholic drink; — **gazeuse** *(f)* carbonated drink; — **non-alcoolisée** soft drink

boîte: **aller en —** *[fam]* to go to a nightclub

bon marché cheap; inexpensive

bonhomme: **le petit —** (term of endearment) little man

bon(ne) good

bonté *(f)* goodness

bord *(m)* **à bord** on board (a ship)

bosser **(un examen)** *[fam]* to cram (for a test)

botte *(f)* boot

bouc émissaire *(m)* scapegoat, fall guy

boucle *(f)* buckle; —**s d'oreilles** earrings

bouillir: **faire —** to boil

boulanger(-ère) baker

bouleversé(e) shocked, distressed

boulot *(m) [fam]* work

bourse *(f)*: — **d'études** scholarship, grant

bousculer bump into

boussole (f) compass
bout de chou (m) [fam] little darling
boutique (f) shop, small store
bracelet (m) bracelet
brancher to plug in; se — to connect; to be connected
brasserie (f) bar; brewery
brochure (f) pamphlet
bronzer: se faire — to get a tan
brouiller: se — to become confused, mixed-up
brouillon (m) draft
browser (m) browser
bruit (m) noise; faire beaucoup de — to make a great fuss about
brûler to burn
brun(e) dark brown (hair)
bruyant(e) noisy
budget (m) budget
buffet chaud (m) warm dishes
buffet froid (m) cold dishes
bureau (m) office; desk
but (m) goal

## C

cacher to hide; se — to hide oneself
cadeau (m) gift
cadet(te) (m, f) younger, youngest
cadre (m) manager; executive; frame; setting
cahier (m) notebook
caillou(x) (m) pebble(s), stone(s)
cajoler to be protective of
cambrioleur (m) burglar
caméscope (m) camcorder
camoufler to camouflage
campagne (f) country; campaign; — électorale election campaign
candidat(e) (m, f) candidate; être — (à la présidence) to run (for president)
cantine (f) cafeteria; dining hall
capacité (f) capacity; ability
car (m) bus (traveling between towns)
carnaval (m) carnival
carnet (m) de chèques checkbook; — d'adresses address book
carré(e) square
carrière (f) career
cartable (m) school bag
carte (f) card; — de crédit credit card; — d'identité identification card; — électronique automatic teller card; — USB flash/memory stick

carte électronique (f) automatic teller card
cas (m) case; en — d'urgence in case of emergency; un — d'urgence emergency
casser to break; — la croûte (fam) to eat
casserole (f) (sauce)pan
cauchemar (m) nightmare
causer to chat; to talk
causerie (f) talk show
ceci this
céder (à) to give up; to give in
cédérom (m) CD-ROM
ceinture (f) belt; — de sécurité seat belt
cela (ça) that
célèbre famous
célibataire single
censé(e) supposed (to do something)
cependant however
certain(e) certain, particular; sure
chacun(e) each one
chaîne (f) channel
chaleur (f) heat
chaleureux(-euse) warm
chambre (f) (bed)room; — à deux lits double room (room with two beds); — avec douche/salle de bains room with a shower/bathroom; — de bonne room for rent (formerly maid's quarters)
champignon (m) mushroom
chance (f) luck; avoir de la — to be lucky
chandail (m) sweater
changer de l'argent to change money
chanson (f) song
chanter to sing
chanteur/chanteuse (m, f) singer
chantilly (f) whipped cream
chapelet (m) rosary
chaque each
charges (f pl) utilities (for heat and maintenance of an apartment or condominium)
chasser to chase; to hunt
châtain chestnut (color); — clair light brown; — foncé dark brown
chaud(e) hot; on a eu — [fam] that was a narrow escape
chauffage (m) heat; heating
chaussettes (f pl) socks
chaussure (f) shoe; —s à hauts talons/à talons plats high-heeled shoes/low-heeled shoes
chauve bald

chef (m) (de bureau, d'atelier, d'équipe) leader (manager) of office, workshop, team; — de rayon departmental supervisor; — de service service supervisor
chef d'œuvre (m) masterpiece
chemise (f) man's shirt
chemisier (m) woman's blouse
chêne (m) oak
chenil (m) kennel
chèque (m) check; — de voyage traveler's check; — sans provision bounced check
chéquier (m) checkbook
cher/chère (m, f) dear; expensive
chercher to look for; aller — quelqu'un to pick someone up
chevauchement (m) overlapping
cheville (f) ankle
chèvre (m) goat's milk cheese
chez with; at the home of
chiffon (m) rag; —s [fam] clothes
chiffre (m) number; figure
choc (m) shock
chocolat chaud (m) hot chocolate
choisir to choose
chômage (m) unemployment; être au — to be unemployed
chômeur/chômeuse (m, f) unemployed person
choqué(e) shocked
choquer to shock
chou(x) (m) cabbage(s)
choucroute (f) sauerkraut
chouette [fam] great, nice, cute
chrétien(ne) Christian
chute (f) fall; waterfall
ciel (m) sky
cinéaste (m) filmmaker
cinéma (m) movie theater; aller au — to go to a movie
circulation (f) traffic
ciseaux (m pl) scissors
Cité-U(niversitaire) résidence universitaire (f) student residence hall(s)
citoyen(ne) (m, f) citizen
citron pressé (m) fresh lemonade
classement (m) ranking
claustrophobe claustrophobic
clavier (m) keyboard
clé or clef (f) key
client(e) (m, f) guest, client, customer
cliquer sur to click (on computer)
clôture (f) fence
clou(s) (m) nail(s)
cœur (m) heart
coiffure (f) hairstyle
coin (m) area, corner

**coincé(e): être —** to be stuck

**colère** (f) anger; **se mettre en —** to lose one's temper

**collant** (m) pantyhose; **—s** tights

**collectionner** to collect

**collègue** (m, f) fellow worker; **— de bureau** fellow office worker

**coller** to stick

**collier** (m) necklace

**combat** (m) combat, fight; **les —s** fighting

**combo lecteur CD/DVD** (m) CD/DVD player

**comédie** (f) comedy; **— musicale** musical

**comédien(ne)** comedian; actor

**comique** comical; funny

**commander** to order

**commerçant(e)** (m, f) shopkeeper

**commerce** (m) business

**commissariat (de police)** (m) police station

**commission** (f) errand

**comparaison** (f) comparison

**compatible** compatible

**compétent(e)** qualified, competent

**complet(-ète)** complete; sold out (movie, show)

**compliqué(e)** complicated

**comportement** (m) behavior

**comprendre** (pp **compris**) to understand; **mal —** to misunderstand

**compromis** (m) compromise; **aboutir à un —** to come to or reach a compromise

**comptabilité** (f) accounting; bookkeeping

**comptable** (m, f) accountant

**compte** (m) account; **— chèques** checking account; **en fin de —** taking everything into account; **ouvrir un —** to open an account; **— rendu** review (of film, play, book); **tenir ses —s** to keep one's accounts

**compter** to count; to intend; **— sur** to plan on, count on, expect

**conception** (f) (from **concevoir**) design, plan

**concert** (m) concert; **aller à un —** to go to a concert

**concevoir** (pp **conçu**) conceive, design, plan

**concierge** (m, f) caretaker/manager (of building or hotel)

**concours** (m) competition, contest

**concurrent(e)** (m, f) contestant

**concurrer** to compete

**condition: à — que** on the condition that

**conduire** (pp **conduit**) to drive

**conduite** (f) driving; conduct

**confection industrielle** (f) clothing business

**conférence** (f) lecture

**confisquer** to confiscate

**conflit** (m) conflict

**confort** (f) comfort; **— ménager** household conveniences

**confus(e)** confused

**congé** (m) holiday, vacation, leave; **— de maladie** sick leave; **—s payés** paid vacation; **prendre — de** to take leave of

**congélateur** (m) freezer

**congrès** (m) conference

**connaissance** (f) acquaintance; **faire la — (de)** to meet, to make the acquaintance (of); **des —s** knowledge

**connaître** (pp **connu**) to know; to be acquainted with, be familiar with; **se —** to meet, get acquainted with

**connecter: se — à l'Internet** to connect to the Internet

**connivence** (f) complicity

**Conseil** (m) Council; Board

**conseil** (m) piece of advice; **des —s** guidance

**conseiller** to advise

**consentir à** to consent to

**conserves** (f) canned goods

**consigne** (f) checkroom

**consommation** (f) consumption

**constat** (m) certified report

**construire** (pp **construit**) to construct

**contenir** to contain

**content(e)** content

**contraste** (m) contrast; **par — avec** in contrast with

**contravention** (f) ticket, fine

**contre** against

**contrebande: faire de la —** to smuggle goods

**contrefaçon** (f) counterfeiting

**contremaître** (m) factory supervisor

**contrôle** (m) test; **—s de sûreté** security check

**convaincre** (pp **convaincu**) to convince; **— quelqu'un de faire quelque chose** to persuade someone to do something

**convenir** to suit

**convoqué(e)** convened

**copain/copine** (m, f) a friend

**copropriété** (f) condominium

**coquillage** (m) (sea)shell

**Coran** (m) the Koran

**cordon-bleu: un vrai —** gourmet cook

**costume** (m) man's suit

**côte** (f) chop; coast; **— d'agneau** lamb chop; **sur la —** on the coast

**côté** (m) side; **chacun de son —** each on his/her own side

**côtelette** (f) chop; **— de porc** pork chop; **— de veau** veal chop

**côtière** coastal

**cotisation** (f) contribution (money)

**couche** (f) level; **des —s de la société** social levels; **— moyennes salariées** middle salary levels

**couchette** (f) cot, train bed

**couloir** (m) hallway

**coup** (m) hit, blow; **— de foudre** love at first sight; **— de soleil** sunburn; **donner un — de main à quelqu'un** [fam] to help someone; **frapper les trois —s** to announce the start of a performance; **passer un — de fil (de téléphone)** to give (someone) a telephone call

**coupe** (f) cut (clothing, hair); cup; **— de fruits** fruit salad

**couper** to disconnect (telephone, gas, electricity, cable); **se —** to cut oneself

**courageux(-euse)** brave; courageous

**couramment** fluently

**courant** (m) current; standard; **être au — de** to know (about)

**courant(e)** running; **eau —e** running water

**courbature** (f): **avoir des —s** to be sore

**coureur(-euse)** (m, f) runner, cyclist

**courir** (pp **couru**) to run

**courriel** (m) email

**courrier électronique** (m) electronic mail

**course** (f) errand; race; job; **faire des —s** to do errands, go shopping

**coursier** (m) delivery men

**court(e)** short

**courtisan(e)** (m, f) flatterer

**courtois(e)** courteous

**coussin** (m) cushion, pillow

**coûter** to cost; **— les yeux de la tête** to cost a fortune

**couture** (f) sewing; fashion; **haute —** high fashion

couturier/couturière *(m, f)* seam-stress; fashion designer

couvercle *(m)* lid

couvre-lit *(m)* bedspread

craindre *(pp* **craint)** to fear

crainte *(f)* fear

crèche *(f)* day-care center

créer to create

crème de cassis *(f)* black currant liqueur

crêpe *(f)* pancake

crever to burst; **pneu crevé** flat tire

crier to yell

crise *(f)* crisis; **— de nerfs** fit of hysterics

critique *(f)* criticism

critique *(m, f)* critic; **un(e) — de cinéma** movie critic; **un(e) — de théâtre** theater critic

croire *(pp* **cru)** to believe

croisière *(f)* cruise

croissant *(m)* crescent

croissant(e) increasing, growing

cru(e) raw

crudité *(f)* raw vegetables

cuire *(pp* **cuit)** to cook; **trop cuit** overcooked

cuisiner to cook

cuisinière *(f)* stove

cuivre *(m)* copper

cure-dents *(m)* toothpick

curieux(-euse) curious, odd

curriculum vitae **(le C.V.)** *(m)* résumé, CV

cybernaute *(m, f)* one who enjoys the Web

**D**

d'abord first, at first

davantage **(que)** more (than)

débarquer to land

débarrasser to get rid of

débat *(m)* debate

débile idiotic; **un(e) — mental(e)** mental idiot

débitant *(m)* tobacco dealer

débordé(e) **de travail** swamped with work

déborder to overflow; overwhelm

debout standing; **se tenir —** to stand

débrancher to disconnect, unplug (radio, television)

débrouiller: **se —** to manage, get along

débutant(e) *(m, f)* beginner

décalage *(m)* gap; interval; discrepancy

déception *(f)* disappointment

décevoir *(pp* **déçu)** to disappoint

décider to decide; **se — (à faire quelque chose)** to make up one's mind (to do something)

décision: **prendre une —** to make a decision

déclarer **(ses achats)** to declare (one's purchases)

déclencher to set off; **décocher** to shoot; to fire

décoller to take off; **— une alarme sonore** to set off the alarm

déconcerté(e) confused, muddled

décoré(e) decorated

découper to cut

décrocher to pick up; to obtain

décupler to increase tenfold

dedans inside

défaite *(f)* defeat, loss

défavorisé(e) disadvantaged, under-privileged

défendre de to forbid; to defend

défendu(e) forbidden

défense *(f)* defense

défi *(m)* challenge

défouler: **se —** to let off steam

dégager to make way

dégraisser to take grease marks out; to dry-clean

dehors outside

déjà already

déjeuner *(m)* lunch; **petit —** break-fast

déjeuner to have lunch

demande *(f)* **d'emploi** application for employment; **remplir une —** to fill out an application

demander to ask (for); **se —** to wonder

démarrer to start (car); to get moving

déménager to move

déminage *(m)* minesweeping

demi-tarif *(m)* half-fare

démolir destroy

dénouement *(m)* ending

dépanner to repair a breakdown; **nous —** to help us out

départ *(m)* departure

dépit: **en — de** in spite of

déplacement *(m)* travel expenses

déplacer to move

déplaire *(pp* **déplu)** to displease

dépliant *(m)* leaflet, pamphlet

déposer to put down; to deposit (a check)

déranger to bother, disturb

dernier(-ière) final; last

dérouler: **se —** to take place

dès from; since; **— l'enfance** since childhood; **— que** as soon as

désaccord *(m)* disagreement

descendre to go down; to bring down; **— dans un hôtel** to stay in a hotel; **— de (la voiture, etc.)** to get out of (the car, etc.)

descente *(f)* downhill skiing

déshabiller: **se —** to get undressed

désigner to appoint

désinvolture *(f)* casualness

désolé(e): **être —** to be sorry

désorienté(e) confused, muddled

dès que as soon as

desserrer to loosen

desservi(e) served

desservir to serve

dessin *(m)* design; **— animé** cartoon

dessous underneath; **ci —** below

dessus on top; **ci —** above; **prendre le —** to get the upper hand

destination *(f)* destination

détail *(m)* detail

détendre: **se —** to relax

détendu(e) stretched-out (material)

détester to dislike

détruire *(pp* **détruit)** to destroy

deuil *(m)* sorrow; grief

deuxième second

devancer to get ahead of

développement *(m)* development

devenir *(pp* **devenu)** to become; **qu'est-ce qu'il devient?** *[fam]* what's become of him?

déverser to pour out

dévisager to stare, look hard at

devoir *(m)* duty; homework

devoir *(pp* **dû)** to have to; to owe

diapositive *(f)* (photographic) slide

diffuser **(en direct)** to broadcast (live)

dîner to have dinner; **le —** dinner

dire *(pp* **dit)** to say, tell

directeur/directrice manager (company, business)

direction *(f)* management

diriger to direct; to manage (business)

discours *(m)* speech

discrètement discreetly

discuter **(de)** to discuss; **— de choses et d'autres** to talk about this and that

disparaître *(pp* **disparu)** to disappear

disponible available

dispute *(f)* argument, quarrel

**disputer: se —** to argue; **— un match** to play a match
**disque dur** *(m)* hard (disk) drive
**dissertation** *(f)* term paper
**distributeur** *(m)* **automatique de billets** automatic teller machine
**divertir** to divert; to entertain
**divertissement** *(m)* entertainment; diversion
**documentaire** *(m)* documentary
**domaine** *(m)* domain; area
**dommage: c'est —** it's too bad
**don** *(m)* gift
**donc** therefore, so
**donjon** *(m)* dungeon
**données** *(f pl)* data
**dont** whose; of which; of whom
**dorer: faire —** to brown
**dormir** to sleep
**douane** *(f)* customs
**douanier(-ière)** *(m, f)* customs officer
**doubler** to pass (another car); to dub (a film)
**douche** *(f)* shower
**doué(e)** gifted
**douleur** *(f)* pain
**doute** *(m)* doubt; **sans —** probably
**douter** to doubt; **se — de** to suspect
**douteux(-euse)** doubtful
**douzaine** *(f)* dozen
**doux/douce** soft; sweet
**dramaturge** *(m)* playwright
**dresser** to train
**droit** *(m)* law
**dru: tomber —** to fall thickly (snow)
**duquel = de + lequel** of, about, from which one
**dur(e)** hard

**E**

**eau** *(f)* water; **— plate** plain, non-carbonated water; **— gazeuse** sparkling, carbonated water
**ébattre: s'—** to frolic
**ébloui(e)** bedazzled
**écart** *(m)* distance; space; gap
**échelle** *(f)* ladder; scale (figurative)
**échouer à** to fail
**éclairage** *(m)* lighting
**éclairer** to enlighten
**éclatement** *(m)* blow-out
**éclater** to explode
**économie** *(f)* **de marché** market economy
**économies** *(f pl):* **faire des —** save money

**écouter** to listen to
**écouteurs** *(m pl)* headphones
**écran** *(m)* screen
**écrivain** *(m)* writer
**effacer** to erase
**efforcer: s'— de** to force oneself to; to try hard, try one's best
**effrayer** to frighten
**égard** *(m)* consideration; **à l'— de** with regard to
**élaboré(e)** elaborate, complicated
**électeur/électrice** *(m, f)* voter
**élection** *(f)* election; **perdre les —s** to lose the election
**électricien(ne)** *(m, f)* electrician
**élevé(e)** high; **bien/mal —** well/badly brought up
**élire** *(pp* **élu)** to elect
**éloge** *(m)* eulogy, praise; **faire des —s** to praise
**emballage** *(m)* packaging; **— d'origine** original packaging
**emballer: (s')emballer** to get carried away
**embarquer** to go on board
**embêter** to bother
**embouteillage** *(m)* traffic tie-up/jam; **être pris(e) dans un —** to be caught in a traffic jam
**embrasser** to kiss; **s'—** to kiss each other
**embrouiller: s'—** to become confused
**embuscade** *(f)* ambush
**émeute** *(f)* riot
**émission** *(f)* television show, radio broadcast; **— de téléréalité** reality show
**emmener** to bring; **— quelqu'un** to take someone (somewhere)
**émouvant(e)** moving
**émouvoir** *(pp* **ému)** to move (emotionally)
**empêcher de** to impede; to prevent from
**empirer** to worsen
**emplacement** *(m)* location
**emploi** *(m)* job; **trouver un —** to find a job
**employé(e)** *(m, f)* employee
**employeur** *(m)* employer
**empoigner** to grab
**empreinte** *(f)* mark; impression
**emprunt** *(m)* loan
**emprunter** to borrow
**encaisser** to cash (a check)
**enceinte: être —** to be pregnant
**encore** again, still

**endommagé(e)** damaged
**endroit** *(m)* place
**énerver** to unnerve
**enfant** *(m, f)* child
**enfer** *(m)* hell
**enfermer** to close; **s'—** to close oneself up
**enfin** finally
**enfoncer** insert
**enlever** to take something out, off, down; to remove
**ennuyer** to bore, annoy, bother, worry; **s'—** to be bored, get bored
**ennuyeux(-euse)** boring, tedious, annoying
**enquête** *(f)* poll
**enraciner** to implant; **s'—** to take root
**enregistrer** to record, store
**enseignement** *(m)* teaching, education
**enseignant(e)** *(m, f)* teacher, instructor
**ensemble: dans l'—** for the most part
**ensuite** then; next
**entendre** to hear; **— dire** to hear it said; **j'entends par là** I mean by this; **s'— avec** to get along with
**entourer** to surround
**entracte** *(m)* intermission
**entraînement** *(m)* training; **séance d'—** training session
**entraîner** to lead; **s'—** to train
**entraîneur/entraîneuse** *(m, f)* coach
**entrée** *(f)* entrance; first course (of a meal)
**entrepôt** *(m)* warehouse
**entreprise** *(f)* business
**entretien** *(m)*/**entrevue** *(f)* interview
**entrouvrir** *(pp* **entrouvert)** to half open
**envahir** invade
**envie: avoir — de** to feel like
**envier** to envy
**environnement** *(m)* environment
**envisager** to imagine
**envoyer** to send
**épaule** *(f)* shoulder
**épice** *(f)* spice
**épinard** *(m)* spinach
**épingle** *(f)* pin
**épisode** *(m)* episode
**épouvantable** horrible
**épouvante: film** *(m)* **d'—** horror film
**époux/épouse** *(m, f)* spouse
**épreuve (athlétique)** *(f)* athletic event, test

éprouvant(e) nerve-racking
épuisant(e) grueling, exhausting
équilibre (m) balance
équipe rédactionnelle (f) editorial team
ère (f) era
erreur (f) misunderstanding
escalade (f) rock-climbing
espèces: payer en — to pay cash
espérer to hope
espionnage (m) spying; film (m) d'— spy movie
esprit (m) spirit; mind; l'— ouvert open mind
essayer to try; to try on
essence (f) gasoline; être en panne d'— to be out of gas
essentiel(le) essential
estudiantin(e) related to university students
établir to establish
établissement (m) establishment
étage (m) floor; story
étagère (f) shelf, shelves
étalage (m) display (in store)
étaler to spread out
étape (f) stage; phase
état (m) state; federal government; en bon/mauvais — in good/bad condition
été (m) summer
éteindre to turn off/out; — la lumière to turn off the light
étendard (m) standard
étendre: s'— to spread
étendu(e) extensive, wide-ranging
ethnologique ethnological
étonner to surprise, astonish
étouffer to suffocate; to cramp one's style
étrange strange
étranger: aller à l'— to go abroad
être (pp été) to be; — à to belong to (someone); — d'un certain âge to be middle-aged; — en forme to be in good shape; vous y êtes? do you understand? do you get it?
étroit(e) narrow
étude: en — in study hall
éveiller: s'— to awaken
événement (m) event
évidemment obviously
examen (m) test; exam
exaucer to fulfill; to grant
exhaler to exhale
exigeant(e) demanding
exigence (f) demand
exiger to demand

exode (m) exodus
exporter to export
exposition (f) exhibit
exprès on purpose
extra [fam] great

## F

fabricant(e) (m, f) manufacturer
fabrication (f) manufacture
fâcher: se — contre to get angry with
façon (f) way; la même — the same way
facultatif(-ve) elective; optional
faculté (f) department (in university)
faible weak
faiblesse (f) weakness
faillir (+ infinitive) to almost (do something)
faim (f) hunger; avoir — to be hungry
faire (pp fait) to do, make; ça ne te fait rien it does not bother you, it's ok; — jeune to look young; je vous le fais I'll give (sell) it to you; — des folies to be extravagant, to have a lot of fun; — une fouille corporelle to do a body search; s'en — to be worried
fait: au — by the way, come to think of it; en — in fact
falloir (pp fallu) to be necessary; il faut it's necessary; we must
fana (m, f) de sport jock, enthusiastic fan
fantasme (m) fantasy; dream
fatigué(e) tired
fauché(e) [fam] broke (out of money)
fauve tawny; musky; les Fauvistes (m pl) school of French painters
faux/fausse false
favori/favorite favorite
femme (f) woman; wife; spouse; — d'affaires businesswoman
féliciter to congratulate
fête (f) feast; party; holiday; Saint's day
feu: avoir du — to have a light
feuilleton (m) serial; soap opera
fenêtre (f) window; le rebord des —s windowsills
fiançailles (f pl) engagement (to be married)
fiancer: se — to get engaged
fichier (m) adjoint attachment
figurer: se — to imagine; figurez-vous [slang] believe you me, believe it or not

fil (m) line; wire; passer un coup de — à quelqu'un to give someone a call
filet (m) net; monter au — to come to the net
fille (f) girl; daughter; — unique only child
film (m) movie; — d'amour love story; — d'aventures adventure film; — d'épouvante horror movie; — d'espionnage spy movie; — de guerre war movie; — policier police story, mystery story; — western western
fils (m) son; —unique only child
financier(-ière) financial
finir to finish; — par to end up
flâner to stroll
flanquer: se — to fall flat
flic (m) [fam] cop
foi (f) faith
fonctionnaire (m, f) civil servant
fond: au — basically; rester en — de court to stay on the base line
fondé(e) founded
fondre: faire — to melt
forces (f pl) forces
fôret (f) forest
forger to forge
forgeron (m) blacksmith
formater to format
formation (f) training, education; — professionnelle professional education, training
forme: être en — to be in good shape
formidable: c'est — that's fantastic
fort(e) strong; heavy, big, stout; high; loud
fossé (m) ditch; gap
fou/folle crazy; insane
fouille corporelle (f) body search
fouiller les bagages/les valises to search, go through baggage/luggage
four (m) oven; flop; — à micro-ondes (m) microwave oven
fournir to furnish
foyer (m) household; homme/femme au — househusband/housewife
frais (m pl) costs, charges; — d'annulation cancellation fees; — d'inscription registration fees
frais/fraîche fresh
franchise (f) candor; frankness
francophone French-speaking; le monde — the French-speaking world

**frappé(e)** chilled (wine)
**fréquemment** frequently
**fréquenter: — quelqu'un** to go steady with someone
**frigo** *(m)* *[fam]* fridge, refrigerator
**fringues** *(f)* *[fam]* clothing
**friperie** *(f)* second-hand clothing store
**frire: faire —** to fry
**frisé(e)** curly
**froideur** *(f)* cold; coldness
**froisser** to crush; to hurt
**fromage** *(m)* cheese
**front** *(m)* front; front lines; forehead
**frontière** *(f)* border
**fumer** to smoke
**fumeur/fumeuse** *(m, f)* smoker; **une place non —** a non-smoking seat
**fusée spaciale** *(f)* space rocket

**G**

**gâcher** to spoil
**gaffe: faire —** (à) *[fam]* to be careful, watch out
**gagner** to win
**garder** to keep; **— un enfant** to baby-sit
**gardien(ne)** *(m, f)* guard, keeper, warden; **— d'immeuble** apartment manager, super; **— de prison** prison guard, warden
**gare** *(f)* train station
**garer** to park; **— la voiture** to park the car
**gaspiller** to waste
**gastronomie** *(f)* the art of good cooking
**gâté(e)** spoiled (person)
**gauche** left; awkward
**gauffre** *(f)* waffle
**gazeux(-euse)** carbonated; **une boisson —** a carbonated drink
**gendarme** *(m)* policeman
**gendre** *(m)* son-in-law
**gêner** to bother
**générations: au fil des —** with the passing generations
**génial(e)** super
**géni(e)** *(m, f)* genius
**genou(x)** *(m)* knee(s)
**genre** *(m)* gender; kind, type
**gentil(le)** nice, kind
**gentillesse** *(f)* kindness
**géographie** *(f)* geography
**gérant(e)** *(m, f)* manager (restaurant, hotel, shop)
**geste** *(m)* gesture

**gestion** *(f)* management
**glace** *(f)* ice cream
**glaçon** *(m)* ice cube
**globalement** globally
**gorgée** *(f)* mouthful
**gosse** *(m, f)* *[fam]* kid
**gourde** *(f)* flask
**gourmand(e)** *(m, f)* one who loves to eat and will eat anything, especially sweets
**gourmandise** *(f)* gluttony; delicacy
**gourmet** *(m)* one who enjoys eating tasting, and preparing good food
**goût** *(m)* taste
**goûter** to taste
**goûter** *(m)* snack around 4 P.M.
**goutte** *(f)* drop; **c'est la — d'eau qui fait déborder le vase** that's the last straw
**grand(e)** great; big, tall
**grand-mère** *(f)* grandmother
**grand-père** *(m)* grandfather
**graphiques** *(m pl)* graphics
**gras** *(m)* grease
**grasse matinée** *(f)*: **faire la —** to sleep in
**gratte-ciel** *(m)* skyscraper
**gratuit(e)** free, at no cost
**grave** serious
**graveur** *(m)* **de CD/DVD** CD/DVD burner
**grève** *(f)* strike; **être en —** to be on strike; **faire la —** to go on strike
**gréviste** *(m, f)* striker
**grignoter** to snack
**grille-pain** *(m)* toaster
**griller: faire —** to toast (bread); to grill (meat, fish)
**gros(se)** big; fat
**grossesse** *(f)* pregnancy
**grossier(-ière)** rude
**grossir** to put on weight
**guère** hardly
**guérir** to cure
**guérisseur(-euse)** *(m, f)* healer
**guerre** *(f)* war
**gueule** *(f)* mouth (of animal)
**guichet** *(m)* ticket window, office; counter; **jouer à —s fermés** to play to sold-out performances
**guindé(e)** stilted

**H**

**habiller** to dress; **s'—** to get dressed
**habitude** *(f)* habit; **d'—** usually
**habituellement** usually

**habituer: s'— à** to get used to
**haïr** (*pp* **haï[e]**) to hate
**haleine** *(f)* breath; **reprendre —** to get one's breath back; **tenir quelqu'un en —** to hold someone spellbound
**hareng** *(m)* herring
**haricots** *(m pl)* **verts** green beans
**hasard** *(m)* coincidence; chance; **par —** by chance
**hausse** *(f)* rise; **être en —** to be on the rise
**hausser** to raise
**haut(e)** tall; high
**hautain(e)** haughty
**hauteur** *(f)* height
**hebdomadaire** *(m)* weekly publication
**hébergement** *(m)* accommodations
**herbe** *(f)* grass
**heure** *(f)* hour; **dans une —** in an hour; **—s de pointe** rush hour
**heureusement** fortunately
**heureux(-euse)** happy
**hibou(x)** *(m)* owl(s)
**hier** yesterday
**histoire** *(f)* history; story
**HLM** *(f)* (**habitation à loyer modéré**) low income housing
**homme** *(m)* man; **— d'affaires** businessman
**honnête** honest
**honnêteté** *(f)* honesty
**honte** *(f)* shame
**honteux(-euse)** shameful; **c'est —** it's a disgrace; shameful
**hôpital** *(m)* hospital
**hoquet** *(m)* hiccup
**horaire** *(m)* schedule
**horloge** *(f)* clock
**huile** *(f)* oil; **— solaire** suntan oil; **— d'olive** olive oil
**humeur** *(f)* mood; **être de bonne/mauvaise —** to be in a good/bad mood
**humour** *(m)* humor

**I**

**île** *(f)* island
**illégitime** illegitimate
**imaginer** to imagine; **je t'imagine bien** I can just see you
**immeuble** *(m)* apartment building
**immigrant(e)** *(m, f)* newly arrived immigrant
**immigré(e)** *(m, f)* an established immigrant

**immobilier** *(m)* real estate business; **une agence immobilière** real estate agency; **un agent immobilier** real estate agent

**impeccable** perfect; fautless

**imperméable** *(m)* raincoat

**importance** *(f)* significance, importance

**importer** to import; to download, import from the Web

**impôts** *(m pl)* taxes

**imprévu(e)** unexpected

**imprimante** *(f)* printer; **— à laser** laser

**inacceptable** unacceptable

**inadmissible** inadmissable

**inattendu(e)** unexpected

**incarner to** embody a role

**incendie** *(m)* fire

**inciter** to incite

**inconnu(e)** unknown

**inconvénient** *(m)* inconvenience; disadvantage

**incrédule** incredulous

**indécis(e) (sur)** indecisive; undecided (about)

**indiquer** to show, direct, indicate

**industrie** *(f)* **du livre** publishing business

**infirmier(-ière)** *(m, f)* nurse

**informaticien(ne)** *(m, f)* computer expert

**informatique** *(f)* computer science; data processing; **être dans l'—** to be in the computer field

**ingénieur** *(m)* engineer

**ingrat(e)** *(m, f)* ungrateful (person); thankless (job)

**initiative** *(f)* drive

**inlassable** tireless

**inquiet(-ète)** worried

**inquiéter: s'—** **(de)** to worry, be anxious (about); **ne vous inquiétez pas** don't worry

**inquiétude** *(f)* worry, anxiety

**inscrire** *(pp* **inscrit): se faire —** to sign up; to register (to vote)

**insensé(e)** insane

**insister** to insist

**inspecteur(-trice)** *(m, f)* police detective

**installer: s'—** to get settled

**instituteur(-trice)** *(m, f)* elementary school teacher

**insupportable** intolerable, unbearable

**intégrer** to integrate

**interdire** *(pp* **interdit)** to prohibit; **— à quelqu'un de faire quelque chose** to forbid (someone to do something)

**intéresser: s'— à** to be interested in

**intérêt** *(m)* interest; **t'as — à** you'd better

**intermittent (du spectacle)** *(m)* actor employed for a short term period

**interprète** *(m, f)* actor/actress; **—s** *(m, f pl)* the cast

**interro** *(f)* quiz

**interrompre** to interrupt

**intrigue** *(f)* plot

**introuvable** cannot be found

**iPod** *(m)* iPod

**ivre** drunk

**J**

**jamais** never

**jardin** *(m)* garden; yard

**jeu** *(m)* game; **—x d'argent/de hasard** gambling; **— de société** board game; **— télévisé** game show

**joindre** *(pp* **joint)** to join; to enclose

**joli(e)** pretty

**joue** *(f)* cheek

**jouer** to play; **— aux durs** to act tough

**joujou(x)** *(m)* toy(s)

**jour** *(m)* day

**journal** *(m)* newspaper; **— télévisé** *(m)* television news

**journée** *(f)* day

**juif(-ve)** Jewish

**jumeau(-elle)** *(m, f)* twin

**jurer** to swear

**jusqu'à ce que** until

**juste** correct; fair

**justement** exactly

**L**

**là-bas** over there

**laid(e)** ugly

**laine** *(f)* wool; **être en —** to be made of wool

**laisser** to leave; **— quelqu'un partir** to let someone go; **— quelqu'un tranquille** to leave someone alone

**lait** *(m)* milk

**lancer** to throw; to launch

**lapin** *(m)* rabbit; **poser un — à quelqu'un** *[fam]* to stand someone up

**large** wide

**larme** *(f)* tear

**lavable** washable

**lave-linge** *(m)* washing machine

**lave-vaisselle** *(m)* dishwasher

**laver** to wash

**leçon** *(f)* lesson; **— particulière** private lesson

**lecteur(-trice)** *(m, f)* reader

**lecteur** *(m):* **— de disquettes** disk drive; **— de vidéodisques** video disk reader; **— de CD/DVD** CD/DVD player

**lecture** *(f)* reading

**léger(-ère)** light

**légitime** legitimate

**légume** *(m)* vegetable

**lenteur** *(f)* slowness

**lentille** *(f)* lentil; contact lens; **porter des —s** to wear contact lenses

**lequel/laquelle** which one, which

**léser** to injure, wrong

**lessive** *(f)* laundry

**libérer** to free

**librairie** *(f)* bookstore

**licence** *(f)* degree (academic)

**licencier: se faire —** to get laid off

**lien** *(m)* link, tie; **— de parenté** family tie

**lieu** *(m)* place; **avoir —** to take place

**ligue** *(f)* league (baseball)

**lire** to read

**lit** *(m)* bed; **grand —** double bed

**livre** *(f)* pound

**livre** *(m)* book

**livrer** to deliver

**livret** *(m)* **d'épargne** savings account book (bank book)

**locataire** *(m, f)* tenant

**logement** *(m)* housing; accommodations; **— en copropriété** condominium

**logiciel** *(m)* software

**loisir** *(m)* leisure, spare time; **—s** leisure activities

**long(ue)** long

**longtemps** long, a long time

**lors de** at the time of, during

**lorsque** when

**loterie** *(f)* lottery

**lotion solaire** *(f)* suntan lotion

**louer** to rent

**lourd(e)** heavy

**loyauté** *(f)* loyalty

**loyer** *(m)* rent

**lumière** *(f)* light

**lune de miel** *(f)* honeymoon

**lunettes** *(f pl)* glasses; **porter des —** to wear glasses

**lutte** *(f)* struggle; wrestle
**lutter** to struggle, wrestle, fight
**lycée** *(m)* high school
**lycéen(ne)** *(m, f)* high-school student

## M
**mâcher** to chew
**machine à laver (le linge)** *(f)* washing machine
**mâchoire** *(f)* jaw
**maçon** *(m)* stonemason
**magasin** *(m)* store; **grand —** department store
**magazine** *(m)* magazine
**maghrébin(e)** *(m, f)* North African; from the Maghreb
**magistrat** *(m)* judge
**magnétoscope** *(m)* videocassette recorder (VCR)
**mail** *(m)* email
**maillot de bain** *(m)* swimsuit
**main d'œuvre** *(f)* labor
**maintenant** now
**mairie** *(f)* city hall
**mais** but
**maison** *(f)* house; firm, company; **— d'édition** publishing company
**maître d'hôtel** *(m)* headwaiter
**mal** *(m)* evil, ill, wrong; **avoir du — à** to have difficulty with; **avoir le — du pays** to be homesick
**maladroit(e)** clumsy
**malentendu** *(m)* misunderstanding
**malgré** in spite of
**malheur** *(m)* misfortune
**malheureusement** unfortunately
**malhonnête** dishonest
**malhonnêteté** *(f)* dishonesty
**malin/maligne** clever; shrewd
**malsain(e)** unhealthy
**manche** *(f)* sleeve; inning
**mandat** *(m)* term of office
**manette** *(f)* joystick
**manifestation** *(f)* demonstration, protest (organized)
**manifester** to protest; to demonstrate; **se —** to arise; to emerge
**mannequin** *(m)* model; **— de cire** mannequin (in store)
**manque** *(m)* lack; **— de communication** communication gap
**manquer** to miss; **— le train** to miss the train; **il manque un bouton** it's missing a button; **— à quelqu'un** to be missed by someone

**maquette** *(f)* model
**marais** *(m)* swamp; **le Marais** 4th district of Paris
**marchander** to bargain (haggle)
**marché** *(m)* market; **— aux puces** flea market; **— conclu** it's a deal
**marcher** to work; to walk; to run, work (machine); **faire —** to make something work
**mardi** *(m)* Tuesday; **Mardi gras** Fat Tuesday
**mari** *(m)* husband, spouse
**mariée** *(f)* bride
**marier: se —** to get married
**marmite** *(f)* large cooking pot
**marocain(e)** Moroccan
**marque** *(f)* brand
**marrant(e)** *(slang)* funny, strange
**marre: en avoir —** *[fam]* to be fed up
**marron** chestnut; brown
**Marseillaise** *(f)* French national anthem
**martelé(e)** drummed in
**martiniquais(e)** from Martinique
**match nul** *(m)* tied game
**matériel** *(m)* hardware
**matière** *(f)* subject, course
**matinée** *(f)* morning; **faire la grasse —** to sleep late
**mécanique** mechanical
**méchant(e)** mean; naughty
**mécontent(e)** discontented; displeased
**médecin** *(m)* doctor
**médecine** *(f)* medicine; **la —** the field of medicine
**médias** *(m pl)* the media
**médiatisation** *(f)* mediatization; promotion through media
**médicament** *(m)* medicine, drug
**méfait** *(m)* wrongdoing
**méfier: se — de** to be wary, suspicious
**mél** *(m)* email
**mélange** *(m)* mixture
**mélanger** to mix
**même** same; even
**mémoire** *(f)* memory
**menace** *(f)* threat
**menacer** to threaten
**mensuel** *(m)* monthly publication
**menteur(-euse)** *(m, f)* liar
**menthe** *(f)* mint; **thé** *(m)* **à la —** mint tea
**mentir** *(pp menti)* to lie
**menu** *(m)* menu
**méprisant(e)** contemptuous

**méprise** *(f)* misunderstanding, mistake
**mépriser** to despise
**merde** *(f)* excrement *(vulgar)*
**mère** *(f)* mother; **belle —** mother-in-law; stepmother; **— célibataire** single mother
**merveilleux(-euse)** marvelous, fantastic
**métal** *(m)* metal; **être en —** to be made of metal
**métier** *(m)* job, profession
**métro-boulot-dodo** *(m)* daily grind of commuting, working, sleeping
**metteur en scène** *(m)* stage director
**mettre** to put, place; **se — à** to begin; **— la 3, 6, etc.** to put on channel 3, 6, etc.
**meubles** *(m pl)* furniture
**micro-onde** *(m)* microwave; **un four à —** a microwave oven
**micro-ordinateur** *(m)* desk-top computer
**mieux** better
**mignon(ne)** cute; **super —** very cute
**mijoter: faire —** to simmer
**militaire** *(m, f)* soldier
**mince** thin; slim
**mine** *(f)* mine; **avoir bonne/mauvaise —** to look good/bad
**minuscule** tiny
**mise en scène** *(f)* staging
**moche** *[fam]* ugly, ghastly
**mode** *(f)* fashion; style; **—** *(m)* **d'emploi** user's manual
**moine** *(m)* monk
**moins** less; **à — que** unless
**mois** *(m)* month
**monde: du —** people
**mondial(e)** worldwide
**monter** to climb, go up; **— dans (une voiture/un bus/un taxi/un avion/un train)** to get into (a car/bus/taxi/plane/train); to bring up (luggage)
**montre** *(f)* watch
**montrer son passeport** to show one's passport
**moquer: se — de** to make fun of
**morceau** *(m)* piece
**mordre** to bite
**mort** *(f)* death; **les —s** *(m pl)* the dead
**mosquée** *(f)* mosque
**moteur** *(m)* engine; **— de recherche** search engine
**motivé(e)** motivated

**mou (mol)/molle** soft
**mouche** *(f)* fly
**moucher: se —** to blow one's nose
**moules** *(f pl)* mussels
**moulin** *(m)* mill
**moulinets** *(m pl)*: **faire des — avec les bras** whirl one's arms around
**mourir** *(pp* **mort)** to die
**moyen(ne)** medium; average; **moyens** *(m pl)* means
**muet(te)** mute
**musée** *(m)* museum
**musulman(e)** Islamic
**muter** to transfer
**mutuelle** *(f)* mutual benefit insurance company

## N

**naître** to be born; **— libres et égaux** to be born free and equal
**nanti(e)** affluent, well off
**nappe** *(f)* tablecloth
**narine** *(f)* nostril
**natal(e)** native
**natation** *(f)* swimming
**nature: une omelette —** plain omelette
**naturel(le)** natural, native
**navet** *(m)* third-rate film
**navette spatiale** *(f)* space shuttle
**navré(e)** sorry (formal)
**néanmoins** nevertheless
**nécessaire** necessary
**néerlandais(e)** Dutch
**négligé(e)** neglected; slipshod
**négliger** to neglect
**négociation** *(f)* negotiation
**nerveux(-euse)** high-strung
**nettoyer** to clean
**neuf/neuve** new
**neutre** neutral
**noir(e)** black
**nombreux(-euse)** numerous
**nommer** to appoint
**normal(e)** normal, regular
**notamment** notably; in particular
**note** *(f)* grade; **—s de classe** class notes
**nounours** *(m)* teddy bear
**nourrice** *(f)* babysitter
**nourriture** *(f)* food; nutrition
**nouveau: à —** again, anew
**nouvelles** *(f pl)* printed news; news in general; **vous allez avoir de mes —** you're going to hear from me
**noyer: se —** to drown

**nulle part** not anywhere
**numéro** *(m)* number; issue (of a periodical)

## O

**obéir** to obey
**obéissant(e)** obedient
**objet** *(m)* object
**obligatoire** required
**obliger** to obligate
**obsèques** *(f pl)* funeral
**obtenir** to obtain; to get
**occasion** *(f)* opportunity; chance; **d'—** secondhand
**occuper** to occupy; **s'— de** to take care of, handle
**œil: mon —** you can't fool me
**œuf** *(m)* egg; **— dur** hard-boiled egg
**œuvre** *(f)* work (of art)
**offre** *(f)* **d'emploi** opening, available position; **— de mariage** marriage proposal
**offrir** *(pp* **offert)** to offer
**ombre** *(f)* shade; shadow
**ondulé(e)** wavy
**ongle** *(m)* nail (of finger or toe); **se ronger les —s** to bite one's fingernails
**opposition** *(f)* opposition
**orchestration** *(f)* instrumentation
**ordinateur** *(m)* computer
**oreiller** *(m)* pillow
**orner** to decorate
**otage** *(m)* hostage; **prendre en —** to take hostage
**oublier** to forget
**oubliettes** *(f pl)* the deepest and dankest of prisons in medieval castles
**ouragan** *(m)* hurricane
**outil** *(m)* tool
**outre: en —** besides
**ouvert(e)** open
**ouvrage** *(m)* work; piece of work
**ouvreur(-euse)** *(m, f)* attendant, usher
**ouvrier(-ière)** *(m, f)* worker
**ouvrir** *(pp* **ouvert)** to open

## P

**pain** *(m)* **de mie** sandwich bread
**pair: jeune homme/jeune fille au —** one who works in exchange for room and board
**paix** *(f)* peace
**palier** *(m)* landing
**panier** *(m)* **à linge** laundry basket
**panne** *(f)* breakdown; **être/tomber en — d'essence** to run out of gas

**panneau** *(m)* board; sign; **— d'affichage** bulletin board; **— d'affichage électronique** electronic schedule
**Pâques** *(f pl)* Easter
**paquet** *(m)* package
**paraître** *(pp* **paru)** to appear, to seem; to come out; **il paraît que** it seems that; they say that
**parapluie** *(m)* umbrella
**par contre** on the other hand
**parcourir** to travel up and down
**pardessus** *(m)* overcoat
**par-dessus** on top of that
**pareil(le)** similar, alike; **une vie pareille** such a life
**parent(e)** *(m, f)* parent, relative
**paresseux(-euse)** lazy
**parfois** at times
**parier** to bet
**parole** *(f)* word; **—s** lyrics
**partager** to share; **— les vues de quelqu'un** to share one's views
**particulier(-ère)** particular; **une leçon —** a private lesson
**partir: laisser — quelqu'un** to let someone go
**partout** everywhere
**parvis** *(m)* square (in front of church)
**pas du tout** not at all
**pas mal** quite a few
**passager/passagère** *(m, f)* passenger
**passe: et j'en — ** *(slang)* and that's not all
**passer** to pass; to go by; to spend; **— à la douane/aux contrôle de sûreté** to go through customs/security; **— au beurre** to sauté briefly in butter; **— dans un appareil de contrôle radioscopique** to go through x-ray security **— un examen** to take an exam; **se — de** to do without
**passionnant(e)** exciting
**passionné(e)** impassioned
**pâte** *(f)* dough; crust (of cheese)
**pâtes** *(f pl)* noodles, pasta
**patience: avoir de la —** to have patience, be patient
**patrimoine** *(m)* heritage
**patron(ne)** *(m, f)* boss
**pattes** *(f pl)* sideburns
**paumé(e)** lost, misfit
**paupière** *(f)* eyelid
**pauvre** poor; unfortunate

**payer** to pay; **— par carte de crédit** to pay by credit card; **— avec des chèques de voyage** to pay with traveler's checks; **— des droits** to pay duty/tax; **— en espèces** to pay in cash

**paysage** *(m)* landscape, countryside

**PDA** *(m)* personal digital assistant (PDA)

**PDG** *(m)* président directeur général CEO

**peigner: se —** to comb one's hair

**peine** *(f)* trouble; **à —** scarcely; **ce n'est pas la —** it's not worth the trouble; don't bother; **— de mort** death penalty; **faire de la —** to cause pain

**peintre** *(m)* painter; **— impressionniste** impressionist painter

**peinture** *(f)* painting; paint

**pellicule** *(f)* film (cartridge)

**péniche** *(f)* barge

**penser** to think

**pension** *(f)* **de retraite** retirement pension

**percer** to pierce

**percevoir** to perceive

**perdre: se —** to get lost

**père** *(m)* father; **beau —** father-in-law; stepfather; **— célibataire** single father

**permettre** *(pp permis)* to permit

**personnage** *(m)* character; **— principal** main character

**personne** no one

**personnel** *(m)* personnel

**persuader** to persuade

**perte** *(f)* loss

**petit(e)** small

**petites annonces** *(f pl)* classified advertisements

**petits pois** *(m pl)* peas

**peur** *(f)* fear; **avoir —** to be afraid; **de — que/de crainte que** for fear that

**peut-être** possibly

**pièce** *(f)* room; play; **— de rechange** spare part

**piège** *(m)* trap

**piger** *[fam]* to understand; to "get it"

**pile** *(f)* battery

**pilier** *(m)* pillar

**pinceau** *(m)* paintbrush

**piquer** *(slang)* to steal

**pire/pis** worse; **le —** the worst

**piste** *(f)* slope; trail; run

**pitié** *(f)* pity; mercy

**placard** *(m)* cupboard; closet

**place** *(f)* square; seat; **une — de libre** unoccupied seat; **une — place réservée** reserved seat

**plafond** *(m)* ceiling

**plage** *(f)* beach

**plaindre** *(pp plaint)* to pity; **se — (de quelque chose à quelqu'un)** to complain (to someone about something)

**plainte** *(f)* complaint

**plaire** *(pp plu)* to please

**plaisanter** to joke

**plancher** *(m)* floor

**plastique** *(m)* plastic; **être en —** to be made of plastic

**plat** *(m)* dish (container); dish (part of meal), course; **— à micro-ondes** microwave dish

**plat(e)** flat

**platine** *(f)*: **— laser** compact disc player; **— à cassettes** cassette deck

**plein(e)** full; **— de** *[fam]* a lot of; **faire le plein** to fill up (gas tank); **être en plein air** to be outside

**pleuvoir** *(pp plu)* to rain

**plombier** *(m)* plumber

**plonger** to dive

**plupart: la — (de)** most (of)

**plus** more; **de —** besides, furthermore; **en —** besides

**plusieurs** several

**plutôt** rather

**pneu** *(m)* tire; **— crevé** flat tire

**podcast** *(m)* podcast

**poêle** *(f)* frying pan

**poêle** *(m)* stove

**poids** *(m)* weight

**point** *(m)* sharp pain; **— de vue** point of view

**pointu(e)** pointed

**poisson** *(m)* fish

**poivron** *(m)* **vert** green pepper

**polémique** *(f)* controversy

**poli(e)** polite

**politesse** *(f)* politeness

**politique** *(f)* politics; policy; **— étrangère** foreign policy; **— intérieure** internal policy

**pop-corn** *(m)* popcorn

**portable** *(m)* laptop computer, mobile phone

**porte** *(f)* door; **aux —s de Paris** on the outskirts of Paris; **— d'embarquement** departure gate

**porte-bagages** *(m)* suitcase rack

**portée: à la — de** within reach

**portefeuille** *(m)* wallet, billfold; portfolio

**portique de détection** *(m)* x-ray machine (security)

**poser** to ask (a question); **— les objets sur le tapis de l'appareil de contrôle radioscopique** to put objects on the belt

**poste** *(f)* post office

**poste** *(m)* job, radio, television set; **occuper un —** to have a job

**poster** to mail (a letter)

**pot: prendre un —** *[fam]* to have a drink

**pote** *(m)* *[fam]* friend

**pou(x)** *(m)* louse (lice)

**poubelle** *(f)* trash can; **sortir les —s** to take out the garbage

**pouce** *(m)* 2.5 centimeters (1 inch)

**poumon** *(m)* lung

**pourboire** *(m)* tip (restaurant)

**pourcentage** *(m)* percentage

**pourparlers** *(m pl)*: **les —** talks; negotiations

**pour que/afin que** in order that, so that

**pourtant** however

**pourvu(e) de** equipped with

**pourvu que** provided that

**poussière** *(f)* dust

**pouvoir** *(pp pu)* to be able to; **n'en plus —** to be at the end of one's rope; to have had it

**pratique** practical, convenient

**précoce** early; premature

**prélever** to levy (a tax)

**prémonitoire** that predicts the future

**prendre** *(pp pris)* to take; **— congé de** to take leave; **— des kilos** to put on weight; **— fin** to end; **— position** to take a stand; **s'y — bien/mal** to do it the right/wrong way; **— un verre/un pot** *[fam]* to have a drink

**préoccuper: se — de** to be concerned with

**près (de)** near, close to; **à peu —** more or less

**présenter** to introduce; **se —** to present oneself, to appear

**presque** almost

**pression** *(f)* pressure; **une —** a (glass of) draft beer

**prêt** *(m)* loan

**prêt-à-porter** *(m)* ready-to-wear

**prétendant** *(m)* suitor

**prêter** to lend

**prévenir** (*pp* **prévenu**) to warn

**prévoir** (*pp* **prévu**) to plan; to foresee

**prévu: quelque chose/rien de —** something/nothing planned

**prier** to pray; to beg; **je t'en/je vous en prie** you're welcome; **je te/vous prie (de faire quelque chose)** will you please (do something)

**prime** (*f*) premium; free gift, bonus; subsidy

**printemps** (*m*) spring

**pris(e): être —** to be busy (not available)

**prise** (*f*) catch

**prise** (*f*) **de courant** outlet

**privatiser** to take into private hands

**prix** (*m*) price; prize; **au — fort** at a high price; **dans ses —** in one's price range

**prochain(e)** next time (in a series); next (one coming); **à la —e** until next time

**proches** (*m pl*) close friends, relatives

**producteur** (*m*) producer (who finances)

**produire** (*pp* **produit**): **se —** to happen, take place

**produit** (*m*) product; **— s d'entretien** cleaning products

**profaner** to desecrate, violate

**professeur** (*m*) teacher, instructor; **— des écoles** elementary school teacher

**professions** (*f pl*) **libérales** liberal professions

**profiter** to profit; **— de** to take advantage of; **en —** to enjoy life

**programme** (*m*) program listing; **— électoral** platform

**progrès** (*m*) progress

**proie** (*f*) prey

**projeter de** to plan on

**projets** (*m pl*) plans; **faire des —** to make plans

**prolixe** wordy

**promenade** (*f*) walk

**promettre** to promise

**promotion** (*f*) promotion

**propre** own; clean

**propriétaire** (*m, f*) owner; householder; **— terrienne** landowner

**propriété** (*f*) property; ownership

**prouesse** (*f*) feat

**prouver: se —** to prove oneself

**provoquer** to cause

**prune** (*f*) ticket (*slang*)

**publicité** (*f*) advertisement

**pudeur** (*f*) modesty

**puissant(e)** powerful

**purement** purely

## Q

**quai** (*m*) (train) platform

**qualifié(e)** qualified, competent

**quand** when; **— même** nonetheless, even so

**quartier défavorisé** (*m*) slum

**quel(le)** what, which

**quelconque** some; any

**quelque chose (de)** something

**quelquefois** sometimes

**quelque part** somewhere

**quelques** a few, some, several

**quelques-un(e)s** some, a few

**quelqu'un** someone, somebody

**queue: faire la —** to wait in line

**quincaillerie** (*f*) hardware store

**quoi** what; **— que ce soit anything**

**quoique** although

**quoi que ce soit** anything whatsoever

**quotidien(ne)** (*m*) daily; **un quotidien** newspaper published daily

## R

**raccrocher** to hang up (telephone)

**racisme** (*m*) racism

**raciste** racist

**raconter** to tell (a story)

**raffiné(e)** refined

**raffiner** to refine

**raide** straight (hair)

**raisin** (*m*) grape; **— sec** raisin

**raison** (*f*) reason

**raisonnable** sensible

**ralenti: travailler au —** to work at a slow pace; to experience slowdowns

**ramasser** to pick up; to clean up

**rame** (*f*) subway train

**ramener** to bring someone (something) back; to drive someone home

**randonnée pédestre** (*f*) sport walking (power walking), hiking

**ranger** to put away

**râpé(e)** threadbare, worn

**rappel** (*m*) curtain call

**rappeler: se —** to remember

**rapport** (*m*) relationship; **avoir de bons/mauvais —s** to have a good/bad relationship

**rare** rare, exceptional, unusual

**rater** to flunk; to miss

**rattraper** to catch up; **se —** to make up for

**ravi(e)** delighted, pleased

**rayon** (*m*) department (in store); **— gadgets** gadget section, gadget isle

**rayonnant(e)** radiant

**réagir** to react

**réalisateur(-trice)** (*m, f*) director; **— de télévision** television producer

**réalisation** (*f*) production

**réalité: en —** actually

**rebondissement** (*m*) revival

**rebord des fenêtres** (*m*) windowsills

**récépissé** (*m*) receipt

**réception** (*f*) front desk

**réceptionniste** (*m, f*) hotel desk clerk

**recette** (*f*) recipe

**recevoir** (*pp* **reçu**) to receive; to entertain

**recharger** to recharge

**recherche** (*f*) search; **—s** research; **faire des —s** to do research

**réclamation** (*f*) complaint; **faire une —** to make a complaint

**recommander** to recommend

**reconnaissant(e)** grateful, thankful

**record du monde** (*m*) world record

**récréation** (*f*) recreation; recess

**rectitude** (*f*) uprightness

**reculer** to backspace

**redoubler** to redouble; to reiterate **— un examen/cours** to repeat a test/course

**réduction** (*f*) discount

**réélire** (*pp* **réélu**) to reelect

**réfléchir** to reflect, think

**réfrigérateur** (*m*) refrigerator

**refroidir** to cool down

**refuser** to refuse

**régal** (*m*) treat, pleasure

**regarder** to look at

**règle** (*f*) rule

**régler** to regulate, arrange, adjust; **— la note** to pay, settle the bill

**règne** (*m*) reign

**regretter** to be sorry

**rejoindre** (*pp* **rejoint**) to meet; **se —** to meet (by prior arrangement)

**réjouir** to delight, gladden; **se — à l'idée (de)** to look forward (to)

**remarquable** remarkable, spectacular

**remarquer** to notice

**remboursement** *(m)* refund
**rembourser** to reimburse
**remercier (de)** to thank someone (for)
**remettre** *(pp* **remis)** to hand in
**remords: avoir des —** to have (feel) remorse
**rencontrer** to meet (by chance), to run into; **se —** to meet at a set time
**rendement** *(m)* productivity
**rendez-vous** *(m)* meeting; **— avec un(e) inconnu(e)** blind date; **se donner — avec quelqu'un** to make an appointment with someone
**rendre** to return, give back; to make, render; **se — compte de** to account for; to realize; **— service** to do a favor; render a service; **— visite à quelqu'un** to visit someone
**renommée** *(f)* fame
**renoncer à** to give up
**renouveau** *(m)* revival
**rénover** to renovate
**renseignements** *(m pl)* information
**renseigner** to inform; **se —** to get information
**rentrée** *(f)* start of new school year
**rentrer** to go home, come home; to put away; **— tard** to get home late
**renvoyer** to send back
**réparer** to repair
**répartition** *(f)* dividing-up; distribution
**repas** *(m)* meal
**repassage** *(m)* ironing
**repérer: se —** to find one's place
**répéter** to repeat
**répit** *(m)* respite, rest
**réplique** *(f)* response
**répondeur téléphonique** *(m)* answering machine
**reportage** *(m)* newspaper report; **— en direct** live news or sports commentary
**reposer: se —** to rest
**reprendre** to take back; **— les objets ou vêtements après le passage sous le portique de détection** to take back objects or clothes after passing through the x-ray machine
**représentant(e)** *(m, f)* **de commerce** sales rep
**représentation** *(f)* performance
**représenter** to represent; **se —** to run again (for office)

**reprocher** to reproach, criticize
**requin** *(m)* shark
**réseau** *(m)* network
**réserver une chambre** to reserve a room
**résolu(e)** resolved
**résoudre** to resolve, solve
**respectif(-ive)** respective
**respectueux(-euse)** respectful
**respirer à fond** to take a deep breath
**responsabilités** *(f pl)* duties
**resservir** to offer a second helping
**restaurant** *(m)* restaurant; **— du cœur** soup kitchen; **— universitaire** university cafeteria
**rester** to remain; to stay; **— en bas de l'échelle** to remain at the bottom of the ladder or financial scale
**retard** *(m)* lateness; **avoir du —** to be late; **partir en —** to get a late start
**retenir** *(pp* **retenu)** to hold back; to retain; to reserve (a room); **être retenu(e)** to be held up (late)
**réticence** *(f)* hesitation
**retirer** to withdraw; **— de l'argent** to make a withdrawal
**retordre: donner du fil à —** to give someone trouble
**retoucher** to retouch; to alter
**retour** *(m)* return; **— en arrière** flashback
**retourner** to go back; to turn again; to turn over; **se tourner et se —** to toss and turn
**retraite** *(f)* retirement; **être à la —** to be retired; **prendre sa —** to retire
**retrouver** to find again; **se —** to meet (by prior arrangement); **s'y —** to find one's way
**réunion** *(f)* meeting
**réunir** to gather; **se —** to get together
**réussi(e)** successful, well executed
**réussir** to succeed; **— à un examen** to pass an exam
**réussite** *(f)* success
**revanche: en —** on the other hand
**réveiller** to wake; **se —** to wake up
**révéler** to reveal; **se —** to prove to be
**rêver** to dream
**revirement** *(m)* turnaround
**réviser (pour)** to review (for)

**revoir** *(pp* **revu)** to review, look over; **se —** to see again; **au —** goodbye
**révolter** to revolt, shock
**revue** *(f)* magazine (sophisticated, glossy)
**rez-de-chaussée** *(m)* ground floor
**rideau** *(m)* curtain
**rien** *(m)* nothing; **ça ne fait —** it's nothing; **ne —** nothing; **n'avoir — à voir avec** to have nothing to do with
**rigoler** to laugh
**rire** *(pp* **ri)** to laugh
**rive** *(f)* bank
**robe** *(f)* dress
**roman** *(m)* novel
**rompre** *(pp* **rompu): — avec quelqu'un** to break up with someone
**rond(e)** round
**rondelle** *(f)* slice
**rôtir: faire —** to roast
**rouer quelqu'un de coups** to beat someone black and blue
**rouler** to roll; **— à grande vitesse** to drive fast
**rouspéter** *[fam]* to groan, moan
**route: être en —** to be on the way
**roux/rousse** *(m, f)* redhead; **avoir les cheveux —** to have red hair
**rubrique** *(f)* heading, item; column

**S**

**sac** *(m)* bag; **— à dos** backpack
**saigner** to bleed
**saisissant(e)** gripping; startling
**salades composées** *(f pl)* salads
**salaire** *(m)* pay (in general)
**salam aleïkoum** peace be with you *(Arabic equivalent of* **bonjour)**
**sale** dirty
**salé(e)** salty
**salir** to make dirty, soil
**saluer** to greet
**samedi** *(m)* Saturday
**sanctionner** to sanction
**sanglant(e)** bloody
**sans** without; **les —abri** homeless; **les — domicile fixe (SDF)** persons without a permanent address; **— blague** *[fam]* no kidding
**sans-abri** *(m, f)* homeless person
**sans domicile fixe (SDF)** *(m, f)* person without a permanent address
**santé** *(f)* health; **à votre (ta) — (à la vôtre/à la tienne)** to your health; **se refaire la —** to recover one's health

santiags (m pl) cowboy boots
sapes (f pl) [fam] clothing
sarcasme (m) sarcasm
sauce (f) sauce; à leur — to their liking (fam)
saumon (m) salmon; — fumé smoked salmon
sauter: faire — to sauté (brown or fry gently in butter)
sauvegarder to save
savoir (pp su) to know from memory or from study; to know how to do something; to be aware of
scandaleux(-euse) scandalous
scanner (m) scanner
scénariste (m, f) scriptwriter
séance (f) session; showing
sec/sèche dry
sèche-linge (m) clothes dryer
sécher to dry; — un cours [fam] to cut a class
secours (m) help; au — help
secrétaire (m, f) secretary
secrétariat (m) position or office of secretary
sécurité (f) security; — de l'emploi job security
séduire (pp séduit) to seduce; to charm; to bribe
séisme (m) earthquake
séjour (m) stay; visit
sel (m) salt
selon according to
semaine (f) week; chaque — every week
semblable similar
sembler to seem
sens (m) meaning; — unique one way
sensationnel(le) fabulous
sensible sensitive
sentir to feel (an object); to smell; se — to feel (an emotion)
série (f) series
serment (m) sermon
serrer to press; — la main de quelqu'un to shake one's hand; serré(e) tight, closely fought
serrurerie (f) locksmithing
serrurier (m) locksmith
service (m) service; — d'étage room service; — du personnel personnel services; — compris tip included
servir to serve; ne — à rien to do no good; se — de to use
seul(e) only; solitary

seulement only
si if; yes
sidérer to stagger
siècle (m) century
siège (m): — bébé infant (car) seat; — voiture car seat
sieste (f) nap; faire la — to take a nap
sigle (m) abbreviation
signaler to point out
signification (f) signification, meaning
signifier to mean
s'il te plaît please [fam]
sino- Asian; —américain Asian-American
sirop (m) d'érable maple syrup
site (m) site; — Web website
situé(e) located
sociétaire member of a society, of an institution
soif (m) thirst; avoir — to be thirsty
soins (m pl) médicaux medical care and treatment
soirée: aller à une — to go to a party
soldat (m) soldier
solde: en — on sale; une — a sale
soleil (m) sun
son (m) sound
sondage (m) opinion poll
sorbet (m) sherbet
sorte (f) kind; type; toutes —s all kinds
sortie (f) exit; outing; release (of a film or song)
sortir (pp sorti) to go out; to take out; — un revolver to pull out a gun
sou: être sans le — to be without a penny
souci (m) worry; se faire du — to worry
soucoupe (f) saucer; — volante flying saucer
soudain(e) sudden
souffrir (pp souffert) to suffer
souhait (m) wish
souhaiter to wish
soulagement (m) relief
soulagé(e) relieved
soulager to relieve
soulèvement (m) spontaneous uprising
soulever to lift (up)
souligner to underline
sourcil (m) eyebrow

sourdine: mettre en — to turn on mute
sourire (pp souri) to smile
souris (f) mouse
sous under
souscrire to contribute, subscribe to
sous-titre (m) subtitle; (avec) —s (with) subtitles
sous-vêtements (m pl) underwear
soutenir to support
soutien (m) support
souvenir (m) memory; souvenir
souvenir (pp souvenu): se — de to remember
souvent often
spécialiser: se — en to major in
spectacle (m) show
spectaculaire remarkable, spectacular
spectateurs/spectatrices (m, f pl) studio audience
sportif(-ive) athletic, fond of sports
spot publicitaire (m) television commercial
station (f) (TV, radio) station; — service gas station
stationnement (m) parking
statut (m) status
statut quo (m) status quo
steak-frites (m) steak with fries
stimulant(e) challenging
studio (m) efficiency apartment
submerger submerge
suffire (pp suffi): to be sufficient; il suffit it is enough
suffisant(e) sufficient; enough
suggérer to suggest
suite (f) series; de — in a row, in succession
suivant(e) following; next
suivre (pp suivi) to follow; à — to be continued; — un cours to take a course
sujet (m) subject, topic; au — de job regarding, concerning
super [fam] super
supplément (m) supplement; payer un — pour excès de bagages to pay extra for excess luggage
supporter to put up with, endure
supprimer to do away with; to take out
sûr(e) sure
sûreté (f) security; les contrôles de — security checks
surface: grande — (f) huge discount store

**surprenant(e)** surprising
**surpris(e)** surprised
**survécu(e)** survived
**surveillance** *(f)* supervision
**surveillant(e)** *(m, f)* guard, supervisor, monitor
**survenu(e)** intervening
**survivre (à)** *(pp* **survécu)** to survive
**survoler** to fly over
**sympa** *[fam]* nice; friendly
**synchroniser** to synch
**syndicat** *(m)* union; **— d'initiative** tourist bureau

**T**

**tabagisme** *(m)* use of tobacco
**tableau** *(m)* chart; **— noir** blackboard
**tache** *(f)* spot
**tâche** *(f)* task
**tâcher de** to try
**taille** *(f)* size; waist; **être de petite —** to be short; **être de — moyenne** to be of average height
**tailleur** *(m)* woman's tailored suit
**taire** *(pp* **tu): se —** to be quiet
**talon** *(m)* heel
**tandis que** while; whereas
**tant (de)** so much
**taper** to type; **retaper** to retype
**tapis** *(m)* rug, carpet; **poser les objets sur le — de l'appareil de contrôle radioscopique** to put objects on the belt (security)
**tapisserie** *(f)* tapestry
**taquiner** to tease
**tare** *(f)* defect
**tarif** *(m)* fare, rate
**tarte** *(f)* **aux pommes** apple pie
**tas** *(m)* pile, heap; **un — de** a lot of
**taux** *(m)* rate; **— de chômage** rate of unemployment; **— d'intérêt** interest rate; **— de natalité** birth rate
**tchin-tchin** *[fam]* cheers
**technologie** *(f)* technology
**tel(le)** such, such a
**télécharger (un message/un dossier)** to download (a message/a file)
**télécommande** *(f)* remote control
**téléphoner** to telephone; **— à quelqu'un** to telephone someone
**téléréalité (f)** reality TV
**télésiège** *(m)* chairlift
**téléspectateur/téléspectatrice** *(m, f)* television viewer
**télévision** *(f)* **par câble** cable television

**tellement** so much, so; really
**témoignage** *(m)* testimony; witnessing
**témoin** *(m)* witness
**temps** *(m)* time; **le bon vieux —** the good old days
**tendre** to tense
**tendu(e)** tense
**tenir à** to really want, to insist on
**tenter** to tempt; to try; **je me laisse —** I'll give in to temptation
**tenue habillée** *(f)* dressy clothes
**termes: être en mauvais —** to be angry with, on bad terms
**terminer** to finish
**ternir** to tarnish
**terrain** *(m)* **de camping** campground
**terre** *(f)* earth; soil; dirt; **être en — battue** to be made of adobe
**terrine** *(f)* pâté
**terrorisme** *(m)* terrorism
**têtu(e)** stubborn
**TGV** *(m)* **train à grande vitesse** high-speed train
**théâtre** *(m)* theater; **aller au —** to go to the theater
**thé** *(m)* **glacé** iced tea
**thème** *(m)* theme
**thèse** *(f)* **de doctorat** doctoral thesis, dissertation
**thon** *(m)* tuna
**tirage** *(m)* circulation
**tirer** to pull
**tiroir** *(m)* drawer
**tissu** *(m)* fabric
**titre** *(m)* title headline
**toilette** *(f)* toilet; **les —s** bathroom; washroom; **faire sa —** to have a wash; **être à sa —** to be dressing
**tomber** to fall; **— d'aplomb** to beat straight down (sun); **— en panne** to break down
**tonalité** *(f)* dialing tone
**toqué: t'es —** *[fam]* you're nuts
**tort** *(m)* wrong; **avoir —** to be wrong
**touche** *(f)* key
**toujours** always; still; **— est-il que** it remains that, nevertheless
**tour** *(f)* tower
**tour** *(m)* trip; **c'est à qui le —?** whose turn is it? (who's next?); **deuxième —** run-off election
**tourner** to turn; to shoot (a film); **se — et se retourner** to toss and turn
**tournoi** *(m)* tournament

**tout, tous, toute, toutes** all; **— à fait** absolutely, completely **— de même** in any case; **— de suite** right away; **tous les jours** every day
**trac: avoir le —** to have stage fright
**tracé(e)** marked; **tout(e) —** clearly marked
**trahir** to betray
**train: être en — de** to be in the process of (doing something)
**traitement** *(m)* treatment; **— de texte** word processing; **— mensuel** monthly salary
**traiter** to treat, deal with; **— en ami** to befriend
**tranche** *(f)* slice
**tranquille** calm; **laisser quelqu'un —** to leave someone alone
**transmettre (en direct)** to broadcast (live)
**transporter** to transport; **— d'urgence à** to rush to
**travail** *(m)* work
**travaux ménagers** *(m pl)* chores
**travers: à —** across; **de —** crooked
**traverser** to cross
**trentaine: avoir la —** to be in one's 30s
**trésor** *(m)* treasure
**tricher à** to cheat
**triste** sad
**tristesse** *(f)* sadness
**tromper** to deceive; to cheat on; **se — to be mistaken; se — de train** to take the wrong train
**trompeur(-euse)** deceptive
**trottoir** *(m)* sidewalk
**trou** *(m)* hole
**troué(e)** with holes
**troupe** *(f)* cast
**trouvaille** *(f)* great find
**trouver** to find; **se —** to be located
**truc** *(m) [fam]* thing; trick
**tube** *(m) [fam]* hit (music)
**tuer** to kill
**tutoyer** to use «tu»

**U**

**une: la — des journaux** front page
**unique: sens —** one way
**université** *(f)* university
**urgence** *(f)* emergency
**usine** *(f)* factory
**utile** useful
**utilité** *(f)* usefulness

## V

**vacances** *(f pl)* vacation; **être en —** to be on vacation; **passer des — magnifiques/épouvantables** to spend a magnificent/horrible vacation

**vachement** *[fam]* very

**vague** *(f)* wave

**vaisselle** *(f)* dishes; **faire la —** to wash the dishes

**valable** valid

**valoir** *(pp* **valu)** to be worth; **— la peine** to be worth the trouble; **— mieux** to be better

**vanter: se —** to boast, brag

**veau** *(m)* veal

**vedette** *(f)* star

**vendeur/vendeuse** *(m, f)* salesman/saleswoman

**vendre** to sell

**vendu(e) en solde** sold at a reduced price, on sale

**vénerie** *(f)* venery (hunting on horseback)

**venir** to come; **— de + infinitif** to have just

**vente** *(f)* sale

**vergogne: sans —** shameless; shamelessly

**vérifier** to verify, check

**véritable** real; genuine

**verre** *(m)* glass; **en —** made of glass; **prendre un —** *[fam]* to have a drink

**verrouiller** to lock

**verser** to pour; to pay a deposit or down payment

**version originale (v.o.)** in the original language

**vertu** *(f)* virtue

**verve** *(f):* **plein de —** racy

**veste (de sport)** *(f)* (sports) jacket

**vêtements** *(m pl)* clothing; **ce (vêtement) lui va bien** this (piece of clothing) looks good on her/him; **changer de —** to change clothes; **— d'occasion** secondhand clothes; **enlever (un vêtement)** to take off (a piece of clothing); **essayer (un vêtement)** to try on (a piece of clothing); **mettre (un vêtement)** to put on (a piece of clothing)

**veuf/veuve** widower; widow

**veuillez** please

**victoire** *(f)* win, victory

**vidéo-clip** *(m)* music video

**vie** *(f)* life; **— de famille** home life

**vieillesse** *(f)* old age

**vieux (vieil)/vieille** old; **les — de la vieille** the oldest; **mon —** *[fam]* old man

**vigoureux(euse)** impressive

**villa** *(f)* summer or country house

**vingtaine: avoir la —** to be in one's 20s

**violent(e)** fierce

**violer** to violate

**visage** *(m)* face

**vis-à-vis** with regard to

**visite** *(f)* visit; **rendre — à quelqu'un** to visit (someone)

**visiter (un endroit)** to visit (a place)

**vitesse** *(f)* speed

**vitrerie** *(f)* glaziery

**vivant(e)** lively

**vivifiant(e)** invigorating

**vivifier** to invigorate

**vivre** *(pp* **vécu)** to live

**vœu** *(pl* **vœux)** *(m)* wish

**voir** to see; **aller — quelqu'un** to visit someone; **avoir (beaucoup) à — avec** to have (a lot) to do with

**voire** even

**voisin(e)** *(m, f)* **(d'à côté)** (next-door) neighbor

**voiture** *(f)* car; **accident de —** automobile accident

**vol** *(m)* flight; robbery; **faire du — libre** to go hang-gliding; **— direct/avec escale** direct flight/flight with a stopover

**voler** to steal; **se faire —** to be robbed

**volontaire** *(m, f)* volunteer

**volontiers** gladly, willingly

**volupté** *(f)* delight; pleasure

**voter** to vote

**vouloir** *(pp* **voulu)** to want; **en — à quelqu'un** to hold a grudge against someone

**voûte** *(f)* vault (cathedral); **en — vaulted**

**vouvoyer** to use «vous»

**voyage** *(m)* **d'affaires** business trip

**voyager** to travel

**voyant(e)** *(m, f)* fortune-teller, clairvoyant

**voyou** *(m)* *[fam]* hoodlum

**vue** *(f)* view

## X

**xénophobie** *(f)* xenophobia (fear/hatred of foreigners)

## Y

**yaourt** *(m)* yogurt

**yeux** *(m pl)* eyes

## Z

**zapping** *(m)* switching channels repeatedly (**zapper**)

**zip: lecteur zip** *(m)* zip drive

# Indice A

## «Expressions typiques pour...»

# Indice B

## «Mots et expressions utiles»

# Indice C

## «Grammaire»

**à**
+ definite article, 48
+ infinitive, 322–324
+ **lequel**, 77, 333
+ person, 323
+ possessive pronoun, 100–101
to express location, 325–326

**acheter**
conditional, 33
future, 262
present, 2
with partitive, 68

active voice, 419–420

adjectives
agreement of, 77, 90–91, 108
as adverbs, 360–361
comparative, 368–370
demonstrative, 350
descriptive, 90–91, 108
feminine formation, 90–91, 108
indefinite, 250
interrogative, 77
irregular, 370
plural formation, 91
position of, 77, 90–91, 108,
  368–370
  change in meaning, 108
possessive, 90
superlative, 368–370

adverbs
comparative, 368–370
exclamatory, 399–400
formation, 350–351, 360–361
function, 351
interrogative, 50
irregular, 360–361
position, 361
superlative, 368–370
use, 360

agreement
of adjectives, 77, 108, 360
of participles, 132–133, 141,
  401–402, 419
of pronouns, 77, 100–101

**aller**
conditional, 33
future, 262
imperfect tense, 133

present, 46
subjunctive, 187

**appeler**
conditional, 33
future, 262
present, 2
subjunctive, 187

**après que** + future perfect, 269–270

articles
choice of, 66–68
definite, 48, 67–68, 100–101
indefinite, 49, 67, 304
partitive, 49, 66–68, 302

**asseoir**, past participle, 140

**aucun**, 312–314

**avoir**
conditional, 33
future, 262
in **passé composé**, 132–133
in past subjunctive, 207
in pluperfect, 134
past participle, 140
present, 46
present participle, 401–402
subjunctive, 188
with partitive, 68

**boire**
past participle, 56, 140
present, 56
with partitive, 68

**ça fait... que**, 19
causative construction, 379–380
**ce, cette**, 350
**ce dont**, 334–335
**celui**, 357–358
**ce que, ce qui**, 334–335
**c'est**
+ adjective, 98, 324
+ disjunctive pronoun, 98, 238–239
+ noun, 98
vs. **il/elle est**, 98–99
-**ci**, 350, 358
**commencer**, 3
comparisons, 100–101, 238–239,
  368–370

conditional tense
after **au cas où**, 410
formation, 32–33
in result clause, 279
of **devoir, pouvoir**, 409–410
past, 409–410
use, 33, 279

**conduire**
past participle, 11, 140
present, 11

conjunctions
+ future, 269–270
+ subjunctive, 286–288
replacement by prepositions, 288

**connaître**
past participle, 11, 140
present, 11
vs. **savoir**, 11–12

**courir**
conditional, 33
future, 262
past participle, 11, 140
present, 11

**craindre**, past participle, 140

**croire**
past participle, 140
present, 48
subjunctive, 187

**de**
+ definite article, 48
+ infinitive, 322–324
in passive voice, 419
+ **lequel**, 77, 333
+ possessive pronoun, 100–101
to express place of origin,
  325–326
with demonstrative pronouns,
  358
with expressions of quantity, 50
with **rien** and **personne**, 313
*See also* partitive articles.

**découvrir**, past participle, 140

definite articles, 48, 67–68
with geographical names,
  325–326
with possessive pronouns,
  100–101

# Credits

**Text/Realia Credits**

**p. 12,** Offices de Tourisme de la Communauté Francophone de Belgique; **p. 17,** Courtesy of British Airways; **p. 18,** Courtesy of SNCF; **p. 29,** Martinique Tourisme; **p. 31,** Adapté de Elaine M. Phillips, *Polite Requests: Second Language Textbooks and Learners of French*, Foreign Language Annals 26, iii (Fall 1993), pp. 372–383 et de Linda L. Harlow, *Do They Mean What They Say? Sociopragmatic Competence and Second Language Learners*, The Modern Language Journal 74, iii (Autumn 1990), pp. 328–351; **p. 38–39,** Polly Platt, *Ils sont fous, ces Français*, 1994, © Editions Centurion/Bayard, Paris, 1997; **p. 42–43,** Annie Ernaux, *La honte* © Editions GALLIMARD; **p. 49,** Courtesy of Restaurant Chez Paul, Paris, France; **p. 52,** Université de Paris-Sorbonne, France; **p. 57,** Courtesy of Brioche dorée, Groupe Le Duff; **p. 82–84,** Polly Platt, *Ils sont fous, ces Français*, 1994, © Editions Centurion/Bayard, Paris, 1997; **p. 86–87,** Calixthe Beyala, *Le petit prince de Belleville*, Editions Albin Michel, 1992, p. 179–183; **p. 92,** La Mare au Diable; 92, Espace animalier de la Haute-Touche; 92, Aventure Canoës; 92, Courtesy of Le musée de la Banane; **p. 101,** Anne Masselot, *Adoption, Le Guide Pratique* © Prat Editions; **p. 103,** copyright / *L'Express* / 2006; **p. 117,** Laurence Wylie et Jean-François Brière, *Les Français* (Englewood Cliffs: Prentice Hall, 2001, pp. 84–85, 87–96); **p. 120,** Cercle Equestre: La Gallinière; **p. 123,** Giraudon/Art Resource New York; **p. 128–129,** Mariama Bâ, *Une si longue lettre* © Les Nouvelles Editions Africaines du Sénégal, Dakar, 1979; **p. 134,** Courtesy of Domaine de Cheverny, France; **p. 138,** Adapted from *Journal français d'Amérique*, 23 décembre 1994–19 janvier 1995, p. 12; **p. 139,** Courtesy of *Martinique Magazine*; **p. 141,** Agence métropolitaine de transport, Montréal, Canada; **p. 142,** La Crêpe Nanou, http://lacrepenanou.com; **p. 147,** Courtesy of Continental l'Afrique en marche; **p. 156,** Hôtel Olympia, Bourges, France; **p. 160,** Chamberlain & Steele: *Guide pratique de la communication* (Editions Didier, 1985); **p. 163,** Courtesy of Hôtel de Bourbon; **p. 165,** Courtesy of Conservatoire des Jardins de Balata; **p. 170–172,** Comité Départemental de Tourisme, Orléans, France; **p. 176–177,** «La Fanette»; Paroles et musique: Jacques Brel; © Editions Gérard Meys; 10, rue Saint-Florentin – 75001 Paris; **p. 180, 186** © *Télé 7 Jours* / 2006; **p. 194,** Magasins Fnac; **p. 203,** Publicité non contractuelle. Droits Philips France; **p. 206,** www.chapitre.com; **p. 208,** Laurence Wylie et Jean-François Brière, *Les Français* (Englewood Cliffs: Prentice Hall, 2001, pp. 68, 72); **p. 216–217** Jacques Prévert, «Barbara» in *Paroles* © Editions GALLIMARD; **p. 221,** Courtesy of Cinémathèque Française; **p. 231,** Source: [L'UE en bref], © European Communities [http://europa.eu/abc/index_fr.htm]; **p. 233,** © musée du quai Branly, Paris; **p. 237,** Paulette Foulem; **p. 239,** France Miniature, Elancourt; **p. 249,** Zaïr Kédadouche, *La France et les Beurs* © Editions de LA TABLE RONDE, 2002; **p. 258–259** Maryse Conde, *Hugo le terrible*, Editions SEPIA, 1991; **p. 262,** Sempé, *Je serai bref...* copyright © Galerie Martine Gossieaux; **p. 264,** Source: Insee – [L'espace des métiers de 1990 à 1999]; Updated with Gérard Mermet, Francoscopie 2007, Larousse, p. 282; **p. 268,** Adapted from *Ouest-France*, septembre 1996; **p. 271,** Université de Nantes; **p. 271,** IESA, France; **p. 271,** Institut Supérieur d'Enseignement et de Recherche en Production Automatisée (ISERPA); **p. 275,** Ose point logement, Paris; **p. 282,** Journal francais d'Amerique; **p. 289,** Crous de Paris, www.crous-paris.fr; **p. 290,** Adapté d'Amécourt, *Savoir-Vivre Aujourd'hui*, Paris: Bordas, 1983, pp. 59–61 et Polly Platt, *French or Foe* Skokie, IL: Culture and Crossings, Ltd., 1995, pp. 41–42, 44–51; **p. 293,** © *Le Journal de Montréal*, 2007; **p. 294–297** copyright / *L'Express* / Hélène Constanti, 2003; **p. 300–301** Paroles et Musique: Félix Leclerc avec l'aimable autorisation des Editions Olivi Musique; **p. 306,** Nokia France; **p. 310,** Adapté de Laurence Wylie et Jean-François Brière, *Les Français*, Englewood Cliffs, NJ: Prentice Hall, 2001, pp. 102, 107–109; **p. 311,** Alliance Service; **p. 312,** Bernard Raquin, *Rire pour vivre. Les bienfaits de l'humour sur notre santé et notre quotidien* (Saint Jean de Braye: Editions Dangles); **p. 315,** Sempé, *Il ne sait pas encore...* copyright © Galerie Martine Gossieaux; **p. 326,** Fondation Farha, Québec, www.farha.qc.ca; **p. 327,** Organisation Internationale de la Francophonie (OIF); **p. 336,** Adapté de Fourastié, *D'une France à une autre*, Fayard, 1987; **p. 341–342** copyright / *L'Express* / Isabelle Grégoire, 2002; **p. 345–346** Lori Saint-Martin, «Pur polyester» in *Mon père, la nuit*, Québec, © Editions de l'Instant même, 1999, pp. 59–68; **p. 358,** Courtesy of Magasin Gysèle; **p. 363,** © *Média 75*, S3G, 2006; **p. 367,** © *Paris Paname*, S3G, 2006; **p. 373,** Source: Insee - [Transferts et arbitrages]; **p. 385–387** *Evidences invisibles. Américains et Français au quotidien*, Raymonde Carroll, © Editions du Seuil, 1987, réédition coll. *La Couleur des idées*, 1991; **p. 390,** Dany Laferrière, *Le Charme des après-midi sans fin* © Le Serpent à plumes / Editions du Rocher, Paris, 1998; **p. 397,** Adapté de Laurence Wylie and Jean-François Brière, *Les Français*, Prentice Hall, 2001, p. 61; Georges Santoni, *Société et culture de la France contemporaine*, Albany, State University of New York, 1981, pp. 59–60; **p. 399,** *Pariscope*; **p. 410,** (cartoon) Wolinski; **p. 416,** *Pariscope*; **p. 417,** Adapté du *Journal Français d'Amérique*; **p. 420,** *Pariscope*; **p. 425–427,** Copyright *L'Express*/ Lydia Bacrie et Christophe Carrière, 2007; **p. 430–431,** Antoine de Saint-Exupéry, *Terre des hommes* © Editions GALLIMARD

## Photo Credits

*All images not credited below are owned by Cengage Learning from the Cengage/Heinle Image Resource Bank.*

### Ch. 1
p. 1, © Pierre Tremblay/Masterfile; p. 10, © foodfolio/Alamy; p. 26, © Thinkstock, Getty Images; p. 33, © Directphoto.org/Alamy; p. 39, © Esther Marshall; p. 43, © Paul Almasy/CORBIS

### Ch. 2
p. 55, *The Pub, The Ham* Pablo Picasso, 1914, Hermitage Museum, St. Petersburg, Russian/SuperStock, © 2007 Estate of Pablo Picasso/Artists Rights Society (ARS) New York; p. 61, © Ludovic Maisant/CORBIS; pp. 72, 78, © Owen Franken/CORBIS; p. 86, © KEYSTONE/Salvatore Di Nolfi/AP Photos

### Ch. 3
p. 89, © Masterfile/Masterfile; p. 106, © Rolf Bruderer/Masterfile; p. 115, © T. Ozonas/Masterfile; p. 123, © Scala/Art Resource; p. 129, © Lauren Goodsmith/The Image Works

### Ch. 4
p. 131, © Itzak Newmann/Photolibrary; p. 158, © Nordicphotos/Photolibrary; p. 161, © Charles Bowman/Photolibrary; p. 169, © Dave Jacobs/Index Stock/Photolibrary; p. 173, © Lipnizki/Roger Viollet/Getty Images; p. 177, © John Luke/Index Stock/Photolibrary

### Ch. 5
p. 179, © David R. Frazier Photolibrary/Alamy; p. 183, © blinkwinkel/Baumann/Alamy; p. 195, © Barry Mason/Alamy (RF); p. 200, © Richard Hutchings/CORBIS; p. 201, top left: © Apply Pictures/RF/Alamy; bottom right: © Picture Contact/Alamy; p. 203, top: © Popperfoto/Alamy; pp. 207, 211, © Esther Marshall; p. 216, © Hulton Deutsch-Corbis

### Ch. 6
p. 219, © Directphoto.org/Alamy; p. 224, © Frederick Florin/AFP/Getty Images; p. 232, © Esther Marshall;

p. 235, top left: Scala/Art Resource, NY; top right: courtesy of the author: AVANT LE SQUALL by Paulette Foulem-Lanteigne; p. 235, bottom left: Scala/Art Resource, NY, © Artists Rights Society (ARS) New York/ADAGP, Paris; bottom right: Scala/Art Resource, NY; p. 241, top: © Derek Croucher/CORBIS; bottom: © Robin Allen/Index Stock/Photolibrary; p. 249, © Stephane de Sakutin/Stringer/Getty Images; p. 254, top: Scala/Art Resource, NY; p. 254, bottom: © Eric Lessing/Art Resource, NY; p. 255, © Musée des Beaux-Arts, Tournai, Belgium/Giraudon, Paris/SuperStock; p. 257, © Giraud Philippe/CORBIS SYGMA

### Ch. 7
p. 261, © Thomas Craig/Photolibrary; p. 278, top: © Bill Bachmann/Index Stock/Photolibrary; p. 285, © Karen Preuss/The Image Works; p. 295, © Image Source Ltd./Index Stock/Photolibrary

### Ch. 8
p. 303, © vario images GmbH&Co.KG/Alamy Images; p. 335, © AP/Remy de la Mauviniere

### Ch. 9
p. 349, © F1 Online Digital Stock Photo Agency/Photolibrary; p. 353, top: © Bettmann Archive/Corbis; p. 354, top: © Harry Gruyaert 2000/Magnum Photos; p. 354, botton left: © age fotostock/SuperStock; p. 354, bottom center: © Norbert Schaefer/CORBIS; p. 354, bottom right: © Charles Platiau/CORBIS; p. 359, © Digital Vision/Photolibrary; p. 371, © Creatas RF/Photolibrary; p. 374, © Jennie Woodcock/Reflections Photolibrary/CORBIS; p. 378, © age fotostock/Superstock; p. 384, © Cephas Picture Library Ltd/Photolibrary

### Ch. 10
p. 393, © Photononstock/Photolibrary; p. 404, © Corbis Sygma; p. 425, © Eric Ryan/Getty Images Entertainment; p. 430, © Albert Harlingue/Roger-Viollette/The Image Works